Immler

**Das Franzis Handbuch für
Windows Vista**

Das Franzis Handbuch für
Windows Vista

Home Basic, Home Premium & Ultimate

Wichtiger Hinweis

Alle Angaben in diesem Buch wurden vom Autor mit größter Sorgfalt erarbeitet bzw. zusammengestellt und unter Einschaltung wirksamer Kontrollmaßnahmen reproduziert. Trotzdem sind Fehler nicht ganz auszuschließen. Der Verlag und der Autor sehen sich deshalb gezwungen, darauf hinzuweisen, dass sie weder eine Garantie noch die juristische Verantwortung oder irgendeine Haftung für Folgen, die auf fehlerhafte Angaben zurückgehen, übernehmen können. Für die Mitteilung etwaiger Fehler sind Verlag und Autor jederzeit dankbar.

Internetadressen oder Versionsnummern stellen den bei Redaktionsschluss verfügbaren Informationsstand dar. Verlag und Autor übernehmen keinerlei Verantwortung oder Haftung für Veränderungen, die sich aus nicht von ihnen zu vertretenden Umständen ergeben.

Evtl. beigefügte oder zum Download angebotene Dateien und Informationen dienen ausschließlich der nicht gewerblichen Nutzung. Eine gewerbliche Nutzung ist nur mit Zustimmung des Lizenzinhabers möglich.

© 2007 Franzis Verlag GmbH, 85586 Poing

Alle Rechte vorbehalten, auch die der fotomechanischen Wiedergabe und der Speicherung in elektronischen Medien. Das Erstellen und Verbreiten von Kopien auf Papier, auf Datenträgern oder im Internet, insbesondere als PDF, ist nur mit ausdrücklicher Genehmigung des Verlags gestattet und wird widrigenfalls strafrechtlich verfolgt.

Die meisten Produktbezeichnungen von Hard- und Software sowie Firmennamen und Firmenlogos, die in diesem Werk genannt werden, sind in der Regel gleichzeitig auch eingetragene Warenzeichen und sollten als solche betrachtet werden. Der Verlag folgt bei den Produktbezeichnungen im Wesentlichen den Schreibweisen der Hersteller.

Herausgeber: Ulrich Dorn
Satz: DTP-Satz A. Kugge, München
art & design: www.ideehoch2.de
Druck: Bercker, 47623 Kevelaer
Printed in Germany

Inhaltsverzeichnis

1 Next Generation – Windows Vista 19
  1.1 Versionsvielfalt: Die Vista-Editionen im Vergleich 20
      Direktvergleich der wichtigsten Funktionen 23

2 Windows Vista installieren 27
  2.1 Welche Hardware brauchen Sie? 28
      Hardwarevoraussetzungen für Windows Vista Capable-PCs 29
      Hardwarevoraussetzungen für Windows Vista Premium
      Ready-PCs 29
      Ready for Vista? So testen Sie Ihren PC 29
  2.2 Installation Schritt für Schritt 38
      Das doppelte Windows: Parallelinstallation 42
      Neuinstallation 44
      Update-Installation 44
  2.3 Aktivierung und Registrierung 45
      Aktivierung später vornehmen 47
  2.4 Das geht nicht mehr 48
      Einschränkungen der Benutzeroberfläche 48
      Fehlende Komponenten und Programme 49
      Eingeschränkte Internetfunktionen 49
      Eingeschränkte Hardwarekompatibilität 50

3 Der Windows Vista-Desktop 53
  3.1 Vista starten und beenden 53
  3.2 Funktionen der Maustaste 56

3.3	Den Vista-Desktop kennenlernen	56
	Hintergrund	57
	Icons	57
3.4	Das Startmenü	57
	Linker Teil des Startmenüs	59
	Rechter Teil des Startmenüs	62
3.5	Programme starten	69
	Programme auf dem Desktop	69
	Programme aus dem Explorer starten	70
3.6	Mit Fenstern arbeiten	70
	Titelleiste	71
	Fenstergröße	72
	Menüleiste	72
	Symbolleiste	73
	Bildlaufleisten	74
3.7	Funktionen der Taskleiste	75
	Schnellstartleiste und Programmumschaltung	75
	Die Schaltflächen in der Taskleiste	77
	Der Infobereich	78
	Die Uhr in der Taskleiste	81
3.8	Das neue Begrüßungscenter	83
	Computerdetails anzeigen	84
	Dateien und Einstellungen übertragen	85
	Neue Benutzer hinzufügen	86
	Mit dem Internet verbinden	86
	Windows Ultimate-Extras	86
	Neues in Windows Vista	86
	Windows anpassen	87
	Windows online registrieren	88
	Windows Media Center	88
	Windows Grundlagen	89
	Center für erleichterte Bedienung	89
	Sicherungs- und Wiederherstellungscenter	90
	Windows Vista-Videos	91
	Systemsteuerung	91
3.9	Der Papierkorb	91

3.10	Lokale Hilfe und Support	93
	Windows-Hilfe	94
	Programm-Hilfe	95

4 Der Windows Vista-Explorer ... 97

4.1	Laufwerke, Verzeichnisse und Dateien	99
	Laufwerke	99
	Verzeichnisse	100
	Dateien	103
4.2	Ordneransichten anpassen	104
	Die Symbolleisten	104
	Das Explorer-Layout verändern	106
	Die Ansichten im rechten Teilfenster	108
4.3	Kopieren, Verschieben und Verknüpfen	113
	Drag & Drop	113
	Zwischenablage nutzen	115
	Dateien versenden	117
4.4	Mehr Überblick durch Verknüpfungen	118
	Ordner und Dateien	118
	Geräte und besondere Ordner	121
	Programme	121
4.5	Dateien sortieren	122
	Sortierkriterien	123
	Sortieren und Gruppieren	125
4.6	Dateiattribute und Eigenschaften	129
	Dateiname	130
	Größe	131
	Datum	131
	Typ	133
	Schreibgeschützt	133
	Versteckt	134
	Archiv	135
	Eigenschaften	135
	Weitere Attribute	135
4.7	Besondere Verzeichnisse	135
	Ihr persönliches Verzeichnis	135
	Öffentlich	137

	Systemsteuerung	138
	Computer	139
	Netzwerk	140
	Geschützte Verzeichnisse	140
4.8	Spurensuche mit dem Verlauf	141
	Paranoia	143
4.9	Die neue Suche in Windows Vista	144
	Was soll gesucht werden?	146
	Wo soll gesucht werden?	147
	Suche optimieren	148
	Erweiterte Suche	150
	Suchvorgänge speichern	153
4.10	Vista-Lesezeichen: Linkfavoriten	154
	Linkfavoriten hinzufügen	155
	Linkfavoriten verwalten	155
4.11	Dateien auf CD oder DVD brennen	156
	Brennen mit dem UDF-Dateisystem	157
	Brennen mit dem Mastered-Dateisystem	159
4.12	Der Bildbetrachter im Explorer	160
	Bessere Übersicht über Bilder im Explorer	162
	Stichwörter als Suchhilfe für Bilder	164
	EXIF-Daten	167
	Die Windows-Fotogalerie	168
	Bildinformationen	169
	Fotos schnell finden	172
	Diashow im Bildbetrachter	172
	Bilder optimieren	174
	Interessante Bilder durch Ausschnittsvergrößerung	176
	Rote Augen korrigieren	177
	Die Galerieansicht	178
4.13	Dateitypen zuordnen	182
	Die Symbolleiste Desktop	187
4.14	Komprimieren spart Platz	188
	Einbinden eines eigenen Packers	191
	Komprimierte Verzeichnisse	192

5 Vista-Programme: Alte Bekannte und neue Gesichter ... 195

- 5.1 Editor ... 195
  - Datei ... 196
  - Bearbeiten ... 198
  - Format ... 199
- 5.2 WordPad ... 201
  - Text erstellen ... 201
  - Menüs ... 204
  - Hilfe? ... 208
- 5.3 Zeichentabelle ... 208
- 5.4 Taschenrechner ... 210
- 5.5 Paint ... 212
  - Menüleiste ... 213
  - Toolbox ... 216
  - Farbpalette ... 218
  - Statusleiste ... 218
  - Formatsymbolleiste ... 219
- 5.6 Bildschirmfotos mit dem Snipping-Tool ... 219
- 5.7 Windows-Kalender ... 224
- 5.8 Windows-Kontakte ... 228
- 5.9 Windows-Spiele ... 229
  - FreeCell ... 231
  - Hearts ... 233
  - InkBall ... 234
  - Li-La-Land ... 235
  - Mahjong-Giganten ... 235
  - Minesweeper ... 236
  - Schach-Giganten ... 238
  - Solitär ... 240
  - Spider Solitär ... 242
- 5.10 Programme installieren ... 243
  - Installation mit EXE-Dateien ... 244
  - Installation mit MSI-Dateien ... 245
  - Installation mit ZIP-Dateien ... 245
  - Installation von CD oder DVD ... 246
  - Installationsverlauf ... 246

5.11	Programme deinstallieren	250
	Deinstallationsprogramm	251
	Systemsteuerung	251
5.12	Programme automatisch starten	254
	Programme gleich beim Einschalten starten	254
	Selbststartende CDs und DVDs	255
5.13	Windows Ultimate-Extras	259

6 Hardware einrichten und konfigurieren 261

6.1	Systemsteuerung	264
	Klassische Ansicht der Systemsteuerung	265
	Systemsteuerung im Startmenü	266
6.2	Der Hardware-Assistent	268
6.3	Systeminformationen	272
6.4	Der Geräte-Manager	272
6.5	Prozessor und RAM	276
6.6	Der Windows-Leistungsindex	277
6.7	Zusätzliche Laufwerkstypen	279
	CD-ROM- und DVD-Laufwerke	282
	USB-Sticks und Kartenleser	285
	Digitalkameras	293
	Diskettenlaufwerke	296
6.8	Tastatur	298
6.9	Maus	303
6.10	Monitor und Grafikkarte	305
6.11	Soundkarte und Lautsprecher	308
6.12	Drucker	311
	Drucken	312
	Druckeinstellungen und Druckereigenschaften	315
	Standarddrucker	316
	Drucker manuell installieren	317
	Netzwerkdrucker installieren	320
	Fax	322
	Drucken in Dateiformate	326

7 Den Vista-Desktop individuell anpassen 331

- 7.1 Uhrzeit und Zeitzone 331
  - Datum und Uhrzeit ändern 332
  - Zeitzone 334
  - Zusätzliche Uhren 334
  - Genaue Uhrzeit online: Internetzeit 336
- 7.2 Optik des Desktops 338
  - Desktophintergrund 339
  - Designs 344
  - Die neue Benutzeroberfläche Aero 345
  - Visuelle Effekte 348
  - Anzeige-Einstellungen 350
- 7.3 Windows Vista mit der klassischen Oberfläche 351
  - Klassisches Startmenü 352
  - Klassisches Windows-Design 354
- 7.4 Bildschirmschoner und Stromspareinstellungen 357
  - Diaschau als Bildschirmschoner 360
  - Energieeinstellungen 362
- 7.5 Die Sidebar in Windows Vista 369
  - Minianwendungen in der Sidebar 371
  - Weitere Minianwendungen aus dem Internet 374
- 7.6 Soundeffekte 374
- 7.7 Schriftarten 376
  - Schriftarten anzeigen 376
  - Schriftarten installieren 378
  - Schriftarten verwenden 379

8 Unterhaltung: Audio, Video & TV 385

- 8.1 Der Windows Media Player 385
  - Der erste Start 386
  - Dateitypen und Standardprogramme 389
  - Steuerung 391
  - Designmodus 393
  - Sicherheit 395

8.2	Audio-CDs anhören	396
	Wenn nichts zu hören ist	397
	Albumdetails	398
8.3	Audiorecording mit dem Media Player	399
	Medienbibliothek	404
	MP3 abspielen	405
	Internetradio	406
	Online-Musikshops	407
	Datensynchronisation mit tragbaren Geräten	407
8.4	Das Windows Media Center	413
	Einrichten beim ersten Mal	414
	Steuerung mit der Fernbedienung	417
	Musik hören	419
	DVDs abspielen	443
	Videos abspielen	448
	Fernsehen mit dem Media Center	451
	Eigene Fotosammlungen	453
	Einstellungen	456
	Programmbibliothek	463
8.5	CDs und DVDs brennen	464
	Brennen mit dem Windows Media Player	464
	Brennen mit dem Media Center	467
	Diaschau auf DVD brennen	468
	Der Windows DVD Maker	469
	Der Windows Movie Maker	473
8.6	Digital Rights Management	475

9 Jedem sein Vista: Benutzerkonten und Benutzerverwaltung 479

9.1	Windows Vista-Benutzerkontensteuerung	480
9.2	Die Benutzerverwaltung	481
	Neue Benutzerkonten in der Systemsteuerung anlegen	482
	Neue Benutzer in der Computerverwaltung anlegen	490
	Passwörter	493
	Kennwortrichtlinien	495
	Benutzergruppen	497

9.3	Gemeinsames Verwenden von Daten	502
9.4	Jugendschutzeinstellungen	504
	Windows Vista-Webfilter	505
	Zeitlimits	507
	Einschränkungen bei Spielen	508
	Bestimmte Programme sperren	509
	Aktivitätsberichte	511
9.5	Benutzerrechte für Dateien und Verzeichnisse	512
	Effektive Berechtigungen	520

10 Windows Vista-Systemwerkzeuge ... 523

10.1	Arbeitsspeicher auf der Festplatte: Die Auslagerungsdatei	523
	Optimieren der Auslagerungsdatei	524
	Datenschutz in der Auslagerungsdatei	526
10.2	Systempflege mit der Festplattenüberprüfung	527
10.3	Platz schaffen per Datenträgerbereinigung	529
10.4	Mehr Tempo durch Defragmentierung	533
	Defragmentieren nach Zeitplan	535
10.5	Datensicherung – Backup	536
	Dateien sichern	537
	Gesicherte Daten wiederherstellen	542
	Komplettsicherung für automatische Wiederherstellung	546
10.6	Aufgabenplanung: Automatische Inspektion	548
	Aufgaben mit dem Assistenten erstellen	549
	Aufgaben erstellen oder nachträglich verändern	554
10.7	Systemwiederherstellung – Restore	558
	Wiederherstellungspunkte anlegen	562
	Einstellungen	563
	Vorherige Dateiversionen	564
10.8	Komplette Wiederherstellung aus einem Systemabbild	565
10.9	Windows Update	565
	Windows Update automatisch starten	567
	Windows Update manuell aufrufen	570
	Updatepakete lokal sichern	573
	Treiberupdates	574

10.10	Viren und Trojaner	575
	Windows-Tool zum Entfernen bösartiger Software	577
	Windows-Defender	581
10.11	Der Task-Manager	585
	Anwendungen	585
	Prozesse	586
	Dienste	587
	Leistung	587
	Netzwerk	589
	Benutzer	589
10.12	Windows mit weniger Mausklicks herunterfahren	590
	Ausschalter im Startmenü	590
	Ausschalter auf dem Desktop	591
10.13	Dienste	592
	Welche Dienste können deaktiviert werden?	595
	Dienste, die ein Sicherheitsrisiko darstellen	596

11 Internet 597

11.1	Anschlussmöglichkeiten	598
	DSL: Breitbandverbindung	599
	ISDN: Zweikanaltechnik	602
	Modem: Analogtechnik	604
11.2	Internetzugang in Vista	606
	DSL-Zugang einrichten	607
	DSL-Geschwindigkeit testen	613
	DSL-Router konfigurieren	614
	ISDN und Modem einrichten	628
	Automatischer Verbindungsaufbau	636
11.3	Drahtlose Netzwerkverbindungen	638
	WLAN-Karte unter Vista konfigurieren	641
	Sicherheit im drahtlosen Netzwerk	647
	Verschlüsselte Datenübertragung	650
	Auf Tour – WLAN-Hotspots	652
11.4	Browser im Vergleich	656
	Der Platzhirsch: Internet Explorer	657
	Der Herausforderer: Mozilla Firefox	680

Inhaltsverzeichnis

11.5	E-Mail mit Windows Mail	697
	Wachablösung mit Windows Mail	699
	Ein neues Mailkonto einrichten	700
	Nachrichten schreiben und senden	705
	Nachrichten zeitgesteuert abrufen	708
	Rechtschreibprüfung vor dem Versand	711
	Spam ohne Umweg in den Papierkorb	713
	Dateianhänge senden und empfangen	715
	Sicherheit im täglichen E-Mail-Verkehr	719
11.6	Standards für Web und Mail	724
11.7	RSS-Newsfeeds abonnieren	726
	Newsgroups im Usenet	731
	Newsgroupkonto in Windows Mail	736
	Umgangsformen in Newsgroups	739
	Newsgroup-Nachrichten in Windows Mail	742
	Fotos und Grafiken in Newsgroups	746
11.8	Die Windows-Firewall	747
	Firewall-Regeln	750
	Firewall mit erweiterter Sicherheit	754

12 Netzwerke ... 757

12.1	Netzwerktechnik	757
	Koax-Kabel	757
	Twisted-Pair-Kabel	758
	Netzwerkkarten	759
	Hub, Switch oder Router?	759
12.2	Windows Vista-Netzwerk	760
	Konfiguration mit dem Assistenten	760
	Manuelle Konfiguration	761
	TCP/IP	763
12.3	Netzwerkumgebung und Freigaben	768
	Der öffentliche Ordner	773
	Der Freigabe-Assistent	775
	Erweiterte Ordnerfreigabe	778
	Freigaben anzeigen	783
	Mögliche Probleme	784

12.4	Netzwerkdrucker	787
12.5	Datenaustausch mit Notebooks	790
	Der Aktenkoffer	791
	Das Synchronisierungscenter	794
	Speicherplatz für Offlinedateien	797
	Verzeichnisse abgleichen mit Synctoy	797
12.6	Meetings mit Windows-Teamarbeit	802

⑬ Die Vista Registrierungs-Datenbank 811

13.1	Der Registrierungs-Editor	811
13.2	Windows Vista schlank und schnell	820
	Menü ohne Verzögerung	820
	Sprechblasen abschalten	821
	Warnung bei voller Festplatte abschalten	822
	Windows Vista sofort herunterfahren	823
	Überflüssige Standarddateitypen im Kontextmenü *Neu* beseitigen	825
	Installationsleichen beseitigen	826
13.3	Eingriff in die Windows Vista-Optik	828
	Hintergrundbilder positionieren	828
	Windows-Version auf dem Desktop anzeigen	829
	Button-Gruppierung in der Taskleiste optimieren	830
	Optionen zur Gruppierung	831
	Farbeinstellungen für Dateinamen im Explorer	831
	Cursor-Blinkrate einstellen	832
13.4	Funktionserweiterungen für die Benutzeroberfläche	833
	Verzeichnis oder Laufwerk in neuem Fenster öffnen	833
	Standardverzeichnisse verschieben	835
	Unbekannte Dateien mit dem Editor öffnen	839
	Aktualisierungsintervall der Internetzeit ändern	840

⑭ Im Windows-Synchronisierungscenter 843

14.1	Mediadaten mit dem Handy abgleichen	843
	Webhilfe – Vista-kompatible Firmware-Updates	849
	Schneller synchronisieren mit Konvertierung im Hintergrund	850

	14.2	Das Windows Mobile Device Center 852
		Einrichten des Mobile Device Center 853
	14.3	Software-Setup auf einem mobilen Gerät 857
	14.4	Wichtige Tools für den Pocket-PC 859
	14.5	Windows Mobile für PDA und Handy 861

A Anhang 863

	A.1	Tastenkombinationen mit der [Win]-Taste 863
	A.2	Tastenkombinationen für den Windows-Explorer 864
	A.3	Tastenkombinationen für die Windows Foto-Galerie 864
	A.4	Eigene Tastenkombinationen erstellen 865

B Anhang 867

S Stichwortverzeichnis 873

Next Generation – Windows Vista

Mit dem neuen Windows Vista präsentiert Microsoft das komfortabelste Windows aller Zeiten. Es erfüllt alle Anforderungen, die man von einem modernen Betriebssystem erwartet: Umfassende Businessfunktionalität für den Einsatz im Unternehmen und die Arbeit zu Hause bis hin zu komplexen Unterhaltungsfeatures jeglicher Couleur – von der Digitalfotografie über den Einsatz als HiFi-Anlage bis hin zum Heimkino.

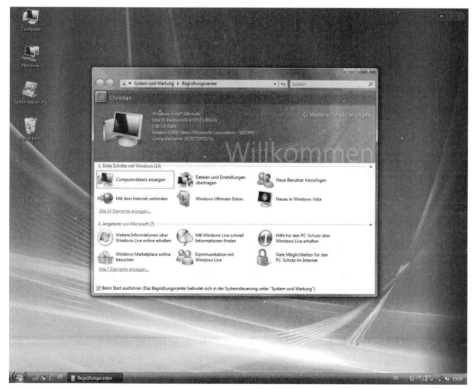

Bild 1.1: Das neue Gesicht: Windows Vista Begrüßungscenter

Prinzipiell ist ein Betriebssystem auch nur ein Programm. Es erfüllt allgemeine Funktionen, die von unterschiedlichsten Applikationen benötigt werden, zum Beispiel die Dateiverwaltung und den Zugriff auf Laufwerke und Verzeichnisse. Hier muss nicht jede Applikation das Rad neu erfinden, sondern kann auf standardisierte Funktionen zurückgreifen. Auch die Steuerung der Hardwarekomponenten obliegt dem Betriebssystem. In den meisten Fällen muss der Hardwarehersteller nur noch einen Gerätetreiber liefern, der in das Betriebssystem eingebunden wird, und die Hardware läuft. Umgekehrt greifen Softwareentwickler auf die standardisierte Geräteunterstützung von Windows zu, ohne sich mit speziellen Gerätetreibern befassen zu müssen.

Windows wird oftmals in einem Satz mit einem PC genannt. Tatsächlich werden die Grenzen immer fließender. PCs und Zusatzkomponenten werden speziell auf die Bedürfnisse von Windows entwickelt. Umgekehrt greift Windows stark in die Steuerung der Hardware ein. Mit Windows Vista wurden die Anforderungen an die Hardware deutlich erhöht. Um alle Funktionen voll nutzen zu können, ist erstmals eine Grafikleistung nötig, wie sie bisher nur im Spielebereich gebraucht wurde.

Die tatsächlich für ein Betriebssystem notwendigen Funktionen sind begrenzt. Zudem sind viele davon für den Anwender nicht zu sehen und infolgedessen auch nur wenig erfolgreich vermarktbar. Also beschlossen die meisten Betriebssystemhersteller, so auch Microsoft, zusätzliche Komponenten in das System zu integrieren, die prinzipiell auch als eigenständige Programme funktionieren könnten. Sie werden als Middleware bezeichnet.

So sind neben zahlreichen Spielen auch der Internet Explorer, Windows Mail, Windows DVD Maker, Windows Fotogalerie, Windows Media Player und andere keine Bestandteile des Betriebssystems. Microsofts Versuch, sich durch die Integration solcher Middleware eine Art Monopolstellung auf dem Softwaremarkt zu verschaffen, war auch bereits Auslöser für diverse juristische Auseinandersetzungen mit EU- und US-Behörden.

1.1 Versionsvielfalt: Die Vista-Editionen im Vergleich

Windows Vista ist die seit Langem erwartete, neueste Windows-Version. Selbst die damals innovative Oberfläche von Windows XP gilt seit nunmehr über fünf Jahren als angestaubt. Windows Vista bringt mit der Aero-Benutzeroberfläche eine komplett neue Optik auf den Windows-Desktop. Dabei sieht Windows Vista nicht nur moderner aus, sondern liefert auch neue Funktionen in der Benutzeroberfläche, mit denen Daten leichter gefunden und organisiert werden können. Die Übersichtlichkeit soll für den Einsteiger verbessert werden, wenngleich sich langjährige Windows-Benutzer auf den ersten Blick erst neu orientieren müssen.

1.1 Versionsvielfalt: Die Vista-Editionen im Vergleich

Bild 1.2: Flip3D-Umschaltung zwischen Programmfenstern – eine der interessantesten Neuheiten in der Aero-Benutzeroberfläche

Weiterhin wurden die mitgelieferten Anwendungen aktualisiert und neue Sicherheitsfunktionen wie der Windows Defender oder die Jugendschutzoptionen eingebaut.

▲ Der lange Weg nach Vista

Windows Vista wurde unter dem Codenamen Longhorn im Sommer 2001 noch vor Windows XP angekündigt. Ursprünglich war das heutige Windows Vista als Zwischenversion von Windows XP und dem kommenden Nachfolger Windows Vienna geplant und sollte auch schon im Jahr 2003 erscheinen. Zwischen Windows XP und Longhorn war sogar eine weitere Windows-Version geplant, aus der dann aber schließlich das Service Pack 2 für Windows XP und die Media Center Edition hervorgingen. Der Name Longhorn wird derzeit noch als Codename für die für Sommer 2007 geplante neue Version von Windows Server verwendet. Die Entwicklung von Windows Vista verzögerte sich immer weiter, sodass man beschloss, einige zunächst geplante Funktionen in Windows Vienna zu verschieben, damit Windows Vista in einem vertretbaren Zeitraum nach Windows XP erscheinen kann.

▲ Die Windows Vista-Versionen

Windows Vista erscheint in Europa in fünf Versionen:

- **Windows Vista Home Basic** – Die einfachste Version mit allen wichtigen Grundfunktionen. Windows Vista Home Basic enthält die neue Benutzeroberfläche Aero nicht.

- **Windows Vista Home Premium** – Bietet alle Funktionen für Heimanwender. Hier ist neben der neuen Aero-Benutzeroberfläche auch das Windows Media Center enthalten, mit dem multimediale Inhalte auf dem Fernseher dargestellt werden können. Windows Vista Home Premium lässt sich mit der Xbox 360 verbinden, sodass diese als Medienplayer verwendet werden kann. Diese Version bietet auch die volle Unterstützung für Tablet-PCs. Für mobile Geräte mit drucksensitivem Bildschirm und Handschriftenerkennung ist keine spezielle Windows-Version mehr erforderlich.

- **Windows Vista Business** – Enthält alle Funktionen für die Arbeit in Netzwerken sowie erweiterte Sicherheitsfunktionen und Unterstützung neuer Sicherungstechnologien. Auch diese Version verwendet die Aero-Benutzeroberfläche und bietet Unterstützung für Tablet-PCs. Das Media Center ist nicht enthalten, dafür gibt es Funktionen zur gemeinsamen Nutzung von Dokumenten in einem Netzwerk.

- **Windows Vista Enterprise** – Die erweiterte Version für professionelle Nutzer bietet alle Funktionen von Windows Vista Business mit zusätzlicher BitLocker-Laufwerksverschlüsselung, die verhindern soll, dass vertrauliche Daten eines gestohlenen PCs in die falschen Hände geraten. Der integrierte PC-Emulator Virtual PC Express ermöglicht den Betrieb älterer Anwendungen in einer virtuellen Umgebung einer älteren Windows-Version. Das SUA (Subsystem for Unix-based Applications) bietet Unix-Kompatibilität, sodass Unix-Anwendungen direkt unter Windows ausgeführt werden können. Windows Vista Enterprise bietet als einzige Version eine Sprachumschaltung der Benutzeroberfläche. Ohne das System neu installieren zu müssen, kann die Sprache aller Menüs, Dialoge und des Hilfesystems umgeschaltet werden.

- **Windows Vista Ultimate** – Enthält alle Unterhaltungsfunktionen der Home Premium Version und zusätzlich die Netzwerk- und Sicherungsfunktionen der Business-Version. Die BitLocker-Laufwerksverschlüsselung ist in Windows Vista Ultimate ebenfalls enthalten.

1.1 Versionsvielfalt: Die Vista-Editionen im Vergleich

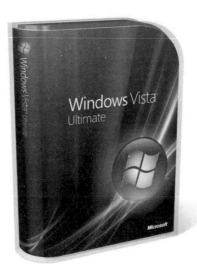

Bild 1.3: Windows Vista in Home Basic- und Ultimate-Verpackung

Welche Windows Vista-Version auf einem Computer installiert ist, sehen Sie im Begrüßungscenter.

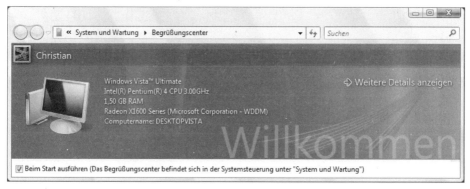

Bild 1.4: Anzeige der Windows-Version im Begrüßungscenter

Direktvergleich der wichtigsten Funktionen

Die Tabelle zeigt eine Übersicht der wichtigsten Funktionen, mit denen Windows Vista beworben wird, und in welchen Versionen diese enthalten sind:

	Windows Vista Home Basic	Windows Vista Home Premium	Windows Vista Business	Windows Vista Ultimate
Aero-Oberfläche mit Flip3D		✓	✓	✓
Jugendschutz-einstellungen	✓	✓	✓	✓
Fotogalerie	✓	✓	✓	✓
Windows Defender	✓	✓	✓	✓
Schnelle systemweite Suche	✓	✓	✓	✓
Windows Media Center		✓		✓
Unterstützung für Tablet-PCs		✓	✓	✓
Teamarbeit im Netzwerk		✓	✓	✓
Backup			✓	✓
Small Business Resources			✓	✓
Erweiterte Netzwerk-funktionen			✓	✓
Fax			✓	✓
BitLocker-Verschlüsselung				✓
Ultimate Extras				✓

Die Versionen Home Basic und Business können auch als *Home Basic N* und *Business N* installiert werden. Diese Versionen enthalten gemäß EU-Kartellrecht keinen Windows Media Player. Sie sind speziell für den Einsatz in Behörden und öffentlichen Einrichtungen bestimmt.

1.1 Versionsvielfalt: Die Vista-Editionen im Vergleich

Die *Windows Vista Starter Edition*, die auch auf einfacheren PCs laufen soll, wird in Europa nicht angeboten. Diese Version ermöglicht nur den Start von drei Programmen gleichzeitig und bietet als einzige Vista-Version keine Kompatibilität zu 64-Bit-Systemen. Die Windows Vista Starter Edition enthält keine Aero-Oberfläche und ähnelt im Funktionsumfang der Windows XP Starter Edition, die in Europa ebenfalls nicht erhältlich ist.

Windows Vista installieren

Wenn Sie nicht gerade einen neuen PC mit vorinstalliertem Windows Vista haben, müssen Sie das neue Betriebssystem erst installieren. Hierzu stehen drei Verfahren zur Verfügung:

- **Parallelinstallation** – Auf dem PC ist bereits ein Betriebssystem installiert. Windows Vista wird parallel auf einer zweiten Festplattenpartition installiert. Über einen Bootmanager kann der Benutzer auswählen, welches Betriebssystem gestartet werden soll. Dies funktioniert nur mit Windows-Betriebssystemen, mit anderen – wie zum Beispiel Linux – nicht.

- **Neuinstallation** – Auf dem PC war bisher kein Betriebssystem installiert. Windows Vista wird nach der Installation als einziges Betriebssystem laufen.

- **Update** – Auf dem PC ist eine ältere Windows-Version installiert, die durch Windows Vista ersetzt wird.

Updates auf Windows Vista können nur von den verschiedenen Windows XP-Versionen für Desktop-PCs sowie von der Windows XP Tablet-PC-Variante ausgeführt werden. Updates von älteren Windows-Versionen sind nicht möglich. Hier muss Windows Vista komplett neu installiert werden. Eine Übernahme bestehender Daten ist auf einfachem Weg auch nicht möglich. Wer viele Programme unter einer älteren Windows-Version installiert hat und diese mit Windows Vista weiter verwenden möchte, sollte sich erst ein Windows XP Update installieren und von dort auf Windows Vista updaten – vorausgesetzt, die Programme laufen überhaupt noch unter Windows Vista.

▲ **Updatemöglichkeit von Windows XP auf Windows Vista**

Bisheriges Betriebssystem	Windows Vista Home Basic	Windows Vista Home Premium	Windows Vista Business	Windows Vista Ultimate
Windows XP Home	ja	ja	ja	ja
Windows XP Professional	nein	nein	ja	ja

Bisheriges Betriebssystem	Windows Vista Home Basic	Windows Vista Home Premium	Windows Vista Business	Windows Vista Ultimate
Windows XP Media Center	nein	ja	nein	ja
Windows XP Tablet-PC	nein	nein	ja	ja
Windows XP Professional x64	nein	nein	nein	nein

2.1 Welche Hardware brauchen Sie?

Beachten Sie, dass zur Installation folgende von Microsoft vorgegebene Hardwarevoraussetzungen erfüllt sein müssen, die mit Windows Vista gegenüber Windows XP deutlich gestiegen sind.

Aufgrund der hohen Hardwareanforderungen unterscheidet Microsoft zwischen zwei Kompatibilitätsklassen von PCs.

- Windows Vista Capable-PCs können alle Grundfunktionen von Windows Vista ausführen, allerdings die Multimediafunktionen und die 3D- und Transparenzeffekte der Aero-Oberfläche nicht.
- Windows Vista Premium Ready-PCs können alle Funktionen von Windows Vista ausführen.

Bild 2.1: Logo für Windows Vista Capable-PCs

Hardwarevoraussetzungen für Windows Vista Capable-PCs

- Pentium/Celeron-Prozessor mit 800 MHz oder höher bzw. vergleichbar: AMD Athlon/Duron/Sempron
- 512 MB Systemspeicher
- DirectX9-fähiger Grafikprozessor

Hardwarevoraussetzungen für Windows Vista Premium Ready-PCs

- 1 GHz-32-Bit(x86)- oder 64-Bit(x64)-Prozessor
- 1 GB Arbeitsspeicher
- Unterstützung für Grafikprozessor DirectX 9 mit WDDM-Treiber und mindestens 128 MB Grafikspeicher, Pixel Shader 2.0 und 32 Bit pro Pixel
- 40 GB Festplattenkapazität mit 15 GB freiem Speicher
- DVD-ROM-Laufwerk
- Funktion für die Audioausgabe
- Funktion für den Internetzugang

Ready for Vista? So testen Sie Ihren PC

Die Windows Vista Original-DVD enthält einen Downloadlink für ein Programm, mit dem Sie die Kompatibilität eines PCs für Windows XP überprüfen können. Beim Einlegen der CD erscheint ein Willkommensbildschirm, der eine Option anbietet, den *Windows Vista Upgrade Advisor* zu installieren und auszuführen.

Je nach installierten Windows-Updates müssen zuvor noch aktualisierte Microsoft Core XML Services heruntergeladen und installiert werden.

Bild 2.2: Nach dem Einlegen einer Windows Vista-CD unter Windows XP

Externe Geräte anschließen
Schließen Sie spätestens jetzt alle externen Geräte an, die Sie unter Windows Vista verwenden wollen, damit der Upgrade Advisor diese mit überprüfen kann. Legen Sie auch eine DVD in das Laufwerk, um die Laufwerksgeschwindigkeit zu testen.

Wenn Sie keine Original-Windows Vista-DVD haben, können Sie den Upgrade Advisor auch direkt bei *www.windowsvista.de* herunterladen. Der Upgrade Advisor benötigt mindestens Windows XP mit installiertem Service Pack 2.

2.1 Welche Hardware brauchen Sie?

Bild 2.3: *Start Scan* im Upgrade Advisor

Klicken Sie jetzt auf *Start Scan*, um die automatische Prüfung zu starten. Während die Überprüfung läuft, können Sie sich im unteren Teil des Dialogfeldes Werbung für die verschiedenen Windows Vista-Versionen ansehen.

Bild 2.4: Kompatibilitätsprüfung mit dem Upgrade Advisor

Nach einer Testphase, die einige Minuten dauern kann, wird ein Kompatibilitätsbericht angezeigt, der Hinweise auf Probleme mit installierter Hard- und Software enthält. Die Überprüfung der Software bezieht sich nur auf Programme, die auf lokalen Laufwerken installiert sind, nicht auf solche, die von Netzwerklaufwerken gestartet werden.

Um diesen Bericht zu sehen, klicken Sie auf den Button *See Details*. Der Testbericht lässt sich für die verschiedenen Windows Vista-Versionen umschalten, da unter Umständen eine Version läuft, eine andere aber nicht.

2.1 Welche Hardware brauchen Sie?

Bild 2.5: Ergebnis des Upgrade Advisor

Erschrecken Sie nicht, wenn der Updatebericht jede Menge Kompatibilitätsprobleme meldet. Der untere Teil des Dialogfeldes zeitig ausführlichere Meldungen. Oftmals scheitert die Kompatibilität nur daran, dass gerade zu wenig Festplattenspeicher frei ist oder dass für bestimmte Hardwarekomponenten keine Treiber vorliegen.

Bild 2.6: Detaillierter Report des Upgrade Advisor

Der Updgrade Advisor unterscheidet zwischen zwei verschiedenen Typen von Meldungen:

 Ein Fehler verhindert die Installation von Windows Vista.

 Bei einer Warnung kann Windows Vista installiert werden. Einige Funktionen werden jedoch nicht oder nur mit Einschränkungen laufen.

Alter und Nutzungsdauer von Hardware
Microsoft hat etwas seltsame Vorstellungen über das mögliche Alter und die Nutzungsdauer von Hardware. In der Dokumentation zu Windows 98 stand seinerzeit zum Beispiel der Satz, man solle sich beim geplanten Betrieb älterer Hardware, die noch nicht über USB angeschlossen wird, beim jeweiligen Hersteller über die Windows 98-Kompatibilität informieren. Zum Zeitpunkt der Vorstellung von Windows 98 gab es aber noch so gut wie gar keine USB-Geräte. Für Windows Vista gelten fast alle PCs, die im Laufe des vergangenen Jahres über Elektronikmarktketten und Lebensmitteldiscounter verkauft wurden, in ihrer Standardausstattung als alt.

2.1 Welche Hardware brauchen Sie?

Windows Vista berücksichtigt bei der Kompatibilitätsprüfung nur die Treiber, die auf der Original-DVD mitgeliefert werden. Fast alle Hersteller bieten auf ihren Webseiten inzwischen aber auch Windows Vista-Treiber für ältere Geräte zum Download an. Ist dies nicht der Fall, funktioniert oft auch noch ein Windows XP-Treiber mit Windows Vista.

Der Windows Vista *Upgrade Advisor* überprüft verschiedene Hardware- und Softwarekomponenten. Dabei werden nur die Komponenten angezeigt, die für die jeweilige Windows Vista-Version auch relevant sind. So fehlen bei der Home Basic-Version zum Beispiel die Meldungen über Grafikkarte und TV-Karte.

▲ **Allgemeine Systemanforderungen**

Festplattenplatz	Alle Festplatten werden überprüft und dabei wird jede Partition angezeigt, die zu wenig Platz enthält, selbst wenn eine Partition ausreichend Platz für eine Windows Vista-Installation bietet. Windows Vista benötigt etwa 7,5 GB Speicherplatz und zusätzlich mindestens 1,5 GB für die Auslagerungsdatei und die Ruhezustandsdatei. Da weiterer Speicherplatz für temporäre Dateikopien während der Installation benötigt wird, geht der Upgrade Advisor von einem Platzbedarf von 15 GB aus. In unseren Tests wurden allerdings auch Partitionen mit 20 GB freiem Speicherplatz als zu klein angezeigt.
CPU	Ist der Prozessor mit weniger als 800 MHz getaktet, wird eine Warnung ausgegeben.
Systemspeicher (RAM)	Ist der Computer mit weniger als 512 MB RAM ausgestattet, wird ein Fehler ausgegeben. Windows Vista kann nicht installiert werden.
Grafikkarte	Der Windows Vista Upgrade Advisor ermittelt anhand der Spezifikationen der Grafikkarte, ob diese für die Aero-Oberfläche geeignet ist, ohne die Grafikkarte wirklich zu testen.
DVD	Der Computer muss DVDs lesen können, um Windows Vista installieren zu können. Sollte kein DVD-Brenner eingebaut sein, wird ebenfalls eine Warnung ausgegeben, obwohl ein Brenner für den Betrieb von Windows Vista nicht zwingend erforderlich ist.
TV Tuner	Der Windows Vista Upgrade Advisor ermittelt anhand der Spezifikationen der TV-Karte, ob diese zu Windows Vista kompatibel ist.
TV Output	Hat der PC keinen TV-Ausgang, kann das Media Center trotzdem auf dem PC-Bildschirm genutzt werden. Es wird aber eine Warnung angezeigt.

▲ Geräte und Treiber

Bei der Überprüfung der angeschlossenen Geräte gibt es drei Kategorien von Ergebnissen.

Warnungen	Zu diesen Geräten müssen nach der Installation von Windows Vista neue Treiber gesucht und installiert werden.
Keine Information	Geräte, die der Windows Vista Upgrade Advisor nicht kennt, werden hier aufgelistet. Hier können vorab keine Aussagen gemacht werden, ob diese Geräte mit Windows Vista laufen oder nicht.
Keine Probleme	Geräte, für die Windows Vista Treiber mitliefert oder die mit Standardtreibern verwendet werden können.

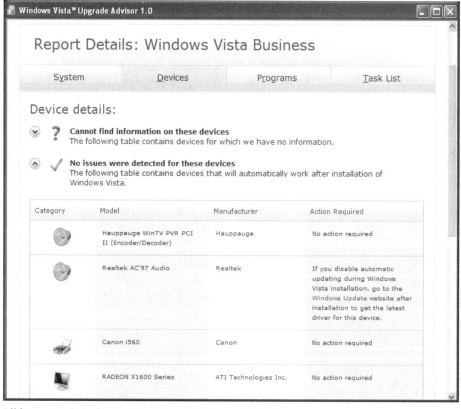

Bild 2.7: Ergebnis der Geräteprüfung des Upgrade Advisor

2.1 Welche Hardware brauchen Sie?

▲ **Installierte Anwendungen**

Die installierten Anwendungen werden überprüft, soweit sie in der Kompatibilitätsliste von Windows Vista stehen. Auch hier kann es zu Fehlern und Warnungen kommen.

Bei einem Fehler muss die betreffende Anwendung vor der Installation von Windows Vista deinstalliert werden.

Bei einer Warnung kann Windows Vista installiert werden. Die betreffende Anwendung wird jedoch nicht oder nur mit Einschränkungen laufen. Besonders Festplattentools, Systemoptimierungen, Backupprogramme, CD/DVD-Brennprogramme, Verwaltung von Wechselmedien, Faxprogramme und andere Anwendungen, die unmittelbar mit bestimmten Hardwarekomponenten zusammenspielen, können eventuell zu Windows Vista inkompatibel sein und werden deshalb hier gemeldet.

▲ **Task List**

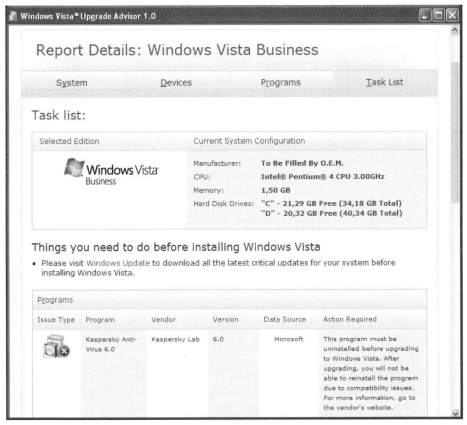

Bild 2.8: Vor dem Upgrade zu erledigende Aufgaben

Auf der Registerkarte *Task List* zeigt der Windows Vista Upgrade Advisor, was vor der Installation von Windows Vista noch zu tun ist. In den meisten Fällen muss zusätzlicher Festplattenplatz durch Aufräumen, Neupartitionierung oder Einbau einer weiteren Festplatte geschaffen werden. Oft müssen auch Anwendungen deinstalliert werden, die sonst unter Windows Vista Probleme bereiten würden.

2.2 Installation Schritt für Schritt

Um Windows Vista zu installieren, haben Sie zwei Möglichkeiten:

① Windows Vista-DVD unter Windows XP einlegen und installieren. Hier kann das vorhandene Windows XP upgedatet oder Windows Vista in einer neuen Partition oder auf einem zweiten Laufwerk installiert werden.

② Mit der Windows Vista-DVD booten. Bei dieser Methode können die Partitionen auf der Festplatte gelöscht oder neue angelegt werden. Windows Vista kann dann als einziges Betriebssystem oder parallel zu einem vorhandenen Windows XP in einer eigenen Partition installiert werden.

Booten von der Original-Vista-DVD
Damit die Installation durch Booten von der Original-DVD funktioniert, muss im BIOS des Computers die Option *von CD-ROM booten* aktiv sein. In vielen BIOS-Versionen werden verschiedene Bootreihenfolgen zur Auswahl angeboten. Sorgen Sie hier dafür, dass das CD-ROM-Laufwerk in der Reihenfolge vor der ersten bootfähigen Festplatte steht:
A, CDROM, C
Diese Bootsequenz bedeutet, dass zuerst nach einer Bootdiskette im Laufwerk *A:* gesucht wird. Ist dort keine Diskette vorhanden, wird nach einer bootfähigen CD-ROM gesucht. Wenn diese auch nicht vorhanden ist, bootet der Computer von der Festplatte *C:*. Diese Reihenfolge ist für eine Betriebssysteminstallation gut geeignet, auch wenn bereits ein lauffähiges Betriebssystem auf der Festplatte *C:* installiert ist. Allerdings sollten Sie darauf achten, dass Sie im Normalbetrieb nie eine Windows Vista-DVD beim Ausschalten im Laufwerk zurücklassen. Beim nächsten Einschalten würde sonst die Frage kommen, ob Sie Windows Vista neu installieren möchten.
Viele Computer haben heute kein Diskettenlaufwerk mehr. Hier wird stattdessen oftmals das Booten von einem USB-Stick im BIOS angeboten.

Die Installation von Windows Vista ist gegenüber früheren Windows-Versionen wesentlich vereinfacht. Während der Installation sind kaum noch Neustarts und Benutzereingaben erforderlich. Letzteres hat allerdings den Nachteil, dass auch keine optionalen Komponenten ausgewählt werden können, sondern immer alles installiert wird. Nach

2.2 Installation Schritt für Schritt

der Installation kann man auch nicht mehr, wie früher unter Windows XP, überflüssige Zusatztools und Spiele manuell wieder entfernen. Diese Komponenten lassen sich zwar in der Systemsteuerung deaktivieren, verbleiben aber auf der Festplatte.

Beim Start der Installation von der Vista-DVD erscheint als Erstes eine Abfrage, ob Sie wichtige Updates herunterladen möchten. Dies sollten Sie immer tun. Nur so können Sie sicherstellen, dass Sie sicherheitsrelevante Systempatches gleich mit installieren und Ihr PC nicht schon während der Installation angreifbar ist.

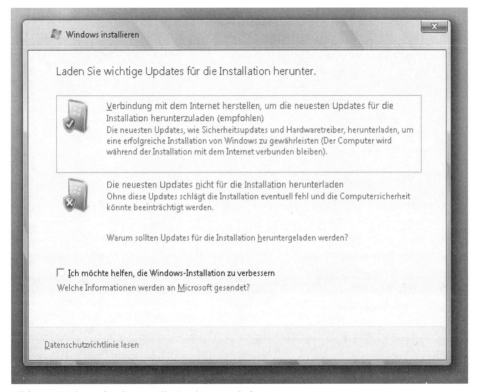

Bild 2.9: Updates für die Installation herunterladen

Den Schalter *Ich möchte helfen, die Windows-Installation zu verbessern* sollten Sie ausschalten, wenn Sie nicht möchten, dass Microsoft während der Installation Daten von Ihrem PC ausliest.

Im ersten Schritt müssen Sie den Produkt-Key eingeben, den Sie auf der Verpackung Ihrer Windows Vista-Version finden. Dieser besteht aus fünf Gruppen zu je fünf Ziffern oder Buchstaben. Der Produkt-Key legt auch fest, welche Windows Vista-Version installiert wird. Auf der DVD sind alle Versionen enthalten.

Hier können Sie auch festlegen, ob Windows automatisch aktiviert werden soll, wenn eine Internetverbindung besteht.

Bild 2.10: Produkt-Key eingeben

Wenn Sie jetzt keinen Key angeben, können Sie selbst auswählen, welche Version Sie installieren möchten. In diesem Fall muss der Produkt-Key nachträglich eingegeben werden.

2.2 Installation Schritt für Schritt

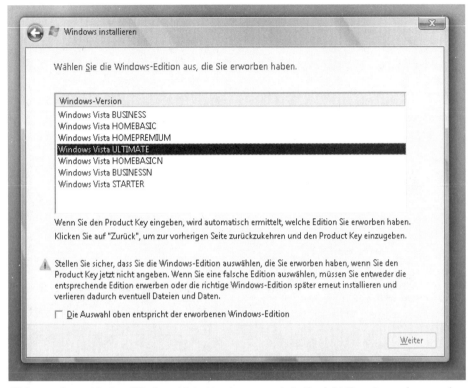

Bild 2.11: Auswahl einer Windows Vista-Version, wenn kein Produkt-Key eingegeben wurde

In diesem Fall müssen Sie ganz unten im Dialogfeld noch einmal bestätigen, dass Sie wirklich die ausgewählte Version installieren möchten. Ein späterer Umstieg auf eine andere Version ist nur über eine Neuinstallation möglich, wobei installierte Programme und Daten verloren gehen.

Im nächsten Schritt wählen Sie die Installationsart. Windows Vista unterscheidet hier zwischen *Upgrade* und *benutzerdefiniert*. Bei einer Upgrade-Installation wird das vorhandene Windows XP durch Windows Vista ersetzt, wobei installierte Programme auf der Festplatte bleiben. Die meisten Daten bleiben ebenfalls erhalten, allerdings sollten Sie sicherheitshalber vorher immer eine Datensicherung durchführen.

Unter *Benutzerdefiniert* ist die Parallelinstallation auf einer zweiten Festplatte oder Partition zu finden. Für eine komplette Neuinstallation muss der Computer mit der Windows Vista-DVD gebootet werden.

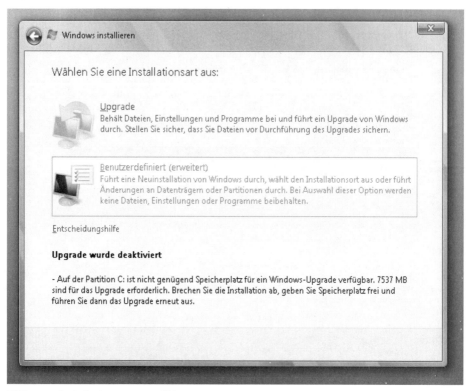

Bild 2.12: Installationsart auswählen

Das doppelte Windows: Parallelinstallation

Sie können Windows Vista parallel zu einem vorhandenen Betriebssystem installieren. Auf diese Weise können Sie Windows Vista ausgiebig testen, ohne Gefahr zu laufen, dass vorhandene Software nicht mehr kompatibel ist und Sie somit persönliche Dateien nicht mehr nutzen können.

Verwenden Sie für diese Installationsmethode eine zweite Festplatte oder zumindest eine eigene Partition. Das Installationsprogramm bietet Möglichkeiten, auf freien Festplattenbereichen Partitionen anzulegen oder vorhandene Partitionen neu zu formatieren, allerdings nur, wenn von der Windows Vista-DVD gebootet wurde. Bei einer Installation aus Windows XP heraus können keine Partitionen verändert werden.

2.2 Installation Schritt für Schritt

 Kein Partitionierungsprogramm in Windows Vista
Windows Vista enthält keine Funktionen, um Festplattenpartitionen, die bereits Daten enthalten, zu verändern, ohne dass die Daten dabei verloren gehen. So lassen sich Partitionen zum Beispiel nicht verkleinern, um Platz für eine neue Partition zu schaffen. Hierzu sind externe Produkte wie Partition Magic oder Paragon Festplatten Manager notwendig.

Beachten Sie beim Formatieren oder Konvertieren von Partitionen, dass Windows 9x/ME nicht auf NTFS-Partitionen zugreifen kann. Dies ist nur wichtig, wenn Sie noch solche älteren Windows-Versionen auf dem gleichen Rechner laufen lassen. Von einem anderen Computer kann auch Windows 98 über das Netzwerk auf eine freigegebene NTFS-Partition zugreifen.

Bild 2.13: Auswahl der Partition zur Installation von Windows Vista

In einer Parallelinstallation werden installierte Programme aus dem anderen Betriebssystem nicht übernommen. Sie müssen zur Verwendung in Windows Vista neu installiert werden.

Windows Vista liefert einen eigenen Bootmanager mit, der automatisch aktiviert wird, wenn Sie Windows Vista parallel zu einem vorhandenen früheren Windows installieren. Der Bootmanager installiert sich ebenfalls immer auf der ersten Festplatte, kann dann aber die Systemdateien von Windows Vista auf einer zweiten Platte unabhängig vom vorhandenen Betriebssystem installieren. Windows 9x/ME kann im Gegensatz zu Windows XP und Vista immer nur auf der ersten Festplatte laufen.

Der neue Bootmanager ist nicht der gleiche wie unter Windows XP. Sind beide Betriebssysteme oder noch mehrere andere Windows-Versionen installiert, schaltet sich der neue Windows Vista-Bootmanager vor den von XP. Das bedeutet, beim Start erscheint der Windows Vista-Bootmanager, in dem nur zwischen Windows Vista und *Frühere Windows-Version* ausgewählt werden kann. Wählt man diese ältere Version, erscheint das aus Windows XP bekannte Bootmenü, in dem Windows XP und eventuell vorhandene andere Windows-Versionen eingetragen sind.

Neuinstallation

Haben Sie einen Computer selbst zusammengebaut oder ohne Betriebssystem gekauft, müssen Sie eine Neuinstallation von Windows Vista vornehmen.

Nachdem Sie mit der Windows Vista-DVD gebootet haben, läuft die Neuinstallation weitgehend so ab wie eine Parallelinstallation. Bei der Auswahl der Partitionen haben Sie hier aber auch die Möglichkeit, neue Partitionen auf der Festplatte anzulegen, vorhandene zu löschen oder neu zu formatieren.

Am Anfang des Installationsvorgangs wird das Land und die Sprache abgefragt. Damit legt Windows Vista automatisch auch die Tastatursprache fest, sodass Sie nicht mehr wie in früheren Windows-Versionen mit der englischen Tastaturbelegung während der Installation arbeiten müssen.

Update-Installation

Möchten Sie ein vorhandenes älteres Windows auf Windows Vista updaten, sichern Sie zuallererst Ihre persönlichen Dateien. Normalerweise bleiben alle Daten erhalten, außer der Verzeichnisstruktur unterhalb des Ordners *Eigene Dateien*, der in Windows Vista auch einen anderen Namen bekommt. Aber das Risiko eines Datenverlustes besteht immer. Der Windows-Papierkorb wird beim Update auf Windows Vista immer gelöscht. Liegen hier Dateien, die Sie eventuell noch brauchen, holen Sie diese vorher aus dem Papierkorb heraus.

Starten Sie dann das Installationsprogramm unter dem alten Betriebssystem von der eingelegten Windows Vista-DVD.

Wählen Sie nach dem Start des Installationsprogramms die Option *Update*. Sie steht nur zur Verfügung, wenn auf der aktuellen Systempartition, meistens dem Laufwerk *C:*, mindestens 15 GB freier Speicherplatz vorhanden sind.

Die weiteren Installationsschritte laufen wie bei einer Neuinstallation ab. Installierte Hardwarekomponenten werden alle neu erkannt, was auch bedeutet, dass Plug&Play-Geräte gegenüber der bisherigen Betriebssystemversion eventuell unterschiedliche Interrupts zugewiesen bekommen. Da Windows Vista die Geräteverwaltung weitgehend selbstständig übernimmt, brauchen Sie sich um die Zuweisung der Interrupts normalerweise nicht zu kümmern. Allerdings müssen Geräte, für die Windows Vista keine Treiber zur Verfügung stellt, neu installiert werden, auch wenn die bereits installierten Windows XP-Treiber von Drittherstellern unter Windows Vista problemlos laufen würden.

Windows Vista unterstützt viele Grafikkarten nur in geringeren Auflösungen, als Windows XP das tat. Nach dem Update haben Sie also unter Umständen eine schlechtere Bildqualität. Installieren Sie in solchen Fällen einen Windows Vista-kompatiblen Treiber von der Webseite des Herstellers. Diese Treiber bringen meistens höhere Auflösungen und bessere Bildqualität als die bei Windows Vista mitgelieferten Treiber.

2.3 Aktivierung und Registrierung

Beim ersten Start des neuen Windows Vista erscheint eine Aufforderung zu dessen Aktivierung, falls diese nicht bereits bei der Eingabe des Produkt-Keys im Installationsprogramm durchgeführt wurde.

Nach einer Zeit von 30 Tagen muss das Betriebssystem spätestens bei Microsoft aktiviert werden – ein Versuch, möglichen Raubkopierern das Handwerk zu legen.

Für die Aktivierung wird auf dem eigenen Computer anhand verschiedener Daten, über die Microsoft nur wenig Auskunft gibt, eine Installations-ID zusammengestellt. Diese muss online über das Internet an Microsoft übermittelt werden. Eine Aktivierung per Telefon ist standardmäßig im Gegensatz zu Windows XP nicht mehr möglich. Leider wird der Benutzer absolut im Dunkeln darüber gelassen, welche Daten tatsächlich übertragen werden.

Ein Doppelklick auf *Computerdetails anzeigen* im Begrüßungscenter von Windows Vista zeigt einen Informationsbildschirm mit Details zum Computer. Dort finden Sie ganz unten eine Anzeige, wie viele Tage noch bis zur Zwangsaktivierung verbleiben.

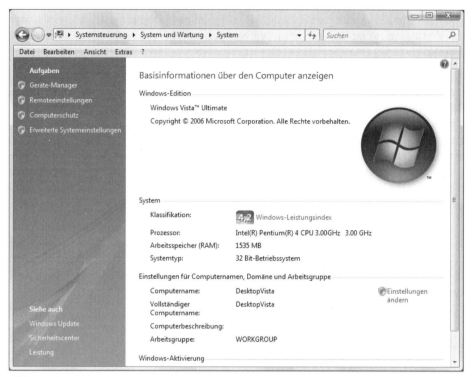

Bild 2.14: Systeminformationen und Anzeige der Windows-Aktivierung

Haben Sie bei der Installation keinen Produkt-Key angegeben, können Sie das jetzt nachholen. Windows Vista erkennt dies beim Versuch der Aktivierung automatisch und bietet jetzt die Möglichkeit, einen gültigen Produkt-Key einzugeben. Dieser muss mit der installierten Windows-Version übereinstimmen, da Windows Vista andernfalls komplett neu installiert werden muss.

2.3 Aktivierung und Registrierung

Bild 2.15: Eingabe eines neuen Produkt-Keys

Aktivierung später vornehmen

Sie haben 30 Tage Zeit, Windows Vista zu aktivieren, Sie können also ruhig den Aktivierungsbildschirm beim ersten Neustart übergehen und die Aktivierung später manuell vornehmen.

Warten mit der Aktivierung
Mit der Aktivierung etwas zu warten hat den Vorteil, dass man eventuell noch inkompatible Hardware umbauen oder austauschen kann. Der Aktivierungscode ist von der Hardware abhängig. Bei mehr als drei ausgetauschten Komponenten muss neu aktiviert werden.
Allerdings werden bei der Aktivierung auch Daten installierter Software übertragen. Wer nicht möchte, dass Microsoft erfährt, welche Programme auf seinem eigenen PC installiert sind, aktiviert sein jungfräuliches Windows direkt nach der Installation.

Diese Aktivierung hat nichts mit der freiwilligen persönlichen Registrierung zu tun. Diese beiden Vorgänge werden von vielen Benutzern leicht verwechselt. Nach der Aktivierung wird zwar ein Formular zur Registrierung gezeigt, das aber problemlos übersprungen werden kann.

2.4 Das geht nicht mehr

Auf den ersten Blick ist Windows Vista viel besser als jede frühere Windows-Version – wenn man der Werbung glaubt! Dennoch gibt es einige altbekannte Funktionen, die nach einem Update auf Windows Vista nicht mehr funktionieren werden. Diese finden Sie natürlich in keinem Werbeprospekt.

Einschränkungen der Benutzeroberfläche

	Das funktioniert nicht mehr
1	Benutzerdefinierte Aktionen für bestimmte Dateitypen lassen sich nicht mehr definieren.
2	In einigen Assistenten fehlen die *Zurück*-Buttons, sodass man nicht mehr einzelne Schritte zurückgehen kann, sondern bei einem Fehler komplett neu anfangen muss.
3	Windows Vista kann zwar auf das Design des alten Windows 95 zurückgeschaltet werden, nicht aber auf das seit Jahren bekannte Windows XP-Design.
4	Die mit Windows 98 eingeführten Webelemente des Active Desktop stehen nicht mehr zur Verfügung.
5	Die Suche nach Datum sucht nur Dateien neuer oder älter als ein bestimmtes Datum, kann aber nicht mehr in einem frei wählbaren Zeitbereich suchen.
6	Die mitgelieferte Textverarbeitung WordPad unterstützt die Dateiformate *.doc* (von Microsoft Office) und *.wri* (von Microsoft Write) nicht mehr.
7	Die Werkzeuge für Notizen und grafische Anmerkungen im Bildbetrachter bei TIFF-Dateien sind weggefallen.
8	Der Aufgabenbereich im Windows-Explorer fehlt.
9	Der Internet Explorer ist nicht mehr in den Windows-Explorer integriert, sondern nur noch als eigenes Programm aufzurufen.
10	Metadaten, die im sekundären Dateistream gespeichert sind, können über die erweiterten Dateieigenschaften im Explorer nicht mehr angezeigt und bearbeitet werden.
11	Der Desktopbereinigungs-Assistent ist weggefallen.

2.4 Das geht nicht mehr

	Das funktioniert nicht mehr
12	Die Lautstärke ist nicht mehr detailliert für einzelne Audioquellen einstellbar.
13	Im Datensicherungsprogramm können keine Dateien explizit zur Sicherung ausgewählt werden, nur die von Windows vorgeschlagenen Gruppen. Auch sind nicht mehrere projektbezogene Sicherungen unter verschiedenen Namen möglich.
14	Mit Windows Vista mitgelieferte Programme lassen sich nicht mehr deinstallieren, sondern nur noch deaktivieren. Sie bleiben dann aber auf der Festplatte vorhanden und belegen wertvollen Speicherplatz.
15	Der Festplattenplatz, den die Systemwiederherstellung belegen darf, kann nicht mehr eingestellt werden.
16	Der Editor für die *boot.ini* in der Systemsteuerung unter *System/Erweitert* ist weggefallen.

Fehlende Komponenten und Programme

	Das funktioniert nicht mehr
1	Windows Vista hat keinen Kompatibilitätsmodus für 16-Bit Programme mehr. Ältere Windows-Applikationen können so nicht mehr verwendet werden, auch nicht im Emulationsmodus.
2	Der Windows-Messenger, früher als MSN-Messenger bezeichnet, fehlt. Dafür gibt es einen Link zum Download des neuen Windows Live Messenger.
3	Das Programm NetMeeting wurde entfernt.
4	Das Spiel Pinball fehlt.
5	Die Links auf die Spiele Backgammon, Hearts, Reversi, Spades und Checkers aus der MSN Gaming Zone wurden entfernt.
6	Das Programm Hyperterminal fehlt.

Eingeschränkte Internetfunktionen

	Das funktioniert nicht mehr
1	Das neue Windows Mail unterstützt kein http-Mail über das WebDAV-Protokoll mehr. Dieses Protokoll wird von Hotmail und Yahoo eingesetzt.
2	MS-CHAP v1 zur Anmeldung im VPN wird nicht mehr unterstützt.
3	Das Gopher-Protokoll, früher für Onlinedatenbanken genutzt, wird nicht mehr unterstützt.

	Das funktioniert nicht mehr
4	Der Internet Explorer unterstützt die DirectAnimation-Technologie nicht mehr.
5	Das CDF (Channel Definition Format) für Active Channels, die in Windows 98 groß beworben wurden, wird nicht mehr unterstützt.
6	Der Internet Explorer zeigt keine Bilder im Format XBM mehr an.
7	Der Internet Explorer unterstützt das Telnet-Protokoll nicht mehr.
8	40 Bit-SSL wird nicht mehr unterstützt. Damit sollen Webseiten gezwungen werden, eine höhere, sicherere Verschlüsselung einzusetzen.
9	Das Bandwidth Allocation-Protokoll wird nicht mehr unterstützt.
10	X.25-Unterstützung für SLIP-Verbindungen wurde entfernt. Bestehende SLIP-Verbindungen werden beim Update, wenn möglich, auf PPP umgestellt.
11	Der Web Publishing Wizard im Windows-Explorer wurde entfernt.
12	FrontPage Server Extensions werden nicht mehr mitgeliefert.
13	Die Webfreigabe von Verzeichnissen im Windows-Explorer über die Internet-Informationsdienste wird nicht mehr unterstützt.

Eingeschränkte Hardwarekompatibilität

	Das funktioniert nicht mehr
1	Die Advanced Power Management (APM)-Technik für Motherboards wird nicht mehr unterstützt. Windows Vista arbeitet nur noch mit den Energiefunktionen von ACPI-Motherboards.
2	Beim Start gibt es keine Hardwareprofile mehr.
3	Hardware, für die die Unterstützung mit dem Windows XP Service Pack 2 oder anderen Windows Updates »schleichend« eingestellt wurde, wird auch in Windows Vista nicht unterstützt. Dies betrifft vor allem ältere Netzwerkkarten, nicht standardisierte Bluetooth-Geräte und Satellitenempfangskarten.
4	Der EISA-Bus wird nicht mehr unterstützt.
5	Joysticks und andere Hardware können nur noch per USB, nicht mehr über den Gameport angeschlossen werden.
6	Der MPU-401 Standard für MIDI-Hardware wird nicht mehr unterstützt.
7	Mobile Prozessoren der Serien AMD K6/2 Mobile, Mobile Pentium II und Mobile Pentium III SpeedStep werden nicht mehr unterstützt.
8	Die automatische Installation von Druckertreibern für ältere Windows-Versionen im Netzwerk wird nicht mehr unterstützt.
9	Das IPX-Protokoll für Netzwerke wird nicht mehr unterstützt.

2.4 Das geht nicht mehr

	Das funktioniert nicht mehr
10	Die Kommandozeilenfunktionen `rexec`, `rsh`, `finger` und einige andere zur Kommunikation mit Unix-Systemen sind nicht mehr enthalten.
11	IP-Verbindungen über Firewire (IP over 1394) werden nicht mehr unterstützt.
12	Der Direct3D Retained Mode wird nicht mehr unterstützt.
13	Die Dienste zum Drucken und zur Dateifreigabe über das AppleTalk-Protokoll mit Macintosh-Computern fehlen.
14	SerialKeys, eine Schnittstelle für spezielle Eingabegeräte, wird nicht mehr unterstützt.
15	Die NetDDE-Technologie wird nicht mehr unterstützt.

Der Windows Vista-Desktop

Der Windows Vista-Desktop ist Ihr Schreibtisch. Dort liegen Ihre Werkzeuge und Schreibgeräte – das sind im wesentlichen Programme, auf die Sie häufig zugreifen. Auf den Desktop können Sie aber auch Ihre Ordner und Dokumente ablegen. Eine neue Funktion des Windows Vista-Desktops ist die Sidebar, die eine Uhr, aktuelle Schlagzeilen oder andere nützliche Informationen anzeigt.

3.1 Vista starten und beenden

Beim Einschalten des Computers startet das Betriebssystem Windows Vista automatisch. Sie müssen nur den Einschaltknopf Ihres PCs drücken. Bereits nach wenigen Sekunden sehen Sie den Startbildschirm von Windows Vista. Danach erscheint der sogenannte Desktop. Bei einer Neuinstallation präsentiert sich der Desktop mit dem bei der Installation festgelegten Hintergrundbild etwa wie in Bild 3.1.

Nach dem Start soll auch gleich noch das Beenden von Windows erklärt werden. Früher hieß es immer: »Schalten Sie auf keinen Fall den PC einfach aus!« Da Windows viele Aktivitäten im Hintergrund ausführt, könnten diese Programme und die zugehörigen Dateien beschädigt werden. Als Folge würde der PC nicht mehr richtig oder gar nicht mehr starten.

Moderne PCs haben keinen wirklichen Ausschalter mehr, der einfach die Verbindung zum Stromnetz trennt, sondern einen sogenannten Soft-Power-Down-Schalter. Dieser Schalter, der sich auf der Gehäusevorderseite oder manchmal sogar auf der Tastatur befindet, fährt Windows herunter und schaltet dann den Computer scheinbar aus. In Wirklichkeit laufen einige Komponenten in einem Sparmodus weiter, sodass der Computer über denselben Schalter auch wieder gebootet werden kann.

Bild 3.1: Der fast leere Desktop mit dem Vista-Hintergrund

Viele, aber nicht alle PCs haben einen zweiten Schalter auf der Rückseite, der das System wirklich stromlos schaltet. Diesen sollten Sie erst dann betätigen, wenn der PC bereits mit dem Soft-Power-Down-Schalter heruntergefahren wurde.

Auch über das Startmenü besteht wie in früheren Windows-Versionen die Möglichkeit, den Computer auszuschalten. Klicken Sie dazu in der linken unteren Bildschirmecke auf das Windows-Logo. Rechts unten im Startmenü ist ein Ausschalt-Symbol zu sehen.

 **Bild 3.2:** Der Ausschalter (links) im Startmenü

Dieser Ausschalter fährt den Computer nicht komplett herunter, sondern versetzt ihn in einen neuen Energiesparmodus. Aus diesem Modus kann er sehr schnell durch einen Tastendruck oder eine Mausbewegung wieder aufgeweckt werden. Geöffnete Programme werden nicht beendet, sondern in ihrem derzeitigen Zustand eingefroren und stehen beim Wiederinbetriebnehmen des Computers wieder genauso zur Verfügung.

3.1 Vista starten und beenden

Windows Vista Energiesparmodus
Microsoft würde am liebsten die Computer gar nicht mehr ausschalten lassen. Der Bootvorgang brachte schon bei früheren Windows-Versionen die meisten Probleme mit sich. Außerdem fällt bei einem Computer, der nicht mehr ausgeschaltet wird, auch nicht mehr auf, wie lange er wirklich zum Booten braucht. Ein Erwachen aus dem Ruhezustand dauert dagegen nur wenige Sekunden.
Der neue Energiesparmodus in Windows Vista ist eine Kombination zweier bekannter Energiesparverfahren. Der Inhalt des Arbeitsspeichers wird nach dem ACPI S4 Hibernate-Verfahren in die Datei *hiberfil.sys* auf der Festplatte geschrieben. Von hier aus kann der aktuelle Systemzustand jederzeit wieder hergestellt werden – auch dann, wenn zwischenzeitlich der Strom abgeschaltet wurde. Statt den Computer aber wirklich auszuschalten, wird er anschließend in den ACPI S3 Standby-Modus versetzt. Hier wird der Arbeitsspeicher weiterhin mit Strom versorgt, sodass die langsame Festplatte nur als Datensicherung dient, der Computer beim Aufwecken aber sofort den Arbeitsspeicher nutzen kann. Im Energiesparmodus werden automatisch der Monitor und die Festplatten ausgeschaltet. Der Prozessor läuft in einem Minimalmodus, sodass sich auch die Kühlung des PCs selbstständig abschaltet.
Auf diese Weise kombiniert Windows Vista die Sicherheit des Hibernate-Verfahrens mit dem schnellen Aufwecken des Standby-Modus. Unter Windows XP konnten die beiden Verfahren nur getrennt voneinander genutzt werden.
Viele Computer zeigen diesen neuen Energiesparmodus durch Blinken einer LED auf der Tastatur oder am PC-Gehäuse an.

Sie können über das Startmenü den Computer auch komplett abschalten. Klicken Sie dazu auf das kleine Dreieck rechts unten im Startmenü. Hier öffnet sich ein Untermenü, in dem Sie ganz unten den Menüpunkt *Herunterfahren* finden. Dieser schaltet den Computer wirklich aus.

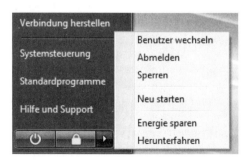
Bild 3.3: Windows Vista über das Startmenü beenden

3.2 Funktionen der Maustaste

Windows Vista ist, wie alle Windows-Versionen, ein Betriebssystem mit grafischer Benutzeroberfläche. Es lässt sich am besten mit einer Maus bedienen. Jede Maus hat mindestens eine rechte und eine linke Taste. Darüber hinaus finden Sie oft noch ein Mausrad, das auch als dritte Taste verwendet werden kann. Einen kurzen Druck auf eine der Tasten nennen wir einen Klick. Er ist deutlich hörbar. Für manche Aktionen ist ein sogenannter Doppelklick notwendig. Dabei wird die linke Taste zweimal kurz hintereinander gedrückt. In praktisch allen Windows-Programmen haben die Tasten gleichartige Funktionen.

▲ **Maustasten und ihre Funktionen**

Taste	Funktion
Linke Maustaste, Einfachklick	Markieren, erkennbar durch einen Farbwechsel. In Internetbrowsern: Aufrufen eines Links.
Linke Maustaste, Doppelklick	Funktion auslösen, z. B. Programm starten.
Linke Maustaste festhalten, Maus bewegen	Das Element ist festgehalten und kann bewegt werden (Drag & Drop).
Rechte Maustaste	Aufrufen eines Kontextmenüs.
Mausrad	Rollen durch einen Text, z. B. im Internetbrowser.

Beim flüssigen Arbeiten ist der Griff zur Maus oft lästig oder zeitaufwendig. Deshalb lassen sich viele Funktionen auch mit der Tastatur ausführen. Wir werden daher im Buch neben der Mausbetätigung auch die Tastenfunktionen, soweit verfügbar, angeben.

3.3 Den Vista-Desktop kennenlernen

Direkt nach der Installation sieht der Windows Vista-Desktop noch auf jedem Computer fast gleich aus. Im Laufe Ihrer Arbeit werden Sie hier Symbole für Programme und Dateien anlegen und bestimmt auch das Aussehen des Desktops verändern.

Die neue Aero-Benutzeroberfäche
Windows Vista bringt zwei verschiedene Benutzeroberflächen mit: Vista Basic und das neue Aero, das erhöhte Anforderungen an die Grafikkarte stellt. Je nach Leistungsfähigkeit der Grafikkarte wählt das System selbstständig die geeignete Oberfläche aus. Zusätzlich muss für Aero ein kompatibler Grafiktreiber installiert sein. Aero ist auf einen Blick an seinen transparenten Fenstertitelleisten zu erkennen. Einige Funktionen in Windows Vista laufen auch nur mit der Aero-Oberfläche. Bei wichtigen Unterschieden in der Bedienung finden Sie entsprechende Hinweise im Text.

Hintergrund

Zunächst sehen Sie über den ganzen Bildschirm das am Anfang ausgewählte Hintergrundbild. Es werden eine ganze Reihe von Bildern mitgeliefert, die Sie als Hintergrund einstellen können.

Icons

Der Desktop ist Ihr Schreibtisch, auf dem Sie alle wichtigen Arbeitsunterlagen finden. Zu Anfang sehen Sie wahrscheinlich nur ein kleines grafisches Symbol, ein sogenanntes Icon, das mit Papierkorb beschriftet ist. Im Laufe Ihrer Arbeit werden auf dem Desktop noch weitere Programme, Ordner und Dokumente auftauchen. Probieren Sie den Papierkorb einmal aus, indem Sie doppelt darauf klicken. Es öffnet sich ein Fenster. Der Papierkorb zeigt seinen Inhalt an, ist aber wahrscheinlich noch leer. Wenn auf dem Icon oben noch ein Stück Papier herausschaut, sind Dateien im Papierkorb. In jedem Fenster sehen Sie oben rechts ein weißes Kreuz auf rotem Grund. Ein einfacher Klick darauf schließt das entsprechende Fenster wieder.

Bild 3.4: Symbol (rechts) zum Schließen eines Fensters

3.4 Das Startmenü

Das Startmenü öffnet sich, wenn Sie auf das runde Windows-Logo links unten klicken. Noch schneller geht es mit einem Druck auf die Windows-Taste [Win]. Rechts oben sehen Sie Ihren Benutzernamen. Das Menü ist in eine linke helle und eine rechte dunkle Hälfte geteilt.

Bild 3.5:
Das neue Startmenü in Windows Vista

Kein Start-Button mehr in Windows Vista
Linux- und Macintosh-Anwender machten sich seit dem Erscheinen von Windows 95 darüber lustig, dass man unter Windows auf *Start* klicken muss, um das System zu beenden. Ob dies der Grund ist, dass das Wort *Start* in Windows Vista vom Symbol zum Aufruf des Menüs verschwunden ist, wird man wohl nie erfahren.

3.4 Das Startmenü

Linker Teil des Startmenüs

Der helle linke Teil des Startmenüs enthält Programme. Am Anfang sind das die mit Windows mitgelieferten Anwendungen. Später kommen neu installierte Anwendungen dazu. Oberhalb der waagerechten Linie sind standardmäßig der Internetzugriff mit dem Internet Explorer und das E-Mail-Programm Windows Mail eingetragen. Durch einen einfachen Linksklick auf diese Icons starten Sie die Programme. Mit einem einfachen Rechtsklick öffnet sich ein kleines Untermenü. Dort könnten Sie diese Anwendungen aus der Liste entfernen. Das ist sicher nicht sinnvoll, aber vielleicht möchten Sie einen anderen Internetbrowser und ein anderes E-Mail-Programm verwenden.

Wenn Sie an dieser Stelle andere Windows-Programme verwenden wollen, dann gehen Sie folgenden Weg:

1. Klicken Sie mit der rechten Maustaste auf das Windows Vista-Logo. Es öffnet sich ein kleines Kontextmenü.

Bild 3.6: Kontextmenü mit Rechtsklick auf das Windows-Logo

2. Wählen Sie hier den Menüpunkt *Eigenschaften*. Es öffnet sich das Dialogfeld *Eigenschaften von Taskleiste und Startmenü*. Auf der Registerkarte *Startmenü* wählen Sie *Anpassen*.

3. Im nächsten Dialogfeld finden Sie ausführliche Einstellungen zum Startmenü. Im unteren Teil des Dialogfeldes können Sie mit zwei Häkchen die Internetprogramme ein- oder ausblenden und über die Dropdown-Listen rechts andere installierte Programme auswählen.

Bild 3.7:
Die Eigenschaften des Startmenüs

④ Unterhalb der waagerechten Linie im Startmenü werden die zuletzt verwendeten Programme angezeigt. Am Anfang finden Sie hier eine Auswahl standardmäßig vorinstallierter Windows-Anwendungen. Durch einen einfachen Linksklick werden sie schnell gestartet. Die Anzahl der angezeigten Programme können Sie selbst festlegen:

⑤ Klicken Sie wieder mit der rechten Maustaste auf das Windows Vista-Logo und wählen Sie den Menüpunkt *Eigenschaften*. Auf der Registerkarte *Startmenü* im Dialogfeld *Eigenschaften von Taskleiste und Startmenü* wählen Sie *Anpassen...*

3.4 Das Startmenü

Bild 3.8:
Aktivierter *Internetlink*
und *E-Mail-Link*

❻ Unter *Startmenügröße* können Sie die Anzahl der angezeigten Programme festlegen. Der Button *Standardeinstellungen* setzt alle Veränderungen des Startmenüs wieder auf die Standardwerte zurück.

▲ Alle Programme

Ein wichtiger Menüpunkt im Startmenü ist der Pfeil ganz unten. Er ist mit *Alle Programme* beschriftet. Wenn Sie mit der Maus darauf klicken oder einige Zeit den Mauszeiger einfach nur an dieser Stelle halten, verändert sich das Menü und zeigt alle installierten Programme an.

Im unteren Teil der Liste finden Sie Ordnersymbole. Sie stehen hier für Untermenüs. Ein Klick darauf öffnet die Untermenüs, die Programme und weitere Untermenüs enthalten können.

Dieses neue Startmenü in Windows Vista kann schnell sehr lang werden, weshalb ein Scrollbalken zum Verschieben des sichtbaren Ausschnitts eingeführt wurde. Gegenüber Windows XP spart man sich aber lange Wege mit der Maus quer über den Bildschirm und das versehentliche Abrutschen in ein falsches Untermenü. Ein einfacher Klick in der Liste startet auch hier ein ausgewähltes Programm.

Bild 3.9: Das Menü *Alle Programme*

Rechter Teil des Startmenüs

Im rechten dunklen Teil des Startmenüs sind standardmäßig die Zugriffe auf wichtige Verzeichnisse eingetragen.

| Benutzername | Ein Klick auf Ihren Benutzernamen öffnet das persönliche Verzeichnis. In diesem Verzeichnis befinden sich weitere Unterverzeichnisse für Bilder, Dokumente, Favoriten, Downloads und andere persönliche Dateien. In früheren Windows-Versionen hieß diese Ansicht *Eigene Dateien*. |

3.4 Das Startmenü

Bild 3.10: Das persönliche Benutzerverzeichnis

Dokumente	Das Verzeichnis für eigene Dokumente innerhalb des persönlichen Benutzerverzeichnisses.
Bilder	Das Verzeichnis für eigene Bilder innerhalb des persönlichen Benutzerverzeichnisses. In früheren Windows-Versionen hieß diese Ansicht *Eigene Bilder*.
Musik	Das Verzeichnis für eigene Musikdateien innerhalb des persönlichen Benutzerverzeichnisses. Dieses Verzeichnis wird auch vom Windows Media Player genutzt. In früheren Windows-Versionen hieß diese Ansicht *Eigene Musik*.
Spiele	Die vorinstallierten Windows-Spiele.

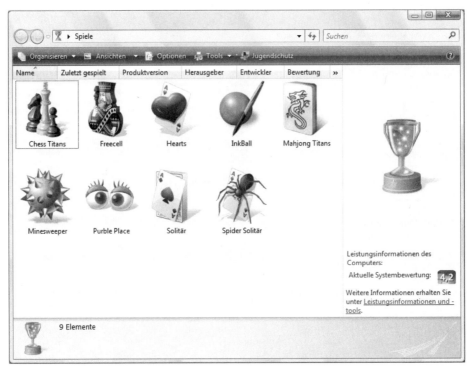

Bild 3.11: Windows Vista bringt einige Spiele mit

Suchen	Suche nach Dateien auf dem Computer.
Zuletzt verwendet	Hier wird eine Liste der zuletzt verwendeten Dateien angezeigt. Ein Klick auf eine dieser Dateien öffnet diese mit der zugehörigen Standardanwendung.
Computer	Öffnet den Windows-Explorer mit einer Übersicht über alle Festplatten und Wechselmedien des Computers. Bei Festplatten wird automatisch angezeigt, wie viel Speicherplatz noch frei ist. Von hier aus können Sie auch direkt auf ein Laufwerk wechseln und sämtliche dort vorhandenen Dateien sehen und verwalten. In früheren Windows-Versionen hieß diese Ansicht *Arbeitsplatz*.

3.4 Das Startmenü

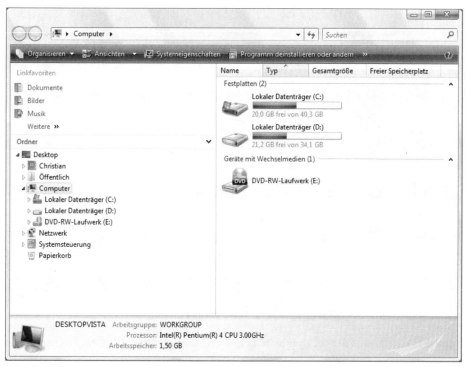

Bild 3.12: Übersicht über die Laufwerke eines Computers

Netzwerk	Öffnet den Windows-Explorer mit einer Übersicht über alle Computer und Medienfreigaben im lokalen Netzwerk. In früheren Windows-Versionen hieß diese Ansicht *Netzwerkumgebung*.
Verbindung herstellen	Hier wird eine Liste der verfügbaren Drahtlosnetzwerke, Wählverbindungen und VPN-Verbindungen angezeigt, mit denen der Computer eine Verbindung herstellen kann. Ständig aktive Standardnetzwerkverbindungen tauchen nicht gesondert auf.
Systemsteuerung	Öffnet die Systemsteuerung, in der wichtige Einstellungen vorgenommen werden können. Weitere Informationen dazu finden Sie in den Kapiteln 6 und 7.
Standardprogramme	In früheren Windows-Versionen waren die Einstellungen, die festlegen, welche Dateitypen beim Doppelklick auf eine Datei mit welchen Programmen geöffnet werden sollen, nur schwer zu finden. Windows Vista hat diese Einstellungen jetzt übersichtlich an einer Stelle zusammengefasst.

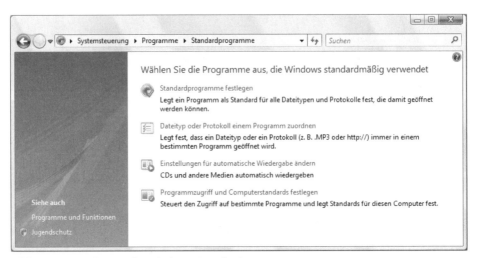

Bild 3.13: Einstellungen für Windows-Standardprogramme

Hilfe und Support	Öffnet die Windows-Hilfe. Weitere Informationen dazu finden Sie im Abschnitt 3.10 »Lokale Hilfe und Support«.

Auch die Anzeige auf der rechten Seite können Sie innerhalb bestimmter Grenzen nach eigenem Belieben gestalten:

Klicken Sie wieder mit der rechten Maustaste auf das Windows Vista-Logo und wählen Sie den Menüpunkt *Eigenschaften*. Auf der Registerkarte *Startmenü* im Dialogfeld *Eigenschaften von Taskleiste und Startmenü* wählen Sie *Anpassen...*

Meist können Sie auswählen, ob die Menüpunkte ein Untermenü mit einer Liste der jeweiligen Dateien anzeigen (*Als Menü anzeigen*) oder ein Windows-Explorer-Fenster im entsprechenden Verzeichnis öffnen sollen (*Als Verknüpfung anzeigen*). Die Menüpunkte können mit der Option *Element niemals anzeigen* auch ganz ausgeblendet werden.

Weiterhin können an dieser Stelle auch Menüpunkte eingeblendet werden, die standardmäßig abgeschaltet sind:

Ausführen	Dieser Menüpunkt öffnet ein Dialogfeld, in dem ein Dateiname oder eine Internetadresse eingegeben werden kann woraufhin ein sofortiges Starten erfolgt. Auf diesem Weg können Anwendungen auch mit Parametern gestartet werden, was sonst nur durch Veränderung des jeweiligen Menüpunktes möglich ist.

3.4 Das Startmenü

Bild 3.14: Einstellungen für das Startmenü

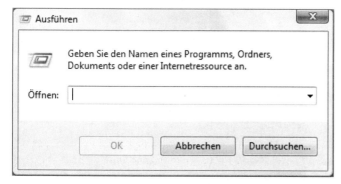

Bild 3.15: Das Dialogfeld zum Ausführen einer Datei

| Drucker | Zeigt eine Liste aller installierten Drucker. Hier können Sie auf die Druckerwarteschlangen und Druckereinstellungen zugreifen und auch neue Drucker einrichten. |

Favoriten	Zeigt eine Liste der Favoriten aus dem Internet Explorer. Ein Klick auf einen Eintrag startet den Browser und öffnet direkt die entsprechende Webseite.
Systemverwaltung	In der Systemverwaltung sind einige besonders kritische Einstellungen zu finden, die vor ahnungslosen Anwendern lieber verborgen bleiben sollten. Wer sich mit Windows Vista auskennt, findet hier nützliche Programme, die allerdings mit Vorsicht zu bedienen sind. Weitere Informationen dazu finden Sie in den Kapiteln 6 und 7.

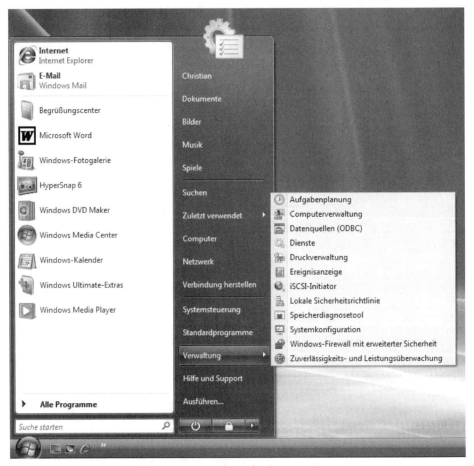

Bild 3.16: Das Untermenü der Systemverwaltung im Startmenü

3.5 Programme starten

Jetzt soll es aber endlich mit der Arbeit losgehen. Dazu müssen Sie ein Programm starten. Windows Vista bietet dazu verschiedene Möglichkeiten, die alle zum selben Ziel führen. Hierbei werden Sie sehr schnell herausfinden, welche Vorgehensweise am besten zu Ihrem Arbeitsstil passt.

- Startmenü
- Alle Programme
- Desktop
- Explorer

Im linken Teil des Startmenüs sind oben der Internet Explorer und das E-Mail-Programm eingetragen. Darunter sind die häufig benutzten Programme aufgelistet. Mit einem einfachen Klick der linken Maustaste auf den Programmnamen starten Sie das gewünschte Programm. Es wird dann anschließend in einem eigenen, neuen Programmfenster ausgeführt.

Über *Alle Programme* im unteren Teil des Startmenüs haben Sie Zugriff auf alle auf Ihrem PC installierten Programme. Wenn ein Ordnersymbol erscheint, gehört zu dem Eintrag ein oder sogar noch ein zweites Untermenü. Ein einfacher Linksklick startet das Programm. Durch die Programmlisten können Sie auch mit den Pfeiltasten der Tastatur scrollen. Ein Druck auf die [Win]-Taste öffnet das Startmenü. Mit den Pfeiltasten gelangt man zum gewünschten Programm, das mit der Eingabetaste [↵] gestartet wird. Die gleiche Taste öffnet auch Untermenüs.

Programme auf dem Desktop

Befinden sich auf dem Desktop verschiedene Symbole, verbirgt sich hinter jedem Symbol ein Programm, das mit einem Doppelklick der linken Maustaste gestartet werden kann. Eventuell ist der Desktop durch andere geöffnete Fenster verdeckt: Dann schafft ein Klick auf das Symbol *Desktop anzeigen* in der Schnellstartleiste unten links Abhilfe.

Bild 3.17: Ein Klick auf das rechte Symbol schafft freie Sicht auf den Desktop

Möchten Sie ein bestimmtes Programm mit dem Desktop verknüpfen, suchen Sie es im Startmenü über *Alle Programme*, klicken mit der rechten Maustaste darauf und wählen im Kontextmenü *Senden an/Desktop (Verknüpfung erstellen)*.

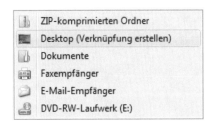

Bild 3.18: Desktopverknüpfung für ein Programm erstellen

Programme aus dem Explorer starten

Der Windows-Explorer zeigt alle Dateien Ihres PCs. Alle Dateien mit der Erweiterung *.exe* sind ausführbare Programme. Ein Doppelklick darauf oder Markieren und anschließendes Drücken der Eingabetaste ⏎ startet das Programm.

Eine ausführliche Beschreibung des Windows-Explorers finden Sie im Kapitel 4.

Die Bedienung der Programme entnehmen Sie bitte den jeweiligen Dokumentationen des Herstellers. Möchten Sie ein Windows-Programm beenden, geht dies mit der Tastenkombination [Alt] + [F4] oder mit einem Klick auf das Kreuz-Symbol auf rotem Grund in der rechten oberen Fensterecke in der Titelleiste des Programms.

3.6 Mit Fenstern arbeiten

Fenster sind, wie der Name schon sagt, ein zentrales Instrument von Windows. Jedes Programm wird in einem eigenen Fenster ausgeführt. Die meisten Programme erzeugen für jedes bearbeitetes Dokument wieder ein Unterfenster. Ein Fenster besteht in Windows Vista in den meisten Fällen aus den folgenden Elementen:

3.6 Mit Fenstern arbeiten

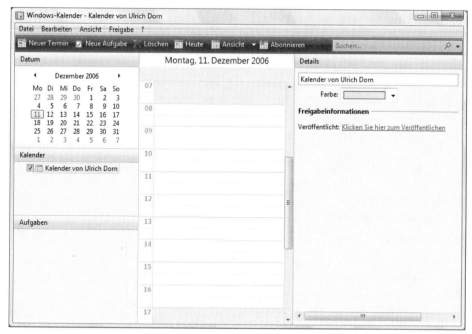

Bild 3.19: Ein typisches Windows-Fenster

Titelleiste

Sie enthält den Programmnamen und – soweit erforderlich – den Dokumentennamen. Ganz links steht ein Symbol für das Programm. Aus Gründen der Kompatibilität zu früheren Windows-Versionen verbirgt sich dahinter ein kleines Menü. Sie erreichen es mit einem einfachen Linksklick oder mit der Tastenkombination [Alt] + [Leertaste]. Ein Doppelklick auf das Programmsymbol schließt das Fenster.

Ganz rechts in der Titelleiste befinden sich drei rechteckige Symbole. Das Kästchen minimiert das Fenster und legt es als Schaltfläche in die Taskleiste. Das mittlere Symbol maximiert das Fenster auf komplette Bildschirmgröße oder reduziert es auf die vorherige Größe. Das rechte Symbol schließt das Fenster. Das können Sie auch mit der Tastenkombination [Alt] + [F4] erreichen.

Ein Doppelklick in einen freien Bereich der Titelleiste schaltet zwischen Vollbildmodus und verkleinerter Darstellung des Fensters um. Um ein verkleinertes Fenster an eine beliebige Stelle des Bildschirms zu schieben, führen Sie den Mauszeiger auf die Titelleiste und verschieben das Fenster bei gedrückter linker Maustaste an seine neue Position.

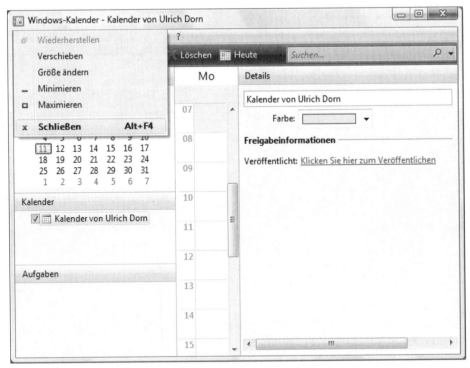

Bild 3.20: Die Titelleiste und das Menü des Programmsymbols

Fenstergröße

Wenn ein Fenster durch das mittlere Symbol oben rechts in der Titelleiste verkleinert dargestellt wird, kann die Größe der meisten Fenster beliebig verändert werden. Wenn Sie den Mauszeiger auf eine der vier Fensterkanten positionieren, verwandelt sich der Pfeil in einen horizontalen oder vertikalen Doppelpfeil. Mit gedrückter linker Maustaste können Sie dann die Fensterkante beliebig nach links/rechts bzw. oben/unten ziehen. In den Fensterecken verwandelt sich der Mauszeiger in einen diagonalen Doppelpfeil. Jetzt können Sie das Fenster in Pfeilrichtung vergrößern oder verkleinern.

Menüleiste

Viele Windows-Programme haben unterhalb der Titelleiste eine Menüleiste. Hier sind die Befehle des jeweiligen Programms in Gruppen zusammengefasst. Ein Klick auf ein Menü klappt eine Liste mit Programmbefehlen aus. Ein kleines schwarzes Dreieck am rechten Rand verweist auf ein Untermenü. Durch einen einfachen Klick der linken Maustaste auf den Befehl wird dieser ausgeführt. Wenn Sie den Befehl nicht ausführen

3.6 Mit Fenstern arbeiten

wollen, können Sie das Menü mit der [Esc]-Taste oder einem Klick irgendwo in das Fenster außerhalb des Menüs wieder schließen.

Bild 3.21: Die Menüleiste in einer Windows-Anwendung

Die meisten Menüs lassen sich auch sehr schnell und effizient per Tastatur bedienen. Halten Sie die [Alt]-Taste fest, erscheint in jedem Menüpunkt ein Buchstabe unterstrichen. Drücken Sie dann die unterstrichene Buchstabentaste. Damit klappt ebenfalls das Menü mit den Befehlen aus, in dem Sie sich mit den Cursor-Tasten bewegen können. Mit [↵] wählen Sie den entsprechenden Befehl aus. Ein Druck auf die Taste mit dem im Menü unterstrichenen Buchstaben hat denselben Effekt. Häufig verwendete Menübefehle haben in den meisten Programmen zusätzliche Tastenkombinationen, die in den Menüs ebenfalls mit angegeben sind.

Symbolleiste

Unterhalb der Menüleiste haben die meisten Programme eine Symbolleiste. Hier sind je nach Programm verschiedene Befehle in Kurzform einem Symbol zugeordnet. Die Bedeutungen müssen Sie dem jeweiligen Programm entnehmen. Wenn Sie mit dem

Mauszeiger einen kurzen Augenblick auf dem entsprechenden Symbol verbleiben, dann wird in einem kleinen Fenster die Bedeutung des Symbols als Tipptext angezeigt.

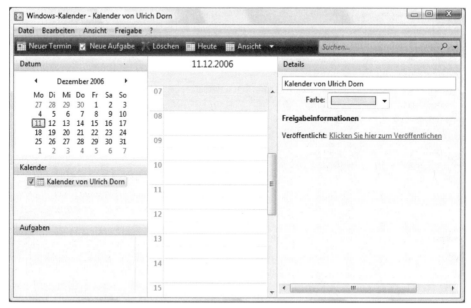

Bild 3.22: Titelleiste, Menüleiste und Symbolleiste

Bildlaufleisten

In Dokumentenfenstern passt oftmals nicht die gesamte Menge der Informationen auf den sichtbaren Fensterbereich. Das Fenster zeigt also nur einen Ausschnitt an. Dafür sind am rechten und am unteren Rand sogenannte Bildlaufleisten eingeblendet. Der Balken zeigt in vertikaler und horizontaler Richtung ungefähr das Verhältnis der dargestellten zur gesamten Informationsmenge an. Durch Verschieben dieser Balken wird der Inhalt im Fenster verschoben.

3.7 Funktionen der Taskleiste

Name	Änderungsdatum	Typ
de-DE	02.11.2006 16:46	Dateiordner
Icons	02.11.2006 13:35	Dateiordner
Network Sharing	02.11.2006 13:35	Dateiordner
Skins	02.11.2006 13:35	Dateiordner
Visualizations	02.11.2006 13:35	Dateiordner
mpvis.DLL	02.11.2006 13:33	Programmbibliot…
setup_wm	02.11.2006 13:33	Anwendung
wmlaunch	02.11.2006 13:33	Anwendung
wmpband.dll	02.11.2006 13:33	Programmbibliot…
wmpconfig	02.11.2006 13:33	Anwendung
wmpenc	02.11.2006 13:33	Anwendung
wmplayer	02.11.2006 13:33	Anwendung
wmpnetwk	02.11.2006 13:33	Anwendung
wmpnscfg	02.11.2006 13:33	Anwendung
wmpnssci.dll	02.11.2006 13:33	Programmbibliot…

Bild 3.23: Fensterausschnitt mit Bildlaufleisten

Alternativ können Sie auch auf die Pfeile oben und unten sowie links und rechts klicken. Wenn Sie in den freien Raum vor oder hinter dem Rollbalken klicken, springt die Anzeige um genau eine Fenstergröße weiter.

3.7 Funktionen der Taskleiste

Die Taskleiste ist ein wichtiges Informationszentrum in Windows und befindet sich normalerweise am unteren Bildschirmrand. Sie besteht aus dem schon bekannten Windows-Logo zum Aufruf des Startmenüs und drei weiteren Bereichen:

- Schnellstartleiste
- Programmschaltflächen
- Infobereich

Bild 3.24: Die Taskleiste mit geöffneten Ordnern und Programmen

Schnellstartleiste und Programmumschaltung

Ganz links in der Taskleiste befindet sich die Schnellstartleiste für häufig genutzte Anwendungen. Bei einem Klick auf eines dieser Symbole wird das Programm ausgeführt. So haben Sie auf wichtige Anwendungen noch schnelleren Zugriff als über das Startmenü.

Bild 3.25: Die Schnellstartleiste

Das erste Symbol auf der Schnellstartleiste *Desktop anzeigen* schafft Platz auf dem Desktop. Es minimiert gleichzeitig alle Fenster auf dem Desktop. Ein erneuter Klick auf das Symbol stellt den vorherigen Zustand wieder her.

Das zweite Symbol zeigt eine Liste aller geöffneten Fenster an. Hier können Sie mit einem Klick oder mit den Cursortasten zu einem beliebigen Fenster wechseln. Die gleiche Umschaltung erreichen Sie auch mit der Tastenkombination [Alt] + [Tab].

Je nach Fähigkeiten der Grafikkarte werden die einzelnen Programme hier als Symbole oder kleine Vorschaufenster dargestellt. Die Vista Basic-Oberfläche zeigt nur Programmsymbole.

Bild 3.26: Umschaltung in Symboldarstellung der Fenster

Aero zeigt eine dreidimensionale Übersicht aller geöffneten Fenster, die neue Flip3D-Darstellung. Diese Darstellung bekommen Sie auch mit der Tastenkombination [Win] + [Tab]. Damit können Sie auch durch die Fenster blättern. Lassen Sie die Tasten los, ist die Anwendung, die in der Flip3D-Ansicht ganz vorne war, aktiv im Vordergrund.

Aero zeigt mit der Tastenkombination [Alt] + [Tab] vor einem transparenten Hintergrund kleine Vorschaubilder aller geöffneten Fenster. Auch hier können Sie zwischen den Fenstern umschalten.

Eigene Programme auf der Schnellstartleiste
Natürlich können Sie jedes beliebige Programm in der Schnellstartleiste ablegen. Ziehen Sie das Programmsymbol einfach per Drag & Drop aus dem Desktop oder aus dem Explorer auf die Schnellstartleiste. Mit einem Rechtsklick kann es im Kontextmenü jederzeit wieder entfernt werden.

3.7 Funktionen der Taskleiste

Bild 3.27: Die Flip3D-Umschaltung in Aero

Bild 3.28: Umschaltung mit Vorschaubildern in Aero

Die Schaltflächen in der Taskleiste

Für jedes geöffnete Programm oder Dokument erscheint im mittleren Teil der Taskleiste eine Schaltfläche mit dem Programm- oder Dokumentennamen. Ein Klick auf diese Schaltfläche minimiert das jeweilige Fenster oder aktiviert es in der ursprünglichen Größe. Ein Rechtsklick öffnet ein Kontextmenü, in dem die Größe oder Anordnung verändert werden kann. Hier können Sie das Fenster auch ganz schließen.

Bei vielen geöffneten Fenstern wird es in der Taskleiste schnell eng. Damit die Schaltflächen nicht zu klein werden, fasst Windows gleichartige Fenster zusammen. Wenn Sie z. B. im Explorer mehrere Fenster gleichzeitig geöffnet haben, fasst Windows diese zu einer Schaltfläche zusammen, erkennbar an einem kleinen Dreieck auf der rechten Seite. Beim Klick auf die Schaltfläche werden die Namen der geöffneten Fenster angezeigt, und Sie können das gewünschte auswählen.

Bild 3.29: Mehrere Fenster auf einer Schaltfläche in der Taskleiste

Der Infobereich

Auf der rechten Seite der Taskleiste befindet sich der Infobereich. Diese Symbole werden meistens von den installierten Programmen automatisch angelegt. Einige Symbole werden auch von Windows Vista automatisch angelegt. Sie zeigen bestimmte Ereignisse an, wie z. B. den E-Mail-Eingang.

Bild 3.30: Der Infobereich der Taskleiste

Um die Übersicht zu bewahren, blendet Windows Vista alle Symbole, die längere Zeit nicht verwendet wurden, automatisch aus. Ein Klick auf das runde Symbol mit dem <-Zeichen zeigt wieder alle Symbole an.

Bild 3.31: Der Infobereich der Taskleiste mit ausgeblendeten Symbolen

Ein Rechtsklick auf die runde *Start*-Schaltfläche öffnet ein Kontextmenü. Wählen Sie hier *Infobereich/Anpassen*, dann können Sie für jedes Symbol wählen, ob es bei längerer Inaktivität ausgeblendet werden soll oder ständig angezeigt wird.

3.7 Funktionen der Taskleiste

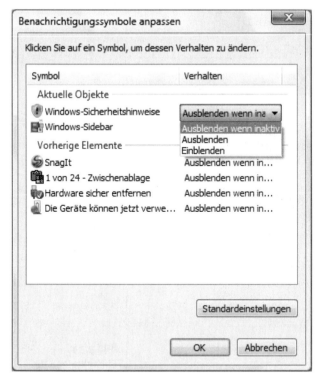

Bild 3.32: Einstellungen für die Benachrichtigungssymbole im Infobereich

Klicken Sie mit der rechten Maustaste zwischen zwei Symbole im Infobereich, können Sie in den *Eigenschaften von Taskleiste und Startmenü* das Ausblenden inaktiver Symbole ganz abschalten. Der Infobereich zeigt dann wie in früheren Windows-Versionen immer alle Symbole an. An dieser Stelle können Sie auch die Uhrenanzeige, den Lautstärkeregler und das Symbol für Netzwerkaktivität ein- oder ausblenden.

Bild 3.33:
Einstellungen für den Infobereich der Taskleiste

Das Symbol *Energie* steht nur auf Notebooks zur Verfügung und zeigt den Batteriestand an.

Auf der Registerkarte *Taskleiste* in den *Eigenschaften von Taskleiste und Startmenü* kann deren Aussehen und ihr Verhalten noch weiter angepasst werden. Wenn Sie z. B. mehr Platz auf dem Bildschirm benötigen, können Sie die Taskleiste automatisch ausblenden oder an den oberen, linken oder rechten Rand verschieben. In diesem Fall erscheint sie immer erst dann, wenn Sie mit dem Cursor den unteren Bildschirmrand erreichen.

3.7 Funktionen der Taskleiste

Bild 3.34: Eigenschaften der Taskleiste

Nur wenn der Schalter *Taskleiste fixieren* ausgeschaltet ist, können die Bereiche auf der Taskleiste verschoben werden. Wenn Sie zum Beispiel viele Programme in der Schnellstartleiste haben, sollten Sie diesen Schalter ausschalten, um die Schnellstartleiste so breit ziehen zu können, dass alle Programmsymbole sichtbar sind.

Die Uhr in der Taskleiste

Ein Klick auf die Uhrenanzeige zeigt eine große Analoguhr und einen Kalender des aktuellen Monats.

Ein Klick auf den Link *Datum und Uhrzeiteinstellungen ändern* unter der Uhr öffnet das Dialogfeld *Datum und Uhrzeit*. Hier finden Sie ausführlichere Angaben und können die Uhrzeit, das Datum und die Zeitzone einstellen.

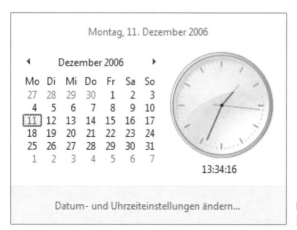

Bild 3.35: Uhr und Kalender in der Taskleiste

Bild 3.36: Das Dialogfeld *Datum und Uhrzeit*

Weitere Informationen dazu finden Sie im Kapitel 7.

Datum und Uhrzeit ändern
Das Datum und die Uhrzeit können Sie nur verändern, wenn Sie als Administrator angemeldet sind.

3.8 Das neue Begrüßungscenter

Das Begrüßungscenter ist ein neues Fenster in Windows Vista, das beim Einschalten auf dem Bildschirm erscheint. Im oberen Teil finden Sie wichtige Informationen zum Computer und zur eingesetzten Windows-Version. Darunter sind Links zu Programmen und Konfigurationsdialogen angeordnet, die am Anfang benötigt werden.

Bild 3.37: Das Begrüßungscenter

Im unteren Teil des Begrüßungscenters finden Sie Onlineangebote von Microsoft.

Möchten Sie das Begrüßungscenter nicht mehr bei jedem Start von Windows Vista angezeigt bekommen, schalten Sie den Schalter *Beim Start ausführen* ganz unten aus. Sie können das Begrüßungscenter weiterhin jederzeit über das Startmenü *Alle Programme/ Zubehör* oder über die *Systemsteuerung/System und Wartung* aufrufen.

Das Begrüßungscenter enthält 14 Module, die Windows Vista-Einsteiger bei ihren ersten Schritten benötigen. Diese Funktionen sind teilweise auch an anderen Stellen der Windows Vista-Benutzeroberfläche verfügbar, werden hier aber innerhalb des Begrüßungscenter-Fensters ausgeführt.

Computerdetails anzeigen

Zeigt Details zum Computer und verwendeten Betriebssystem im oberen Teil des Begrüßungscenters an. Diese Darstellung entspricht der Anzeige beim Start des Begrüßungscenters. Der Button kann also dazu verwendet werden, auf die Startseite zurückzuspringen.

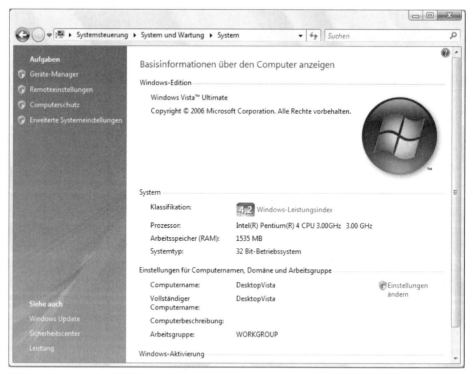

Bild 3.38: Computerdetails anzeigen

3.8 Das neue Begrüßungscenter

Ein Klick auf *Weitere Details anzeigen* liefert eine detailliertere Anzeige von Informationen zum Computer und zu Windows Vista. Die gleiche Anzeige bekommen Sie auch über die *Systemsteuerung/System* oder mit der Tastenkombination [Win] + [Pause].

Dateien und Einstellungen übertragen

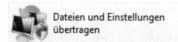

Überträgt persönliche Dateien, Benutzerkonten, Programm- und Interneteinstellungen aus der Registry sowie Favoriten und E-Mail-Konten von einem Computer auf einen anderen. Auf diese Weise wird dem Benutzer der Umstieg von einem älteren Computer auf einen neueren möglichst leicht gemacht.

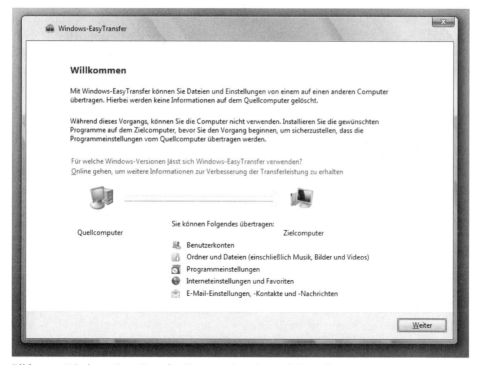

Bild 3.39: Windows-Easy Transfer überträgt Dateien und Einstellungen

Dieses Programm ist auch im Startmenü unter *Alle Programme/Zubehör/Systemprogramme* zu finden. Weitere Informationen zu diesem Thema finden Sie im Kapitel 9.

Neue Benutzer hinzufügen

 Legt neue Benutzerkonten auf dem Computer an. Dies ist immer dann nützlich, wenn Sie sich mit mehreren Benutzern einen Computer teilen. An dieser Stelle finden Sie auch die neuen Jugendschutzeinstellungen von Windows Vista. Diese Einstellungen sind auch in der *Systemsteuerung/Benutzerkonten und Jugendschutz* zu finden. Weitere Informationen zu diesem Thema finden Sie im Kapitel 9.

Mit dem Internet verbinden

 Startet den Assistenten zum Einrichten einer Internetverbindung. Diese kann über DSL oder als Wählverbindung über ISDN oder Modem erfolgen. Bei Internetverbindungen über einen Router ist der Assistent nicht erforderlich. Dieser Assistent ist auch in der *Systemsteuerung/Internetoptionen* auf der Registerkarte *Verbindungen* zu finden. Weitere Informationen zu diesem Thema finden Sie im Kapitel 11.

Windows Ultimate-Extras

 Bietet einen Zugang zu einer speziellen Softwaredatenbank bei Microsoft mit zusätzlichen Anwendungen für Nutzer von Windows Vista Ultimate. Das Gleiche finden Sie auch im Startmenü unter *Alle Programme/Extras und Upgrades*. Weitere Informationen zu diesem Thema finden Sie im Kapitel 5.

Neues in Windows Vista

 Zeigt eine Übersicht über die wichtigsten neuen Funktionen in Windows Vista. Diese Anzeige ist Teil der Windows-Hilfe und auch über den Menupunkt *Hilfe und Support* im Startmenü zu finden.

3.8 Das neue Begrüßungscenter

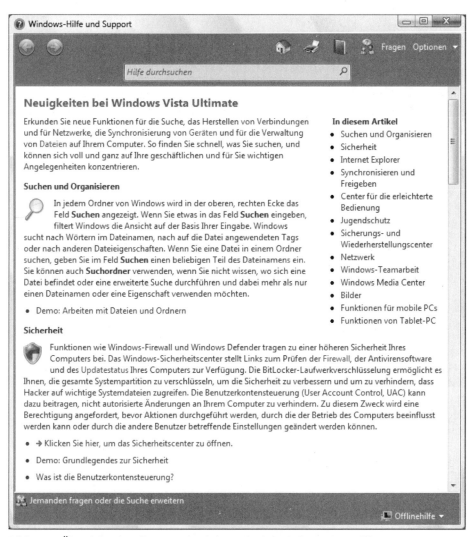

Bild 3.40: Übersicht über die neuen Funktionen in der Windows Vista-Hilfe

Windows anpassen

Bietet einen direkten Zugang zu allen Funktionen, die die Optik von Windows Vista beeinflussen: Hintergrundbilder, Farben, Designs, Bildschirmschoner usw.

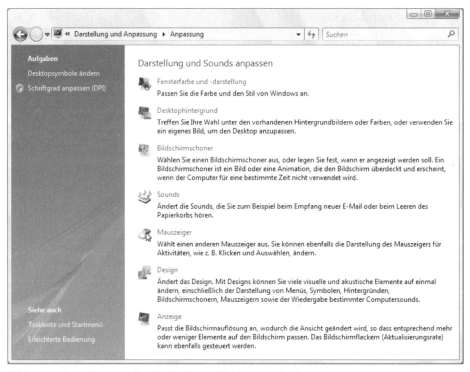

Bild 3.41: Einstellungen, die die Optik von Windows verändern

Die gleichen Einstellungen sind auch in der *Systemsteuerung/Darstellung und Anpassung/Anpassung* zu finden. Weitere Informationen zu diesem Thema finden Sie im Kapitel 7.

Windows online registrieren

Stellt eine Verbindung zur Registrierungsseite von Microsoft im Internet her. Die Registrierung fragt persönliche Daten ab und liest automatisch technische Daten des PCs aus. Diese Registrierung ist freiwillig und hat nichts mit der Zwangsaktivierung von Windows Vista zu tun.

Windows Media Center

Startet den Konfigurationsassistenten für das Windows Media Center. Dieser Assistent wird auch beim ersten Start des Media Centers automatisch aufgerufen. Weitere Informationen zu diesem Thema finden Sie im Kapitel 8.

3.8 Das neue Begrüßungscenter

Windows Grundlagen

Öffnet das Grundlagenkapitel für Windows-Einsteiger in der Hilfe von Windows Vista.

Center für erleichterte Bedienung

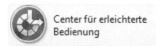

Startet das Center für erleichterte Bedienung. Hier finden Sie Einstellungen, um den Computer per Sprache zu steuern, oder solche, die helfen, wenn Sie bestimmte Elemente auf dem Bildschirm nicht erkennen können.

Die gleichen Einstellungen sind auch in der *Systemsteuerung/Erleichterte Bedienung/Center für erleichterte Bedienung* zu finden. Frühere Windows-Versionen bezeichneten diese Tools als *Eingabehilfen*. Weitere Informationen zu diesem Thema finden Sie im Kapitel 7.

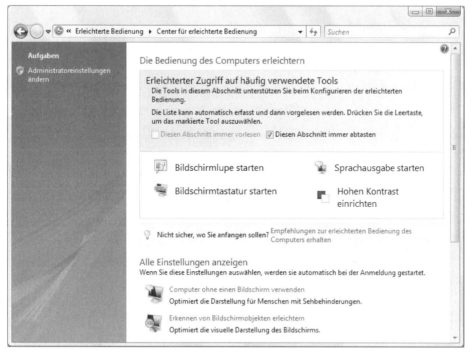

Bild 3.42: Das Center für erleichterte Bedienung

Sicherungs- und Wiederherstellungscenter

 Ein Programm zur Datensicherung des ganzen PCs oder bestimmter Dateien und Verzeichnisse auf eine beschreibbare CD, ein USB-Laufwerk oder einen Server im Netzwerk.

Dieses Datensicherungsprogramm ist auch im Startmenü unter *Alle Programme/ Wartung/Sichern und Wiederherstellen* oder in der *Systemsteuerung/System und Wartung/ Sichern und Wiederherstellen* zu finden. Weitere Informationen zu diesem Thema finden Sie im Kapitel 10.

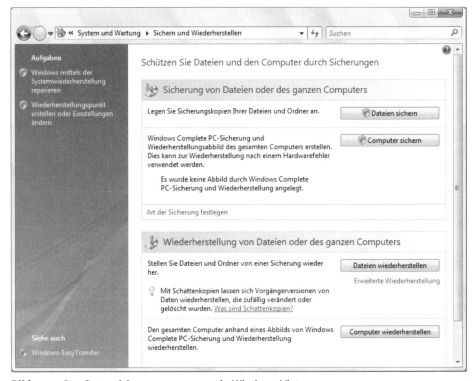

Bild 3.43: Das Datensicherungsprogramm in Windows Vista

Windows Vista-Videos

Bietet eine Auswahl verschiedener Demovideos, die grundlegende Arbeitstechniken erklären sollen.

Systemsteuerung

Bietet direkten Zugriff auf das Hauptmenü der Systemsteuerung.

3.9 Der Papierkorb

Bei jeder Aufräumaktion ist der Papierkorb eine wichtige Einrichtung, so auch auf Ihrem PC. Bei der täglichen Arbeit fallen sicher auch Dokumente, Dateien, Ordner oder Programme an, die Sie nicht mehr benötigen und deshalb löschen wollen. Hier hat Windows Vista eine doppelte Sicherheit eingebaut, um Sie vor unbeabsichtigtem Datenverlust zu schützen.

Wenn Sie ein Objekt löschen wollen, müssen Sie es zunächst markieren. Dann erst können Sie es durch einen weiteren Klick der rechten Maustaste im Kontextmenü mit dem Befehl *Löschen* entfernen. Jede Datei lässt sich auch mit einem Klick auf die Lösch-Schaltfläche in der Funktionsleiste des Explorers löschen. Die Taste Entf hat dieselbe Funktion. Diese Aktion muss bestätigt werden. Dann landet das Objekt im Papierkorb.

 Achtung – Dateileichen auf dem PC
Nicht mehr benötigte Programme sollten Sie nie in den Papierkorb werfen. Dabei bleiben mit Sicherheit Dateileichen auf Ihrem PC bestehen, und in der Registry verbleiben ebenfalls Karteileichen. Deinstallieren Sie Programme immer über die Systemsteuerung.

Wie im realen Leben können Sie aus dem Papierkorb auch wieder etwas herausholen. Ein Doppelklick auf das Icon *Papierkorb* leitet die Aktion ein. Es öffnet sich das Explorer-Fenster *Papierkorb*, in dem der Inhalt des Papierkorbs angezeigt wird.

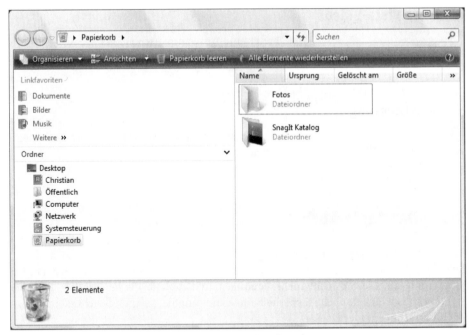

Bild 3.44: Blick in den Papierkorb mit zwei zu löschenden Elementen

In der Papierkorbanzeige sehen Sie den Namen, die Art und Größe und die Herkunft des gelöschten Objekts. Ein Doppelklick auf ein Element im Papierkorb stellt dieses nach einer Sicherheitsabfrage wieder her und legt es an seinen ursprünglichen Ort zurück. Was Sie im Papierkorb löschen, ist allerdings unwiderruflich verschwunden und kann nicht mehr wiederhergestellt werden.

Solange Daten im Papierkorb sind, belegen sie auch Speicherplatz auf der Festplatte. Wenn Sie sich also sicher sind, dass Sie den Inhalt des Papierkorbs nicht mehr benötigen, sollten Sie den Papierkorb leeren. Klicken Sie dazu mit der rechten Maustaste auf das Papierkorb-Symbol, und wählen Sie im Kontextmenü *Papierkorb leeren*. Erst dann werden die Daten endgültig gelöscht und der belegte Speicherplatz auf der Festplatte freigegeben.

Mit dem Menüpunkt *Eigenschaften* im Kontextmenü des Papierkorbs können Sie festlegen, wie viel Platz der Papierkorb auf der Festplatte belegen darf.

Bild 3.45: Eigenschaften des Papierkorbs

Wird die angegebene Größe überschritten, werden die ältesten Dateien im Papierkorb automatisch gelöscht. Diese Maximalgröße kann für jede Festplatte einzeln angegeben werden. Eine globale Einstellung wie unter Windows XP gibt es in Windows Vista nicht mehr. Bei Wechselmedien und Disketten gibt es keinen Papierkorb. Hier werden gelöschte Daten sofort endgültig gelöscht.

Dateien ohne Umweg über den Papierkorb löschen
Möchten Sie eine Datei löschen, ohne sie erst in den Papierkorb zu werfen, löschen Sie sie nicht mit der Taste `Entf`, sondern mit der Tastenkombination `⇧` + `Entf`.

3.10 Lokale Hilfe und Support

Niemand kann alles wissen. Aber man muss wissen, wo man Informationen zur Lösung eines Problems findet. Hier springt die Hilfefunktion ein.

Windows-Hilfe

Sie erreichen die Windows-Hilfe im Startmenü unter *Hilfe und Support*. Schneller geht es mit der F1-Taste. Dazu darf kein Fenster aktiv sein, sonst erhalten Sie die Hilfe zum jeweiligen Fenster.

Das Hilfesystem wurde gegenüber früheren Windows-Versionen komplett geändert. Die zweiteilige Fensterstruktur gibt es nicht mehr. Das Hilfefenster ändert jetzt ständig seine Größe.

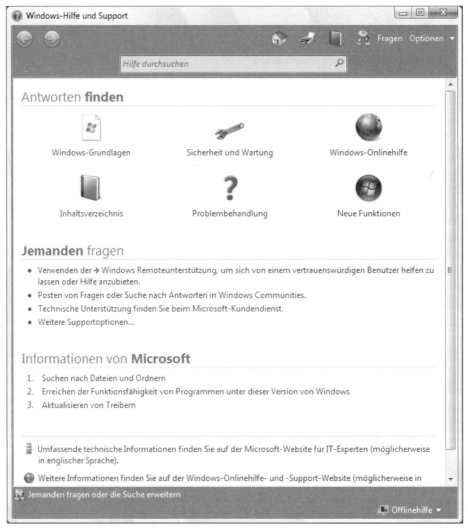

Bild 3.46: Das Hilfefenster in Windows Vista

3.10 Lokale Hilfe und Support

Hyperlinks erscheinen in blau. Klicken Sie darauf, und die Anzeige springt sofort zu diesem Thema. Einige Hilfepunkte sind nicht lokal, sondern nur im Internet verfügbar. In diesen Fällen wird automatisch ein Browserfenster geöffnet und eine Internetverbindung hergestellt.

In der Symbolleiste führen die beiden Pfeile zur vorherigen bzw. zur nächsten bereits besuchten Hilfeseite. Das Häuschensymbol zeigt die Startseite des Hilfecenters an.

Mit der Schaltfläche *Fragen* können Sie fremde Hilfe anfordern. So können Sie direkt zu einer Windows-Newsgroup wechseln und dort mit Windows-Nutzern diskutieren. Über die Remote-Unterstützung können Sie einem vertrauenswürdigen Nutzer, der ebenfalls Windows Vista verwendet, Zugang zu Ihrem PC verschaffen.

Remote-Unterstützung in der Firewall abschalten
Über diese Internetverbindung können Fremde Ihren Bildschirm mit geeigneter Software einsehen und direkt an Ihrem PC arbeiten. Normalerweise sollten Sie die Remote-Unterstützung in der Firewall in Ihrem Sicherheitscenter abschalten, um Missbrauch dieser Funktion zu verhindern.

Im Feld *Hilfe durchsuchen* können Sie einen beliebigen Text innerhalb der Windows-Hilfe suchen.

Schließlich können Sie mit der *Optionen*-Schaltfläche die Anzeige im Hilfefenster nach verschiedenen Gesichtspunkten anpassen.

Programm-Hilfe

Unabhängig von den oben beschriebenen Hilfefunktionen für Windows hat fast jedes Windows-Programm eine eigene Hilfe. Diese Programme haben in der Menüleiste ein eigenes Menü mit dem Namen *Hilfe*. Manchmal besteht es auch nur aus einem Fragezeichen. Die Programm-Hilfefenster sehen bei modernen Anwendungen im Prinzip genauso aus wie die Windows-Hilfefenster. Ältere Programme verwenden noch andere Hilfesysteme.

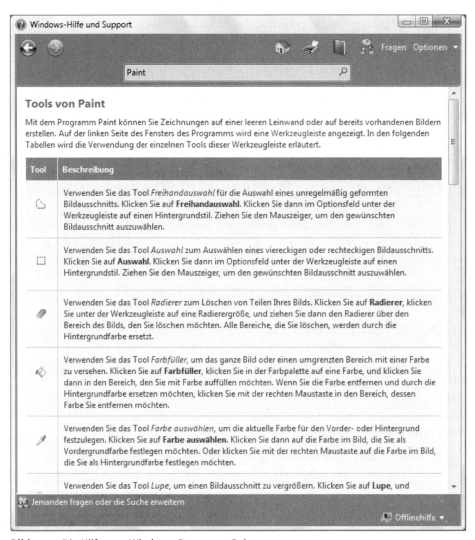

Bild 3.47: Die Hilfe zum Windows-Programm Paint

Der Windows Vista-Explorer

Der Windows-Explorer ist das Fenster zu Ihrer Festplatte und allen anderen Laufwerken des Computers, wie zum Beispiel USB-Sticks, Speicherkarten, CDs oder Netzwerklaufwerken. Mit diesem Programm verwalten Sie die immer größer werdende Datenmenge auf Ihrem PC.

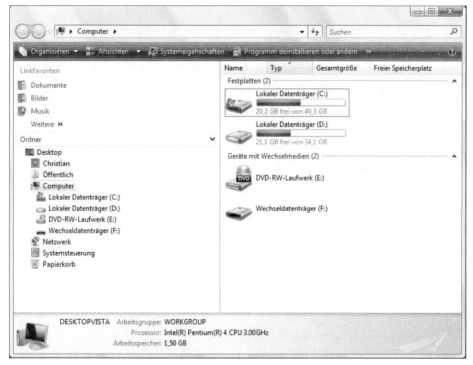

Bild 4.1: Der Windows-Explorer im neuen Vista-Outfit

Der Windows-Explorer wurde in Windows Vista gründlich überarbeitet und bietet jetzt einige neue Funktionen gegenüber früheren Windows-Versionen.

Sie starten den Explorer, indem Sie im Startmenü auf den Menüpunkt *Computer* klicken. Zweckmäßig ist es auch, auf dem Desktop ein Icon für den Explorer anzulegen. Windows Vista hat sogar ein Desktopsymbol dafür vorgesehen, das aber standardmäßig ausgeblendet ist. Um es einzuschalten, klicken Sie mit der rechten Maustaste auf den Desktop und wählen Sie im Kontextmenü *Anpassen*.

Klicken Sie im nächsten Fenster links oben auf *Desktopsymbole ändern*. Schalten Sie dann im nächsten Dialogfeld den Schalter *Computer* ein und verlassen das Dialogfeld mit *OK*.

Bild 4.2: Desktopsymbol für den Windows-Explorer einschalten.

Windows-Explorer schneller starten
Noch schneller rufen Sie den Windows-Explorer mit der Tastenkombination [Win] + [E] auf.

Vieles, was Sie im Folgenden lesen, werden Sie auch beim Internet Explorer wiederfinden. Internet Explorer und Windows-Explorer wurden in den letzten Windows-Versionen immer mehr einander angeglichen.

4.1 Laufwerke, Verzeichnisse und Dateien

Moderne PCs besitzen mindestens eine Festplatte und ein CD-ROM-/DVD-Laufwerk. Eventuell sind noch eine weitere Festplatte, ein CD/DVD-Brenner und ein Diskettenlaufwerk eingebaut. Dazu kommen noch sogenannte Wechseldatenträger wie USB-Sticks und externe Kartenlesegeräte.

Laufwerke

Alle diese Geräte werden als Laufwerke bezeichnet und mit einem Buchstaben benannt, gefolgt von einem Doppelpunkt. Eine typische Grundausstattung ist:

Laufwerke	Beschreibung
C:	Festplatte (Partition 1)
D:	Festplatte (Partition 2)
E:	DVD-RW-Laufwerk
F:	Wechseldatenträger

Der Laufwerksbuchstabe kann mit Klein- oder Großbuchstaben geschrieben werden.

In der Grundeinstellung enthält der rechte Fensterteil des Windows-Explorers die Festplatte(n) und die Geräte mit Wechselmedien. Die Laufwerksbuchstaben dafür werden alphabetisch aufsteigend vergeben. Sofern ein Diskettenlaufwerk noch vorhanden ist, erhält es immer den Laufwerksbuchstaben A:, die erste Festplatte den Laufwerksbuchstaben C:. Im folgenden Bild sind zwei Festplattenpartitionen, ein DVD-RW-Laufwerk und ein Wechseldatenträger (USB-Stick) dargestellt. Ein Doppelklick auf eines der angezeigten Laufwerkssymbole zeigt den Inhalt des Laufwerks an.

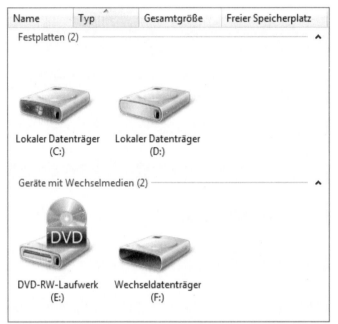

Bild 4.3: Alle Laufwerke des Computers im Windows-Explorer

Verzeichnisse

Im beruflichen und privaten Leben fallen meist große Mengen Informationen in gedruckter Form an. Für deren Archivierung werden Sie verschiedene Ordner anlegen und diese selbst auch noch weiter unterteilen wollen. Mit einer sinnvollen Beschriftung und guter Ordnung können Sie jederzeit ein Schriftstück wiederfinden. Dazu muss es natürlich im »richtigen« Ordner abgelegt worden sein.

Windows hat auch ein solches Archivierungssystem eingebaut. Ihre Festplatte und alle anderen Datenträger enthalten verschiedene Ordner, auch Verzeichnisse genannt, mit weiteren Ordnern oder Dokumenten. Das Dateisystem ist hierarchisch in Form eines Baums aufgebaut. Jedes Verzeichnis kann Dokumente oder auch weitere Unterverzeichnisse enthalten. Die Baumstruktur des Dateisystems sehen Sie im linken Teilfenster des Windows-Explorers.

4.1 Laufwerke, Verzeichnisse und Dateien

Bild 4.4: Die Baumstruktur im linken Teilfenster des Windows-Explorers

Das jeweils dargestellte Verzeichnis wird in der Baumstruktur farbig markiert. Einige Zweige der Baumstruktur sind mit einem kleinen Dreieck versehen. Diese Markierung bedeutet, dass weitere Unterverzeichnisse bestehen. Bei einem weißen Dreieck werden die Unterverzeichnisse nicht angezeigt, man braucht nur einmal darauf klicken, um die Baumstruktur zu erweitern. Bei einem schwarzen Dreieck werden die Unterverzeichnisse der nächsten Ebene bereits angezeigt.

Der Weg vom Laufwerk bis zum Verzeichnis oder zur Datei wird in fast allen Betriebssystemen als Pfad bezeichnet. Dieser Pfad wird in der obersten Zeile des Explorer-Fensters dargestellt.

Hier können Sie durch Klick auf eines der kleinen Dreiecke an der entsprechenden Stelle des Verzeichnisbaums in ein anderes Unterverzeichnis verzweigen.

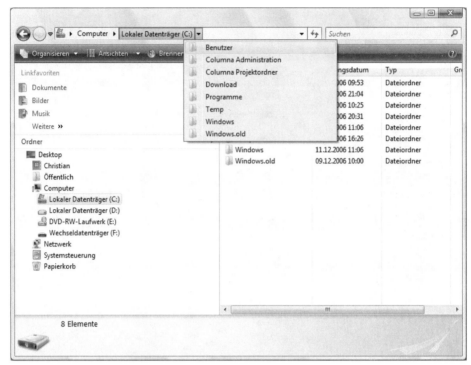

Bild 4.5: Auswahl eines Unterverzeichnisses im Pfad

Das Dreieck ganz rechts in der Pfadanzeige blendet eine Liste der zuletzt angezeigten Verzeichnisse ein. Hier können Sie sehr einfach wieder auf eines dieser Verzeichnisse zurückspringen.

4.1 Laufwerke, Verzeichnisse und Dateien

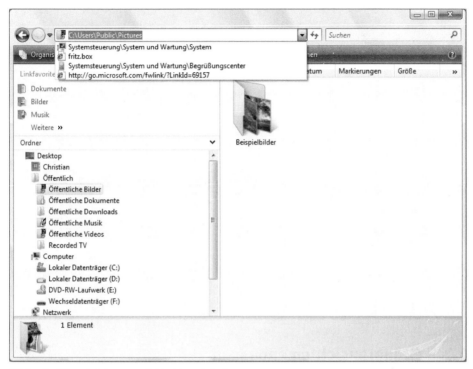

Bild 4.6: Die zuletzt angezeigten Verzeichnisse

Dateien

Das Ziel einer Ordnung ist natürlich, Dokumente und Daten zu archivieren und wiederzufinden. Allgemein bezeichnen wir die in den Ordnern gespeicherten Informationen als Dateien, sofern sie nicht selbst wieder Ordner sind. Dateien sind aber nicht nur Dokumente, sondern jede Art von Informationseinheit. Als Beispiele seien hier genannt: Briefe, Bilder, Programme, Datenbanken, Verknüpfungen usw.

Im rechten Explorer-Fenster wird der Inhalt des aktuellen Ordners angezeigt. Jedes Element, das nicht durch die gelbe oder andersfarbige Ablagemappe dargestellt wird, ist eine Datei.

In den Listen werden Ordner üblicherweise zuerst angezeigt, danach die Dateien.

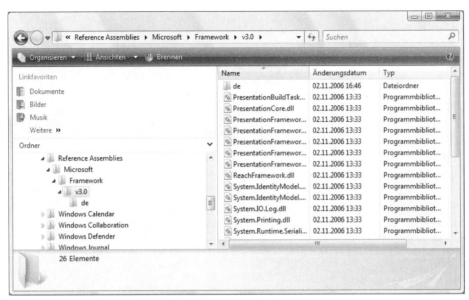

Bild 4.7: Ein Programmverzeichnis mit Unterverzeichnissen

4.2 Ordneransichten anpassen

Die Ansicht des Explorers und der Ordner lässt sich auf vielfältige Weise anpassen. Zunächst sollen aber einige Details des Explorer-Fensters beschrieben werden.

Die Symbolleisten

Die Symbolleiste des Windows-Explorers wurde in Windows Vista in zwei Teile geteilt. Die Pfeile führen zur vorhergehenden bzw. folgenden Fensteransicht. Mit dem kleinen blauen Dreieck klappt man eine Dropdown-Liste auf, mit der man gleich mehrere Ansichten überspringen kann.

>
> **Verzeichnis nach oben**
> In früheren Windows-Versionen gab es zusätzlich einen Pfeil nach oben, der in der Dateihierarchie um eine Stufe nach oben führte. Dieses Symbol fehlt im Windows-Explorer in Windows Vista. Sie können aber auch einfach die ⌫ -Taste verwenden, um in der Verzeichnishierarchie einen Schritt nach oben zu springen.

4.2 Ordneransichten anpassen

Bild 4.8: Liste der zuletzt verwendeten Verzeichnisse

Die untere Symbolleiste enthält unterschiedliche Symbole, ja nachdem, ob ein Unterverzeichnis oder eine Datei markiert ist:

Bild 4.9: Die Explorer-Symbolleiste bei einem markierten Verzeichnis

Button	Beschreibung
Organisieren	Öffnet ein Menü mit allgemeinen Bearbeitungsfunktionen und den Funktionen der Zwischenablage *Kopieren, Ausschneiden, Einfügen*.
Ansichten	Schaltet zwischen verschiedenen Darstellungen der Dateiliste im rechten Teilfenster um.
Explorer	Öffnet das markierte Verzeichnis. Dieser Button bewirkt das Gleiche wie ein Doppelklick auf den Verzeichnisnamen.
Freigeben	Ermöglicht es das markierte Verzeichnis für andere Benutzer im Netzwerk freizugeben. Weitere Informationen dazu finden Sie im Kapitel 12.
Brennen	Brennt das markierte Verzeichnis auf eine CD oder DVD.

Bild 4.10: Die Explorer-Symbolleiste bei einer markierten Datei

Ist eine Datei markiert, kommen neue Buttons in der Symbolleiste dazu.

Button	Beschreibung
Öffnen	Öffnet eine Datei mit der Standardanwendung, entspricht einem Doppelklick auf die Datei. Das kleine Dreieck daneben blendet ein Menü ein, in dem ein anderes Standardprogramm für diesen Dateityp gewählt werden kann.
Drucken	Druckt die Datei direkt aus dem Explorer mit der Standardanwendung auf den Standarddrucker.

Das Explorer-Layout verändern

Der Windows-Explorer in Windows Vista lässt sich in seinem Aussehen noch viel besser an die persönliche Arbeitsweise anpassen als die Explorer aus früheren Windows-Versionen. Die Einstellungen dazu finden Sie unter *Organisieren* im Untermenü *Layout*. Hier können einzelne Elemente des Explorer-Fensters ein- und ausgeschaltet werden.

▲ Die Menüleiste

Standardmäßig zeigt der Explorer keine Menüleiste mehr an. Allerdings fehlen damit auch viele Funktionen. Die Menüleiste, die man aus früheren Windows-Versionen kennt, ist aber weiterhin verfügbar. Sie muss nur unter *Organisieren/Layout* eingeschaltet werden.

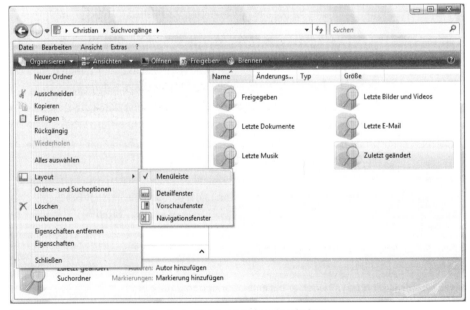

Bild 4.11: Die Menüleiste im Explorer-Fenster wieder einschalten

4.2 Ordneransichten anpassen

▲ Detailfenster

Das Detailfenster im unteren Teil des Explorer-Fensters zeigt Informationen zu einer markierten Datei.

Bild 4.12: Detailfenster im Windows-Explorer

▲ Vorschaufenster

Das Vorschaufenster zeigt mit Doppelklick auf die Bilddatei eine Vorschau einer markierten Datei an. Diese Vorschau ist nur bei bestimmten Dateitypen wie zum Beispiel Fotos verfügbar.

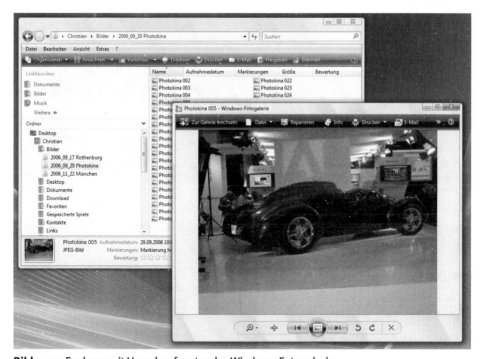

Bild 4.13: Explorer mit Vorschaufenster der Windows-Fotogalerie

▲ Navigationsfenster

Mit der Option *Navigationsfenster* im *Layout*-Menü kann der Verzeichnisbaum im linken Teil des Explorer-Fensters ausgeschaltet werden. Dies ist nur bei sehr kleinen Bildschirmen sinnvoll, um mehr Platz für die Dateiliste zu bekommen.

Die Ansichten im rechten Teilfenster

Im rechten Anzeigefenster für die Ordner und Dateien können Sie über den Button *Ansichten* in der Symbolleiste zwischen verschiedenen Darstellungsweisen wählen.

Für jedes Objekt werden immer ein typisches Symbol und der Name angezeigt. Wenn Sie einen Augenblick mit dem Cursor auf dem Objekt verharren, werden in einem Rechteck zusätzliche Informationen eingeblendet.

▲ Extra große Symbole

Hier werden besonders große Symbole für Dateien und Ordner angezeigt. Diese Option ist nur für Verzeichnisse mit Bilddateien sinnvoll. Bei Bilddateien erscheint anstelle eines Symbols ein Vorschaubild, das in diesem Fall auch besonders groß ist.

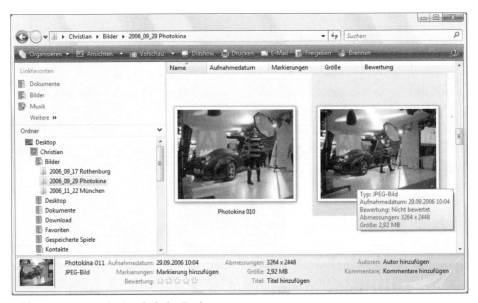

Bild 4.14: Extra große Symbole im Explorer

▲ Große Symbole

Die Ansicht *Große Symbole* bietet einen guten Überblick über Verzeichnisse mit Bilddateien. Zur Anzeige von Dateisymbolen in Datenverzeichnissen ist die Darstellung noch zu groß, die Symbole belegen zu viel Platz.

4.2 Ordneransichten anpassen

Bild 4.15: Große Symbole im Explorer

▲ Mittelgroße Symbole

Diese Ansicht ist die kleinste, die bei Bildern noch Vorschaubilder anzeigt, eignet sich aber weder für Bilder noch für Dateiverzeichnisse besonders gut.

▲ Kleine Symbole

Die Ansicht *Kleine Symbole* zeigt die Dateinamen in zwei Spalten an. Hier erscheint bei Bilddateien nur noch ein Symbol, kein Vorschaubild mehr.

▲ Liste

Die Ansicht *Liste* zeigt nur die Dateinamen und kleine Symbole in engen Spalten nebeneinander an. In dieser Ansicht passen die meisten Dateinamen in ein Explorer-Fenster.

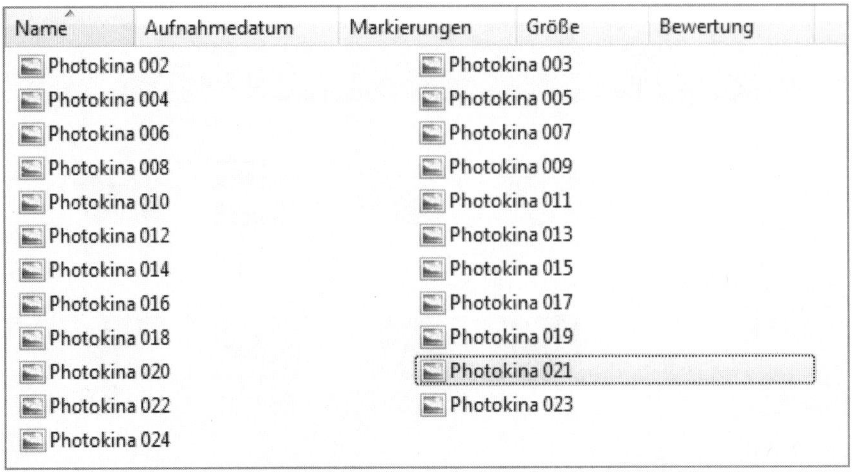

Bild 4.16: Kleine Symbole im Explorer

▲ Details

Die Ansicht *Details* liefert die meisten Informationen von allen Ansichten. Jede Datei belegt eine Zeile mit verschiedenen Informationen, die spaltenweise dargestellt werden.

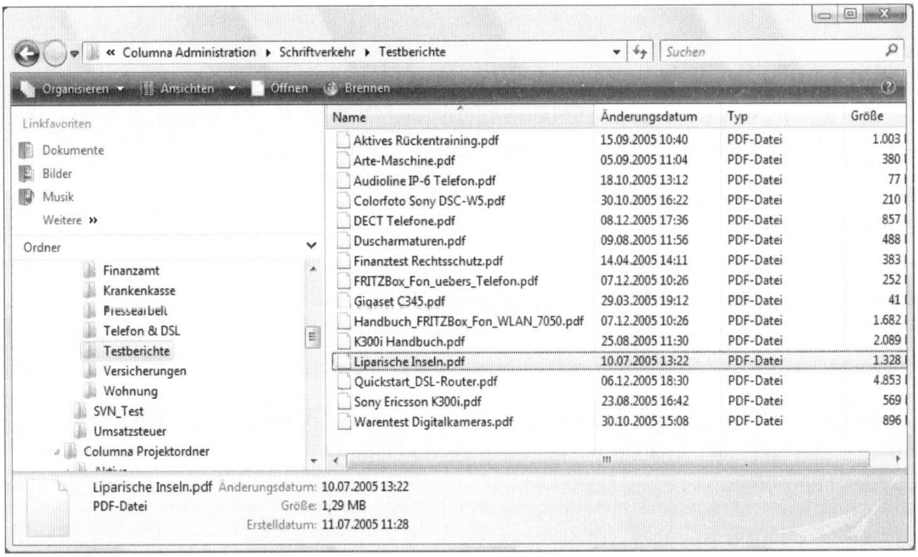

Bild 4.17: Die Detailansicht im Explorer

Bei der Detailansicht können Sie im Menü unter *Ansicht/Details auswählen* genau angeben, was in der Liste in welcher Reihenfolge angezeigt werden soll. Viele der Informationen sind nur für bestimmte Dateitypen verfügbar.

4.2 Ordneransichten anpassen

Weitere Informationen über die wichtigsten Dateiattribute und Details finden Sie im Abschnitt 4.6 unter der Überschrift »Dateiattribute und Eigenschaften«.

Die Spaltenbreite können Sie beliebig anpassen. Führen Sie den Cursor auf die Trennlinie zwischen den Spalten im Kopf. Der Cursor ändert sich zu einem waagerechten Doppelpfeil. Mit gedrückter linker Maustaste kann jetzt die Spaltenbreite variiert werden.

▲ Kacheln

Bei den *Kacheln* sehen Sie zusätzlich zum Dateinamen und Symbol eine kurze Klassifikation und die Größe des entsprechenden Objekts.

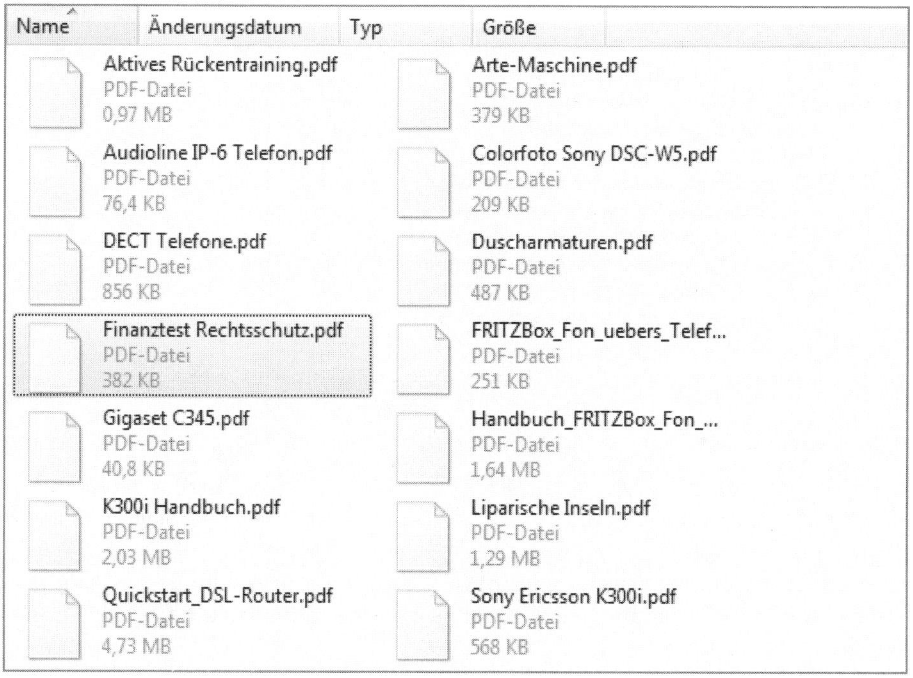

Bild 4.18: Die Kacheln-Ansicht im Explorer

▲ Ansichtseinstellungen für Ordner festlegen

Beim Anpassen haben Sie sicher eine Eigenheit bemerkt: Sie haben ein Fenster nach Ihrem Geschmack angepasst, beim nächsten Fenster ist die mühsam hergestellte Einstellung aber wieder verschwunden. Auch hierfür gibt es eine Einstellung, die alle Ordner und Fenster gleichermaßen wie gewünscht aussehen lassen.

Richten Sie das Aussehen nach Ihren Vorstellungen aus. Klicken Sie dann auf den Button *Organisieren* und wählen Sie im Menü *Ordner- und Suchoptionen*.

Schalten Sie hier auf die Registerkarte *Ansicht*. Hier drücken Sie die Schaltfläche *Für Ordner übernehmen*. Jetzt haben alle Ordner dasselbe Aussehen.

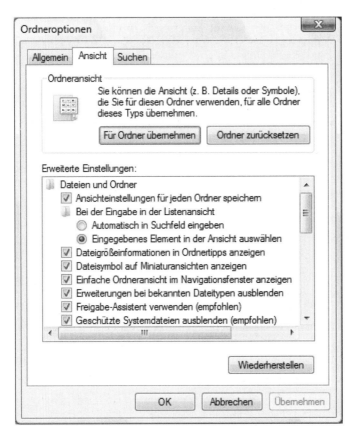

Bild 4.19:
Einstellungen zur Darstellung von Ordnern

Wenn Sie jetzt noch den Schalter *Ansichtseinstellungen für jeden Ordner speichern* ausschalten, werden alle zukünftigen Änderungen immer automatisch fur alle Ordner wirksam.

Die erweiterten Einstellungen im unteren Fensterteil können Sie im Prinzip übernehmen. Dabei sollten Sie aber folgende Empfehlungen beherzigen:

- *Erweiterungen bei bekannten Dateitypen ausblenden* sollten Sie ausschalten, um böswillig gefälschte Dateierweiterungen zu erkennen.

- *Geschützte Systemdateien ausblenden* sollten Sie nur ausschalten, wenn Sie schon Erfahrung mit dem Dateisystem und Windows haben.

- *Versteckte Dateien und Ordner*. Ist hier die Option *Versteckte Dateien und Ordner ausblenden* aktiv, sehen Sie nicht mehr jede Datei auf Ihrer Festplatte. Für Einsteiger ist diese Einstellung sinnvoll, um nicht mit Systemdateien konfrontiert zu werden, die man besser nicht verändert. Windows-Profis wollen dagegen jede Datei im Zugriff haben und sollten daher die Option *Alle Dateien und Ordner anzeigen* wählen.

4.3 Kopieren, Verschieben und Verknüpfen

Ordner und Dateien sind Behälter, in denen Informationen aufbewahrt werden. Wie im realen Leben müssen die Informationen gelegentlich dupliziert oder verschoben werden. Windows bietet hier verschiedene Verfahren an. Welches Sie für Ihre Arbeit am besten finden, müssen Sie selbst entscheiden. Zunächst eine kurze Übersicht über die Transportarten.

Transportart	Was geschieht?
Verschieben	Eine Datei zieht um. Sie ist anschließend am alten Ort nicht mehr vorhanden, sondern nur noch am neuen Ort. Sie wollen z. B. Ihren Brief an das Finanzamt nicht in der privaten Korrespondenz haben, sondern im Ordner *Steuer2006*.
Kopieren	Von der Datei wird eine exakte Kopie am selben oder an einen anderen Ort angefertigt. Beispiele: Von wichtigen Dokumenten wollen Sie eine Sicherungskopie anlegen, oder Sie wollen ein Bild über USB-Stick oder Speicherkarte an einen Freund weitergeben. Achtung: Wenn sich mehrere Kopien auf Ihrem PC befinden, müssen Sie sich darüber im Klaren sein, dass unter Umständen nicht alle dieselbe Aktualität haben, wenn eine davon verändert wurde.
Verknüpfen	Die Datei existiert nur einmal, aber Sie setzen einen Wegweiser zu der Datei. So können Sie die Datei schnell von mehreren Orten aus erreichen, z. B. vom Desktop und vom Startmenü aus.

Wenn jetzt von Dateien die Rede ist, dann gilt das sinngemäß auch für Ordner. Auf Ausnahmen wird ausdrücklich hingewiesen.

Drag & Drop

Drag & Drop ist die in der Computersprache bekannte Abkürzung für Ziehen und Ablegen. Sie »fassen« eine Datei mit der Maus »an« (links klicken und festhalten). Wenn Sie den Mauszeiger jetzt bewegen, »hängt« das Dateisymbol sozusagen am Zeiger. Am Zielort angekommen, lassen Sie die linke Maustaste wieder los. Die Datei befindet sich jetzt an ihrem neuen Ort.

Hier ergibt sich gleich eine Schwierigkeit. Der neue Ort ist meistens nicht sofort sichtbar. Wenn Sie die Datei nicht auf den Desktop verschieben wollen, können Sie im linken Teil des Explorer-Fensters die Ordneransicht verwenden. Wenn der Zielordner außerhalb der Fensteranzeige liegt, dann bewegen Sie den Mauszeiger mit der anhängenden Datei an den Fensterrand. Damit scrollen Sie durch die Anzeige bis zum richtigen Ziel.

Bewegen Sie den Mauszeiger samt Datei auf ein Dreieck vor einem Ordnernamen, klappt der Ordner auf. Jetzt können Sie die Datei auch in einen Unterordner befördern. Wenn das Ziel weit entfernt ist, sollten Sie ein zweites Explorer-Fenster öffnen, in dem das Ziel sichtbar ist. Selbstverständlich können Sie eine Datei auch von einem in ein anderes Fenster ziehen.

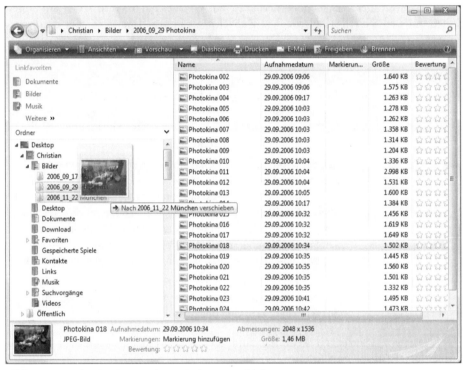

Bild 4.20: Dateien in einen anderen Ordner verschieben

Wie unterscheidet nun Windows zwischen Kopieren und Verschieben? Beim Ziehen innerhalb desselben Laufwerks wird verschoben. Beim Ziehen auf ein anderes Laufwerk wird kopiert. Beim Kopieren »hängt« am Mauszeiger zusätzlich ein kleines Textfeld *Nach ... kopieren*. Beim Verschieben steht hier *Nach ... verschieben*.

Es ist also Vorsicht geboten. Sie können das Kopieren aber immer erzwingen, wenn Sie während des Ziehens die [Strg]-Taste festhalten. Umgekehrt erzwingen Sie ein Verschieben, wenn Sie die [⇧]-Taste gedrückt halten.

4.3 Kopieren, Verschieben und Verknüpfen

Mehrere Dateien gleichzeitig verschieben
Möchten Sie gleichzeitig mehrere Dateien verschieben, markieren Sie vorher alle gewünschten Dateien. Halten Sie die [Strg]-Taste fest, und markieren Sie die Dateien nacheinander. Sie können auch mit [Strg] + [A] alle Dateien des aktuellen Ordners markieren und mit gedrückter [Strg]-Taste einzelne Markierungen wieder aufheben. Wenn mehrere aufeinanderfolgende Dateien zu markieren sind, geht es noch schneller: Markieren Sie die erste Datei, halten Sie die [⇧]-Taste fest, und markieren Sie dann die letzte Datei. Sie können den Mauszeiger auch in die Nähe des ersten Elements bringen und dann mit gedrückter linker Taste ein Rechteck aufziehen. Alle darin enthaltenen Elemente werden automatisch markiert.

Wenn Sie immer den sicheren Weg gehen wollen, verwenden Sie beim Drag & Drop die rechte Maustaste. Ist man am Ziel angekommen, wird beim Loslassen der Maustaste immer ein kleines Kontextmenü eingeblendet. Jetzt können Sie die beabsichtigte Aktion (*Kopieren*, *Verschieben*, *Verknüpfung erstellen* oder *Abbrechen*) auswählen.

Bild 4.21: Mit rechter Maustaste eine Aktion auswählen

Zwischenablage nutzen

Dieser Weg verläuft in zwei Etappen. Zuerst wird die Datei in die Windows-Zwischenablage verschoben oder kopiert. Im zweiten Schritt wird sie dann am Zielort eingefügt. Das klingt zwar etwas umständlich, ist aber eine einfache und sichere Methode.

Arbeiten mit der Zwischenablage
Die Zwischenablage ist übrigens keineswegs auf den Explorer beschränkt. Sie ist eine allgemeine Windows-Funktion. Sie können damit auch Texte, Textteile oder einzelne Zeichen kopieren bzw. verschieben. Die Zwischenablage funktioniert auch programmübergreifend zwischen allen Windows-Programmen. So können Sie z. B. Ergebnisse aus dem Taschenrechner oder markierte Bildteile aus Ihrem Paint-Bild in Ihr WordPad-Dokument übernehmen.

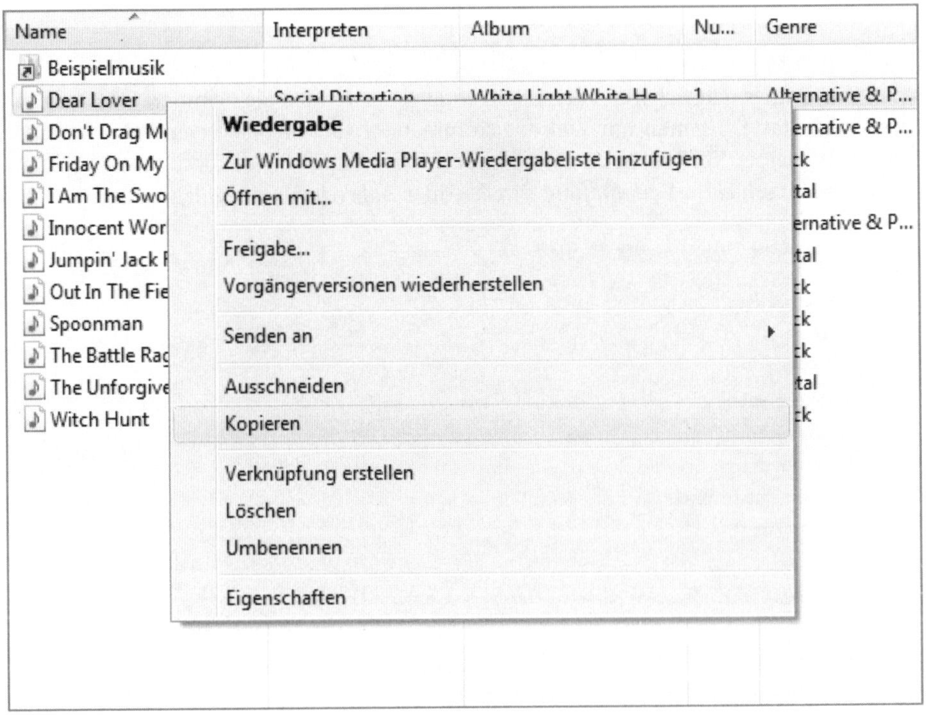

Bild 4.22: Datei in die Zwischenablage kopieren

Klicken Sie die Quelle mit der rechten Maustaste an, und wählen Sie aus dem Kontextmenü *Ausschneiden* (für Verschieben), *Kopieren* oder *Verknüpfung erstellen*. Jetzt suchen Sie sich in aller Ruhe das Ziel aus. Ein Klick mit der rechten Maustaste zeigt die möglichen Aktionen, um diese Datei am neuen Ort wieder einzufügen.

4.3 Kopieren, Verschieben und Verknüpfen

Für flinke Finger drei schnelle Tastencodes	
Strg + C	Kopiert das markierte Element in die Zwischenablage.
Strg + X	Verschiebt das markierte Element in die Zwischenablage.
Strg + V	Fügt das Element aus der Zwischenlage an dieser Stelle ein.

Dateien versenden

Zu guter Letzt können Sie Ordner und Dateien auch versenden. Dabei bleibt das Original selbstverständlich auf Ihrem PC erhalten. Im Kontextmenü werden die wichtigsten Ziele aufgeführt.

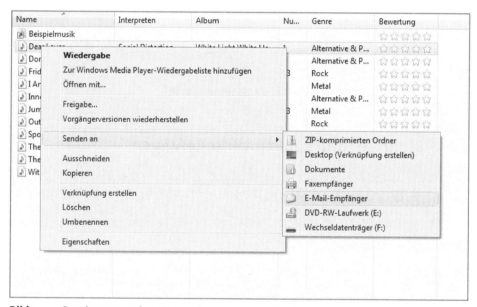

Bild 4.23: Dateien versenden via Kontextmenüpunkt *Senden an*

Klicken Sie auf ein Ziel, und schon ist eine Kopie dort abgelegt. Als Ziele werden alle angeschlossenen Disketten- und ZIP-Laufwerke, Wechselplattenlaufwerke, USB-Sticks und CD/DVD-Brenner angezeigt. So können Sie z. B. einen Ordner mit Bilddateien schnell auf einen Wechseldatenträger zum Weitergeben speichern.

Als Ziel können Sie auch *E-Mail-Empfänger* auswählen. In diesem Fall startet Windows Vista Ihr E-Mail-Programm. Im Mailfenster ist der Dateianhang bereits eingetragen. Sie müssen nur noch den Empfänger, den Betreff und den Text ergänzen.

Bildgröße ändern
Falls Sie Bilddaten versenden wollen, können Sie in einem Zwischendialog auf die Bildgröße Einfluss nehmen und so verhindern, dass Sie Leute mit langsamen Internetverbindungen mit überdimensionalen Dateianhängen belästigen.

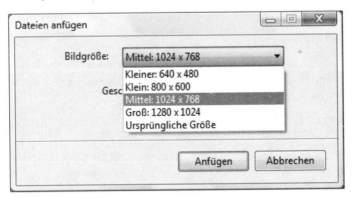

Bild 4.24: Bildgröße für E-Mail-Versand optimieren

4.4 Mehr Überblick durch Verknüpfungen

Verknüpfungen sind ein hervorragendes Instrument, um Übersicht und Ordnung zu erhalten. Sie funktionieren wie Wegweiser.

Ordner und Dateien

Dazu ein Beispiel: Sie haben zwei Ordner *Versicherung* und *Auto* angelegt und archivieren darin Ihre Unterlagen und die zugehörige Korrespondenz. Wo gehört nun ein Unfallbericht hin? Das ist ein klassischer Fall für eine Verknüpfung. Sie legen den Bericht im *Auto*-Ordner ab und fügen in den *Versicherung*-Ordner eine Verknüpfung zum Unfallbericht ein. Wenn Sie nun den Bericht nachträglich um eine Skizze ergänzen, so sehen Sie im Versicherungs- wie im Autoordner ein aktuelles Dokument. Es existiert aber nur einmal auf Ihrem PC. Im Abschnitt 4.3, »Kopieren, Verschieben und Verknüpfen«, haben Sie in den Menüs und Kontextmenüs den Befehl *Verknüpfung erstellen* gesehen. Dieser Befehl erstellt eine Verknüpfung zum markierten Objekt. Diese Verknüpfung können Sie nun dorthin verschieben, wo Sie sie haben wollen.

4.4 Mehr Überblick durch Verknüpfungen

 Verknüpfungen auf die Schnelle
Schneller geht es so: Verwenden Sie Drag & Drop mit der rechten Maustaste. Am Zielort wählen Sie aus dem Kontextmenü den Befehl *Verknüpfung hier erstellen*.

Verknüpfungen können für Dateien und für Ordner verwendet werden. Sie werden mit einem kleinen Pfeil unten links im Dateisymbol angezeigt.

Bild 4.25: Verknüpfungen und Dateien in einem Verzeichnis

Besonders nützlich sind Verknüpfungen für Programmdateien auf dem Desktop oder in bestimmten Unterverzeichnissen des Startmenüs. In den Eigenschaften einer Verknüpfung sehen Sie wichtige Details. Dort können Sie unter anderem das Ziel der Verknüpfung und bei Programmen die Fenstergröße ändern, in der das Programm gestartet werden soll. Außerdem können Sie der Anzeige im Explorer ein anderes Symbol zuweisen.

Auf manche Ordner oder Dateien möchten Sie vielleicht schnell vom Desktop aus zugreifen. Kein Problem: Im Kontextmenü des Ordners oder der Datei wählen Sie *Senden an/Desktop (Verknüpfung erstellen)*. Schon liegt eine Verknüpfung auf Ihrem Desktop. Aus dem Explorer heraus können Sie nun Dateien in diesen Ordner verschieben oder kopieren, indem Sie sie mit der Maus auf das Desktopsymbol ziehen.

Bild 4.26: Eigenschaften einer Dateiverknüpfung

Bild 4.27: Verknüpfung auf dem Desktop

Auf dem Desktop wird die Verknüpfung mit dem Originalsymbol der Datei oder des Ordners angezeigt. Links unten wird ein kleiner, abgeknickter Pfeil als Hinweis auf die Verknüpfung eingefügt. Beim Löschen einer Verknüpfung wird nur die Verknüpfung, nicht aber die Originaldatei gelöscht.

4.4 Mehr Überblick durch Verknüpfungen

Geräte und besondere Ordner

Einen besonderen Ordner haben Sie bereits kennengelernt, den Papierkorb. Er wird von Windows Vista automatisch angelegt. Eine nicht mehr benötigte Datei ziehen Sie einfach auf das Papierkorb-Symbol und lassen sie dort »hineinfallen«.

Ein Kartenleser oder ein USB-Stick eignet sich besonders gut als Verknüpfung auf dem Desktop. Öffnen Sie den Explorer im Verzeichnis *Computer* und ziehen Sie das Gerät mit der rechten Maustaste auf den Desktop. Nach dem Loslassen wählen Sie im Kontextmenü den Befehl *Verknüpfungen hier erstellen*. Nun können Dateien oder ganze Ordner einfach durch Ziehen auf die Speicherkarte oder den USB-Stick kopiert werden.

Programme

Manche Programme werden häufig benötigt. Diese aus dem Startmenü heraus aufzurufen ist zu aufwändig. Die Schnellstartleiste sollte aber auch nicht überfrachtet werden. Hier bietet sich eine Verknüpfung auf dem Desktop an.

Sie wollen z. B. immer einen Taschenrechner zur Verfügung haben. Unter *Alle Programme/Zubehör/Rechner* stellt Windows Vista im Startmenü einen einfachen Taschenrechner mit wissenschaftlicher Arbeitsweise zur Verfügung. Senden Sie dieses Programm einfach aus dem Kontextmenü der rechten Maustaste an den Desktop. Dort steht er Ihnen dann immer als Ersatz fürs Kopfrechnen zur Verfügung.

Bild 4.28: Taschenrechner mit dem Desktop verknüpft

Nach dieser Vorgehensweise kann jedes Programm aus dem Startmenü als Verknüpfung auf den Desktop gelegt werden. In den Eigenschaften der Verknüpfung können Sie den Dateinamen der Anwendung, eventuelle Parameter sowie das Symbol der Verknüpfung einstellen.

Bild 4.29:
Eigenschaften einer Programmverknüpfung

4.5 Dateien sortieren

Der Explorer zeigt Ordner und Dateien in der Ansicht an, die Sie eingestellt haben (siehe Abschnitt 4.2, »Ordneransichten anpassen«). Wenn die Anzahl der Dateien aber größer wird, geht leicht die Übersicht verloren. Deshalb muss eine Ordnung her, und zwar eine selbst gewählte. Lassen Sie den Explorer sortieren und anordnen.

Sortierkriterien

Dateien können nach verschiedenen Kriterien sortiert werden. Für jeden Verwendungszweck gibt es eine passende Auswahl. Innerhalb jeder Auswahl werden die Objekte alphabetisch oder numerisch aufsteigend dargestellt.

Für das Sortieren ist die Detailansicht besonders gut geeignet. Hier werden die Dateieigenschaften in Form einer Tabelle angezeigt. Ein Klick auf den Spaltenkopf sortiert genau nach diesem Merkmal. Ein kleines Dreieck in der Mitte über dem Spaltentitel zeigt die Sortierrichtung. Spitze nach oben heißt aufsteigend sortiert. Ein erneuter Klick auf den Spaltenkopf kehrt die Sortierrichtung um, und entsprechend ändert sich das Dreieck.

Bei absteigender Sortierung nach Änderungsdatum haben Sie immer die jüngsten Dateien ganz oben. Zur Sortierung wird in diesem Fall nicht nur das Datum, sondern auch die volle Uhrzeit verwendet.

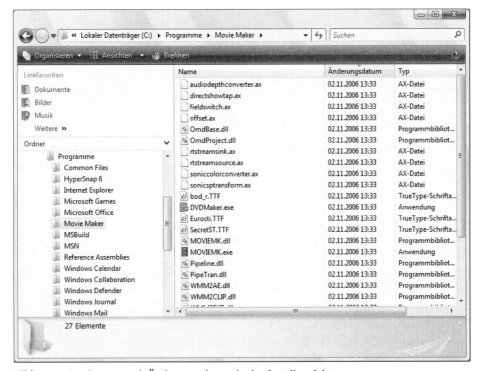

Bild 4.30: Sortierung nach Änderungsdatum in der Detailansicht

Eine Datei hat aber sehr viel mehr Eigenschaften, als der Explorer standardmäßig anzeigt. Ein Rechtsklick auf einen Spaltentitel der Tabelle öffnet ein Menü, in dem die wichtigsten Spalten ein- und ausgeschaltet werden können. Die Spalte mit dem Dateinamen lässt sich natürlich nicht ausblenden.

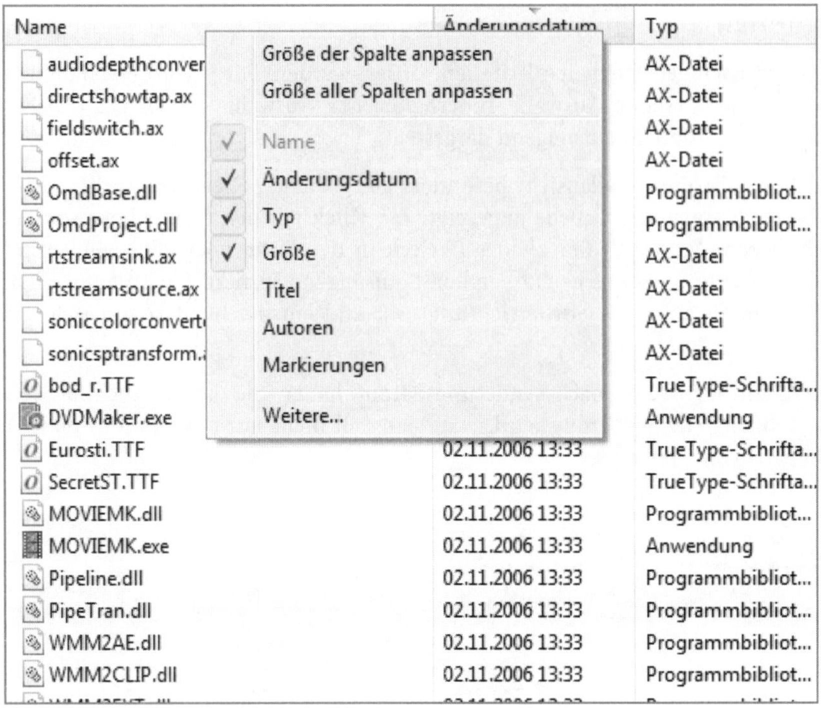

Bild 4.31: Menü beim Rechtsklick auf einen Spaltentitel

Mit dem Menüpunkt *Weitere...* öffnet sich ein Fenster, in dem Sie unter über 100 Attributen auswählen, welche angezeigt werden sollen. Ein gesetztes Häkchen vor dem gewählten Attribut nimmt dieses in die Tabelle auf. Mit den Schaltflächen *Nach oben* und *Nach unten* können Sie das Attribut in der Tabelle nach vorne oder hinten verschieben. *Nach oben* im Fenster bedeutet in der Spaltenanzeige nach links.

Um die Spaltenanordnung zu verändern, müssen Sie nicht erst in das Menü gehen. Fassen Sie den Spaltenkopf mit dem Mauszeiger an, und ziehen Sie ihn waagerecht an eine andere Position. Unter Umständen ist eine Spalte zu schmal, um alle Inhalte anzuzeigen. Das Attribut zeigt dann am Ende drei Punkte an.

Führen Sie den Cursor auf die Trennlinie zwischen zwei Spaltenüberschriften. Der Cursor ändert sich in einen waagerechten Doppelpfeil. Mit festgehaltener linker Maustaste können Sie nun die Spaltenbreite beliebig variieren. Ein Doppelklick auf die Trennlinie vergrößert oder verkleinert die Spalte auf die passende Größe.

4.5 Dateien sortieren

Bild 4.32: Details zur Anzeige im Explorer auswählen

Sortieren und Gruppieren

Mit der Gruppieren-Funktion kommt eine Struktur in die Anzeige, was besonders bei längeren Dateilisten sehr hilfreich sein kann.

Ein Klick auf das kleine Dreieck rechts neben einem Spaltentitel zeigt automatisch festgelegte Optionen zur Gruppierung an. Mit den Buttons ganz oben kann man zwischen normalem *Sortieren* und *Gruppieren* umschalten.

Je nach ausgewähltem Sortiertyp wird die Anzeige beim *Gruppieren* in Gruppen gegliedert und innerhalb der Gruppen sortiert. Verzeichnisse werden bei der Gruppierung in den Gruppen einsortiert und erscheinen nicht mehr alle am Anfang der Liste.

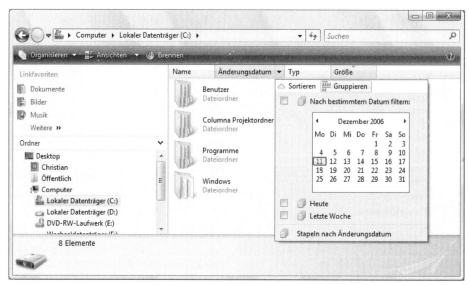

Bild 4.33: Gruppierte Ordnerliste im Explorer

Neben der Gruppierung ist auch ein Filtern der Liste möglich, um eine bessere Übersicht zu bekommen. Wenn Sie die Schalter vor den einzelnen Gruppennamen einschalten, werden nur die betreffenden Gruppen angezeigt.

Noch übersichtlicher ist es, in der gruppierten Liste mit den kleinen Pfeilen ganz rechts in den Gruppenüberschriften einzelne Gruppen zu minimieren. In diesem Fall bleiben die Überschriften bestehen, die zugehörigen Dateilisten verschwinden aber, um mehr Platz im Fenster freizugeben.

Name	Änderungsdatum	Typ	Größe	
JPEG-Bild (1)				˅
Microsoft Word-Dokument (3)				˅
PDF-Datei (4)				˅
Textdokument (2)				˅
Windows Mail-E-Mail-Nachricht (1)				˅

Bild 4.34: Gruppierte Dateiliste mit ausgeblendeten Gruppen

▲ Name

Je nach den im Verzeichnis vorhandenen Dateinamen werden unterschiedliche Buchstabengruppen vorgeschlagen.

4.5 Dateien sortieren

Bild 4.35: Nach Dateinamen *Sortieren* und *Gruppieren*

▲ Änderungsdatum

Je nach den im Verzeichnis vorhandenen Dateien werden unterschiedliche Zeiträume für die Gruppierung vorgeschlagen. Zum Filtern kann auch ein bestimmtes Datum im Kalender ausgewählt werden. Innerhalb der Dateien mit gleichem Datum wird die Uhrzeit als Sortierkriterium verwendet.

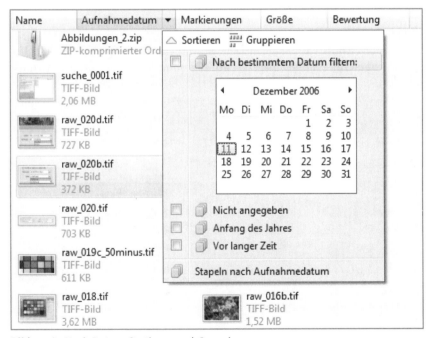

Bild 4.36: Nach Datum *Sortieren* und *Gruppieren*

▲ Typ

Für jeden im Verzeichnis vorhandenen Dateityp wird eine Gruppe für die Gruppierung vorgeschlagen. Ordner kommen in eine eigene Gruppe.

Bild 4.37: Nach Typ *Sortieren* und *Gruppieren*

▲ Größe

Je nach den im Verzeichnis vorhandenen Dateien werden unterschiedliche Größenbereiche für die Gruppierung vorgeschlagen. Ordner kommen in eine spezielle Gruppe *Nicht angegeben*.

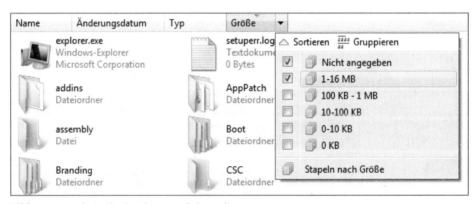

Bild 4.38: Nach Größe *Sortieren* und *Gruppieren*

Für die Sortierung von Fotos sind noch weitere Gruppierungsmerkmale möglich. Nähere Informationen finden Sie im Kapitel 5.

4.6 Dateiattribute und Eigenschaften

Dateiattribute sind zusätzliche Eigenschaften einer Datei, die sie näher beschreiben sollen. Die wichtigsten Attribute sehen Sie im Eigenschaften-Fenster einer Datei. In der Detailansicht können Sie alle Attribute anzeigen lassen.

Die wichtigsten Attribute sollen an dieser Stelle nochmals vorgestellt werden. Um die Eigenschaften einer Datei zu sehen oder zu ändern, klicken Sie mit der rechten Maustaste auf die Datei und wählen dann im Kontextmenü *Eigenschaften*.

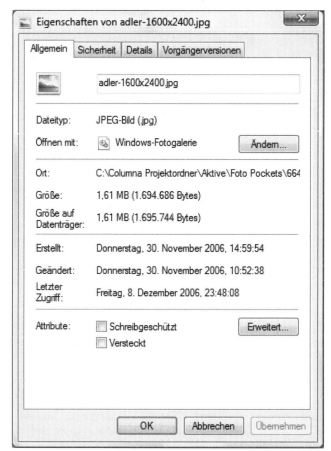

Bild 4.39:
Die *Eigenschaften* einer Datei

Auf mehreren Registerkarten werden unterschiedliche Eigenschaften angezeigt. Auf der Registerkarte *Details* lassen sich bestimmte persönliche Daten, die in der Datei stehen, anzeigen, ändern oder auch beseitigen. Dies ist nützlich, wenn eine Datei weitergegeben oder veröffentlicht werden soll.

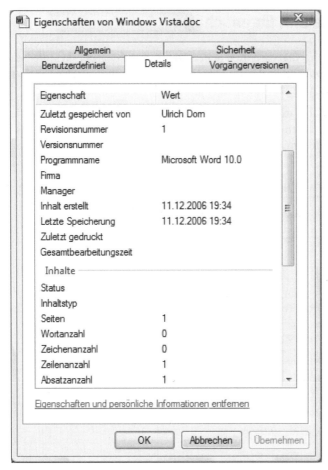

Bild 4.40: Spezielle Dateieigenschaften bearbeiten

Welche Daten angezeigt werden, hängt vom Dateiformat ab. Die Registerkarte *Benutzerdefiniert* ist ebenfalls nur bei bestimmten Dateiformaten vorhanden.

Dateiname

Der Dateiname ist das wichtigste Attribut einer Datei. Wählen Sie immer einen aussagekräftigen Dateinamen. Er darf bis zu 256 Zeichen lang sein und fast alle Zeichen enthalten.

Um eine Datei umzubenennen, markieren Sie diese und klicken kurz darauf noch einmal auf die Datei. Der Dateiname wird farbig hinterlegt und kann geändert werden.

4.6 Dateiattribute und Eigenschaften   **131**

 Umbenennen noch einfacher
Manchmal ist es schwierig, den richtigen Zeitabstand zwischen den beiden Klicks zu finden, um eine Datei umzubenennen und nicht gleich auszuführen. Sie können in solchen Fällen die Datei auch einfach markieren und die Taste F2 drücken. Jetzt wird der Dateiname ebenfalls zum Umbenennen markiert.

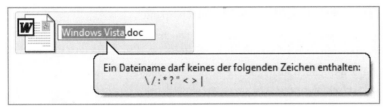

Bild 4.41: Meldung beim Umbenennen einer Datei

Wenn Sie für den Namen ein nicht zugelassenes Zeichen verwenden, z. B. das Fragezeichen, dann meldet sich Windows Vista mit einer Sprechblase, die angibt, welche Zeichen nicht verwendet werden dürfen.

Nach dem Dateinamen folgen ein Punkt und die Dateierweiterung mit üblicherweise drei Stellen.

Größe

Die Dateigröße wird in KB (Kilobyte) und in Byte angegeben. Technisch bedingt ist die Größe auf dem Datenträger meistens etwas größer als die tatsächliche Größe der Datei.

 Dateigröße beim Verschicken von E-Mails beachten
Beim Verschicken von Dateien als E-Mail-Anhang sollten Sie die Dateigröße beachten. Megabytegroße Dateien verursachen beim Empfänger lange Ladezeiten. Unter Umständen verweigert der Provider des Empfängers die Annahme einer Mail mit einem zu großen Anhang.

Datum

Das Datum einer Datei besteht immer aus Tag, Monat, Jahr, Stunde und Minute. Im Eigenschaften-Fenster wird zusätzlich noch der Wochentag bzw. *heute* angezeigt.

Datumsangaben können mit normalen Systemfunktionen nicht verändert werden. Allerdings gibt es diverse Freewareprogramme, mit denen Sie alle Datumsangaben beliebig manipulieren können. Mit jeder Datei werden drei verschiedene Datumsangaben gespeichert, bei Fotos sogar vier. Bei früheren Windows-Versionen kannte die Explorer-Anzeige immer nur ein Datum.

Datum	Bedeutung	Besonderheiten
Geändert	Dieses Datum entspricht dem letzten Speichern der Datei, wie schon aus früheren Windows-Versionen bekannt.	
Erstellt	Erstellungsdatum der Datei in diesem Verzeichnis, wird beim Kopieren oder Verschieben aktualisiert.	
Letzter Zugriff	Letzter Zugriff, auch Anzeigen, Verschieben, Kopieren oder Eigenschaften-Anzeige.	Nur bei NTFS
Bild aufgenommen	Dieses Datum speichert die Kamera bei der Aufnahme mit dem Bild. Verliert die Kamera beim Batteriewechsel die Uhrzeit, kann hier ein völlig falscher Wert stehen.	Nur bei Fotos

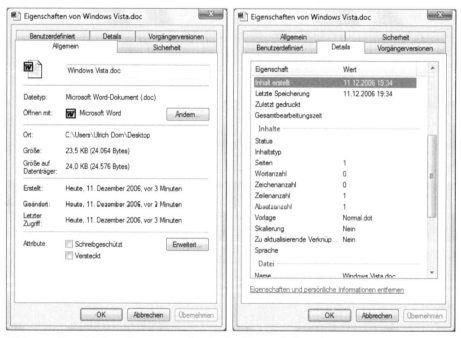

Bild 4.42: Verschiedene Datumsangaben in den Eigenschaften einer Datei

Die Angabe *Erstellt am* bezieht sich immer auf die physikalische Datei. Kopiert oder verschiebt man also eine Datei in ein anderes Verzeichnis, wird dort das *Erstelldatum* neu geschrieben. Das *Änderungsdatum* der Datei bleibt aber bestehen. So lässt sich erklären, dass das Erstelldatum einer Datei aktueller sein kann als das letzte Änderungsdatum, was nach deutschem Sprachverständnis unlogisch erscheint.

Nur NTFS protokolliert die Zugriffe, sodass nur hier das Datum des letzten Zugriffs interessant ist. Dabei macht es keine Unterschiede, welcher Art der Dateizugriff war, ob die Datei angezeigt, kopiert, geändert oder auch nur die *Eigenschaften* angezeigt wurden. Auf FAT16/32-Dateisystemen wird das Feld *Letzter Zugriff* der Vollständigkeit halber zwar dargestellt, enthält aber immer das aktuelle Tagesdatum mit einer Zeitangabe 00:00, unabhängig vom tatsächlichen letzten Zugriff.

Typ

Windows Vista versucht aus der Dateierweiterung den Typ zu erkennen. So wird aus der Endung *.txt* eine *Textdatei*. Wenn Windows eine Endung nicht interpretieren kann, dann wird aus *xyz* einfach eine *XYZ-Datei*. Aus dem Typ wird auch ermittelt, mit welcher Anwendung die Datei bei einem Doppelklick geöffnet werden soll.

Schreibgeschützt

Dieses Attribut kennt nur die Zustände Ja und Nein. Im Ja-Fall kann die Datei nicht verändert und nicht gelöscht werden. Wenn Sie das doch versuchen, fragt Windows zur Sicherheit nochmals zurück.

Allerdings nimmt Windows Vista dieses Attribut nicht mehr so ernst wie frühere Windows-Versionen. Ein Verschieben einer schreibgeschützten Datei per Zwischenablage ist zum Beispiel ohne weitere Nachfragen möglich. Der Schreibschutz stellt also keinen echten Schutz mehr dar.

Bild 4.43: *Attribute* im Eigenschaften-Fenster

Versteckt

Auch dieses Attribut kennt nur die Zustände Ja und Nein. Im Ja-Fall wird die Datei im Explorer nicht angezeigt. Damit soll vermieden werden, dass bestimmte Dateien nicht aus Versehen manipuliert werden. Unter *Organisieren/Ordner- und Suchoptionen* können Sie die Anzeige versteckter Dateien mit dem Schalter *Versteckte Dateien und Ordner/Alle Dateien und Ordner anzeigen* dennoch erzwingen. Die Änderung tritt erst in Kraft, wenn man das Verzeichnis neu einlesen lässt, sich also im Explorer zunächst in einem anderen Verzeichnis befand. Versteckte Verzeichnisse werden in der Baumstruktur im linken Teilfenster des Explorers nicht angezeigt.

Archiv

Die mit diesem Attribut gekennzeichneten Dateien sollen bei der nächsten Datensicherung archiviert werden. Manche Archivierungsprogramme verwenden dieses Dateiattribut zur Auswahl der Dateien für die Archivierung und setzen es nach der Sicherung automatisch zurück. Wird eine Datei verändert, setzt Windows Vista wieder das Archiv-Attribut, damit diese Datei beim nächsten Backup wieder gesichert wird.

Eigenschaften

Alle bisher beschriebenen Attribute können Sie im Fenster *Eigenschaften* ansehen und zum Teil auch ändern. Für die letzten drei Attribute wird im entsprechenden Kästchen im Ja-Fall ein Häkchen angezeigt, das Sie auch selbst setzen oder löschen können. Bei einer Änderung für einen Ordner werden Sie gefragt, ob die Änderung nur für diesen Ordner oder auch für alle Dateien und Unterordner gelten soll.

Weitere Attribute

Alle weiteren Attribute können Sie im Explorer nicht beeinflussen. Sie werden von den jeweiligen Erstellungsprogrammen gesetzt. In der Detailansicht des Explorers können Sie alle Attribute anzeigen lassen. Im Fenster *Ansicht/Details auswählen* müssen Sie nur beim entsprechenden Attribut ein Häkchen setzen.

4.7 Besondere Verzeichnisse

Windows Vista legt einige besondere Verzeichnisse auf dem PC an, die auch für den Anwender wichtig sind. Einige davon sind sehr sinnvoll nutzbar, während andere nur mit spitzen Fingern angefasst werden sollten.

Ihr persönliches Verzeichnis

Dieses Verzeichnis wird für jeden Benutzer von Windows Vista eingerichtet. Es liegt standardmäßig auf der Festplatte *C:* im Verzeichnis *Benutzer*. In früheren Windows-Versionen hieß dieses Verzeichnis *Eigene Dateien*.

Es enthält standardmäßig die Unterordner *Bilder, Dokumente, Musik* und andere. Einige davon werden für Systemeinstellungen verwendet und sind versteckt. Unterhalb dieses Verzeichnisses können Sie nach Belieben weitere Ordner einrichten.

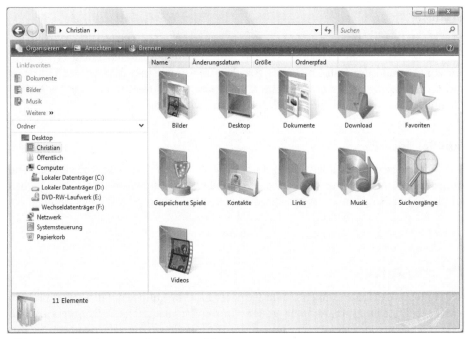

Bild 4.44: Ordner im persönlichen Verzeichnis

Das gesamte persönliche Verzeichnis ist vor dem Zugriff anderer Anwender geschützt. Nur Sie und der Administrator haben vollen Zugriff auf alle Ordner und Dateien dort. In der Ordner-Ansicht finden Sie das persönliche Verzeichnis mit derselben Struktur und identischem Inhalt einmal direkt in der obersten Verzeichnisebene und einmal unter *Computer\ C:\Benutzer*. Es handelt sich jedesmal um das gleiche Verzeichnis, also nicht um eine Kopie. Löschen Sie eine Datei an der einen Stelle, ist sie danach an beiden Stellen gelöscht.

Arbeiten mit projektorientierten Verzeichnissen
Ein Sicherheitsaspekt sollte allerdings auch nicht verschwiegen werden: Wenn es Hackern oder Trojanern gelingen sollte, einen Zugang zu Ihrem PC zu erhalten, dann ist das persönliche Verzeichnis sicher das erste Ziel. Da es auf jedem PC mit derselben Struktur und demselben Namen angelegt wird, kann es auch leichter ausspioniert werden.
Ein weiteres Problem ergibt sich bei der Reparatur einer defekten Windows-Installation. Bei einer Neuinstallation werden die persönlichen Verzeichnisse ohne Nachfrage gelöscht.
Wesentlich sinnvoller ist es, projektorientierte Verzeichnisse anzulegen, am besten auf einer zweiten Partition oder Festplatte, die nur für Daten verwendet wird. So kommt es nicht zu Datenverlusten, selbst wenn die Betriebssystempartition komplett ausfällt.

Öffentlich

Dieses Verzeichnis wird von Windows Vista ebenfalls standardmäßig eingerichtet. Es existiert nur einmal auf dem PC und steht allen Anwendern mit allen Rechten zur Verfügung. Jeder Anwender kann dort Informationen ablegen, die für jeden anderen Anwender zugänglich sein sollen. In früheren Windows-Versionen hieß dieses Verzeichnis *Gemeinsame Dokumente*.

Auch in diesem Ordner sind standardmäßig einige Unterverzeichnisse angelegt. Jeder Anwender kann nach Belieben weitere Ordner anlegen und Dateien darin ablegen.

In der Ordner-Ansicht finden Sie das öffentliche Verzeichnis mit derselben Struktur und identischem Inhalt einmal direkt in der obersten Verzeichnisebene und einmal unter *Computer\C:\Benutzer\Öffentlich*. Es handelt sich auch hier in beiden Fällen um das gleiche Verzeichnis.

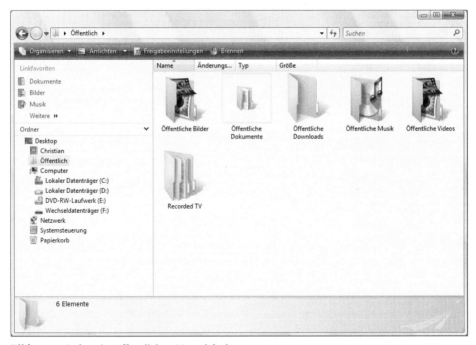

Bild 4.45: Ordner im öffentlichen Verzeichnis

Systemsteuerung

Hier handelt es sich um einen Systemordner, in dem Windows wichtige Informationen und Einstellungen zum System, zu Geräten und Diensten verwaltet. Die Systemsteuerung wurde in Windows Vista völlig neu angeordnet.

Wer viel Erfahrung mit älteren Windows-Versionen hat, wird sich möglicherweise in der klassischen Ansicht der Systemsteuerung besser zurechtfinden.

Bild 4.46: Startseite der *Systemsteuerung* in der neuen Standardansicht

4.7 Besondere Verzeichnisse

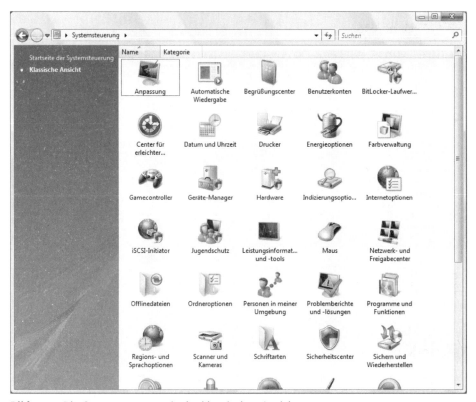

Bild 4.47: Die *Systemsteuerung* in der klassischen Ansicht

Ausführliche Informationen zu einzelnen Modulen der Systemsteuerung finden Sie in den Kapiteln 6 bis 10.

Computer

Das Verzeichnis *Computer* in der Baumstruktur des Explorers ist kein Verzeichnis auf einer Festplatte, sondern steht übergeordnet über den Laufwerken. Hier finden Sie Symbole für alle Laufwerke. Im Anzeigemodus *Kacheln* wird bei Festplatten angezeigt, wie weit sie bereits mit Daten gefüllt sind. In früheren Windows-Versionen hieß diese Ansicht *Arbeitsplatz*.

Bild 4.48: Eigenschaften des *Computer*-Verzeichnisses

Netzwerk

Das Verzeichnis *Netzwerk* in der Baumstruktur des Explorers ist ebenfalls kein Verzeichnis auf einer Festplatte, sondern zeigt alle Computer im lokalen Netzwerk an. Von hier aus können Sie auf freigegebene Laufwerke und Drucker zugreifen. Diese Ansicht wurde in früheren Windows-Versionen als *Netzwerkumgebung* bezeichnet. Weitere Informationen zum Netzwerk finden Sie im Kapitel 12.

Geschützte Verzeichnisse

In Windows Vista Business und Ultimate kann der Administrator den Zugriff auf bestimmte Verzeichnisse und Dateien für andere Benutzer begrenzen, sodass diese sie nur noch lesen oder auch gar nicht mehr sehen können.

In den Home-Editionen von Windows Vista ist es nicht möglich, die Zugriffsrechte individuell zu vergeben. Deshalb gibt es hier keine geschützten Verzeichnisse. Allerdings sind dem Nichtadministrator nicht alle Verzeichnisse zugänglich.

- *Benutzer:* Hier werden Einstellungen für alle Anwender und für jeden einzelnen Anwender verwaltet.

Gehen Sie mit den anderen beiden standardmäßig auf Laufwerk *C:* angelegten und sichtbaren Verzeichnissen sehr verantwortungsvoll um, d. h., lassen Sie am besten die Finger weg.

② *Programme:* Hier sind für jedes installierte Programm Ordner mit jeweils unterschiedlichen Unterordnern enthalten. Sie werden bei der Programminstallation eingerichtet. Die Programme verwalten dort auch interne Einstellungen.

③ *Windows:* Wie der Name sagt, liegt hier das Windows-Betriebssystem und die meisten weiteren Windows-Komponenten.

Die versteckten Verzeichnisse, die Windows Vista auf Laufwerk *C:* anlegt, sind absichtlich versteckt, damit der Benutzer hier keine unbedachten Aktionen vornimmt, die die Systemstabilität gefährden können.

4.8 Spurensuche mit dem Verlauf

Der Verlauf ist das Gedächtnis des PCs. Hier wird gespeichert, welche Dateien Sie in letzter Zeit geöffnet haben.

In früheren Windows-Versionen konnte die Verlaufsliste im Seitenfenster des Explorers angezeigt werden. Diese Funktion wurde in Windows Vista gestrichen.

Windows Vista verwaltet zwei Verlaufslisten: *Zuletzt geändert* und *Zuletzt verwendet*. Welche Datei in welcher Liste abgelegt wird, hängt von den Anwendungen ab, mit denen Sie die Datei geöffnet hatten.

Beide Listen enthalten Verknüpfungen auf die jeweiligen Dateien. Die Dateien selbst bleiben in ihren ursprünglichen Verzeichnissen, können aber über diese Verknüpfungen leicht aufgerufen werden.

Die zuletzt verwendeten Dateien sehen Sie am einfachsten im Startmenü unter *Zuletzt verwendet*. Hier werden allerdings nur einige wenige Dateien angezeigt. Deutlich mehr Dateien bekommen Sie zu sehen, wenn Sie mit der rechten Maustaste auf den Menüpunkt *Zuletzt verwendet* klicken und dann im Kontextmenü *Öffnen* wählen.

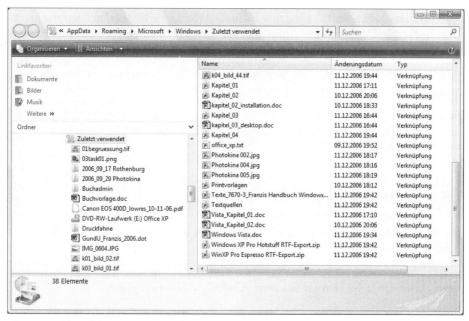

Bild 4.49: Die zuletzt verwendeten Dateien

Diese Verknüpfungen liegen im Verzeichnis *C:\Users\<Benutzername>\AppData\Roaming\Microsoft\Windows\Recent*.

Die Verknüpfungen auf die zuletzt geänderten Dateien finden Sie, indem Sie im linken Teilfenster des Explorers im Bereich *Linkfavoriten* auf *Zuletzt geändert* klicken.

Diese Verknüpfungen liegen im Verzeichnis *C:\Users\<Benutzername>\Searches\Recently Changed.search-ms*.

 Unterschiede zwischen den Verlaufslisten
An den Abbildungen, die beide zum gleichen Zeitpunkt erstellt wurden, sehen Sie die Unterschiede zwischen den beiden Verlaufslisten. Die meisten Dateien sind in beiden Listen eingetragen, Verzeichnisse aber nur unter *Zuletzt verwendet*. Einige Anwendungen tragen geöffnete Dateien auch nur in eine der beiden Listen ein.

4.8 Spurensuche mit dem Verlauf

Bild 4.50: Die zuletzt geänderten Dateien

Paranoia

In früheren Windows-Versionen gab es eine mit *Paranoia* bezeichnete Funktion, mit der man die Listen der zuletzt verwendeten Dateien löschen konnte. Diese Funktion ist bei Windows Vista in das Kontextmenü des Startmenüpunkts *Zuletzt verwendet* integriert.

Wählen Sie hier den Menüpunkt *Liste zuletzt verwendeter Elemente löschen*, werden alle Verknüpfungen aus der Liste *Zuletzt verwendet* entfernt. Die Originaldateien bleiben natürlich bestehen.

In der Liste *Zuletzt geändert* werden alle Verknüpfungen entfernt, die sich auch in der Liste *Zuletzt verwendet* befinden. Die übrigen Verknüpfungen bleiben dort bestehen.

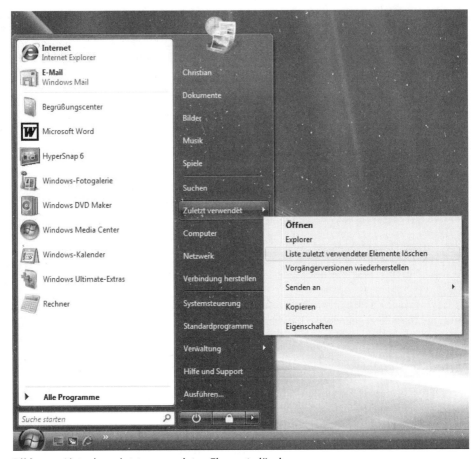

Bild 4.51: Liste der zuletzt verwendeten Elemente löschen

4.9 Die neue Suche in Windows Vista

»Wer suchet, der findet«. Diese biblische Redensart hat auch bei Windows noch ihre Berechtigung. Vor allem wird hier eine effiziente Hilfe angeboten. In Windows Vista wurde die Suche nach Dateien deutlich verbessert. Vorbild für die neue Suchfunktion war offensichtlich der beliebte Google Desktop, mit dem man in kürzester Zeit beliebige Informationen auf dem eigenen Computer wiederfindet. Die Suche muss jetzt nicht mehr mit mehreren Klicks aufgerufen werden, sondern befindet sich direkt im Startmenü. Geben Sie unten in das Suchfeld einen Suchbegriff ein, werden schon während der Eingabe im Startmenü passende Suchergebnisse angezeigt.

4.9 Die neue Suche in Windows Vista

Bild 4.52: Suchergebnisse im Startmenü

Hier können Sie einfach ein Suchergebnis anklicken und öffnen damit direkt die entsprechende Datei. Ein Klick auf *Alle Ergebnisse anzeigen* öffnet ein Explorer-Fenster mit den Suchergebnissen. Hier werden deutlich mehr Ergebnisse angezeigt als im Startmenü.

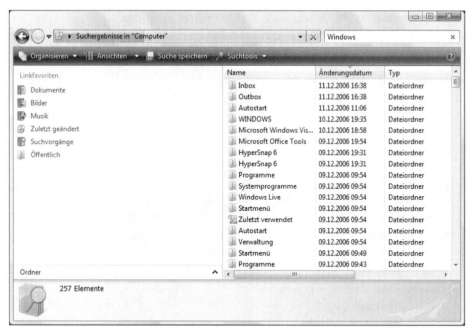

Bild 4.53: Suchergebnisse im Explorer

Bei sehr vielen Treffern können Sie die Ergebnisliste in der oberen zusätzlichen Symbolleiste filtern. Anstatt alle Treffer anzuzeigen, können Sie sich zum Beispiel auf Dokumente oder E-Mails beschränken.

Was wird gesucht?

Diese Frage steht natürlich am Anfang. Grundsätzlich können Sie Teile von Dateinamen finden, aber auch Stichwörter in den Dateiinformationen oder Begriffe, die in Textdokumenten vorkommen.

Bei der Angabe des Dateinamens können sogenannte Jokerzeichen verwendet werden. Das Sternchen (*) ersetzt kein oder mehrere Zeichen. Das Fragezeichen (?) ersetzt genau ein Zeichen. Folgende Beispiele sollen das illustrieren:

Jokerzeichen und ihre Treffer:

Eingabe	Suchergebnis
kont	Konto, konten, Autokont, diskontieren
kont*	kont, Konto, konten
kon?o	Konto, konfokus, Autokonron
.txt	alle Dateien mit der Dateiendung txt

4.9 Die neue Suche in Windows Vista

Wo soll gesucht werden?

Jedes Explorer-Fenster enthält in Windows Vista oben rechts ein Suchfeld, in dem Sie ebenfalls einen zu suchenden Begriff eingeben können. Die Suche durchsucht dann das Verzeichnis, in dem der Explorer gerade steht, und alle Unterverzeichnisse darunter.

Die Suche über das Startmenü durchsucht immer alle indizierten Verzeichnisse. Dies sind die Verzeichnisse *Benutzer* und *Öffentlich*, einschließlich aller Unterverzeichnisse. E-Mails und Offlinedateien werden ebenfalls indiziert, Programmverzeichnisse und das Windows-Verzeichnis standardmäßig nicht. Dateien anderer Benutzer werden standardmäßig ebenfalls nicht durchsucht.

Für diese Verzeichnisse legt Windows Vista einen automatischen Suchindex an, der die Suche erheblich beschleunigt, da Dateinamen und Dateieigenschaften nicht mehr für jede Datei durchsucht werden müssen, sondern direkt im Index zu finden sind. Der Index selbst kann nicht angezeigt werden, sondern wird von Windows Vista nur intern verwendet. Wenn Sie dagegen auf einem Laufwerk oder in einem Verzeichnis ohne Index suchen, kann dies sehr lange dauern. Windows Vista zeigt in solchen Fällen oberhalb der Suchergebnisse eine Meldung an.

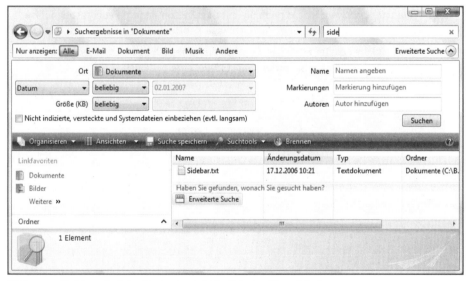

Bild 4.54: Meldung bei der Suche in nicht indizierten Verzeichnissen

Mit einem Klick auf diese Meldung können Sie das Laufwerk oder Verzeichnis zum Index hinzufügen. Die Indizierung dauert einige Zeit, läuft aber komplett im Hintergrund ab, sodass Sie normal weiterarbeiten können.

Enter drücken, um die Suche zu starten
In indizierten Verzeichnissen startet die Suche sofort mit dem ersten im Suchfeld eingegebenen Zeichen und verfeinert sich automatisch, je mehr Zeichen eingegeben werden. In nicht indizierten Verzeichnissen muss man zuerst den gesamten Suchbegriff eingeben und die Enter -Taste drücken, um die Suche zu starten.

Suche optimieren

Wenn Sie spezielle Projektverzeichnisse mit eigenen Daten verwenden, können Sie diese zum Index hinzufügen, um die Suche weiter zu optimieren. Dabei haben Sie drei Möglichkeiten:

1	Starten Sie eine Suche im betreffenden Verzeichnis. Die Meldung, dass die Suche in nicht indizierten Verzeichnissen langsam ist, erscheint. Klicken Sie darauf, um das Verzeichnis zum Index hinzuzufügen.
2	Starten Sie in der Systemsteuerung unter *System und Wartung* das Modul *Indizierungsoptionen*. Hier können Sie mit dem Button *Ändern* neue Verzeichnisse zum Index hinzufügen oder Verzeichnisse aus der Indizierung herausnehmen.
3	Das gleiche Fenster erreichen Sie auch aus einer Suche im Explorer, wenn Sie in der Symbolleiste auf *Suchtools/Indexpfade ändern* klicken.

Bild 4.55: Anzeige der indizierten Verzeichnisse

4.9 Die neue Suche in Windows Vista

Im nächsten Dialogfeld können Sie sich mit dem Button *Alle Orte anzeigen* eine komplette Verzeichnisliste anzeigen lassen und einzelne Verzeichnisse auswählen, die dem Index hinzugefügt werden sollen. Netzwerkverzeichnisse auf anderen Computern können nicht zum Index hinzugefügt werden.

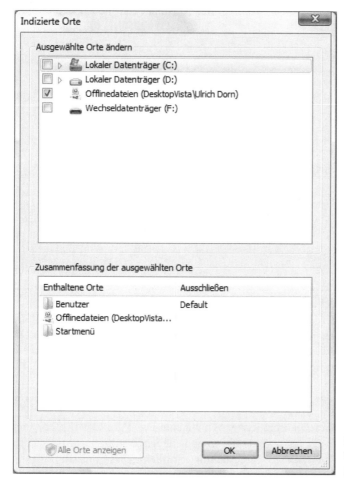

Bild 4.56: Neue Verzeichnisse zum Index hinzufügen

 Großer Index bremst die Suche
Kommen Sie nicht auf die Idee, einfach den ganzen Computer dem Index hinzuzufügen. Das bremst die Suche, sodass sie deutlich langsamer wird als ganz ohne Index. Sinnvollerweise fügen Sie nur die Verzeichnisse hinzu, die persönliche Daten oder Projektdaten enthalten.

Erweiterte Suche

Wenn die Suche zu viele oder nicht die gewünschten Ergebnisse liefert, hilft in vielen Fällen die erweiterte Suche weiter. In der oberen Symbolleiste des Suchergebnisfensters ist ganz rechts ein Button *Erweiterte Suche* zu sehen.

Ein Klick darauf öffnet im oberen Teil des Explorer-Fensters einen neuen Bereich mit detaillierten Suchoptionen.

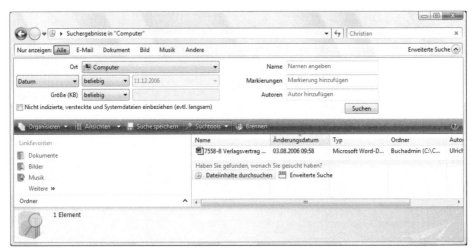

Bild 4.57: Die erweiterten Suchoptionen

In diesem Fenster können Sie jederzeit eine neue Suche starten. Wählen Sie dazu bei *Ort* das zu durchsuchende Laufwerk oder Verzeichnis aus und geben Sie im Feld *Name* ein Suchmuster für den Dateinamen an.

▲ Suche nach Datum

Sie wissen genau, dass Sie am Dienstag letzter Woche eine Datei geändert haben, aber nicht, wo ist sie? Für diesen Zweck können Sie einen genauen Zeitraum vor oder nach einem bestimmten Datum angeben. Als Hilfestellung wird beim Datum gleich noch ein Kalender eingeblendet.

4.9 Die neue Suche in Windows Vista

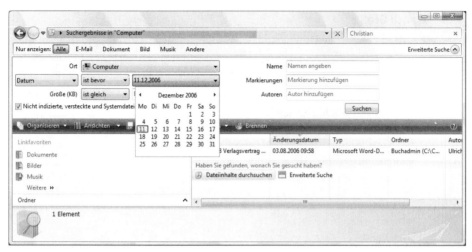

Bild 4.58: Suche in einem bestimmten Zeitraum

Beim Datum können Sie auch noch zwischen Änderungsdatum und Erstelldatum wählen. Die aus Windows XP bekannte Suchoption für Dateien aus einem bestimmten Zeitraum (von...bis) gibt es in Windows Vista nicht mehr.

▲ Suche nach Stichwörtern

Nicht immer sind die Dateinamen aussagekräftig. Besonders automatisch angelegte Dateinamen, wie die von Fotos von Digitalkameras, geben keinerlei Informationen über den Inhalt einer Datei. In solchen Fällen können Sie nach Autorennamen oder speziellen Markierungen suchen, die Sie vorher für die Datei definiert haben. Bei derartigen Suchvorgängen müssen Sie nicht unbedingt einen Dateinamen angeben.

Bild 4.59: Suche nach Dateien mit bestimmten Markierungen

Diese Markierungen müssen vorher gesetzt werden und können beliebige Stichwörter enthalten. Markieren Sie im Explorer die Dateien, die eine bestimmte Markierung bekommen sollen, und geben die entsprechenden Begriffe dann im Detailfenster im unteren Bereich des Explorers ein.

In der Detailansicht können Sie eine Spalte *Markierungen* einblenden. Hier werden zu jeder Datei die vorhandenen Markierungen angezeigt.

▲ Suche nach Größe

Gerade bei der Suche nach Downloaddateien lohnt es sich, die Dateigröße zu berücksichtigen. *Beliebig* ist die Voreinstellung. Alternativ können Sie einen Wert in KByte einstellen. Die gesuchten Dateien können kleiner oder größer sein als der angegebene Wert.

> **Kombinierte Suchkriterien**
> Bei der erweiterten Suche können mehrere Suchkriterien angegeben werden, die dann automatisch kombiniert werden. Geben Sie zum Beispiel ein Namensmuster für Dateinamen, einen Zeitraum und Markierungen an, werden nur Dateien gefunden, die allen angegebenen Kriterien gleichzeitig entsprechen. Auf diese Weise können Sie die Trefferquote deutlich erhöhen.

▲ Spezielle Suchoptionen

Der Button *Suchtools* in der Symbolleiste eines Suchfensters öffnet ein kleines Menü, in dem Sie mit dem Menüpunkt *Suchoptionen* noch spezielle, selten benötigte Einstellungen für die Suche verändern können.

 Ein Suchbegriff kann als Teil eines Dateinamens oder auch als Suchbegriff innerhalb einer Datei verwendet werden. In der Standardeinstellung, die auch ausdrücklich empfohlen wird, wird in indizierten Verzeichnissen sowohl nach Dateinamen als auch nach Inhalten gesucht, in nicht indizierten Verzeichnissen nur nach Dateinamen. Nur selten wird es sinnvoll sein, diese Einstellung zu ändern.

Ein wichtiger Schalter im mittleren Teil des Dialogfeldes ist *Unterordner bei der Eingabe im Suchfeld durchsuchen*. Nur wenn dieser Schalter eingeschaltet ist, werden automatisch die Unterverzeichnisse des aktuellen Verzeichnisses mit durchsucht. Sollten Sie ausnahmsweise nur genau ein Verzeichnis ohne seine Unterverzeichnisse durchsuchen wollen, können Sie diese Option auch ausschalten.

4.9 Die neue Suche in Windows Vista

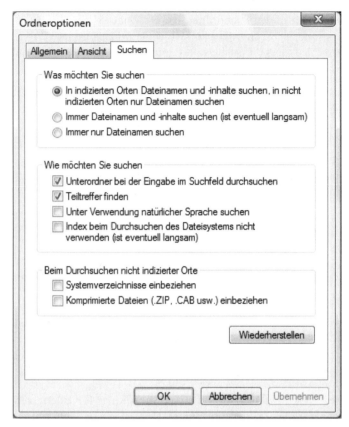

Bild 4.60: Erweiterte Suchoptionen

Die beiden Schalter im unteren Teil des Dialogfeldes betreffen nur die Suche in indizierten Verzeichnissen.

① *Systemverzeichnisse einbeziehen* sucht auch in den Systemverzeichnissen von Windows, die normalerweise nicht durchsucht werden. Diese Verzeichnisse sollten auch keine persönlichen Daten enthalten. Die Suche hier kann nützlich sein, um für Administrationsaufgaben spezielle Systemdateien zu finden.

② *Komprimierte Dateien* einbeziehen sucht auch innerhalb von ZIP- und CAB-Archiven nach Dateien. In diesem Fall dauert die Suche aber deutlich länger.

Suchvorgänge speichern

Sie haben sich nun mit den Optionen eine genau passende Suchfrage zusammengestellt und werden sie wahrscheinlich noch häufiger benötigen. In diesem Fall sollten Sie die Suchfrage abspeichern. Dazu muss aber mindestens einmal ein Ergebnis gefunden worden sein.

Später genügt ein Doppelklick auf diesen Suchordner, damit Windows Vista die Suche mit den festgelegten Kriterien startet. Suchordner können wie normale Ordner verwendet werden, mit dem Unterschied, dass die Suche sofort automatisch gestartet wird und dass sie immer die aktuellsten Suchergebnisse anzeigen.

Um einen Suchvorgang zu speichern, klicken Sie im Suchfenster auf das Symbol *Suche speichern* und legen einen Namen fest.

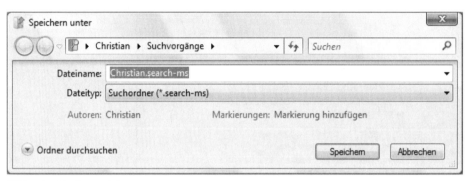

Bild 4.61: Suche speichern

Speichern Sie die Suche immer im vorgegebenen Verzeichnis *<Benutzername>\ Suchvorgänge*. Auf diese Weise finden Sie die gespeicherten Suchvorgänge jederzeit schnell in Ihrem persönlichen Verzeichnis unter *Suchvorgänge* wieder.

Im gleichen Verzeichnis legt Windows Vista automatisch Suchordner für zuletzt verwendete Dateien verschiedener Typen (Bilder und Videos, Dokumente, E-Mail, Musik) ab, sodass Sie diese jederzeit finden, ohne selbst eine Suche starten zu müssen.

4.10 Vista-Lesezeichen: Linkfavoriten

Favoriten sind Lesezeichen, mit denen Sie schnell an eine interessante Stelle zurückfinden. Sie spielen eine wichtige Rolle beim Surfen im Internet. Aber auch im Windows-Explorer tun sie gute Dienste. Im Gegensatz zu früheren Windows-Versionen unterscheidet Windows Vista jetzt klarer zwischen lokalen Linkfavoriten und Favoriten aus dem Internet Explorer. Windows Vista hat von Haus aus schon einige Favoriten eingerichtet, unter anderem die Verzeichnisse *Bilder* und *Dokumente* im persönlichen Verzeichnis.

Diese Favoriten finden Sie jederzeit links oben im Explorer-Fenster. Standardmäßig werden nur drei Linkfavoriten angezeigt, ein Klick auf *Weitere* zeigt eine zusätzliche Liste. Um mehr Favoriten zu sehen, können Sie auch die Trennlinie zwischen Favoriten und Ordneranzeige nach unten verschieben.

4.10 Vista-Lesezeichen: Linkfavoriten

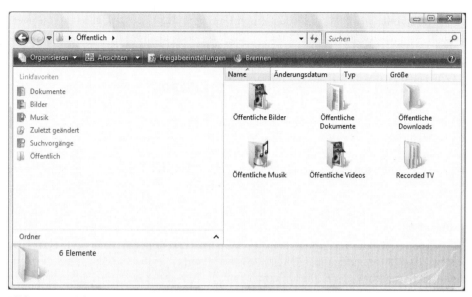

Bild 4.62: Linkfavoriten im Explorer

Ein Klick auf den kleinen Pfeil rechts in der Zeile *Ordner* blendet die Ordneranzeige ganz aus und gibt das gesamte linke Teilfenster für die Linkfavoriten frei.

Linkfavoriten hinzufügen

Markieren Sie im rechten Explorer-Fenster einen Ordner und ziehen Sie ihn mit gedrückter Maustaste in das Feld *Linkfavoriten*. Dabei können Sie sogar die Position festlegen, wo die Verknüpfung erscheinen soll. Diese Liste wird nicht automatisch sortiert. Sie können auch jederzeit mit der Maus die Reihenfolge der Linkfavoriten umsortieren.

Die Linkfavoriten sind einfache Verknüpfungen, die im Verzeichnis *C:\Users\ <Benutzername>\Links* gespeichert werden.

Linkfavoriten verwalten

Sinn der Favoriten ist es, einen schnellen Zugriff auf Dateien zu ermöglichen. Deshalb ist eine gewisse Ordnung unumgänglich. Gliedern Sie Ihre Favoriten nach Ihren persönlichen Anforderungen.

Klicken Sie mit der rechten Maustaste auf einen Eintrag bei den Linkfavoriten, öffnet sich ein Kontextmenü, in dem Sie den Eintrag umbenennen können. Dabei wird nur der Eintrag in dieser Liste umbenannt, der eigentliche Verzeichnisname bleibt unverändert.

Der Menüpunkt *Link entfernen* löscht einen Eintrag in der Liste *Linkfavoriten*. Das Verzeichnis selbst bleibt bestehen, es wird nur die Verknüpfung gelöscht.

4.11 Dateien auf CD oder DVD brennen

Windows Vista enthält komfortable Funktionen zum Brennen von Daten auf CDs oder DVDs. Dabei unterscheiden sich CD und DVD prinzipiell nur in der Größe, der Vorgang des Brennens unter Windows Vista ist in beiden Fällen der gleiche. Eine CD fasst etwa 650 bis 700 MB Daten, eine DVD etwa 4,7 GB. Windows Vista unterstützt zwei verschiedene Formate, in denen CDs und DVDs beschrieben werden können:

▲ **Mastered**

Das Mastered-Format ist das aus früheren Windows-Versionen bekannte Format. Hier werden die zu brennenden Dateien zunächst in einem eigenen Verzeichnis auf der Festplatte gesammelt und dann alle auf einmal auf die CD oder DVD gebrannt. Medien im Mastered-Format können in allen Laufwerken und unter allen Betriebssystemen gelesen werden und lassen sich auch in CD-Playern oder DVD-Playern abspielen. Viele moderne DVD-Player können auch Fotos von CDs und DVDs anzeigen, die im Mastered-Format ohne spezielle Player-Software gebrannt sind.

▲ **Livedateisystem**

Das Livedateisystem ist ein neues Format in Windows Vista. Hier werden die Daten nicht auf der Festplatte zwischengelagert, sondern direkt auf die CD oder DVD gebrannt. Dieses Format bietet sich an, wenn eine CD ständig im Laufwerk liegt. Diese kann wie ein USB-Stick oder eine Speicherkarte als Datenspeicher verwendet werden, ohne dass ein spezieller Brennvorgang gestartet werden muss.

Kompatibilität zu anderen Systemen
Mit dem Livedateisystem erstellte CDs sind nicht kompatibel zu CD- und DVD-Playern, zu Macintosh und Linux sowie auch nicht zu allen älteren Windows-Versionen.

① Um Dateien zu brennen, klicken Sie im Explorer auf den Button *Brennen* in der oberen Symbolleiste. Danach werden Sie aufgefordert, eine CD in den Brenner zu legen.

② Im nächsten Dialogfeld müssen Sie der leeren CD einen Namen geben, voreingestellter Datenträgername ist das aktuelle Datum. Hier können Sie aber auch einen eindeutigen Namen selbst wählen.

4.11 Dateien auf CD oder DVD brennen

③ Klicken Sie in diesem Dialogfeld noch auf *Formatierungsoptionen einblenden*, damit Sie das gewünschte Dateisystem auswählen können.

Bild 4.63: Datenträgertitel eingeben

Brennen mit dem UDF-Dateisystem

Standardmäßig wählt Windows Vista bei leeren Medien das neue UDF-Dateisystem. Wenn Sie die CDs mit älteren Windows-Versionen verwenden wollen, müssen Sie noch auf *Version ändern* klicken, um die passende Version des UDF-Dateisystems einzustellen.

Die Tabelle zeigt, welche Version des UDF-Dateisystems zu welchen Windows-Versionen kompatibel ist.

Version	Windows Vista	Windows XP	Windows 2000	Windows 9x/ME
1.50	ja	ja	Ja	nein
2.01	ja	ja	Nein	nein
2.5	ja	nein	Nein	nein

Wenn Sie jetzt auf *Weiter* klicken, wird die CD mit dem UDF-Dateisystem formatiert und die Dateien auf die CD kopiert.

Bild 4.64: Kopieren der Daten auf eine leere CD

Weitere Dateien können jetzt mit den normalen Kopierfunktionen des Explorers auf die CD kopiert werden. Die CD wird als Laufwerk in der Ansicht *Computer* angezeigt. Hier ist im Gegensatz zu nicht beschreibbaren CD-ROMs auch der belegte und freie Speicherplatz zu erkennen.

Bild 4.65: Beschreibbare CD mit UDF-Dateisystem in der Computer-Ansicht des Explorers

Wenn Sie ein wieder beschreibbares CD-RW-Medium im Brenner verwenden, können Sie mit dem UDF-Dateisystem auch Daten vom Laufwerk löschen und überschreiben.

Bevor die CD in einem anderen Computer verwendet werden kann, muss die aktuelle Sitzung geschlossen werden. Es können später trotzdem weitere Daten auf die CD gebrannt werden. Diese erscheinen zwar physikalisch in einer eigenen Sitzung, werden aber in einem Dateisystem zusammengefasst, sodass die Sitzungen für den Benutzer nicht zu unterscheiden sind. Windows Vista erledigt das Schließen der Sitzungen normalerweise automatisch, was beim Auswerfen einige Sekunden dauern kann. Für jedes Schließen einer Sitzung werden etwa 20 MB Platz benötigt, um das neue Verzeichnis zu schreiben.

Sollten die Sitzungen nicht automatisch geschlossen werden, was daran zu erkennen ist, dass die CDs in anderen Computern nicht gelesen werden können, prüfen Sie die Einstellung in den Eigenschaften des Brenners.

Klicken Sie dazu in der Baumstruktur des Explorers mit der rechten Maustaste auf den Brenner und wählen Sie im Kontextmenü *Eigenschaften*. Schalten Sie hier auf die Registerkarte *Aufnahme* und klicken Sie dort auf *Globale Einstellungen*. Hier muss der Schalter *UDF-Sitzung automatisch schließen* eingeschaltet sein.

4.11 Dateien auf CD oder DVD brennen

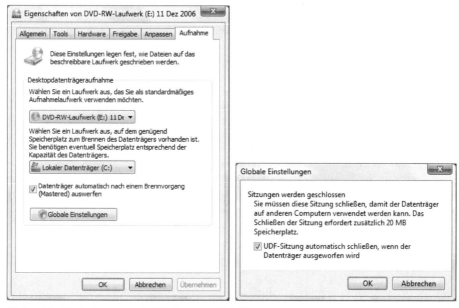

Bild 4.66: Einstellung zum Schließen von UDF-Sitzungen

Brennen mit dem Mastered-Dateisystem

Beim Mastered-Dateisystem werden die zu brennenden Daten zuerst auf der Festplatte gesammelt und dann alle auf einmal auf die CD gebrannt. Auf der Festplatte ist dazu so viel freier Speicherplatz erforderlich, wie Daten auf die CD oder DVD gebrannt werden sollen.

Dieses Dateisystem hat den Vorteil der höheren Kompatibilität zu älteren Windows-Versionen, Linux, Macintosh sowie CD- und DVD-Playern.

Um Dateien mit dem Mastered-Dateisystem zu brennen, gehen Sie zunächst genauso vor. Markieren Sie die Dateien und klicken Sie auf den Button *Brennen* in der oberen Symbolleiste. Die Dateien erscheinen im Explorer in einer schattierten Darstellung auf dem Brennerlaufwerk.

Ein auffälliges Pfeilsymbol zeigt zusätzlich, dass die Dateien noch nicht physikalisch auf der CD vorhanden sind.

Weitere Dateien können mit den normalen Kopierfunktionen des Explorers auf das Laufwerk kopiert werden. Sie werden dabei ebenfalls nur temporär auf der Festplatte abgelegt.

Erst ein Klick auf den Button *Auf Datenträger brennen* brennt die Daten auf die CD, die anschließend automatisch ausgeworfen wird.

Der Button *Temporäre Dateien löschen* löscht die Temporärkopien der Daten und gibt so Speicherplatz auf der Festplatte frei, wenn Sie die CD doch nicht brennen möchten.

▲ Laufwerk für Temporärdateien festlegen

Beim Brennen mit dem Mastered-Dateisystem ist sehr viel Festplattenplatz für die temporären Kopien der Dateien nötig. Diese müssen aber nicht unbedingt auf Laufwerk C: abgelegt werden. Wenn Sie auf einem anderen Laufwerk mehr Speicherplatz frei haben, können Sie auch dieses für die temporären Dateien verwenden.

Klicken Sie mit der rechten Maustaste in der Baumstruktur des Explorers auf den Brenner und wählen Sie im Kontextmenü *Eigenschaften*. Auf der Registerkarte *Aufnahme* können Sie mit dem Button *Lokaler Datenträger* das Laufwerk auswählen, auf dem die Daten vor dem Brennen zwischengespeichert werden sollen.

4.12 Der Bildbetrachter im Explorer

Windows Vista liefert zwei Bildbetrachter mit. Einerseits können Bilder direkt im Explorer angezeigt werden, dazu kommt in Windows Vista die neue Windows-Fotogalerie, ein Verwaltungsprogramm für Bilder, das eine ähnliche Arbeitsweise und Datenstruktur verwendet wie der Windows Media Player.

Bilderverzeichnisse im Explorer werden standardmäßig im Modus *Große Symbole* angezeigt. Hier sind alle Bilder als Vorschaubilder zu sehen. Auf diese Weise kann man sich schnell einen Überblick über umfangreiche Fotosammlungen verschaffen. Dateien, die keine Bilder sind, werden in diesem Modus mit ihrem Symbol angezeigt.

Das Detailfenster unten liefert zusätzliche Informationen zum ausgewählten Bild wie Abmessungen, Größe, Aufnahmedatum. Wenn Sie unter *Organisieren/Layout* das Vorschaufenster einschalten, wird ein ausgewähltes Bild automatisch im rechten Teil des Explorers noch einmal größer angezeigt.

4.12 Der Bildbetrachter im Explorer

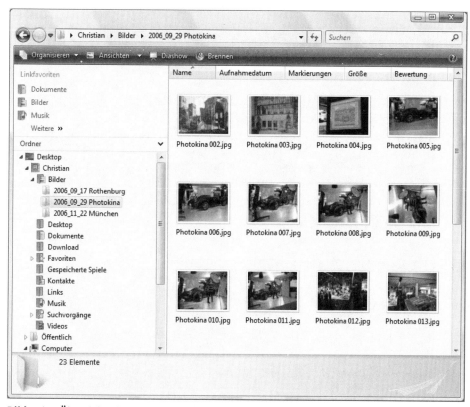

Bild 4.67: Übersicht aller Bilder und Vorschaufenster im Explorer

Die Schnellansicht soll nur einen ersten Eindruck vom Bild verschaffen. Mit der Windows-Fotogalerie können Sie das Bild richtig betrachten. Klicken Sie doppelt auf das Bild, wird es in einem speziellen neuen Fenster geöffnet.

Bild 4.68: Bild in der Windows-Fotogalerie

Bessere Übersicht über Bilder im Explorer

Eine wenig beachtete Funktion des Explorers von Windows Vista ist die Gruppenansicht, die Sie mit einem Klick auf das Dreieck rechts in den Spaltentiteln finden und die gerade zur Verwaltung von Bildersammlungen nützlich ist.

Die angezeigten Dateien werden zu Gruppen zusammengefasst, die sich nach dem jeweils aktuellen Sortierkriterium richten. Bei Sortierung nach Namen werden die Gruppen nach Anfangsbuchstaben angelegt, bei Sortierung nach Datum bezeichnen die Gruppen bestimmte Zeiträume.

Auch hier kann man durch Anklicken eines Spaltentitels das Sortierkriterium ändern. Dabei werden die Gruppen automatisch neu aufgeteilt.

4.12 Der Bildbetrachter im Explorer

Bild 4.69: Fotos nach Aufnahmedatum gruppiert

Dateien, bei denen ein Eigenschaftsfeld nicht ausgefüllt ist, wie zum Beispiel das Aufnahmedatum bei Bildern, die mit einem Bildbearbeitungsprogramm nachbearbeitet wurden, erscheinen in einer Gruppe *Nicht angegeben* am Anfang der Liste. Enthält das Verzeichnis auch Dateien anderer Dateiformate, bei denen eine bestimmte Eigenschaft nicht definiert ist, werden diese ebenfalls in dieser Gruppe eingetragen.

Versuchte man in Windows XP, ein Verzeichnis mit Fotos nach dem Bildaufnahmedatum zu gruppieren, ergab sich eine nicht chronologische Aufteilung der Gruppen. Das lag daran, dass die Eigenschaft *Aufnahmedatum* nicht als Datumszahl, sondern als Zeichenkette von der Kamera in die Datei geschrieben wird. Demnach erfolgte hier eine alphanumerische Sortierung. Die von Windows erstellten Datumsangaben sind Datumszahlen, die vom Explorer automatisch anhand des Datumsformats aus den Regions- und Sprachoptionen interpretiert werden. Windows Vista hat dieses Problem behoben und wertet das Aufnahmedatum, das die Kamera in die Datei geschrieben hat, automatisch korrekt als Datum aus, sodass Bilder sowohl nach Änderungsdatum wie auch nach Aufnahmedatum gruppiert werden können.

Stichwörter als Suchhilfe für Bilder

Die erweiterten Dokumenteigenschaften können auch dazu verwendet werden, Dateien mit der neuen Suche in Windows Vista zu finden. Textdateien und Office-Dokumente ließen sich schon in früheren Windows-Versionen nach Stichwörtern durchsuchen. In Windows Vista können Sie auch Bilder und Multimediadateien per Stichwortsuche finden. Voraussetzung dafür ist, dass Sie diese Stichwörter, auch als Markierungen bezeichnet, in die Dateieigenschaften auf der Registerkarte *Details* eingetragen haben.

Bild 4.70: Stichwörter als Suchbegriffe in den Eigenschaften eines Fotos

Anstatt erst den Eigenschaften-Dialog aufzurufen, können Sie Markierungen und Titel auch direkt im Detailfenster im unteren Teil des Explorers eintragen. Dabei können auch mehrere Bilder ausgewählt sein, denen dann allen die neuen Markierungen zugewiesen werden.

4.12 Der Bildbetrachter im Explorer

Während der Eingabe von Markierungen erscheint automatisch eine Liste aller bereits verwendeten Markierungen mit den gleichen Anfangsbuchstaben. So haben Sie es einfacher, eine Markierung erneut zu vergeben. Außerdem wird damit sichergestellt, dass die gleiche Schreibweise verwendet wird, um die Fotos bei einer Suche auch wirklich wiederzufinden.

Bild 4.71: Bereits verwendete Markierungen

Suchbegriffe in den Dateieigenschaften
Das Eintragen von Suchbegriffen in den Dateieigenschaften ändert nur das Änderungsdatum für diese Datei, nicht aber das Aufnahmedatum. Eine Dateiverwaltung nach Datum wird dadurch also nicht gestört. In Windows XP änderte die gleiche Funktion das Datum des letzten Zugriffs, aber nicht das Änderungsdatum.

Geben Sie später im Suchfeld eines dieser Stichwörter an. Bei indizierten Verzeichnissen wird schon während der Eingabe die Suche gestartet und die ersten Bilder angezeigt.

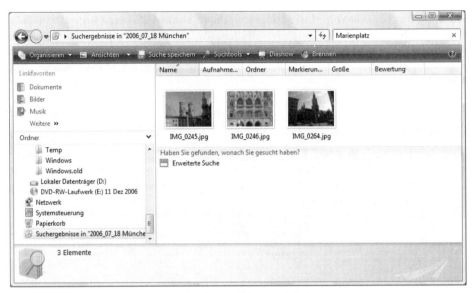

Bild 4.72: Suche nach Stichwörtern in einem Bilderverzeichnis

Um die Suche auf einen bestimmten Dateityp einzugrenzen, können Sie in der erweiterten Suche einfach *.Dateiendung, zum Beispiel *.jpg für Fotos in das Dateinamensfeld eingeben.

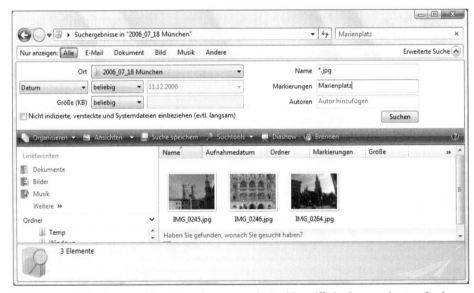

Bild 4.73: Stichwörter und Dateierweiterungen als Suchbegriffe in der erweiterten Suche verwenden

4.12 Der Bildbetrachter im Explorer

Diese Stichwortsuche durchsucht die Dateinamen und die erweiterten Dokumenteigenschaften. Bei Textdateien, Office-Dokumenten und HTML-Seiten wird in indizierten Verzeichnissen auch der gesamte Dokumenteninhalt durchsucht, was sehr lange dauern kann. Deshalb sollten Sie eine solche Suche immer auf bestimmte Dateitypen einschränken.

EXIF-Daten

Fotos können zusätzlich zu Daten über Größe und Farbtiefe auch noch Informationen zur verwendeten Kamera enthalten. Diese Daten werden im Exchangeable Image File Format *EXIF* innerhalb der Bilddatei gespeichert. Dabei legen die Kameras bzw. deren Software unterschiedliche Felder an, da nicht jede Kamera alle Eigenschaften unterstützt, die nach dem EXIF-Standard möglich wären.

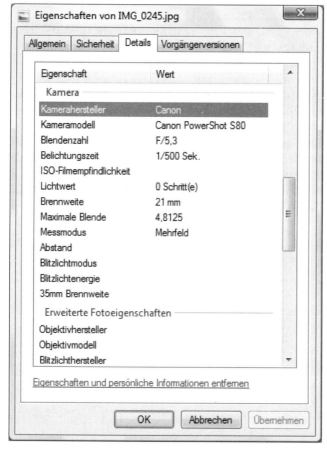

Bild 4.74: EXIF-Daten eines JPG-Fotos

Windows Vista zeigt diese EXIF-Daten an, wenn man mit der rechten Maustaste auf eine Bilddatei klickt, im Kontextmenü *Eigenschaften* wählt und dann auf die Registerkarte *Details* schaltet.

Diese Kameradaten wurden auch schon vor Windows Vista von den Kameras in den Bilddateien abgelegt, nur konnten Windows-Versionen vor Windows XP sie nicht anzeigen. Bearbeitet man ein Foto mit einem Bildbearbeitungsprogramm, gehen die EXIF-Daten bei manchen Programmen verloren. Solange das Bild nur angezeigt wird, passiert nichts. Dreht oder bearbeitet man ein Bild mit der Windows-Fotogalerie, wird es zwar verändert gespeichert, die EXIF-Daten bleiben aber erhalten; nur das Änderungsdatum ändert sich.

Die Windows-Fotogalerie

Fast jeder fotografiert heute digital, kaum einer hat noch eine analoge Kamera, bei der ein Film zum Entwickeln gebracht werden muss und man erst Tage später die Fotos zu sehen bekommt. Die Fotos landen dann, spätestens wenn die Speicherkarte der Kamera voll ist, irgendwo auf der Festplatte und sind dort nur noch schwer zu finden. Die Kameras nummerieren die Bilder einfach nur, oftmals sogar nach jedem Löschen der Speicherkarte wieder neu beginnend. Kommen dann noch Fotos aus dem Internet oder von Freunden dazu, ist die einmal geplante Ordnung der Fotos ganz schnell wieder vorbei. Fotos verschwinden auf Nimmerwiedersehen in der Tiefen der Windows-Verzeichnisstruktur. Bei den meisten Kameras wird eine Software mitgeliefert, die mehr oder weniger gut dazu geeignet ist, Bilder auf der Festplatte zu verwalten. Oftmals handelt es sich dabei nur um eingeschränkte OEM-Versionen kostenpflichtiger Bildbearbeitungsprogramme. Die Bedienung dieser Verwalter und Betrachter ist gewöhnungsbedürftig, und bei Hunderten bis Tausenden von Fotos stößt man schnell an die Grenzen ihrer Leistungsfähigkeit. Viele derartige Tools fressen auch erhebliche Systemressourcen.

Um diesen Problemen ein Ende zu machen, wird in Windows Vista die neue Windows-Fotogalerie mitgeliefert, eine komfortable Bildverwaltung, die sich komplett in das System integriert. Ein Doppelklick auf ein Foto im Explorer zeigt das Bild in der Fotogalerie.

4.12 Der Bildbetrachter im Explorer

Bild 4.75: Foto in der Windows-Fotogalerie

Sie können mit diesem Bildbetrachter keine neuen Bilder erstellen, aber Sie können Ihre Bilder betrachten, bearbeiten und mit Anmerkungen versehen. Dazu erscheinen am oberen und unteren Fensterrand spezielle Werkzeugleisten. Wenn Sie mit dem Mauszeiger einen Augenblick auf dem Symbol verweilen, wird in einem kleinen Feld dessen Bedeutung angezeigt.

 Anmerkungen bei TIFF-Bildern und Faxen
Windows XP bot im Bildbetrachter speziell für TIFF-Dateien einfache Anmerkungs- und Bearbeitungsfunktionen an, mit denen zum Beispiel grafische Kommentare in ein Fax gekritzelt werden konnten. Diese Werkzeuge wurden in der neuen Bildanzeige von Windows Vista ersatzlos gestrichen.

Bildinformationen

Der Button *Info* in der oberen Symbolleiste blendet ein Informationsfenster im rechten Teil der Bildanzeige ein. Hier finden Sie den Dateinamen, das Aufnahmedatum und die

Bildgröße sowohl in KB wie auch in Pixeln. Ein Klick auf das X oben rechts schließt das Informationsfenster wieder.

Bild 4.76: Informationsfenster in der Bildanzeige

Mit dem Button *Beschriftungen hinzufügen* können Sie Stichwörter für die Suche eingeben. Alle bereits definierten Markierungen der Datei werden hier ebenfalls aufgelistet. Möchten Sie ein bestehendes Suchwort entfernen, klicken Sie mit der rechten Maustaste darauf und wählen *Beschriftung entfernen*. Ganz unten rechts können Sie noch einen Bildtitel hinzufügen. Diese Bildtitel können im Explorer in einer eigenen Spalte angezeigt und auch bearbeitet werden.

4.12 Der Bildbetrachter im Explorer

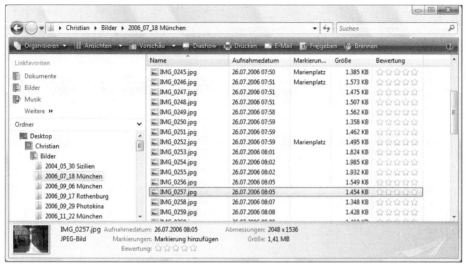

Bild 4.77: Bildtitel und Markierungen in der Detailansicht im Explorer

> **Wenn sich die Eigenschaften nicht ändern lassen**
> Nicht immer lassen sich an dieser Stelle Bildtitel und Markierungen eintragen oder Sterne vergeben. Sollte es nicht funktionieren, kann das folgende Gründe haben:
>
> **❶ Bild ist schreibgeschützt** – Wenn das Bild in den Dateieigenschaften als schreibgeschützt gekennzeichnet ist oder sich auf einem schreibgeschützten Datenträger wie zum Beispiel einer CD befindet, können keine Änderungen vorgenommen werden.
>
> **❷ Falsches Dateiformat** – Bewertungen und Markierungen werden nur im JPG-Format unterstützt. Bilder anderer Dateiformate können dennoch in der Galerieansicht der Windows-Fotogalerie mit Markierungen versehen werden. Sie werden dann nicht in der Bilddatei, sondern in einer zentralen Datenbank abgelegt.
>
> **❸ Bild liegt in einem Offline-Verzeichnis** – Netzwerkverzeichnisse auf Computern, die zurzeit nicht verbunden sind, können unter bestimmten Voraussetzungen trotzdem angezeigt werden. In diesem Fall lassen sich die dort befindlichen Dateien aber nicht verändern.

▲ Aufnahmezeit ändern

Die Uhren in Digitalkameras gehen nicht immer richtig. Außerdem stellt kaum jemand auf einer Reise die Uhr der Kamera auf die passende Zeitzone um, sodass viele Bilder eine falsche Aufnahmezeit enthalten.

Bild 4.78: Aufnahmedatum eines Bilds ändern

Klicken Sie auf das Datum oder die Uhrzeit eines Bilds in den Bildinformationen, können Sie die Werte für die Aufnahmezeit nachträglich ändern.

Fotos schnell finden

In sehr großen Fotosammlungen hat man einige Lieblingsfotos, die man immer wieder verwendet, wogegen man sich die große Masse der Bilder später nur noch selten ansieht.

Windows Vista bietet dazu für jedes Bild eine Bewertung mit 0 bis 5 Sternchen an. Diese Bewertung können Sie überall vergeben, wo Sie die Sternchen bei einer Datei sehen, im Bildinformationsfenster, im Eigenschaften-Dialog einer Datei und im Detailfenster des Explorers. Klicken Sie einfach auf die gewünschte Zahl von Sternen.

Die Bewertungs-Sterne können im Explorer auch zur Gruppierung von Bildern eingesetzt werden. So sehen Sie sofort alle guten Bilder am Anfang einer Verzeichnisliste. Blenden Sie dazu die Spalte *Bewertung* im Explorer ein.

Diashow im Bildbetrachter

Mit der Taste F11 können Sie direkt aus der Bildanzeige heraus eine automatische Diashow starten. Alle Bilder im aktuellen Verzeichnis werden nacheinander angezeigt. Um den Bildeindruck nicht zu stören, werden alle weiteren Bildschirmelemente und auch der Mauszeiger ausgeblendet. Hier können Sie die Diashow anhalten, ein Bild vor- oder zurückblättern, die Geschwindigkeit ändern oder die Diashow ganz beenden.

4.12 Der Bildbetrachter im Explorer

▲ Tastatursteuerung in der Diashow

Tasten	Wirkung
←, ↑ oder Bild↑	Ein Bild zurück
→, ↓ oder Bild↓	Ein Bild vor
Esc	Diaschau beenden

▲ Erweiterte Diashow-Funktionen

Wenn die Grafikkarte mindestens einen Windows-Leistungsindex von 3,0 liefert, stehen erweiterte Diashowfunktionen zur Verfügung. Hier wird in der Diashowsteuerung ein neues Menü *Designs* eingeblendet, in dem verschiedene Übergangs- und Darstellungseffekte für die Bilder ausgewählt werden können.

Bild 4.79: Erweiterte Diashowfunktionen auf leistungsfähigen Grafikkarten

Bilder optimieren

Seit es Digitalkameras gibt, fotografiert man viel mehr als vorher. Dabei entstehen auch zahlreiche Bilder, die zwar interessante Motive zeigen, aber in Farbe, Kontrast oder Schärfe zu wünschen übrig lassen. In solchen Fällen kann man mit einem geeigneten Bildbearbeitungsprogramm oft noch einiges herausholen. Die meisten derartigen Programme sind derart mit Funktionen überfrachtet, dass die Bedienung so mühsam und aufwändig ist, dass man im Alltag sich die Mühe nicht macht und lieber mit der schwachen Qualität mancher Bilder lebt.

Die Windows-Fotogalerie verfügt über einfache eigene Bearbeitungsfunktionen, um Bilder mit wenigen Klicks zu verbessern. Der Button *Reparieren* in der oberen Symbolleiste blendet die Bearbeitungsfunktionen ein.

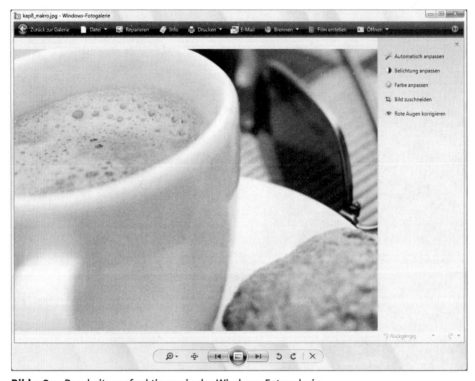

Bild 4.80: Bearbeitungsfunktionen in der Windows-Fotogalerie

Die Windows-Fotogalerie ist kein Malprogramm, mit dem man in Bildern malen oder Teile verändern kann. Es gibt nur Funktionen, die das ganze Bild beeinflussen, um zum Beispiel Farben oder Kontraste zu verbessern.

Gerade bei strahlendem Sonnenschein, wo Bilder besonders hell sein müssten, haben Digitalkameras oft Schwierigkeiten mit der Belichtung. Die Bilder werden trüb und

4.12 Der Bildbetrachter im Explorer

dunkel. In vielen Fällen hilft hier schon die Funktion *Automatisch anpassen*. Die Windows-Fotogalerie versucht, anhand der Farb- und Kontrastwerte des Bilds automatisch eine Belichtungs- und Farboptimierung durchzuführen.

Alle Veränderungen können mit dem Button *Rückgängig* wieder zurückgenommen werden. Änderungen stehen sofort zur Verfügung, brauchen also nicht extra gespeichert zu werden.

Nicht immer bringt die automatische Korrektur den gewünschten Effekt. Ein erster Schritt, der in vielen Fällen Erfolge bringt, sind die Schieberegler unter *Belichtung anpassen*. Damit kann das ganze Bild stufenlos aufgehellt werden. Mit zunehmender Helligkeit gehen Kontraste verloren. Hier empfiehlt es sich, nach dem Aufhellen noch einmal die Kontraste zu verbessern.

Noch detaillierter kann ein Bild mit den Reglern unter *Farbe anpassen* optimiert werden.

Bild 4.81: Farbwerte anpassen und wieder zurücknehmen

Haben Sie keine Angst, ein wertvolles Bild zu zerstören, jeder Bearbeitungsschritt lässt sich einzeln wieder zurücknehmen.

▲ **Farbtemperatur**

Der Regler *Farbtemperatur* macht ein Bild scheinbar wärmer oder kälter. Dazu wird das gesamte Farbspektrum in Richtung blau oder rot verschoben. Tageslichtaufnahmen erscheinen oft zu blau, Kunstlichtaufnahmen zu gelb. Dies lässt sich über die Farbtemperatur ausgleichen. Schiebt man den Regler bei einer Tageslichtaufnahme weit nach rechts, lässt sich damit der Effekt eines alten Gemäldes erzielen.

▲ **Farbton**

Der Regler *Farbton* verschiebt das gesamte Farbspektrum des Bilds. Realistische Werte liegen meistens im mittleren Bereich.

▲ **Sättigung**

Stellen Sie hier, je nach Farbqualität des Bilds, einen realistischen Wert ein. Die schwächste Sättigung macht aus einem Farbfoto ein Graustufenbild, die stärkste Sättigung sieht verfremdet und unrealistisch aus wie ein amerikanisches NTSC-Fernsehbild.

Interessante Bilder durch Ausschnittsvergrößerung

Auf manchen Bildern ist nur ein Teilbereich wirklich interessant. Darum herum liegt öde Landschaft oder sogar störende Objekte, die besser nicht mit fotografiert worden wären, wie zum Beispiel Personen, die ins Bild gerannt sind.

Die Windows-Fotogalerie bietet eine komfortable Funktion, aus einem Bild einen Teilbereich auszuschneiden. Klicken Sie dazu auf den Button *Bild zuschneiden*.

Ziehen Sie mit der Maus einen rechteckigen Ausschnitt auf. Sie können die Größe des Bildausschnitts jederzeit ändern, indem Sie auf die Ecken klicken und daran ziehen.

In der Liste *Proportion* können Sie ein Seitenverhältnis für den neuen Bildausschnitt wählen. Diese Seitenverhältnisse orientieren sich an den gängigen Formaten für Papierbilder aus Fotolaboren.

Klicken Sie in den Bildausschnitt, können Sie ihn durch Ziehen mit der Maus auf dem Bild verschieben.

4.12 Der Bildbetrachter im Explorer

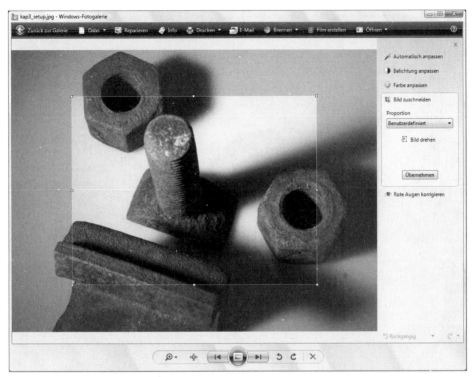

Bild 4.82: Bildausschnitt wählen

Der Button *Bild drehen* wechselt zwischen Querformat und Hochformat für den Ausschnitt.

Der Button *Übernehmen* schneidet das Bild auf den gewählten Ausschnitt zu.

Rote Augen korrigieren

Bei Fotos, die mit Blitzlicht aufgenommen wurden, erscheinen die Pupillen in den Augen der fotografierten Personen oft leuchtend rot. Die Windows-Fotogalerie bietet eine Funktion, diese roten Augen nachträglich wieder zu schwärzen. Dazu klicken Sie auf den Button *Rote Augen korrigieren*.

Ziehen Sie jetzt mit gedrückter Maustaste ein rechteckiges Feld rund um das rote Auge. Wenn Sie die Maustaste loslassen, wird das rote Auge schwarz gefärbt.

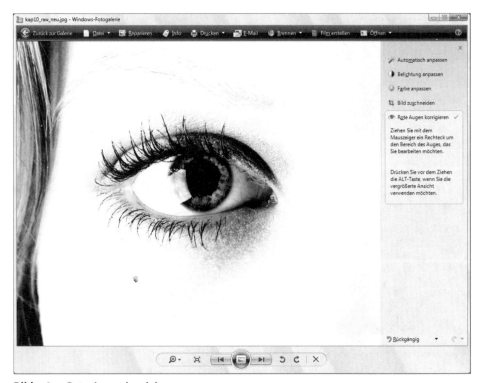

Bild 4.83: Rote Augen korrigieren

Wie entsteht der Rote-Augen-Effekt?
Dieser Effekt tritt immer dann ein, wenn das Blitzlicht fast in der optischen Achse des Kameraobjektivs strahlt. Dies ist bei allen Kameras mit eingebautem Blitz der Fall. Verwendet man externe Blitzlichter, die schräg zur optischen Achse auf die Person leuchten, gibt es keine roten Augen. Die roten Augen entstehen durch direkte Reflexion des Blitzlichts an der roten Netzhaut im Inneren des Auges, wenn das reflektierte Licht durch die Pupille wieder zurück auf die Kamera fällt.

Die Galerieansicht

Die Windows-Fotogalerie bietet noch eine eigene Verwaltung der Bilder auf dem Computer. Klicken Sie in der Bildansicht auf den Button *Zur Galerie wechseln* in der oberen Symbolleiste, finden Sie in einer neuartigen Baumstruktur alle Fotos. Diese Struktur ist nicht nach Verzeichnissen auf der Festplatte, sondern nach Eigenschaften geordnet.

4.12 Der Bildbetrachter im Explorer

Bild 4.84: Die Galerieansicht der Windows-Fotogalerie

Bleiben Sie mit der Maus eine kurze Zeit auf einem Bild, erscheint es vergrößert. Das neue Fenster zeigt auch noch zusätzliche Informationen, Dateinamen, Bewertungen, Aufnahmedatum und Größe an.

In der Galerie finden Sie jedes Bild nach unterschiedlichen Kriterien, wie zum Beispiel Beschriftung, Aufnahmedatum oder Bewertung. Jedes Bild taucht also mehrfach auf, obwohl es nur einmal auf der Festplatte gespeichert wurde.

Vorgeschmack auf WinFS
Diese Art der Dateiverwaltung, die ganz anders ist als die üblichen Windows-Verzeichnisstrukturen, ist ein erster Vorgeschmack auf das neue Dateisystem WinFS, das ursprünglich bereits mit Windows Vista eingeführt werden sollte. Hier sollen alle Dateien nicht mehr nach Verzeichnissen, sondern nach verschiedenen Eigenschaften in einer großen Datenbank sortiert werden. Wegen Verzögerungen bei der Entwicklung wird WinFS voraussichtlich erst im Vista-Nachfolger enthalten sein.

Mit dem Button links neben dem Suchfeld können Sie unterschiedliche Darstellungen für die Galerie auswählen.

Um Bilder wiederzufinden, können Sie mit Hilfe der Baumstruktur nach verschiedenen Kriterien gruppiert werden.

Bei der Gruppierung nach Datum werden bei vielen Bildern vom gleichen Aufnahmetag automatisch weitere Gruppen nach Uhrzeit angelegt.

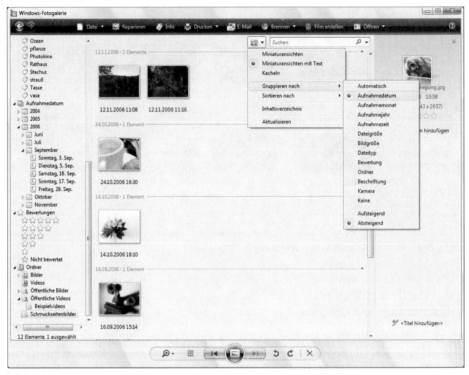

Bild 4.85: Bilder nach Aufnahmezeitpunkt gruppiert

In der Galerie können Sie den Bildern sehr einfach neue Beschriftungen zuweisen. Klicken Sie auf den Link *Neue Beschriftung erstellen* in der Baumstruktur und geben Sie den neuen Text ein. Markieren Sie jetzt die gewünschten Bilder und ziehen Sie sie einfach auf die Beschriftung. Diese wird dann automatisch allen markierten Bildern zugewiesen.

Auf die gleiche Weise können Sie auch vielen Bildern auf einmal eine bestimmte Bewertung geben. Wählen Sie die Bilder aus und ziehen Sie sie auf die gewünschte Zahl von Sternen in der Baumstruktur.

▲ Aufnahmezeit ändern

In der Galerie können Sie für viele Bilder auf einmal die Aufnahmezeit ändern, wenn die Fotos zum Beispiel in einer anderen Zeitzone aufgenommen wurden. Markieren Sie alle gewünschten Bilder und klicken Sie mit der rechten Maustaste auf eines davon. Wählen Sie dann im Kontextmenü *Aufnahmezeit ändern*.

Im nächsten Dialog kann die Aufnahmezeit relativ zur Originalzeit früher oder später eingestellt werden.

Der zeitliche Versatz wird für jedes Bild eigens berechnet, sodass die zeitliche Reihenfolge aller gewählten Bilder erhalten bleibt.

▲ Ordner in die Galerie aufnehmen

Die Galerie enthält nur Verzeichnisse unterhalb des persönlichen *Bilder*-Verzeichnisses. Sie können allerdings, wenn Sie ein Bild aus einem anderen Verzeichnis betrachten, dieses zur Galerie hinzufügen. Der Button links oben ändert sich und zeigt dann den Text *Ordner der Galerie hinzufügen*.

Auf diese Weise können Sie alle Ordner, in denen Sie Fotos gesammelt haben, in die Galerie mit aufnehmen. Ganz unten in der Baumstruktur der Galerie finden Sie eine Liste aller erfassten Ordner. Ein Rechtsklick auf das Ordner-Symbol bietet die Möglichkeit, weitere Ordner mit Fotos in die Galerie aufzunehmen.

Bild 4.86: Ordner zur Galerie hinzufügen

4.13 Dateitypen zuordnen

Sie haben sicher schon einmal eine Datei aus dem Explorer heraus zum Bearbeiten geöffnet. Ein Doppelklick auf das Dateisymbol genügt, und die Datei wird mit dem richtigen Programm zur Ansicht oder Bearbeitung geöffnet. Aber woher kennt Windows das passende Programm?

Dazu muss etwas weiter ausgeholt werden. Ein Dateiname besteht immer auch dem eigentlichen Namen und der Dateierweiterung. Dabei handelt es sich um die (meistens) drei Buchstaben nach dem letzten Punkt.

Windows Vista verwaltet intern eine Liste mit Dateierweiterungen und den zugehörigen Programmen. Dort ist z. B. verzeichnet, dass Dateien mit der Endung *.txt* immer mit dem Programm *Editor* geöffnet werden sollen. Wenn Sie ein neues Programm installieren, dann wird diese Liste meistens von dem neuen Programm aktualisiert, wenn neue Dateiendungen verwendet werden. So weit so gut. Was ist aber, wenn die Dateiendung nicht in der Liste enthalten ist?

Hier meldet sich Windows zu Wort und fragt, ob ein Webdienst für die Suche nach einem geeigneten Programm genutzt werden oder ein lokal installiertes Programm die Datei öffnen soll.

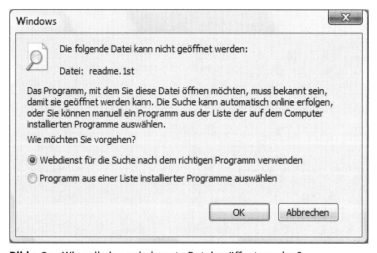

Bild 4.87: Wie soll eine unbekannte Datei geöffnet werden?

Da der Webdienst in den meisten Fällen keine brauchbaren Ergebnisse liefert, wählen Sie hier die zweite Option: *Programm aus einer Liste installierter Programme auswählen*.

Im nächsten Fenster empfiehlt Windows einige Programme, die es für geeignet hält. Die Auswahl kann sehr zufällig sein und enthält diverse Programme, die die betreffende

4.13 Dateitypen zuordnen

Datei sicher nicht öffnen können. Wählen Sie das Programm aus, das nach Ihrer Meinung am besten geeignet ist.

Bild 4.88: Mit welchem Programm soll die Datei geöffnet werden?

Das Kontrollkästchen *Dateityp immer mit dem ausgewählten Programm öffnen* können Sie aktivieren, wenn der unbekannte Dateityp häufiger verwendet wird. Ein solcher Dateityp wird dann immer mit dem ausgewählten Programm ausgeführt. Für einzelne Aktionen sollten Sie das Kästchen nicht aktivieren.

In der Zeile darüber können Sie eine Beschreibung für den Dateityp angeben, die dann bei jeder Datei mit dieser Endung in der Spalte *Typ* im Explorer erscheint.

Es gibt noch eine weitere Möglichkeit, eine Datei mit einem ganz bestimmten Programm zu öffnen. Bei Dateien mit bekannten Dateitypen erscheint neben dem *Öffnen*-Button in der Symbolleiste des Explorers ein kleines Dreieck.

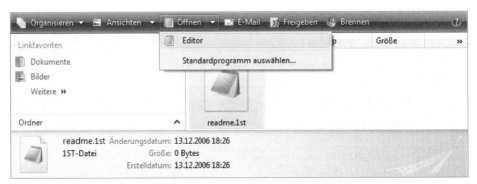

Bild 4.89: Auswahl eines Programms zum Öffnen einer Datei

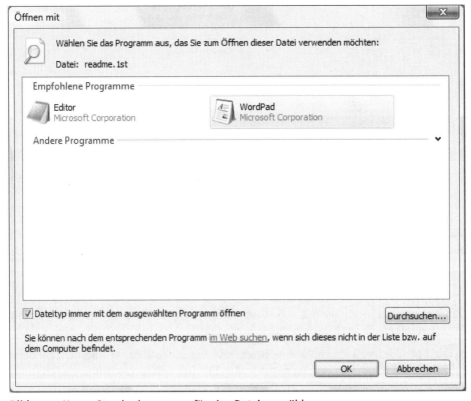

Bild 4.90: Neues Standardprogramm für eine Datei auswählen

4.13 Dateitypen zuordnen

Ein Klick darauf öffnet ein Kontextmenü, in dem Sie das gewünschte Programm auswählen können. Windows zeigt hier die empfohlenen Programme an und bietet auch eine Möglichkeit, ein neues Standardprogramm auszuwählen. Wenn Sie keines für das richtige halten, können Sie hier Ihren Computer nach einem geeigneten Programm durchsuchen.

Bei der Vielzahl von Dateitypen, die es derzeit gibt, wird die Auswahl eines geeigneten Standardprogramms immer wichtiger. In früheren Windows-Versionen waren die Einstellungen noch schwer zu finden. Windows Vista bietet jetzt direkt im rechten Teil des Startmenüs einen neuen Menüpunkt *Standardprogramme*.

Bild 4.91: Neue Einstellungen für Standardprogramme in der Systemsteuerung

Wählen Sie hier die Option *Dateityp oder Protokoll einem Programm zuordnen*. Im nächsten Dialogfeld finden Sie eine lange Liste von Dateierweiterungen, wobei zu jeder das derzeit eingetragene Standardprogramm zu sehen ist. An dieser Stelle können Sie die Einstellungen für alle Dateiformate beliebig ändern.

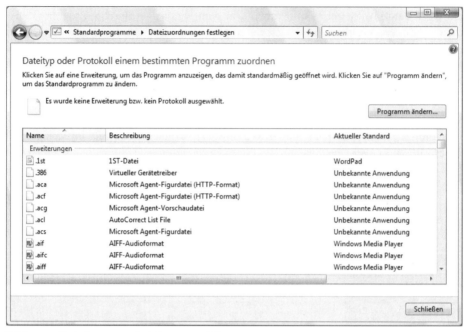

Bild 4.92: Zuordnung von Dateitypen und Programmen

Dateierweiterung immer anzeigen

Lassen Sie sich die Dateierweiterung immer anzeigen! Sie haben zum Beispiel per E-Mail eine Datei mit dem Namen *info.txt* erhalten. Sie haben die Datei gespeichert und öffnen sie jetzt ohne Argwohn. Aber plötzlich haben Sie einen böswilligen Virus installiert. Wie kommt das?

Sie haben die Anzeige der Dateiendungen ausgeschaltet. Die Datei war eine ausführbare Datei und hieß in Wirklichkeit *info.txt.exe*. Irgendjemand hat Sie Ihnen untergejubelt.

Die Dateiendung *.exe* kennzeichnet ausführbare Programme. Öffnen Sie solche Dateien mit Doppelklick nur, wenn Sie das Programm kennen. Auch Dateien mit den Endungen *.bat*, *.com*, *.dll*, *.ini*, *.scr*, *.sys* sollten Sie nur öffnen, wenn Sie wissen, was diese Dateien bewirken.

Ob Dateiendungen sichtbar sind oder nicht, legen Sie fest, indem Sie in einem Explorer-Fenster auf *Organisieren/Ordner- und Suchoptionen* klicken. Schalten Sie dann auf der Registerkarte *Ansicht* den Schalter *Erweiterungen bei bekannten Dateitypen ausblenden* aus.

4.13 Dateitypen zuordnen

Bild 4.93: Erweiterungen bei bekannten Dateitypen nicht ausblenden

Die Symbolleiste Desktop

Es gibt zwei Typen von Windows-Nutzern:

1. Die einen starten ein Programm und öffnen damit eine Datei.

2. Die anderen öffnen lieber per Doppelklick eine Datei und starten damit das diesem Dateityp zugeordnete Programm.

Für diese zweite Gruppe bietet die Windows-Taskleiste eine interessante Zusatzfunktion:

Mit einem Rechtsklick auf die Taskleiste erscheint ein Kontextmenü. Wählen Sie hier *Symbolleisten/Desktop*.

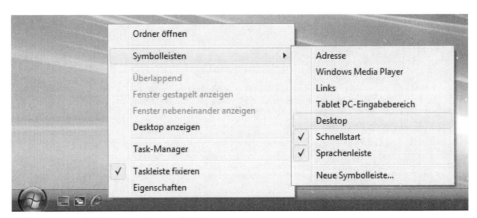

Bild 4.94: Symbolleiste Desktop aktivieren

Es erscheint eine kleine Symbolleiste mit einem Button >>, der ein kaskadiertes Menü aufklappt, in dem Sie zu jeder Datei navigieren und diese direkt öffnen können.

4.14 Komprimieren spart Platz

Neue PCs enthalten mittlerweile Festplatten mit riesigem Speichervolumen. Aber irgendwann wird auch da der Platz knapp. Hier bietet Windows Vista mit den ZIP-Archiven eine Möglichkeit an, erheblich Platz zu sparen. ZIP-Archive sind spezielle Ordner, die Sie als Datencontainer betrachten können. Darin werden Dateien ohne Datenverlust komprimiert. Sie können daraus wieder in ihrer Originalgröße extrahiert werden.

ZIP-Format
Das ZIP-Format war schon lange vor Windows Vista ein weit verbreitetes Datenformat, um Dateien zu komprimieren. In früheren Windows-Versionen musste man noch externe Software einsetzen, um ZIP-Dateien zu verarbeiten. Seit Windows ME ist bereits eine ZIP-Pack- und Entpackfunktion fest im Betriebssystem integriert.

Die Komprimierung hat noch einen anderen Vorteil. Eine einfache Zeichnung kann leicht 1 MB groß werden. Wenn Sie diese als Anhang zu einer E-Mail über ein Modem versenden wollen, können Sie in der Sendezeit erst einmal Kaffee trinken gehen.

4.14 Komprimieren spart Platz

Prinzip der Komprimierung
Das grundlegende Prinzip der Komprimierung ist einfach. Die meisten Dateien enthalten mehr oder weniger lange Passagen aus denselben Zeichen, die bei der Komprimierung zusammengefasst werden. Die Zeile:
XyOOOOOOOOOOOOOOOOOOOOOOOOOOAAAAAAAAAAAAAAAAACZ
ließe sich mit einem simplen Kompressionsverfahren so verkürzen:
Xy26O18ACZ
Das Original hat 48 Zeichen, die komprimierte Version nur noch 10. Im Beispiel werden Folgen gleicher Zeichen durch eine Zahl ersetzt, die die Anzahl der folgenden Zeichen angibt. Ausgereifte Kompressionsverfahren arbeiten ähnlich, aber auf Bit-Ebene anstatt auf Zeichenebene und erreichen so deutlich bessere Kompressionsraten. Eine weitere Verfeinerung bieten die Dictionary-based-Algorithmen, die während der Komprimierung eine Art Wörterbuch häufig vorkommender Zeichenfolgen anlegen, auf das in der komprimierten Datei bei jedem Auftreten der Zeichenfolge nur noch verwiesen wird. Einen solchen Algorithmus verwendet zum Beispiel das bekannte ZIP-Format.
Am Beispiel wird klar, dass sich nicht jede Datei gleich gut komprimieren lässt. So enthalten zum Beispiel BMP- oder HTML-Dateien deutlich mehr unnötige Füllzeichen als Programme oder Dateien, deren Format bereits standardmäßig komprimiert ist. Am besten komprimierbar sind Word-Dokumente, denn sie bestehen zu fast 90% aus Nullen.

Wie funktioniert nun die Komprimierung in Windows Vista? Wie immer bei Windows gibt es mehrere Wege. Sie müssen nur den günstigsten für Ihren Arbeitsstil und die jeweilige Situation auswählen.

1. Im Kontextmenü der zu komprimierenden Datei wählen Sie *Senden an/ZIP-komprimierter Ordner*. Es wird ein neuer Ordner mit dem Namen der komprimierten Datei und der Dateiendung *.zip* erstellt. Er befindet sich im selben Verzeichnis.

2. Erstellen Sie im Explorer oder auf dem Desktop mit dem Kontextmenü *Neu/ZIP-komprimierter Ordner* einen neuen Ordner. Geben Sie ihm einen aussagekräftigen Namen. In diesen Ordner können Sie nun Ihre Bilder, Dokumente, Videos usw. kopieren oder einfach mit der Maus hineinziehen und fallen lassen.

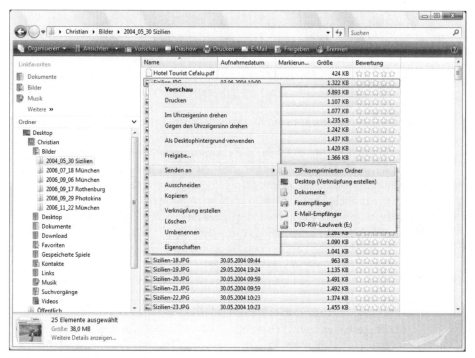

Bild 4.95: ZIP-Ordner erstellen

Eine einfache mit dem Programm Paint erstellte Bilddatei schrumpft durch die Komprimierung von fast 1 Megabyte auf nur 19 Kilobyte zusammen.

Die Platzersparnis ist offensichtlich. Der ZIP-Ordner wird als Ordner-Symbol mit einem Reißverschluss (englisch: Zip) angezeigt. Natürlich können Sie die Dateien aus dem Ordner wieder entpacken. Öffnen Sie den ZIP-Ordner mit einem Doppelklick. Sie sehen alle darin verpackten Dateien. Jetzt können Sie einzelne oder auch gleichzeitig mehrere Dateien auf den Desktop oder in einen normalen Ordner ziehen. Der ZIP-Ordner bleibt unverändert erhalten.

4.14 Komprimieren spart Platz

Bild 4.96: Größenvergleich zwischen BMP-Datei und ZIP-Archiv

Obwohl die Platzersparnis unbestritten ist und das Komprimieren sehr einfach gelöst ist, sollten doch einige Punkte beachtet werden:

1. Bilddateien mit der Dateiendung .bmp (sogenannte Bitmapdateien) oder Textdateien mit den Dateiendungen .txt, .doc, .rtf, .htm lassen sich sehr gut komprimieren. Bilddateien, die von Haus aus schon komprimiert sind, wie .jpg, .png, .gif, werden bei der Komprimierung im ZIP-Ordner nur ganz unwesentlich kleiner. Hier lohnt der Aufwand nicht.

2. Wenn Sie mehrere Dateien transportieren wollen, z. B. per E-Mail, dann lohnt sich ein ZIP-Ordner immer, da Sie dann nur eine Datei transportieren müssen.

3. Dateien, die regelmäßig benötigt und verändert werden, sollten nicht in einen ZIP-Ordner gepackt werden. Sie können zwar die Dateien schnell entpacken und sogar per Doppelklick direkt aus dem ZIP-Ordner heraus öffnen, Sie können sie aber nach einer Änderung aus den meisten Anwendungsprogrammen heraus nicht wieder in den ZIP-Ordner speichern. Sie müssten die Datei zunächst auf dem Desktop oder in einem anderen Ordner speichern und von dort in den ZIP-Ordner ziehen. Es besteht sehr schnell die Gefahr, dass Sie Dateien mit unterschiedlichen Aktualisierungsständen erhalten.

Einbinden eines eigenen Packers

Neben dem ZIP-Format gibt es noch diverse andere Komprimierungsformate, wie *7z*, *arj* oder *rar*, die teilweise noch höhere Kompressionsraten ermöglichen. Die meisten Packer für solche Dateiformate liefern eigene Installationsroutinen mit, um sie direkt in die Windows-Benutzeroberfläche zu integrieren.

Unter früheren Windows-Versionen gab es im Explorer ein Dialogfeld, mit dem auch Kommandozeilenprogramme neuen Dateiformaten zugewiesen werden konnten. Diese Funktion ist in Windows Vista leider weggefallen. Es können jetzt nur noch Packer verwendet werden, die sich selbstständig in die Benutzeroberfläche integrieren.

Kommandozeilenpacker im 16-Bit-DOS-Modus werden von Windows Vista gar nicht mehr unterstützt.

Komprimierte Verzeichnisse

Windows Vista bietet zusätzlich zur ZIP-Komprimierung noch eine Möglichkeit, Dateien und Verzeichnisse in Echtzeit zu komprimieren und danach mit jedem Programm normal auf diese Dateien zuzugreifen.

Eine solche Echtzeitkompression von ganzen Verzeichnissen oder Datenträgern ist nur auf NTFS-Partitionen möglich. Die erstmalige Komprimierung eines Verzeichnisses oder einer Partition kann je nach Menge der enthaltenen Daten mehrere Stunden dauern. Danach sind die Zugriffe relativ schnell. Allerdings ist die Kompressionsrate bei Weitem nicht so gut wie bei speziellen Packprogrammen oder ZIP-Ordnern.

Komprimieren nur mit Administratorrechten
Das erste Komprimieren eines Laufwerks ist nur möglich, wenn man als Benutzer Administratorrechte hat. Der Zugriff auf ein komprimiertes Verzeichnis ist später wieder für alle Benutzer möglich.

① Um ein Verzeichnis in Echtzeit zu komprimieren, klicken Sie mit der rechten Maustaste darauf und wählen im Kontextmenü die Option *Eigenschaften*.

② Klicken Sie dort auf *Erweitert* und schalten Sie im nächsten Dialogfeld den Schalter *Inhalt komprimieren, um Speicherplatz zu sparen* ein.

③ Verlassen Sie beide Dialogfelder mit *OK*. Jetzt können Sie noch auswählen, ob die Komprimierung auch für alle Unterverzeichnisse des gewählten Verzeichnisses gelten soll.

4.14 Komprimieren spart Platz

Bild 4.97: Echtzeitkomprimierung für ein Verzeichnis aktivieren

④ Danach wird die erstmalige Komprimierung durchgeführt.

Auf dem gleichen Weg können Sie bei Bedarf die Kompression auch wieder ausschalten.

NTFS-komprimierte Verzeichnisse werden zur besseren Unterscheidung im Windows-Explorer blau dargestellt. Sollte dies auf Ihrem Rechner nicht der Fall sein, wählen Sie im Explorer *Organisieren/Ordner- und Suchoptionen* und schalten auf der Registerkarte *Ansicht* den Schalter *Verschlüsselte oder komprimierte NTFS-Dateien in anderer Farbe anzeigen* ein.

Bild 4.98: Komprimierte Verzeichnisse blau anzeigen

Möchten Sie wissen, wie viel die Kompression eines Verzeichnisses wirklich gebracht hat, lassen Sie sich die *Eigenschaften* des komprimierten Verzeichnisses oder Laufwerks anzeigen. Der Wert *Größe* gibt die Summe aller Bytes in den Originaldateien an, der Wert *Größe auf Datenträger* das tatsächlich belegte Volumen. Bei unkomprimierten Verzeichnissen ist dieser zweite Wert etwas höher als der erste, da die Verluste durch unvollständige Auslastung der Cluster mitgerechnet werden.

Vista-Programme: Alte Bekannte und neue Gesichter

Windows Vista ist ein Betriebssystem. Es ist für den Betrieb des PCs und die Kommunikation mit allen Hardware- und Softwarekomponenten verantwortlich. Nach dieser Definition müsste Ihr System nur aus sogenannten Systemprogrammen bestehen. Diese werden entweder selbsttätig oder nur indirekt gestartet. Dazu gehören z. B. das automatisch konfigurierte Startmenü und der schon beschriebene Windows-Explorer.

Microsoft liefert aber zusammen mit dem Betriebssystem einige Anwendungsprogramme aus, die das Arbeiten mit Ihrem PC erst ermöglichen. Es soll aber nicht verschwiegen werden, dass es sich dabei keineswegs um High-End-Produkte handelt. Je nach Anforderungen und Ansprüchen, aber auch nach Ihrer Bereitschaft, Geld auszugeben, werden Sie im Laufe der Zeit sicher noch weitere Programme installieren.

Die wichtigsten bei Windows Vista automatisch vorinstallierten Programme sind in diesem Kapitel beschrieben. Anhand dieser Beschreibungen erfahren Sie auch einige Grundlagen im Umgang mit Windows-Anwendungen, die auch für andere Programme gelten. Im Zusammenhang mit der Internetnutzung sind weitere Programme erforderlich. Sie werden im Kapitel 11 beschrieben.

5.1 Editor

Bei dem Editor handelt es sich um ein sehr einfaches Programm zum Anzeigen, Erstellen und Bearbeiten von Textdateien. Sie finden den Editor im Startmenü unter Zubehör. Er wird auch standardmäßig bei einem Doppelklick auf eine *.txt*-Datei gestartet. Mit dem Editor können Sie theoretisch jede Datei öffnen und ansehen. Ein sinnvolles Ergebnis sehen Sie allerdings nur bei Textdateien. Sie sind an der Dateinamen-Endung *.txt* zu erkennen. Diese Dateien enthalten keine Formatierungen für Überschriften, Schriftarten, Textverweise und vor allem keine Bilder. Nach dem Start des Editors sehen Sie einen leeren Bildschirm mit einer Menüzeile und den folgenden Menüs:

Datei

Hier können Sie eine neue Datei anlegen oder eine bestehende Datei öffnen, speichern oder drucken. Außerdem kann für das Drucken das Aussehen der Druckseite eingerichtet werden.

Zum Öffnen einer Datei (auch mit `Strg`+`O`) können Sie sich im *Öffnen*-Fenster wie im Explorer durch den Verzeichnisbaum hangeln und die gesuchte Datei finden. Im unteren Teil ist als Dateityp die Endung *.txt* eingestellt. Den Typ können Sie auf *Alle Dateien* ändern, sodass auch Dateien mit anderen Endungen angezeigt werden, wenn Sie zum Beispiel HTML-Dateien mit dem Editor bearbeiten möchten.

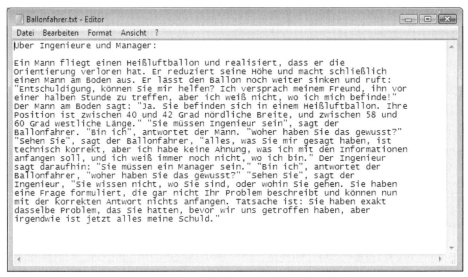

Bild 5.1: Eine geöffnete Datei im Editor

Beim Speichern (auch mit `Strg`+`S`) einer neuen Datei werden Sie immer gefragt, wohin gespeichert werden soll. Sie müssen auch einen Namen angeben. Eine geöffnete Datei wird immer an die alte Stelle mit dem gleichen Namen gespeichert. Mit *Speichern unter* können Sie den Speicherort genau angeben und auch den Namen ändern. Dabei wird standardmäßig immer die Endung *.txt* angehängt.

Beim Drucken (auch mit `Strg`+`P`) müssen Sie zuerst einen Drucker auswählen. Wenn Sie Ihre Ergebnisse Schwarz auf Weiß nach Hause tragen wollen, stellen Sie natürlich einen realen Drucker ein. Alternativ können Sie den Druck auch in eine Datei umleiten.

Vor dem Drucken können Sie noch die Seite einrichten. Diese Einstellungen bestimmen das Aussehen des Ausdrucks auf dem Papier. Einen ähnlichen Dialog finden Sie in fast allen Windows-Programmen.

Unter *Papier* können Sie unter einer Vielzahl von Einstellungen wählen. Die Quelle (des Druckerpapiers) ist vom Drucker abhängig. Die *Ränder* stellen Sie in Millimeter ein. Die *Vorschau* zeigt das ungefähre Aussehen des Drucks.

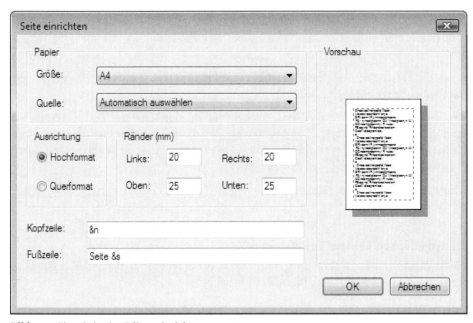

Bild 5.2: Eine Seite im Editor einrichten

▲ Formatierung von Kopf- und Fußzeile

Kopf- und die Fußzeile werden auf jedem Blatt gedruckt. Hier können Sie beliebigen Text eintragen. Für einige Informationen gibt es vordefinierte Abkürzungen:

Abkürzung	Beschreibung
&n	Dateiname
&d	Aktuelles Datum
&u	Aktuelle Uhrzeit (Systemzeit)
&s	Seitenzahl, auf das jeweilige Blatt bezogen
&&	Kaufmännisches Und (&)
&l	Kopfzeile linksbündig ausrichten
&c	Kopfzeile zentriert ausrichten
&r	Kopfzeile rechtsbündig ausrichten

Bearbeiten

Hier gibt es im Editor die bei Windows üblichen Bearbeitungsfunktionen Rückgängig (Strg + Z), Ausschneiden (Strg + X), Kopieren (Strg + C), Einfügen (Strg + V) und Löschen (Entf). Mit den wichtigen Funktionen Suchen (Strg + F) und Ersetzen (Strg + H) können Sie schnell eine bestimmte Textstelle finden und diese auch durch eine andere ersetzen. Nach einer Fundstelle können Sie mit F3 weitersuchen.

Wenn Sie einen Teil des Textes bearbeiten wollen, müssen Sie ihn zuerst markieren. Dazu haben Sie zwei Möglichkeiten:

Sie setzen den Cursor vor das erste Zeichen des zu markierenden Textes. Halten Sie dann die Umschalt -Taste fest, und führen Sie den Cursor mit den Pfeiltasten oder mit der Maus an das Ende des zu markierenden Textes. Der markierte Teil wird jetzt durch einen anderen Farbhintergrund dargestellt.

Schneller geht es, wenn Sie den zu markierenden Text mit der gedrückten linken Maustaste überstreichen.

▲ Navigationsbefehle per Tastatur im Editor

Die Navigation in einem großen Dokument ist etwas schwierig. Dabei sollen einige in der Editor-Hilfe nicht dokumentierte Befehle helfen:

Tastenkombination	Wirkung
Pfeil← oder Pfeil→	Ein Zeichen links oder rechts.
Strg + Pfeil↓ oder Strg + Pfeil→	Ein Wort links oder rechts.
Pos1 oder Ende	An den Anfang oder das Ende der Zeile.
Pfeil↑ oder Pfeil↓	Eine Zeile nach oben oder unten.
Bild↑ oder Bild↓	Ein Bildschirm nach oben oder unten.
Strg + Pos1 oder Strg + Ende	An den Anfang oder das Ende des Dokuments.

Mit dem Menüpunkt *Bearbeiten/Uhrzeit Datum* oder der Taste F5 können Sie die aktuelle Uhrzeit und das Datum an der Cursorposition einfügen.

Wenn Sie dieselbe Datei häufig ändern müssen, können Sie eine Art Logbuch führen lassen. Geben Sie dazu am linken Rand der ersten Zeile eines Editor-Dokuments Folgendes ein (mit einem Punkt davor): .LOG

Anschließend speichern Sie die Datei. Bei jedem Öffnen des Dokuments übernimmt der Editor die Systemzeit und das Systemdatum von der PC-Uhr und fügt beides am Ende des Dokuments an.

5.1 Editor

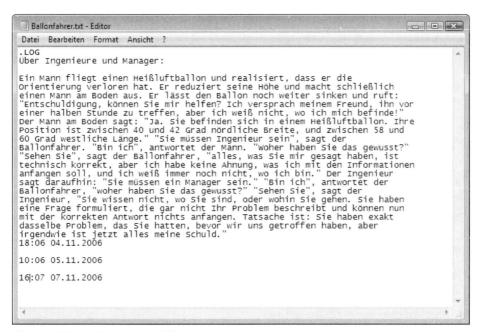

Bild 5.3: Die Log-Funktion im Editor

Format

Die Formatierungsmöglichkeiten beim Editor sind sehr begrenzt. Dafür ist die Länge einer Zeile fast unbegrenzt. Bei 1.024 Zeichen in einer Zeile ist allerdings Schluss. Dann wird zwangsweise eine neue Zeile begonnen. Sie können mit der Eingabetaste [Enter] jederzeit eine neue Zeile beginnen. Wenn Sie *Format/Zeilenumbruch* einschalten, dann passt sich der Zeilenumbruch genau an die Fensterbreite an. Es wird aber kein Zeilenendezeichen in die Datei eingefügt.

Mit dem Menüpunkt *Bearbeiten/Gehe zu* können Sie zu einer bestimmten Zeilennummer im Text springen. Dieser Befehl funktioniert allerdings nur, wenn der automatische Zeilenumbruch ausgeschaltet ist.

Mit dem Menüpunkt *Format/Schriftart...* können Sie die Schriftart, den Schriftschnitt, (fett oder kursiv) und die Größe beeinflussen. Die ausgewählte Schriftart wird in einem Vorschaufenster angezeigt.

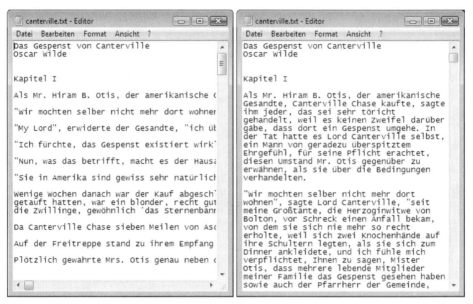

Bild 5.4: Text ohne und mit Zeilenumbruch

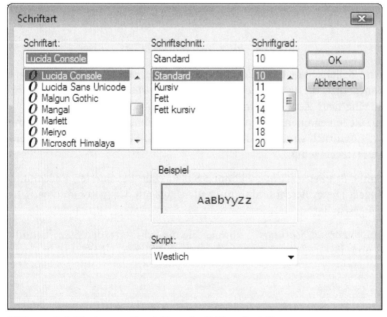

Bild 5.5: Schriftarten zur Darstellung im Editor einstellen

Schriftformate im Editor
Die eingestellte Schriftart gilt nicht wie bei einer Textverarbeitung für die Markierung, sondern immer für das ganze Dokument. Sie wird auch nicht im Dokument, sondern in den Editor-Einstellungen gespeichert. Reine Textdokumente kennen keine Schriftformatierung.

5.2 WordPad

WordPad ist ein Textverarbeitungsprogramm, das weit über die Möglichkeiten des Editors hinausgeht, aber nicht die Komplexität kommerzieller Textverarbeitungsprogramme wie zum Beispiel Microsoft Word hat. Sie finden WordPad im Startmenü unter *Alle Programme/Zubehör/WordPad*.

Nach dem Start sehen Sie einen leeren Bildschirm mit einer Menüzeile, einer Symbolleiste, einer Formatierungsleiste und einem Lineal. Zusätzlich liegt am unteren Rand noch eine Statusleiste. Falls diese Leisten nicht angezeigt werden, können Sie sie im Menü *Ansicht* einzeln ein- oder ausschalten.

Text erstellen

Auf dem leeren Bildschirm können Sie sofort Ihren Text oder Brief beginnen. Der dünne, senkrechte Strich ist die Schreibmarke, auch Cursor genannt. Er zeigt an, wo ein getippter Buchstabe erscheinen würde. Mit jedem Tastendruck wandert er um eine Stelle weiter. Schreiben Sie wie auf einer Schreibmaschine, aber benutzen Sie am Zeilenende nicht den Wagenrücklauf `Enter`. Wenn ein Wort nicht mehr ganz auf die Zeile passt, bringt es WordPad automatisch an den Anfang der nächsten Zeile. Die `Enter`-Taste erzeugt einen neuen Absatz. `Umschalt` + `Enter` erzeugt eine neue Zeile ohne neuen Absatz.

Wenn Sie die Schreibmarke mit dem Cursor an eine andere Stelle im Text verschieben, wird dort weitergeschrieben. Normalerweise ist der Einfügemodus aktiv. Das bedeutet, neuer Text wird an der Cursorposition in den vorhandenen Text eingefügt, ohne etwas zu löschen. Sie können mit der `Einfg`-Taste zwischen Einfügen und Überschreiben hin- und herschalten. Im Überschreibmodus überschreibt neuer Text den bisher an dieser Stelle vorhandenen.

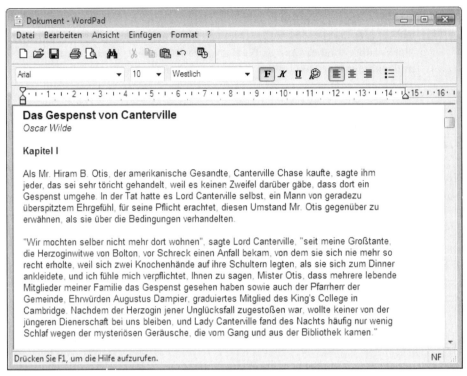

Bild 5.6: Text in WordPad

▲ Lineal

Das Lineal zeigt mit der hellen Fläche den beschreibbaren Bereich Ihres Dokuments an. Es ist standardmäßig in Zentimeter eingeteilt. Die Ränder können Sie nur im Menü *Datei/Seite einrichten* verändern. Die kleinen, dachförmigen Symbole auf dem Lineal markieren den für den aktuellen Absatz gültigen Zeilenanfang und das Zeilenende. Sie können mit der Maus verschoben werden. Das umgekehrte Dach am oberen Rand des Lineals markiert den Beginn der ersten Zeile eines Absatzes. So können Sie die erste Zeile eines Absatzes ein- oder ausgerückt beginnen lassen. Der Zeilenumbruch beginnt immer an dem rechten Symbol.

Tabulatoren werden durch kleine, schwarze Haken im Lineal angezeigt. Sie gelten immer nur für einen Absatz und werden durch Betätigen der [Tab]-Taste erreicht. Sie werden schnell durch einen Klick in das Lineal gesetzt und können mit der Maus verschoben werden. Eine gestrichelte, senkrechte Linie zeigt die Position relativ zum Text an. Wird ein Tabulator nicht benötigt, ziehen Sie ihn mit der Maus aus dem Lineal in das Textfenster. Wenn Sie in einem Absatz Tabulatoren gesetzt haben, dann werden sie durch Betätigen der Eingabetaste [Enter] in den nächsten Absatz übernommen.

▲ Symbolleiste

Hier finden Sie Symbole, mit denen Sie schnell Befehle ausführen können. Die Befehle selbst sind im Abschnitt *Menüs* beschrieben. Wenn Sie mit dem Cursor einen Augenblick auf dem Symbol verweilen, wird ein kurzer Text dazu angezeigt.

Symbol	Wirkung	Tasten
	Erstellt ein neues Dokument.	Strg + N
	Öffnet ein Dokument.	Strg + O
	Speichert ein Dokument.	Strg + S
	Druckt ein Dokument.	Strg + P
	Stellt das Dokument in der Seitenansicht dar.	
	Sucht im Dokument.	Strg + F
	Schneidet markierten Text aus.	Strg + X
	Kopiert markierten Text.	Strg + C
	Fügt Text aus der Zwischenablage ein.	Strg + V
	Macht den jeweils letzten Befehl rückgängig.	Strg + V
	Fügt Datum und/oder Uhrzeit in das Dokument ein.	

▲ Formatierungsleiste

Hier können Sie den Text nach Ihren Wünschen formatieren: Schriftart, Schriftgröße, fett, kursiv, unterstrichen, Satzformat und Aufzählung.

Bild 5.7: Die Formatierungsleiste

▲ Statusleiste

Die Statusleiste informiert Sie über den gerade ausgewählten Befehl. Das NF-Symbol unten rechts bedeutet, dass der Ziffernblock mit der *NumLock*-Taste eingeschaltet ist.

Menüs

Die in der Menüzeile angezeigten Befehle werden nun im Einzelnen erläutert. Viele Befehle können Sie auch schneller aus der Symbolleiste oder per Tastenkombination aufrufen.

▲ Datei

Die Befehle in diesem Menü haben Sie schon beim Editor kennengelernt. Das *Datei*-Menü ist bei vielen Windows-Anwendungen gleich oder zumindest sehr ähnlich. Einige Befehle sind auch als Abkürzung in der Symbolleiste enthalten: *Neu*, *Öffnen*, *Speichern*, *Drucken* und *Seitenansicht*.

Beim Öffnen und Speichern können Sie unter mehreren Dateitypen auswählen. WordPad kann die Dateiformate RTF und TXT lesen und schreiben. Im Gegensatz zu früheren WordPad-Versionen unterstützt die in Windows Vista mitgelieferte Version die Formate DOC von *Microsoft Word* und WRI von *Microsoft Write* nicht mehr.

Im Menü werden immer die letzten vier geöffneten Dateien angezeigt. Ein Klick auf eine der Dateien öffnet diese sofort.

Interessant ist auch der Befehl *Senden…*. Es öffnet sich ein Fenster Ihres E-Mail-Programms. Sie müssen nur noch den Empfänger, den Betreff und einen Begleittext eintragen, und ab geht die Post.

▲ Bearbeiten

Diese Befehle kennen Sie schon vom Editor. Sie haben hier die gleichen Funktionen. Für das Suchen können Sie schnell das Fernglas aus der Symbolleiste verwenden. Das Markieren ist im Abschnitt 5.1, »Editor«, unter »Bearbeiten« beschrieben.

Neu ist aber der Befehl *Inhalte einfügen*. Hier können Sie Elemente aus der Zwischenablage einfügen. Diese Elemente können Texte, Tabellen oder auch Bilder sein. Sie müssen sie allerdings in einem anderen Windows-Programm erst kopieren, z. B. mit `Strg` + `C`. Dadurch werden sie in einen internen Zwischenspeicher – die Zwischenablage – eingefügt, aus dem heraus sie wieder in WordPad eingefügt werden können.

5.2 WordPad

Bild 5.8: Inhalte aus der Zwischenablage einfügen

Ein hilfreicher Befehl ist *Rückgängig* [Strg] + [Z]. Damit können Sie mit jedem Aufruf eine Aktion rückgängig machen. In der Symbolleiste ist es der nach links unten abgeknickte Pfeil.

▲ Ansicht

Mit dem *Ansicht*-Menü können Sie die verschiedenen Leisten anzeigen oder auch verbergen. Ein Häkchen zeigt an, dass die jeweilige Leiste sichtbar ist.

Symbolleiste: Mit den kleinen Symbolen können Kurzbefehle ausgeführt werden. Sie sind auch alle in den Menüs verfügbar. Wenn in der jeweiligen Situation ein Befehl nicht zur Verfügung steht, ist das Symbol abgedunkelt.

Formatierungsleiste: Diese Leiste enthält alle Befehle aus dem *Format*-Menü.

Lineal: Zeigt den Schreibbereich, die Ränder und Tabulatoren an.

Statusleiste: Hier werden am unteren Bildschirmrand Beschreibungen der Befehle angezeigt, an denen der Mauszeiger gerade steht.

Als letzte Möglichkeit können Sie noch verschiedene Optionen einstellen. Dabei geht es zunächst um die Maßeinheiten beim Lineal (Zoll, Zentimeter, typografische Punkte oder Pica [Schreibmaschinentypen]). Für jedes Speicherformat können Sie außerdem die anzuzeigenden Leisten und den Umbruch einstellen.

Bild 5.9: WordPad-Optionen

▲ Einfügen

Hier können Sie das Datum oder die Uhrzeit einfügen. Schneller geht es mit dem rechten Symbol auf der Symbolleiste. Es öffnet sich ein kleines Fenster zum Auswählen des Formats.

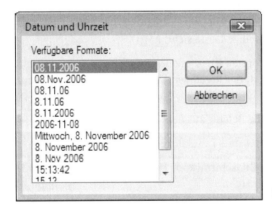

Bild 5.10: Auswahl des Datumsformats

Interessant ist der Befehl *Objekt einfügen*. Hier können Sie zwei Alternativen auswählen:

Neu erstellen: Wählen Sie zuerst den Objekttyp aus. Das Programm schlägt Ihnen alle Typen vor, zu denen auf Ihrem PC die entsprechenden Programme installiert sind. Wählen Sie den Typ aus, und das Programm wird direkt gestartet. Erstellen Sie das Bild, die Tabelle usw. Beim Klick außerhalb des Rahmens wird das Objekt sofort eingefügt.

Aus Datei erstellen: Wählen Sie die einzufügende Datei aus. Mit dem Button *Durchsuchen* können Sie die Datei auch erst suchen. Nach *OK* wird diese Datei mit dem Dokument verknüpft.

5.2 WordPad

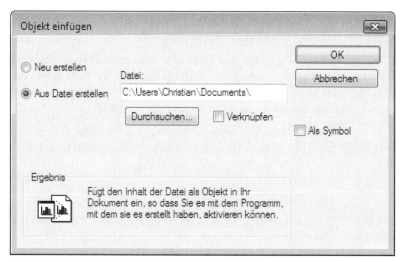

Bild 5.11: Objekt aus Datei erstellen

Bilder einfügen oder verknüpfen
Bei Bildern vergrößert *Einfügen* das Dokument um die Bildgröße. Beim *Verknüpfen* wird in das Dokument nur ein Verweis auf die Bilddatei eingefügt. Die Größe ändert sich nicht. Änderungen an der Bilddatei werden auch im Dokument sichtbar. Beim Weitergeben müssen allerdings das Dokument und die Bilddatei weitergegeben werden.

▲ Format

Das *Format*-Menü beeinflusst das Aussehen des Schriftbilds.

Schriftart enthält die Auswahl der Schriftart, die Schriftgröße und den Schriftschnitt. Diese Angaben können Sie auch aus der Formatierungsleiste auswählen. Zusätzlich können Sie den markierten Text unterstreichen, durchstreichen oder ihm eine andere Farbe geben. Welche Schriftarten hier zur Auswahl stehen, hängt davon ab, welche im System installiert sind. Weitere Informationen zur Installation von Schriftarten finden Sie in Kapitel 7.7.

Tastenkombinationen
Schnelle Tastenkombination für markierten Text:
[Strg] + [Umschalt] + [F] = Fett
[Strg] + [Umschalt] + [U] = Unterstreichen
[Strg] + [Umschalt] + [K] = Kursiv

Aufzählungszeichen ist identisch mit dem Aufzählungs-Symbol und rückt Absätze ein bzw. versieht sie mit einem dicken Punkt am Zeilenanfang.

Absatz legt den Einzug von links und rechts und separat für die erste Zeile fest. Das geht einfacher durch Ziehen der Dreieck-Symbole auf dem Lineal, weil Sie dann sofort das Ergebnis sehen. Sie können einen Absatz auch links, rechts oder zentriert ausrichten. Auch das geht schneller mit einem Klick auf ein Symbol in der Formatierungsleiste.

Tabstopps legen Sie in der oberen Zeile des Fensters in der eingestellten Maßeinheit und mit dem Button *Festlegen* fest. Hier können Sie genauer arbeiten als mit dem Lineal.

Hilfe?

Das Fragezeichen gibt in Wirklichkeit Antworten. Das Hilfefenster gibt Antworten auf häufig gestellte Fragen zu WordPad.

Die aktuelle WordPad-Version verwendet das neue Hilfe-System aus Windows Vista mit seiner intuitiven Bedienung, die nicht weiter erklärt zu werden braucht.

5.3 Zeichentabelle

Beim Schreiben eines Textes benötigt man oftmals Sonderzeichen, die nicht auf der PC-Tastatur zu finden sind. Sie können zwar die Schriftart auswählen, aber dort finden Sie das gesuchte Zeichen nur durch Zufall. Hier bietet sich ein kleines Hilfsprogramm an, das Windows Vista mitliefert. Öffnen Sie parallel zu WordPad oder einer anderen Textverarbeitung *Alle Programme/Zubehör/Systemprogramme/Zeichentabelle*.

Für die unter *Schriftart* angezeigte Schrift wird der gesamte verfügbare Zeichensatz angezeigt. Suchen Sie hier oder in einer anderen Schrift das benötigte Zeichen aus. Ein Klick auf das Zeichen vergrößert es, ein Klick auf *Auswählen* fügt es in die Zeichenauswahl ein, ein weiterer Klick auf *Kopieren* befördert es in die Zwischenablage. Von dort aus können Sie es in Ihr Dokument einfügen.

5.3 Zeichentabelle

Bild 5.12: Alle Zeichen der Schriftart *Arial*

Die Zeichentabelle bietet noch zwei weitere Annehmlichkeiten:

Häufig gebrauchte Zeichen können Sie mit *Auswählen* in die Zeichenauswahl aufnehmen. Sie stehen Ihnen dort unabhängig von der gewählten Schriftart zur Verfügung. In der Zeichenauswahl können Sie dann ein Zeichen markieren und mit *Kopieren* in die Zwischenablage legen.

Je nach Schriftart ist die Zeichentabelle unter Umständen sehr groß und damit unübersichtlich. Hierzu eine Hilfe: Schalten Sie den Schalter *Erweiterte Ansicht* ein. Wählen Sie bei *Gruppieren nach* den Unicode-Unterbereich aus. Es öffnet sich ein kleines Fenster, in dem Sie diejenige Gruppe auswählen können, in der Sie Ihr Zeichen vermuten. In der Zeichentabelle werden jetzt nur die Zeichen der ausgewählten Gruppe dargestellt, und zwar übersichtlich geordnet. Das bringt auch bei der reinen Buchstabenliste (Latin) Vorteile.

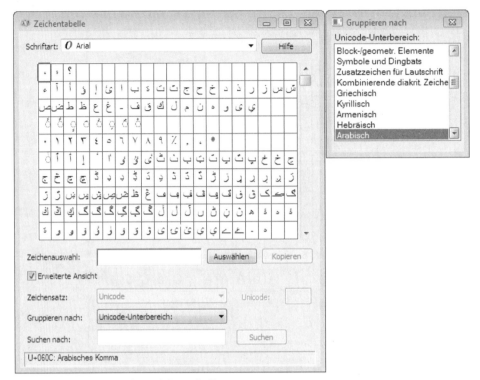

Bild 5.13: Gruppierung der *Zeichentabelle*

5.4 Taschenrechner

Ein Taschenrechner liegt doch auf jedem Schreibtisch herum. Warum soll ich auf meinem PC auch noch einen benutzen? Dafür gibt es einige gute Gründe.

Aktivieren Sie den Rechner über *Alle Programme/Zubehör/Rechner*. Auf den ersten Blick sieht der Rechner aus wie ein billiger Taschenrechner.

Sie können die Tasten mit der Maus bedienen oder aber für die Ziffern und die Grundrechenarten die Tastatur benutzen. Die [Enter]-Taste ist die Ergebnistaste. Der Rechner hat auch eine Rücktaste, mit der Sie die zuletzt eingegebene Ziffer wieder löschen können.

Über die Zwischenablage können Sie die Eingaben aus einem anderen Programm, z. B. aus WordPad, in das Eingabefeld des Rechners bringen oder die Ergebnisse des Rechners ebenfalls über die Zwischenablage in ein anderes Programm einfügen. Verwenden Sie dazu die Tastenkombination [Strg] + [C] bzw. [Strg] + [V].

5.4 Taschenrechner

Bild 5.14: Einfacher Taschenrechner

Seine Stärken spielt der Rechner aber erst aus, wenn Sie im Menü *Ansicht* von *Standard* auf *Wissenschaftlich* umschalten. Was Sie beim Standardrechner vielleicht nicht beachtet haben, ist, dass der Rechner eine 32-stellige Anzeige besitzt.

Auf den Tasten liegen jetzt alle gängigen mathematischen, trigonometrischen, statistischen und logischen Funktionen. Trigonometrisch kann in Deg, Rad oder Grad gerechnet werden. Außer im Dezimalbereich rechnet der Rechner auch hexadezimal, oktal oder binär mit den entsprechenden Anzeigeformaten.

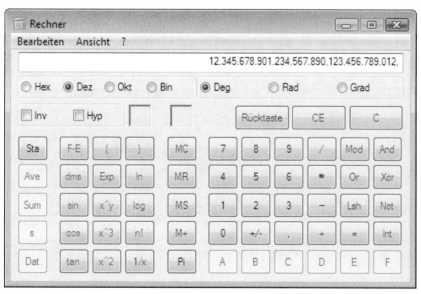

Bild 5.15: Wissenschaftlicher Taschenrechner

5.5 Paint

Mit dem Malprogramm Paint erstellen Sie einfache und auch etwas komplexere Zeichnungen. Außerdem lassen sich vorhandene Bilder weiterbearbeiten.

 Für die Fotobearbeitung ungeeignet
Paint ist kein Programm, um Fotos zu verbessern oder im Ganzen zu bearbeiten, es kann aber dazu eingesetzt werden, in einem Bild Anmerkungen zu machen. So kann es in weiten Teilen die aus Windows XP bekannte und in Windows Vista abgeschaltete Anmerkungsfunktion im Bildbetrachter ersetzen.

Bild 5.16: Foto mit Anmerkungen im Malprogramm *Paint*

Die Bilder können als Bitmapdateien (Endung *.bmp*) gespeichert werden oder aber auch in einem anderen Bildformat wie *.tif*, *.gif*, *.jpg* oder *.png*. Bitmapdateien sollten Sie nur verwenden, wenn der Empfänger Ihres Bilds die anderen Formate nicht lesen kann. Sie werden schnell sehr groß und sollten mit ZIP komprimiert werden.

Wenn Sie Paint per Rechtsklick auf eine Bilddatei und Kontextmenüpunkt *Öffnen mit/ Paint* aufrufen, wird das Bild direkt im Zeichenfenster angezeigt. Da Fotos hier in originaler Pixelgröße dargestellt werden, ist meistens nur ein Ausschnitt zu sehen.

Beim Start des Programms aus dem Startmenü sehen Sie die leere Zeichenfläche, die Menüleiste und je nach Einstellung noch weitere Leisten. Die Menüleiste hat den bei Windows üblichen Aufbau, ergänzt um spezielle Befehle.

Menüleiste

▲ Datei

❶ Viele Befehle aus diesem Menü kennen Sie schon. Beim *Speichern unter* können Sie den Dateityp auswählen. Je nach Auswahl werden Sie gewarnt, dass Farbinformationen verloren gehen können. Bei *.jpeg* gehen keine Faben verloren, dafür kann es bei hohen Kompressionsraten zu Artefakten kommen. Dieses Format beansprucht auch am wenigsten Platz.

❷ Bei *Seite einrichten* können Sie die Ränder und die Zentrierung einrichten. Vor allem lässt sich hier die Skalierung des Drucks zum Original einstellen und auf eine bestimmte Anzahl von Seiten einpassen.

❸ *Als Hintergrund* können Sie Ihr Bild auch einsetzen. Damit bekommt der Desktop eine persönliche Note. Leider sind dann die Symbole auf dem Desktop nicht mehr so gut zu lesen.

▲ Bearbeiten

Dieses Menü enthält die schon bekannten Befehle und Tastenkombinationen. Zum Bearbeiten müssen Sie vorher natürlich etwas markiert haben. Das *Ausschneiden*, *Kopieren* und *Einfügen* ist im Abschnitt 5.1, »Editor«, unter »Bearbeiten« (Seite 198) beschrieben. Neu sind die Befehle *Kopieren nach...* und *Einfügen aus...* Damit können Sie ein markiertes Stück Ihrer Zeichnung in eine Datei auslagern oder den Inhalt einer Datei in Ihre Zeichnung einfügen. Schließlich können Sie mit *Rückgängig* [Strg] + [Z] den letzten Befehl zurücknehmen.

▲ Ansicht

❶ Ein Häkchen vor *Toolbox* [Strg] + [T], *Farbpalette* [Strg] + [F], *Statusleiste* oder *Formatsymbolleiste* zeigt an, dass die entsprechende Leiste sichtbar ist.

❷ Mit *Zoom* können Sie die Ansicht der Zeichnung vergrößern. So sind vor allem Feinarbeiten möglich. Ab einem Vergrößerungsfaktor von 400 % kann zusätzlich ein Raster angezeigt werden. Damit können Sie jeden einzelnen Bildpunkt bearbeiten. Wenn Sie jetzt auch noch die *Miniaturansicht* einschalten, verlieren Sie bei dieser Vergrößerung nicht gleich den Überblick.

Bild 5.17: Pixelgenaues Arbeiten mit Raster und hohem Vergrößerungsfaktor

❸ *Gesamtbild* vergrößert das Bild auf den ganzen Bildschirm und blendet alle Programmdetails aus. Im Gesamtbild können Sie nicht arbeiten. Ein Klick an beliebiger Stelle bringt die vorhergehende Ansicht wieder auf den Bildschirm.

▲ Bild

In diesem Menü haben Sie sehr weitgehende Möglichkeiten, Ihr Bild zu verändern. Ohne weitere Angaben beziehen sich die folgenden Befehle immer auf das ganze Bild. Sie können aber auch alle Befehle auf einen markierten Ausschnitt begrenzen.

Drehen/Spiegeln... [Strg] + [D] spiegelt das Bild horizontal oder vertikal oder dreht es in 90°-Schritten.

Mit *Größe ändern/Zerren...* [Strg] + [K] wird das Bild um den angegebenen Prozentsatz waagerecht oder senkrecht gestreckt. Ein Prozentsatz über 100 streckt das Bild, unter 100 wird es entsprechend gestaucht. Beim *Zerren* wird das Bild um einen Winkel

5.5 Paint

horizontal oder vertikal verzerrt. Um die angegebenen Winkelgrade wird das Bild im Uhrzeigersinn verzerrt, bei negativen Graden entsprechend gegen den Uhrzeigersinn.

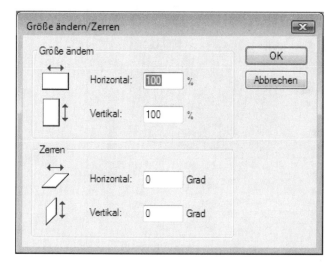

Bild 5.18: Einstellungen für *Größe ändern* und *Zerren*

Die Option *Zuschneiden* ist nur aktiv, wenn zuvor mit der Symbolleiste ein Teilbereich des Bilds ausgewählt wurde. Die übrigen Bildteile werden dann weggeschnitten, sodass das Bild nur noch aus dem markierten Bereich besteht.

Farben umkehren Strg + U kann für grafische Effekte verwendet werden. Dabei werden alle Farben wie bei einem Fotonegativ in ihre Komplementärfarben verändert.

Mit *Attribute* können Sie die Abmessungen des Bilds verändern, wahlweise in Zoll, Zentimeter oder Pixel. Zur Umrechnung geht Paint von der unter *Auflösung* angegebenen Bildauflösung aus. Außerdem können Sie die Farbe in eine Schwarzweißansicht verändern, aber nicht mehr rückgängig machen.

Bild löschen Strg + Umschalt + N wirkt immer auf das ganze Bild. Mit diesem Befehl kann keine Auswahl gelöscht werden.

▲ Farben

Das Menü *Farben* öffnet ein Fenster, in dem Sie die Farben bearbeiten können. Zunächst können Sie aus den Grundfarben mit *OK* diejenige auswählen, mit der Sie malen oder zeichnen wollen. Mit der Schaltfläche *Farben definieren* wird das Fenster um die Farbanzeige vergrößert. Mit dem stilisierten Fadenkreuz wählen Sie jetzt den Farbton aus. Mit dem kleinen Dreieck am rechten Rand stellen Sie die Helligkeit ein. Der Farbton kann auch direkt als RGB-Wert eingetragen werden.

Mit einem Klick auf *Farben hinzufügen* wird die ausgewählte Farbe zu den *Benutzerdefinierten Farben* hinzugefügt. Sie steht Ihnen jetzt immer zur Verfügung.

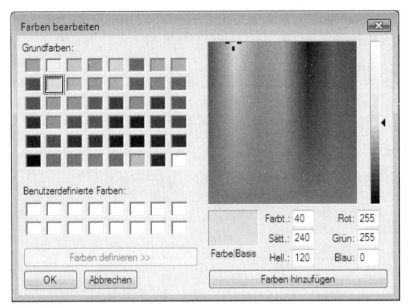

Bild 5.19: *Farben bearbeiten*

> **Farben auswählen**
> Dieser Dialog zur Farbauswahl wird Ihnen noch in mehreren Windows-Anwendungen begegnen. Er steht für Entwickler als Standardfunktion zur Verfügung, die in Programme integriert werden kann.

Toolbox

Die Toolbox ist die Werkzeugleiste, die als Grundeinstellung am linken Fensterrand fixiert ist. Sie können die Toolbox an jede gewünschte Stelle im Fenster oder auch außerhalb ziehen. Beim Klick auf eines der Symbole wird das Werkzeug ausgewählt und ist gültig, bis ein neues ausgewählt wird. Erklärungen zu den Werkzeugen werden auch als sogenannte Tool-Tipps angezeigt, wenn Sie mit der Maus einen Augenblick auf dem Icon verbleiben. Achten Sie dabei immer auf das Info-Feld im unteren Teil der Toolbox. Es zeigt immer verschiedene Optionen zum ausgewählten Werkzeug an.

 Auswahl: Bei der Rechteckauswahl wird alles ausgewählt, was sich innerhalb des Rechtecks befindet, das Sie mit der gedrückten linken Maustaste aufziehen. Den ausgewählten Bereich können Sie mit der Maus verschieben oder mit der Taste [Entf] löschen, mit [Strg] + [C] kopieren, mit [Strg] + [X] ausschneiden oder mit [Strg] + [S] sichern. Mit dem oberen Symbol im Info-Feld verwenden Sie einen deckenden Hintergrund, mit dem unteren einen transparenten Hintergrund.

Bei der freien Auswahl malen Sie mit der linken Maustaste einen beliebigen Bereich, alles darin wird markiert. Alles Weitere wie bei rechteckiger Auswahl.

Radierer: Damit radieren Sie Teile Ihrer Zeichnung wieder aus. Wählen Sie aus dem Info-Feld die Radierergröße aus. Als Farbe wird die Hintergrundfarbe verwendet.

Der *Farbfüller* füllt geschlossene Flächen mit der ausgewählten Vordergrundfarbe aus. Ist die Fläche nicht geschlossen und Sie klicken trotzdem, dann wird der gesamte Hintergrund mit der Farbe ausgefüllt.

Farbe auswählen: Klicken Sie mit der Pipette auf eine Stelle im Bild. Für alle folgenden Zeichenaktionen wird jetzt diese ausgewählte Farbe verwendet.

Lupe: Im Zeichenfenster erscheint ein Rechteck, das sich beliebig verschieben lässt. Ein Klick darauf vergrößert diese Auswahl auf die Bildschirmgröße. Im Info-Feld wählen Sie den Zoom-Faktor aus. Auf demselben Weg können Sie die vorhergehende Ansicht wiederherstellen.

Mit dem *Stift* können Sie Freihandzeichnungen anfertigen.

Für den *Pinsel* können Sie im Info-Feld verschiedene Formen auswählen und dann damit malen.

Airbrush benutzen Sie wie eine Spraydose. Das Info-Feld zeigt den Sprühbereich an. Mit der Mausgeschwindigkeit steuern Sie die Farbintensität.

Text: Hier ziehen Sie zuerst ein Rechteckfenster auf, in das Sie dann Ihren Text eingeben können. Zugleich blendet sich die Formatsymbolleiste (siehe weiter unten) ein. Damit können Sie Ihren Text nach Ihren Wünschen formatieren. Im Info-Feld wählen Sie einen deckenden oder transparenten Hintergrund.

Gerade Linie: Im Info-Feld wählen Sie die Linienstärke aus und ziehen dann mit gedrückter linker Maustaste die gewünschte Linie auf. Wenn Sie gleichzeitig die `Umschalt`-Taste festhalten, werden die Linien exakt senkrecht, waagerecht oder im 45°-Winkel gezeichnet.

Bögen: Klicken Sie an die Stellen, an der der Bogen beginnen soll, und ziehen Sie eine Linie bis zu der Stelle, an der der Bogen enden soll. Von dort aus können Sie jetzt dem Bogen durch Ziehen mit der Maus die gewünschte Form geben.

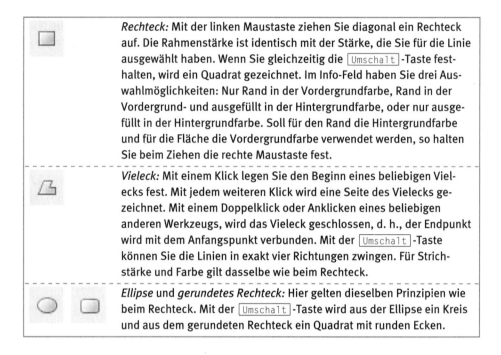

Rechteck: Mit der linken Maustaste ziehen Sie diagonal ein Rechteck auf. Die Rahmenstärke ist identisch mit der Stärke, die Sie für die Linie ausgewählt haben. Wenn Sie gleichzeitig die `Umschalt`-Taste festhalten, wird ein Quadrat gezeichnet. Im Info-Feld haben Sie drei Auswahlmöglichkeiten: Nur Rand in der Vordergrundfarbe, Rand in der Vordergrund- und ausgefüllt in der Hintergrundfarbe, oder nur ausgefüllt in der Hintergrundfarbe. Soll für den Rand die Hintergrundfarbe und für die Fläche die Vordergrundfarbe verwendet werden, so halten Sie beim Ziehen die rechte Maustaste fest.

Vieleck: Mit einem Klick legen Sie den Beginn eines beliebigen Vielecks fest. Mit jedem weiteren Klick wird eine Seite des Vielecks gezeichnet. Mit einem Doppelklick oder Anklicken eines beliebigen anderen Werkzeugs, wird das Vieleck geschlossen, d. h., der Endpunkt wird mit dem Anfangspunkt verbunden. Mit der `Umschalt`-Taste können Sie die Linien in exakt vier Richtungen zwingen. Für Strichstärke und Farbe gilt dasselbe wie beim Rechteck.

Ellipse und *gerundetes Rechteck:* Hier gelten dieselben Prinzipien wie beim Rechteck. Mit der `Umschalt`-Taste wird aus der Ellipse ein Kreis und aus dem gerundeten Rechteck ein Quadrat mit runden Ecken.

Farbpalette

Die Farbpalette am oberen Rand (falls nicht sichtbar, mit `Strg` + `F` einschalten) zeigt die für den Vordergrund und den Hintergrund verfügbaren Farben an. Im linken Feld zeigt das obere Quadrat die Vordergrund- und das untere Quadrat die Hintergrundfarbe an. Um die Vordergrundfarbe festzulegen, klicken Sie mit der linken Maustaste auf eine Farbe der Palette. Um die Hintergrundfarbe festzulegen, klicken Sie mit der rechten Maustaste auf eine Farbe. Dieser Mechanismus funktioniert auch beim Zeichnen. Beim Radierer wird allerdings immer die Hintergrundfarbe verwendet. Neue Farben legen Sie mit *Farben/Palette bearbeiten* fest.

Statusleiste

Die Statusleiste befindet sich immer am unteren Fensterrand. Sie zeigt links eine kurze Beschreibung des Menübefehls oder des Werkzeugs, über dem gerade der Mauszeiger steht. Im rechten Teil werden die Koordinaten des Mauszeigers im Bildbereich angezeigt. Zum Beispiel bedeutet die Angabe 128,44, dass der Mauszeiger sich 128 Pixel vom linken und 44 Pixel vom oberen Fensterrand entfernt befindet.

Bei den Werkzeugen *Freihandauswahl*, *Rechteckauswahl*, *Text*, *Rechteck*, *Vieleck*, *Ellipse* und *gerundetes Rechteck* werden ganz rechts die Maße des Bereichs mit Breite und Höhe in Pixeln angezeigt. Bei den Linien und Bögen werden die Entfernungen waagerecht und senkrecht vom Startpunkt aus angezeigt. Nach rechts und unten wird in positiver Richtung gezählt, nach links und oben entsprechend in negativer Richtung.

Formatsymbolleiste

Die Formatsymbolleiste wird nur eingeblendet, wenn Sie das Textwerkzeug ausgewählt und einen Textbereich markiert haben. Für den Text können Sie die Schriftart, die Schriftgröße und die Auszeichnungen *Fett*, *Kursiv* oder *Unterstrichen* auswählen. Diese Wahlmöglichkeit besteht aber immer nur für den ganzen Text und nur so lange, wie Sie das Textfeld noch nicht verlassen haben. Währenddessen können Sie das Feld an den Ziehpunkten noch vergrößern, aber nicht verkleinern.

5.6 Bildschirmfotos mit dem Snipping-Tool

Für Dokumentationen von Programmen auf Webseiten oder in Büchern braucht man immer wieder Screenshots, also Bildschirmfotos des gesamten Bildschirms oder einzelner Dialogfelder. Da Windows bisher kein Programm zum Erstellen solcher Screenshots mitlieferte, entwickelten zahlreiche Freeware- und Sharewarebastler Tools, mit denen auf komfortable Weise solche Screenshots erstellt und als Bilddatei abgespeichert werden konnten. Windows Vista bringt jetzt ein eigenes Screenshotprogramm mit, das allerdings nicht an die Leistungsfähigkeit der meisten anderen Screenshotprogramme heranreicht. Es ist unter dem Namen *Snipping-Tool* im Startmenü unter *Alle Programme/Zubehör* zu finden.

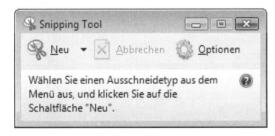

Bild 5.20: Das Startfenster des Snipping-Tools

 Wählen Sie hier zuerst mit dem kleinen Pfeil neben dem Button *Neu* eine Ausschneidemethode. Hier stehen vier Methoden zur Verfügung:

Freies Ausschneiden	Hier können Sie mit der Maus eine geschlossene Linie auf dem Bildschirm zeichnen. Der eingeschlossene Bereich wird vom Screenshot erfasst.
Rechteckiges Ausschneiden	Hier ziehen Sie ein Rechteck auf dem Bildschirm auf. Der eingeschlossene Bereich wird vom Screenshot erfasst.

Fenster ausschneiden	Diese Methode wird meistens für Screenshots verwendet. Hier klicken Sie in ein Fenster, das mit einem roten Rahmen auf dem Bildschirm hervorgehoben wird. Dieses Fenster wird komplett vom Screenshot erfasst, auch wenn derzeit andere Fenster im Vordergrund sind.
Vollbild ausschneiden	Macht einen Screenshot vom ganzen Bildschirm, wobei das Snipping-Tool automatisch ausgeblendet wird.

Nachdem Sie den Screenshot gemacht haben, wird er im Fenster des Snipping-Tools angezeigt.

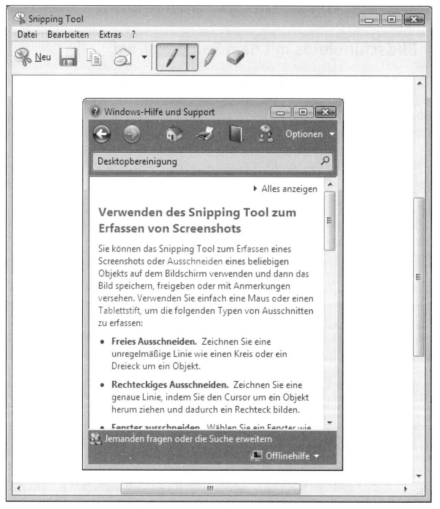

Bild 5.21: Das Hilfefenster des Snipping-Tools als Screenshot

5.6 Bildschirmfotos mit dem Snipping-Tool

 Jetzt können Sie das Bild mit dem Diskettensymbol oder der Tastenkombination [Strg] + [S] speichern. Dabei stehen drei bekannte Grafikformate zur Verfügung: PNG, GIF und JPG. Der Screenshot kann auch im MHT-Format gespeichert werden. Dabei handelt es sich um eine spezielle MimeOLE-kodierte HTML-Datei, bei der das Bild direkt in die Datei eingebettet wird. Allerdings ist dieses Format nur zum Internet Explorer und zu keinem anderen Browser oder sonstigen Programm kompatibel, also nicht empfehlenswert. Verwenden Sie also lieber eines der Bildformate.

 Sie können den Screenshot auch mit dem *Kopieren*-Symbol oder der Tastenkombination [Strg] + [C] in die Zwischenablage kopieren, um ihn mit einem anderen Programm weiterzubearbeiten.

 Der Button mit dem Briefumschlag versendet den Screenshot per E-Mail. Dabei wird das Standard-E-Mail-Programm verwendet, Sie brauchen nur noch den Empfänger anzugeben.

 Standardmäßig ist der Button mit dem Stift aktiv. Damit können Sie direkt in das Bild malen. Der Cursor ist innerhalb des Snipping-Tool-Fensters nur ein kleiner Punkt. Alles Gemalte wird mit dem Bild gespeichert.

> **Bildgröße im Snipping-Tool**
> Das Snipping-Tool erzeugt automatisch ein größeres Fenster als das eigentliche Bild. So können Sie auch Anmerkungen außerhalb des tatsächlichen Screenshots machen. Beim Speichern wird das Bild immer so klein wie möglich gespeichert, überflüssige Ränder fallen weg, Markierungen außerhalb des eigentlichen Screenshots bleiben aber erhalten.

Das kleine Dreieck neben dem Symbol öffnet ein Menü, in dem Sie die Stiftfarbe wählen können.

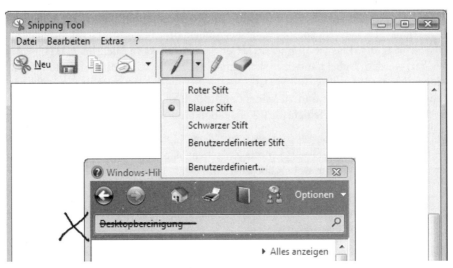

Bild 5.22: Einen Stift zum Malen wählen

Der Menüpunkt *Benutzerdefinierter Stift* wählt einen Stift, den Sie vorher mit der Option *Benutzerdefiniert* selbst festlegen können. Hier sind die Farbe, Stiftbreite und Art frei einstellbar.

Bild 5.23: Benutzerdefinierten Stift einrichten

Der Textmarker ist ein gelber transparenter Stift, mit dem Texte oder andere Bildteile durch Überstreichen markiert werden können. Diese Markierung ist im Gegensatz zum normalen Malstift transparent, sodass der Text darunter sichtbar bleibt.

Mit dem Radiergummi lassen sich Markierungen aus dem Bild wieder entfernen. Der Radiergummi radiert dabei nicht den Originalscreenshot weg, sondern nur die mit dem Stift oder Textmarker hinzugefügten Markierungen.

5.6 Bildschirmfotos mit dem Snipping-Tool

Er ist auch so intelligent, eine Markierung beim einfachen Anklicken zu erkennen, man muss also nicht wie bei einem echten Radiergummi die ganze Markierung überstreichen, um sie zu beseitigen.

▲ Optionen

Der Button *Optionen* im kleinen Startfenster des Snipping-Tools oder der Menüpunkt *Extras/Optionen* öffnet ein Dialogfeld mit einigen wichtigen Einstellungen.

Schalten Sie hier den Schalter *Ausgeschnittenes immer in die Zwischenablage kopieren* ein, können Sie den Screenshot automatisch auch in jedem anderen Programm unmittelbar einfügen, da er sich von selbst ohne weiteres Zutun in der Zwischenablage befindet.

Mit dem Schalter *Symbol in der Schnellstartleiste anzeigen* wird automatisch ein Symbol für das Snipping-Tool in der Schnellstartleiste unten links in der Taskleiste angelegt. Damit können Sie das Snipping-Tool schneller aufrufen als über das Startmenü.

Bild 5.24: Die Optionen für das Snipping-Tool

Die *Freihandfarbe* legt die Farbe fest, mit der man den zu fotografierenden Bereich des Bildschirms auswählt. Schalten Sie den Schalter *Freihand des markierten Bereichs nach dem Ausschneiden anzeigen* aus. Andernfalls wird der rote Rand um das gewählte Fenster mit im Screenshot gespeichert, was in den meisten Fällen nicht erwünscht ist.

Screenshots mit Paint
Windows Vista bietet wie frühere Windows-Versionen zusätzlich eine Möglichkeit, mit dem Programm Paint oder jedem anderen Grafikprogramm Screenshots zu erstellen.

Drücken Sie dazu die Druck-Taste. Diese liegt auf den meisten Tastaturen rechts von den zwölf Funktionstasten. Damit wird ein Bild des aktuellen Bildschirms in der Zwischenablage gespeichert. Dieses können Sie jetzt mit der Tastenkombination Strg + V in Paint oder ein anderes Grafikprogramm einfügen und dort abspeichern.

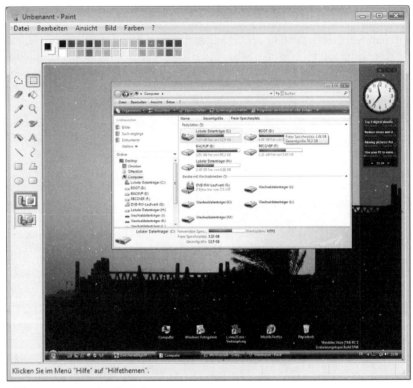

Bild 5.25: Screenshot in *Paint*

5.7 Windows-Kalender

Viele Anwender verwalten ihre Termine mittlerweile auf dem PC. Das gilt nicht nur für berufliche Termine, sondern immer mehr auch für private. Bisher musste man zur Terminverwaltung zusätzliche Programme installieren. Windows Vista liefert einen eigenen Kalender mit. Der Windows-Kalender ist im Startmenü unter *Alle Programme* zu finden.

5.7 Windows-Kalender

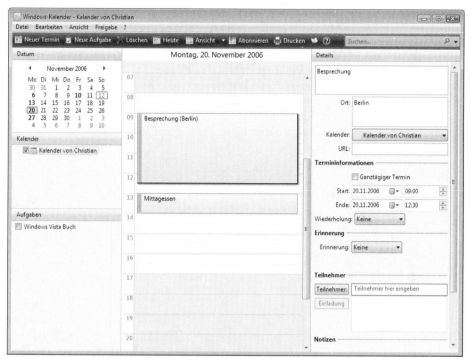

Bild 5.26: Der *Windows-Kalender* in der Tagesansicht

Oben links ist eine Übersicht des aktuellen Monats zu sehen. Hier können Sie schnell zu einem beliebigen Tag springen. Tage, an denen Termine eingetragen sind, erscheinen in Fettschrift. Mit dem Button *Heute* in der oberen Symbolleiste springen Sie auf einfache Weise wieder auf den aktuellen Tag.

Der Button *Ansicht* schaltet zwischen den Ansichten *Tag*, *Arbeitswoche* (5 Tage), *Woche* (7 Tage) und *Monat* um. Jeder Klick wechselt die Ansicht, Sie können aber auch mit dem kleinen Dreieck daneben gezielt eine bestimmte Ansicht auswählen. Schneller geht es mit den Tastenkombinationen [Strg] + [Umschalt] + [1] bis [Strg] + [Umschalt] + [4].

Möchten Sie einen neuen Termin eingeben, springen Sie zum gewünschten Datum und klicken in der Tagesansicht auf die Uhrzeit, zu der der Termin stattfinden soll. Jetzt können Sie im rechten Teil des Fensters unter *Details* Namen und Ort für den Termin eingeben.

Hier legen Sie auch Start- und Endzeit minutengenau fest und können eine Wiederholung einrichten, wenn es sich um einen Termin handelt, der sich in einem bestimmten Rhythmus wiederholt.

▲ Die Erinnerungs-Funktion

Möchten Sie sich an diesen Termin erinnern lassen, wählen Sie in der Liste *Erinnerung* einen Zeitraum aus, wie lange vorher auf dem Bildschirm eine Erinnerung erscheinen soll. Dies kann Minuten, Stunden, Tage oder auch Wochen vor dem eigentlichen Termin sein. Die Meldung wird auch eingeblendet, wenn der Kalender gerade nicht aktiv ist.

Bild 5.27: Erinnerung an einen Termin

Wenn die Erinnerung auf dem Bildschirm auftaucht, steht ähnlich wie bei einem Wecker eine Schlummerfunktion zur Verfügung, mit der man sich nach einem einstellbaren Zeitintervall erneut erinnern lassen kann.

Ganz unten rechts im Kalender können Sie zu jedem Termin noch Teilnehmer und Notizen eintragen. Der Button *Einladung* schickt den eingetragenen Teilnehmern automatisch eine E-Mail mit einer Einladung zum Termin.

Alle Termindetails können jederzeit eingesehen und geändert werden. Man braucht dazu nur auf den Termin im Kalender zu klicken.

▲ Aufgaben

Der Windows-Kalender beinhaltet auch eine einfache Aufgabenverwaltung. Klicken Sie in der Symbolleiste auf *Neue Aufgabe*, um eine neue Aufgabe anzulegen.

5.7 Windows-Kalender

Zu jeder Aufgabe können Sie eine Priorität, ein Startdatum und ein Fälligkeitsdatum eintragen. Wie bei Terminen kann man sich auch an Aufgaben erinnern lassen. Hier können Sie einen beliebigen Zeitpunkt für die Erinnerung festlegen.

▲ Kalenderoptionen

In den meisten europäischen Ländern beginnt die Kalenderwoche am Montag, einige andere Länder verwenden den Sonntag als Wochenbeginn. In den Kalenderoptionen unter *Datei/Optionen* im Menü lassen sich diese und andere Einstellungen verändern.

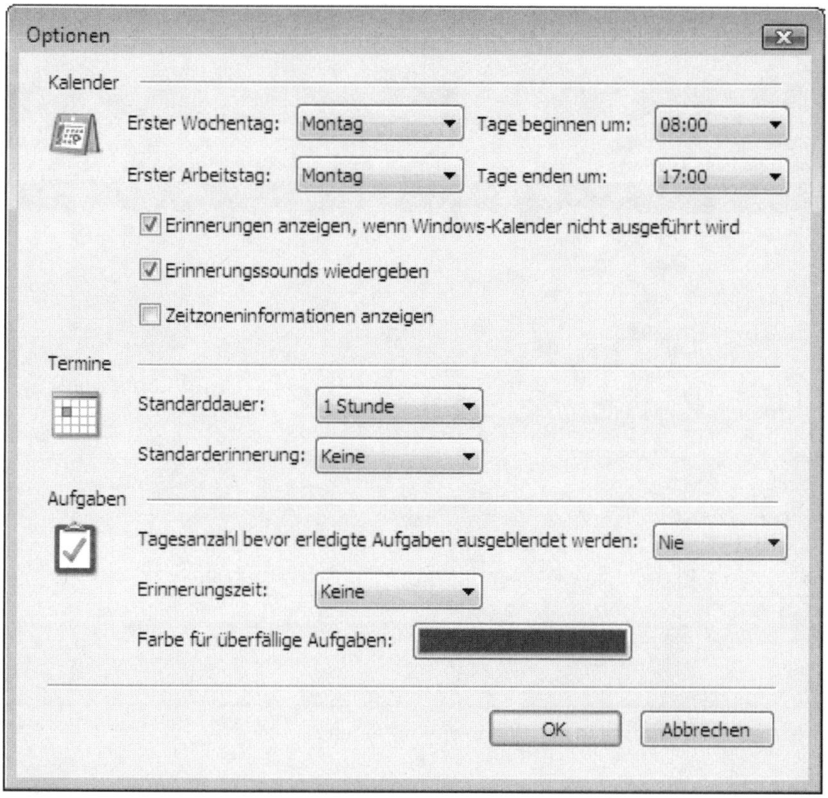

Bild 5.28: Einstellungen für den Kalender

Da kaum noch jemand um 17:00 aufhört zu arbeiten, können Sie hier das Tagesende auch auf einen späteren Zeitpunkt verschieben. Der Zeitraum zwischen Tagesbeginn und -ende erscheint im Kalender weiß, der übrige Zeitraum grau.

Ein wichtiger Schalter ist *Erinnerungen anzeigen, wenn Windows-Kalender nicht ausgeführt wird*. Dieser sollte immer eingeschaltet sein, da andernfalls fällige Erinnerungen nicht auf dem Bildschirm erscheinen, wenn der Kalender gerade nicht läuft.

5.8 Windows-Kontakte

Windows-Kontakte ist der Nachfolger des wenig beachteten Windows-Adressbuchs aus früheren Windows-Versionen.

Technisch sind die Kontakte nur ein Verzeichnis unterhalb des persönlichen Benutzerverzeichnisses. Jede Adresse wird dort als eigene Datei mit der Endung *.contact* abgelegt.

Der Menüpunkt *Windows-Kontakte* im Startmenü zeigt dieses Verzeichnis in einem Explorer-Fenster an. Dabei ist standardmäßig eine Ansicht mit Vorschaufenster aktiviert, in dem E-Mail-Adressen, Telefonnummern und Postadressen zu jeder ausgewählten Person angezeigt werden.

Bild 5.29: Anzeige einer Adresse in den Windows-Kontakten

Ein Doppelklick auf eine *.contact*-Datei öffnet ein Dialogfenster, in dem alle Daten dieser Person bearbeitet werden können.

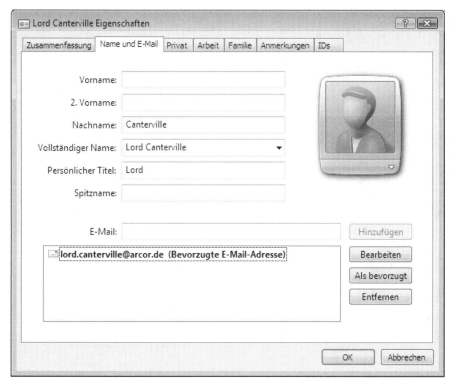

Bild 5.30: Daten einer Person bearbeiten

Ein Klick auf das kleine Dreieck unter dem Bild bietet die Möglichkeit, ein Foto der Person ins Adressbuch aufzunehmen. Auf den weiteren Registerkarten können private und Büroadressen, Familiendaten und weitere Angaben hinzugefügt werden.

 Neue Kontaktgruppen
Mit dem Button *Neue Kontaktgruppe* in der Symbolleiste des Hauptfensters können Sie Personen zu Gruppen zusammenfassen, um ihnen auf einfache Weise zum Beispiel E-Mails zu schicken.

5.9 Windows-Spiele

Jedes aktuelle Betriebssystem liefert neben den produktiven Anwendungsprogrammen auch Spiele mit. Einige der Spiele in Windows Vista sind weiterentwickelte Versionen von Spielen, die seit dem ersten Windows dabei sind, andere sind ganz neu. Alle Spiele sind im Startmenü unter *Spiele* zu finden. Dort gibt es auch einen Menüpunkt *Spiele*. Hier öffnet sich ein Fenster mit einer speziellen Voransicht, die Informationen zur

5 Vista-Programme: Alte Bekannte und neue Gesichter

Altersbeschränkung sowie zu der für das Spiel notwendigen Systembewertung zeigt. Diese Systembewertung entspricht dem Windows-Leistungsindex, der im Wesentlichen von der im PC eingebauten Grafikkarte abhängt.

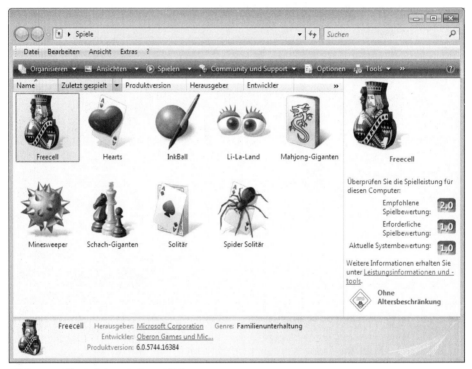

Bild 5.31: Alle *Spiele* auf einen Blick

Alle bei Windows Vista mitgelieferten Spiele laufen ohne Altersbeschränkung und auch bei einer Systembewertung von *1,0* – also auf jedem Computer, auf dem Windows Vista verwendet werden kann.

Keine Spiele der MSN Gaming Zone
Windows Vista enthält keine Internetspiele mehr, die in Windows XP noch vorhanden waren. Diese Spiele liefen über die MSN Spiele-Community *Zone.com*, waren aber lokal installiert. Das Internet wurde nur dazu genutzt, gegen andere menschliche Spieler anzutreten. Die Spiele in Windows Vista werden alle gegen den Computer gespielt. Die Spiele sind unter *www.zone.com* weiterhin vorhanden, können aber aus Windows Vista ohne die in Windows XP lokal installierten Dateien nur nach kostenloser Anmeldung mit einer Windows Live ID im Browser gespielt werden.

FreeCell

FreeCell ist eine bekannte Kartenpatience, die bereits in früheren Windows-Versionen mitgeliefert wurde. Wie bei den meisten Patiencen geht es hier auch darum, Karten aufsteigend von As bis zum König nach Farben zu sortieren.

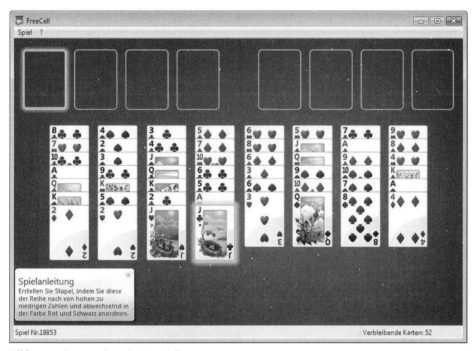

Bild 5.32: Startauslage in *FreeCell*

Am Anfang sind alle 52 Karten bunt gemischt offen ausgelegt. Karten können nur am unteren Ende einer Reihe weggenommen werden und müssen mit wechselnden Farben an eine nächsthöhere offen liegende Karte angelegt werden. Dabei können auch Reihen, die bereits in absteigender Reihenfolge mit Farbwechsel geordnet sind, komplett an einen anderen Ort bewegt werden. Die vier leeren Felder rechts oben sind die Zielfelder für die vier Stapel, die mit den vier Assen beginnen. Am Ende müssen alle Karten einer Farbe in aufsteigende Reihenfolge gebracht werden. Die vier leeren Felder oben links können als Zwischenablage für einzelne Karten verwendet werden.

 Spieltipps
Mit der Taste [T] können Sie sich jederzeit einen Spieltipp anzeigen lassen. Dabei wird eine Karte und ein passendes Zielfeld markiert. Ein Rechtsklick auf die markierte Karte führt den empfohlenen Spielzug aus.

Die Taste [F5] oder der Menüpunkt *Spiel/Optionen* blendet ein Dialogfeld ein, in dem noch einige Einstellungen vorgenommen werden können.

Bild 5.33: Spieloptionen einstellen

Mit der Taste [F7] oder dem Menüpunkt *Spiel/Darstellung ändern* können Sie ein anderes Design der Karten und das Motiv des Hintergrunds auswählen.

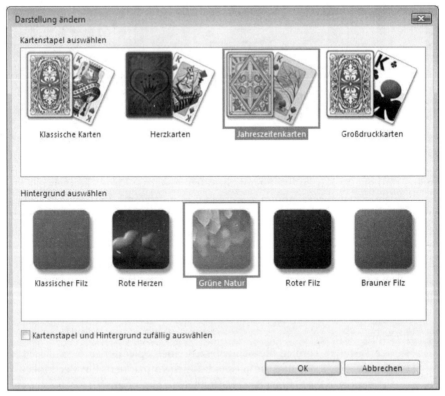

Bild 5.34: Kartendesign und Hintergrundmotiv auswählen

Hearts

Hearts ist ein Kartenstichspiel für vier Spieler. In jedem Stich gewinnt der Spieler mit der höchsten Karte, dabei muss man die ausgespielte Farbe bedienen. Bei seinen Stichen sollte man vermeiden, die Pik-Dame und die Farbe Herz zu nehmen.

Das Spiel wird mit vier Spielern gespielt, wovon drei der Computer übernimmt. Der Spieler mit der Kreuz 2 beginnt das Spiel. Davor schiebt jeder seinem linken Nachbarn drei Karten zu.

Wer einen Stich macht, spielt die nächste Karte aus. Für jeden Stich, der Herzkarten oder die Pik-Dame enthält, bekommt man Minuspunkte. Das Spiel endet, wenn ein Spieler 100 Minuspunkte hat. Wer einen Durchmarsch spielt, wozu man alle Herzkarten und die Pik-Dame haben muss, bekommt keine Minuspunkte, dafür aber alle anderen Mitspieler.

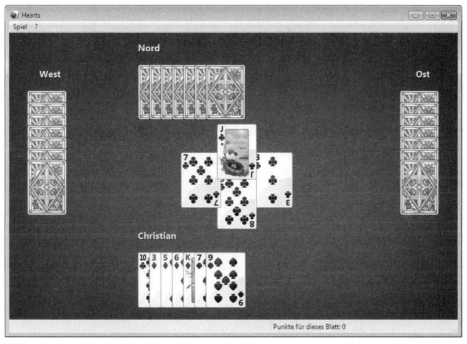

Bild 5.35: Das Kartenspiel *Hearts*

Die Taste [F5] oder der Menüpunkt *Spiel/Optionen* blendet ein Dialogfeld ein, in dem noch einige Einstellungen vorgenommen werden können. Hier können Sie auch die Namen der drei Computerspieler festlegen.

Mit der Taste [F7] oder dem Menüpunkt *Spiel/Darstellung ändern* können Sie ein anderes Design der Karten und das Motiv des Hintergrunds auswählen.

InkBall

InkBall ist ein schnelles Reaktionsspiel, bei dem Bälle in gleichfarbige Löcher befördert werden müssen. Die Bälle rollen nach physikalischen Gesetzen und prallen, wenn sie gegen eine Wand stoßen, im gleichen Winkel in entgegengesetzter Richtung wieder ab. In ein graues Loch darf jeder Ball fallen, dort gibt es aber auch keine Punkte.

Um die Bälle zu beeinflussen, kann man freihändig Linien auf den Bildschirm malen. Von diesen Linien prallen die Bälle genauso ab wie von Wänden. Allerdings verschwindet eine Freihandlinie, nachdem ein Ball sie einmal berührt hat.

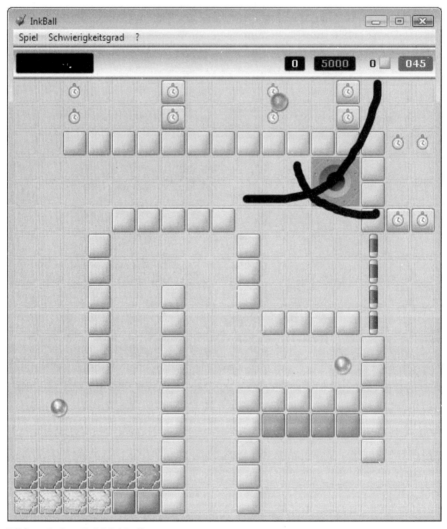

Bild 5.36: Das Spiel *InkBall*

5.9 Windows-Spiele

Mit zunehmendem Schwierigkeitsgrad erscheinen Sondersteine, die die Farbe eines Balls verändern oder sich nach mehreren Treffern von selbst auflösen.

Das Spiel ist zu Ende, wenn ein Ball in ein Loch der falschen Farbe fällt.

Li-La-Land

Li-La-Land ist eine Sammlung von drei einfachen Kinderspielen, die beim Erlernen von Farben, Formen und Mustern helfen sollen.

Bild 5.37: Das Startbild von *Li-La-Land*

Mahjong-Giganten

Das Solitärspiel mit chinesischen Mahjong-Steinen ist mittlerweile auf jeder Geräteplattform und jedem Betriebssystem in diversen Variationen verfügbar. Windows Vista liefert jetzt erstmals in der Windows-Geschichte ein Mahjong-Spiel standardmäßig mit.

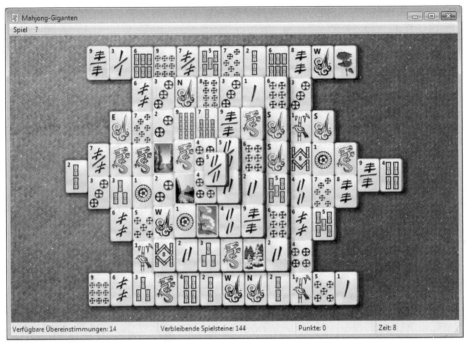

Bild 5.38: Das Spiel *Mahjong-Giganten*

Paarweise müssen gleiche Steine vom Spielfeld geräumt werden, bis es komplett leer ist. Dabei dürfen nur Steine entfernt werden, die nach links oder rechts frei bewegt werden können, also nicht zwischen anderen Steinen eingebaut sind.

 Spieltipps
Mit der Taste [T] können Sie sich jederzeit einen Spieltipp anzeigen lassen. Dabei wird ein Paar gleicher Steine markiert, die abgeräumt werden können. Ein Klick auf einen der Steine führt den empfohlenen Spielzug aus.

Die Taste [F5] oder der Menüpunkt *Spiel/Optionen* blendet ein Dialogfeld ein, in dem noch einige Einstellungen vorgenommen werden können.

Mit der Taste [F7] oder dem Menüpunkt *Spiel/Darstellung ändern* können Sie ein anderes Design der Steine und das Motiv des Hintergrunds auswählen.

Minesweeper

Minesweeper ist ein Spieleklassiker, der seit vielen Windows-Versionen mit dabei ist. Hier geht es darum, Minen zu finden, ohne dass sie explodieren. Eine Zahl auf einem aufgedeckten Feld gibt an, wie viele Minen diesem Feld unmittelbar benachbart sind.

5.9 Windows-Spiele

Bild 5.39: Das Spiel *Minesweeper*

Je nach gewünschtem Schwierigkeitsgrad kann ein unterschiedlich großes Spielfeld gewählt werden.

Die Taste [F5] oder der Menüpunkt *Spiel/Optionen* blendet ein Dialogfeld ein, in dem noch einige Einstellungen vorgenommen werden können. Hier können Sie im Modus *Benutzerdefiniert* die Spielfeldgröße und die Anzahl der Minen frei wählen.

Mit der Taste [F7] oder dem Menüpunkt *Spiel/Darstellung ändern* können Sie ein anderes Design der Steine und das Motiv des Hintergrunds auswählen.

 Friedliches Minesweeper
Minesweeper ist wegen seines martialischen Themas öfter in die Kritik von Pädagogen geraten. Deshalb bietet Windows Vista jetzt auch eine »friedliche« Variante mit Blumen auf einer grünen Wiese an. Anstelle des Bombenlärms beim Explodieren einer Mine ertönt in der Blumengarten-Version eine freundliche Melodie.

Bild 5.40:
Einstellungen
für Minesweeper

Schach-Giganten

Schach ist seit der Anfangszeit der Computer eine Herausforderung für die Programmierer. Mittlerweile gibt es eine große Vielfalt von Schachprogrammen für alle gängigen Computerplattformen. Erstmals liefert Microsoft mit Windows Vista ein eigenes Schachprogramm mit. Hier kann man entweder gegen den Computer oder gegen eine zweite Person spielen.

5.9 Windows-Spiele

Bild 5.41: Das Spiel *Schach-Giganten*

Mit gedrückter rechter Maustaste kann man das Brett interaktiv drehen, um einen anderen Blickwinkel zu haben.

Die Taste [F5] oder der Menüpunkt *Spiel/Optionen* blendet ein Dialogfeld ein, in dem noch einige Einstellungen vorgenommen werden können. Hier kann der Schwierigkeitsgrad und die Grafikqualität eingestellt werden.

Mit der Taste [F7] oder dem Menüpunkt *Spiel/Darstellung ändern* können Sie ein anderes Design der Figuren und des Spielbretts auswählen.

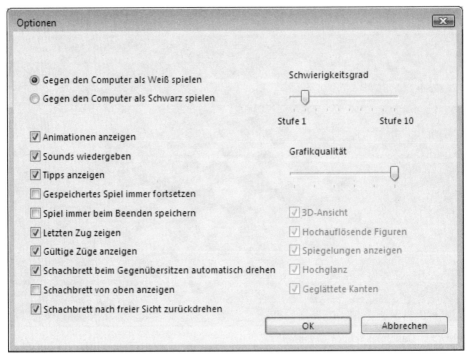

Bild 5.42: Einstellungen für das Schachspiel

Solitär

Solitär ist das beliebte Kartenspiel, das bis jetzt in jeder Windows-Version dabei war. Wie bei den meisten Patiencen geht es hier auch darum, Karten aufsteigend von As bis zum König nach Farben zu sortieren.

Am Anfang liegen einige Karten auf verdeckten Stapeln, wobei jeweils die oberste Karte offen liegt. Die übrigen Karten liegen als verdeckter Nachzugstapel bereit.

5.9 Windows-Spiele

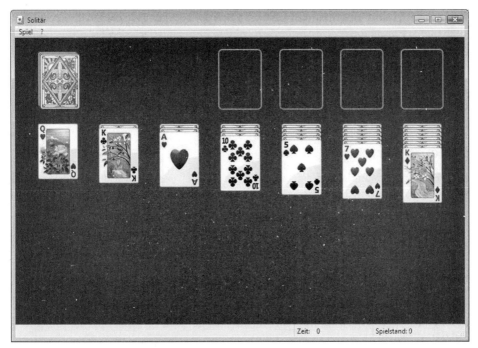

Bild 5.43: Startauslage des *Solitär*-Spiels

Karten können nur am unteren Ende einer Reihe weggenommen werden und müssen mit wechselnden Farben an eine nächsthöhere offen liegende Karte angelegt werden. Dabei können auch Reihen, die bereits in absteigender Reihenfolge mit Farbwechsel geordnet sind, komplett an einen anderen Ort bewegt werden. Auf frei werdende Reihen können nur Könige gelegt werden. Nimmt man die letzte offene Karte einer Reihe weg, wird automatisch die oberste noch verdeckt liegende Karte aufgedeckt.

Die vier leeren Felder rechts oben sind die Zielfelder für die vier Stapel, die mit den vier Assen beginnen, und am Ende müssen alle Karten einer Farbe in aufsteigender Reihenfolge geordnet sein.

Anstatt einen Zug zu machen, kann man auch auf den Nachzugstapel klicken und dort neue Karten aufdecken, die ins Spiel gebracht werden können. Dabei müssen sie gemäß den Regeln an eine offene Reihe angelegt oder auf eines der Zielfelder gestapelt werden.

 Spieltipps
Mit der Taste ⊤ können Sie sich jederzeit einen Spieltipp anzeigen lassen. Dabei wird eine Karte und ein passendes Zielfeld markiert. Ein Rechtsklick auf die markierte Karte führt den empfohlenen Spielzug aus.

Die Taste [F5] oder der Menüpunkt *Spiel/Optionen* blendet ein Dialogfeld ein, in dem noch einige Einstellungen vorgenommen werden können. Hier legen Sie unter anderem fest, ob vom Nachzugstapel einzelne Karten aufgedeckt werden oder immer drei auf einmal.

Mit der Taste [F7] oder dem Menüpunkt *Spiel/Darstellung ändern* können Sie ein anderes Design der Karten und das Motiv des Hintergrunds auswählen.

Spider Solitär

Spider Solitär ist eine schwierige Kartenpatience, bei der die Karten in absteigender Reihenfolge von König bis As nach Farben sortiert werden müssen.

Am Anfang liegen einige Karten auf verdeckten Stapeln, wobei jeweils die oberste Karte offen liegt. Die übrigen Karten liegen als verdeckter Nachzugstapel bereit.

Karten können nur am unteren Ende einer Reihe weggenommen und müssen mit gleichen Farben an einenächst höhere, offen liegende Karte angelegt werden. Dabei können auch Reihen, die bereits in absteigender Reihenfolge mit gleichen Farben geordnet sind, komplett an einen anderen Ort bewegt werden. Nimmt man die letzte offene Karte einer Reihe weg, wird automatisch die oberste noch verdeckt liegende Karte aufgedeckt.

Karten können auch zwischenzeitlich absteigend an falsche Farben angelegt werden. Allerdings bildet ein solcher Farbwechsel keine Reihe, die im Ganzen bewegt werden kann.

Anstatt einen Zug zu machen, kann man auch auf den Nachzugstapel klicken und dort neue Karten aufdecken, die automatisch ins Spiel gebracht werden. Unter jede Reihe wird zufällig eine neue Karte offen gelegt.

Spieltipps
Mit der Taste [T] können Sie sich jederzeit einen Spieltipp anzeigen lassen. Dabei wird eine Karte und ein passendes Zielfeld markiert. Ein Rechtsklick auf die markierte Karte führt den empfohlenen Spielzug aus.

Die Taste [F5] oder der Menüpunkt *Spiel/Optionen* blendet ein Dialogfeld ein, in dem noch einige Einstellungen vorgenommen werden können. Hier legen Sie unter anderem den Schwierigkeitsgrad fest. Einfache Spiele verwenden nicht alle vier Kartenfarben.

5.10 Programme installieren

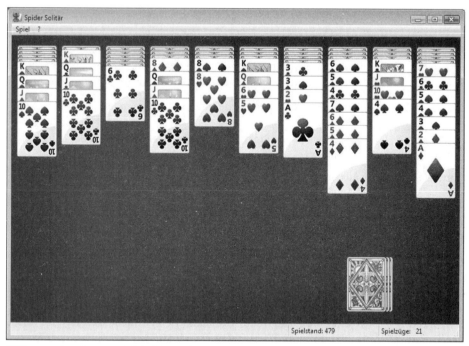

Bild 5.44: Das Kartenspiel *Spider Solitär*

Mit der Taste [F7] oder dem Menüpunkt *Spiel/Darstellung ändern* können Sie ein anderes Design der Karten und das Motiv des Hintergrunds auswählen.

5.10 Programme installieren

Wie wir schon in früheren Kapiteln gesehen haben, ist Windows Vista ein reines Betriebssystem. Demzufolge werden auch nur wenige Programme mitgeliefert. Die wichtigsten bereits installierten Anwendungen haben wir bereits in den vorangegangenen Abschnitten beschrieben. Sie werden aber sehr schnell feststellen, dass diese für die üblichen Arbeiten nicht ausreichen. So wird schnell der Wunsch nach einer komfortableren Textverarbeitung, nach einer Tabellenkalkulation oder nach anderen Programmen entstehen.

Wenn Sie einen neuen PC gekauft haben, werden wahrscheinlich die Textverarbeitung Word und/oder das Paket Works im Lieferumfang enthalten sein. Im Handel und im Internet finden Sie viele Programme, die Ihnen die Arbeit am PC erleichtern oder sogar erst ermöglichen. Allen Programmen gemeinsam ist aber, dass Sie sie erst installieren müssen. In den alten DOS-Zeiten genügte es, die Programme auf die Festplatte zu kopieren, und schon konnte es losgehen. Bei Windows ist es nicht mehr so einfach.

Programme für Windows bestehen immer aus einer Vielzahl von einzelnen Dateien, die gemeinsam verfügbar sein müssen, um einen geordneten Betrieb zu ermöglichen. Ohne Programmkenntnisse ist es unmöglich, durch Kopieren auf die Festplatte ein solches Programm zum Laufen zu bringen. Aber keine Angst! Die Programmierer haben vorgesorgt, sodass die Installation auch für einen ungeübten Anwender kinderleicht ist.

Ein neues Programm erhalten Sie üblicherweise in einer der folgenden Formen:

Exe-Datei	Alle notwendigen Programmteile sind in eine Datei mit der Dateiendung *.exe* eingepackt.
Zip-Datei	Alle notwendigen Programmteile sind in die Zip-Datei mit der Dateiendung *.zip* eingepackt.
CD/DVD	Alle notwendigen Programmteile sind gepackt oder ungepackt in verschiedenen Verzeichnissen der CD/DVD enthalten. Manchmal enthält die CD/DVD auch mehrere, einzeln installierbare Programme.

Installation mit EXE-Dateien

Hier handelt es sich um eine ausführbare Installationsdatei, nicht um das eigentliche Programm. Bei dem Programm im Bild handelt es sich um den bekannten Webbrowser Firefox. Sie starten die Datei durch einen Doppelklick. Dann folgen Sie dem Installationsassistenten, wie weiter unten beschrieben.

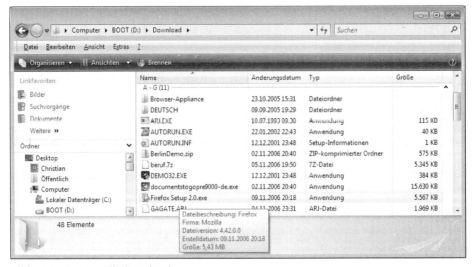

Bild 5.45: Eine Installationsdatei

Installation mit MSI-Dateien

MSI steht für »Microsoft Installer«, ein System, das Microsoft Entwicklern für die Installation von Microsoft-Software zur Verfügung stellt. Auch MSI-Dateien können per Doppelklick installiert werden. Ähnlich wie bei EXE-Dateien erscheint ein Assistent, der die Installation Schritt für Schritt durchführt.

Installation mit ZIP-Dateien

Die ZIP-Datei müssen Sie zuerst entpacken. Klicken Sie dazu doppelt auf den ZIP-Ordner. Klicken Sie danach in der Symbolleiste auf *Alle Dateien extrahieren*.

Im folgenden Dialogfeld legen Sie fest, wohin die Dateien entpackt werden sollen. Hier wählen Sie ein beliebiges, temporäres Verzeichnis, z. B. *\temp*. Wenn es noch nicht vorhanden ist, können Sie es vor dem Extrahieren erstellen. Nach der Installation können Sie alle entpackten Dateien wieder löschen. Lediglich die ZIP-Datei sollten Sie aufbewahren.

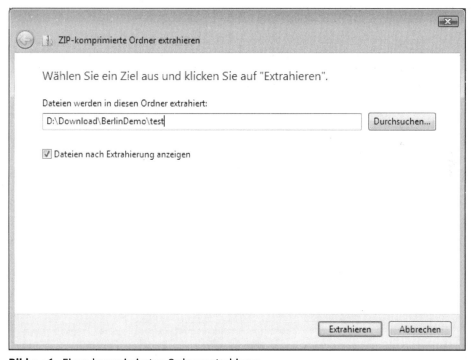

Bild 5.46: Einen komprimierten Ordner extrahieren

Installation von CD oder DVD

Die meisten CDs/DVDs laufen sofort selbst an, wenn Sie sie ins Laufwerk einlegen, und starten dann das Installationsprogramm. Wenn das nicht erfolgt, haben Sie möglicherweise den automatischen Start ausgeschaltet (lesen Sie dazu den Abschnitt 5.12, »Programme automatisch starten«). Ansonsten öffnen Sie das CD-ROM-Laufwerk im Windows-Explorer unter *Computer* durch einen Doppelklick.

Installationsverlauf

Wenn das Installationsprogramm nicht als eine einzige Datei, sondern als Verzeichnis mehrerer Dateien, als ZIP-Archiv oder auf CD geliefert wird, müssen Sie erst die Installationsdatei finden.

① Suchen Sie nach einer Datei mit dem Namen *readme.txt* oder *liesmich.txt*. Diese Datei enthält wichtige Informationen zur Installation und auch zum Programm. Sie lässt sich einfach mit dem Editor öffnen und lesen. Hier sind auch meistens Änderungen beschrieben, die erst nach dem Druck der Handbücher in das Programm eingearbeitet wurden.

Bild 5.47: Start des Installations-Assistenten (Beispiel Mozilla Firefox-Installation)

5.10 Programme installieren

❷ Suchen Sie jetzt nach der Datei *setup.exe*. Wenn Sie diese Datei mit einem Doppelklick öffnen, wird die Installation gestartet. Ein Assistent führt Sie durch die Installation.

❸ Nach einigen Vorbereitungen des Assistenten wird Ihnen bei den meisten Programmen zuerst der Lizenzvertrag präsentiert. Lesen Sie ihn bitte durch. Nur wenn Sie ihn vollständig akzeptieren, wird die Installation fortgeführt. Andernfalls bricht die Installation ab. Der Lizenzvertrag wird von vielen Anwendern achtlos weggeklickt, obwohl sie an dieser Stelle eine rechtskräftige Vereinbarung mit dem Softwarehersteller eingehen.

❹ Je nach Programm wird ein Lizenzschlüssel verlangt. Sie finden ihn meistens auf der CD-Verpackung oder haben ihn im Internet erhalten. Wenn ein Lizenzschlüssel verlangt wird, dann muss er richtig sein, sonst bricht die Installation sofort ab.

❺ Bei vielen Programmen folgt der Hinweis, alle Windows-Programme zu beenden. Beherzigen Sie diesen Hinweis. Windows-Programme nutzen verschiedentlich dieselben Geräte-, Treiber- oder andere Dateien. Wenn eine solche Datei von einem laufenden Programm belegt ist, bricht die Installation ab oder wird fehlerhaft beendet. Den Windows-Explorer müssen Sie nicht beenden.

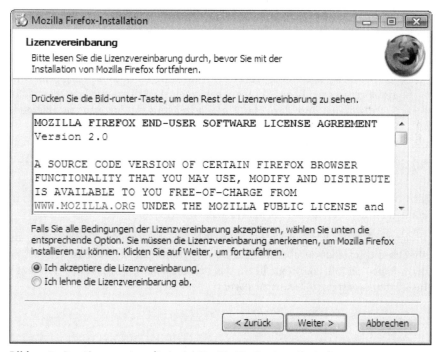

Bild 5.48: Der Lizenzvertrag (Beispiel Mozilla Firefox-Installation)

(6) Einige Programme bieten unterschiedliche Optionen zur Installation an. Oft kann zwischen einer Standardinstallation und einer benutzerdefinierten Installation ausgewählt werden. In diesem Fall können Sie dann die Komponenten wählen, die installiert werden sollen.

(7) Der Assistent schlägt bei vielen Programmen ein Installationsverzeichnis vor. Meistens wird es *C:\Programme\...* sein. Dabei ist *C:* Ihre erste Festplatte, und *...* bezeichnet das Programm. Den Vorschlag sollten Sie übernehmen. Einige Programme installieren sich auch standardmäßig in ein bestimmtes Verzeichnis und lassen dem Anwender keine Wahl.

(8) Unter Umständen werden Sie gefragt, ob ein Icon auf dem Desktop eingerichtet werden soll. Wenn Sie das neue Programm häufiger verwenden, sollten Sie zustimmen. Sie können das Programm natürlich anschließend auch über das Startmenü starten.

Kompatibilitätsprobleme bei Update von Windows XP
Wenn Sie eine vorhandene Windows XP-Installation auf Windows Vista updaten, haben Sie danach auf Ihrer Festplatte zwei Verzeichnisse, die im Explorer unter dem Namen *Programme* angezeigt werden. Eines davon ist das Verzeichnis *C:\Programme* aus dem alten Windows XP, das andere das Verzeichnis *C:\Program Files* aus der neuen Windows Vista-Installation, das im Explorer aber ebenfalls als *Programme* angezeigt wird.
Viele Installationsassistenten haben in diesem Fall Schwierigkeiten und bringen Meldungen, dass das Verzeichnis ungültig sei und das Programm nicht installiert werden kann. Tragen Sie in so einem Fall manuell das Verzeichnis *C:\Programme* und dazu das Unterverzeichnis der neu zu installierenden Software im Installationsassistenten ein.
Sollte auch dies nicht funktionieren, müssen Sie für das Programm ein neues Verzeichnis im Hauptverzeichnis anlegen, was natürlich wenig elegant ist.

(9) Jetzt werden Dateien auf die Festplatte kopiert. Bei den meisten Programmen können Sie den Verlauf am Fortschrittsbalken verfolgen.

(10) Im letzten Fenster können Sie mit einer Schaltfläche *Beenden*, *Fertig stellen* oder so ähnlich die Installation abschließen. Bei Programmen, die keinen Neustart erfordern, haben Sie oft die Möglichkeit, das neu installierte Programm direkt aus dem Installationsassistenten heraus zu starten.

5.10 Programme installieren

Bild 5.49: Die Installation ist fertig

⑪ Bei manchen Programmen werden Sie nun noch aufgefordert, den PC neu zu starten. In diesem Fall lässt sich das neue Programm erst nach einem Neustart verwenden, weil erst dann einige Programmfestlegungen endgültig getroffen werden oder weil das Programm Treiber benötigt, die beim Systemstart neu geladen werden.

Nun können Sie das neue Programm verwenden. Jetzt bleibt nur noch die Frage, wo Sie das neue Programm finden. Wenn das Installationsprogramm ein neues Icon auf dem Desktop eingerichtet hat, ist es einfach. Ein Doppelklick auf dieses Icon startet das neue Programm. In jedem Fall ist das neue Programm aber in das Startmenü eingefügt worden.

Bild 5.50:
Das neu installierte Programm

5.11 Programme deinstallieren

Im Laufe der Zeit werden sich viele Programme auf Ihrem PC ansammeln. Da heißt es hin und wieder aufräumen und ausmisten. Sie wollen ein Programm entfernen, weil Sie es nicht mehr benötigen, oder Sie haben es nur probeweise installiert? Vielleicht handelt es sich auch nur um eine zeitlich begrenzte Demoversion? Das Ziel ist in jedem Fall, ein Programm vollständig von Ihrem PC zu entfernen.

5.11 Programme deinstallieren

 Programme nicht einfach löschen
Löschen Sie auf keinen Fall im Windows-Explorer die Dateien eines Programms. In den meisten Fällen kennen Sie nicht alle zugehörigen Programmkomponenten. Weiterhin trägt sich jedes Windows-Programm an verschiedenen Stellen mit mehreren Schlüsseln in die Registry ein. Das ist eine zentrale Verwaltungsdatenbank auf Ihrem PC.

Zur Deinstallation bieten sich zwei Wege an:

- Mit dem neuen Programm haben Sie seinerzeit bereits ein Deinstallationsprogramm erhalten.
- Das Programm wird über die Systemsteuerung mit dem Modul *Programme/Programm deinstallieren* deinstalliert.

Deinstallationsprogramm

Mit den meisten neuen Programmen haben Sie seinerzeit bereits ein Deinstallationsprogramm erhalten. Sie finden es im Startmenü als Untermenü zu dem gesuchten Programm. Ein Klick auf den meistens mit *deinstallieren* oder *uninstall* bezeichneten Befehl startet das Programm zum Entfernen des nicht mehr gewünschten Programms. Der weitere Ablauf ist von Programm zu Programm unterschiedlich. Er folgt aber ungefähr dieser Reihenfolge: In einem Fenster werden Sie gefragt, ob Sie das ausgewählte Programm tatsächlich entfernen möchten. Hier können Sie Ihre Entscheidung nochmals überdenken.

1. Sie werden gefragt, ob persönliche Dateien dieses Programms, soweit sie im Programmverzeichnis liegen, ebenfalls gelöscht werden sollen.
2. Im folgenden Fenster wird angezeigt, welche Programmkomponenten gerade gelöscht werden. Ein Balken zeigt den Fortschritt an.
3. Unter Umständen sehen Sie eine Schaltfläche *Details...* Hier werden meistens Dateien angezeigt, die nicht automatisch gelöscht werden konnten. Diese Dateien müssen Sie manuell löschen.
4. Mit der Schaltfläche *OK* schließen Sie den Deinstallationsvorgang ab.

Systemsteuerung

Wenn der Hersteller des zu löschenden Programms kein Deinstallationsprogramm mitgeliefert hat, dann können Sie ein Programm auch in der Systemsteuerung von Ihrem PC entfernen. Dabei sollten Sie folgendermaßen vorgehen:

1. Öffnen Sie die Systemsteuerung über das Startmenü.

(2) Wählen Sie *Programme/Programme deinstallieren*.

(3) Unter *Programme deinstallieren oder ändern* finden Sie eine Liste der zurzeit installierten Programme.

Bild 5.51: Liste der installierten Programme

(4) Wählen Sie das Programm aus, das Sie löschen möchten, und klicken in der Symbolleiste auf *Deinstallieren*.

(5) Nach einer Sicherheitsabfrage beginnt der *Deinstallations-Assistent* seine Arbeit.

(6) Während der Löschaktion kann der Assistent Systemdateien finden, die sich nicht im eigentlichen Programmordner befinden, aber von keinem anderen Programm verwendet werden. Im Allgemeinen können Sie diesem Hinweis vertrauen und die Datei zur Löschung freigeben.

Windows Vista erkennt, wenn die Deinstallation nicht sauber abgeschlossen wurde, und blendet in diesem Fall ein spezielles Dialogfeld ein. Hier können Sie das Programm noch einmal mit den empfohlenen Standardeinstellungen zu deinstallieren versuchen.

5.11 Programme deinstallieren

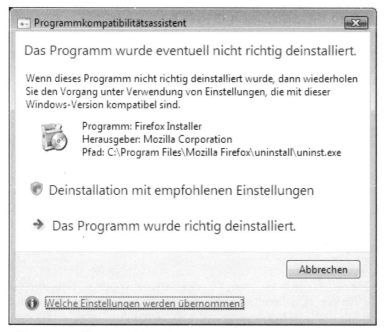

Bild 5.52: Meldung bei fehlgeschlagener Deinstallation

Sollte die Deinstallation problemlos verlaufen sein, von Windows Vista aber als fehlerhaft gemeldet werden, was besonders bei älteren Programmen immer wieder vorkommt, können Sie hier auf *Das Programm wurde richtig deinstalliert* klicken. Damit bestätigen Sie die Deinstallation und Windows Vista wird zu diesem Programm keine weiteren Meldungen mehr anzeigen.

 Überflüssige Windows-Komponenten nicht mehr deinstallierbar
Windows Vista bietet beim Setup nicht mehr wie frühere Windows-Versionen vor Windows XP eine Auswahlmöglichkeit für Komponenten, die installiert werden sollen. Es wird grundsätzlich immer alles installiert.
Im Gegensatz zu Windows XP bietet Windows Vista aber keine Möglichkeit mehr, überflüssige Systemkomponenten zu deinstallieren. Sie können nur noch in der Systemsteuerung unter *Programme/Programme und Funktionen/Windows-Funktionen ein- oder ausschalten* abgeschaltet werden. Dabei verschwinden sie zwar von der Benutzeroberfläche, bleiben aber auf der Festplatte weiterhin vorhanden.

5.12 Programme automatisch starten

Einen automatischen Start gibt es bei Windows Vista gleich an mehreren Stellen. Zum Teil ist er erwünscht, zum Teil auch nicht. Hier soll etwas Licht ins Dunkel gebracht werden.

Programme gleich beim Einschalten starten

Sie haben den Wunsch, dass beim Start Ihres PCs ein bestimmtes Programm automatisch gleich starten soll? Das kann z. B. Ihr persönlicher Kalender sein, weil Sie sofort Ihre aktuellen Termine sehen wollen. Dafür bietet Windows den sogenannten Autostart an. Damit wird Ihr Lieblingsprogramm sofort nach dem Hochfahren des PCs ausgeführt und angezeigt.

1. Klicken Sie im Startmenü mit der rechten Maustaste auf den Ordner *Autostart* unter *Alle Programme*.

2. Das Autostart-Menü setzt sich aus zwei Verzeichnissen zusammen, eines für die Programme, die für den aktuellen Benutzer gestartet werden sollen, und eines für die Programme, die für alle Benutzer gestartet werden sollen. Wählen Sie entsprechend einen der Menüpunkte *Explorer* oder *Explorer Alle Benutzer*.

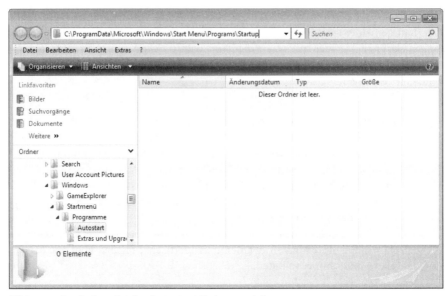

Bild 5.53: Am Anfang ist der *Autostart*-Ordner noch leer

5.12 Programme automatisch starten 255

❸ Der Windows-Explorer öffnet automatisch das Verzeichnis *C:\ProgramData\ Microsoft\Windows\Start Menu\Programs\Startup* oder *C:\Users\<Benutzername>\ AppData\Roaming\Microsoft\Windows\Start Menu\Programs\Startup*.

❹ Suchen Sie im Ordner *Startmenü* zwei Ebenen oberhalb der Autostart-Verzeichnisse nach der Verknüpfung zu dem Programm, das beim Starten von Windows gestartet werden soll, und kopieren Sie diese in den Ordner *Autostart*.

Beim nächsten Start des PCs werden Sie dieses Programm sofort arbeitsbereit vorfinden.

Selbststartende CDs und DVDs

Sie haben eine CD erhalten und wollen wissen, was diese alles enthält? Sie legen sie in Ihr CD-Laufwerk ein und wundern sich, dass sofort ein Installationsprogramm anläuft oder sich ein Fenster mit Werbung öffnet?

Wenn Sie das Programm installieren wollen, dann hat ja alles seine Ordnung. Das wurde im vorhergehenden Abschnitt schon beschrieben. Aber wie kommt es, dass manche CDs sofort starten und andere wieder nicht?

Autostart verhindern geht nicht mehr
Der alte Trick, die [Umschalt]-Taste beim Einlegen der CD festzuhalten, um den Autostart zu verhindern, funktioniert in Windows Vista nicht mehr.

Standardmäßig startet Windows Vista keine Installationsprogramme mehr direkt von CDs, wie frühere Windows-Versionen das taten, sondern öffnet ein Fenster mit einer Abfrage.

Bild 5.54: Autostart einer CD-ROM (Beispiel Fahrplan-CD der Bahn)

An dieser Stelle können Sie auswählen, ob das Programm, das unter früheren Windows-Versionen automatisch startete, gestartet werden soll, oder ob Sie ein Explorer-Fenster mit dem Inhalt der CD öffnen möchten.

Mit dem Schalter *Vorgang immer für Software und Spiele durchführen* können Sie festlegen, dass die Option, die Sie hier wählen – Programm starten oder Explorer öffnen – für alle CD-ROMs, die Programme enthalten, in Zukunft ohne weitere Nachfrage durchgeführt wird.

Bild 5.55: Aktion beim Einlegen einer CD

5.12 Programme automatisch starten

In der Systemsteuerung können Sie den Autostart von CDs noch detaillierter konfigurieren. Wählen Sie hier *Programme/Standardprogramme/Standardeinstellungen für Medien und Geräte ändern*.

Hier können Sie für verschiedene Arten von CDs und DVDs die Aktionen festlegen, die beim Einlegen des Mediums automatisch ausgeführt werden. Die Zeile *Software und Spiele* gilt für alle CDs, die Programme enthalten, die sich automatisch starten können.

Programm installieren oder ausführen	Startet das Standardprogramm von der CD, so wie unter früheren Windows-Versionen.
Ordner öffnen...	Öffnet den Inhalt der CD in einem Windows-Explorer-Fenster. So sehen Sie genau, was auf der CD ist.
Keine Aktion durchführen	In diesem Fall passiert beim Einlegen der CD gar nichts, es wird kein Programm gestartet und auch sonst keine Meldung angezeigt.
Jedes Mal nachfragen	Stellt beim Einlegen immer die Frage, was passieren soll. Diese Auswahl entspricht dem Standard von Windows Vista.

Im Explorer unter *Computer* hat eine selbst anlaufende CD ein ganz eigenes CD-Symbol. Wenn Sie doppelt darauf klicken, startet erneut der Installer. Klicken Sie allerdings das CD-Symbol mit der rechten Maustaste an, dann sehen Sie im Kontextmenü den Befehl *Programm installieren oder ausführen* fett gedruckt. Wenn Sie das Laufwerk mit einem Doppelklick öffnen, wird dieser Befehl automatisch ausgeführt.

Der Menüpunkt *Automatische Wiedergabe öffnen* blendet die Abfrage ein, was mit der CD gemacht werden soll.

Mit dem Befehl *Explorer* aus dem Kontextmenü können Sie ganz normal den CD-Inhalt betrachten. Dort finden Sie auch gleich das Geheimnis des Autostarts in der Datei *autorun.inf*. Beim Start des Laufwerks sucht Windows Vista nach einer Datei mit diesem Namen. Sie können diese Datei ganz einfach mit dem Editor (siehe Abschnitt »Editor« auf Seite 195) öffnen und betrachten.

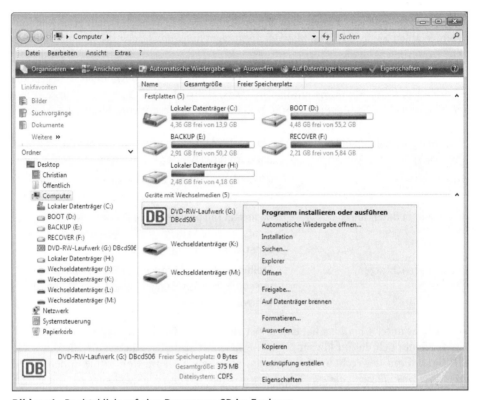

Bild 5.56: Rechtsklick auf eine Programm-CD im Explorer

Bild 5.57: Die Datei *autorun.inf*

Unter *open* steht die auszuführenden Datei, und unter *icon* das für die CD anzuzeigende Icon.

5.13 Windows Ultimate-Extras

Unter dem Menüpunkt *Windows Ultimate-Extras* im Startmenü bietet Microsoft spezielle Zusatztools zum Download an.

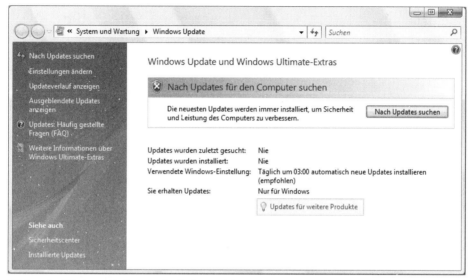

Bild 5.58: Windows Update und Windows Ultimate-Extras

Hardware einrichten und konfigurieren

Jedes Gerät, ob im Computer eingebaut oder extern angeschlossen, kommuniziert mit Windows über sogenannte Gerätetreiber. Windows Vista liefert für alle gängigen Hardwarekomponenten Treiber mit, sodass in vielen Fällen außer der automatischen Geräteerkennung nichts zu tun ist. Diese funktioniert mit fast allen aktuellen Plug&Play-fähigen Geräten.

Plug&Play
Plug&Play bedeutet »Einstecken und Loslegen«, also ein Gerät sofort verwenden, nachdem es angeschlossen wurde, ohne erst aufwendig Software installieren zu müssen oder gar, wie unter alten Windows-Versionen, erst irgendwo passende Treiber finden zu müssen.
Alle Geräte, die über Plug&Play erkannt werden, haben eine Gerätekennung, mit der das Gerät eindeutig identifiziert wird. Dazu besitzen sie meistens noch kompatible Kennungen für den Fall, dass kein passender Treiber vorhanden ist. Hier kann der Windows-Hardware-Assistent anhand der kompatiblen Kennungen einen anderen Treiber vorschlagen. Eine ebenfalls auf dem Gerät vorhandene Vendor-ID identifiziert eindeutig den Gerätehersteller. Diese Vendor-IDs sind Hex-Ziffernkombinationen und werden von Microsoft an die Hersteller vergeben.

Bei der automatischen Treiberinstallation muss nicht einmal, wie in früheren Windows-Versionen, die Original-Windows-CD eingelegt werden. Windows Vista kopiert bei der Installation alle mitgelieferten Treiber in das Verzeichnis *Windows\System32\DriverStore*. Etwa 12.000 verschiedene Geräte werden nach Microsoft-Angaben von Windows Vista unterstützt, sodass theoretisch viele der Probleme früherer Windows-Versionen, die auf Schwierigkeiten mit einzelnen Hardwarekomponenten zurückzuführen waren, behoben sein sollten.

Im Normalfall läuft die Installation eines neuen Geräts in folgenden Schritten ab:

1. Gerät bei ausgeschaltetem Computer einbauen und danach den Computer neu starten.

2. Windows Vista erkennt das neue Gerät und versucht, einen Treiber zu finden.

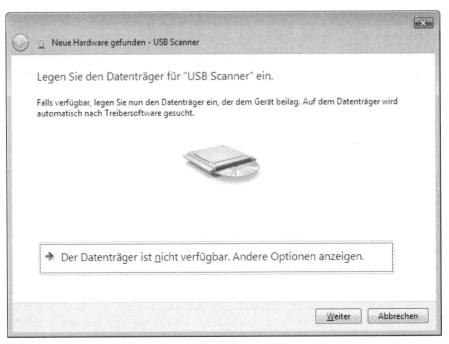

Bild 6.1: Gerät wird beim Anschließen automatisch erkannt

③ Wenn möglich, wird der Treiber automatisch installiert, andernfalls erscheint eine Aufforderung, die mit der Hardware gelieferte Treiber-CD einzulegen oder den Treiber aus dem Internet herunterzuladen.

④ Ist der verwendete Treiber nicht für Windows Vista zertifiziert, erscheint eine Warnmeldung. Sie können den Treiber aber trotzdem installieren.

⑤ Zum Abschluss erscheint eine Meldung, dass das Gerät installiert wurde. In einigen Fällen muss der Computer neu gestartet werden.

6.1 Systemsteuerung

Bild 6.2: Warnung bei nicht zertifizierten Treibern

Bild 6.3: Meldung nach erfolgreicher Geräteinstallation

Bei nicht Plug&Play-fähiger Hardware müssen Sie die Treiber weiterhin manuell installieren. Windows Vista unterstützt zum Anschluss von Geräten alle modernen Bustypen, die in PCs verwendet werden. Der EISA-Bus und der alte Micro-Channel-Bus älterer IBM PS/2-Systeme werden allerdings nicht mehr unterstützt.

 Geräte nicht einfach vom Computer trennen
Nur Geräte, die per USB, Infrarot oder Bluetooth mit dem PC verbunden sind, dürfen im laufenden Betrieb getrennt werden, solange nicht gerade Daten kopiert werden. Kommen Sie niemals auf die Idee, eine Steckkarte bei eingeschaltetem Computer herauszuziehen. Auch bei Geräten mit SCSI-Anschlüssen kommt es dabei zu Problemen.

6.1 Systemsteuerung

Die Systemsteuerung ist die zentrale Schaltstelle für alle Geräteeinstellungen und Windows-Systemeinstellungen. Sie finden sie ganz einfach direkt im Startmenü.

Bild 6.4: Die *Systemsteuerung* ist über die rechte Spalte des Startmenüs schnell erreichbar.

In Windows Vista sieht die Systemsteuerung deutlich anders aus als in früheren Windows-Versionen. Die einzelnen Komponenten wurden aufgabenorientiert zu Gruppen zusammengefasst.

Bild 6.5: Die neue *Systemsteuerung* in Windows Vista

6.1 Systemsteuerung

Wählen Sie hier eine Kategorie, sehen Sie die zum Thema gehörenden Systemsteuerungsmodule wieder in einzelnen Kategorien, außerdem Links auf weitere Systemeinstellungen im linken Teil des Fensters.

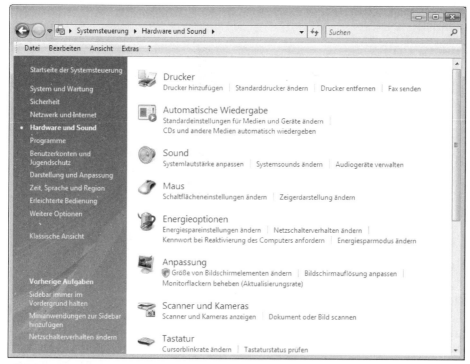

Bild 6.6: Die Seite zu *Hardware und Sound* in der *Systemsteuerung*

Klassische Ansicht der Systemsteuerung

Wer aus früheren Windows-Versionen die klassische Ansicht der Systemsteuerung gewohnt ist, kann diese auch in Windows Vista verwenden. Den Schalter zum Umschalten zwischen Kategorieansicht und klassischer Ansicht finden Sie links in der Aufgabenliste der Systemsteuerung. Diese Ansicht spart den Profis einige Klicks, wenn es darum geht, zu einer bestimmten Einstellung zu kommen.

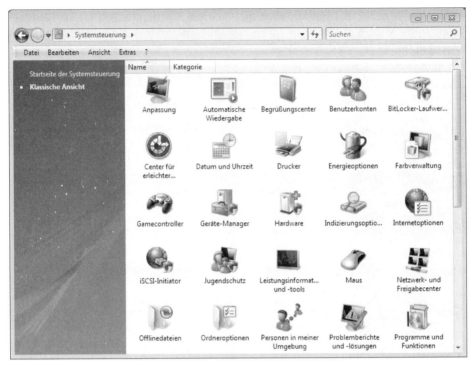

Bild 6.7: Die klassische Ansicht der *Systemsteuerung*

Hier sind alle Systemsteuerungsmodule in alphabetischer Reihenfolge aufgelistet. Allerdings haben viele Module gegenüber früheren Windows-Versionen andere Namen. In Windows Vista sind auch einige neue Module in der Systemsteuerung hinzugekommen.

Systemsteuerung im Startmenü

Mit der klassischen Ansicht lässt sich die Übersicht in der Systemsteuerung schon deutlich verbessern; noch einfacher wird der Zugriff, wenn Sie die Systemsteuerung direkt ins Startmenü einbinden.

1. Klicken Sie mit der rechten Maustaste auf den *Start*-Button, und wählen Sie im Kontextmenü die Option *Eigenschaften*.

2. Klicken Sie im nächsten Dialog auf den oberen der beiden *Anpassen*-Buttons.

3. Wählen Sie in der Dialogbox *Startmenü anpassen* in der Liste die Option *Systemsteuerung/Als Menü anzeigen*. Verlassen Sie dann beide Dialoge mit *OK*.

6.1 Systemsteuerung

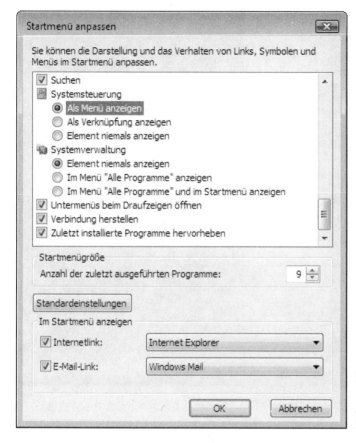

Bild 6.8: Die Einstellung, um die *Systemsteuerung* ins Startmenü einzubauen

Alle Module der Systemsteuerung und deren Untermenüs sind dann direkt im Startmenü erreichbar.

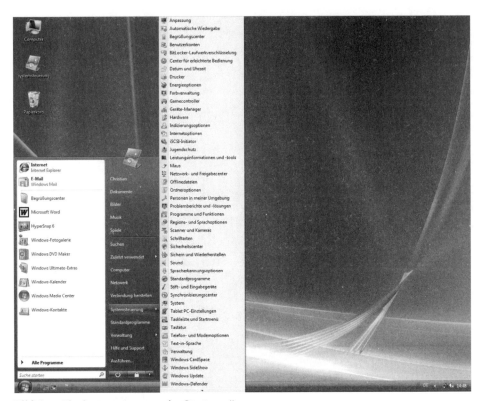

Bild 6.9: Die *Systemsteuerung* im Startmenü

6.2 Der Hardware-Assistent

Das wichtigste Hilfsmittel zur Erkennung oder zur manuellen Installation neuer Hardware, die nicht per Plug&Play automatisch erkannt wird, ist das Systemsteuerungsmodul *Hardware* in der klassischen Ansicht.

Treiber für Zusatzkomponenten
Bei manchen Zusatzkomponenten müssen Treiber installiert werden, bevor das Gerät erstmals angeschlossen oder eingebaut wird. Beachten Sie hierzu die Hinweise im jeweiligen Gerätehandbuch.

Wenn Sie mit einer neuen Hardwarekomponente eine CD mit einem Installationsprogramm erhalten haben, sollten Sie den Hardware-Assistenten nicht verwenden. Beim Start erscheint ein entsprechender Hinweis.

6.2 Der Hardware-Assistent

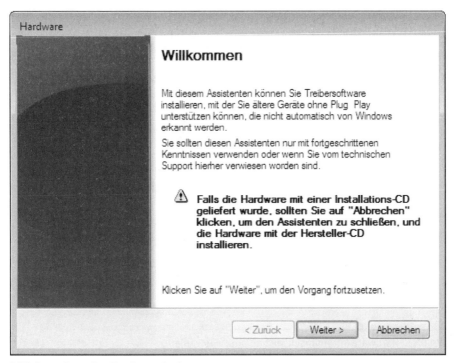

Bild 6.10: Start des *Hardware*-Assistenten

② Als Nächstes frägt der Hardware-Assistent, ob das neu zu installierende Gerät automatisch gesucht und installiert werden soll.

③ Wenn Sie genau wissen, welches Gerät Sie installieren wollen oder wenn es vom System nicht erkannt wurde, können Sie die automatische Erkennung auch übergehen und das Gerät aus einer Liste auswählen.

Wenn die automatische Erkennung nichts gefunden hat oder Sie sich für die manuelle Geräteauswahl entschieden haben, wird eine Liste mit Geräteklassen angezeigt. Wählen Sie hier aus, was für ein Gerät Sie installieren wollen.

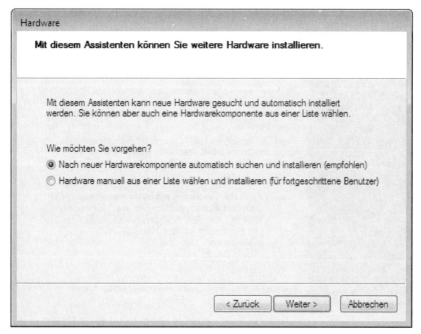

Bild 6.11: Hardware automatisch suchen oder auswählen

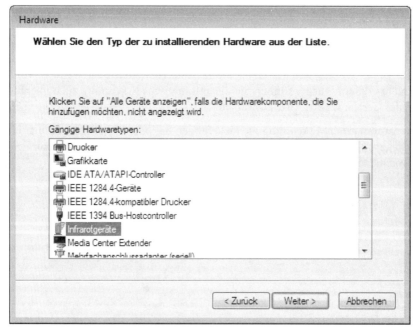

Bild 6.12: Liste der Geräteklassen

6.2 Der Hardware-Assistent

④ Im nächsten Schritt erscheint eine Liste von Geräten, die Windows Vista standardmäßig unterstützt. Suchen Sie im linken Teilfenster den Hersteller; rechts sehen Sie dann alle Geräte, zu denen Windows Vista Treiber mitliefert. Ist das Gerät, das Sie installieren wollen, nicht dabei, können Sie mit der Schaltfläche *Datenträger...* Treiber manuell wählen, die auf einer CD geliefert oder von der Herstellerseite im Internet heruntergeladen wurden.

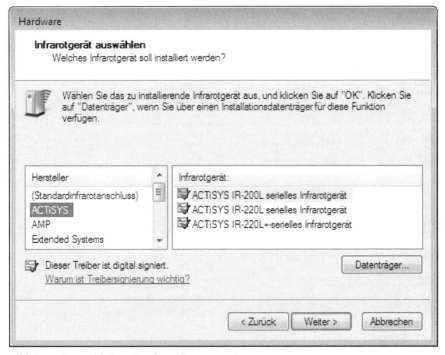

Bild 6.13: Auswahl einer Hardwarekomponente

⑤ Der gewählte Treiber wird installiert. Danach zeigt der letzte Schritt des Assistenten, ob das neu installierte Gerät funktionsfähig ist.

Einstellungen werden gespeichert
Ist ein Gerät einmal erkannt und wird es dann vom PC getrennt, muss später beim erneuten Anschließen die Erkennung nicht noch einmal laufen. Die Treiber und Geräteeinstellungen bleiben gespeichert.

6.3 Systeminformationen

Wer detaillierte Informationen zu installierten Hardwarekomponenten haben möchte, kann dies mit dem Programm *Systeminformationen* erhalten. Sie finden es im Startmenü unter *Alle Programme/Zubehör/Systemprogramme/Systeminformationen*.

Wählen Sie im linken Fenster den Gerätetyp aus, im rechten Fenster werden dann detaillierte Informationen zu diesem Gerät angezeigt.

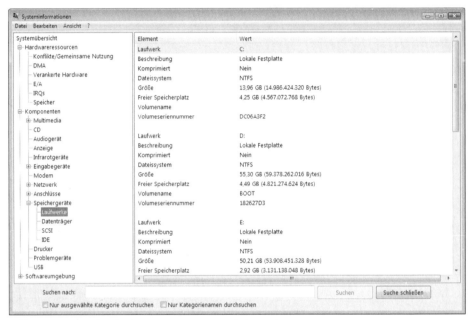

Bild 6.14: Gerätedetails im Programm *Systeminformationen*

In der Kategorie *Problemgeräte* finden Sie Informationen zu den Geräten, die zwar installiert wurden, die aber nicht funktionieren oder deren Treiber nicht gestartet werden konnten.

6.4 Der Geräte-Manager

Der Geräte-Manager, der über die Systemsteuerung *System und Wartung/System* oder über *Hardware und Sound/Geräte-Manager* aufgerufen werden kann, ist die zentrale Komponente zur technischen Konfiguration der angeschlossenen Hardware. Hier erhalten Sie einen Überblick nach Geräteklassen oder belegten Ressourcen. Außerdem können Sie Geräte entfernen, deaktivieren, Treiber aktualisieren und Ressourcen ändern.

6.4 Der Geräte-Manager

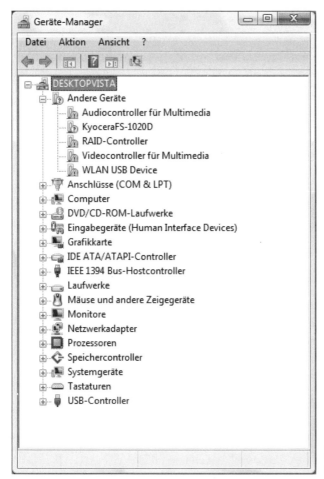

Bild 6.15:
Der *Geräte-Manager*

Funktioniert ein angeschlossenes Gerät nicht, erscheint es im Geräte-Manager mit einem gelben Ausrufezeichen. Ein Doppelklick auf ein Gerät im Geräte-Manager blendet den Konfigurationsdialog ein, in dem hardwarespezifische Einstellungen vorgenommen werden können.

Bild 6.16: Hardware-konfiguration im *Geräte-Manager* (Beispiel Grafikkarte)

Funktioniert ein Gerät nicht, liegt das häufig an den sogenannten Interrupt-Konflikten. Schaltet man die Ansicht des Geräte-Managers im Menü *Ansicht* auf *Ressourcen nach Typ* um, zeigt eine Liste sehr übersichtlich, welcher Interrupt von welchem Gerät belegt wird.

 Was sind eigentlich Interrupts?
Interrupts, mit IRQ abgekürzt, sind sogenannte Systemunterbrechungen, über die einzelne Geräte in den laufenden Betrieb von Windows eingreifen können. Ursprünglich waren 15 Interrupts vorgesehen, da man in den Anfangszeiten des PCs davon ausging, es würden nie mehr als 15 Geräte angeschlossen. Da sich diese Zahl aus Kompatibilitätsgründen nicht einfach erhöhen lässt, geht man heute einen anderen Weg. Moderne Motherboards wie auch Windows XP und Vista unterstützen das IRQ-Sharing, wobei ein Interrupt von mehreren Geräten genutzt werden kann. Allerdings können nicht alle Hardwarekomponenten mit IRQ-Sharing umgehen. Manche Geräte benötigen zwingend einen eigenen Interrupt.

6.4 Der Geräte-Manager

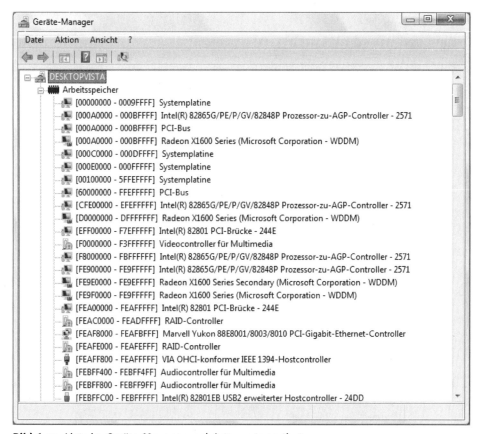

Bild 6.17: Liste im *Geräte-Manager* nach Interrupts sortiert

Geräte, die nicht Plug&Play-fähig sind, und Geräte, die zurzeit nicht angeschlossen sind, zu denen aber Treiber installiert wurden, werden standardmäßig im Geräte-Manager nicht angezeigt. Diese sehen Sie nur, wenn Sie im Menü *Ansicht/Ausgeblendete Geräte anzeigen* aktivieren. Das Gleiche gilt für spezielle virtuelle Geräte, die über besondere Treiber angesprochen werden, wie zum Beispiel virtuelle Netzwerkkarten für bestimmte Protokolle oder Nicht-PnP-Treiber.

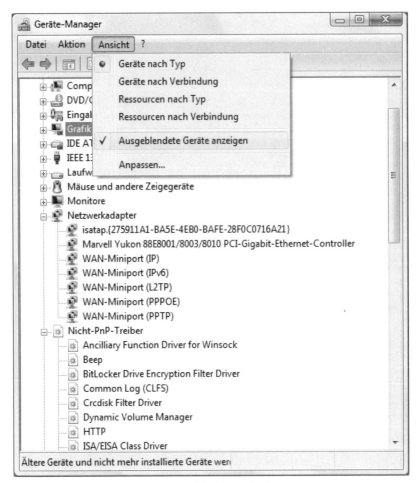

Bild 6.18: *Geräte-Manager* mit ausgeblendeten Geräten

In einigen Fällen können solche nicht angeschlossenen Geräte Probleme verursachen. Haben Sie ein Gerät durch ein anderes ersetzt, und planen Sie nicht, das alte wieder anzuschließen, sollten Sie das nicht mehr vorhandene Gerät mit dem Button *Deinstallieren* aus dem Geräte-Manager entfernen, um Ressourcenkonflikte zu vermeiden.

6.5 Prozessor und RAM

Prozessor und RAM werden von Windows automatisch erkannt. Hier ist keine manuelle Konfiguration möglich. Beim Austausch des Prozessors müssen Sie eventuell auf dem Motherboard Jumper zur Konfiguration umsetzen. Informationen dazu finden Sie im Handbuch des Motherboards.

Der Prozessortyp und der installierte Arbeitsspeicher werden in den *Basisinformationen über den Computer* in der *Systemsteuerung* unter *System* angezeigt.

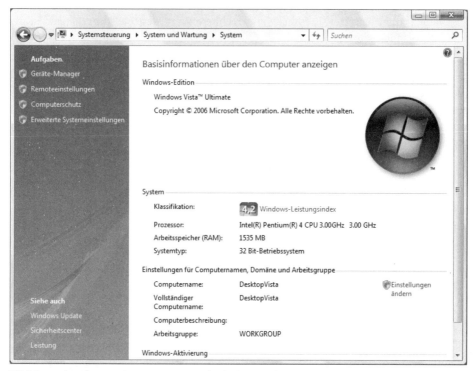

Bild 6.19: Anzeige von Prozessortyp und Arbeitsspeichergröße

6.6 Der Windows-Leistungsindex

Windows Vista hat deutlich höhere Hardwareanforderungen als jede frühere Windows-Version. Allerdings läuft es mit Einschränkungen auch auf derzeitigen Computern ohne spezielle Grafikaufrüstung.

Um nicht bei jeder Hardware explizit angeben zu müssen, welche Vista-Funktionen damit wie gut funktionieren, führte Microsoft den Windows-Leistungsindex ein, ein System zur Bewertung der Hardwarekomponenten.

Der aktuelle Windows-Leistungsindex eines Computers wird in der Systemsteuerung unter *System und Wartung/System* angezeigt.

Der Leistungsindex soll auch bei der Anschaffung zukünftiger Software helfen. Programmhersteller sollen bei neuen Versionen angeben, ab welchem Windows-Leistungsindex die Software läuft, dies betrifft vor allem Spiele mit hohen Anforderungen an die Grafikleistung.

Für den Windows-Leistungsindex werden Prozessor, Arbeitsspeicher, Grafikkarte und Festplatte einzeln bewertet. Je höher der errechnete Wert, desto leistungsfähiger ist die jeweilige Komponente.

Die Gesamtbewertung entspricht immer dem schlechtesten Einzelwert, ist also keine durchschnittliche Bewertung. Auf diese Weise soll sichergestellt werden, dass zum Beispiel Computer mit einfachen Grafikkarten, aber einem schnellen Prozessor nicht als geeignet für grafisch anspruchsvolle Anwendungen eingestuft werden, die dann anschließend nicht darauf laufen. Ein Klick auf den Link *Windows-Leistungsindex* zeigt die Einzelbewertungen an.

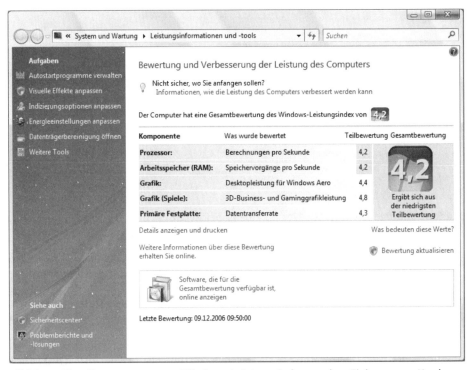

Bild 6.20: Einzelbewertungen zum Windows-Leistungsindex vor dem Einbau neuer Hardware

Nachdem eine neue Komponente eingebaut wurde, erscheint in der Computerbewertung ein entsprechender Hinweis: *Neue Hardware gefunden.* Jetzt sollten Sie den Leistungsindex aktualisieren. Besonders Grafikkarten machen sich hier erheblich bemerkbar.

In vielen Fällen reicht sogar die Installation eines neueren Treibers, der spezielle Vista-Funktionen besser unterstützt, um den Leistungsindex zu verbessern.

6.7 Zusätzliche Laufwerkstypen

Festplatten werden von Windows Vista automatisch erkannt. Fast jedes moderne Motherboard hat einen Festplattencontroller mit zwei IDE-Kanälen, Primary und Secondary, an die je zwei Laufwerke angeschlossen werden können. Diese Laufwerke werden als Master und Slave bezeichnet und müssen über einen Jumper direkt auf dem Laufwerk entsprechend eingestellt werden. An jedem der beiden Kanäle darf es nur je ein Master- und ein Slave-Laufwerk geben. Dabei kann es sich um Festplatten, CD-ROM- oder DVD-Laufwerke handeln.

Auf neuen PCs sind oft nur noch die DVD- und CD-ROM-Laufwerke am IDE-Controller angeschlossen, Festplatten verwenden heute meistens die neue SATA-Technik, erkennbar an deutlich schmaleren Anschlusskabeln.

Wenn im BIOS nicht manuell spezielle Laufwerkstypen eingetragen sind, werden die Laufwerke beim Booten automatisch erkannt und können von Windows Vista verwendet werden.

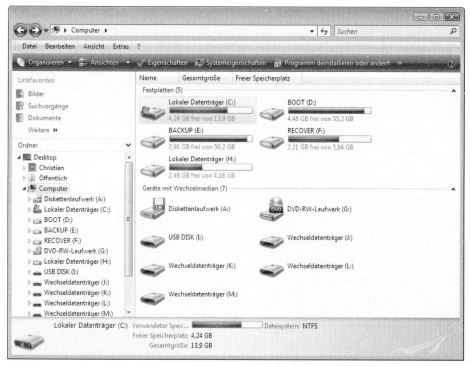

Bild 6.21: Anzeige der Laufwerke im Explorer

Verfügt Ihr Computer über einen SCSI-Controller, können Sie dort je nach Controllertyp 7 oder 14 Laufwerke anschließen. SCSI-Controller haben ein eigenes BIOS, das vor dem tatsächlichen Bootvorgang die Laufwerke konfiguriert. Die angeschlossenen Laufwerke bekommen über Jumper jeweils eindeutige SCSI-IDs zur Unterscheidung.

Die *Computer*-Anzeige von Windows Vista liefert eine Übersicht aller angeschlossenen Laufwerke. Bei lokalen Festplatten werden auch die Gesamtgröße und der freie Speicher angezeigt.

Im Geräte-Manager tauchen die Festplatten an verschiedenen Stellen auf:

IDE ATA/ATAPI-Controller	Der Controller mit ein oder zwei IDE-Kanälen. Hier sehen Sie, wenn ein Kanal im BIOS deaktiviert oder defekt ist.
Laufwerke	Die physikalisch vorhandenen Festplatten oder Wechselmedienlaufwerke. Jedes Laufwerk ist mit seiner Typenbezeichnung angegeben und kann ein oder mehrere logische Laufwerke enthalten.
SCSI- und RAID-Controller	Ein eventuell vorhandener SCSI-Controller hat einen eigenen Eintrag im Geräte-Manager. Hier können Ressourcen für diesen Controller eingestellt werden.

Bild 6.22: Laufwerke im *Geräte-Manager*

Ein Doppelklick auf eines der unter *Laufwerke* eingetragenen Festplattenlaufwerke zeigt Details zu diesem Laufwerk. Auf der Registerkarte *Volumes* werden, nachdem man einmal auf *Aktualisieren* geklickt hat, alle logischen Laufwerke angezeigt, die auf dieser Festplatte vorhanden sind.

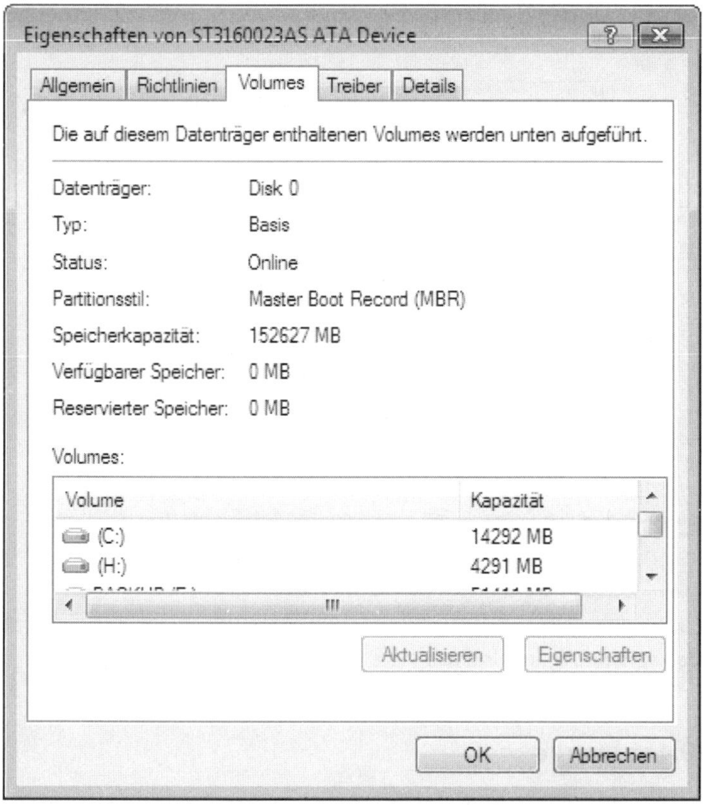

6.7 Zusätzliche Laufwerkstypen

Bild 6.23: Anzeige der logischen Laufwerke auf einer Festplatte

Eine noch wesentlich genauere Anzeige aller logischen Laufwerke auf den einzelnen Festplatten finden Sie in der Datenträgerverwaltung. Diese kann über die Systemsteuerung unter *System und Wartung/Verwaltung/Computerverwaltung* aufgerufen werden. Dort finden Sie die Datenträgerverwaltung unter *Computerverwaltung/Datenspeicher*.

Vorsicht bei der Arbeit mit der Datenträgerverwaltung
Hier kann man leicht versehentlich Partitionen oder logische Laufwerke löschen. Die Daten sind dann unwiederbringlich verloren. Verzichten Sie auch darauf, hier ohne wirklich triftigen Grund die Laufwerksbuchstaben zu verändern. Die Verknüpfungen und Registry-Einträge innerhalb von Windows werden dabei nicht geändert, sodass viele Programme ihre Daten nach der Änderung nicht mehr finden.

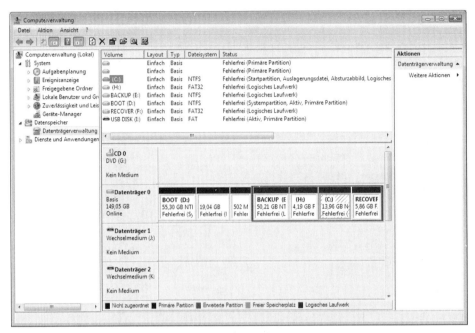

Bild 6.24: Die *Datenträgerverwaltung* in Windows Vista

CD-ROM- und DVD-Laufwerke

CD-ROM- und DVD-Laufwerke sind wie Festplatten in zwei internen Anschlussvarianten erhältlich, IDE/ATAPI und SCSI. Zusätzlich gibt es externe Laufwerke, die per USB angeschlossen werden.

In Standard-PCs ist das CD-ROM-Laufwerk meistens als Master am Secondary IDE-Controller angeschlossen. CD-ROM- und DVD-Laufwerke werden von Windows prinzipiell gleich behandelt, sie unterscheiden sich nur in der Speicherkapazität. DVD-Laufwerke können CD-ROMs genauso lesen – umgekehrt natürlich nicht.

Ältere Laufwerke, die über eine eigene Controllerkarte oder an der Soundkarte angeschlossen wurden, werden von Windows Vista nicht mehr unterstützt.

▲ AutoPlay

Legt man eine Programm-CD oder eine CD-ROM etwa aus einer Computerzeitschrift in das Laufwerk, wurde unter älteren Windows-Versionen ein Browserfenster mit einer Informationsseite über die CD oder ein eigenes Setup-Programm gestartet. Die Ursache hierfür ist eine einfache Textdatei namens *autorun.inf* im Hauptverzeichnis der CD-ROM. Hier steht, was beim Einlegen der CD passieren soll.

6.7 Zusätzliche Laufwerkstypen

Windows Vista führt die Datei *autorun.inf* nicht mehr automatisch aus, sondern blendet eine Abfrage ein, in der man das Verhalten beim Einlegen von CD-ROMs festlegen kann.

Bild 6.25: Abfrage beim Einlegen einer CD-ROM

Die in diesem Fenster angebotenen Optionen hängen vom Inhalt der CD-ROM ab. Dabei muss nicht unbedingt dieses Fenster angezeigt werden, Sie können es auch unterdrücken oder für bestimmte CD-Typen automatisch eine Aktion auswählen. Auf diese Weise kann zum Beispiel eine Musik-CD automatisch abgespielt werden und trotzdem bei CDs mit Daten diese Abfrage erscheinen.

Um diese Einstellung zu ändern, klicken Sie auf den Link *Standard in der Systemsteuerung festlegen* in diesem Dialogfeld.

Hier stehen verschiedene Arten von CD- und DVD-Inhalten zur Auswahl. Für jeden Typ werden unterschiedliche mögliche Aktionen angezeigt, von denen man eine auswählen kann. Zusätzlich installierte Software, wie alternative Medienplayer oder Brennerprogramme, können in diesen Listen noch weitere Aktionen einblenden.

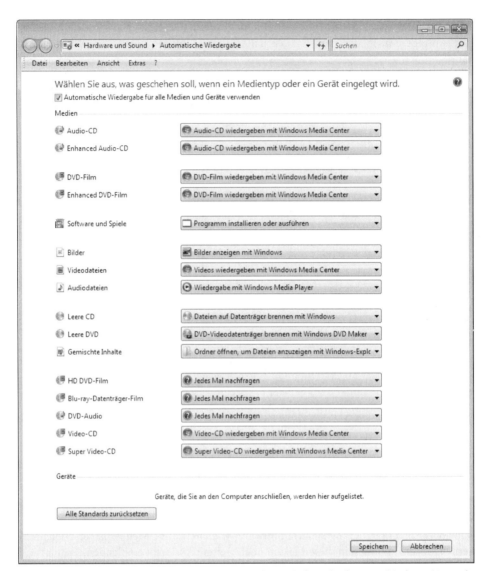

Bild 6.26: Auswählbare Aktionen zur automatischen Wiedergabe für verschiedene CD- und DVD-Inhalte

Wenn bei einem Typ keine Aktion ausgewählt ist, erscheint automatisch die Abfrage beim Einlegen der CD. Möchten Sie eine CD einfach einlegen können, ohne dass irgendetwas automatisch passiert, wählen Sie für den jeweiligen CD-Typ die Aktion *Keine Aktion durchführen*.

USB-Sticks und Kartenleser

Seit die Datenmengen im Alltag ständig größer werden, werden die Speichermedien immer handlicher und preiswerter bei immer größerer Kapazität. Wenige Gramm schwere Speicherkarten sind heute schon mit einer Kapazität von 2 GB erhältlich, USB-Sticks als Schlüsselanhänger, aber auch Digitalkameras und PDAs werden als tragbare Speichermedien genutzt, die Diskette hat so gut wie ausgedient.

Alle diese modernen tragbaren Speichermedien haben trotz unterschiedlichstem Aussehen eines gemeinsam: Sie werden am USB-Port angeschlossen, was einige Vorteile mit sich bringt:

- Die Geräte werden vom Computer mit Strom versorgt.
- Notwendige Treiber werden bei Bedarf automatisch vom Gerät auf den PC übertragen.
- HotPlug, also ein An- und Abstecken im laufenden Betrieb, ist möglich (solange nicht gerade Daten übertragen werden).

Beim Anschluss eines USB-Sticks, eines Kartenlesers oder einer Digitalkamera wird das Gerät automatisch als Laufwerk erkannt und im Explorer mit einem neuen Laufwerksbuchstaben eingetragen. Beim Abstecken des Laufwerks verschwindet dieser Laufwerksbuchstabe automatisch wieder.

Bild 6.27: Meldung beim Einlegen einer Speicherkarte aus einer Kamera

Es sind keine speziellen Datentransferprogramme notwendig, das externe Gerät kann wie ein normales Laufwerk verwendet werden.

Ähnlich wie bei CD-ROMs erscheint auch hier beim Anschließen eine Abfrage, wie mit den Daten verfahren werden soll.

▲ Speicherkarten

Speicherkarten, wie sie in Digitalkameras und PDAs eingesetzt werden, sind die kleinsten und leichtesten Medien zum Transport großer Datenmengen. Hier sind zurzeit mehrere unterschiedliche Kartenformate gebräuchlich.

SD	(Secure Digital) – Das am weitesten verbreitete Format, es wird in fast allen modernen PDAs und Digitalkameras eingesetzt. SD-Karten sind zurzeit bis zu einer Größe von 2 GB erhältlich. Sie verfügen seitlich über einen mechanischen Schreibschutzschieber, der ähnlich wie bei Disketten das Beschreiben und Löschen von Daten verhindert. Die neuen SDHC (High Capacity)-Karten mit 4 GB und mehr Speicherplatz sind zwar äußerlich baugleich, können aber nur in speziellen Kartenlesern gelesen und beschrieben werden.
MMC	(MultiMedia Card) – Weitgehend baugleich mit den SD-Karten, jedoch nur etwa halb so dick, dafür ohne Schreibschutz. Dieser Kartentyp wird vor allem in Handys eingesetzt. MMC-Karten passen in PDAs und Kartenlesern in denselben Steckplatz wie SD-Karten.
Mini-SD	Kartenformat für Handys. Die Karten sind nur etwa halb so groß wie normale SD-Karten, werden aber mit einem Adapter geliefert, sodass sie in Kartenlesern wie SD-Karten verwendet werden können.
microSD	Ähnlich wie Mini-SD, nur noch kleiner. Auch hier werden Adapter im normalen SD-Format verwendet. Vor der Standardisierung des microSD-Formats wurden diese Speicherkarten als TransFlash bezeichnet.
RD-MMC	Reduced Size MMC-Karten sind elektrisch kompatibel zum MMC-Standard, nur in der Bauform etwas kürzer. Mit einem Adapter lassen sie sich auf die gleiche Größe wie MMC-Karten bringen und in gängigen Kartenlesern nutzen.
MemoryStick	Ein spezieller Kartentyp von Sony, der in PDAs, Notebooks und Kameras dieses Herstellers eingesetzt wird. Diese Bauform wurde weiterentwickelt zum MemoryStick Pro und Duo.
SmartMedia	Heute schon so gut wie veraltetes Kartenformat für Digitalkameras. Die Karten sind sehr flach, aber fast doppelt so groß wie eine SD-Karte, werden aber mit höchstens 128 MB Speicherkapazität angeboten.

6.7 Zusätzliche Laufwerkstypen

CompactFlash	Relativ dicke und große Speicherkarten, sie werden in teuren Digitalkameras verwendet und sind bis zu einer Kapazität von 8 GB erhältlich. IBM liefert in der CompactFlash-Bauform auch winzige Festplatten.
xD	Neues, wenig verbreitetes Kartenformat für Digitalkameras.

Bild 6.28: Kartenleser für verschiedene Speicherkartentypen (Foto: Conrad Electronic, www.conrad.de)

Kleine handliche Kartenleser zum Anschluss an den USB-Port können heute üblicherweise gleich mehrere dieser Formate lesen. Jedem Steckplatz im Kartenleser wird ein eigener Laufwerksbuchstabe zugewiesen.

Mehr Geschwindigkeit mit USB 2.0
Bei Kartenlesern lohnt es sich, wenige Euro mehr für ein USB 2.0-Gerät auszugeben. Die Datenübertragung beim Lesen und Beschreiben der Speicherkarte geht dann um ein Vielfaches schneller.

Werden Speicherkarten abwechselnd in verschiedenen Geräten, Kartenlesern, Kameras und PDAs eingesetzt, kann es zu kleinen Fehlern im Dateisystem kommen, die meistens nicht weiter auffallen, aber trotzdem behoben werden sollten.

Windows Vista blendet beim Einlegen einer solchen Speicherkarte eine Meldung ein. Hier können Sie wählen, ob Dateisystemfehler automatisch korrigiert werden sollen oder nicht.

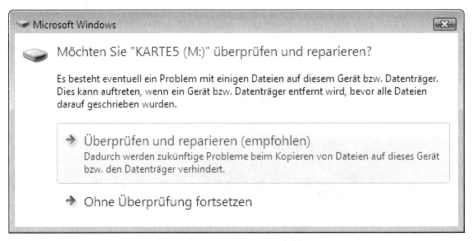

Bild 6.29: Meldung bei Speicherkarten mit Dateisystemfehlern

Die Korrektur der Fehler dauert in den meisten Fällen weniger als eine Minute. Danach werden die behobenen Fehler angezeigt. Je nach Fehler werden Dateien eventuell in andere Verzeichnisse verschoben, was in der Protokollmeldung entsprechend beschrieben steht.

6.7 Zusätzliche Laufwerkstypen

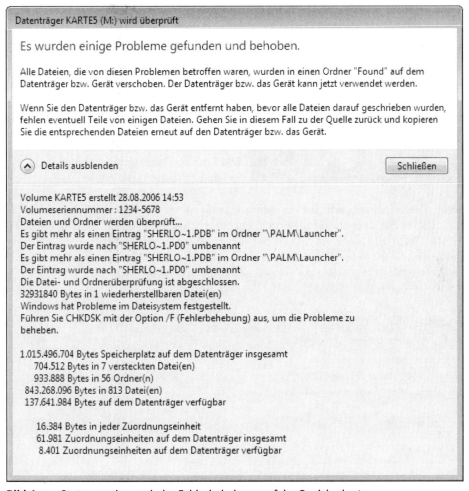

Bild 6.30: Statusanzeige nach der Fehlerbehebung auf der Speicherkarte

▲ HotPlug bei USB-Sticks

USB-Laufwerke können im laufenden Betrieb, ohne den Computer herunterzufahren, vom Computer getrennt werden. Dieses Verfahren bezeichnet man als »HotPlug«.

Damit es nicht zu Datenverlusten kommt, muss sichergestellt sein, dass beim Trennen keine Daten übertragen werden. Dazu haben die meisten USB-Sticks und Kartenleser eine LED, die während der Datenübertragung blinkt oder andersfarbig leuchtet. Währenddessen sollten Sie das Gerät auf keinen Fall vom PC trennen.

Windows Vista kann außerdem einen Schreibcache für langsame Laufwerke verwenden. Dabei werden die zu schreibenden Daten zunächst in einen Pufferspeicher im RAM kopiert und dann erst physikalisch auf das externe Laufwerk geschrieben. Bereits im

Pufferspeicher werden sie vom Betriebssystem so behandelt, wie wenn sie auf dem Laufwerk lägen. Allerdings darf das Laufwerk nicht getrennt werden, solange die Daten physikalisch noch nicht übertragen sind.

Windows Vista zeigt dazu im Infobereich der Taskleiste ein Symbol *Hardware sicher entfernen*.

Bild 6.31: *Hardware sicher entfernen* im Infobereich der Taskleiste

Wenn Sie den Schreibcache für ein externes Laufwerk verwenden oder sich nicht sicher sind, klicken Sie doppelt auf dieses Symbol. Im nächsten Dialogfeld werden alle USB-Laufwerke aufgelistet, die auf diese Weise sicher getrennt werden können.

Bild 6.32: Liste der angeschlossenen USB-Laufwerke

6.7 Zusätzliche Laufwerkstypen

Wählen Sie hier das gewünschte Laufwerk und klicken Sie auf *Stoppen*. Im nächsten Schritt müssen Sie noch einmal das Laufwerk auswählen, was besonders wichtig ist, wenn ein physikalisches Gerät mehrere logische Laufwerke enthält.

Bild 6.33: Bestätigung, um ein Gerät zu stoppen

Nachdem diese Abfrage bestätigt wurde, werden alle verbliebenen Daten aus dem Schreibcache auf das Gerät übertragen. Anschließend wird eine Meldung angezeigt, dass das Gerät nun sicher entfernt werden kann.

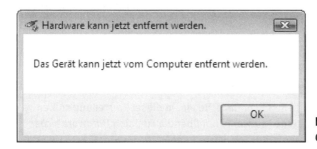

Bild 6.34: Jetzt kann das Gerät entfernt werden

Ob ein externes Laufwerk den Schreibcache verwendet oder nicht, können Sie selbst einstellen. Wählen Sie das Laufwerk in der Liste der Geräte im Dialogfenster *Hardware sicher entfernen* und klicken Sie auf *Eigenschaften*. Schalten Sie jetzt auf die Registerkarte *Richtlinien*.

Bild 6.35: Schreibcache ein- und ausschalten

Für schnelles Entfernen optimieren	Schaltet den Schreibcache aus. Hier können Sie das Gerät sofort entfernen, nachdem das Betriebssystem die Daten kopiert hat. Die Funktion *Hardware sicher entfernen* in der Taskleiste brauchen Sie in diesem Modus nicht.
Für Leistung optimieren	Schaltet den Schreibcache ein. In dieser Einstellung sollten Sie externe Laufwerke nur über die Funktion *Hardware sicher entfernen* in der Taskleiste trennen.

 Auswahl deaktiviert
Manchmal kommt es vor, dass diese Auswahl grau erscheint, also nicht umgeschaltet werden kann. Schalten Sie in diesem Fall auf die Registerkarte *Volumes* und klicken Sie auf *Aktualisieren*. Danach können Sie unter *Richtlinien* den Schreibcache für das Laufwerk umschalten.

Digitalkameras

Digitalkameras werden von Windows Vista als Laufwerk erkannt. Die meisten modernen Digitalkameras verfügen über einen eingebauten Speicher und eine zusätzliche Speicherkarte. Dabei gibt es je nach Kamera unterschiedliche Methoden, wie diese beiden Speichermedien angesprochen werden:

- Die Kamera wird als zwei neue Laufwerke erkannt, der Kameraspeicher und die Speicherkarte.
- Die Kamera wird als ein Laufwerk mit zwei Verzeichnissen erkannt.

Solange eine Speicherkarte in der Kamera steckt, wird diese als Laufwerk erkannt; nimmt man die Karte heraus, findet man unter demselben Laufwerksbuchstaben den Kameraspeicher.

Digitalkameras können, als USB-Laufwerk angeschlossen, auch zum Transport von anderen Dateien als nur Bildern verwendet werden. Legen Sie dafür aber immer eigene Verzeichnisse an, und speichern Sie die Daten nie im Hauptverzeichnis der Kamera oder einer Speicherkarte. Sonst gibt es häufig Probleme, wenn die Kamera selbst versucht, auf den Speicher zuzugreifen.

Beim Anschluss einer Kamera am USB-Anschluss erscheint ein Abfragefenster, in dem die Bilder importiert oder angezeigt werden können.

Bild 6.36: Meldung beim Anschluss einer Kamera

Natürlich können Sie die Bilder direkt von der Kamera betrachten, dann muss allerdings jedes Mal beim Blättern zwischen zwei Bildern das neue Bild über die vergleichsweise langsame Kabelverbindung von der Kamera übertragen werden. Sinnvoller ist es, die Bilder erst auf den PC zu übertragen und dann dort anzusehen.

Den Speicherakku schonen
Beachten Sie, dass das Übertragen von Bildern von der Kamera nicht unerheblich viel Strom aus dem Akku der Kamera braucht. Um den Kameraakku zu schonen, empfiehlt es sich, die Speicherkarte der Kamera mit dem Kartenleser am PC auszulesen. Die Importfunktion kann auch bei dieser Methode verwendet werden.

Windows Vista liefert dazu eine spezielle Importfunktion für Fotos mit. Diese wird gestartet, wenn man im Dialogfeld nach dem Anschluss einer Kamera die Option *Bilder importieren* wählt. Die Importfunktion erkennt automatisch, ob neue Bilder auf der Kamera vorhanden sind, die noch nicht importiert wurden.

Im ersten Schritt geben Sie einen Titel für die Bilder ein. Daraus werden der Verzeichnisname und die Dateinamen generiert. Außerdem wird dieser Titel automatisch in der Windows-Fotogalerie als Beschriftung für alle importierten Fotos eingetragen.

Bild 6.37: Beschriftung beim Import von Bildern

Über den Link *Optionen* können Sie noch detaillierter festlegen, wie die Dateien und das Verzeichnis benannt werden sollen. Standardmäßig werden die Bilder in neuen Verzeichnissen im Bilderverzeichnis unterhalb des eigenen persönlichen Verzeichnisses abgelegt. Der Verzeichnisname kann sich aus Importdatum, Aufnahmedatum und Beschriftung zusammensetzen.

Nach dem Importieren können die Fotos automatisch von der Kamera gelöscht werden. So braucht man sich nicht mehr darum zu kümmern, auf der Speicherkarte regelmäßig Platz zu schaffen.

Eine wichtige Funktion ist *Bilder beim Importieren drehen*. Hier werden Bilder anhand der gespeicherten EXIF-Daten automatisch gedreht. Ein senkrecht aufgenommenes Bild wird also auch senkrecht auf dem PC gespeichert. Viele aktuelle Kameras haben dazu einen Lagesensor, der bei der Aufnahme aus der Haltung der Kamera Hoch- oder Querformat erkennt und in die Bilddatei schreibt.

6.7 Zusätzliche Laufwerkstypen

Bild 6.38: Einstellungen zum Import von Fotos

Sobald die Einstellungen vorgenommen sind, klicken Sie auf *Importieren*. Dann werden die Bilder von der Kamera auf den PC übertragen.

Bild 6.39: Bilder werden von der Kamera importiert

Nach dem Importieren stehen die Fotos in der Windows-Fotogalerie unter *Zuletzt importiert* zur Verfügung. Die vor dem Import angegebene Beschriftung wurde automatisch allen Bildern zugewiesen.

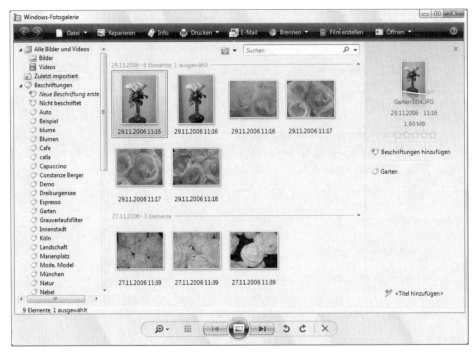

Bild 6.40: Importierte Bilder in der *Windows-Fotogalerie*

An dieser Stelle sind immer nur die Fotos aus dem letzten Importvorgang zu sehen. Früher importierte Bilder finden Sie jederzeit über die Ordnerstruktur, das Aufnahmedatum oder die Beschriftungen.

Diskettenlaufwerke

Diskettenlaufwerke werden unter Windows Vista wie jeder andere Laufwerkstyp behandelt. Man kann sogar Programme davon starten oder sie im Netzwerk freigeben, was jedoch beides wegen der geringen Geschwindigkeit nicht zu empfehlen ist.

▲ DOS-Bootdiskette unter Windows Vista erstellen

Die einzig übrige Daseinsberechtigung für ein Diskettenlaufwerk ist die Bootdiskette. Denn auch in Zeiten von Windows Vista hilft eine einfache DOS-Bootdiskette, zum Beispiel bei BIOS-Updates, bei der Schlüsselverwaltung älterer, kopiergeschützter Software,

6.7 Zusätzliche Laufwerkstypen

beim Konfigurieren von Flash-ROMs auf Netzwerkkarten oder beim Zugriff auf ein System, das selbst im abgesicherten Modus nicht mehr läuft.

Windows Vista bietet eine Funktion zum Erstellen einer Bootdiskette mit der DOS-Version von Windows ME:

① Legen Sie eine leere Diskette in das Diskettenlaufwerk, und klicken Sie mit der rechten Maustaste auf das Laufwerkssymbol im Explorer. Die Diskette muss dazu formatiert und leer sein.

② Wählen Sie im Kontextmenü die Option *Formatieren*.

③ Wählen Sie hier die Option *MS-DOS-Startdiskette erstellen*. Alle anderen Optionen werden dann automatisch deaktiviert.

④ Klicken Sie auf *Starten*, und bestätigen Sie die folgende Warnung, dass alle Dateien auf der Diskette gelöscht werden.

Bild 6.41: Erstellen einer DOS-Bootdiskette

Das nachträgliche Schreiben eines MS-DOS-Bootblocks auf eine Diskette mit Daten ist nicht mehr möglich. Windows Vista kennt keinen *SYS*-Befehl mehr.

Die Diskette startet mit deutscher Tastaturbelegung. Die dazu notwendigen Dateien und Einträge in den Dateien *CONFIG.SYS* und *AUTOEXEC.BAT* werden automatisch angelegt. Leider enthalten die automatisch erstellten Bootdisketten keine CD-ROM-Unterstützung mehr, wie dies in früheren Windows-Versionen der Fall war. Die entsprechenden Treiber müssten Sie von einem Windows 9x/ME-Computer auf die Diskette kopieren.

6.8 Tastatur

Die Tastatur gehört zu den Standardkomponenten eines PCs, die ohne spezielle Treiber unterstützt werden. Nur die Umschaltung auf landessprachliche Tastaturlayouts muss vom Betriebssystem geregelt werden.

Bei der ersten Einrichtung wurde Ihre Tastatur softwaremäßig mit einem deutschen Tastenlayout versehen, das heißt, die Tastenbeschriftung stimmt mit den auf dem Bildschirm dargestellten Zeichen überein. Wenn Sie häufig englischsprachige Texte verfassen, dann möchten Sie vielleicht eine englische Tastatur verwenden ([Z] und [Y] sind hier vertauscht). Noch wichtiger ist die Tastaturumschaltung bei Sprachen, die spezielle Sonderzeichen verwenden, die auf der deutschen Tastatur nicht enthalten sind.

Windows Vista zeigt in der Taskleiste die aktuell eingestellte Tastatursprache an. Bei der Installation des deutschen Windows wird *Deutsch* als Standardsprache und *Englisch (USA)* als zweite Sprache installiert. Ein Klick auf das *DE*-Symbol in der Taskleiste blendet eine Liste der installierten Sprachen ein, hier kann man die Tastatur auch leicht umschalten.

Bild 6.42: Auswahl der Tastatursprache in der Taskleiste

6.8 Tastatur

Wenn das *DE*-Symbol nicht angezeigt wird, ist die Sprachenleiste ausgeschaltet. Klicken Sie mit der rechten Maustaste auf die Taskleiste, und wählen Sie im Kontextmenü *Symbolleisten*. Schalten Sie dort die *Sprachenleiste* ein.

Bild 6.43: *Sprachenleiste* einschalten

Wer häufig mit fremdsprachigen Texten arbeitet, kann zusätzliche Tastaturlayouts installieren.

① Klicken Sie mit der rechten Maustaste auf das *DE*-Symbol, und wählen Sie im Kontextmenü *Einstellungen*.

② Das Fenster *Textdienste und Eingabesprachen* zeigt die installierten Sprachen. Klicken Sie hier auf *Hinzufügen*.

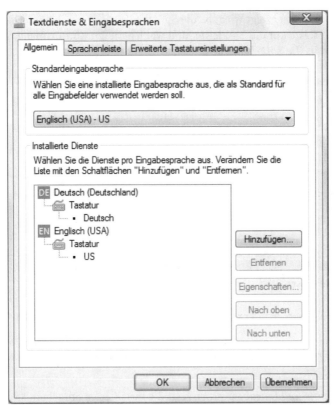

Bild 6.44:
Die installierten Eingabesprachen

③ Wählen Sie in der Liste die gewünschte Sprache aus. Die dafür optimale Tastaturbelegung erscheint unter *Tastatur*. Beachten Sie, dass für einige Sprachen unterschiedliche Tastaturen verwendet werden, zum Beispiel bietet die Schweizer Tastatur ein französisches Layout mit einer einfacheren Methode, französische diakritische Zeichen einzugeben. Außerdem kennt man in der Schweiz kein ß.

6.8 Tastatur

Bild 6.45: Neue *Eingabesprache hinzufügen*

④ Mit dem Button *Vorschau* können Sie sich die gewählte Tastatur auf dem Bildschirm ansehen und mit der tatsächlich vorhandenen Tastatur vergleichen.

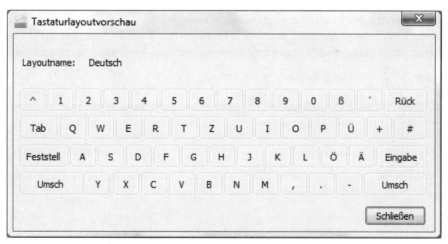

Bild 6.46: Die Vorschau zeigt Unterschiede zwischen Tastaturbelegungen

⑤ Auf der Registerkarte *Erweiterte Tastatureinstellungen* können Sie Tastenkombinationen definieren, mit denen auf eine andere Sprache umgeschaltet werden kann, ohne den Umweg über die Maus und die Sprachenleiste machen zu müssen.

Standardmäßig blättert die Tastenkombination [Alt]+[⇧] nacheinander durch alle installierten Sprachen.

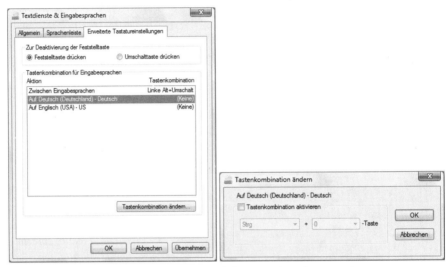

Bild 6.47: Tastenkombinationen zum Umschalten von Sprachen zuweisen

▲ Wiederholrate und Verzögerung

Wenn Sie eine Buchstabentaste gedrückt halten, wird nach einer kurzen Verzögerung dieser Buchstabe wiederholt auf den Bildschirm geschrieben. Die Zeit, die bis zur Wiederholung verstreichen muss, und die Wiederholrate selbst können Sie einstellen.

In der Systemsteuerung klicken Sie im Bereich *Hardware und Sound* auf *Tastatur*. Hier können Sie die Anschlagverzögerung und die Wiederholrate einstellen. In einem Testfeld können Sie die neue Einstellung unmittelbar ausprobieren.

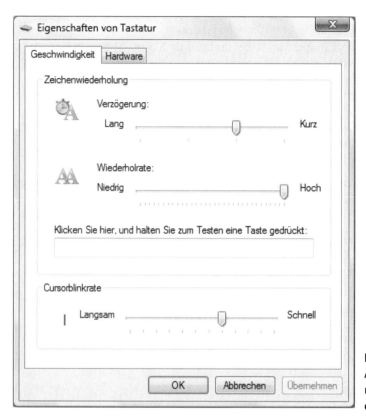

Bild 6.48: Anschlagverzögerung und Wiederholrate einstellen

6.9 Maus

Seit es Windows gibt, gehört eine Maus neben der Tastatur als zweites Eingabegerät zu jedem PC. Mäuse, die am PS/2-Anschluss angeschlossen sind, werden von Windows automatisch erkannt. USB-Mäuse müssen vom BIOS unterstützt werden. Dazu ist es in den meisten Fällen nötig, dort eine entsprechende Einstellung zu aktivieren, was mittlerweile bei vielen PCs zu den Standard-BIOS-Einstellungen gehört. Mäuse mit seriellem Anschluss können guten Gewissens als veraltet bezeichnet werden.

Windows Vista bietet in der Systemsteuerung unter *Hardware und Sound/Maus* verschiedene Einstellungen für das Verhalten der Maus und das Aussehen des Mauszeigers.

Maus für Linkshänder
Wir haben bisher immer von linker und rechter Maustaste gesprochen. Dabei haben wir stillschweigend vorausgesetzt, dass Sie Rechtshänder sind. Für Linkshänder wären vertauschte Tasten gerade richtig, damit man mit dem Zeigefinger Objekte auf dem Bildschirm anklicken kann. Auf der Registerkarte *Tasten* können Sie die linke und die rechte Taste in ihren Funktionen vertauschen lassen und auch die Geschwindigkeit des Doppelklicks Ihrem eigenen Arbeitstempo anpassen.

Besonders wichtig sind die Einstellungen auf der Registerkarte *Zeigeroptionen*, mit denen sich das Verhalten der Maus deutlich komfortabler gestalten lässt.

Bild 6.49: Einstellungen für den Mauszeiger

| Zeigergeschwindigkeit | Legt fest, wie schnell sich der Mauspfeil im Verhältnis zur tatsächlichen Bewegung der Maus verschiebt. |

Zeigerbeschleunigung	Hiermit lassen sich durch schnellere Bewegungen größere Strecken auf dem Bildschirm zurücklegen.
Zur Standardschaltfläche springen	Setzt den Mauspfeil automatisch auf die *OK*-Schaltfläche, wenn ein neues Dialogfeld auf dem Bildschirm eingeblendet wird.
Mausspur anzeigen	Bei *Mausspur anzeigen* hinterlässt die Maus bei der Bewegung eine Spur auf dem Bildschirm und ist dadurch leichter zu finden. Die Länge dieser Spur ist einstellbar.
Zeiger bei Tastatureingaben ausblenden	Beim Schreiben von Texten ist der Mauszeiger ein störendes Element auf dem Bildschirm, das den Blick ablenkt. Der Schalter schaltet den Mauspfeil ab, nachdem einige Tasten gedrückt wurden. Eine kleine Bewegung der Maus schaltet den Mauspfeil wieder ein.
Zeigerposition beim Drücken der [Strg]-Taste anzeigen	Auf großen Bildschirmen ist der Mauspfeil oft schwer zu erkennen, besonders wenn er sehr kontrastschwach eingestellt ist. Bei aktiviertem Schalter kann man mit der [Strg]-Taste einen animierten Kreis am Mauszeiger aufblinken lassen, um diesen leichter zu finden.

6.10 Monitor und Grafikkarte

Windows Vista läuft im einfachsten Modus ohne Aero-Oberfläche ab einer Bildschirmauflösung von 800 × 600 Pixel. Jede moderne Grafikkarte bietet eine höhere Auflösung, wenn die richtigen Treiber installiert sind.

Normalerweise wird die Grafikkarte automatisch erkannt, was aber nicht bedeutet, dass sie auch auf die optimale Auflösung eingestellt wird. Flachbildschirme haben zum Beispiel nur eine Auflösung, die optimal angezeigt wird. Das ist nicht immer die höchstmögliche Auflösung, die die Grafikkarte darstellen kann.

Klicken Sie mit der rechten Maustaste auf einen leeren Bereich des Desktops, und wählen Sie im Kontextmenü *Anpassen*. Unter *Anzeige* wird die aktuelle Bildschirmauflösung und Farbqualität angezeigt. Hier können Sie diese auch ändern, nur natürlich immer im Rahmen dessen, was die Grafikkarte hergibt.

Bild 6.50: *Anzeigeeinstellungen* des Monitors

Wenn in der Zeile unter der stilisierten Monitorgrafik keine Grafikkarte eingetragen ist, sondern nur *VGA* oder *Super VGA* steht, wurde nicht der passende Grafiktreiber installiert, oder es wird ein alter Treiber verwendet.

Klicken Sie auf die Schaltfläche *Erweiterte Einstellungen*. Auf der Registerkarte *Grafikkarte* werden Detailinformationen zur Grafikkarte angezeigt. Klicken Sie dort auf *Eigenschaften*, wird ein weiteres Dialogfeld angezeigt, in dem auf der Registerkarte *Treiber* die Versionsnummer und das Datum des installierten Treibers angezeigt wird.

Die Schaltfläche *Treiber aktualisieren* versucht, einen aktuelleren Grafiktreiber zu finden. Wenn Sie eine CD von Ihrer Grafikkarte haben, legen Sie diese jetzt ein, falls sie nicht älter ist als der zurzeit installierte Treiber.

6.10 Monitor und Grafikkarte

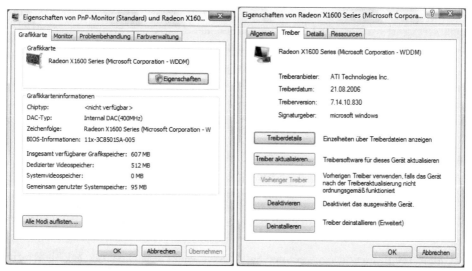

Bild 6.51: Informationen zum Grafiktreiber

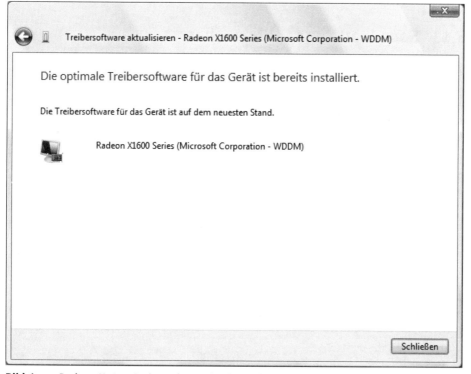

Bild 6.52: Radeon X1600 Series – der optimale Treiber ist installiert

Nach einem Update des Grafiktreibers muss der Computer neu gestartet werden. Oftmals verbessert sich mit der Installation eines neuen Grafiktreibers auch der Windows-Leistungsindex, sodass danach die Aero-Oberfläche verwendet werden kann.

Sollte eine falsche Grafikkarte angezeigt werden, deinstallieren Sie die Treiber über die Schaltfläche *Deinstallieren*. Danach müsste die automatische Hardwareerkennung sofort anspringen und die Grafikkarte neu erkennen. Ist dies nicht der Fall, installieren Sie die Treiber von der CD, die mit Ihrer Grafikkarte geliefert wurde.

▲ Mehrere Bildschirme

Viele moderne Grafikkarten haben Anschlüsse für zwei Bildschirme. Auch die meisten Notebooks bieten die Möglichkeit, einen externen zweiten Bildschirm anzuschließen.

In den Anzeigeeinstellungen können dann beide Bildschirme unabhängig voneinander konfiguriert werden.

Mit dem Button *Identifizieren* können Sie jederzeit leicht feststellen, welcher Bildschirm welchem Symbol in der Systemsteuerung entspricht. Auf den Bildschirmen werden auffällige große Ziffern eingeblendet.

6.11 Soundkarte und Lautsprecher

Jeder Computer wird heute mit einer Soundkarte ausgestattet, meistens ist sie sogar schon direkt auf dem Motherboard integriert. Die Soundkarte wird im Wesentlichen zum Abspielen von Multimediadateien und für Spiele verwendet. In letzter Zeit wird auch die Internettelefonie (VoIP) immer beliebter. Auch hierfür ist eine Soundkarte erforderlich.

> **Zusatztreiber für den internen Lautsprecher**
> Seit den Zeiten der ersten PCs gibt es einen eingebauten Lautsprecher, der aber nur Pieptöne zur Benachrichtigung bei wichtigen Systemereignissen von sich gibt. Dieser Lautsprecher lässt sich für die Soundausgaben von Windows Vista nur noch mit einem speziellen Zusatztreiber verwenden und wird auch nicht über die Systemsteuerung konfiguriert.

Die Einstellungen der Soundkarte finden Sie in der Systemsteuerung unter *Hardware und Sound/Sound*. Hier können Sie mit dem Link *Systemlautstärke anpassen* auch die generelle Lautstärke einstellen.

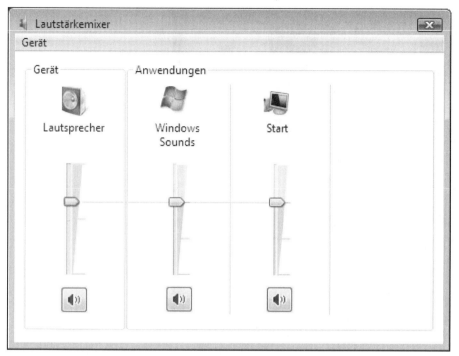

Bild 6.53: Lautstärkeeinstellungen für die Soundkarte

Zusätzlich zeigt Windows Vista im Infobereich der Taskleiste ein Lautsprechersymbol, das in ähnlicher Form seit vielen Windows-Versionen existiert, nur in Windows XP am Anfang standardmäßig ausgeschaltet war. Hinter diesem Symbol verbirgt sich ein einfacher Lautstärkeregler.

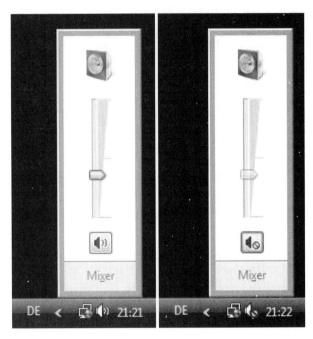

Bild 6.54:
Der Lautstärkeregler
in der Taskleiste

Der Schalter mit dem Lautsprechersymbol schaltet die Soundkarte ganz aus. Beim nächsten Einschalten gilt wieder die zuvor verwendete Lautstärke. Um dies deutlich anzuzeigen, steht ein rotes Symbol neben dem Lautsprecher in der Taskleiste.

Der Button *Konfigurieren* in den Eigenschaften des Lautsprechers in der Systemsteuerung zeigt verschiedene Lautsprecherkonfigurationen. Wählen Sie hier die aus, die Ihren tatsächlich verwendeten Lautsprechern am besten entspricht. Durch Anklicken der Lautsprechersymbole im Bild können Sie einzelne Lautsprecher testen.

Bild 6.55: Verschiedene Lautsprecherkonfigurationen

6.12 Drucker

Trotz des angeblich »papierlosen« Büros kommt es immer wieder vor, dass man ein Dokument ausdrucken möchte. Windows Vista unterstützt dazu alle gängigen Drucker und erkennt sie in den meisten Fällen automatisch.

Druckeranschlüsse
Plug&Play-fähige Drucker können an Parallelports, USB-, IEEE 1394/FireWire-, Bluetooth- oder Infrarotanschlüssen automatisch erkannt werden, sodass keine manuelle Treiberinstallation mehr erforderlich ist. Voraussetzung für die automatische Erkennung eines Druckers an einer Parallelschnittstelle ist eine bidirektionale Datenübertragung zum Drucker. Dazu muss die Schnittstelle im BIOS als *bidirektional* oder *ECP/EPP* konfiguriert sein und ein Kabel verwendet werden, das eine bidirektionale Datenübertragung zulässt.

Auch freigegebene Drucker im Netzwerk werden automatisch erkannt. Windows Vista zeigt in der Systemsteuerung unter *Hardware und Sound/Drucker* eine Liste aller installierten Drucker an. Standardmäßig sind das nur der Faxdrucker sowie der *Microsoft XPS-Document Writer*.

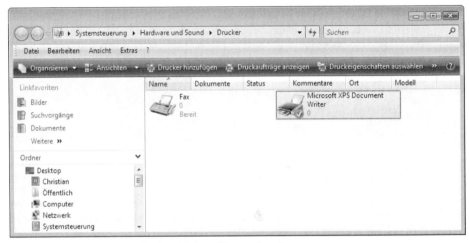

Bild 6.56: Die beiden standardmäßig installierten Drucker

Ein Doppelklick auf einen Drucker zeigt alle zurzeit anstehenden Druckaufträge. Sollte ein Drucker nicht aktiv sein, können Sie in diesem Fenster die Druckaufträge abbrechen.

Drucken

Windows Vista bietet diverse Methoden, ein Dokument zu drucken:

- Die am häufigsten verwendete Methode ist der Menüpunkt *Datei/Drucken* oder die *Drucken*-Schaltfläche, die in fast jedem Programm vorhanden ist.

- Dateien, die als Standarddateityp einem Programm zugeordnet sind, haben im Explorer-Kontextmenü eine Option *Drucken*. Damit wird das jeweilige Programm gestartet und die Datei gedruckt.

- Man kann auch eine Datei aus einem Explorer-Fenster direkt auf ein Druckersymbol in der Systemsteuerung *Hardware und Sound/Drucker* ziehen.

Die meisten Programme bieten beim Klick auf das Druckersymbol ein Dialogfeld, in dem im oberen Bereich der gewünschte Drucker ausgewählt werden kann. Dazu sind je nach Programm noch weitere Einstellungen möglich. So kann zum Beispiel bei mehrseitigen Dokumenten festgelegt werden, welche Seiten gedruckt werden sollen.

6.12 Drucker

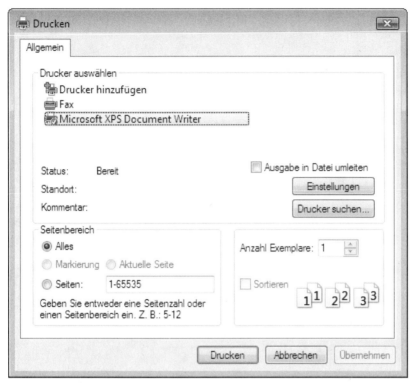

Bild 6.57: Standarddialog zum Drucken

Wollen Sie von einem Dokument gleich mehrere Exemplare ausdrucken, geben Sie dies bei *Anzahl Exemplare* an. Mit der Option *Sortieren* können Sie festlegen, ob nacheinander jedes Dokument von Anfang bis Ende gedruckt werden soll oder zuerst alle ersten Seiten, dann alle zweiten und so weiter.

Klicken Sie auf die Schaltfläche *Einstellungen*, um das Papierformat und die Druckreihenfolge der Seiten auszuwählen. Diese ist wichtig, da manche Drucker die zweite Seite im Stapel auf die Rückseite der ersten legen, andere auf die Vorderseite und damit den Stapel in unterschiedlicher Reihenfolge sortieren.

Besonders Readme-Dateien und textlastige Webseiten erscheinen beim Ausdruck viel zu groß. Hier kann man Übersichtlichkeit gewinnen und Papier sparen, wenn man die Seiten kleiner und dafür zwei, vier oder noch mehr auf ein Blatt druckt.

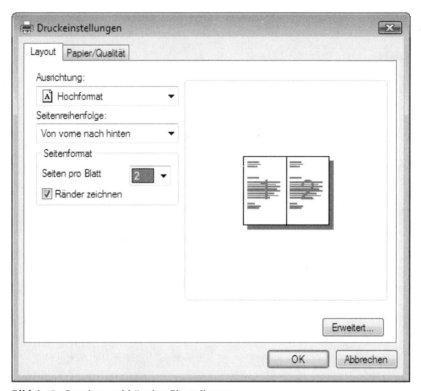

Bild 6.58: Druckerunabhängige Einstellungen

Ein Klick auf die Schaltfläche *Erweitert* zeigt einen weiteren Einstellungsdialog, der von Drucker zu Drucker unterschiedlich aussehen kann. Hier finden Sie gerätespezifische Einstellungen, wie zum Beispiel Papiergrößen und Druckauflösung.

6.12 Drucker

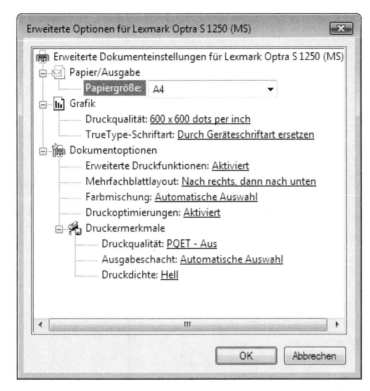

Bild 6.59:
Gerätespezifische Druckereinstellungen

Druckeinstellungen und Druckereigenschaften

Sie können für jeden Drucker diese Druckeinstellungen auch standardmäßig vorgeben, sodass Sie häufig verwendete Einstellungen nicht mehr bei jedem Druck festlegen müssen. Dazu gibt es zwei Menüpunkte im Kontextmenü eines Druckers in der Systemsteuerung.

Druckeinstellungen	Bewirkt dasselbe wie *Einstellungen* im Druckdialog. Hier lassen sich Vorgaben zur Sortierreihenfolge, zum Papierformat und zur Anzahl der Seiten pro Blatt vornehmen.
Eigenschaften	Bietet Zugriff auf verschiedene technische Einstellungen des Druckers. Diese werden üblicherweise automatisch richtig festgelegt, müssen aber bei Netzwerkdruckern oft noch angepasst werden.

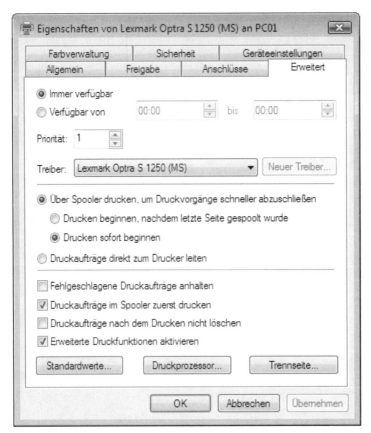

Bild 6.60: Eigenschaften eines Druckers

Standarddrucker

Die meisten Programme bieten beim Klick auf die *Drucken*-Schaltfläche eine Auswahlmöglichkeit, auf welchem Drucker das Dokument gedruckt werden soll. Einige Programme, wie zum Beispiel Microsoft Word, bieten diese Auswahl nicht. Hier wird immer auf dem Drucker gedruckt, der als Standarddrucker in Windows Vista definiert ist.

Dieser Standarddrucker ist mit einem grünen Häkchen in der Liste der Drucker gekennzeichnet. Möchten Sie einen anderen Drucker als Standarddrucker festlegen, klicken Sie mit der rechten Maustaste auf diesen Drucker und wählen im Kontextmenü den Menüpunkt *Als Standarddrucker festlegen*.

Drucker manuell installieren

Sollte ein Drucker nicht erkannt werden, was bei älteren Druckern, bei seriellen Anschlüssen und bei unidirektionalen Kabeln vorkommt, kann der Drucker auch manuell konfiguriert werden. Auch Netzwerkdrucker, die an anderen Computern angeschlossen und freigegeben sind, müssen so konfiguriert werden.

> **Zweiter logischer Drucker für andere Betriebsmodi**
> Manche Drucker bieten mehrere Druckmodi, zum Beispiel PCL und PostScript. Der Drucker wird trotzdem nur einmal erkannt. Sie können aber manuell einen zweiten logischen Drucker für den anderen Betriebsmodus installieren.

 Klicken Sie in der Systemsteuerung unter *Hardware und Sound/Drucker* auf den Button *Drucker hinzufügen*.

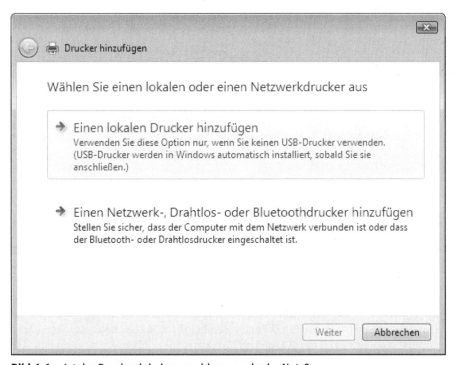

Bild 6.61: Ist der Drucker lokal angeschlossen oder im Netz?

Der Druckerinstallations-Assistent von Windows Vista startet. Wählen Sie im ersten Schritt aus, ob der Drucker lokal über eine parallele oder serielle Schnittstelle an diesen Computer angeschlossen ist oder über ein Netzwerk an einem anderen Computer hängt. Die zweite Variante gilt auch für Drucker, die per Bluetooth verbunden sind.

③ Danach geben Sie bei einem lokalen Drucker an, an welchem Anschluss der Drucker angeschlossen ist. Die Liste zeigt alle lokalen Schnittstellen des Computers sowie bereits von anderen Druckern definierte logische Schnittstellen an.

④ Wählen Sie den Anschluss aus, an dem der Drucker angeschlossen ist. Sollte eine Schnittstelle nicht erkannt worden sein, was dann vorkommen kann, wenn ein Programm virtuelle Schnittstellen anlegt, müssen Sie mit der Option *Einen neuen Anschluss erstellen* diesen Anschluss definieren.

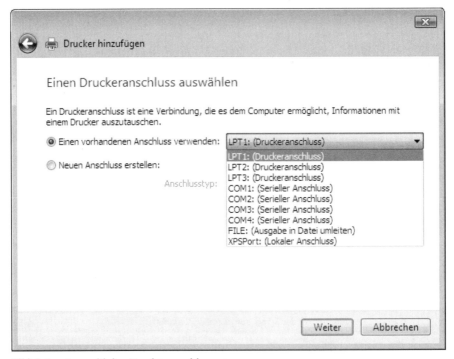

Bild 6.62: Auswahl des Druckeranschlusses

⑤ Wählen Sie im nächsten Schritt das Druckermodell aus. Ist der gewünschte Drucker in der Liste nicht vorhanden, können Sie über die Schaltfläche *Datenträger* Druckertreiber von einer CD des Herstellers installieren oder über *Windows Update* Treiber von der Microsoft-Webseite herunterladen.

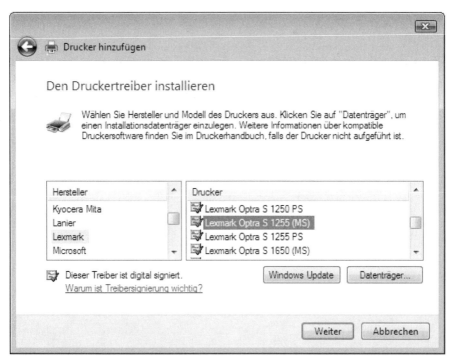

Bild 6.63: Auswahl des Druckertyps

(6) Danach müssen Sie dem neu installierten Drucker einen Namen geben, unter dem Windows ihn ansprechen soll. Dieser Name muss eindeutig sein und sollte nicht mehr als 31 Zeichen lang sein. Im selben Schritt des Assistenten legen Sie fest, ob der neu installierte Drucker als Standarddrucker eingerichtet werden soll.

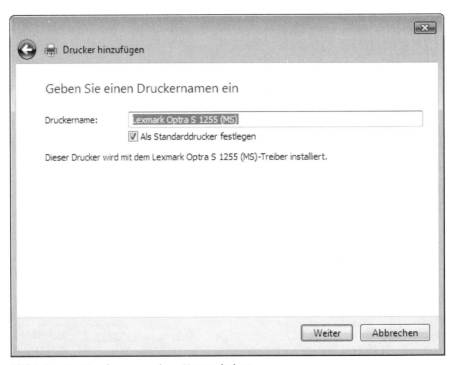

Bild 6.64: Der Drucker muss einen Namen haben

⑦ Danach werden Sie aufgefordert, eine Testseite zu drucken. Dies sollten Sie erledigen. Damit wird nicht nur die Funktionsfähigkeit des Druckers überprüft, sondern diese Testseite enthält auch nützliche Informationen zum installierten Druckertreiber.

Netzwerkdrucker installieren

Möchten Sie einen an einem anderen Computer im Netzwerk angeschlossenen Drucker nutzen, wählen Sie im ersten Schritt des Assistenten die Option *Einen Netzwerk-, Drahtlos- oder Bluetooth-Drucker hinzufügen*.

① Windows Vista versucht jetzt, Drucker im Netzwerk zu finden. Wird der gewünschte Drucker gefunden, können Sie ihn einfach auswählen. Häufig werden aber im Netzwerk vorhandene Drucker nicht gefunden. Klicken Sie in diesem Fall auf *Der gesuchte Drucker ist nicht aufgeführt*.

② Im nächsten Schritt können Sie den Drucker über Computername und Freigabename oder über seine IP-Adresse eintragen. Die einfachste Methode ist in den meisten Fällen die Option *Drucker suchen*. Hier bekommen Sie nach einem Klick auf *Weiter* in einem Explorer-Fenster alle Computer im Netzwerk angezeigt. Dort können Sie den gewünschten Drucker leicht finden.

6.12 Drucker

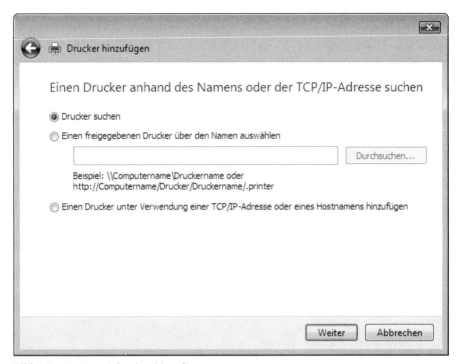

Bild 6.65: Netzwerkdrucker hinzufügen

③ Danach müssen Sie wie bei einem lokalen Drucker einen Druckernamen angeben und festlegen, ob der neue Drucker als Standarddrucker verwendet werden soll.

Der Drucker wird in der Systemsteuerung eingetragen. Zur Unterscheidung haben Netzwerkdrucker ein Symbol mit einem auffälligen dicken Kabel.

Bild 6.66: Fax, lokaler Drucker und Netzwerkdrucker

Fax

Jedes Modem und jede ISDN-Karte liefert heute ein Faxprogramm mit, das wie ein Druckertreiber funktioniert. Um eine Datei zu faxen, klicken Sie in der jeweiligen Anwendung auf das Druckersymbol und wählen den Faxdrucker aus. Dort müssen Sie meistens nur noch die Faxnummer des Empfängers angeben.

Aber auch Windows Vista enthält ein eigenes Faxprogramm, das automatisch installiert wird, wenn ein Plug&Play-fähiges Faxmodem erkannt wird.

Kein ISDN
Da Windows aus den USA stammt und dort niemand ISDN kennt, fehlt leider eine Unterstützung für ISDN-Karten. ISDN-Karten können nur über eine Modememulation verwendet werden.

Bild 6.67: Das Faxprogramm in Windows Vista

6.12 Drucker

Das Faxprogramm kann entweder wie ein Druckertreiber aus einer beliebigen Anwendung heraus verwendet oder direkt über das Symbol *Fax* im *Drucker*-Verzeichnis der Systemsteuerung gestartet werden. Auch im Startmenü gibt es einen Menüpunkt *Windows Fax und Scan*. Es öffnet sich ein Fenster, in dem ein Beispielfax mit einer Kurzanleitung zu sehen ist. Später werden Sie hier die ein- und ausgegangenen Faxe finden.

❶ Mit der Schaltfläche *Neues Fax* können Sie auf einfache Weise eine Faxnotiz erstellen.

❷ Beim ersten Mal müssen Sie eine kurze Konfiguration durchlaufen, in der Sie das zu verwendende Modem auswählen. In dieser Konfiguration können Sie auch die Einstellungen für die Anrufannahme zum Faxempfang festlegen.

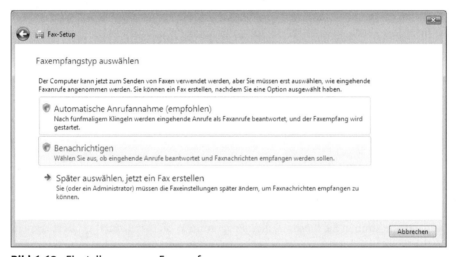

Bild 6.68: Einstellungen zum Faxempfang

❸ Jetzt erscheint eine kleine Textverarbeitung, in der Sie das Fax schreiben können. Hier stehen diverse Formatierungsfunktionen zur Verfügung, auch Bilder lassen sich einfügen.

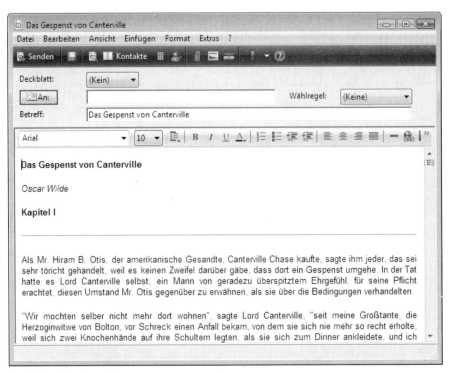

Bild 6.69: Der Faxeditor

- ❹ Geben Sie im nächsten Schritt die Faxnummer des Empfängers ein. Mit dem Button *Kontakte* können Sie diese aus dem Programm Windows-Kontakte übernehmen.

- ❺ Im Listenfeld *Deckblatt* wählen Sie eine Deckblattvorlage aus und geben eine Betreffzeile und den Kurztext ein, der auf dem Deckblatt erscheinen soll. Sie können das Deckblatt aber auch weglassen.

- ❻ Im Menü *Extras/Absenderinformationen* können Sie Ihre eigene Adresse als Absender angeben. Diese lässt sich speichern, sodass Sie sie für weitere Faxe nicht mehr neu eingeben müssen.

- ❼ Mit *Extras/Optionen* können Sie sich eine Übermittlungsbestätigung per E-Mail schicken lassen, wenn das Fax versendet wurde.

6.12 Drucker

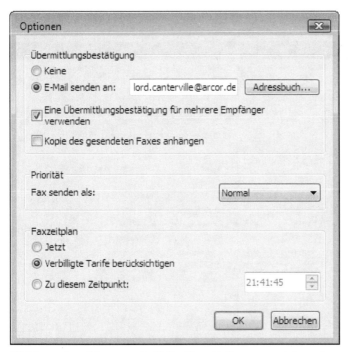

Bild 6.70: Faxe können zu tarifgünstigen Zeiten versendet werden

8. Den Versand umfangreicher Serienfaxe verlegt man lieber auf Zeiten günstiger Telefontarife, also nachts oder sonntags. Im Bereich *Faxzeitplan* in diesem Dialogfeld können Sie einstellen, wann das Fax verschickt werden soll.

9. Erst der Button *Senden* schickt das Fax wirklich ab. Dies heißt aber noch nicht, dass es auch erfolgreich versendet wurde. Erst wenn das Fax im Ordner *Gesendete Elemente* steht, wurde es wirklich gesendet. Trat ein Fehler auf, bleibt das Fax im Ordner *Ausgangsfach* liegen.

Bild 6.71: Faxe, die nicht gesendet werden konnten

Klicken Sie auf ein Fax und wählen im Kontextmenü *Eigenschaften*, erhalten Sie nähere Informationen, die Hinweise zur Fehlerursache geben.

Drucken in Dateiformate

Ein Ausdruck muss nicht unbedingt auf Papier erfolgen. Druckertreiber werden auch zum Export von Daten in Fremdformate verwendet. So kann man zum Beispiel mit speziellen Druckertreibern PDF-Dokumente zur Darstellung im Adobe Reader erstellen.

Gegenüber einer speziellen Exportfunktion für solche Formate bietet der Druckertreiber den Vorteil, dass nur ein Programm installiert werden muss, das dann aus jeder Windows-Anwendung heraus funktioniert.

Ein PDF-Druckertreiber erscheint wie ein normaler Drucker in der Systemsteuerung unter *Drucker und Faxgeräte*. Wählt man diesen Drucker beim Drucken aus, erscheint ein weiterer Dialog, in dem noch zusätzliche Einstellungen vorgenommen werden können. Hier muss auch ein Name für die neu erstellte Datei angegeben werden. Diese lässt sich danach mit einem geeigneten Betrachter anzeigen. Windows Vista enthält entgegen ursprünglichen Ankündigungen keinen Druckertreiber für PDF-Dokumente. Hier ist man auf externe Software angewiesen.

▲ Das XPS-Format

Microsoft führt mit Windows Vista ein neues Dateiformat XPS ein. Die Abkürzung steht für *XML Paper Specification*. Dies soll ein plattformübergreifendes Format zur Darstellung von Dokumenten werden und ist als direktes Konkurrenzprodukt zu Adobe PDF zu sehen. Microsoft nutzt hier seinen Marktvorteil durch direkte Integration eines Druckertreibers in Windows Vista, wogegen die Originalsoftware von Adobe zum Erstellen von PDF-Dokumenten weiterhin kostenpflichtig ist.

XPS-Dokumente können direkt mit dem neuen Internet Explorer angezeigt werden, ohne dass zusätzliche Software installiert werden muss.

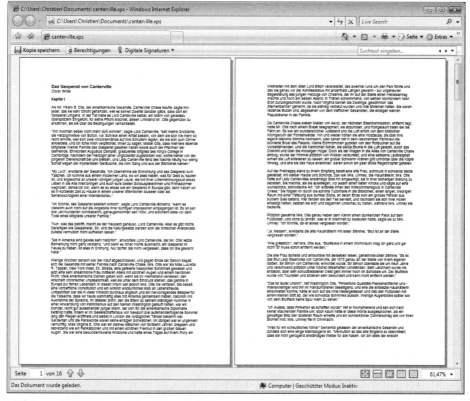

Bild 6.72: XPS-Dokument im Internet Explorer

XPS-Dokumente
Ein XPS-Dokument ist ein ZIP-Archiv mit einer veränderten Dateiendung. Innerhalb dieses Archivs befinden sich speziell formatierte XML-Dokumente mit den einzelnen Seiten des Dokuments, alle Grafiken, ein JPG-Bild mit einer Minivorschau sowie die verwendeten Schriftarten. Der XPS-Viewer im Internet Explorer stellt das Dokument dar und bietet auch eine Suchfunktion sowie die Verwaltung digitaler Rechte am Dokument.

Zum Erstellen von XPS-Dokumenten aus einem beliebigen Programm heraus drucken Sie diese einfach auf den *Microsoft XPS Document Writer*.

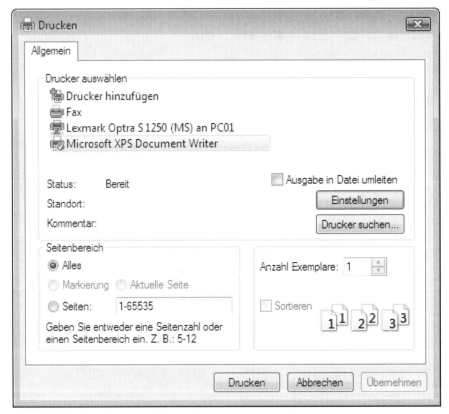

Bild 6.73: *Drucken mit dem Microsoft XPS Document Writer*

Über den Button *Einstellungen* können Sie noch zwischen Hoch- und Querformat wählen. In den erweiterten Einstellungen legen Sie das Papierformat und die Kompression der eingebetteten Bilder fest. Je höher die Kompression, desto kleiner wird die

6.12 Drucker

Dateigröße. Allerdings treten bei hoher JPG-Kompression Artefakte auf, die besonders auf großen einfarbigen Flächen störend auffallen können.

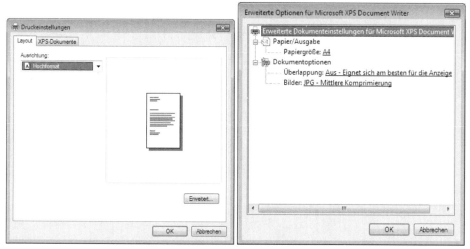

Bild 6.74: Einstellungen im Druckertreiber Microsoft XPS Document Writer

Auf der Registerkarte *XPS-Dokumente* können Sie festlegen, dass die Dokumente direkt nach Erstellung im XPS-Betrachter im Internet Explorer angezeigt werden. Damit können Sie sofort das Ergebnis überprüfen.

Den Vista-Desktop individuell anpassen

Ihren privaten Arbeitsplatz richten Sie sich genau nach Ihren Wünschen ein. Auf Ihrem Schreibtisch liegen die passenden Bleistifte und Kugelschreiber, an der Wand hängt ein schönes Bild, das Handy klingelt mit dem richtigen Ton, und der Papierkorb steht in greifbarer Nähe. Was für Ihren privaten Arbeitsplatz gilt, soll natürlich auch für den PC gelten. Windows Vista bietet hierfür eine Fülle von Einstellungsmöglichkeiten an.

7.1 Uhrzeit und Zeitzone

In der Taskleiste rechts unten wird die Uhrzeit angezeigt. Dabei handelt es sich um die im PC verwaltete Uhrzeit. Bleibt man mit der Maus eine kurze Zeit auf der Uhr stehen, wird das Datum angezeigt.

Bild 7.1: Uhrzeit und Datum in der rechten unteren Bildschirmecke

Wenn Sie auf die Uhr klicken, werden eine Analoguhr und ein Kalender eingeblendet.

Bild 7.2: Analoguhr und Kalender

Datum und Uhrzeit ändern

Datum und Uhrzeit können Sie nur verändern, wenn Sie Administratorrechte besitzen. Zum Ändern klicken Sie auf die Uhrzeit und anschließend auf den Link *Datum und Uhrzeiteinstellungen ändern*. Das Dialogfeld *Datum und Uhrzeit* bietet drei Registerkarten für individuelle Anzeigen und Einstellungen.

Bei der Installation haben Sie sicher schon das richtige Datum eingestellt. Sollte die Uhr des PCs dennoch falsch gehen, klicken Sie auf *Datum und Uhrzeit ändern*. Im linken Datum-Bereich des nächsten Fensters können im Kalender Tag, Monat und Jahr eingestellt werden.

Rechts wird mit einer Analoguhr die aktuelle Systemzeit angezeigt. Nach einem Klick in die Minutenanzeige können Sie mit den kleinen Pfeilen die Minuten verstellen. So funktioniert es ebenfalls mit den Stunden und den Sekunden.

Erst ein Klick auf die Schaltfläche *OK* stellt die Uhr tatsächlich ein.

7.1 Uhrzeit und Zeitzone

Bild 7.3: Details für *Datum und Uhrzeit*

Bild 7.4: Datum und Uhrzeit einstellen

Zeitzone

Damit Ihr PC weiß, in welcher Zeitzone Sie sich befinden, müssen Sie diese auswählen. Klicken Sie dazu auf *Zeitzone ändern*. Die Dropdown-Liste zeigt so ziemlich alle Zeitzonen rund um den Globus an. Für Deutschland gilt *GMT+ 01.00*, das heißt: 1 Stunde nach der Greenwich-Mean-Time. Die Angabe ist wichtig, damit Sie die Zeit auch über einen Zeitserver aktualisieren können. Vergessen Sie nicht, das Kästchen unterhalb der Liste zu aktivieren. Damit erfolgt eine automatische Umschaltung zwischen Sommer- und Winterzeit.

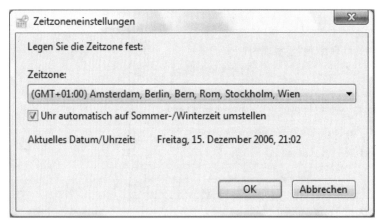

Bild 7.5: Auswahl einer Zeitzone

Zusätzliche Uhren

Neben der lokalen Uhrzeit können Sie noch weitere Uhren anzeigen lassen. Schalten Sie dazu auf die Registerkarte *Zusätzliche Uhren*. Dort können Sie bis zu zwei weitere Zeitzonen auswählen und beliebige kurze Anzeigenamen dafür festlegen.

7.1 Uhrzeit und Zeitzone

Bild 7.6: Weitere Uhren einrichten

Wenn Sie für diese Uhren die Schalter *Diese Uhr anzeigen* einschalten, erscheinen die entsprechenden Zeiten zusätzlich, wenn Sie mit dem Mauszeiger auf der Uhr in der unteren rechten Bildschirmecke stehen bleiben.

Bild 7.7: Anzeige weiterer Uhren

Klicken Sie auf die Uhr, werden die zusätzlichen Uhren etwas kleiner ebenfalls als Analoguhren dargestellt.

Bild 7.8: Weitere Uhren als Analoguhren auf dem Bildschirm

Genaue Uhrzeit online: Internetzeit

Mit einer Funkuhr, die Sie vielleicht am Handgelenk tragen, können Sie natürlich die Systemzeit immer exakt einstellen. Es geht aber viel einfacher. Lassen Sie einen Zeitserver aus dem Internet für sich arbeiten. Schalten Sie dazu auf die Registerkarte *Internetzeit* und klicken Sie auf *Einstellungen ändern*.

In der Serverliste sind schon einige Server eingetragen. Verwenden Sie in Deutschland am besten den Server der Physikalisch-Technischen Bundesanstalt Braunschweig, *ptbtime1.pdb.de*. Von dort aus werden alle Funkuhren in Deutschland gesteuert.

Wenn Sie in das Kästchen in der ersten Zeile noch ein Häkchen eintragen, dann wird die Systemzeit einmal pro Woche mit dem ausgewählten Zeitserver synchronisiert. Mit *Jetzt aktualisieren* können Sie jederzeit sofort synchronisieren.

7.1 Uhrzeit und Zeitzone

Bild 7.9: Aktuelle Einstellungen für Internetzeitsynchronisierung

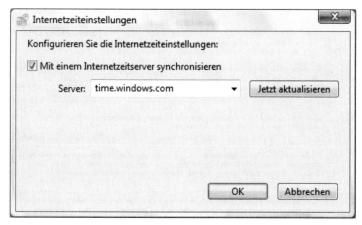

Bild 7.10: *Internetzeitserver* festlegen

Das Aktualisierungsintervall ist auf eine Woche festgelegt, kann aber durch einen Eingriff in die Registry verändert werden. Nähere Informationen dazu finden Sie im Kapitel 13.

7.2 Optik des Desktops

Bei der Optik Ihres Desktops können Sie Ihrer Fantasie freien Lauf lassen. Das Aussehen kann je nach Einstellung Ihrer Arbeit sehr förderlich sein, es kann Sie aber auch ablenken und beeinträchtigen. Hier gilt der Spruch: Weniger ist manchmal mehr.

Vista Basis oder im Aero-Look?
Viele der Desktopeinstellungen unterscheiden sich, je nachdem, ob Sie die Vista Basis-Oberfläche oder die neue Aero-Oberfläche einsetzen. Wegen der besseren Erkennbarkeit im Schwarzweißdruck verwenden wir in diesem Buch für die meisten Screenshots den Vista Basis-Desktop.

Klicken Sie mit der rechten Maustaste auf eine leere Stelle des Desktops, und wählen Sie *Anpassen*. Das Dialogfeld *Darstellung und Sounds anpassen* zeigt verschiedene Optionen, um das Aussehen des Desktops zu beeinflussen.

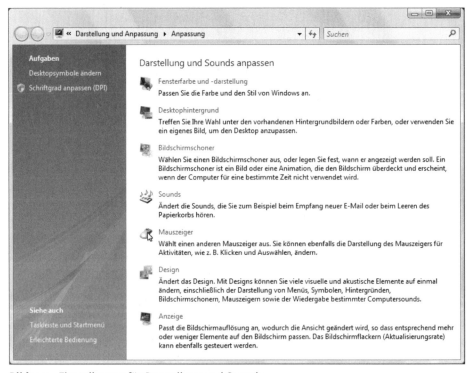

Bild 7.11: Einstellungen für *Darstellung und Sounds*

Desktophintergrund

Windows liefert eine Vielzahl von Motiven für den Desktophintergrund mit. Sie können aber auch ein eigenes Bild verwenden. Im Listenfeld *Bildpfad* können Sie einige Standardverzeichnisse auswählen, in denen Hintergrundbilder gesucht werden sollen. Mit der Schaltfläche *Durchsuchen...* navigieren Sie zu Ihrem Wunschbild in einem beliebigen Verzeichnis und öffnen es.

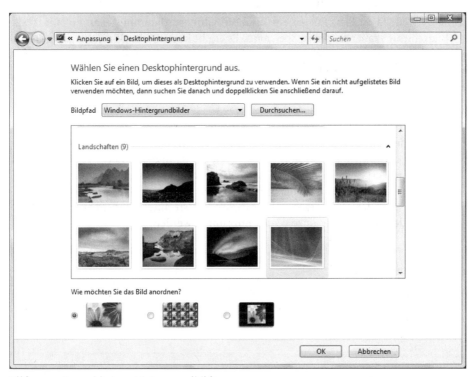

Bild 7.12: Auswahl eines Hintergrundbilds

Im unteren Teil dieses Dialogfelds finden Sie unter *Wie möchten Sie das Bild anordnen?* drei Optionen zur Darstellung des Hintergrundbilds auf dem Desktop:

An Bildschirmgröße anpassen	Zeigt das Bild formatfüllend auf dem Bildschirm. Dabei wird es soweit wie möglich vergrößert, um den Bildschirm auszufüllen.
Nebeneinander	Wiederholt das Bild in einem regelmäßigen Raster und füllt so den Bildschirm aus. Jedes einzelne Bild bleibt dabei in seiner Originalauflösung.
Zentriert	Stellt das Bild in Originalgröße in der Mitte des Bildschirms dar.

Hintergrundbildauswahl echt einfach
Noch einfacher können Sie ein Hintergrundbild auswählen, indem Sie es in der Windows-Fotogalerie oder im Explorer suchen. Sie Klicken mit der rechten Maustaste in das Bild und wählen im Kontextmenü die Option *Als Desktophintergrund verwenden*.

Um Speicherplatz und Rechenleistung zu sparen, sollten Sie das Bild, das Sie als Hintergrund verwenden wollen, mit einem Bildbearbeitungsprogramm genau auf die Maße des Bildschirms skalieren und so speichern. Es ergibt keinen Sinn, ein 6-Megapixel-Foto von einer Digitalkamera jedes Mal vom System wieder auf die Bildschirmauflösung herunterrechnen zu lassen. Legen Sie die Hintergrundbilder auch immer auf der Festplatte ab, und verwenden Sie keine Bilder von CD-ROMs oder Netzwerklaufwerken.

Hintergrundbilder fressen Arbeitsspeicher
Bedenken Sie, dass jedes Hintergrundbild Arbeitsspeicher in voller Größe der unkomprimierten BMP-Datei frisst, der dann dem System verloren geht. Wer Wert auf ein schlankes, schnelles Windows legt, sollte also grundsätzlich auf Hintergrundbilder verzichten. Die genaue Größe in Bit können Sie aus der Formel: Breite × Höhe × Farbtiefe ausrechnen. Das gilt auch für JPG-Bilder, da diese zur Anzeige dekomprimiert werden.

▲ Hintergrundfarbe

Aus dem Listenfeld *Bildpfad* können Sie mit der Option *Einfarbig* die Hintergrundfarbe auswählen, wenn kein Hintergrundbild angezeigt wird oder Sie für die Ausrichtung *Zentriert* gewählt haben.

7.2 Optik des Desktops

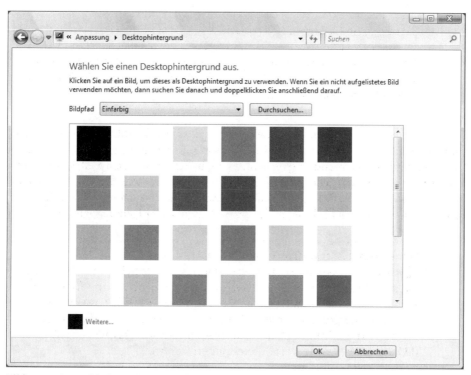

Bild 7.13: Auswahl einer Hintergrundfarbe

▲ Desktopsymbole

Ein gutes Hintergrundbild sollte an einem Bildrand eine größere einfarbige, möglichst dunkle Fläche haben, auf der man dann die Desktopsymbole anordnen kann. Symbole in bunten Bildbereichen sind schwer zu erkennen und stören auch die Optik des Bilds.

Wer während der Arbeit mal zwischendurch sein schönes Hintergrundbild sehen möchte, braucht nicht alle Fenster einzeln zu minimieren. Die Tastenkombination [Win]+[D] gibt jederzeit den Blick auf das Hintergrundbild frei. Mit denselben Tasten lassen sich dann alle Fenster wieder auf ihre ursprüngliche Größe und Position bringen. Sie können statt der Tastenkombination auch das Symbol ganz links in der Schnellstartleiste verwenden.

Möchten Sie auch die Symbole für eine Weile verschwinden lassen, klicken Sie mit der rechten Maustaste auf den Desktop und schalten im Kontextmenü den Schalter *Ansicht/ Desktopsymbole anzeigen* aus. Dabei werden die Symbole nicht gelöscht, sondern nur versteckt. Sie können auf dieselbe Weise wieder eingeschaltet werden.

Bild 7.14: Desktop mit eigenem Hintergrund und Symbolen

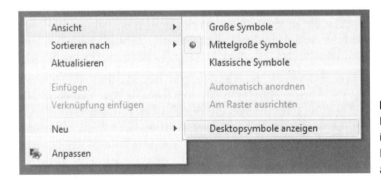

Bild 7.15: Desktopsymbole über das Kontextmenü ausblenden

Im gleichen Menü können Sie unterschiedliche Größen für die Desktopsymbole auswählen. Um die Anordnung der Desktopsymbole in übersichtlichen Reihen zu erleichtern, sollten Sie im Kontextmenü den Schalter *Ansicht/Am Raster ausrichten* einschalten. Damit verhindern Sie ein planloses Chaos auf dem Desktop.

Der Schalter *Ansicht/Automatisch anordnen* sollte immer ausgeschaltet bleiben, andernfalls wird Ihre schöne persönliche Ordnung zerstört und die Symbole von oben links be-

7.2 Optik des Desktops

ginnend untereinander angeordnet. Das Gleiche gilt für die Sortierung von Symbolen auf dem Desktop. Im Kontextmenü *Sortieren nach* können Sie verschiedene Sortierkriterien auswählen. In jedem Fall wird aber die eigene Ordnung aufgehoben und alle Symbole werden von oben links beginnend automatisch angeordnet.

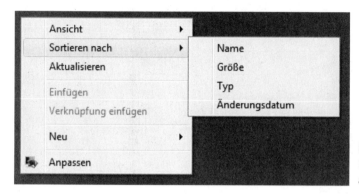

Bild 7.16: Desktopsymbole automatisch sortieren

Welche der Windows-Standardsymbole *Computer, Benutzerdateien, Netzwerk, Papierkorb, Internet Explorer* und *Systemsteuerung* auf dem Desktop angezeigt werden sollen, legen Sie über den Link *Desktopsymbole ändern* links im Fenster *Darstellung und Sounds anpassen* fest.

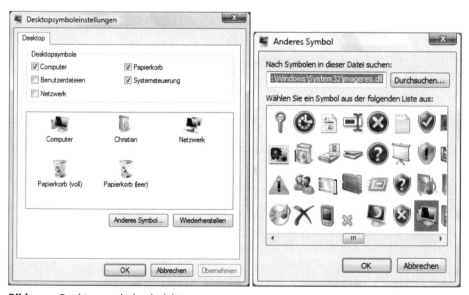

Bild 7.17: Desktopsymbole einrichten

In diesem Dialogfeld können Sie über den Button *Anderes Symbol* andere Bildchen für die Standarddesktopsymbole wählen.

Designs

Bei den Designs haben Sie je nach verwendeter Grafikkarte nur die Wahl zwischen dem Vista-Design und dem klassischen Windows-Design bzw. Vista Aero. Das Design enthält nicht nur das Hintergrundbild, sondern dazu gehören auch noch weitere Einstellungen, die Sie verändern können, also auch der Bildschirmschoner und die Darstellung der Fenster.

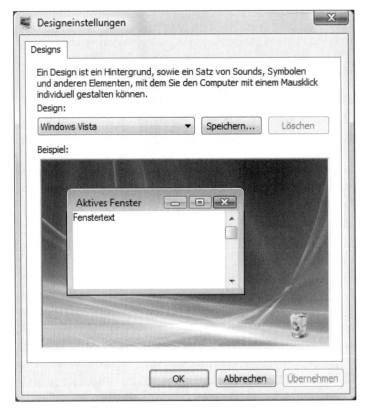

Bild 7.18: Windows-Design auswählen

 Speichern Sie Ihren Desktop
Wenn Sie sich auf diese Weise Ihr persönliches Design zusammengestellt haben, können Sie es (vorher auf *Übernehmen* klicken) dauerhaft speichern. Geben Sie dem Design einen unverwechselbaren Namen. Es wird dann im persönlichen Verzeichnis mit der Dateiendung *.theme* abgespeichert. Aus der Designliste können Sie es jederzeit wieder zurückholen.

7.2 Optik des Desktops

Verschiedene Downloadseiten im Internet bieten mehr oder weniger gute alternative Designs zum Herunterladen an. Damit lässt sich das Aussehen von Windows Vista vielfältig verändern.

Bild 7.19: Eine von vielen Downloadseiten mit Windows-Themen und Designs

Die neue Benutzeroberfläche Aero

Eine der interessantesten Neuerungen in Windows Vista ist die neue Benutzeroberfläche Aero. Wenn die Grafikkarte die dafür notwendige Leistung bringt und passende Treiber installiert sind, installiert Windows Vista die Aero-Oberfläche automatisch.

Aero-Fenster sind auf einen Blick an der Form der Symbole oben rechts zu erkennen sowie an den abgerundeten Ecken. In Vista-Basis sind nur die oberen Ecken der Fenster abgerundet, in Aero alle vier.

Bild 7.20: Titelleiste eines Fensters in Vista-Basis

Bild 7.21: Titelleiste eines Fensters in Vista-Aero

Verwendet man die Aero-Oberfläche, ändert sich der Konfigurationsdialog in der Systemsteuerung unter *Anpassung/Fensterfarbe und Darstellung*. Hier stehen jetzt acht verschiedene Farbschemata zur Auswahl. Mit dem Farbmixer lassen sich die Farben noch detaillierter einstellen.

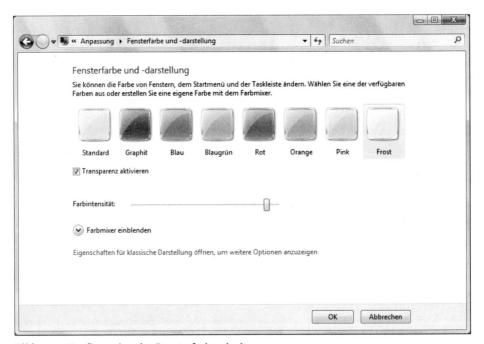

Bild 7.22: Konfiguration der Fensterfarben in Aero

Ist der Schalter *Transparenz aktivieren* eingeschaltet, erscheinen die Titelleiste und die Ränder jedes Fensters transparent, sodass man das darunter liegende Fenster oder den Desktop leicht verschwommen erkennen kann. Der Rand des aktiven Fensters wird automatisch weniger transparent dargestellt als die Ränder der inaktiven Fenster.

Mit dem Schieberegler *Farbintensität* lässt sich die Transparenz verstärken oder zurücknehmen.

7.2 Optik des Desktops

Bild 7.23: Transparente Fensterrahmen in Aero

Transparenz – sinnvoll oder nicht?
Die Antwort auf diese Frage muss sich jeder nach Ausprobieren selbst geben. Wir verwenden in diesem Buch, soweit die Aero-Oberfläche abgebildet ist, wegen der besseren Erkennbarkeit nicht transparente Fensterrahmen.

Bei eingeschalteter Aero-Oberfläche finden Sie die aus der Vista Basis-Oberfläche bekannten Einstellungen über den Link *Eigenschaften für klassische Darstellung öffnen*, um weitere Optionen anzuzeigen.

In diesem Dialogfeld können Sie auf Aero-fähigen Grafikkarten zwischen Aero, Vista Basis und der klassischen Windows-Oberfläche umschalten.

Bild 7.24:
Umschaltung zwischen Aero und Vista-Basis

Visuelle Effekte

An vielen Stellen bietet Windows Vista optische Effekte, die frühere Windows-Versionen noch nicht kannten. Das Ein- und Ausblenden von Menüs sowie die verschiedenen Schatteneffekte und kleinen Animationen kosten aber erheblich Performance ohne erkennbare Vorteile.

Wenn Sie ein schnelles schlankes System bevorzugen, schalten Sie diese Effekte mit dem Button in der Systemsteuerung einfach ab. Wählen Sie dazu in der Systemsteuerung *System und Wartung/System*, und klicken Sie dort links auf *Erweiterte Systemeinstellungen*.

Im nächsten Dialogfeld klicken Sie auf der Registerkarte *Erweitert* auf den oberen der drei *Einstellungen*-Buttons.

7.2 Optik des Desktops

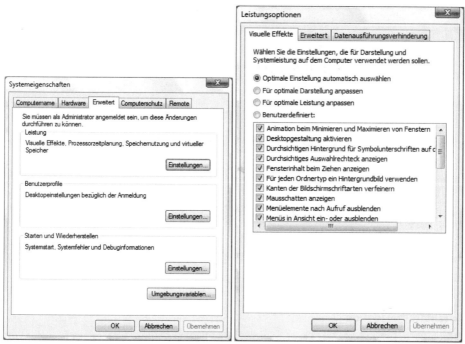

Bild 7.25: *Leistungsoptionen* in der Systemsteuerung

Schalten Sie auf der Registerkarte *Visuelle Effekte* auf den Modus *Benutzerdefiniert*. Hier können Sie dann alle Schalter außer *Visuelle Stile für Fenster und Schaltflächen verwenden* und *Vorschau und Filter im Ordner anzeigen* ausschalten, ohne dass es zu Funktionseinschränkungen kommt. Außer diesen beiden Schaltern haben alle anderen nur optische Wirkung.

In der Systemsteuerung finden Sie unter *Darstellung und Anpassung/Anpassung/Fensterfarbe und -darstellung/Eigenschaften für klassische Darstellung öffnen, um weitere Optionen anzuzeigen* auch noch einen Button *Effekte*. Um die Darstellung zu beschleunigen, können Sie hier ebenfalls alle Schalter ausschalten.

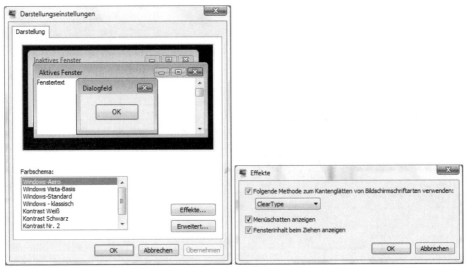

Bild 7.26: Weitere überflüssige Effekte deaktivieren

▲ Tastaturnavigation

Durch Drücken der Alt -Taste blenden Sie die bekannten Unterstreichungen von Buchstaben in Menüs wieder ein, die für die Tastaturnavigation gebraucht werden. Windows Vista zeigt sie standardmäßig sonst nicht mehr an.

Auf diese Art prägen Sie sich diese Buchstaben unbewusst ein. Die Tastaturnavigation bewirkt eine wesentlich schnellere und flüssigere Programmbedienung als die Mausnavigation – auch dies ist eine Art von Tuning.

Anzeige-Einstellungen

Mit der letzten Option *Anzeige* bekommen Sie eine Übersicht über die aktuellen Einstellungen der Grafikkarte. Hier stellen Sie mit einem Schieberegler die Bildschirmauflösung und in einer Liste die Farbtiefe ein.

Bild 7.27: Anzeige der Bildschirmeinstellungen

In den erweiterten Einstellungen finden Sie viele Möglichkeiten zur Änderung des Monitors und der Grafikkarte. Hier sollten Sie nach Möglichkeit nichts verstellen, um die ordnungsgemäße Anzeige nicht zu beeinträchtigen.

7.3 Windows Vista mit der klassischen Oberfläche

Obwohl die neue Benutzeroberfläche von Windows Vista diverse Vorteile im Bezug auf Anwenderfreundlichkeit hat, hat sie auch Nachteile. Die vielen Animationen und grafischen Effekte fressen einen erheblichen Teil der Performance des Rechners. Außerdem kann es Kompatibilitätsprobleme zu Programmen geben, die eigene grafische Oberflächen oder Skins bieten, die über den alten Windows-Standard hinausgehen.

Die neue Oberfläche unterscheidet sich von älteren Windows-Versionen vor allem durch die neue Optik der Fenster und Bedienelemente sowie durch das neue Startmenü.

Diese beiden Elemente lassen sich unabhängig voneinander auf das klassische Windows-Design zurücksetzen.

Klassisches Startmenü

Mit einem Rechtsklick auf den *Start*-Button und Auswahl des Kontextmenüpunkts *Eigenschaften* erreichen Sie die Dialogbox *Eigenschaften von Taskleiste und Startmenü*.

Bild 7.28: Auswahl des Startmenütyps

Hier können Sie sich zwischen dem neuen Windows Vista-Startmenü und dem klassischen einspaltigen Startmenü entscheiden.

7.3 Windows Vista mit der klassischen Oberfläche

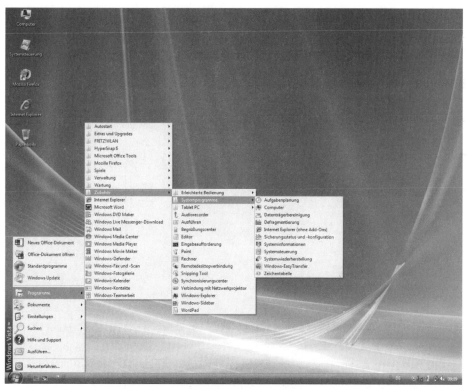

Bild 7.29: Das klassische Startmenü im Windows Vista-Design

Beim Umschalten auf das klassische Startmenü erscheinen automatisch wie aus älteren Windows-Versionen gewohnt auch Desktopsymbole für das persönliche Verzeichnis, *Computer, Netzwerkumgebung, Systemsteuerung* und *Internet Explorer*. Diese verschwinden genauso automatisch beim Zurückschalten auf das neue Windows XP-Startmenü, solange sie nicht über die Funktion *Desktopsymbole ändern* in der Systemsteuerung *Darstellung und Anpassung/Anpassung* gesondert aktiviert wurden.

Mit dem Button *Anpassen* in der Dialogbox *Eigenschaften von Taskleiste und Startmenü* können Sie festlegen, welche Menüpunkte im klassischen Startmenü zu sehen sein sollen und welche nicht.

Bild 7.30: Auswahl der angezeigten Menüpunkte im klassischen Startmenü

Hier finden Sie auch den wichtigen seit Windows 95 bekannten Button *Erweitert*, mit dem Sie selbst Startmenüeinträge anlegen und verschieben können. Die hier vorgenommenen Änderungen wirken sich aber auch auf den Menüpunkt *Alle Programme* im neuen Startmenü aus.

Das klassische Startmenü verwendet für Verknüpfungen das Verzeichnis *C:\Users\ <Benutzername>\AppData\Roaming\Microsoft\Windows\Start Menu*.

Klassisches Windows-Design

Aus Kompatibilitäts- und Performancegründen bietet Windows Vista alternativ zur neuen Benutzeroberfläche auch noch die klassische seit Windows 95 bekannte Windows-Oberfläche an. Die bunte Windows XP-Oberfläche steht in Windows Vista nicht mehr zur Auswahl.

7.3 Windows Vista mit der klassischen Oberfläche

Bild 7.31: Beispiel eines Vista-Fensters im klassischen Design älterer Windows-Versionen

Die Sidebar kann auch im klassischen Design verwendet werden, hat dann aber keine Transparenz.

▲ Umschalten auf die klassische Windows-Oberfläche

Zum Umschalten auf die klassische Windows-Oberfläche gibt es drei Möglichkeiten, die alle genau dasselbe bewirken:

- Klicken Sie mit der rechten Maustaste auf den Desktop, und wählen Sie im Kontextmenü *Anpassen*. Wählen Sie *Design*, und schalten Sie im nächsten Fenster unter *Designs* auf die Option *Windows – klassisch*.

- Klicken Sie mit der rechten Maustaste auf den Desktop, und wählen Sie im Kontextmenü *Anpassen*. Wählen Sie *Fensterfarbe und Darstellung*, und schalten Sie im nächsten Fenster unter *Farbschema* auf die Option *Windows – klassisch*.

- Wählen Sie in der Systemsteuerung *System und Wartung/System*. Klicken Sie dort auf *Erweiterte Systemeinstellungen* und im nächsten Dialogfeld auf den oberen der drei *Einstellungen*-Buttons. Wählen Sie dann im nächsten Dialog auf der Registerkarte *Visuelle Effekte* die Option *Für optimale Leistung anpassen*.

▲ Umschalten auf die Windows Vista-Oberfläche

Zurück auf die moderne Windows Vista-Oberfläche kommen Sie entsprechend wieder mit den folgenden alternativen Schritten:

- Klicken Sie mit der rechten Maustaste auf den Desktop, und wählen Sie im Kontextmenü *Anpassen*. Wählen Sie *Design*, und schalten Sie im nächsten Fenster unter *Designs* auf die Option *Windows Vista*.

- Klicken Sie mit der rechten Maustaste auf den Desktop, und wählen Sie im Kontextmenü *Anpassen*. Wählen Sie *Fensterfarbe und Darstellung*, und schalten Sie im nächsten Fenster unter *Farbschema* auf die Option *Windows Vista-Basis*.

- Wählen Sie in der Systemsteuerung *System und Wartung/System*. Klicken Sie dort auf *Erweiterte Systemeinstellungen* und im nächsten Dialogfeld auf den oberen der drei *Einstellungen*-Buttons. Wählen Sie dann im nächsten Dialog auf der Registerkarte *Visuelle Effekte* die Option *Benutzerdefiniert*. Schalten Sie dann den Schalter *Visuelle Stile für Fenster und Schaltflächen verwenden* ein. Je nach persönlichem Geschmack und je nachdem, wie hohe Performanceverluste Sie bereit sind einzubüßen, können Sie weitere Effekte in dieser Liste einschalten.

Durch eine Kombination von klassischer Oberfläche und klassischem Startmenü sieht Windows Vista (fast) wie Windows 2000 aus, bietet aber trotzdem die neuen Funktionen des Explorers und die Sidebar.

▲ Fensterfarben

In der Systemsteuerung unter *Darstellung und Anpassung/Anpassung* können Sie unter *Fensterfarbe und Darstellung* beim klassischen Windows-Schema unter einer Vielzahl von Farbschemata für die Darstellung der einzelnen Fenster wählen.

Mit der Schaltfläche *Erweitert* können Sie jedes einzelne Fensterelement verändern. Je nach Element ändern Sie die erste oder zweite Farbe, die Größe, Schriftart, Schriftfarbe oder Ausrichtung. Wenn Sie sich bei diesen Einstellungen Ihre Fenster völlig verunstaltet haben, dann haben Sie immer noch einen Rettungsring. In den *Darstellungseinstellungen* können Sie immer wieder eines der Standardfarbschemata zurückholen.

7.4 Bildschirmschoner und Stromspareinstellungen

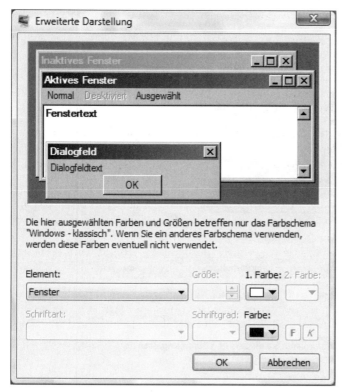

Bild 7.32: Farbeinstellungen für klassisches Windows-Design

7.4 Bildschirmschoner und Stromspareinstellungen

Wie der Name sagt, soll der Bildschirm geschont werden. Das stammt noch aus der Zeit der alten Röhrenmonitore. Wenn sehr lange dasselbe Bild auf dem Monitor zu sehen war, dann haben sich Fragmente des Bilds in die Leuchtschicht des Bildschirms eingebrannt. Diese waren dann ständig als leicht durchsichtiges Bild zu sehen. Die modernen Flachbildschirme sind dagegen weitestgehend immun, und auf den neueren Röhrenmonitoren muss das Bild schon tagelang stehen, bevor es sich einbrennt.

Der Bildschirmschoner ist heute fast immer eher eine nette Spielerei. Er schaltet sich ein, wenn innerhalb einer einstellbaren Zeit die Maus nicht bewegt oder keine Taste betätigt wird.

In der Systemsteuerung können Sie unter *Darstellung* und *Anpassung/Anpassung/Bildschirmschoner* einen Bildschirmschoner festlegen. In der Dropdown-Liste *Bildschirmschoner* werden bereits einige Schoner-Varianten aufgeführt.

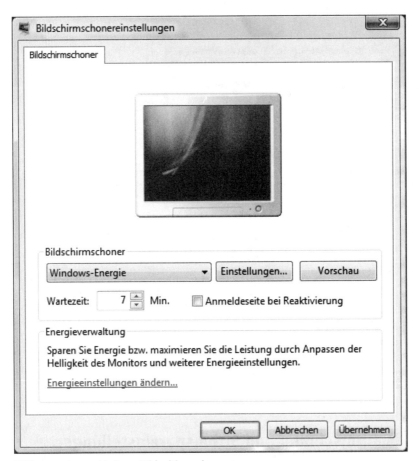

Bild 7.33: Auswahl eines Bildschirmschoners

Der ausgewählte Bildschirmschoner wird in einem kleinen Fenster angezeigt. Mit dem Button *Vorschau* können Sie den Bildschirmschoner auf dem ganzen Desktop sehen.

Wer mehr Bildschirmschoner möchte, kann im Internet unter einer nahezu unbegrenzten Auswahl an Bildschirmschonern wählen und diese herunterladen.

7.4 Bildschirmschoner und Stromspareinstellungen

Bild 7.34: *www.bildschirmschoner.de* – eine von vielen Downloadseiten mit Bildschirmschonern

Bildschirmschonerdateien erkennen Sie an der Dateiendung *.SCR*. Sie werden im Verzeichnis *\Windows\System32* abgelegt.

Manche Bildschirmschoner verfügen über einen eigenen Einstellungsdialog. Darin können Sie sie vielfältig konfigurieren. Dieses Dialogfeld erreichen Sie mit dem Button *Einstellungen*, wenn der Bildschirmschoner ausgewählt ist.

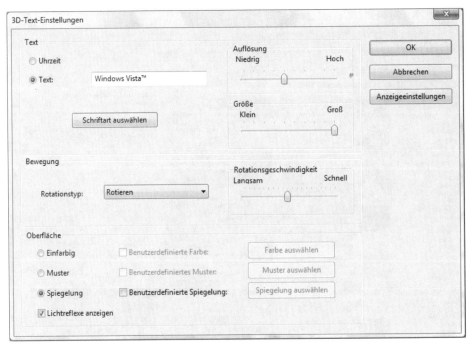

Bild 7.35: Einstelldialog für den Bildschirmschoner *3D-Text*

Bildschirmschoner als Sicherheitsfunktion
Es gibt aber auch einen durchaus ernsten Grund für den Einsatz eines Bildschirmschoners. Setzen Sie ihn sozusagen als Zerberus vor Ihren PC. Wenn Sie für einen Augenblick Ihren Arbeitsplatz verlassen, verbirgt der Bildschirmschoner den Monitorinhalt vor neugierigen Blicken. Aktivieren Sie dazu die Funktion *Anmeldeseite bei Reaktivierung*. Bei einer Maus- oder Tastenbetätigung erscheint jetzt nicht der ursprüngliche Bildschirminhalt, sondern die Anmeldeseite wird angezeigt. Wenn Sie dort ein Passwort hinterlegt haben, hat kein Fremder Einblick in Ihren PC. Bevor der PC weiter benutzt werden kann, muss erst dieses Passwort eingegeben werden.

Diaschau als Bildschirmschoner

Mit dem Bildschirmschoner *Fotos* können Sie eigene Bilder als Diaschau anzeigen lassen. Die anzuzeigenden Fotos können entweder aus der Windows-Fotogalerie kommen oder aus einem eigens für den Bildschirmschoner angelegten Verzeichnis. Mit dem Button *Einstellungen* können Sie auswählen, welche Fotos verwendet werden sollen.

7.4 Bildschirmschoner und Stromspareinstellungen

Bild 7.36: Eigene Diaschau als Bildschirmschoner

Wenn Sie die Fotogalerie verwenden, können Sie Bilder mit einer bestimmten Markierung für den Bildschirmschoner nehmen. Markieren Sie zum Beispiel einfach in der Fotogalerie alle Bilder, die im Bildschirmschoner angezeigt werden sollen, mit dem Wort *Bildschirmschoner*.

Umgekehrt können Sie auch eine Markierung für Bilder vergeben, die auf keinen Fall im Bildschirmschoner angezeigt werden sollen, auch wenn sie zusätzlich die Markierung zum Anzeigen enthalten oder wenn Sie einfach alle Bilder der Fotogalerie für den Bildschirmschoner verwenden.

Weiterhin können Sie anhand der Bewertung festlegen, ob ein Bild in den Bildschirmschoner aufgenommen werden soll. So sehen Sie im Bildschirmschoner nur die besten Bilder und nicht einfach alle.

Mit *Durchsuchen* navigieren Sie zu einem bestimmten Verzeichnis, in dem Ihre Bilder liegen, wenn Sie nicht aus der Fotogalerie Bilder auswählen möchten.

Im unteren Teil des Dialogfelds können Sie noch die Geschwindigkeit der Bildwechsel einstellen.

Energieeinstellungen

Der Bildschirmschoner schont in Wirklichkeit nicht, sondern beschäftigt nur den Prozessor, wenn dieser sonst nichts zu tun hat. Unter *Energieverwaltung* wird aber tatsächlich geschont. Hier stellen Sie ein, nach welcher Zeit der Monitor oder die Festplatte ausgeschaltet werden und wann in den Standby oder Ruhezustand umgeschaltet werden soll. Diese Einstellungen sind besonders für tragbare PCs mit immer zu schwachen Akkus wichtig. Hier stellen Sie auch den Alarm für niedrigen oder kritischen Batteriestand ein.

Windows Vista gibt verschiedene sogenannte Energiesparpläne vor. Hier können Sie zwischen dem normalen Modus *Ausbalanciert*, einem speziellen *Energiesparmodus* und einem Modus *Höchstleistung*, der nur wenig Energie spart, wählen.

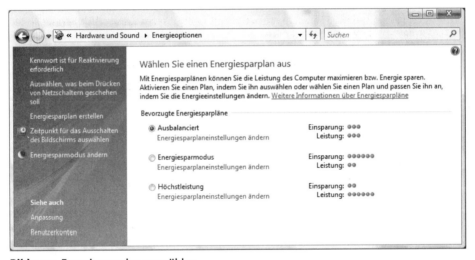

Bild 7.37: Energiesparplan auswählen

Mit einem Klick auf den Link *Energiesparplaneinstellungen ändern* können Sie für jeden Energiesparplan auch individuelle Einstellungen festlegen. Dabei können Sie einstellen, nach welcher Inaktivitätszeit der Bildschirm ausgeschaltet werden und wann der Computer automatisch in den Energiesparmodus gehen soll.

7.4 Bildschirmschoner und Stromspareinstellungen

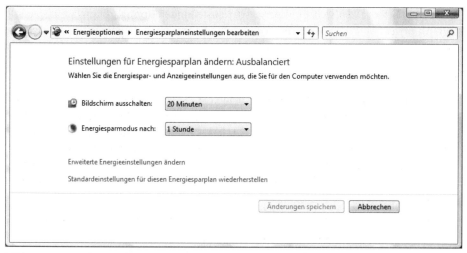

Bild 7.38: *Energiesparplaneinstellungen* ändern

Auf Notebooks können die Einstellungen für den Energiesparplan bei Akku- oder Netzbetrieb unterschiedlich festgelegt werden.

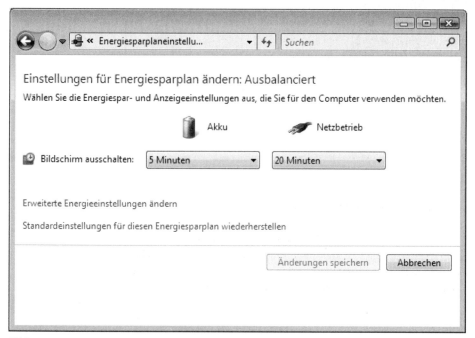

Bild 7.39: *Energiesparplaneinstellungen* auf einem Notebook

Noch detaillierter lassen sich die Energiespareinstellungen konfigurieren, wenn Sie auf den Link *Erweiterte Energieeinstellungen ändern* klicken. Hier stehen weitere Einstellungen zur Verfügung, die Sie je nach verwendeter Hardware entsprechend anpassen sollten.

Auf Notebooks kann auch hier jede Einstellung für Akkubetrieb und Netzbetrieb unabhängig festgelegt werden.

Bild 7.40: Erweiterte Energieeinstellungen auf einem Desktop

Kennwort bei Reaktivierung anfordern	Legt fest, ob bei der Rückkehr aus dem Energiesparmodus das Benutzerkennwort eingegeben werden muss.
Festplatte ausschalten nach	Schaltet nach einer bestimmten Inaktivitätszeit die Festplatte aus, um Strom zu sparen, was besonders bei Notebooks sehr nützlich ist.
Drahtlosadaptereinstellungen	Bietet unterschiedliche Energiesparfunktionen für eingebaute WLAN-Adapter. Bei geringerer Leistung wird zwar die Reichweite verringert, dafür geht auch der Stromverbrauch zurück.

7.4 Bildschirmschoner und Stromspareinstellungen

Energie sparen/ Deaktivierung nach	Legt fest, nach welcher Zeit der Computer deaktiviert werden soll. Diese Deaktivierung bedeutet Ausschalten von Festplatte und Monitor. Der Prozessor wird in einen energiesparenden Zustand versetzt. Bei Bedarf wird das System sehr schnell wieder aktiviert.
Energie sparen/ Ruhezustand nach	Legt fest, nach welcher Zeit der Computer in den Ruhezustand versetzt werden soll. Hier wird der komplette Inhalt des Arbeitsspeichers auf die Festplatte gespeichert und der Computer ausgeschaltet. Wird er wieder eingeschaltet, wird der Arbeitsspeicherinhalt wiederhergestellt, sodass man sich an der gleichen Stelle wie vor dem Ruhezustand befindet.

Für den Ruhezustand wird auf der Festplatte genauso viel freier Speicherplatz benötigt, wie RAM installiert ist. Das Speicherabbild wird in der Datei *hiberfil.sys* auf dem Systemlaufwerk abgelegt. Diese Datei hat die Attribute *Versteckt* und *System*, kann also nicht auf eine andere Partition oder ein anderes Verzeichnis verschoben und auch nicht defragmentiert werden. Diese Datei wird auf einem ACPI-fähigen Computer bei der Windows Vista-Installation automatisch in voller Größe des RAM angelegt, sodass der Speicherplatz reserviert ist und die Gefahr der Fragmentierung verringert wird. Diese Datei sollten Sie auf keinen Fall löschen, da Sie sie sonst meistens nicht mehr unfragmentiert anlegen können.

PCI-Express	PCI-Express-Netzwerkkarten können, wenn die Verbindung nicht benötigt wird, automatisch in einen Energiesparmodus versetzt werden.
Suche und Indizierung	Der Suchindex wird normalerweise in Ruhezeiten aktualisiert. Da dabei die Festplatte permanent läuft, wird mehr Energie verbraucht. Die Zeiten werden gegenüber dem System auch nicht als Inaktivität gemeldet, sodass die Festplatte auch nicht ausgeschaltet wird. In der Energiespareinstellung wird der Suchindex nicht so häufig aktualisiert, sodass bei Inaktivität des PCs die Festplatte ausgeschaltet und Strom gespart werden kann.
Bildschirm ausschalten nach	Legt fest, nach welcher Inaktivitätszeit der Bildschirm abgeschaltet wird.
Adaptive Bildschirmabschaltung	Wird der abgeschaltete Bildschirm häufig per Maus oder Tastatur wieder eingeschaltet, verlängert sich in diesem Modus automatisch die Inaktivitätszeit für zukünftiges Abschalten des Bildschirms.

Multimediaeinstellungen	Wenn ein anderes Gerät, ein Media Center oder Computer im Netzwerk von diesem Computer aus Medien abspielt, können Sie hier verhindern, dass der Computer in den Energiesparmodus verfällt. Der Energiesparmodus auf diesem Computer könnte zu Störungen bei der Medienwiedergabe auf dem anderen Computer führen.

▲ Energiemanagement per ACPI

In früheren Computergenerationen wurden verschiedene Konzepte zu Energiesparfunktionen entwickelt. 1998 einigten sich die wichtigsten führende Hersteller auf den ersten gemeinsamen ACPI-Standard (Advanced Configuration and Power Interface) für intelligentes Energiemanagement in Kombination von Hardware-, Software- und BIOS-Funktionen.

ACPI bietet weit mehr als nur Energiesparfunktionen. Die komplette Konfiguration der Hardware kann von ACPI übernommen werden, sodass ein großer Teil der eingebauten Geräte scheinbar nur noch einen einzigen Interrupt belegt. Dabei greift ACPI tief in die Steuerung und Ressourcenzuweisung für Plug&Play-Geräte ein. Damit ACPI problemlos funktioniert, muss es von allen beteiligten Komponenten unterstützt werden: BIOS, Motherboard, Grafikkarte, Monitor, Festplatte und Betriebssystem. ACPI ist außerdem die Voraussetzung für den Standbymodus oder das Ein- und Ausschalten eines Computers über die Tastatur. Ausführliche Informationen zu ACPI und die offiziellen Spezifikationen finden Sie bei *www.acpi.info*.

Ob Ihr Computer ACPI unterstützt, sehen Sie am einfachsten im Geräte-Manager unter *Computer/Eigenschaften/Geräte-Manager*.

Windows Vista bietet eine breite Unterstützung von ACPI-Funktionen. So gibt es verschiedene Stadien zwischen dem Normalbetrieb und dem wirklich ausgeschalteten stromlosen Zustand.

7.4 Bildschirmschoner und Stromspareinstellungen

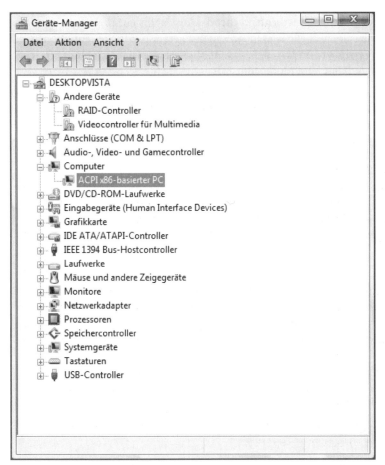

Bild 7.41: Computertyp und ACPI-Geräte im *Geräte-Manager*

Welche ACPI-Geräte ein Computer unterstützt, sehen Sie in der Liste der *Systemgeräte* im Geräte-Manager. Diese kann vom einfachen ACPI-Schalter bis zu Deckeln, Lüftern, speziellen Tasten an der Tastatur und Thermofühlern im Gerät reichen.

 Keine APM-Unterstützung
Windows Vista unterstützt im Gegensatz zu Windows XP das APM-System (= Advanced PowerManagement), den Vorläufer von ACPI, nicht mehr.

ACPI-Funktionen können nicht nur zeitgesteuert, sondern auch durch bestimmte Schalter am Computer oder an der Tastatur sowie durch das Zuklappen eines Notebooks ausgelöst werden. Welche Funktion bei welchem Ereignis ausgelöst wird, können Sie in den erweiterten Energieeinstellungen festlegen. Je nachdem, welche Schalter der

Computer verwendet, werden hier entsprechende Auswahllisten angezeigt. Windows Vista unterstützt an dieser Stelle wesentlich mehr gerätespezifische Funktionen als frühere Windows-Versionen, sodass sich das ACPI-Verhalten eines Computers nach einem Betriebssystemupdate verändern kann.

Der *Netzschalter im Startmenü* bezeichnet den Button mit dem Ausschalter-Symbol ganz unten im Startmenü. Standardmäßig wird hier die Funktion *Energie sparen* aufgerufen, ein neuer Energiesparmodus, der wie beim Ruhezustand eine aktuelle Kopie des Arbeitsspeicherinhaltes auf der Festplatte ablegt, dies aber nur aus Sicherheitsgründen. Um den Computer schneller wieder aufzuwecken, wird der Speicher weiterhin mit Strom versorgt. Bei dieser Methode reicht eine einfache Mausbewegung, um den Computer aus einem sehr energiesparsamen Zustand wieder zu voller Funktionalität zu bringen.

Bild 7.42: Der Netzschalter (links) im Startmenü

In den erweiterten Energieeinstellungen können Sie diesen Netzschalter im Startmenü aber auch zu einem echten Ausschalter umfunktionieren. Das Verhalten des Netzschalters am Gehäuse und der Energiespartaste, die sich meistens auf der Tastatur befindet, lässt sich auch in den Energieoptionen der Systemsteuerung unter *Netzschalterverhalten ändern* festlegen.

Bild 7.43: Verhalten des Netzschalters und der Energiespartaste in der Systemsteuerung festlegen

Das Verhalten des Netzschalters im Startmenü lässt sich an dieser Stelle leider nicht beeinflussen.

7.5 Die Sidebar in Windows Vista

Die Sidebar ist ein neues Element in Windows Vista, das bisher nur aus externen Anwendungen, wie dem Google Desktop, dem Yahoo Konfabulator oder dem Opera-Browser bekannt war. Diese Seitenleiste zeigt in kleinen Minianwendungen vom Benutzer wählbare Informationen, wie zum Beispiel Nachrichtenschlagzeilen, Uhrzeit oder Wettervorhersage an.

Bild 7.44: Windows Vista-Desktop mit eingeblendeter Sidebar

Die Sidebar wurde ursprünglich speziell für die neuen Bildschirme im 16:9-Breitformat entwickelt, da hier neben den Anwendungen bei normaler Fenstergröße zusätzlich ein freier Platz auf dem Bildschirm ist. Sie kann aber auch mit jedem Bildschirm im Normalformat verwendet werden.

Im Infobereich der Taskleiste finden Sie ein Symbol zum Aktivieren der Sidebar. Ist die Sidebar nicht zu sehen, klicken Sie hier mit der rechten Maustaste und wählen im Kontextmenü *Öffnen*.

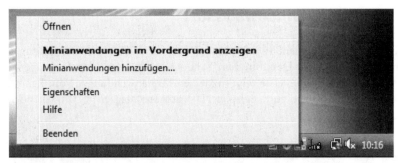

Bild 7.45: Aktivieren der Sidebar und *Minianwendungen im Vordergrund anzeigen*

Weitere Einstellungen können Sie über die Systemsteuerung *Darstellung und Anpassung/Windows Sidebar-Eigenschaften* vornehmen. Hier legen Sie auch fest, ob die Sidebar beim Windows-Start automatisch angezeigt wird.

Bild 7.46: Einstellungen für die *Windows-Sidebar*

7.5 Die Sidebar in Windows Vista

Der Schalter *Sidebar im Vordergrund anzeigen* legt fest, ob die Sidebar immer vor anderen Windows-Fenstern liegt oder die Fenster die Sidebar verdecken können. Liegt die Sidebar im Vordergrund, wird sie leicht transparent dargestellt und dunkelt den Hintergrund sowie die dahinter liegenden Windows-Fenster leicht ab.

Bild 7.47: Windows-Sidebar im Hintergrund (links) und im Vordergrund (rechts)

Ist die Sidebar im Vordergrund, werden Fenster, die auf Bildschirmgröße maximiert sind, nicht hinter der Sidebar dargestellt, sondern nur auf den freien Bildschirmbereich maximiert.

Transparenz der Sidebar
Die Sidebar ist sowohl in der Aero-Benutzeroberfläche wie auch in Vista Basis im Gegensatz zu den Fensterrahmen immer transparent. Nur wenn man in Aero die Transparenz der Fensterrahmen über die Systemsteuerung ausschaltet, verliert auch die Sidebar ihre Transparenz.

Minianwendungen in der Sidebar

Die Sidebar kann verschiedene Minianwendungen enthalten. Jeder Benutzer kann sie sich frei aus einer Vielzahl mitgelieferter Minianwendungen und einer noch größeren Auswahl im Internet zusammenstellen.

Die Minianwendungen zeigen nützliche Informationen an markanter Stelle auf dem Bildschirm an. Dabei kann es sich auch um Informationen handeln, die regelmäßig aus dem Internet bezogen werden.

> **Minianwendungen in den Vordergrund bringen**
> Wenn die Sidebar im Hintergrund liegt, müssen Sie nicht unbedingt alle Fenster wegschieben, um eine bestimmte Minianwendung zu sehen. Drücken Sie einfach die Tastenkombination [Win] + [Leertaste]. Damit kommen die Minianwendungen vorübergehend in den Vordergrund. Die Sidebar bleibt weiterhin im Hintergrund. Fenster werden bei ihrer Aktivierung auch wieder vor die Minianwendungen gelegt.

Klicken Sie mit der rechten Maustaste in die Sidebar oder auf das Sidebar-Symbol im Infobereich der Taskleiste, um neue Minianwendungen hinzuzufügen.

In einer Liste können Sie unter den bei Windows Vista mitgelieferten Minianwendungen auswählen.

Bild 7.48: Auswahl von Minianwendungen

Bei jeder Minianwendung wird ein kurzer Infotext angezeigt. Ziehen Sie die gewünschten Anwendungen einfach mit der Maus aus der Liste direkt auf die Sidebar. Dort können Sie ebenfalls per Drag & Drop die Anordnung verändern.

Fahren Sie mit der Maus über eine Minianwendung in der Sidebar, erscheint bei den meisten ein zusätzlicher Infotext, bei der Uhr zum Beispiel die Uhrzeit in digitaler Form. Zusätzlich wird ein X-Symbol angezeigt, mit dem die Minianwendung wieder aus der Sidebar entfernt werden kann.

7.5 Die Sidebar in Windows Vista

Bild 7.49: Ein Klick auf den Schraubenschlüssel öffnet den Konfigurationsdialog.

Viele Minianwendungen zeigen zusätzlich noch einen Schraubenschlüssel. Ein Klick darauf öffnet einen Konfigurationsdialog, in dem spezielle Einstellungen vorgenommen werden können.

Bild 7.50: Konfigurationsdialog für die Minianwendung *Uhr*

Ein Rechtsklick auf eine Minianwendung öffnet ein Kontextmenü. Hier können Sie mit dem Menüpunkt *Undurchsichtigkeit* einstellen, wie transparent eine Minianwendung sein soll. Je geringer der Wert für Undurchsichtigkeit, desto stärker ist der Hintergrund und die hinter der Sidebar liegenden Fenster durch die Minianwendung hindurch zu sehen. Fährt man mit der Maus über eine transparente Minianwendung, wird sie komplett undurchsichtig, sodass alle Informationen klar erkennbar sind.

Der Menüpunkt *Von der Sidebar abdocken* macht die Minianwendung frei beweglich. Sie können sie jetzt an einer beliebigen Stelle auf dem Desktop platzieren.

Weitere Minianwendungen aus dem Internet

Der Link *Weitere Minianwendungen online beziehen* im Dialogfeld zum Hinzufügen neuer Minianwendungen öffnet eine Internetseite von Microsoft, über die Sie zahlreiche weitere Anwendungen für die Sidebar herunterladen können.

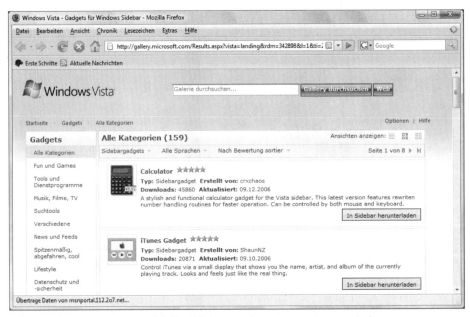

Bild 7.51: Minianwendungen für die Sidebar aus dem Internet herunterladen

7.6 Soundeffekte

Bei verschiedenen Aktionen am PC sind Ihnen sicher schon die akustischen Meldungen aufgefallen. Eindrücklich ist die Musik beim Hochfahren und beim Herunterfahren des

7.6 Soundeffekte

PCs. Manche Töne sind störend, aber für bestimmte Aktionen hätten Sie gerne eine akustische Meldung. Nichts leichter als das.

Öffnen Sie in der *Systemsteuerung* unter *Darstellung und Anpassung/Anpassung* die Kategorie *Sounds*. Hier können Sie ein Soundschema auswählen, ändern und als eigenes Soundschema speichern. Ein Soundschema kann mehrere Klänge umfassen, die bei bestimmten Programmereignissen abgespielt werden.

Bild 7.52:
Sounds zuweisen

In dem großen Listenfeld finden Sie alle Programmereignisse, denen Sie ein akustisches Signal zuweisen können. Wenn links vom Namen ein stilisierter Lautsprecher abgebildet ist, dann ist diesem Ereignis bereits ein Signal zugewiesen. In der letzten Zeile steht dann der Name. Durch einen Klick auf den Button *Testen* daneben wird das Signal abgespielt.

Wenn noch kein Sound zugeordnet ist, dann können Sie ihn aus der Liste auswählen und mit Übernehmen zuordnen. Vielleicht genügt Ihnen die Auswahl nicht. Dann suchen Sie sich für ein bestimmtes Ereignis eine eigene Tonfolge. Sie erkennen eine solche geeignete Datei an der Dateiendung .*WAV*.

Nachdem Sie mit all den Klängen ein tolles Orchester zusammengestellt haben, können Sie die Einstellung unter einem Namen abspeichern und bei Bedarf jederzeit wieder laden.

7.7 Schriftarten

Neben der Grafik hat die Schrift eine überragende Bedeutung für die Kommunikation mit Ihrem PC. Zum einen soll die Schrift angenehm zu lesen sein, zum anderen optisch ansprechen und auch zum Text passen. Dafür sind auf Ihrem PC von Haus aus schon eine Vielzahl verschiedener Schriftarten installiert.

Schriftarten sind relativ kleine Dateien mit der Dateiendung *.TTF* oder *.FON*. Jede Schriftart ist durch ihren Namen, z. B. *Arial* oder *Times New Roman*, repräsentiert. Als Schriftschnitt wird die Darstellung *fett* oder *kursiv* bezeichnet. Für kursiv finden Sie oft auch die entsprechend englische Bezeichnung *italic*.

Die Schriftgröße wird in typografischen Punkten angegeben und als Schriftgrad bezeichnet. Für normalen, gedruckten Text sollte der Schriftgrad zwischen 9 und 12 Punkten liegen. Die meisten Schriftarten sind sogenannte TrueType- oder OpenType-Schriften. Bei ihnen ist die Druckausgabe mit der Anzeige auf dem Bildschirm identisch. Außerdem lassen sich die Zeichen auf eine beliebige Größe skalieren. OpenType ist eine Erweiterung von TrueType.

Schriftarten anzeigen

Möchten Sie sich einen ersten Eindruck von dem Aussehen und der Wirkung einer Schriftart verschaffen, können Sie diese mit einem kleinen Hilfsprogramm so betrachten:

1. Öffnen Sie die Systemsteuerung, wählen Sie dort *Darstellung und Anpassung* und klicken Sie auf *Schriftarten*. In dem Explorer-Fenster werden jetzt alle installierten Schriftarten mit Namen und Dateinamen angezeigt. Die installierten Schriftarten liegen im Verzeichnis *Windows\Fonts*.

2. Ein Doppelklick auf den Schriftnamen öffnet ein eigenständiges Fenster, in dem alle Zeichen der Schrift angezeigt werden. Zusätzlich sehen Sie die gängigsten Schriftgrößen. Die Zahlen am linken Rand bedeuten die Größe in typografischen Punkten. Damit stellen Sie im Textverarbeitungsprogramm auch die Schriftgröße ein.

7.7 Schriftarten

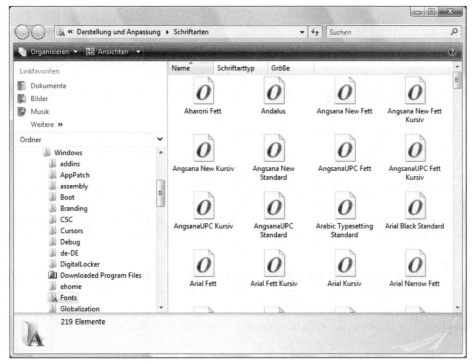

Bild 7.53: Installierte Schriftarten

Alle Buchstaben des Alphabets in einem Satz
Wundern Sie sich nicht über den scheinbar sinnlosen Satz »Franz jagt im komplett verwahrlosten Taxi quer durch Bayern«. Dieser Satz enthält (außer den Umlauten) alle Buchstaben des Alphabets und gilt daher als repräsentativ für die jeweilige Schrift.

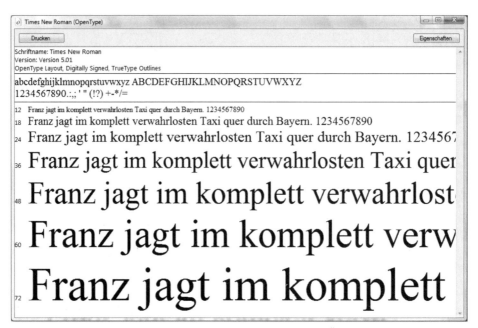

Bild 7.54: Eine Schriftart mit allen Buchstaben des Alphabets im Überblick

Schriftarten installieren

Wenn Ihnen die vorhandenen Schriftarten nicht reichen, können Sie jederzeit neue hinzufügen. Klicken Sie in dem Explorer-Fenster mit den angezeigten Schriftarten auf *Datei/Neue Schriftart installieren...*

> **Wenn die Menüleiste fehlt...**
> ...schalten Sie sie über den Button *Organisieren* und dann *Layout/Menüleiste* ein.

Es öffnet sich ein neues Dialogfenster. Wählen Sie dort den Ordner aus, in dem sich die neue Schriftart befindet.

> **Relikt aus Windows 3.x**
> An dieser Stelle verwendet Windows Vista übrigens noch das alte Dateiauswahlfenster mit getrennter Laufwerksauswahl, das serienmäßig zuletzt in Windows 3.1 eingesetzt wurde und außer an dieser einen Stelle im System seit Windows 95 durch den neuen Dateidialog, bei dem Laufwerk und Verzeichnis im gleichen Fenster gewählt werden, ersetzt worden ist.

7.7 Schriftarten

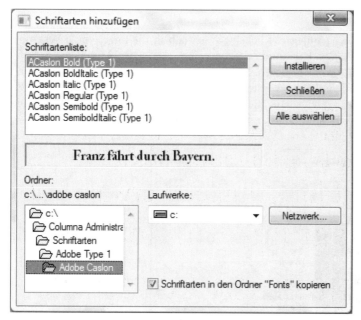

Bild 7.55: Installation einer Adobe Type 1-Schrift (nicht im Lieferumfang von Windows Vista enthalten)

Quellen für neue Schriftarten sind gekaufte Software, das Internet oder ein anderer Computer im Netz. Auf einem PC sind die Schriftarten normalerweise im Ordner *\Windows\Fonts* untergebracht. Sie wählen die Schriftart aus der Liste aus, und mit *OK* ist sie auf Ihrem PC installiert.

Schriftarten in den Fonts-Ordner kopieren
Wenn die Quelle ein fremder Computer oder ein Wechselmedium ist, sollten Sie unbedingt die Option *Schriftarten in den Ordner "Fonts" kopieren* auswählen. Sonst wird nur eine Verknüpfung hergestellt, und bei fehlender Quelle ist die Schriftart nicht verfügbar.

Schriftarten verwenden

Die Schriftarten sollen natürlich auch verwendet werden. Dazu gibt es in Windows viele Möglichkeiten und Stellen:

▲ Anwenderprogramme

Je nach Programm finden Sie eine Formatierungsleiste oder ein Menü mit dem Namen *Format* oder Ähnlichem. Hier können alle Schriften ausgewählt werden, sie werden dann im jeweiligen Dokument verwendet.

▲ Eingabeaufforderung

Dieses Fenster hat keine Menüleiste. Klicken Sie deshalb in die linke, obere Ecke und wählen Sie dort *Eigenschaften*. Hier können Sie aus einer begrenzten Anzahl von Schriftarten auswählen und die Größe festlegen. Mit der Größe der Schriftart ändert sich auch die Fenstergröße. Im Eigenschaften-Fenster werden die Schriftart und die Fenstergröße relativ zum Bildschirm angezeigt. Hier stehen nur einige Schriften zur Verfügung. Die gewählte Schrift gilt für das ganze Fenster.

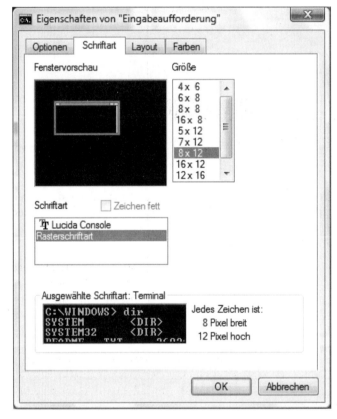

Bild 7.56: Schriftart bei der *Eingabeaufforderung*

▲ Fenster und Dialoge

In jedem Fenster finden Sie Textanzeigen in der Titelzeile, in den Menüs und Befehlen und in den Tool-Tipps. Allen diesen Texten können Sie andere Schriftarten zuweisen. Öffnen Sie dazu im Kontextmenü des Desktops den Menüpunkt *Anpassen*. Unter *Fensterfarbe und Darstellung* können Sie mit dem Button *Erweitert* bestimmte Fensterelemente auswählen. Soweit sie Texte enthalten, kann jedem Element eine andere Schriftart, Größe, Farbe und Auszeichnung zugewiesen werden. Dies gilt auch für das Win-

7.7 Schriftarten 381

dows Vista-Design, obwohl im Vorschaufenster das klassische Windows-Design abgebildet ist.

Bild 7.57: Auswahl einer Schrift für Windows-Desktopelemente

▲ Webseiten

Im Webbrowser können Sie ebenfalls die Schriftarten nach Ihren Wünschen anpassen. Beim Internet Explorer finden Sie die Einstellung unter *Extras/Internetoptionen* auf der Registerkarte *Allgemein* mit dem Button *Schriftarten*. Bei Moziall Firefox lautet der Aufruf *Extras/Einstellungen*. Klicken Sie dort auf *Inhalt*. Wenn Sie einen anderen Webbrowser verwenden, wird der Pfad ähnlich lauten.

Bild 7.58: Schriftartenauswahl in Mozilla Firefox

▲ ClearType für Flachbildschirme

Auf modernen Flachbildschirmen wird eine Schrift unter Umständen etwas eckig und verzerrt dargestellt.

Zur Verbesserung öffnen Sie das Fenster *Fensterfarbe und Darstellung* über die Systemsteuerung *Darstellung und Anpassung/Anpassung* und klicken auf *Effekte*. Dort wählen Sie als Methode zum Kantenglätten von Bildschirmschriftarten *ClearType* aus und schalten die Kantenglättung auch ein, falls sie ausgeschaltet ist. Bei einem alten Röhrenmonitor müssen Sie eventuell auf *Standard* zurückstellen.

7.7 Schriftarten

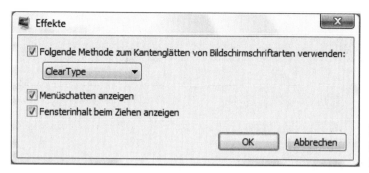

Bild 7.59: Einstellung zur Kantenglättung

Auf Screenshots können mit ClearType geglättete Schriften leicht unscharf aussehen. Für Dokumentationen sollten Sie diese Option also besser abschalten. Die Änderung wird erst nach einem Neustart wirksam.

 ClearType beeinflusst Sidebar
Verwendet man statt ClearType die Standardkantenglättung, wird bei einigen Systemen die Sidebar nicht mehr transparent dargestellt.

Unterhaltung: Audio, Video & TV

Eine besondere Funktion, die in der Werbung für Windows Vista groß herausgestellt wurde, ist die Integration neuer Multimediatechnologien. Der Computer wird so immer mehr zur Unterhaltungsmaschine, und ganz nebenbei werden neue Zielgruppen erschlossen. Allerdings sind in Windows Vista viele der Multimediafunktionen nur in der Home Premium-Version und in Windows Vista Ultimate enthalten. Dagegen war die Windows XP Media Center Edition eine Variante von Windows XP Professional. Dessen Nachfolger Windows Vista Business enthält kein Media Center.

8.1 Der Windows Media Player

Der Windows Media Player ist das zentrale Programm zum Abspielen von Sound und Video in Windows Vista. Er vereinigt Abspielprogramme für verschiedene Multimediatechnologien unter einer gemeinsamen Oberfläche und ist in allen Windows Vista-Versionen integriert:

- Audiodateien
- Video- und Animationsdateien
- Audio-CDs
- Streamingdaten, Internetradio, WebTV

Der Windows Media Player 11 ist so im Betriebssystem integriert, dass er nicht deinstalliert werden kann. Da Microsoft damit versucht, im Multimediamarkt eine Monopolstellung zu erlangen, wurde von einem US-Kartellgericht die Auflage verhängt, Windows Vista auch ohne den Media Player betreiben zu können. Seit der Installation des Service-Packs 1 für Windows XP lässt sich der Windows Media Player durch Player alternativer Anbieter ersetzen. Allerdings wird er dabei nicht deinstalliert. Insofern bot das Service-Pack nichts Neues, da auch jetzt schon alternative Player als Standardapplikation für Multimediaformate eingerichtet werden können. Die gleiche Funktion ist auch in Windows Vista enthalten, hier kann zwar ebenfalls ein anderer Media Player als Standard definiert werden, der Windows Media Player lässt sich aber nicht entfernen.

Kein Media Player vorhanden?
Auf Drängen von EU- und US-Behörden können Windows Vista Home Basic und Business auch als N-Versionen installiert werden, in denen der Windows Media Player wirklich komplett entfernt ist.

Neben den kartellrechtlichen Problemen gibt es auch immer mehr Sicherheitsbedenken gegen den Windows Media Player, da er im Hintergrund einiges an persönlichen Daten und Dateninformationen über die abgespielten Medien an Microsoft übermittelt. Mit dem Service-Pack 2 für Windows XP kam der Windows Media Player 9, der dieses Problem noch verstärkte. Hier musste der Nutzer einen Lizenzvertrag bestätigen, in dem explizit steht, dass Microsoft das Recht hat, ohne weitere Nachfragen Softwarekomponenten auf dem Computer zu installieren oder zu entfernen.

Der Windows Media Player 11 in Windows Vista enthält ähnliche, in Bezug auf den Datenschutz bedenkliche Funktionen und wird deshalb bei der Windows Vista-Installation nicht komplett installiert. Vor dem ersten Start muss ein Installationsassistent durchlaufen werden, in dem einige Einstellungen vorzunehmen sind. Mit der endgültigen Installation bestätigt man auch die Datenschutzrichtlinien, die in diesem Assistenten angezeigt werden.

Der erste Start

Beim ersten Aufruf des Windows Media Player auf einem neu installierten Vista-System startet ein Konfigurationsassistent. Im ersten Schritt können Sie zwischen Expresseinstellungen, die von Microsoft empfohlen werden, und benutzerdefinierten Einstellungen wählen. Unsere Empfehlung: Bestimmen Sie Ihre Einstellungen selbst!

Expresseinstellungen und Datenschutz
Einem in Bezug auf Datenschutz kritischen Anwender fällt sofort ein Satz in den Expresseinstellungen auf: *Senden Sie Microsoft anonyme Benutzerinformationen für das Programm zur Verbesserung der Benutzerfreundlichkeit.* Diese Daten enthalten zwar keinen Namen, aber eine eindeutige Kennung des Computers sowie die aktuelle IP-Adresse, was zur Identifikation ausreicht. Dazu werden Daten über abgespielte Musik und Filme gesendet, egal ob diese Inhalte legal oder anderweitig erworben wurden.

8.1 Der Windows Media Player

Bild 8.1: Der erste Schritt des Installationsassistenten

Im nächsten Schritt müssen Sie einige Konfigurationseinstellungen vornehmen, die die Übertragung persönlicher Daten an Microsoft und andere Inhaltsanbieter betreffen. Die *Eindeutige Player-ID* und das *Programm zur Verbesserung der Benutzerfreundlichkeit* sollten Sie in jedem Fall ausschalten.

Bild 8.2: *Datenschutzoptionen* bei der Konfiguration des Windows Media Player

Wenn Sie lizenzrechtlich bedenkliche Medien abspielen, wie zum Beispiel Dateien aus Tauschbörsen, sollten Sie auch die drei Schalter unter *Erweiterte Wiedergabefunktionen* ausschalten.

Danach kommen noch ein paar selbsterklärende Dialoge und die Frage, ob Sie einen Online-Shop zum Kauf von Musik direkt in den Windows Media Player integrieren möchten. Dieser Shop ist zum Betrieb der Software nicht nötig, Sie können den Schritt also überspringen.

Nachdem die Konfiguration soweit abgeschlossen ist, beginnt der Windows Media Player den Computer nach digitalen Mediendateien zu durchsuchen und trägt diese in der Medienbibliothek ein.

8.1 Der Windows Media Player

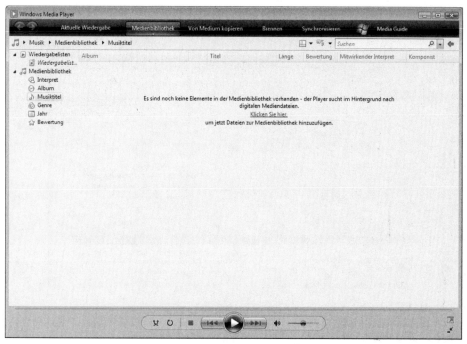

Bild 8.3: Der Windows Media Player durchsucht den Computer nach digitalen Medien

An dieser Stelle können Sie auch selber Verzeichnisse festlegen, die zur Medienbibliothek hinzugefügt werden sollen.

Dateitypen und Standardprogramme

Der Windows Media Player wird von Windows Vista als Standardprogramm zum Abspielen für Audio- und Videodateien eingerichtet. Bei einem Doppelklick auf eine Multimediadatei im Windows-Explorer öffnet sich automatisch dieses Programm.

Startet der Windows Media Player bei einem bestimmten Medienformat nicht, ist dieser Dateityp nicht zugewiesen. Wählen Sie in der Systemsteuerung *Programme/Standardprogramme* und dort *Dateityp oder Protokoll einem Programm zuordnen*. Wählen Sie hier beim betreffenden Dateityp den Windows Media Player aus.

Des Weiteren können Sie in der Systemsteuerung *Programme/Standardprogramme* mit der Option *Programmzugriff und Computerstandards festlegen* einstellen, welcher Medienplayer als Standard vom System verwendet werden soll. Wenn Sie hier auf *Benutzerdefiniert* schalten, finden Sie eine Liste aller installierten Medienplayer zur Auswahl.

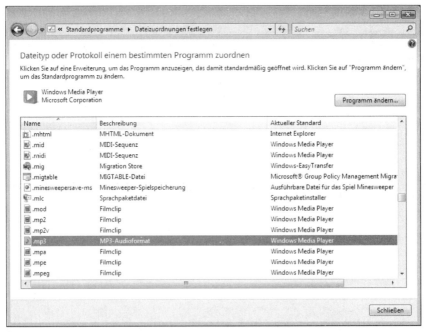

Bild 8.4: Auswahl der Standardanwendungen für bestimmte Dateitypen

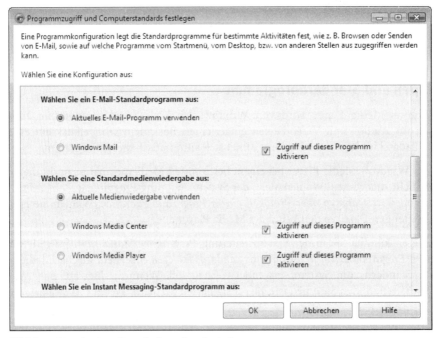

Bild 8.5: Standardmedienwiedergabe einstellen

8.1 Der Windows Media Player

Steuerung

Die Bedienung des Windows Media Player erklärt sich weitgehend von selbst, in einigen Punkten entspricht das Programm aber leider nicht den gängigen Windows-Standards.

Am Anfang fehlt dem Media Player die übliche Windows-Menüleiste und damit zahlreiche seiner Funktionen. Drücken Sie die Tastenkombination [Strg] + [M], um die Menüleiste einzuschalten.

Bild 8.6: Der Windows Media Player in Windows Vista in der Ansicht *Medienbibliothek*

Abspielen, *Anhalten* und *Pause* funktioniert mit den Schaltflächen im unteren Bereich. Daneben finden Sie auch einen Lautstärkeregler, der allerdings unabhängig vom normalen Windows-Lautstärkeregler läuft. Die hier eingestellte Lautstärke ist also zusätzlich abhängig von der Systemlautstärke. Dasselbe gilt für die Schaltfläche zur Stummschaltung. Auch diese schaltet nur den Windows Media Player stumm und nicht das gesamte System.

Der Windows Media Player hat verschiedene Darstellungsmodi, die über die Schaltflächen am oberen Fensterrand umgeschaltet werden. Einige dieser Modi sind besonderen Funktionen vorbehalten.

Bild 8.7: Medienwiedergabe mit Visualisierung

Moderne Multimediatastaturen bieten spezielle Tasten zur Regelung der Lautstärke und für die wichtigsten Funktionen bei der Musik- und Videowiedergabe. Der Windows Media Player bietet aber auch die Möglichkeit, fast alle Funktionen über eine normale Tastatur zu steuern, was besonders bei drahtlosen Tastaturen interessant ist, wenn man sich in großer Entfernung zum Monitor befindet und so eine Maussteuerung sehr schwierig ist. Die Tabelle zeigt die Tastenkombinationen.

Tastenkombination	Beschreibung
Strg + P	Play/Pause
Strg + S	Stopp
Strg + B	Wiedergabe des vorigen Eintrags
Strg + F	Wiedergabe des nächsten Eintrags
Strg + ⇧ + B	Rücklauf bei Videos und DVD
Strg + ⇧ + F	Vorlauf bei Videos und DVD
F7	Ton aus (Mute)

Tastenkombination	Beschreibung
F8	Lautstärke leiser
F9	Lautstärke lauter

Tastenkombinationen zur Steuerung des Windows Media Player

Im Gegensatz zu den Funktionstasten F7, F8 und F9, die nur den Windows Media Player betreffen, beeinflussen die Multimediatasten auf modernen Tastaturen die Lautstärke des gesamten Systems.

Designmodus

Bei Multimedia-Abspielprogrammen aller Art ist es seit einiger Zeit große Mode, das Aussehen der Programmoberfläche möglichst weit weg vom Windows-Standard zu gestalten.

Auch der Windows Media Player bietet solche Skins an, die sich hier Designmodus nennen. Andere Designs machen den Media Player nicht unbedingt übersichtlicher, aber zumindest individueller. Allerdings unterstützen die meisten Designs bei Weitem nicht alle Funktionen.

Mit der Tastenkombination Strg + 2 kommt man in den Designmodus, mit Strg + 1 wieder zurück in den normalen Vollmodus.

Windows Vista liefert einige Designs mit. Um eines davon auszuwählen, müssen Sie im Vollmodus des Media Player sein. Wählen Sie im Menü *Ansicht/Designauswahl*. Hier können Sie das gewünschte Design auswählen und dann mit Strg + 2 in den Designmodus wechseln.

Die Schaltfläche *Weitere Designs* öffnet eine Webseite bei Microsoft, auf der weitere Designs zum Download angeboten werden.

Bild 8.8: Auswahl eines Designs

Bild 8.9: Der Windows Media Player in einem Design, bei dem die Schaltflächen kaum noch erkennbar sind

8.1 Der Windows Media Player

Wenn Sie ein Design ausgewählt haben, bei dem die Steuerung komplett unmöglich geworden ist, kommen Sie mit `Strg` + `1` immer wieder zurück in den normalen Vollmodus des Windows Media Player.

Sicherheit

Der Windows Media Player ist ein sehr kommunikationsfreudiges Programm, das bei jeder Gelegenheit Verbindung mit Microsoft aufnimmt und Playlisten oder Daten der abgespielten Musik-CD versendet.

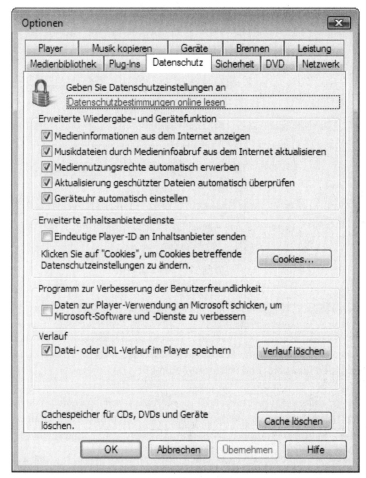

Bild 8.10: Um so wenig Daten wie möglich ungewollt an Microsoft zu übermitteln, schalten Sie hier alle Schalter aus.

Schalten Sie im Menüpunkt *Extras/Optionen* auf der Registerkarte *Datenschutz* alle Schalter aus, um diese »Phone-Home«-Anrufe soweit wie möglich zu minimieren. Das automatische Update lässt sich leider nicht ganz verhindern, auch wenn der Dienst für automatische Updates in der Dienste-Konsole deaktiviert ist, da der Media Player nicht den Standard-Windows-Update-Dienst verwendet.

Sicherheitshalber sollten über den Media Player so lange keine lokalen Daten abgespielt werden, bis über den Menüpunkt *Datei/Offline arbeiten* in den Offline-Modus geschaltet wurde, was allerdings auch nicht alle Internetverbindungen unterdrückt.

8.2 Audio-CDs anhören

Solange kein anderer Medienplayer installiert ist, wird der Windows Media Player automatisch auch zum Abspielen von Audio-CDs verwendet. Legt man eine Audio-CD in das CD-ROM-Laufwerk ein, erscheint ein Dialogfeld zur Auswahl einer Aktion.

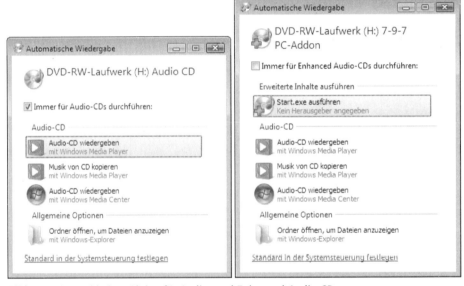

Bild 8.11: Auswahl einer Aktion für Audio- und Enhanced-Audio-CDs

Bestätigen Sie hier die Standardaktion *Audio-CD wiedergeben mit Windows Media Player*. Wenn Sie den Schalter *Vorgang immer für Audio-CDs durchführen* einschalten, erscheint dieser Dialog in Zukunft nicht mehr. Die Audio-CD wird sofort abgespielt.

Sogenannte Enhanced-Audio-CDs enthalten zusätzlich noch eine Software, mit der auf dem PC die Musik von der CD abgespielt werden kann und meistens auch noch Bilder oder Videos zu sehen sind. Diese Software kann beim Einlegen der CD anstelle des Windows Media Player automatisch gestartet werden.

8.2 Audio-CDs anhören

Sollte die Abfrage nicht erscheinen und die CD automatisch starten, haben Sie in der Systemsteuerung unter *Hardware und Sound/Automatische Wiedergabe* bereits eine Option festgelegt. Diese können Sie an der gleichen Stelle auch ändern.

Automatische Wiedergabe bei aktivem Media Player
Legt man eine Audio-CD ein, während der Windows Media Player geöffnet ist, wird die CD automatisch ohne weitere Nachfrage abgespielt.

Wenn nichts zu hören ist

Sollte sich der Windows Media Player öffnen, aber nichts zu hören sein, ist die Wiedergabe in den Soundeinstellungen ausgeschaltet. Normale Windows-Sounds können trotzdem zu hören sein.

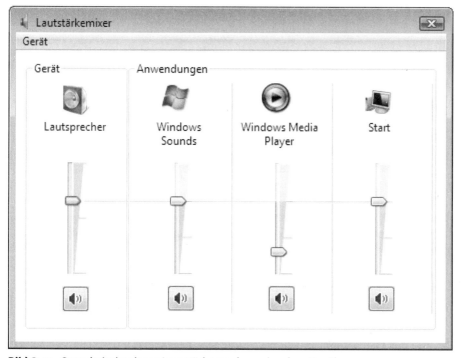

Bild 8.12: Soundmischpult zur Lautstärkeregelung einzelner Kanäle

Klicken Sie in diesem Fall mit der rechten Maustaste auf das Lautsprechersymbol in der Taskleiste und wählen Sie im Kontextmenü die Option *Lautstärkemixer öffnen*. Es öffnet sich ein Soundmischpult. Schalten Sie hier den Button mit dem Lautsprecher unter Windows Media Player ein, und schieben Sie den zugehörigen Lautstärkeregler ganz nach oben. Sie können die Lautstärke im Windows Media Player dann immer noch bei Bedarf herabsetzen.

Albumdetails

Der Windows Media Player kann Detailinformationen zur eingelegten CD und eine Titelliste anzeigen. Je nach Datenschutzeinstellungen kann aber auch nur ein *Unbekanntes Album* erscheinen.

Bild 8.13: Anzeige von Albumcover und Titelliste

Möchten Sie Albumdetails angezeigt sehen, wenn diese fehlen, wählen Sie *Extras/ Optionen* und schalten dort auf der Registerkarte *Datenschutz* den Schalter *Medieninformationen aus dem Internet anzeigen* ein.

Die übrigen Schalter sollten Sie aus Sicherheitsgründen ausgeschaltet lassen. Bedenken Sie, dass bei der Anzeige von Albumdetails Microsoft grundsätzlich erfährt, welche CDs Sie abspielen. Besondere Vorsicht ist beim Abspielen urheberrechtlich bedenklicher Medien geboten.

Wenn Sie die Datenschutzeinstellungen geändert haben, wird beim Einlegen einer Audio-CD automatisch eine Internetverbindung aufgebaut, die Kennung der CD übermittelt und die Titelliste sowie das Albumcover heruntergeladen, soweit diese in der Onlinedatenbank verfügbar sind.

Jetzt können Sie auch ganz einfach einen bestimmten Titel abspielen, indem Sie doppelt auf diesen Titel in der Liste klicken.

8.3 Audiorecording mit dem Media Player

Der Windows Media Player enthält mit der Schaltfläche *Von Medium kopieren* eine Funktion zum Extrahieren von Musikdaten von Audio-CDs in das Windows Media-Format.

Beim Kopieren werden die Daten vorgabemäßig im Verzeichnis *Musik* unterhalb des eigenen Benutzerverzeichnisses abgelegt. Dieses Verzeichnis kann aber in den Optionen des Windows Media Player auf der Registerkarte *Musik kopieren* auch geändert werden.

An dieser Stelle entspricht der Windows Media Player absolut nicht den gängigen Windows-Standards. Man kann beim Kopieren der Musik von der CD weder Verzeichnis noch Dateinamen über den üblichen Windows-Dateidialog wählen. Die Dateinamen der Audiodateien werden automatisch aus den Trackinformationen der CD gebildet. Welche Elemente dabei verwendet werden sollen, können Sie mit der Schaltfläche *Dateiname* festlegen.

Achtung
Microsoft bewirbt mit dem Windows Media Player ein eigenes Datenformat, WMA für Audio- und WMV für Videodateien. Dieses Windows Media-Format soll nach den Vorstellungen von Microsoft das beliebte MP3-Format ersetzen. Hier stößt Microsoft bei der Musikindustrie auf offene Ohren, die in MP3 erhebliche Umsatzeinbußen sieht. Das Windows Media-Format bietet Möglichkeiten, Dateien so zu sperren, dass sie nur auf einem bestimmten PC abgespielt werden können. Auch lässt sich eine Zeitsperre einbauen, mit der ein Video nach dem ersten Ansehen unbrauchbar gemacht wird. Dieses Verfahren wird als DRM (Digital Rights Management) bezeichnet. Sie können es bei der Aufnahme von Windows Media-Dateien von Audio-CDs zurzeit noch deaktivieren, indem Sie den Schalter *Kopierschutz für Musik* auf der Registerkarte *Musik kopieren* in den Optionen des Windows Media Player ausschalten.

Bild 8.14: Einstellungen zum Kopieren von Musik

Microsoft behält sich vor, in zukünftigen Versionen des Windows Media Player einen Zwangskopierschutz einzuführen.

8.3 Audiorecording mit dem Media Player

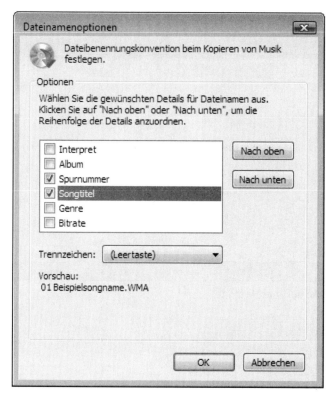

Bild 8.15:
Auswahl der Optionen zum Erstellen der Dateinamen von Musikstücken

Mit dem Schieberegler *Audioqualität* legen Sie die Qualität der aufgenommenen Dateien fest. Bessere Qualität hat auch hier ihren Preis, die Dateien werden deutlich größer. Der Speicherbedarf für eine komplette Audio-CD liegt je nach eingestellter Qualitätsstufe zwischen 22 und 86 MB.

Nachdem alle Einstellungen vorgenommen sind, schalten Sie im Hauptfenster des Windows Media Player auf den Modus *Von Medium kopieren*.

Eine Liste zeigt alle Titel der eingelegten CD mit Informationen zur Länge, dem Interpreten, Komponisten sowie dem Genre an. Natürlich können Sie auch in dieser Ansicht einzelne Titel oder die ganze CD anhören.

Welche Informationen angezeigt werden sollen, legen Sie mit einem Klick auf den Button *Layoutoptionen* oben rechts fest. Wählen Sie hier im Menü *Spalten auswählen*.

Bild 8.16: Liste aller Musikstücke auf einer Audio-CD

Bild 8.17: Auswahl anzuzeigender Spalten

8.3 Audiorecording mit dem Media Player

Diese Daten werden in den kopierten Dateien gespeichert. Sollte eine Information nicht stimmen, was immer einmal vorkommen kann, sollten Sie sie vor dem Kopieren noch korrigieren. Klicken Sie dazu mit der rechten Maustaste in das betreffende Feld in der Liste, und wählen Sie im Kontextmenü *Bearbeiten*. Jetzt können Sie den Text in diesem Feld ändern.

Schalten Sie, wenn alle Daten stimmen, in der Spalte ganz links nur die Titel ein, die Sie auf die Festplatte kopieren möchten. Klicken Sie dann auf die Schaltfläche *Kopieren starten*.

Im nächsten Schritt werden automatisch die Musiktitel mit den zuvor eingestellten Optionen auf die Festplatte kopiert. Dies dauert einige Minuten, geht aber deutlich schneller als das Abspielen der Titel dauern würde. Die weiteren Abfragen und Einstellungsdialoge aus früheren Versionen des Windows Media Player sind weggefallen. Während des Kopiervorgangs zeigt eine Statusanzeige den Kopierfortschritt an.

Bild 8.18: Musik auf die Festplatte kopieren

Kopierte Dateien werden im angezeigten Verzeichnis angelegt und können von dort aus oder aus der Medienbibliothek jederzeit mit dem Windows Media Player abgespielt werden. Eine CD ist dafür nicht mehr erforderlich.

Diese Musikverzeichnisse werden in der Detailanzeige im Windows-Explorer anders dargestellt als übliche Verzeichnisse. Anstelle von Datum und Dateigröße sehen Sie hier die aus dem Windows Media Player übernommenen Detailinformationen zu den Musikstücken.

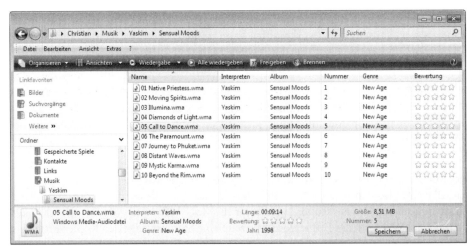

Bild 8.19: Anzeige der kopierten Musikdateien

Im Detailfenster können Sie die Daten zu jedem Musiktitel nachträglich ändern und auch Bewertungssterne vergeben.

Medienbibliothek

Der Windows Media Player bietet noch eine eigene Verwaltung der Musikdateien auf dem Computer. Schalten Sie hier auf den Modus *Medienbibliothek*, finden Sie in einer Explorer-ähnlichen Baumstruktur alle Musikstücke.

Bild 8.20: Die Medienbibliothek

8.3 Audiorecording mit dem Media Player

Ziehen Sie das Fenster des Windows Media Player etwas in die Breite, um alle Informationen sehen zu können.

In der Medienbibliothek haben Sie einen Überblick über alle Musiktitel, die Sie von unterschiedlichen CDs kopiert haben, und können die Titel auch direkt abspielen. Die Musikstücke werden automatisch nach Interpreten und Alben sortiert. Jeder Titel taucht also mehrfach auf, obwohl er nur einmal auf der Festplatte gespeichert wurde.

MP3 abspielen

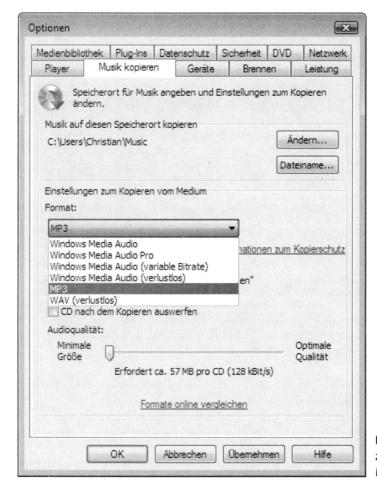

Bild 8.21: Option zum Erstellen von MP3-Dateien

Der Windows Media Player kann MP3-Dateien problemlos abspielen und in der aktuellen Version auch erstellen. In den Optionen des Windows Media Player kann auf der Registerkarte *Musik kopieren* unter *Format* zwischen verschiedenen Windows

Media-Formaten gewählt werden. Zusätzlich steht hier auch die Option *MP3* zur Auswahl.

Internetradio

Der Windows Media Player 11 unterstützt wie die Vorgängerversion das Hören von Internetradiosendern – nur ist diese Funktion nicht mehr so leicht zu finden.

Zu echten Internetradiosendern kommen Sie, wenn Sie im Windows Media Player auf *Media Guide* schalten. Dort finden Sie einen Link *Radiotuner*. Dieser zeigt eine kurze Liste von Internetradiosendern an. Über die Suchfunktion im rechten Teil des Fensters finden Sie noch deutlich mehr Sender.

Bild 8.22: Internetradio im Windows Media Player

Vorsicht bei Volumentarifen
Beim Internetradio fällt in kurzer Zeit ein sehr hohes Datenvolumen an. Nutzen Sie diese Funktion also nur, wenn Sie eine Flatrate ohne Volumenberechnung haben.

8.3 Audiorecording mit dem Media Player

Online-Musikshops

Der Windows Media Player unterstützt den kommerziellen Download von Musik aus Online-Shops. Dazu wurden DRM-Techniken integriert, die das Vervielfältigen der heruntergeladenen Musik begrenzen.

Oben rechts unter dem *Media Guide*-Logo befindet sich ein kleines dreieckiges Symbol. Dieses öffnet eine Liste mit einigen vorinstallierten Online-Shops. Es werden auch andere Shops unterstützt. Bei diesen wird der Windows Media Player automatisch aufgerufen, wenn man auf der Webseite des Shops den entsprechenden Link anklickt.

Bild 8.23: Online-Musikshop im Windows Media Player

Datensynchronisation mit tragbaren Geräten

Digitale Musik unterwegs zu hören wird immer beliebter. Portable MP3-Player haben längst Walkmans und tragbare CD-Spieler abgelöst. Mittlerweile können fast alle PDAs und Handys MP3-Dateien und teilweise auch WMA-Dateien abspielen.

Musste man früher die gewünschten Musikdateien noch manuell auf tragbare MP3-Player kopieren, bietet der Windows Media Player nun eine Option, dies automatisch zu erledigen.

Für diese Synchronisation werden zahlreiche bekannte MP3-Player mit USB-Anschluss sowie PocketPCs und Smartphones mit Windows Mobile-Betriebssystem unterstützt. Mit dem speziellen PlugIn Pocket Tunes (*www.pdassi.de/12188*) kann der Windows

Media Player auch Musikdateien mit Palm OS-PDAs synchronisieren. Speicherkarten in Kartenlesern werden im Gegensatz zum Windows Media Player aus Windows XP nicht mehr unterstützt. Sie können nur noch verwendet werden, wenn sie in einem Windows Media Player-kompatiblen Gerät stecken.

Schalten Sie zur Datenübertragung den Windows Media Player auf die Darstellung *Synchronisieren*. Beim ersten Anschließen eines tragbaren Medienplayers oder beim Einstecken einer Speicherkarte in den Kartenleser erscheint eine Abfrage, ob die Synchronisation in Zukunft automatisch erfolgen soll. Die Einstellungen können Sie später jederzeit ändern. Sollte das angeschlossene Gerät bereits sehr voll mit Daten sein, wird ebenfalls eine Abfrage angezeigt, ob Sie diese Daten auf dem Gerät lassen oder vor der Synchronisation entfernen wollen.

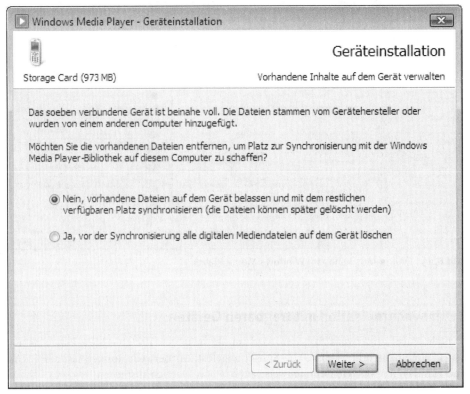

Bild 8.24: Abfrage bei vollem Speicher auf dem Gerät

Im nächsten Schritt geben Sie dem Gerät einen Namen, unter dem der Windows Media Player es jedes Mal wieder findet, wenn es angeschlossen wird.

8.3 Audiorecording mit dem Media Player

Im Synchronisationsfenster können Sie dann eine Synchronisationsliste aus den gewünschten Titeln zusammenstellen, indem Sie die Titel einfach mit der Maus in den rechten Teil des Fensters unterhalb der Geräteabbildung ziehen.

Bild 8.25: Synchronisation von Musik mit einem mobilen Gerät vorbereiten

Nachdem Sie alle Titel zur Synchronisation ausgewählt haben, können Sie die Übertragung mit dem Button *Synchronisierung starten* starten. Je nach Gerätetyp, Datenmenge und Dateiformat kann dies einige Zeit dauern.

Im Modus *Automatische Synchronisation* wählt man nur aus, welche Wiedergabelisten synchronisiert werden sollen. Mit dem kleinen Dreieck unterhalb des *Synchronisieren*-Buttons in der Symbolleiste des Windows Media Player blendet sich ein Menü ein, in dem alle dem System bekannten mobilen Medienplayer aufgelistet sind.

Hier können Sie über den Menüpunkt *Synchronisierung einrichten* auf die automatische Synchronisierung umschalten und Wiedergabelisten auswählen.

Bild 8.26: Das Menü mit Synchronisierungsoptionen

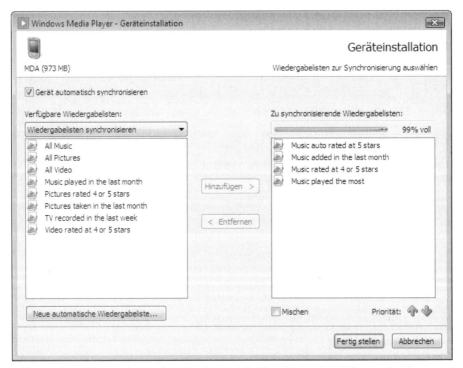

Bild 8.27: Automatische Synchronisation von Musik mit einem mobilen Gerät oder Wechseldatenträger

Jedes Mal, wenn das Gerät später wieder angeschlossen wird und der Windows Media Player im Modus *Synchronisation* läuft, werden die Wiedergabelisten verglichen. Neue Musiktitel in einer der markierten Wiedergabelisten werden automatisch übertragen.

Auf mobilen Geräten mit Windows Mobile 5 muss im Media Player nach der Synchronisierung die Medienbibliothek manuell aktualisiert werden.

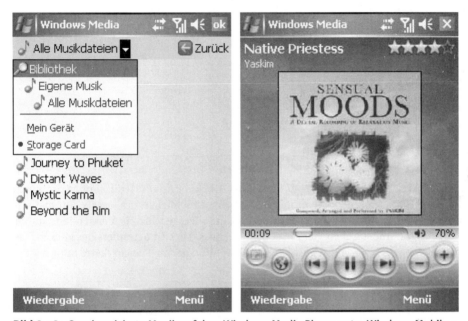

Bild 8.28: Synchronisierte Musik auf dem Windows Media Player unter Windows Mobile 5

Der Windows Media Player kann auch mit diversen WMA-fähigen Handys Musik synchronisieren. Hier werden meist nur ein Teil der Zusatzinformationen zu den Titeln verwertet, die Musik wird aber komplett übertragen.

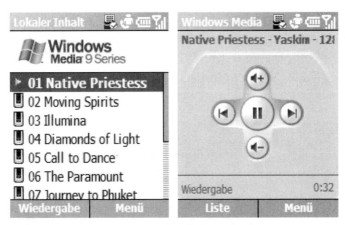

Bild 8.29: Synchronisierte Musik auf einem Handy

▲ Erweiterte Synchronisierungseinstellungen

Über den Menüpunkt *Erweiterte Optionen* im *Synchronisieren*-Menü können Sie unter anderem festlegen, ob die Synchronisierung beim Anschließen des Geräts automatisch starten soll. Hier stellen Sie auch ein, wie viel Speicherplatz für die Verwendung durch andere Programme auf dem Gerät frei bleiben muss. Dies ist besonders bei Pocket-PCs und Smartphones wichtig, wo auch andere Anwendungen die Speicherkarte nutzen.

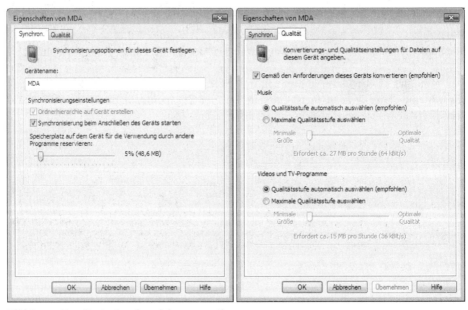

Bild 8.30: Erweiterte Synchronisierungsoptionen

Auf der Registerkarte *Qualität* können Sie einstellen, ob die Musik beim Übertragen weiter komprimiert werden soll. Bei höherer Komprimierung gibt es Qualitätsverluste, die allerdings auf einigen Geräten ohnehin nicht zu hören sind, sodass man sie gerne in Kauf nimmt, um mehr Titel auf dem Gerät speichern zu können.

8.4 Das Windows Media Center

Das eigentliche Media Center, die zentrale Komponente zur Darstellung digitaler Medien, wird innerhalb von Windows Vista Home Premium oder Ultimate wie jedes andere Programm über das Startmenü aufgerufen.

Das Media Center-Programmfenster hat eine Auflösung, die sich auch auf Fernsehern darstellen lässt. Es kann also entweder als kleines Fenster innerhalb des Windows-Bildschirms oder formatfüllend auf dem PC-Monitor oder einem Fernseher laufen.

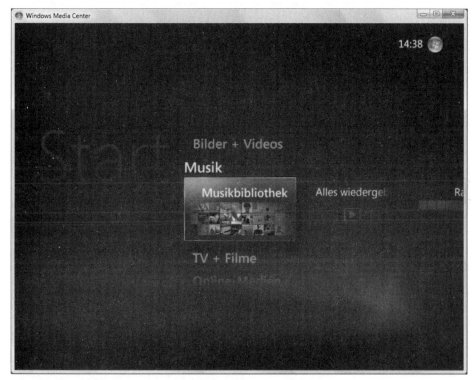

Bild 8.31: Das *Windows Media Center* in der Fensterdarstellung

Die Fensterdarstellung bietet sich an, wenn man auf dem PC arbeitet und nur nebenbei Medien anhören oder Bilder betrachten möchte.

Die formatfüllende Variante empfiehlt sich, wenn man in großem Abstand vor dem Monitor sitzt und den Computer ausschließlich zur Medienwiedergabe verwendet.

Media Center auf dem Fernseher
Im Vollbildmodus auf einem Fernseher hat das Media Center keine höhere Bildschirmauflösung als im Fenster unter Windows. Fernseher haben nur eine sehr geringe Auflösung, die dem Fenster des Media Center entspricht.

Zwischen den beiden Darstellungen schaltet man über das Maximieren-Symbol in der oberen rechten Ecke um. Die Symbolleiste erscheint im Media Center-Vollbildmodus nur, wenn man die Maus bewegt und an den oberen Fensterrand fährt.

Bild 8.32: Media Center ohne Symbolleiste mit Uhr (Normalzustand)

Die Bedienung des Media Center erfolgt ganz Windows-untypisch über ein sich bewegendes Menü. Innerhalb dieses Menüs kann man mit der Maus, mit dem Mausrad, mit den Cursortasten oder mit der Windows Media Center-Fernbedienung navigieren.

Mit dem Pfeil in der oberen Symbolleiste kommen Sie jederzeit einen Navigationsschritt innerhalb des Media Center zurück.

Einrichten beim ersten Mal

Bevor Sie das Media Center nutzen können, treffen Sie – mal wieder – auf einen freundlichen Setup-Assistenten, der beim ersten Aufruf automatisch startet.

Auch hier gilt: Wählen Sie das benutzerdefinierte Setup und nicht das Express-Setup, da Sie dort Microsoft und allen Musikanbietern fast freien Zugriff auf Ihren Computer gewähren.

Der Assistent überprüft jetzt die eingebaute Hardware, um festzustellen, welche Geräte für das Media Center genutzt werden können. Diese müssen jetzt konfiguriert werden.

8.4 Das Windows Media Center

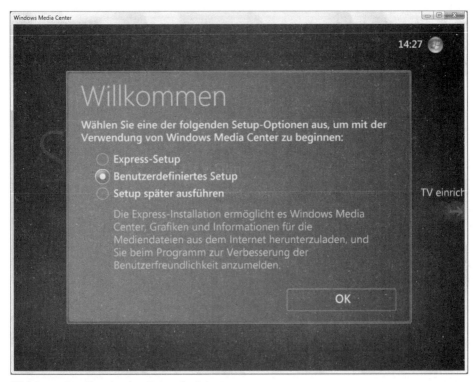

Bild 8.33: Startfenster des Setup-Assistenten

Das Setup ist in zwei Bereiche aufgeteilt, das *erforderliche Setup* muss in jedem Fall ausgeführt werden, das *optionale Setup* bietet zusätzliche Optionen, die auch später noch konfiguriert werden können.

Danach müssen Sie einer Datenschutzerklärung zustimmen, ohne die das Media Center nicht verwendet werden kann, die aber andererseits immer wieder ins Kreuzfeuer öffentlicher Kritik gerät (warum sind z. B. IP-Adresse und Postleitzahl notwendig, um lokal gespeicherte Musik zu hören oder Fotos zu betrachten?).

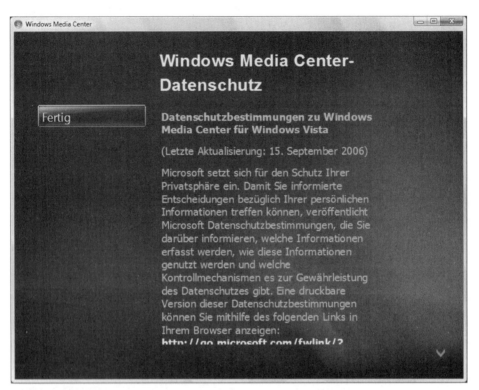

Bild 8.34: Auszug aus der Datenschutzerklärung

Die Datenschutzbestimmungen können nicht abgelehnt werden, wohl aber der nächste Schritt, in dem der PC regelmäßig anonyme Berichte an Microsoft senden soll. Diese enthalten zwar keinen Namen, aber eine eindeutige Kennung des PCs, IP-Adresse und Informationen über verwendete digitale Medien.

Wenn Sie im nächsten Schritt dem Media Center erlauben, Internetverbindungen aufzubauen, können darüber Coverbilder von CDs und DVDs, Musik- und Filminformationen sowie TV-Programmlisten heruntergeladen werden.

Danach folgt das optionale Setup, das Sie auch noch später unter *Aufgaben/Einstellungen/ Windows Media Center-Setup* durchführen können.

▲ **Möglichkeiten im optionalen Setup**

1	Tuner, TV-Signal und TV-Programm konfigurieren
2	Bildschirmdarstellung von Windows Media Center optimieren
3	Lautsprecher einrichten
4	Musik-, Bilder- und Videobibliotheken einrichten

Steuerung mit der Fernbedienung

Media Center-PCs sollen vor allem abseits vom Arbeitsplatz als Unterhaltungsgeräte im Wohnzimmer eingesetzt werden. Hier hat man nicht immer Platz für eine Tastatur. Einfacher ist es, eine Fernbedienung zu verwenden, wie man sie von Fernsehern und anderen Unterhaltungsgeräten her kennt.

▲ Media Center-Anwendung per Fernbedienung starten

Die Fernbedienung funktioniert nur innerhalb der Media Center-Anwendung und kann nicht für andere Programme wie zum Beispiel den Windows-Explorer verwendet werden. Allerdings besitzen die Fernbedienungen eine spezielle Taste, um die Media Center-Anwendung zu starten. Wird der PC also ausschließlich für Media Center verwendet, ist zum Start des Programms keine Maus oder Tastatur notwendig. Windows Vista unterstützt nur spezielle Infrarot- und Funkfernbedienungen. Die meisten frei programmierbaren Fernbedienungen oder die Fernbedienungen, die bei TV-Karten und Multimediasoftware von Drittanbietern mitgeliefert werden, werden nicht unterstützt.

Sichtkontakt zwischen Fernbedienung und Empfänger
Bei einer Infrarotfernbedienung muss immer Sichtkontakt zwischen der Fernbedienung und dem Empfänger am PC bestehen. Aktuelle Media Center-PCs haben den Infrarotempfänger in der Frontblende eingebaut. Es gibt aber auch externe Infrarotempfänger, die am USB-Port angeschlossen werden. Verwenden Sie hier den USB-Port an der Gehäusevorderseite, oder legen Sie den Anschluss mit einem Verlängerungskabel so nach vorne, dass er für die Fernbedienung zu sehen ist. Bei Funkfernbedienungen ist kein Sichtkontakt notwendig.

Die Tasten der Fernbedienung gliedern sich in vier wichtige Gruppen (je nach Hersteller der Fernbedienung können diese Tasten anders angeordnet sein oder andere Symbole tragen):

Tasten zur Steuerung der Medienwiedergabe. Diese Tasten steuern das Abspielen von Videos, Musik oder Bilderserien. Sie funktionieren genauso, wie man es von typischen Unterhaltungsgeräten kennt.

Bild 8.35: Tasten zur Steuerung der Medienwiedergabe

Cursortasten zur Navigation innerhalb der Menüs. Diese Tasten bewegen die Markierung des aktiven Menüpunkts. In langen Menüs wird dabei automatisch auch der Bildschirm gescrollt. Die [OK]-Taste aktiviert den ausgewählten Menüpunkt.

Bild 8.36: Die Cursortasten auf der Fernbedienung

Die große grüne Taste startet die Media Center-Anwendung aus Windows Vista heraus. Aufruf der Media Center-Module, Kanalauswahl und Lautstärkeregelung. Mit diesen Tasten können Sie die Programmmodule TV, DVD, Musik und andere direkt aufrufen, ohne sich durch die Menüs hangeln zu müssen.

Bild 8.37: Die Tasten für Media Center-Module, Kanalauswahl und Lautstärkeregelung

Zifferntasten. Diese Tasten werden zur Eingabe von Zahlen und Texten innerhalb des Media Center verwendet. Um einen Buchstaben einzugeben, muss die entsprechende Taste, ähnlich wie auf einem Handy, mehrfach gedrückt werden.

Bild 8.38: Die Zifferntasten auf der Fernbedienung

Nur Medien-Modus
Verwenden Sie den PC ausschließlich zum Betrachten von Medien und wollen Sie zum Beispiel auf öffentlich nutzbaren PCs nicht, dass die Nutzer andere Windows-Anwendungen aufrufen, können Sie das Media Center unter *Aufgaben* im Hauptmenü in einen Modus *Nur Medien* versetzen. In diesem Modus werden die Schaltflächen für *Minimieren* und *Schließen* nicht angezeigt, sodass man das Media Center nicht mehr so einfach verlassen kann.

Musik hören

Das Windows Media Center kann auch dazu verwendet werden, Musik auf dem PC oder über eine Stereoanlage zu hören, wenn diese an der Soundkarte des PCs angeschlossen ist.

Die Musik kann von Audio-CDs kommen oder als Datei im MP3- oder WMA-Format von der Festplatte.

Kopiergeschützte Audio-CDs
Bestimmte kopiergeschützte Musik-CDs können vom Media Center in Windows Vista nicht abgespielt werden.

Wählen Sie im Media Center den Menüpunkt *Musik*. Allerdings wird hier im Gegensatz zu üblichen Windows-Anwendungen eine andere Art der Dateiverwaltung verwendet.

Zuerst müssen wie in den anderen Media Center-Modulen auch die Verzeichnisse hinzugefügt werden, in denen Musikdateien liegen. Standardmäßig werden nur Musikdateien im *Musik*-Verzeichnis des Benutzers und im Verzeichnis *Öffentliche Musik* angezeigt. Bei der Installation liefert Windows Vista in diesen Verzeichnissen bereits Beispielmusik mit. Befindet sich eine Audio-CD im Laufwerk, wird sie ebenfalls angezeigt.

Bild 8.39: *Musikbibliothek* im Media Center

Anzeige zusätzlich gespeicherter Titel
Das Media Center zeigt zusätzlich die in der Medienbibliothek des Windows Media Player gespeicherten Titel an. Dies hat zwar den Vorteil, dass Sie keine zweite Bibliothek Ihrer Musik anlegen müssen, dafür kann es aber passieren, dass Musikdateien angezeigt werden, die in Wirklichkeit auf dem Computer nicht mehr vorhanden sind, weil sie zwar gelöscht, aber nicht aus der Medienbibliothek entfernt wurden.

Die Musik wird nach Alben verwaltet, wobei bei bestehender Internetverbindung auch das Albumcover und Informationen zu den Titeln heruntergeladen und angezeigt werden können. Diese Informationen stehen allerdings nicht für alle Musik-CDs zur Verfügung.

8.4 Das Windows Media Center

Bild 8.40: Audio-CD im Media Center

Wählen Sie einen Titel aus, zeigt das Media Center detaillierte Informationen zu diesem Titel an. Der Button *Wiedergabe* oder die `Play`-Taste auf der Fernbedienung spielen den Titel ab, danach folgen automatisch die weiteren Titel des Albums.

Am unteren Bildschirmrand befinden sich Buttons zur Steuerung der Wiedergabe. Diese können mit der Maus bedient werden. Nach einigen Sekunden Inaktivität blenden sie sich automatisch aus. Sowie man die Maus bewegt, kommen sie wieder ins Bild. Mit einer beliebigen Taste auf der Tastatur können die Steuerelemente auch sofort ausgeblendet werden. Wenn Sie eine Tastatur mit Multimediatasten verwenden, können Sie über diese Tasten die Wiedergabe im Media Center ebenfalls steuern.

Bild 8.41: Einzelne *Musiktitel* abspielen

Außerdem lässt sich die Wiedergabe mit der Fernbedienung steuern. Hier sind die Buttons nicht zu sehen.

Während die Musik läuft, können Sie im Media Center weiter herumklicken und sich andere Bildschirme ansehen und weitere Titel aussuchen. Der zurzeit laufende Titel wird unten links als Logo angezeigt. Fährt man mit der Maus darüber, werden Titelinformationen eingeblendet.

Die Musik läuft weiter, bis sie angehalten wird oder man einen neuen Titel wählt. Aus einem anderen Media Center-Bildschirm können Sie durch Anklicken des Titels unten links jederzeit leicht zum gerade laufenden Titel zurückspringen.

Mit den Funktionen *Zufällige Wiedergabe* und *Wiederholen* können Sie die Reihenfolge der Titel zufällig ändern und das Abspielen endlos wiederholen, statt es am Ende des Albums anzuhalten.

8.4 Das Windows Media Center

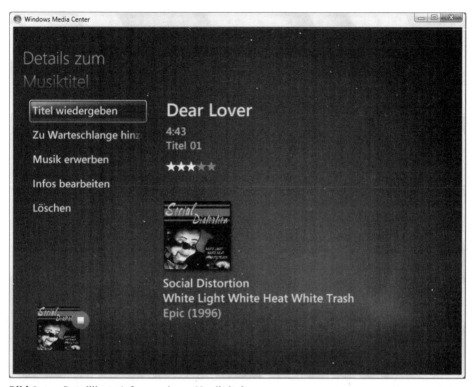

Bild 8.42: Detaillierte Infos zu einem Musiktitel

Die wichtigsten Funktionen zu einzelnen Musiktiteln können auch über ein spezielles Kontextmenü aufgerufen werden. Es erscheint, wenn man mit der rechten Maustaste auf einen Titel klickt.

Die Musik läuft auch weiter, wenn Sie das Media Center in den Hintergrund schalten und ein anderes Windows-Programm starten.

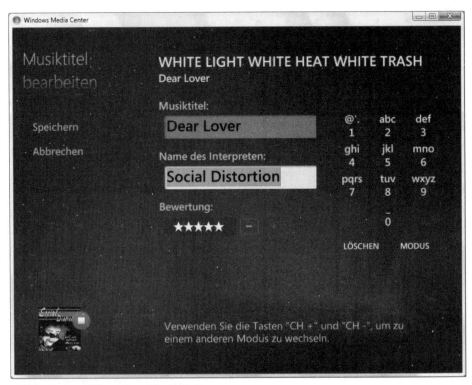

Bild 8.43: Bearbeiten eines Musiktitels

▲ Medieninformationen aus dem Internet

Viele aktuelle Musik-CDs enthalten bereits die Namen der einzelnen Titel in einer für CD-Player und Media Center lesbaren Form. Weitere Medieninformationen und das Titelbild können beim Abspielen der CD automatisch aus dem Internet heruntergeladen werden.

Dazu muss eine Internetverbindung verfügbar sein, die entweder permanent läuft oder jederzeit automatisch aufgebaut werden kann. Zusätzlich muss im Media Center unter *Aufgaben/Einstellungen/Allgemein/Optionen für automatische Downloads* der Schalter *CD-Cover, Medieninformationen für DVDs und Filme und Internetdienste vom Internet beziehen* eingeschaltet sein.

8.4 Das Windows Media Center

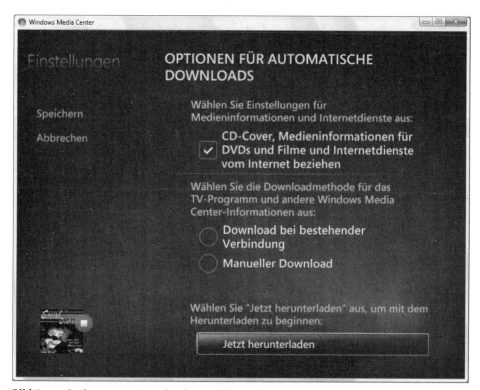

Bild 8.44: Optionen zum Download von Medieninformationen

Achtung: Titelinformationen an Microsoft
Beachten Sie, dass bei aktiviertem Download der Medieninformationen die Titel jeder Musikdatei, jeder Audio-CD und jedes Films, der im Media Center läuft, zusammen mit einer eindeutigen ID Ihres Computers und der aktuellen IP-Adresse an Microsoft übertragen werden. Dies gilt auch für kopierte Dateien, nicht nur für Originale.

▲ Visualisierungen

Während die Musik läuft, muss man sich nicht die ganze Zeit das Albumtitelbild ansehen, man kann sich auch von farbigen Effekten auf dem Bildschirm sogenannten Visualisierungen, unterhalten lassen.

Klicken Sie dazu, wenn die Musik läuft, auf *Visualisierung*. Die Anzeige verschwindet und auf dem Bildschirm erscheint eine bunte, zufällig ausgewählte Visualisierung. Mit den Pfeiltasten auf der Tastatur oder auf der Fernbedienung können Sie zu einer anderen Visualisierung wechseln.

Bild 8.45: *Visualisierung* zu Beginn eines Titels einschalten

Am Anfang eines Titels und kurz vor dem Ende werden unten in einem kleinen Fenster die Medieninformationen und das Albumcover angezeigt. Um aus einer Visualisierung wieder zurückzukommen, klicken Sie einfach in den Bildschirm.

Das Verhalten der Visualisierungen kann in den Einstellungen des Media Center unter *Aufgaben/Einstellungen/Musik* verändert werden.

Mit dem Menüpunkt *Visualisierungen* wählen Sie alle die Visualisierungen aus, die bei der automatischen Auswahl verwendet werden sollen.

8.4 Das Windows Media Center

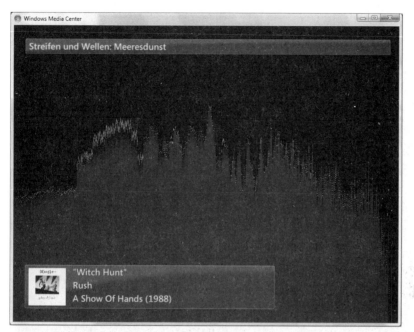

Bild 8.46: Die ausgewählte Visualisierung *Meeresdunst* in Aktion

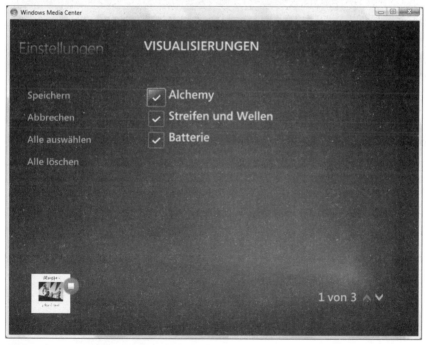

Bild 8.47: Auswahl der *VISUALISIERUNGEN*

In den *Visualisierungsoptionen* legen Sie fest, ob Titelinformationen angezeigt werden sollen, wenn eine Visualisierung läuft.

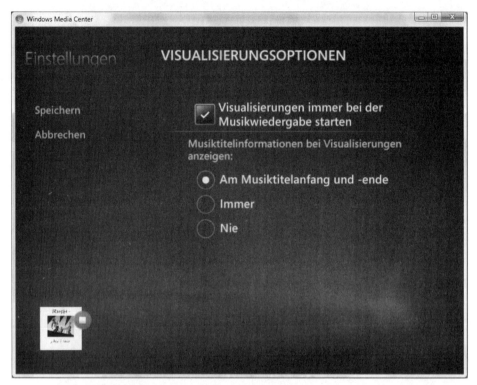

Bild 8.48: Die *VISUALISIERUNGSOPTIONEN* im Media Center

▲ Audio-CDs automatisch mit Media Center abspielen

Möchten Sie Audio-CDs immer mit dem Media Center abspielen, können Sie dieses als Standardanwendung einrichten. Legen Sie eine Audio-CD ein, solange die Media Center-Anwendung nicht läuft. Nach kurzer Zeit erscheint ein Auswahldialog für die Angabe, mit welchem Programm die CD abgespielt werden soll.

8.4 Das Windows Media Center

Bild 8.49: Dialogfeld beim Einlegen einer Audio-CD

Schalten Sie hier den Schalter *Vorgang immer für Audio-CDs durchführen* ein, wählen Sie *Audio-CD wiedergeben mit Windows Media Center*. Wenn Sie das nächste Mal eine Audio-CD einlegen, startet automatisch das Media Center.

Um diese Einstellung wieder rückgängig zu machen und eine andere Audio-CD-Abspielsoftware zu nutzen, wählen Sie in der Systemsteuerung unter *Hardware und Sound* die Option *CDs und andere Medien automatisch wiedergeben*.

Im nächsten Dialogfeld können Sie für Audio-CDs und andere Medientypen Standardaktionen wählen oder *Jedes Mal nachfragen*, wenn jedes Mal beim Einlegen einer Audio-CD der Auswahldialog erscheinen soll.

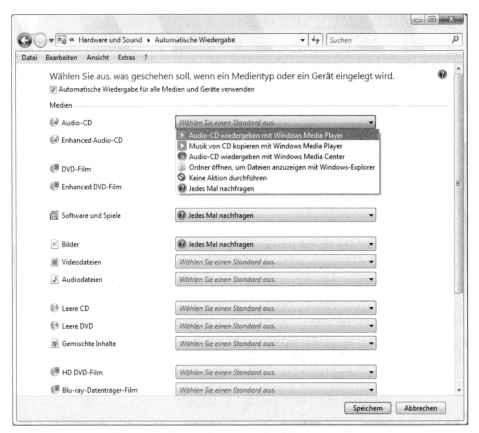

Bild 8.50: Auswahl der Standardanwendung zum Abspielen von Audio-CDs

▲ Audio-CDs auf Festplatte archivieren

Mit dem Media Center können Sie auf einfache Weise Musik-CDs auf die Festplatte kopieren und so die Musik auch hören, ohne die CD einlegen zu müssen. Auf diese Weise können Sie Playlisten zusammenstellen, die aus Titeln mehrerer CDs bestehen.

8.4 Das Windows Media Center

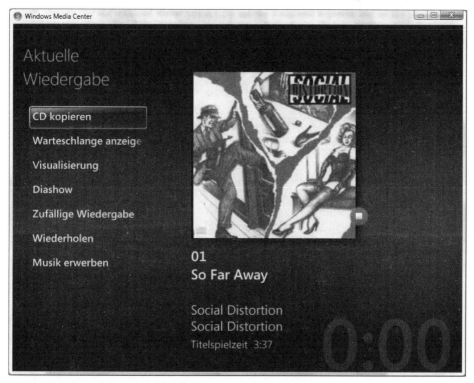

Bild 8.51: Daten einer Audio-CD auf die Festplatte übertragen

Während eine Audio-CD eingelegt ist, können Sie mit dem Button *CD kopieren* die Daten auf die Festplatte übertragen. Dieses Kopieren geht deutlich schneller als das Abspielen. Während ein Titel läuft, kann also bereits der übernächste kopiert sein.

- Ein Equalizer-Symbol in der Titelliste zeigt den gerade abgespielten Titel an.
- Ein animiertes CD-Symbol zeigt den Titel an, der gerade kopiert wird.
- Häkchen zeigen alle Titel an, die schon kopiert sind.

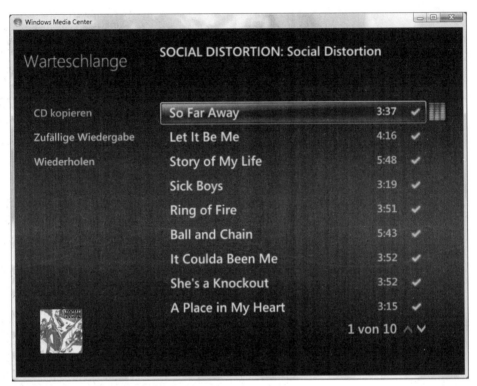

Bild 8.52: Kopieren einer Audio-CD auf die Festplatte

Standardmäßig werden die Musikdateien im WMA-Format in Unterverzeichnissen des Musikverzeichnisses abgelegt. Das Media Center selbst bietet keine Möglichkeit, diese Einstellung zu ändern. Es werden die Einstellungen des Windows Media Players übernommen. Um diese zu ändern, starten Sie den Windows Media Player und öffnen im Menü *Extras* das Dialogfeld *Optionen*.

Auf der Registerkarte *Musik kopieren* wählen Sie das Verzeichnis, in dem die kopierte Musik gespeichert werden soll, sowie das Datenformat aus.

8.4 Das Windows Media Center

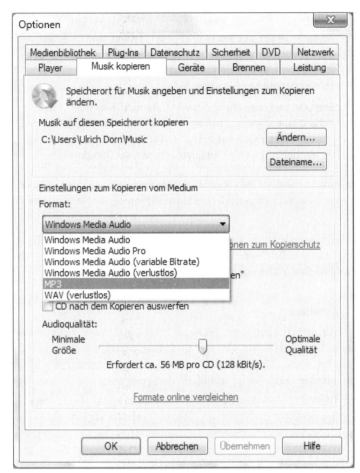

Bild 8.53:
Einstellungen zum Kopieren von Audio-CDs auf die Festplatte

Bei der Datenkomprimierung hängt die Qualität von der Größe der Datei ab. Bei höheren Kompressionsraten, also kleineren Dateigrößen, werden die für das menschliche Ohr kaum hörbaren extrem hohen und extrem tiefen Töne ausgeblendet.

MP3	Das Standardformat für Musik, das auch auf allen Nicht-Windows-Systemen verwendet werden kann. Tragbare MP3-Player können oftmals nur dieses Format abspielen.
Windows Media Audio/Windows Media Audio Pro	Ein von Microsoft eingeführtes Musikformat mit vergleichbarer Kompressionsrate und Qualität wie MP3. WMA-Dateien können mit einem digitalen Rechtemanagement versehen werden, sodass sie sich nicht beliebig kopieren oder auf anderen Geräten abspielen lassen.

Windows Media Audio (variable Bitrate)	Eine Erweiterung des WMA-Formats. Hier wird die Bitrate der Komprimierung der Musik angepasst, sodass zum Beispiel leise Stellen eine höhere Qualität erhalten, damit keine Informationen verloren gehen. Zurzeit verwenden nur wenige Abspielgeräte dieses Dateiformat.
Windows Media Audio (verlustlos)	Eine andere Erweiterung des WMA-Formats. Hier wird ohne Verlust komprimiert, die Dateien sind dafür deutlich größer (etwa 5-mal so groß wie eine MP3-Datei guter Qualität). Zurzeit verwenden nur wenige Abspielgeräte dieses Dateiformat.

In diesem Einstelldialog können Sie über den Button *Dateiname* auch festlegen, aus welchen Informationen sich die automatisch generierten Dateinamen der kopierten Dateien zusammensetzen sollen.

Solange Sie die Musik nur innerhalb des Media Center hören, sind die eigentlichen Dateinamen nicht wichtig. Das Media Center zeigt die Titelinformationen an, die in der Datei gespeichert sind, und nicht die Dateinamen.

▲ Titelinformationen bearbeiten

Leider werden die Medieninformationen und auch die Titel von Alben nicht immer richtig eingetragen. Dies gilt besonders für Sampler und Musik-CDs, die Zeitschriften beiliegen. Hier sind manchmal die Titel unvollständig oder der Albumname stimmt nicht. In solchen Fällen können auch keine gültigen Medieninformationen aus dem Internet heruntergeladen werden.

Das Media Center bietet die Möglichkeit, bei den archivierten Titeln fehlerhafte Daten zu korrigieren.

Klicken Sie auf einen Titel und dann auf *Infos bearbeiten*. Hier können Sie den Namen des Titels und des Interpreten verändern und auch eine Bewertung abgeben.

Wenn Sie das Media Center mit der Fernbedienung steuern, können Sie die Titel über die Zifferntasten eingeben. Je nach Buchstabe muss eine Zifferntaste mehrfach gedrückt werden. Mit den Tasten [CH+] und [CH-] kann das Tastenfeld zwischen Kleinbuchstaben, Großbuchstaben und Sonderzeichen umgeschaltet werden.

Auf dieselbe Weise können Sie aus der Albumansicht auch den Albumtitel und Interpreten ändern, wenn diese falsch oder gar nicht erkannt wurden.

8.4 Das Windows Media Center

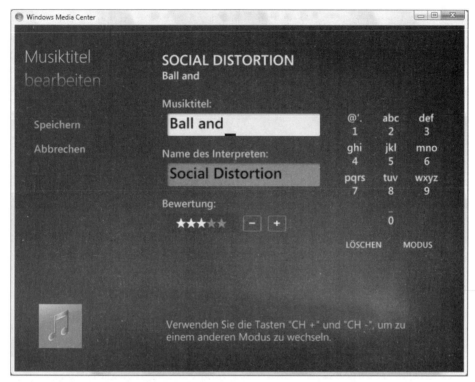

Bild 8.54: Falsche Titelinformationen korrigieren

▲ Musik löschen

Möchten Sie Musikdateien löschen, sollten Sie dies direkt im Media Center vornehmen. In der Titelansicht kann der gewählte Titel mit der Option *Löschen* gelöscht werden. Dabei wird er automatisch auch aus der Medienbibliothek entfernt. Auf dieselbe Weise können Sie in der Albumansicht ein ganzes Album löschen.

Löschen Sie eine Musikdatei mit dem Windows-Explorer, bleibt der entsprechende Eintrag in der Medienbibliothek stehen, obwohl die Datei nicht mehr existiert.

Das Media Center führt aber regelmäßig automatische Datenbankkorrekturen durch, sodass solche Einträge nach einiger Zeit selbstständig gelöscht werden.

▲ Musik auswählen und Wiedergabelisten verwenden

Im Hauptfenster des Media Center-Moduls *Musik* werden standardmäßig alle Alben angezeigt. Mit den Buttons in der oberen Zeile können Sie diese Anzeige auch auf alphabetische Listen aller Musiktitel oder Interpreten umschalten.

Bild 8.55: Liste aller *Alben*

In der Interpretenliste und in der Sortierung nach Genres können Sie auf einen Eintrag klicken und erhalten dann eine weitere Auswahl. Titel, denen keine Titelinformationen zugeordnet sind, erscheinen in der Titelliste als *Spur* mit einer Nummer, in der Interpretenliste stehen diese unter *Various Artists*.

 Titel per Kurztaste anwählen
In allen Listen können Sie durch Drücken von Buchstabentasten sehr schnell zu Titeln springen, die mit diesen Buchstaben beginnen.

Im Modus *Suchen* unter *Musik* im Hauptmenü des Media Center können Sie per Tastatur oder Fernbedienung Titel und Interpreten suchen. Geben Sie einfach ein paar Buchstaben ein, werden automatisch Titel und Interpreten gesucht, in deren Namen die angegebene Buchstabenkombination vorkommt. Mit jedem weiteren Buchstaben wird die Suche weiter eingegrenzt.

8.4 Das Windows Media Center

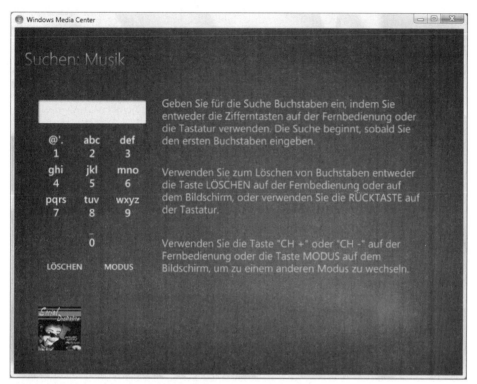

Bild 8.56: Suche in der Medienbibliothek

Möchten Sie mehrere Musiktitel nacheinander abspielen, klicken Sie anstatt auf *Wiedergabe* auf *Zur Warteschlange hinzufügen*. Diese Warteschlange ist eine temporäre Wiedergabeliste, in der Sie mit den Tasten der Fernbedienung oder den Steuerungssymbolen am unteren Bildschirmrand vor- und zurückblättern können. Diese Warteschlange wird so lange abgespielt, bis Sie einen Titel im Modus *Wiedergabe* oder eine Audio-CD abspielen.

Sie können sich die Warteschlange jederzeit anzeigen lassen, indem Sie unten links auf den gerade laufenden Titel klicken und danach auf *Warteschlange anzeigen*.

Im Modus *Warteschlange bearbeiten* können Sie die Reihenfolge der Titel in der Warteschlange ändern oder einzelne Titel aus der Warteschlange entfernen.

Möchten Sie zu bestimmten Anlässen passende Musik vorsortiert verfügbar haben, zum Beispiel für unterwegs, zum Frühstück oder für Partys, können Sie im Media Center Wiedergabelisten erstellen, die ausgewählte Titel in bestimmter Reihenfolge enthalten.

Erstellen Sie dazu eine Warteschlange, und klicken Sie dann auf *Als Liste speichern*. Jetzt können Sie über die Tastatur oder die Fernbedienung einen Namen für diese Liste eingeben.

Alle Wiedergabelisten werden in der *Musikbibliothek* unter *Wiedergabelisten* angezeigt. Zusätzlich zu den selbst erstellten Wiedergabelisten legt das Media Center nach bestimmten Kriterien auch automatische Listen an.

Bearbeitung von Wiedergabelisten
Das Media Center verwendet dieselben Wiedergabelisten und dieselbe Medienbibliothek wie der Windows Media Player. Wiedergabelisten, die Sie im Windows Media Player erstellt haben, erscheinen automatisch auch im Media Center. Der Windows Media Player bietet gegenüber dem Media Center deutlich erweiterte Möglichkeiten zur Bearbeitung von Wiedergabelisten.

▲ Musik mit portablen MP3-Playern synchronisieren

Das Media Center kann ähnlich wie der Windows Media Player Musikdateien mit tragbaren Medienplayern synchronisieren, wenn diese als Laufwerk erkannt werden oder eine Media Center-kompatible Softwareschnittstelle verwenden. Im Gegensatz zur Windows XP Media Center Edition akzeptiert das Media Center in Windows Vista bei der Synchronisation keine Speicherkarten im Kartenleser zur Verwendung in PDAs und Handys.

Wählen Sie im Hauptmenü des Media Center den Menüpunkt *Aufgaben*. Wählen Sie hier *Synchronisieren*.

Daraufhin erscheint eine Auswahl der konfigurierten Geräte. Bei jedem wird der auf dem mobilen Gerät verfügbare Speicherplatz angezeigt, sowie eine Auswahl von Wiedergabelisten. Wird ein Gerät zum ersten Mal angeschlossen, erscheint eine Abfrage, ob Sie mit diesem Gerät Medieninhalte synchronisieren wollen.

8.4 Das Windows Media Center

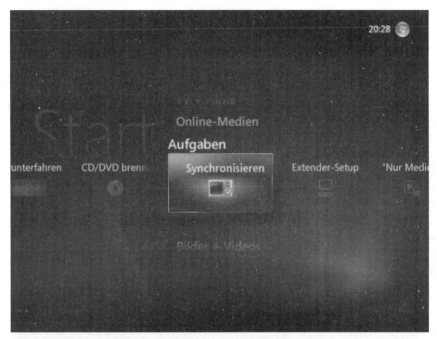

Bild 8.57: Musik mit tragbaren Geräten synchronisieren

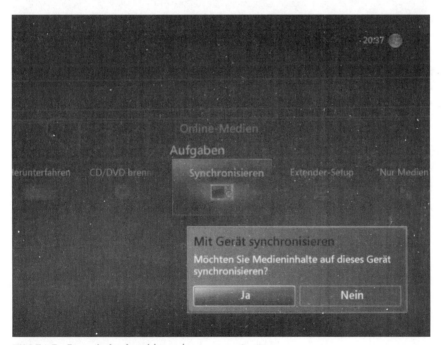

Bild 8.58: Frage beim Anschluss eines neuen Geräts

Im nächsten Dialog können Sie die Reihenfolge und damit die Priorität ändern, mit der die Wiedergabelisten synchronisiert werden sollen. Reicht die Speicherkapazität des mobilen Geräts nicht aus, werden die weiter unten in der Liste stehenden Elemente weggelassen.

Bild 8.59: Auswahl der Wiedergabelisten für die Synchronisation

Über den Button *Mehr hinzufügen* können Sie weitere Wiedergabelisten mit Musik zur Synchronisation hinzufügen. Bei der Synchronisation mit Medienabspielgeräten, die außer Musik auch andere Medien verarbeiten können, können Sie auch Bilderserien, TV-Aufzeichnungen oder Videos zur Synchronisation hinzufügen.

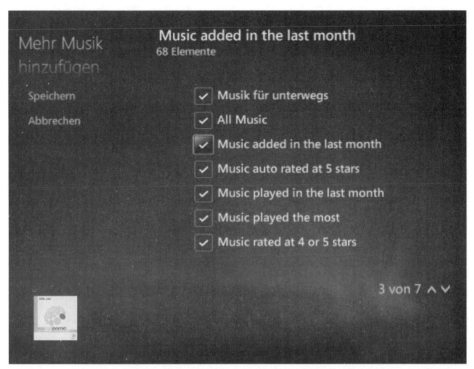

Bild 8.60: Hinzufügen von Wiedergabelisten zur Synchronisation mit tragbaren Geräten

Klicken Sie anschließend auf *Synchronisieren*. Jetzt wird der Übertragungsvorgang gestartet, der je nach Datenmenge einige Zeit dauern kann. Während der Synchronisierung können Sie das Media Center normal weiter benutzen. Die Synchronisierung läuft im Hintergrund.

Konnten wegen begrenztem Speicherplatz nicht alle Titel übertragen werden, können Sie sich am Ende die Synchronisierungsergebnisse anzeigen lassen. Diese zeigen an, welche Wiedergabelisten vollständig oder nur teilweise übertragen wurden. Ein Klick auf eine der Listen zeigt zu jedem Titel, ob er übertragen wurde oder nicht.

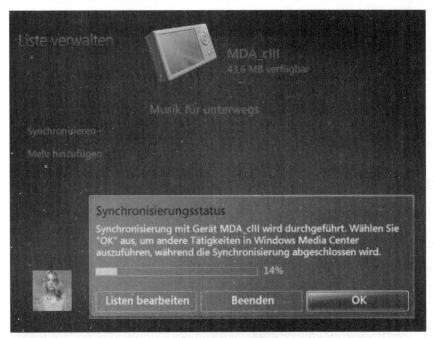

Bild 8.61: Synchronisation mit tragbaren Medienabspielgeräten

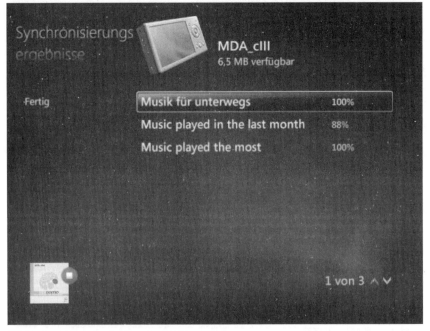

Bild 8.62: Ergebnis der Synchronisierung

8.4 Das Windows Media Center **443**

DVDs abspielen

Das Media Center in Windows Vista kann DVDs abspielen, in dieser Version liefert Microsoft die notwendigen Decoder sogar mit Windows mit. Im Gegensatz zu Windows XP braucht also keine eigene DVD-Playersoftware installiert zu werden.

Wählen Sie im Hauptmenü des Media Center den Menüpunkt *TV + Filme/DVD-Wiedergeben*.

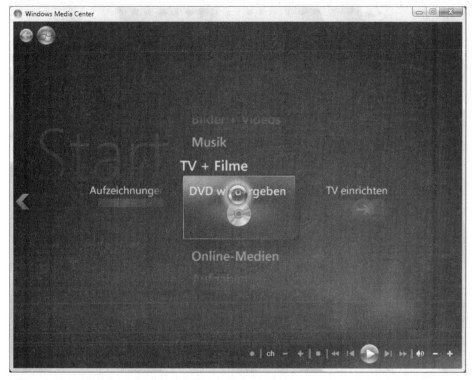

Bild 8.63: DVD-Wiedergabe im Media Center-Hauptmenü

Auch beim Abspielen von DVDs können die Tasten der Fernbedienung genutzt werden, oder man blendet sich mit der Maus die Steuerelemente am unteren Bildschirmrand ein.

Bild 8.64: Steuerelemente beim Abspielen einer DVD

   VCDs und SVCDs
Windows Vista kann im Gegensatz zur Windows XP Media Center Edition nur noch DVDs, aber keine VCDs oder SVCDs mehr abspielen. Hierzu müssen Sie externe Medienplayer installieren.

▲ DVDs automatisch mit Media Center abspielen

Möchten Sie DVDs immer mit dem Media Center abspielen, können Sie dieses als Standardanwendung einrichten. Legen Sie eine DVD ein. Nach kurzer Zeit erscheint ein Auswahldialog zur Angabe, mit welchem Programm die DVD abgespielt werden soll.

8.4 Das Windows Media Center

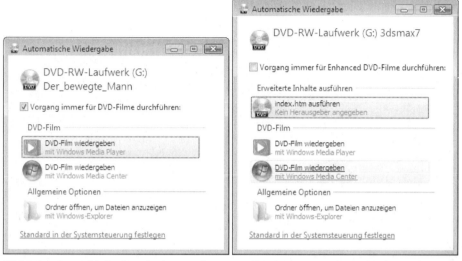

Bild 8.65: Auswahl der Standardanwendung zum Abspielen von DVDs und Enhanced-DVDs

Schalten Sie hier den Schalter *Vorgang immer für DVD-Filme durchführen* ein, wählen Sie *DVD Film wiedergeben mit Windows Media Center*, und klicken auf *OK*. Wenn Sie das nächste Mal eine DVD einlegen, startet automatisch das Media Center.

Enhanced-DVDs
Die meisten aktuellen DVDs sind mittlerweile sogenannte Enhanced-DVDs, die zusätzlich Inhalte für den PC enthalten. Bei diesen Enhanced-DVDs sollten Sie die Abfrage immer aktiv lassen, so können Sie bei jedem Einlegen wählen, ob Sie den Film oder die erweiterten interaktiven Inhalte sehen möchten.

▲ DVD-Einstellungen

Standardmäßig zeigt das Media Center DVD-Filme ohne Untertitel in der Standardsprache an. Wenn Sie fremdsprachige DVDs abspielen und dabei die deutschen Untertitel sehen möchten, können Sie das Standardverhalten umschalten. Wählen Sie dazu im Hauptmenü der Media Center-Anwendung unter *Aufgaben/Einstellungen* die Option *DVD*.

In einem weiteren Untermenü können Sie zwischen verschiedenen Einstellungskategorien wählen.

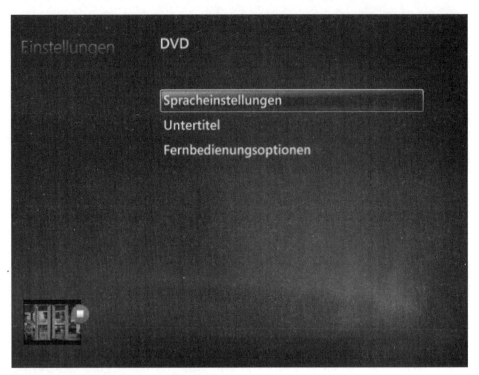

Bild 8.66: *DVD*-Einstellungen im Media Center

- Das Menü *Spracheinstellungen* enthält Einstellungen für Untertitel, Ton und die Sprache der Menüs.

8.4 Das Windows Media Center

Bild 8.67: *SPRACHEINSTELLUNGEN* für DVDs

- Im Menüpunkt *Untertitel* legen Sie fest, welche Untertitel gezeigt werden sollen und ob diese bei ausgeschaltetem Ton automatisch dargestellt werden.

- Der Menüpunkt *Fernbedienungsoptionen* steuert das Verhalten der Tasten *Überspringen* und *Wiederholen* sowie der Tasten *CH+* und *CH-* auf der Fernbedienung. Diese Einstellung betrifft nur das Abspielen von DVDs und hat keinen Einfluss auf die Wiedergabe von Bilderserien oder Musik.

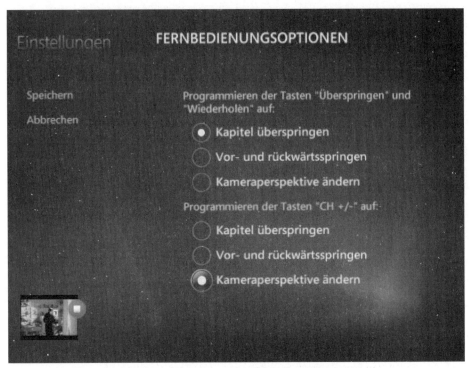

Bild 8.68: Einstellungen für die Fernbedienung beim Abspielen von DVDs

Videos abspielen

Das Media Center spielt nicht nur Videos von DVDs, sondern auch direkt von der Festplatte ab.

Wenn Sie im Hauptmenü des Media Center die Option *Bilder + Videos/Videobibliothek* wählen, werden in den meisten Fällen nur die Beispielvideos aus Windows Vista gefunden.

Das Media Center sucht Videos standardmäßig nur im Verzeichnis *Videos* unterhalb des eigenen Benutzerverzeichnisses und unter *Öffentliche Videos*.

Anstatt alle Videos jetzt in eines dieser Verzeichnisse zu kopieren, können Sie mit der rechten Maustaste klicken und im Menü *Bibliothek-Setup* wählen. Wählen Sie dann im nächsten Dialog die Option *Zu überwachenden Ordner hinzufügen*.

8.4 Das Windows Media Center

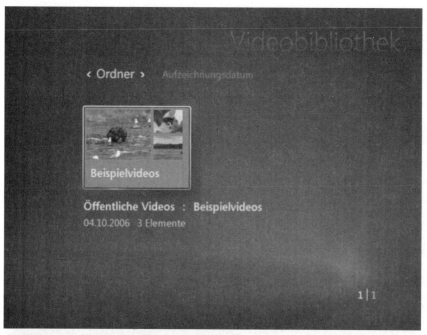

Bild 8.69: Die *VIDEOBIBLIOTHEK* im Media Center

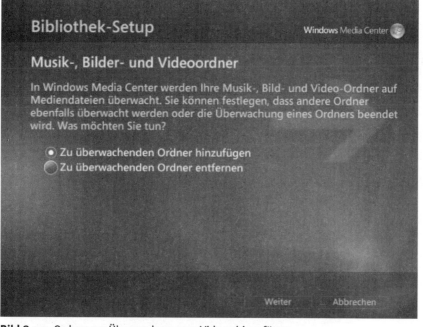

Bild 8.70: Ordner zur Überwachung von Videos hinzufügen

Auf dieselbe Weise können Sie später hinzugefügte Ordner auch wieder aus der Liste der angezeigten Ordner entfernen. Die Ordner selbst werden dabei natürlich nicht gelöscht.

Im nächsten Schritt müssen Sie noch festlegen, ob Sie die Ordner auf lokalen Laufwerken oder im Netzwerk suchen wollen. Jetzt erscheint eine Liste aller lokalen Verzeichnisse, in der Sie das gewünschte Verzeichnis markieren können.

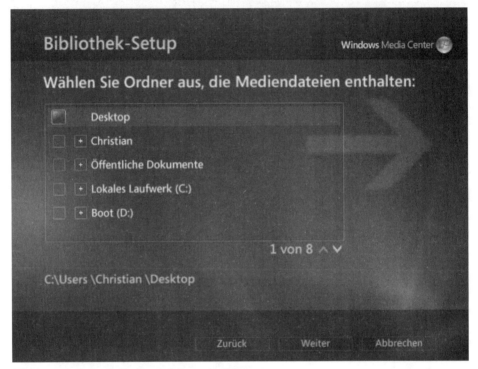

Bild 8.71: Ordner mit *Mediendateien* auswählen

Markierte Ordner und ihre Unterverzeichnisse werden automatisch zur Liste der Videos hinzugefügt und sind dann im Menü zu sehen.

Diese Liste kann nach Namen oder Datum sortiert werden. Durch Anklicken können Sie ein Video abspielen.

8.4 Das Windows Media Center

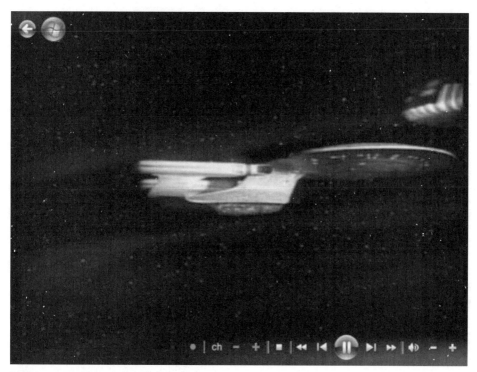

Bild 8.72: Ein Video im Media Center

Beim Abspielen des Videos werden wie beim Abspielen von DVDs am unteren Bildschirmrand Steuerelemente eingeblendet. Sie können das Abspielen aber auch mit der Fernbedienung steuern. Beachten Sie dabei, dass der schnelle Vor- und Rücklauf nicht von allen Videoformaten unterstützt wird.

Fernsehen mit dem Media Center

Wenn Sie im PC eine digitale Media Center-kompatible Fernsehkarte haben, können Sie mit dem Media Center auch Fernsehprogramme empfangen. Windows Vista ist für DVB-T optimiert, unterstützt aber auch einige andere Empfangsgeräte.

Im Hauptmenü kommen Sie unter *TV + Filme/Live-TV* zum Fernsehempfang. Wenn Sie noch keine Sender konfiguriert haben, können Sie unter *Einstellungen/TV* im Hauptmenü unter *Aufgaben* einen Suchlauf starten.

Bild 8.73: Fernsehen im Media Center

Mit den Kanaltasten der Fernbedienung oder den Buttons, die sich bei jeder Mausbewegung einblenden, kann man zwischen den TV-Sendern, die der Suchlauf gefunden hat, hin und her »zappen«. Die Aufnahmetaste zeichnet die gerade laufende Sendung auf.

Das TV-Programm lädt aus dem Internet Daten aller Sendungen für die eingerichteten TV-Kanäle herunter. Per Mausklick können Sie schnell auf jede gerade laufende Sendung springen.

8.4 Das Windows Media Center

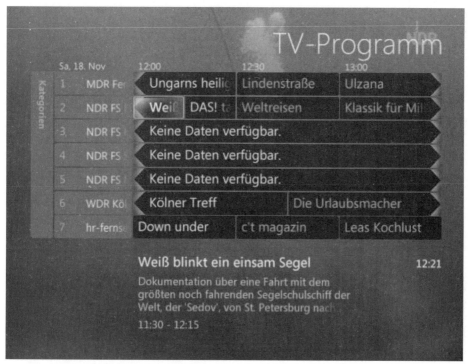

Bild 8.74: Das *TV-Programm* im Media Center

Eigene Fotosammlungen

Mit Windows XP Media Center Edition können Sie Sammlungen von Fotos als Diaschau auf dem Fernseher oder Computermonitor ansehen.

Die Fotos finden Sie im Hauptmenü unter *Bilder + Videos/Bildbibliothek*. Hier werden automatisch alle Bilder gefunden, die in der Windows-Fotogalerie angezeigt werden. Weitere Verzeichnisse mit Bildern können Sie nachträglich im Media Center hinzufügen.

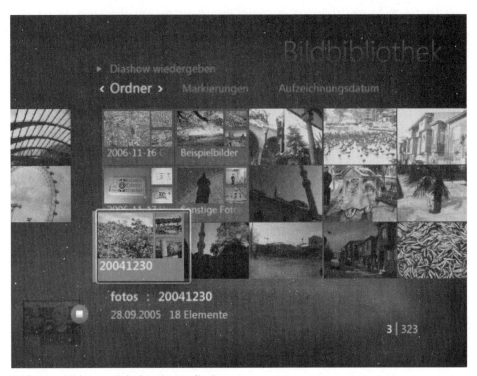

Bild 8.75: Bilderverzeichnisse im Media Center

Das Hinzufügen von Bilderverzeichnissen funktioniert genauso wie das Hinzufügen von Video- oder Musikverzeichnissen. Klicken Sie mit der rechten Maustaste in den Bildschirm *Bildbibliothek*, und wählen Sie im Menü die Option *Bibliothek-Setup*.

Die Bilderverzeichnisse erscheinen als Symbole im Media Center. In jedem Verzeichnis werden die ersten drei Bilder verkleinert dargestellt, sodass man einen ersten Überblick über den Inhalt des Verzeichnisses bekommt.

Ein Klick auf *Diaschau wiedergeben* startet eine automatisch ablaufende Diaschau aller Fotos im markierten Verzeichnis. Die Diaschau können Sie mit den Steuerelementen am unteren Bildschirmrand oder mit der Fernbedienung steuern.

8.4 Das Windows Media Center

Bild 8.76: Diaschau im Media Center

Läuft gerade Musik, kann sie im Hintergrund der Diaschau als Untermalung weiterlaufen.

Wenn Sie Bilder in Ruhe betrachten wollen und die ewigen Bewegungen nur stören, können Sie diese abschalten, sodass die Diaschau zwar von einem zum nächsten Bild umschaltet, die einzelnen Bilder aber ruhig stehen lässt.

Wählen Sie dazu im Hauptmenü des Media Center *Aufgaben/Einstellungen/Bilder*. Hier können Sie den *Übergangstyp* auf *Keine* setzen und auch die Zeit einstellen, wie lange ein Bild dargestellt wird. Diese Zeit wird hier verwirrenderweise als *Übergangszeit* bezeichnet, dabei gibt sie nicht die Zeitdauer eines Übergangs an, sondern die Zeit, wie lange jedes einzelne Bild zu sehen ist.

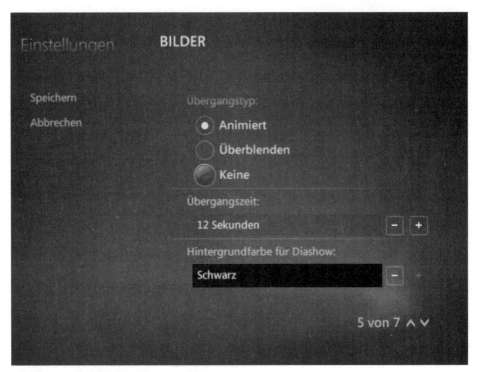

Bild 8.77: *Einstellungen* für die Diaschau

Die Hintergrundfarbe ist wichtig, wenn Bilder unterschiedlicher Größe angezeigt werden. Bei kleinen Bildern erscheint üblicherweise ein schwarzer Rand. Sie können diese Farbe zwar ändern, die Wirkung der Bilder ist aber bei einem schwarzen Hintergrund am besten.

Einstellungen

Das Media Center verwendet standardmäßig Einstellungen, die auch in Windows gelten. Da das Programm aber auch für Computer geeignet sein soll, die weitestgehend nur per Fernbedienung gesteuert und nur fürs Media Center genutzt werden, sind wichtige Konfigurationseinstellungen auch innerhalb der Media Center-Anwendung über den Menüpunkt *Aufgaben/Einstellungen/Allgemein* möglich.

8.4 Das Windows Media Center

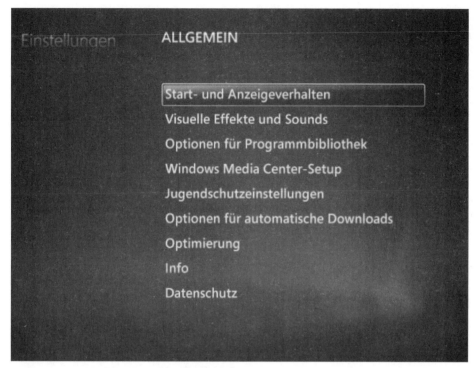

Bild 8.78: Der Konfigurationsbildschirm des Media Center

▲ Start- und Anzeigeverhalten

Hier werden einige Einstellungen festgelegt, die vor allem dann wichtig sind, wenn das Media Center auf einem Fernseher läuft oder auf einem Computer als einzige Anwendung.

Windows Media Center-Fenster immer im Vordergrund anzeigen – Verhindert, dass ein anderes Fenster in den Vordergrund springt. Dies ist besonders dann lästig, wenn man keine Tastatur oder Maus zur Verfügung hat, um es wegzuklicken.

Dialogfeld »Nicht für Windows Media Center entwickelt« anzeigen – Zeigt bei inkompatiblen Komponenten eine entsprechende Meldung. Wenn diese zu häufig erscheint, können Sie sie an dieser Stelle unterdrücken.

Windows Media Center beim Start von Windows starten – Wenn Sie den PC ausschließlich für Media Center verwenden und möglicherweise gar keine Tastatur und Maus angeschlossen haben, können Sie das Media Center nach dem Windows-Start automatisch starten.

Taskleistenbenachrichtigungen anzeigen – Blendet auf der Taskleiste Meldungen ein, wenn zum Beispiel neue externe Geräte angeschlossen wurden. Auf manchen Media

Center-Bildschirmen kann es hierbei zu Grafikfehlern kommen. Deshalb sollten Sie diese Option ausschalten, wenn Sie das Media Center auf einem Fernseher betreiben.

▲ Visuelle Effekte und Sounds

Hier legen Sie Einstellungen fest, die das Aussehen und Verhalten des Media Center beeinflussen.

- *Übergangsanimationen verwenden* – Wenn Sie diese Option ausschalten, fallen die animierten Übergänge zwischen den einzelnen Bildschirmseiten und Menüpunkten des Media Center weg. Damit lässt sich das Programm zügiger steuern, sieht aber nicht mehr so elegant aus.

- *Sound beim Navigieren in Windows Media Center wiedergeben* – Schaltet die Geräusche beim Anklicken von Buttons im Media Center ein oder aus.

- *Farbschema* – Auf manchen Geräten bieten die Standardblautöne des Media Center zu wenig Kontrast, sodass die Benutzeroberfläche nur schwer erkennbar ist. In diesen Fällen können Sie hier ein anderes Farbschema wählen.

Bild 8.79: Media Center mit kontrastreichem weißen Farbschema

- *Videohintergrundfarbe* – Hier legen Sie die Farbe des Hintergrunds für Videos fest, die den Bildschirm nicht ganz ausfüllen.

▲ Optionen für Programmbibliothek

Die Programmbibliothek im Media Center enthält nach der Installation einige Spiele. Hier können aber externe Anbieter eigene Programme einbinden, die dann direkt aus dem Media Center nutzbar sind.

In den *Optionen für Programmbibliothek* können Sie festlegen, ob externe Programme die Mediendarstellung steuern, auf die Medieninformationen zugreifen und Internetsicherheitswarnungen ausblenden dürfen.

Mit der Schaltfläche *Programmbibliothek bearbeiten* können Sie einzelne Anwendungen in der Anzeige der Programmbibliothek im Hauptmenü unter *Online-Medien/Programme* ausblenden.

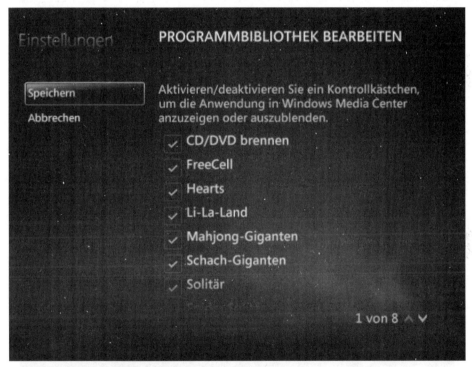

Bild 8.80: Bearbeiten der *PROGRAMMBIBLIOTHEK*

▲ Windows Media Center-Setup

Hier finden Sie alle Einstellungen, die bei der Ersteinrichtung als *optionales Setup* bezeichnet wurden, also nicht unbedingt nötig waren.

- *Internetverbindung einrichten* – Hier können Sie den Typ der Internetverbindung angeben, die das Media Center verwenden soll. Allerdings besteht hier nur die Auswahl zwischen einer ständigen Internetverbindung und einer Verbindung, die bei Bedarf aufgebaut werden muss. Die Verbindung selbst muss in Windows konfiguriert sein und wird vom Media Center nur mit genutzt. Die Konfiguration einer neuen Internetverbindung ist innerhalb des Media Center nicht möglich.

- *TV-Signal einrichten* – Wenn Sie eine TV-Karte im PC eingebaut haben, können Sie hier Sender suchen. Dazu muss im ersten Schritt die Region angegeben werden. Danach werden passende Senderlisten aus dem Internet heruntergeladen. Hier können Sie auch das TV-Programm aktivieren. Dabei handelt es sich um Programmlisten, mit denen Fernsehsendungen leichter gefunden werden können. Beachten Sie dabei allerdings die Datenschutzbestimmungen. Wenn Sie das TV-Programm verwenden, werden Informationen zu Ihrem Fernsehverhalten an Microsoft gesendet. Danach müssen Sie wählen, ob Sie Kanallisten für DVB-T oder einen Satelliten herunterladen wollen. Erst danach werden tatsächlich verfügbare Sender gesucht.

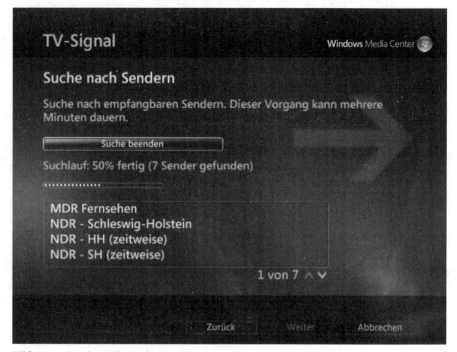

Bild 8.81: Sendersuche in der TV-Signal-Konfiguration

- *Lautsprecher einrichten* – Hier können Sie im Media Center noch einmal unabhängig von den Systemeinstellungen der Soundkarte die Anzahl und Art der angeschlossenen Lautsprecher festlegen und die Lautsprecher auch testen.

8.4 Das Windows Media Center

- *TV-Gerät oder Monitor konfigurieren* – Hier stellen Sie die Auflösung und das Seitenverhältnis des Monitors ein. Dazu wird ein Werbevideo gezeigt, in dem ein paar Grundlagen zur Konfiguration erklärt werden. Schalten Sie das Media Center in den Vollbildmodus, um die Einstellungen optimal einzurichten.

- Der letzte Menüpunkt *Setup erneut ausführen* startet den Setup-Assistenten des Media Center komplett neu. Dies ist immer dann sinnvoll, wenn Sie neue Geräte angeschlossen haben oder eine andere Internetverbindung verwenden.

▲ Jugendschutzeinstellungen

An dieser Stelle können Sie einen Zugangscode festlegen, der als Kindersicherung verwendet wird. Anschließend stellen Sie ein, bis zu welcher Altersklasse DVDs ohne Eingabe dieses Zugangscodes abgespielt werden dürfen. DVDs ohne Bewertung können auch generell blockiert werden. Dies gilt dann auch für selbstgebrannte DVDs.

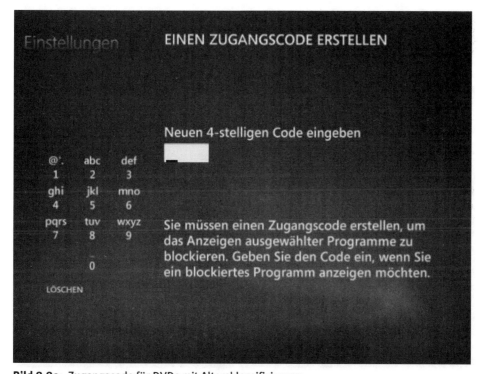

Bild 8.82: Zugangscode für DVDs mit Altersklassifizierung

▲ Optionen für automatische Downloads

In den Optionen für automatische Downloads legen Sie fest, ob CD-Cover und Medieninformationen aus dem Internet heruntergeladen werden dürfen. Außerdem können Sie einstellen, ob die Daten bei einer bestehenden Internetverbindung heruntergeladen werden oder ob ein manueller Download nötig ist, wenn Sie zum Beispiel keine permanente Internetverbindung haben.

▲ Optimierung

Das Media Center kann regelmäßige Optimierungen der Datenbank und des Systems durchführen. Dazu können Sie hier einen Zeitpunkt (am besten nachts) festlegen.

▲ Info

Bei Kompatibilitätsproblemen mit bestimmten Treibern oder Softwareproblemen ist es wichtig, die genaue Versionsnummer zu kennen. Der Menüpunkt *Info/Softwareversion* zeigt die Versionsnummer wesentlich detaillierter an als die bekannte Anzeige aus der Windows-Systemsteuerung.

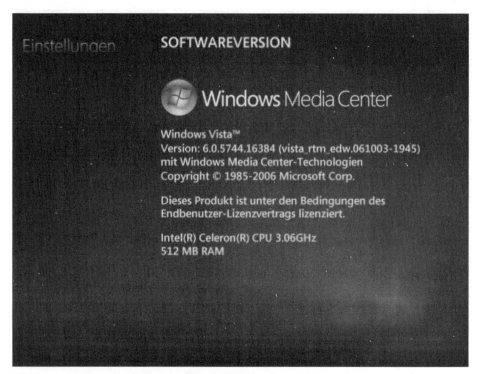

Bild 8.83: *SOFTWAREVERSION* des Media Center

Weiterhin finden Sie im Menüpunkt *Info* rechtliche Hinweise zur Nutzung des TV-Programms und Copyrights der Datenanbieter.

▲ Datenschutz

Im Menü *Datenschutz* können Sie die Datenschutzbestimmungen noch mal nachlesen. Hier lässt sich auch die Übertragung »anonymer« Daten an Microsoft abschalten, falls Sie diese bei der Ersteinrichtung des Media Center versehentlich eingeschaltet hatten.

Programmbibliothek

Die Programmbibliothek ist eine Erweiterung des Media Center, mit der Software, Spiele und Internetinhalte ins Wohnzimmer auf den Fernseher gebracht werden sollen. Bei der Installation befinden sich hier nur einige Spiele. Das Angebot soll aber in Zukunft mit weiteren Partnern, Anbietern kostenpflichtiger Musik und Videos ausgebaut werden.

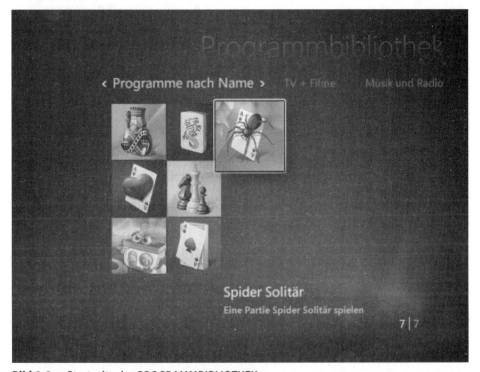

Bild 8.84: Startseite der *PROGRAMMBIBLIOTHEK*

Die hier angezeigten Spiele sind spezielle Versionen der bei Windows Vista mitgelieferten Spiele, die hier in einer für das Media Center optimierten Version angeboten werden. Sie lassen sich auf Fernsehern im Vollbildmodus darstellen und auch mit der Fernbedienung steuern.

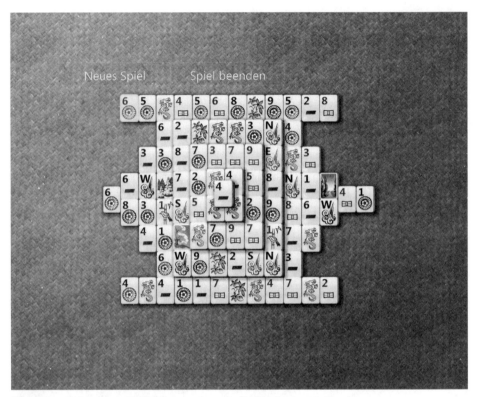

Bild 8.85: Mahjong als Vollbildanwendung in der Media Center-Version

Spezielle Spieloptionen, die in der normalen Windows-Version im Menü zu finden sind, sind hier per Rechtsklick ins Bild in einem Kontextmenü verfügbar.

8.5 CDs und DVDs brennen

Windows Vista enthält eine Funktion zum Brennen von Daten-CDs und DVDs, die bereits im Kapitel 4 beschrieben wurde. Zusätzlich können aber auch CDs und DVDs mit Multimedia-Inhalten gebrannt werden, die in herkömmlichen CD- oder DVD-Playern abspielbar sind.

Brennen mit dem Windows Media Player

Der Windows Media Player enthält eine eigene Funktion zum Brennen von Musik auf CDs sowie zum Kopieren auf Wechselmedien, wie zum Beispiel Media-Player in Form von USB-Sticks oder Speicherkarten, um die Musik auf einem PDA abzuspielen.

8.5 CDs und DVDs brennen

 Brennen im Audio-CD-Format
Beim Brennen auf eine CD werden die Daten im normalen Audio-CD-Format abgelegt, sodass die fertige CD nicht nur im Computer, sondern in jedem Audio-CD-Player abgespielt werden kann.

Legen Sie einen Rohling in den Brenner. Schalten Sie dann im Windows Media Player auf den Modus *Brennen*.

Bild 8.86: Musik auf CD brennen

In der Ansicht sehen Sie links Ihre Medienbibliothek, rechts das Medium, auf das die Daten kopiert werden sollen. Ziehen Sie die Musiktitel, die auf die CD gebrannt werden sollen, einfach in den rechten Bereich unter das CD-Symbol. Innerhalb der Liste können Sie die Reihenfolge der Musikstücke auf der CD verändern, indem Sie einzelne Titel per Drag & Drop an eine andere Position ziehen.

Klicken Sie anschließend unten rechts auf *Brennen starten*, um den Brennvorgang zu starten.

In den Einstellungen des Windows Media Player können Sie eine automatische Lautstärkeregelung für alle Titel auf der CD einschalten. Damit hört sich die CD gleichmäßig laut an, auch wenn die aus unterschiedlichen Quellen bezogenen Titel im Original unterschiedliche Lautstärken haben.

In diesem Dialogfeld können Sie auch die Brenngeschwindigkeit festlegen. Sollte es beim Abspielen der CD in einem normalen Audio-CD-Player zu Problemen kommen, verwenden Sie eine geringere Brenngeschwindigkeit.

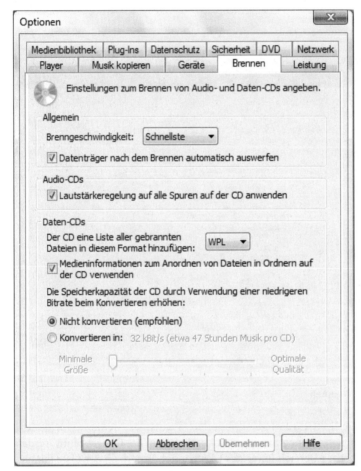

Bild 8.87: Einstellungen zum Brennen von Audio-CDs

Wenn Sie statt einer Audio-CD eine Daten-CD mit dem Windows Media Player brennen, werden die Dateien im Originalformat WMA oder MP3 auf die CD kopiert und nicht in Audiotracks konvertiert.

Bei Daten-CDs können Sie automatisch eine Wiedergabeliste generieren und mit auf die CD schreiben. Dafür stehen zwei Formate zur Verfügung:

- WPL – Das Dateiformat der Wiedergabelisten im Windows Media Player.

8.5 CDs und DVDs brennen

- M3U – Das Dateiformat der Wiedergabelisten im WinAmp Player. Dieses Format verwenden auch zahlreiche andere Musikabspielprogramme.

Brennen mit dem Media Center

Das Media Center enthält ebenfalls eine eigene Brennfunktion für Audio-CDs. Stellen Sie eine Wiedergabeliste zusammen, und legen Sie einen Rohling in den Brenner. Klicken Sie dann auf *Brennen*.

Bild 8.88: Auswahl des CD-Formats

Wählen Sie aus, ob Sie eine Audio-CD oder eine Daten-CD brennen wollen. Die Musikdateien werden bei Audio-CDs automatisch in Audiotracks konvertiert, sodass die CD auch in normalen CD-Playern abgespielt werden kann.

Das Brennprogramm im Media Center bietet jetzt die Möglichkeit, einen Namen für die CD anzugeben. Diesen Namen können Sie auch, wie alle Texteingaben im Media Center, mit den Zifferntasten der Fernbedienung eingeben.

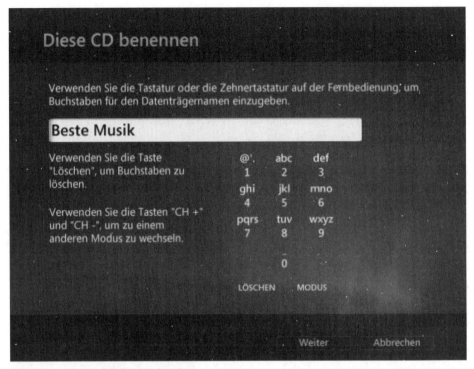

Bild 8.89: Namen für die CD eingeben

Im nächsten Fenster können Sie noch die Reihenfolge der Titel auf der CD festlegen oder, wenn noch Platz ist, weitere Titel hinzufügen. Dazu wird in der untersten Zeile der freie Speicherplatz in Minuten angezeigt.

Nach einer weiteren Bestätigung wird die CD gebrannt. Dieser Brennvorgang kann auch im Hintergrund laufen. Klicken Sie dazu auf OK, können Sie andere Funktionen des Media Center benutzen, während die CD gebrannt wird.

Diaschau auf DVD brennen

Die Funktion *Brennen* steht im Media Center auch im Modus *Bilder* zur Verfügung. Hier können Sie Daten-CDs mit einer beliebigen Auswahl von Bildern erstellen. In den Vorschaulisten können Sie jedes Bild ankreuzen, das auf die CD gebrannt werden soll.

8.5 CDs und DVDs brennen

Bild 8.90: Bilder zum Brennen auswählen

Die meisten DVD-Player können heute Daten-CDs mit Fotos darstellen. Das Media Center bietet zusätzlich, wenn ausreichend leistungsfähige Hardware verwendet wird, eine Funktion zum Brennen einer animierten Diaschau mit Bildern und Musik, die auf einem DVD-Player abgespielt werden kann.

Dazu müssen Sie im ersten Schritt der DVD einen Namen geben. Hier können Sie die Tastatur oder die Zifferntasten der Fernbedienung verwenden.

Danach wählen Sie die Bilder im Media Center aus. Die Reihenfolge innerhalb der Diaschau kann anschließend noch festgelegt werden.

Der Windows DVD Maker

Der Windows DVD Maker ist ein Programm zum Erstellen von eigenen Multimedia-DVDs mit Fotos und Videos.

Nur mit Aero
Der Windows DVD Maker läuft nur mit der Aero-Benutzeroberfläche. Mit Vista Basis kann das Programm nicht genutzt werden.

Im Hauptfenster des Windows DVD Maker können Sie Bilder und Videos hinzufügen und mit den Pfeilsymbolen die Reihenfolge festlegen. Unten links wird angezeigt, wie lange die zusammengestellte DVD laufen wird.

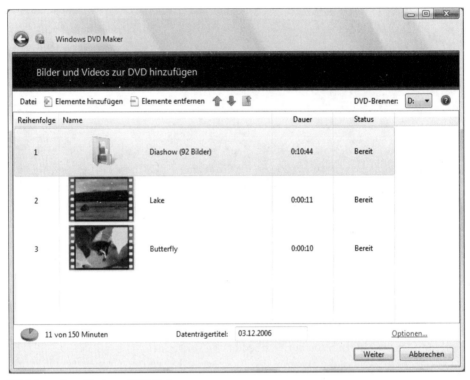

Bild 8.91: Der *Windows DVD Maker*

Geben Sie ganz unten noch einen Titel für die DVD ein. Standardmäßig steht dort das aktuelle Datum. Der Link *Optionen* blendet ein Konfigurationsfenster ein, in dem Wiedergabeeinstellungen und das DVD-Format festgelegt werden können.

8.5 CDs und DVDs brennen

Bild 8.92: Einstellungen im DVD Maker

Mit einem Klick auf den Button *Weiter* öffnet sich der nächste Dialog, in dem das Menü der DVD zusammengestellt werden kann. Der Windows DVD Maker liefert eine Reihe von Vorlagen mit, bei denen nur noch Texte, Hintergrundvideos und Schriftarten angepasst werden müssen.

Bild 8.93: Menü für die DVD zusammenstellen

Der Button *Diashow* bietet die Möglichkeit, Hintergrundmusik für die Diaschau auszuwählen sowie die Zeit für jedes Bild und die Übergangseffekte einzustellen.

Der Button *Vorschau* generiert eine Vorschau des Menüs und simuliert die Bedienelemente des DVD-Players. So kann man das Menü vor dem eigentlichen Brennen ausprobieren.

8.5 CDs und DVDs brennen

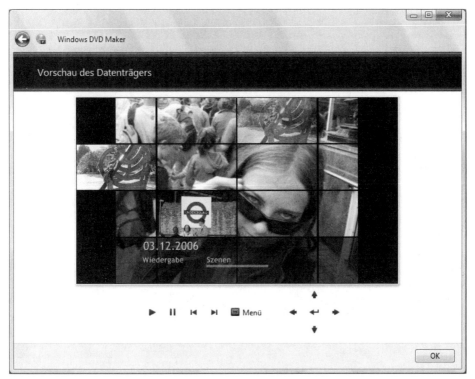

Bild 8.94: Vorschau des DVD-Menüs

Ein Klick auf *Brennen* brennt die DVD, danach kann sie in jedem DVD-Player betrachtet werden.

Der Windows Movie Maker

Der Windows Video Maker ist ein einfaches Storyboard, mit dem Videosequenzen und Fotos zu einem Film zusammengestellt werden können, der anschließend als DVD oder Videodatei veröffentlicht werden kann.

Nur mit leistungsfähigen Grafikkarten
Im Gegensatz zu seinem Vorgänger aus Windows XP läuft der Windows Movie Maker in Windows Vista nur noch mit leistungsfähigen Grafikkarten. Auf einfacherer Hardware kann das Programm gar nicht gestartet werden.

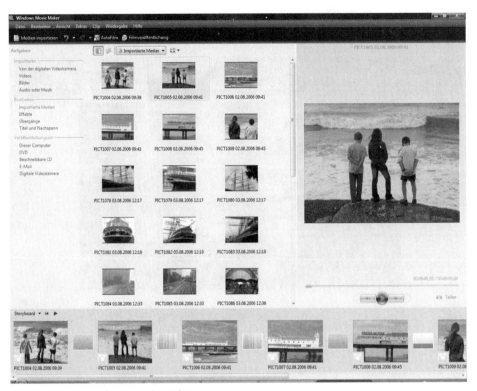

Bild 8.95: Der Windows Movie Maker

① Der Windows Movie Maker ist sehr intuitiv zu bedienen. Importieren Sie im ersten Schritt die gewünschten Videosequenzen, Bilder und Musik.

② Ziehen Sie jetzt die Objekte im Storyboard auf die Szenen in der Reihenfolge, in der sie später abgespielt werden sollen.

③ Wenn Sie eine Musik auf das Storyboard ziehen, wird automatisch in die Zeitachsenansicht umgeschaltet. Hier sehen Sie den zeitlichen Verlauf des Films und können die Musik auch auf die Länge passend kürzen.

④ Klicken Sie links auf *Übergänge*, wird eine Liste von Übergangseffekten gezeigt. Diese können Sie zwischen je zwei Szenen einfügen.

⑤ Im Vorschaubereich rechts können Sie sich jederzeit den Film in Echtzeit ansehen, bevor Sie ihn mit dem Button *Filmveröffentlichung* wirklich generieren lassen. Hier stehen verschiedene Methoden als DVD, CD oder in unterschiedlichen Videoformaten zum Abspielen auf dem PC zur Verfügung.

8.6 Digital Rights Management

In letzter Zeit werden immer mehr Computer verstärkt als Multimedia-Unterhaltungsmaschinen eingesetzt. Dieser von der Hardwareindustrie gut geplante Trend macht ganz neue Zielgruppen zu Computerkäufern. Leute, die niemals davon geträumt hätten, einen eigenen Computer zu besitzen, haben auf einmal mit DVD- und Audiotechnik hochgerüstete PCs im Wohnzimmer stehen. Dieser Kundenkreis investiert lieber in Hardware als in die eigentlichen Multimediainhalte, die nach landläufiger Meinung dann nicht mehr in Plattenläden zu kaufen, sondern im Internet kostenlos erhältlich sind.

Bis jetzt ist jedes Musikstück auf dem Computer nichts anderes als eine normale Datei, die verschoben, kopiert und umbenannt oder mit bestimmten Programmen zum Abspielen geöffnet werden kann. Das soll sich mit dem Digital Rights Management (*DRM*) ändern. Die ersten Schritte sind bereits im Media Player zu sehen, wo das Kopieren von Audiotracks und die gesamte Verwaltung der Medienbibliotheken ganz und gar nicht konform zur bekannten Datei- und Verzeichnisstruktur von Windows abläuft. Warum gibt es beim Rippen keinen normalen *Speichern unter*-Dialog, und warum wird beim Bearbeiten von Medienbibliotheken ständig eine Internetverbindung aufgebaut?

Der Sinn und Zweck von DRM ist es, dass der Rechteinhaber eines Musikstücks seine Rechte uneingeschränkt wahrnehmen, also auch dem Kunden vorschreiben kann, wann, wo und wie oft er das Stück anhören darf. Aber auch jetzt schon erwirbt man mit dem Kauf einer Musik-CD kein Eigentum, sondern nur ein Nutzungsrecht. Eigentum würde auch das Recht auf beliebige Weitergabe und Veränderung implizieren.

DRM geht vom Prinzip aus, dass alles verboten ist, was nicht ausdrücklich erlaubt ist. Jeder Computer, wie auch jedes andere Abspielgerät, stellt grundsätzlich eine feindliche Umgebung dar, die das Musikstück bedroht. Der Computer muss sich also vom DRM-Lizenzserver für jedes Abspielen eine Erlaubnis einholen. Dazu erstellen die Musik-Labels auf diesem Lizenzserver Richtlinien, wie oft, in welchem Zeitraum und auf welchen Geräten DRM-geschützte Dateien abgespielt und unter welchen Bedingungen sie kopiert werden dürfen. Außerdem gibt es eine schwarze Liste mit Anwendungen, die als »nicht sicher« gelten und deshalb »sicherheitshalber« auf dem Computer des Anwenders deaktiviert werden müssen. Dazu können in Zukunft zum Beispiel alternative Media Player gehören, die DRM-Informationen ignorieren, oder Programme wie *Virtual Audio Cable*, die Audiodatenströme auf dem PC direkt abfangen und unverschlüsselt speichern, egal von welchem Programm sie stammen.

Sie halten diese Vorgehensweise für verwerflich oder gesetzeswidrig? Im Lizenzvertrag des Media Player-Sicherheitsupdates 320920 und des Windows Media Player 10 für Windows XP stimmen Sie ausdrücklich zu, dass Microsoft ungefragt Software auf Ihrem Computer installieren darf, die das Abspielen oder Kopieren DRM-geschützter Inhalte einschränken kann.

Zum Schutz vor unerwünschten Folgen des Digital Rights Management sollten Sie in jedem Fall die Einstellung zum automatischen Erweben von Lizenzen für bestimmte Mediendateien deaktivieren. Auch sollten Sie, wenn Ihnen Ihre Privatsphäre lieb ist, die Option *Eindeutige Player-ID an Inhaltsanbieter senden* nicht zulassen. Diese Identifikation besteht nämlich darin, dass der Media Player eine weltweit eindeutige Kennung, die sogenannte *GUID (Global Universal Identification)*, an jede Webseite sendet, die sich dafür interessiert. Nach Angaben von Microsoft verwendet der Server diesen eindeutigen Bezeichner nur zum Überwachen Ihrer Verbindung. Dazu könnte aber auch beim Aufbau einer Verbindung eine zufällige Kennung generiert werden. Interessant ist nämlich, dass diese eindeutige Identifikation auch jedes Mal gesendet wird, wenn man eine Wiedergabeliste bearbeitet.

Bild 8.96: Die eindeutige *Player-ID* sollte lieber nicht verschickt werden.

8.6 Digital Rights Management

Ebenso hat die scheinbar nützliche Funktion *Codecs automatisch downloaden* ihre Tücken. Ein automatisch heruntergeladener Codec zum Abspielen eines bestimmten Mediendateiformats kann eine bereits installierte Version ungefragt überschreiben. So enthielten die Vorabversionen von Windows XP einen MP3-Codec, der MP3-Dateien abspielen und erstellen konnte. Der MP3-Codec aus der Windows XP-Verkaufsversion hat keine Funktion zum Erstellen von MP3-Dateien mehr. Seit dem Windows Media Player 10 ist das Erstellen von MP3-Dateien wieder möglich. Dies gilt auch noch für die in Windows Vista installierte Version Windows Media Player 11.

Auf diese Weise kann Microsoft, um das Digital Rights Management durchzusetzen, die Codecs bewusst verändern und damit die Funktionalität Ihrer installierten Multimediaprogramme einschränken, wenn Sie den automatischen Codec-Download zulassen.

Jedes Mal, wenn man eine Musik-CD einlegt, versucht der Media Player, sich ins Internet zu wählen und den CD-Identifier, eine eindeutige Kennung der CD, zusammen mit der GUID des Media Player an Microsoft zu senden. Damit versucht man einerseits, spezielle Musikvorlieben der Benutzer zu protokollieren, andererseits ist diese Vorgehensweise ein großer Feldversuch für zukünftige noch weiterreichende Methoden des Digital Rights Management. Nach den Angaben in der Microsoft-Datenschutzrichtlinie enthält die Player-ID zwar keine persönlichen Informationen, die IP-Adresse und die Seriennummer des Betriebssystems werden aber mit übertragen, was eine eindeutige persönliche Identifizierung wieder möglich macht. Um dies vorläufig zu verhindern, sollten Sie vor dem Einlegen einer CD in den Media Player immer die Option *Datei/Offline arbeiten* einschalten.

Die Durchsetzung des Digital Rights Management wird sicher noch einige Zeit an mangelnder Akzeptanz der Musikkonsumenten scheitern. Die bekannte Webseite *cryptome.org* berichtete bereits von einem gewissen »Beale Screamer«, der ein Programm anbietet, das DRM-geschützte Dateien entsperrt.

Die Zukunft: Palladium

Hinter der bunten Oberfläche von Windows Vista sieht es ziemlich Schwarzweiß aus. Windows Vista ist das erste Betriebssystem, das die Palladium-Technik von Microsoft unterstützt. Hier entscheidet ein spezieller Hardware-Chip, welche Daten wie verwendet werden können. Dieser sogenannte TCPA-Chip (*Trusted Computer Platform Alliance – www.trustedcomputing.org*) ist auch als Fritz-Chip bekannt, nach dem amerikanischen Senator Fritz Hollings, der Digital Rights Management zwangsweise für alle elektronischen Unterhaltungsgeräte einführen will. Derzeit steht noch keine Palladium-Hardware zur Verfügung.

In der ersten Phase soll dieser Chip auf dem Motherboard liegen, später direkt in den Prozessor integriert werden. Er entscheidet, welche Software laufen darf und welche Daten wann und wie oft kopiert oder abgespielt werden können. Was der TCPA-Chip nicht ausdrücklich zulässt, funktioniert auch nicht. Weder Betriebssystem noch Software haben eine Chance, daran vorbeizukommen.

Microsofts Ziel der Palladium-Initiative ist nach Werbeaussagen der Schutz vor unzertifizierter Software und Viren. Allerdings stehen alle großen Konzerne der Unterhaltungsindustrie der Trusted Computer Platform Alliance sehr nahe, sodass die wirklichen Ziele sicher ganz woanders liegen. Palladium entscheidet, welche Filme und welche Musik abgespielt und kopiert werden können. Programme, die das DRM softwaremäßig umgehen oder in den Augen der Hollywood-Manager lizenzrechtlich bedenklich sind, werden einfach nicht zugelassen. Nebenbei schafft sich Microsoft eine Monopolstellung, da das Unternehmen alleine entscheidet, welche Programme laufen dürfen und welche nicht – und diese Entscheidung erfolgt für die Softwarehersteller bestimmt nicht kostenlos.

Aus Kompatibilitätsgründen zu anderen Betriebssystemen und älteren Hardwarekomponenten wird es einen »Untrusted« Modus geben, in dem der TCPA-Chip deaktiviert ist, vergleichbar mit dem Abschalten der Prozessor-Seriennummer im BIOS. Allerdings werden damit Programme wie der Windows Media Player ebenfalls deaktiviert.

Jedem sein Vista: Benutzerkonten und Benutzerverwaltung

Windows Vista bietet verschiedene Sicherheitsfunktionen, die Daten und das System selbst vor den entsprechenden Benutzern schützen. Auf Computern, auf die mehrere Benutzer Zugriff haben, können die Daten eines Benutzers vor neugierigen Blicken oder Veränderungen der anderen Benutzer gesichert werden. Aber auch bei Computern, die man nur alleine benutzt, kann eine Benutzerverwaltung zum eigenen Schutz sinnvoll sein. Solange man während der alltäglichen Arbeit nur mit eingeschränkten Rechten angemeldet ist, kann man verhindern, dass das System durch fehlerhafte Konfigurationseinstellungen versehentlich beschädigt wird. So können zum Beispiel auch Viren und Trojaner nur auf die Dateien und Systemeinstellungen zugreifen, auf die der angemeldete Benutzer Zugriff hat.

Mehrbenutzer-Sicherheit
Windows Vista Business, Ultimate und Enterprise entsprechen der NCSC-Sicherheitsstufe C2 (NCSC= *National Computer Security Center*), womit bestimmte Voraussetzungen erfüllt sein müssen:
Jeder Benutzer muss sich über einen eindeutigen Benutzernamen mit Kennwort identifizieren.
Eine Überwachung der Benutzer muss möglich sein, der Administrator muss die Überwachungsdaten einsehen können.
Jede Ressource hat einen Besitzer, der die Rechte für andere an dieser Ressource festlegen kann.
Ein unrechtmäßiger Zugriff auf Ressourcen und externe Manipulation an Systemdateien muss unterbunden werden.
Speicherinhalte eines Prozesses müssen nach dessen Beenden gelöscht werden und dürfen nicht von fremden Prozessen ausgelesen werden können.

Windows wurde für den durchschnittlichen, unkritischen US-amerikanischen User entwickelt. Um diesen nicht zu überfordern, werden zahlreiche wichtige Einstellmöglichkeiten und Sicherheitsoptionen standardmäßig nicht angezeigt, obwohl sie vorhanden sind und gegenüber früheren Windows-Versionen auch noch verbessert wurden. In der Grundeinstellung ist die Sicherheit eines Windows Vista-Systems sehr niedrig gehalten. Man kann aber als Systemadministrator mit einer gut geplanten Benutzerverwaltung zahlreiche Sicherheitssysteme aktivieren.

Benutzerfreigaben in verschiedenen Windows Vista-Versionen
Unter Windows 9x/ME konnten nur Netzwerkressourcen, Dateien und Drucker benutzerabhängig freigegeben werden. Unter Windows Vista Business und Ultimate können für jede Datei, jedes Verzeichnis, jeden Drucker und auch für jeden Registry-Schlüssel benutzerabhängige Zugriffsrechte vergeben werden. In den Home-Versionen von Windows Vista sind die Möglichkeiten zur Rechtevergabe deutlich eingeschränkt.

9.1 Windows Vista-Benutzerkontensteuerung

In früheren Windows-Versionen gab es häufig Probleme mit eingeschränkten Benutzerkonten. Bestimmte Einstellungen ließen sich nicht vornehmen und Programme nicht starten. Aus diesen Gründen verwendeten viele Benutzer im Alltag Administratorenrechte und machten dadurch ihr System sehr anfällig gegen Fehlbedienung und bösartige Software. Windows Vista verwendet eine neuartige Benutzerkontensteuerung, einen Administrator mit eingeschränkten Rechten. Was auf den ersten Blick sinnlos klingt, kann bei der alltäglichen Arbeit sehr nützlich sein. Für alle systemkritischen Vorgänge fragt Windows Vista jetzt explizit nach Zustimmung. Alle Funktionen in der Windows Vista-Benutzeroberfläche, die eine solche Zustimmung erfordern, sind mit einem vierfarbigen Schildsymbol gekennzeichnet. Die meisten davon finden sich in der Systemsteuerung.

Beim Anklicken einer solchen Funktion erscheint ein Dialogfeld *Zur Fortsetzung des Vorgangs ist Ihre Zustimmung erforderlich.* Wenn Sie bereits als Benutzer mit Administratorenrechten angemeldet sind, können Sie hier einfach auf *Fortsetzen* klicken. Benutzer mit eingeschränkten Rechten können die Daten eines Administrators eingeben und die Funktion so trotzdem ausführen. Man braucht sich also nicht ab- und wieder neu anzumelden. Die Administratorenrechte gelten auch nur für diesen einen Dialog und nicht systemweit.

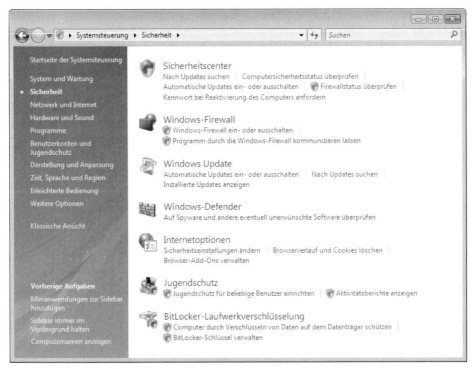

Bild 9.1: Sicherheitskritische Funktionen in der *Systemsteuerung*

Wenn Sie dieses Dialogfeld einige Zeit nicht beantworten, wird es automatisch wieder abgeschaltet und die entsprechende Funktion nicht ausgeführt. Auf diese Weise soll verhindert werden, dass bösartige Software dieses System automatisch umgeht.

Ein weiterer Schutz vor automatischem Klicken ohne Nachfrage ist der sichere Desktop. Beim Einblenden einer solchen Zustimmungsabfrage werden alle anderen Elemente der Windows-Benutzeroberfläche vorläufig deaktiviert. So können auch keine anderen Programme auf den Zustimmungsdialog zugreifen. Auch bei unbekannten Programmen kann die Benutzerkontensteuerung aktiv werden und vor dem Ausführen des Programms nachfragen.

9.2 Die Benutzerverwaltung

In den allermeisten Netzwerken gibt es verschiedene Benutzer mit verschiedenen Rechten. Die Benutzer haben Zugriff auf verschiedene unterschiedliche Anwendungen auf dem Server und einen Pool gemeinsam genutzter Daten. Benutzer haben ihre eigenen Home- und Mailverzeichnisse und Zugriff auf bestimmte Drucker und sonstige externe Geräte.

Windows Vista Business und Ultimate ermöglichen eine differenzierte Benutzerverwaltung nicht nur für Netzwerkressourcen, sondern auch für den lokalen Rechner. So hat jeder Benutzer hier eigene Verzeichnisse, eigene Desktopeinstellungen und Zugriffsberechtigungen für lokale Ressourcen.

Weniger Rechte, mehr Sicherheit
Bei rein persönlichen Arbeiten am Netzwerk sollte man sich auch nicht immer als Administrator anmelden, um Fehlkonfigurationen aus Versehen zu vermeiden. Mit weniger Rechten kann man auch weniger verkehrt machen.

Bei der Installation von Windows Vista werden ein Administrator, ein inaktiver Gast und ein Standardbenutzer angelegt. Dieser erhält seinen Namen aus dem angegebenen Namen des Computerbesitzers. Dieser Benutzername darf allerdings nicht gleich dem Computernamen oder Domänennamen sein. Der Benutzer hat automatisch Administratorenrechte. Bei der Installation können auch gleich noch bis zu vier weitere Benutzer angelegt werden.

Windows Vista bietet nach der Installation zwei verschiedene Möglichkeiten, einen neuen Benutzer anzulegen, in der Systemsteuerung unter *Benutzerkonten* und in der Computerverwaltung. Um einen Benutzer anlegen zu können, muss man mit Administratorenrechten angemeldet sein, aber nicht unbedingt als Administrator.

Neue Benutzerkonten in der Systemsteuerung anlegen

Die einfachste Methode, Benutzer anzulegen und zu verwalten, ist das Modul *Benutzerkonten* in der Systemsteuerung.

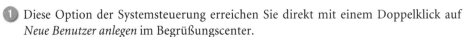 Diese Option der Systemsteuerung erreichen Sie direkt mit einem Doppelklick auf *Neue Benutzer anlegen* im Begrüßungscenter.

Diese vereinfachte Form der Benutzerverwaltung unterscheidet nur zwischen Administratoren und eingeschränkten Benutzern. Eine detaillierte Vergabe von Benutzerrechten für einzelne Dateien oder Verzeichnisse ist nicht möglich, was im einfachen Fall eines Computers, der von einer Familie oder WG genutzt wird, auch nicht nötig ist.

9.2 Die Benutzerverwaltung

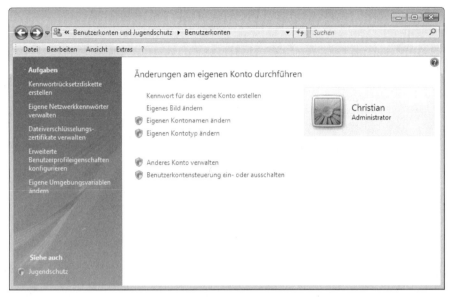

Bild 9.2: Einstellungen für das eigene Benutzerkonto

② Mit dem Link *Anderes Konto verwalten* können Sie in der Systemsteuerung einen neuen Benutzer anlegen. Auch dieser Link ist mit dem Schutzschild für die Sicherheitsabfrage versehen und nur Administratoren zugänglich. Im nächsten Fenster sehen Sie alle derzeit vorhandenen Benutzerkonten. Klicken Sie hier auf *Neues Konto erstellen*.

③ Geben Sie jetzt einen Namen für den Benutzer ein.

Bild 9.3: Angabe eines Benutzernamens

Der gewählte Benutzername erscheint auf dem Willkommensbildschirm und im Startmenü, sodass man sofort sieht, unter welchem Benutzernamen man angemeldet ist.

Bild 9.4: Benutzername im Startmenü

- (4) Wählen Sie hier auch zwischen zwei verschiedenen Benutzertypen: *Standardbenutzer* oder *Administrator*.

- (5) Für alle normalen Arbeiten am Computer reicht der Kontotyp *Standardbenutzer*. Standardbenutzer können nicht alle Systemeinstellungen vornehmen und deshalb auch nicht alle Programme installieren. Weiterhin haben sie nur Zugriff auf ihre

9.2 Die Benutzerverwaltung

eigenen Dateien im eigenen Benutzerverzeichnis *C:\Users\<Benutzername>* und Dateien im öffentlichen Verzeichnis *C:\Users\Public*.

6 Beim Klick auf *Konto erstellen* wird der neue Benutzer angelegt. Diesem wird standardmäßig ein zufällig ausgewähltes Bild zugewiesen, welches noch nicht von einem anderen Benutzer verwendet wird.

Bild 9.5: Der neue Benutzer in der Systemsteuerung

Die persönliche Verzeichnisstruktur unterhalb von *C:\Users* wird erst bei der ersten Anmeldung des Benutzers angelegt. Deshalb dauert die erste Anmeldung eines neuen Benutzers auch deutlich länger als eine normale Benutzeranmeldung.

▲ Benutzereigenschaften ändern

Die Eigenschaften eines Benutzers, sein Name, Bild und Kontotyp, können nachträglich verändert werden. Klicken Sie dazu auf den Benutzernamen im Dialogfeld *Zu änderndes Konto auswählen*.

Bild 9.6: Benutzereigenschaften verändern

Für jeden Benutzer kann ein Kennwort festgelegt werden, das bei der Benutzeranmeldung erforderlich ist. Sicherheitshalber muss bei der Definition eines Kennworts dieses zweimal eingegeben werden, um Tippfehler auszuschließen.

 Groß- und Kleinschreibung bei Kennwörtern
Bei Kennwörtern unterscheidet Windows Vista im Gegensatz zu Dateinamen zwischen Groß- und Kleinschreibung. Heißt das gültige Kennwort zum Beispiel »Geheim«, wäre »gEhEiM« ungültig.

Beachten Sie beim Anlegen von Kennwörtern den Sicherheitshinweis im Dialogfeld, dass EFS-verschlüsselte Dateien und persönliche Zertifikate verloren gehen, wenn ein Kennwort für einen Benutzer angelegt wird, der vorher kein Kennwort hatte.

Zusätzlich zum Kennwort kann auf der Willkommen-Seite noch ein Kennworthinweis gezeigt werden, um den Benutzer an sein Kennwort zu erinnern. Dieser Hinweis sollte aber nicht zu eindeutig sein, damit andere Benutzer das Kennwort nicht herausfinden können.

9.2 Die Benutzerverwaltung

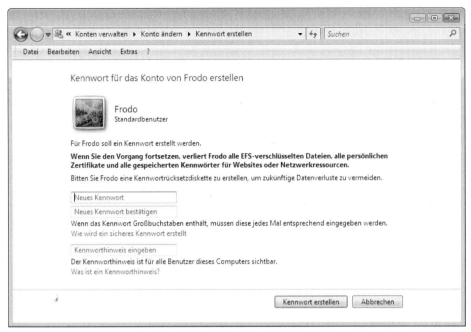

Bild 9.7: *Kennwort* für einen Benutzer festlegen

▲ Benutzer löschen

Beim Löschen eines Benutzers in der Systemsteuerung haben Sie noch die Möglichkeit, den Desktop und das persönliche Verzeichnis mit Dokumenten, Favoriten und anderen Dateien des Benutzers zu sichern. Persönliche Einstellungen und in Windows Mail eingegangene E-Mails gehen in jedem Fall verloren.

Bild 9.8: Abfrage vor dem Löschen eines Benutzers

An dieser Stelle sollten Sie in jedem Fall auf *Dateien behalten* klicken, da die Daten andernfalls unwiderruflich verloren sind. Sie werden nicht im Papierkorb abgelegt.

▲ Benutzerbilder

Auf der Willkommen-Seite und im Startmenü wird für jeden Benutzer ein Bild angezeigt. Diese Bilder sind Teil einer Microsoft-Initiative, Windows für Kinder und Personen mit Leseschwächen leichter bedienbar zu machen. Beim Anlegen eines neuen Benutzers in der Systemsteuerung wird zufällig ein Bild aus der mitgelieferten Bildersammlung ausgewählt. Über die Option *Bild ändern* können Sie hier auch ein anderes Bild aus der vorgegebenen Liste auswählen.

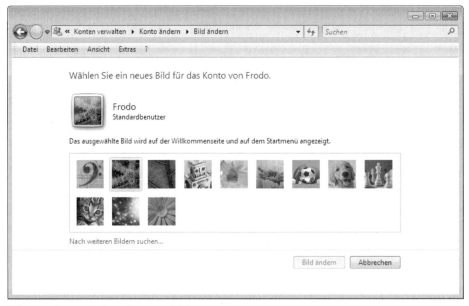

Bild 9.9: Auswahl eines Benutzerbilds

Zusätzlich zu den vorhandenen Bildern kann man mit dem Link *Nach weiteren Bilder suchen* auch beliebige andere Bilder verwenden.

Sie können aber auch in dieser Liste eigene Bilder zur Auswahl anbieten. Erstellen Sie dazu Bilddateien mit der Größe 128 × 128 Pixel im BMP-Format, und kopieren Sie diese in das Verzeichnis *C:\ProgramData\Microsoft\User Account Pictures\Default Pictures*. Die Bilder werden dann automatisch in der Liste angezeigt.

9.2 Die Benutzerverwaltung

▲ Benutzerkontensteuerung

Wenn Sie die ewigen Nachfragen der Benutzerkontensteuerung zu sehr nerven, können Sie sie bei Benutzern mit Administratorberechtigung auch deaktivieren. Klicken Sie dazu im Dialogfeld *Änderungen am eigenen Konto durchführen* auf den Link *Benutzerkontensteuerung ein- oder ausschalten*.

Im nächsten Dialogfeld können Sie die Benutzerkontensteuerung und damit alle Zustimmungsabfragen abschalten.

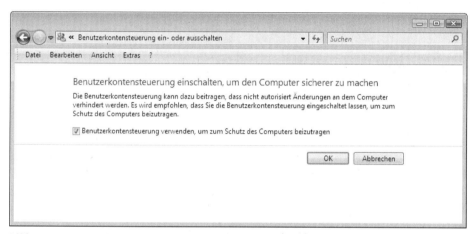

Bild 9.10: *Benutzerkontensteuerung* ein- oder ausschalten

Damit diese Änderung wirksam wird, müssen Sie den Computer neu starten.

Eine abgeschaltete Benutzerkontensteuerung wird vom Windows-Sicherheitscenter sofort als Sicherheitsrisiko gemeldet. Hier im Sicherheitscenter haben Sie auch die Möglichkeit, die Benutzerkontensteuerung wieder einzuschalten.

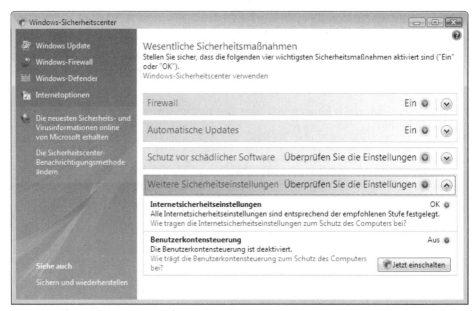

Bild 9.11: Das *Sicherheitscenter* meldet eine deaktivierte Benutzerkontensteuerung

Neue Benutzer in der Computerverwaltung anlegen

In der Computerverwaltung, die Sie im Modul *System und Wartung/Verwaltung* der Systemsteuerung finden, gibt es in der Business- und Ultimate-Version von Windows Vista eine weitere Methode, Benutzer anzulegen. Hier ist auch die detaillierte Vergabe von Zugriffsrechten möglich. Es gibt deutlich mehr Optionen, als in der Systemsteuerung unter *Benutzerkonten* zur Verfügung stehen.

9.2 Die Benutzerverwaltung

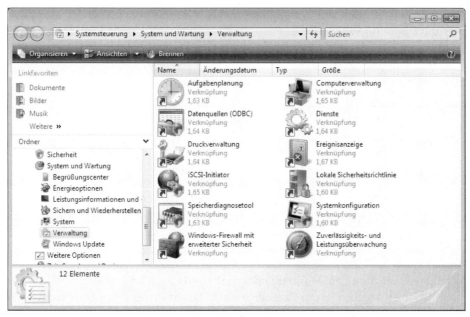

Bild 9.12: Verwaltungsmodule in der *Systemsteuerung*

1. Schalten Sie im linken Teilfenster der Computerverwaltung auf *System/Lokale Benutzer und Gruppen/Benutzer*. In diesem Fenster finden Sie eine Liste aller Benutzer auf dem System. Auch die automatisch angelegten Benutzer, die in der Systemsteuerung nicht zu sehen sind, wie zum Beispiel der Administrator, werden hier angezeigt.

2. Klicken Sie dann mit der rechten Maustaste in einen leeren Bereich des rechten Teilfensters. Wählen Sie im Kontextmenü *Neuer Benutzer*.

9 Jedem sein Vista: Benutzerkonten und Benutzerverwaltung

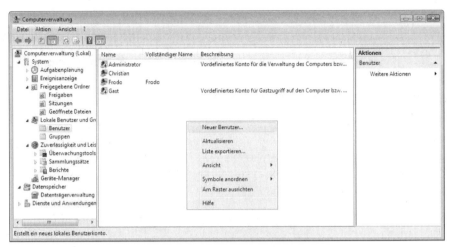

Bild 9.13: Neuen Benutzer in der *Computerverwaltung* anlegen

❸ Hier können Sie einen Benutzernamen und einen davon unabhängigen, vollständigen Namen angeben. Der vollständige Name taucht in der Systemsteuerung unter *Benutzerkonten* auf, der Benutzername nicht.

Bild 9.14: Details für einen neuen Benutzer

④ Im gleichen Dialog können Sie auch ein Kennwort für den neuen Benutzer anlegen und aus Sicherheitsgründen auch festlegen, dass dieser das Kennwort bei der nächsten Anmeldung sofort ändern muss.

Passwörter

Legen Sie vor Ihr Haus auf die Straße einen Hausschlüssel! Das macht vieles deutlich einfacher. Wenn man nach Hause kommt, braucht man keine Taschen zu durchsuchen und muss sich auch keine Sorgen machen, den Schlüssel einmal zu vergessen. Gegen Sturm und Unwetter können Sie diesen Schlüssel mit einer Schnur an der Tür befestigen. Diese sollte nur lang genug sein, sodass man den Schlüssel noch ohne ihn loszuknoten im Schloss umdrehen kann. Würde das nicht das Leben deutlich vereinfachen, im modernen EDV-Slang »die Benutzerfreundlichkeit erhöhen«? – Sie finden diese Idee völlig abwegig? Warum gehen Sie dann mit Ihren Benutzerdaten und Zugangspasswörtern genauso um wie hier beschrieben?

Nicht wenige Anwender schreiben ihre Passwörter auf Zettel am Bildschirm oder auf der Tastatur oder auf die in Büros beliebten Schreibtischunterlagen. Die meisten sind sich dabei der daraus entstehenden Gefahren nicht bewusst.

Einerseits kann jemand, der das Passwort eines anderen Anwenders kennt, dieses verändern und so den eigentlichen Inhaber von der Benutzung des Systems ausschließen, andererseits kann er auch, was manchmal noch gefährlicher ist, unbemerkt Dokumente und E-Mails des anderen mitlesen und manipulieren. Ändert jemand zum Beispiel im letzten Moment wichtige Wörter in Vertragsdokumenten oder Zahlen in Kalkulationsblättern, fällt dies dem eigentlichen Verfasser des Dokuments oft gar nicht oder erst dann auf, wenn es zu spät ist.

Passwörter sind nur so lange sinnvoll, wie sorgsam mit ihnen umgegangen wird. Benutzernamen sind meistens öffentlich bekannt, allerdings sollte niemand sein Passwort weitergeben, auch nicht an den Administrator oder andere mit der Systemwartung betraute Mitarbeiter.

Administratoren können die Passwörter nicht einsehen, aber löschen, wenn es zu Problemen kommt, zum Beispiel wenn jemand sein Passwort vergessen hat. Durch diesen Mechanismus kann jeder Anwender, der sein Passwort geheim hält, überprüfen, ob sich der Systemadministrator zwischenzeitlich auf seinen Namen eingeloggt hat. Das Passwort müsste dann gelöscht oder verändert sein.

Benutzerkennwort ändern
Besonders in großen Netzwerken schaltet man beim Anlegen neuer Benutzer die Option *Benutzer muss Kennwort bei der nächsten Anmeldung ändern* ein. Damit wird der neue Benutzer gezwungen, sich selbst ein eigenes Kennwort festzulegen. Auf diese Weise stellt man sicher, dass niemand das Kennwort eines Benutzers kennt, auch die Person nicht, die dem Benutzer sein erstes Kennwort mitgeteilt hat.

▲ Passwortschutz – Pro & Kontra

Passwortschutz ist eine gute Methode zum Schutz vor Datenmissbrauch und Bespitzelung. Die Anwender werden zu größerer Sorgfalt und mehr Verantwortungsbewusstsein im Umgang mit ihren Daten erzogen, da ihnen durch ihre persönliche Anmeldung Protokollierbarkeit und Überprüfbarkeit ihrer Aktionen suggeriert wird. In der Praxis werden die meisten Netzwerkadministratoren aus Zeitmangel auf jegliches Mitverfolgen von Anwenderaktionen verzichten, aber die psychologische Wirkung reicht oftmals aus, um Anwender davon abzuhalten, im Netzwerk Unfug zu treiben.

Allerdings hat übertriebener Passwortschutz auch Nachteile. Die Benutzer empfinden es oft als lästig, für jede Anwendung und jeden Laufwerkszugriff ein Passwort eingeben zu müssen, und versuchen dann durch sehr einfache kurze Passwörter oder geschickte Scripttechnik, die Passworteingabe zu automatisieren, was die eigentlich geplante Sicherheit ins Negative umkehrt.

▲ Tipps zum Umgang mit Passwörtern

Schreiben Sie Ihr Passwort nirgendwo auf, es kann immer von Unbefugten gefunden werden.

Verwenden Sie keine offensichtlichen Passwörter wie den Namen der Freundin oder die der Kinder. Das sind die ersten, die ein unberechtigter Angreifer ausprobieren würde. Genauso wenig sollten Sie Ihren eigenen Namen oder Ihren Benutzernamen verwenden. Am sichersten sind zufällige Buchstaben- oder Zahlenkombinationen, die niemand errät, sich aber auch niemand merken kann. Es bringt schon einiges an Sicherheit, wenn man in ein gut zu merkendes Passwort an irgendeiner Stelle eine Ziffer einfügt.

Schwer zu erratende Passwörter lassen sich aus den Anfangsbuchstaben eines gut zu merkenden Satzes bilden. Zum Beispiel ergibt »Ich fahre morgens mit der U-Bahn Linie 7 ins Büro« das Passwort »IfmmdUBL7iB«. Hier müssen Sie nur dafür sorgen, dass Ihnen niemand bei der Passworteingabe über die Schulter schaut. Dasselbe gilt für Passwörter, deren Eingabe auf der Tastatur leicht zu erkennen ist, wie etwa »qwertz« oder »1234«.

9.2 Die Benutzerverwaltung

Ändern Sie Ihr Passwort in regelmäßigen Zeitabständen, falls jemand es zufällig herausgefunden haben sollte.

Kennwortrichtlinien

Kennwortrichtlinien definieren bestimmte Eigenschaften von Passwörtern, die dann für alle lokalen Benutzer gelten. Um diese Kennwortrichtlinien festzulegen, starten Sie in der Systemsteuerung unter *System und Wartung/Verwaltung* das Modul *Lokale Sicherheitsrichtlinie*. Dort finden Sie die Kennwortrichtlinien unter *Sicherheitseinstellungen/Kontorichtlinien*.

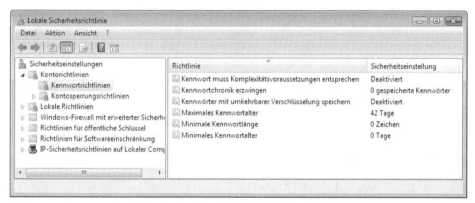

Bild 9.15: *Kennwortrichtlinien* in den lokalen Sicherheitsrichtlinien

Mit einem Doppelklick auf eine Richtlinie erscheint ein Konfigurationsdialog, in dem Sie je nach Typ der Richtlinie diese aktivieren, deaktivieren oder einen Wert einstellen können.

Jeder dieser Konfigurationsdialoge besteht aus zwei Registerkarten, eine zur Einstellung der Richtlinie und eine mit einem zugehörigen Erklärungstext.

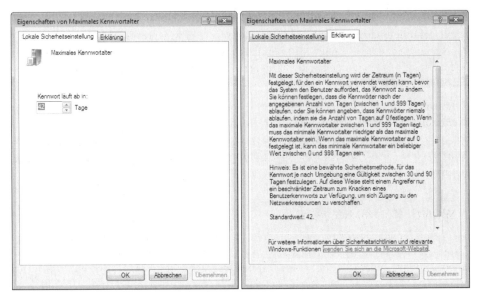

Bild 9.16: Einstellungen und dazugehörige Erklärungen

▲ Kennwort muss Komplexitätsvoraussetzungen entsprechen

Mit dieser Richtlinie können komplexe Passwörter erzwungen werden. Dazu muss das Passwort die folgenden Voraussetzungen erfüllen:

Das Passwort muss aus mindestens 6 Zeichen bestehen.

Das Passwort darf weder einen Teil noch den vollständigen Benutzernamen enthalten.

Aus mindestens drei der folgenden vier Zeichengruppen müssen Zeichen enthalten sein: Großbuchstaben A...Z, Kleinbuchstaben a...z, Ziffern und nicht alphanumerische Sonderzeichen (z. B. !, $, #, %, @).

▲ Kennwortchronik erzwingen

Diese Richtlinie verhindert, dass Benutzer zwischen wenigen Passwörtern hin- und herwechseln. Voraussetzung dafür ist, dass die Richtlinie sinnvoll arbeitet, sodass die Benutzer gezwungen werden, ihre Passwörter regelmäßig zu ändern. Außerdem sollte ein minimales Kennwortalter vorgegeben werden.

In den *Einstellungen* können Sie festlegen, wie viele eindeutige Passwörter verwendet werden müssen, bevor ein Benutzer ein einmal verwendetes wieder verwenden darf. Beachten Sie hierbei, dass zu rigorose Kennwortchroniken die Benutzer dazu verleiten, ihre Passwörter aufzuschreiben, was die gewünschte Sicherheit ins Negative verkehrt.

▲ Kennwörter mit umkehrbarer Verschlüsselung speichern

Diese Richtlinie ermöglicht das Speichern von Passwörtern für Anwendungen, die Protokolle verwenden, denen das Benutzerpasswort bekannt sein muss. Da mit jeder Speicherung von Passwörtern Sicherheitsrisiken verbunden sind, sollte die Richtlinie nur verwendet werden, wenn eine Anwendung dies unbedingt erfordert.

▲ Maximales Kennwortalter

Die Anzahl von Tagen, nach denen ein Passwort spätestens verändert werden muss. Wollen Sie Benutzern ermöglichen, ihr Passwort auf ewig unverändert zu behalten, setzen Sie diesen Wert auf *0*.

▲ Minimale Kennwortlänge

Die Mindestlänge eines Passworts in Zeichen. Dieser Wert kann maximal auf *14* stehen, damit immer gewährleistet ist, dass sich ein Benutzer mit diesem Passwort auch auf einem älteren Windows 9x-System anmelden kann, das keine längeren Passwörter unterstützt. Steht der Wert auf *0*, ist ein Passwort nicht zwingend erforderlich.

▲ Minimales Kennwortalter

Die Anzahl von Tagen, nach denen ein Passwort frühestens erneuert werden muss. Damit können Sie verhindern, dass ein Benutzer bei einer erzwungenen Passwortänderung sofort wieder auf sein Lieblingspasswort zurückwechselt. Wollen Sie Benutzern ermöglichen, ihr Passwort sofort wieder zu ändern, setzen Sie diesen Wert auf *0*.

Für eine sinnvolle Nutzung einer Kennwortchronik sollten Sie für das minimale Kennwortalter einen Wert von mindestens *1* eintragen, damit die Benutzer ihr Passwort nicht sofort hintereinander so oft verändern, bis sie die Kennwortchronik überwunden haben und wieder ihr Lieblingspasswort verwenden können.

Benutzergruppen

Benutzer mit ähnlichen Rechten können in Gruppen zusammengefasst werden. Damit braucht man als Administrator nicht mehr jedem Benutzer einzeln Rechte zuzuweisen. Die einzelnen Mitglieder der Gruppe erhalten automatisch die Rechte der Gruppe.

Jeder Benutzer muss mindestens in einer Gruppe Mitglied sein. Ein Benutzer kann durchaus auch in mehreren Gruppen Mitglied sein, soweit dies in der Hierarchiestruktur der Gruppen sinnvoll ist.

Um einen Benutzer in eine Gruppe einzufügen, gibt es in der *Computerverwaltung* zwei Möglichkeiten:

Klicken Sie doppelt auf einen Benutzernamen, und fügen Sie auf der Registerkarte *Mitglied von* die neuen Gruppenmitgliedschaften hinzu.

Klicken Sie doppelt auf einen Gruppennamen, und fügen Sie die neuen Gruppenmitglieder hinzu.

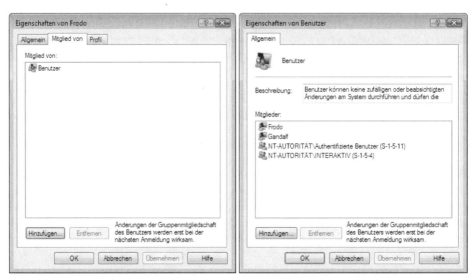

Bild 9.17: Gruppenmitgliedschaften eines Benutzers und Benutzer in einer Gruppe

Über den Button *Hinzufügen* können Sie zu einer Gruppe neue Benutzer hinzufügen. In der nächsten Dialogbox müssen Sie die Benutzernamen entweder manuell eingeben oder können sich über die Buttons *Erweitert* und *Jetzt suchen* eine Liste aller Benutzer anzeigen lassen und dort die gewünschten Benutzer auswählen.

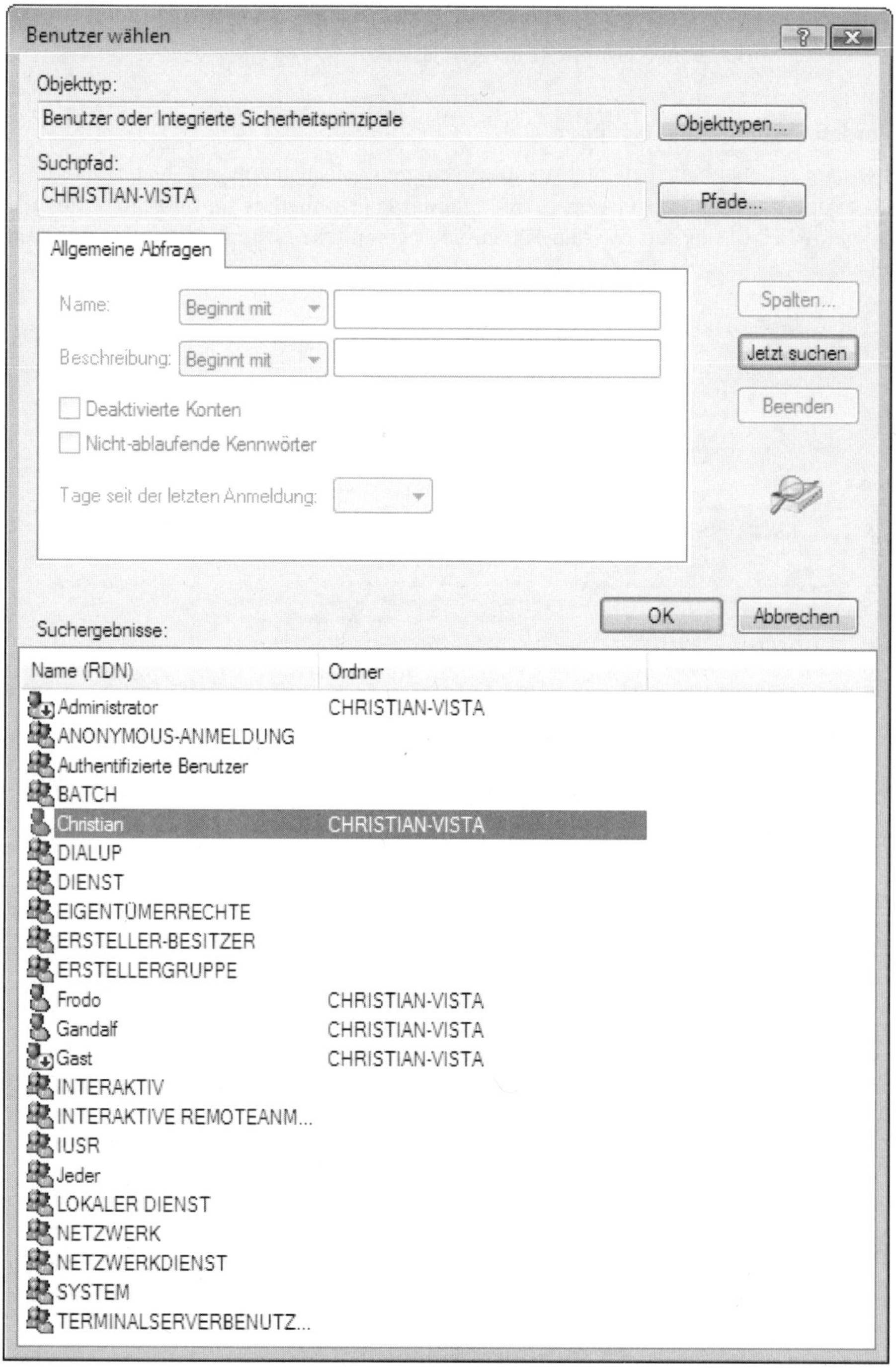

9.2 Die Benutzerverwaltung

Bild 9.18: Benutzer zu einer Gruppe hinzufügen

Auf dieselbe Weise können Sie sich beim Einfügen eines Benutzers in eine Gruppe auch eine Liste der vorhandenen Gruppen anzeigen lassen.

▲ Vordefinierte Benutzergruppen

Neben der Möglichkeit, beliebige Benutzergruppen selbst anzulegen, bietet Windows Vista einige vordefinierte Gruppen mit Standardeigenschaften und Rechten für alle wichtigen Fälle, die in den meisten Fällen eine persönliche Gruppendefinition unnötig machen.

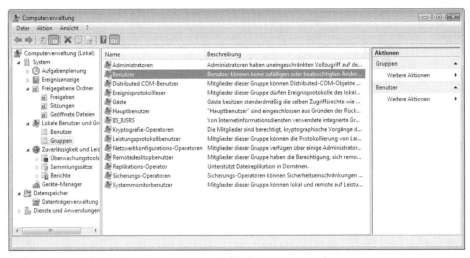

Bild 9.19: Vordefinierte Benutzergruppen in der Computerverwaltung

	Rechte
Benutzer	Keine Rechte, Änderungen am System auszuführen oder Freigaben zu erstellen. Durch die Einschränkungen können auch nicht alle Anwendungen ausgeführt werden, da einige Programme Einstellungen im Systembereich der Registry verändern. Keine Rechte, Gerätetreiber zu installieren oder zu verändern.
Gäste	Gegenüber normalen Benutzern noch weiter eingeschränkte Rechte.
Hauptbenutzer	Rechte, Benutzer und Gruppen zu erstellen und die selbst erstellten zu ändern. Kein Zugriff auf Benutzer der Gruppen Administratoren und Sicherungsoperatoren. Keine Rechte, Gerätetreiber zu installieren oder zu verändern.

9.2 Die Benutzerverwaltung

	Rechte
Netzwerkkonfigurations-Operatoren	Ähnlich wie normale Benutzer, aber mit erweiterten Rechten für die Administration und Konfiguration von Netzwerkfunktionen.
Remotedesktopbenutzer	Berechtigung, sich über eine Remotedesktop-Verbindung anzumelden.
Replikations-Operator	Diese Gruppe enthält keine natürlichen Personen, sondern ein einziges Benutzerobjekt, das zum Anmelden der Replikationsdienste des Domänencontrollers verwendet wird.
Sicherungs-Operatoren	Rechte, Dateien zu sichern und wiederherzustellen, auch wenn Sie auf diese Dateien sonst keinen Zugriff haben. Keine Rechte, die Sicherheitseinstellungen zu ändern.
Ereignisprotokollleser	Berechtigung, das Ereignisprotokoll des lokalen Computers zu lesen.
Leistungsprotokollbenutzer	Rechte, um Leistungsindikatoren zu verwenden und zu planen.
Systemmonitorbenutzer	Rechte, um auf Leistungszählerdaten zuzugreifen, lokal oder über das Netzwerk.
IIS_IUSRS	Spezielle Gruppe, die von den Internetinformationsdiensten verwendet wird.
Kryptographie-Operatoren	Spezielle Gruppe zur Verwendung für Verschlüsselungsdienste.
Administratoren	Nur diese Benutzer dürfen wirklich alles: Volle Rechte auf alle Dateien und Einstellungen sowie die Fähigkeit, die eigenen Rechte und die Rechte anderer Benutzer zu ändern, Benutzer anzulegen und zu löschen. Diese Gruppe hat standardmäßig auch das Besitzrecht auf alle Dateien.

Vorsicht mit Administratoren
Überlegen Sie sich gut, wen Sie in die Gruppe der *Administratoren* aufnehmen! Ein Mitglied dieser Gruppe hat Vollzugriff auf alle Objekte und kann damit auch andere Benutzer verändern und im Extremfall Ihnen selbst die Zugriffsrechte wegnehmen, indem er Ihren Benutzernamen aus der *Administratoren*-Gruppe entfernt.

9.3 Gemeinsames Verwenden von Daten

Windows XP legt für jeden neuen Benutzer ein eigenes Profil an. Dieses enthält neben Desktopeinstellungen und persönlichem Startmenü auch ein Verzeichnis für persönliche Dateien mit diversen Unterverzeichnissen. Dieses erscheint im Windows-Explorer ganz oben unter dem Benutzernamen. Man kommt auch direkt dorthin, wenn man in der rechten Spalte des Startmenüs auf den eigenen Benutzernamen klickt.

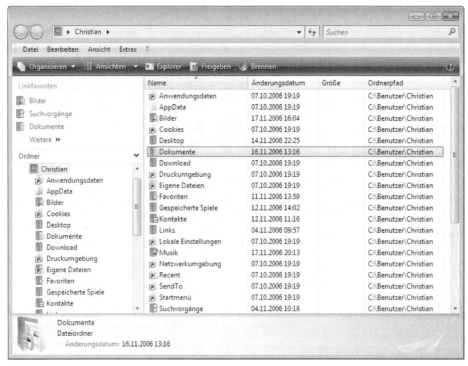

Bild 9.20: Das Verzeichnis der persönlichen Dateien eines Benutzers

In Wirklichkeit befindet sich dieses Verzeichnis unter *C:\Users\<Benutzername>* in der Verzeichnisstruktur. An dieser Stelle gibt es auch Verzeichnisse, die die persönlichen Startmenü- und Desktopverknüpfungen sowie die Favoriten aus dem Internet Explorer enthalten. Einige der Unterverzeichnisse sind standardmäßig versteckt und nur zu sehen, wenn im Explorer versteckte Dateien und Verzeichnisse dargestellt werden.

9.3 Gemeinsames Verwenden von Daten

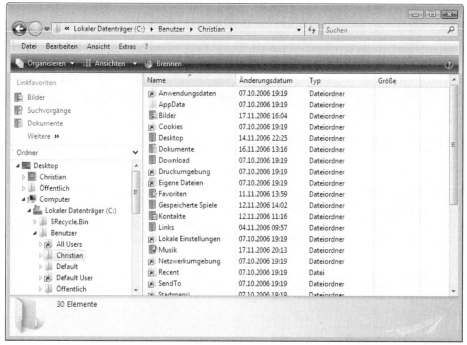

Bild 9.21: Das Verzeichnis der persönlichen Dateien in der Verzeichnisstruktur

Die standardmäßige Rechtevergabe für Benutzer, die in der Systemsteuerung unter *Benutzerkonten* angelegt wurden, ist sehr simpel:

- Jeder Benutzer kann in seinem persönlichen Verzeichnis beliebige Dateien lesen und schreiben.
- Im Verzeichnis *Öffentlich*, das sich in der Windows-Verzeichnisstruktur unter *C:\Users\Public* befindet, können alle Benutzer Dateien ablegen und lesen. Dieses Verzeichnis eignet sich also zum einfachen Datenaustausch.

In anderen Verzeichnissen haben eingeschränkte Benutzer nur Schreibrechte auf Dateien, die sie selbst anlegen. Dateien anderer Benutzer können nicht verändert oder gelöscht werden.

Benutzerrechte: Nur auf NTFS-Laufwerken
Benutzerrechte auf Dateien funktionieren nur auf Festplatten, die mit dem NTFS-Dateisystem formatiert wurden. Auf Laufwerken mit FAT16/FAT32-Dateisystem kann jeder Benutzer jede Datei beliebig verändern.

9.4 Jugendschutzeinstellungen

Windows Vista bietet als erste Windows-Version ein eingebautes Jugendschutzsystem, mit dem sich das Surf- und Nutzungsverhalten inhaltsabhängig einschränken und kontrollieren lässt. Allerdings ist dieses System schon vor dem Erscheinen von Windows Vista in Kritik geraten, da es von Administratoren in Firmen dazu eingesetzt werden kann, das Surfverhalten der Benutzer zu protokollieren.

Standardmäßig ist der Jugendschutz für alle neuen Benutzer deaktiviert. Um ihn einzuschalten, wählen Sie in der Systemsteuerung *Benutzerkonten und Jugendschutz/Jugendschutz*.

Wählen Sie hier den Benutzer aus, für den der Jugendschutz eingerichtet werden soll. Sollte auf dem Computer ein Administrator ohne Passwort eingerichtet sein, erscheint eine Warnmeldung, da eingeschränkte Benutzer dieses Administratorkonto dazu nutzen können, für sich selbst den Jugendschutz wieder zu deaktivieren. Administratorkonten sollten grundsätzlich mit einem Passwort versehen werden.

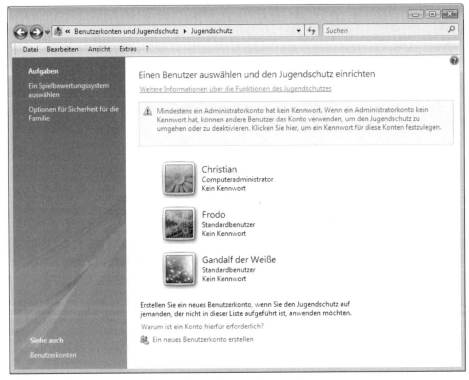

Bild 9.22: Benutzer auswählen, um Jugendschutz einzurichten

9.4 Jugendschutzeinstellungen

Im nächsten Dialog sehen Sie die aktuellen Jugendschutzeinstellungen, die für den ausgewählten Benutzer gelten. Hier können Sie sie auch ändern. Alle gewählten Einschränkungen gelten nur, wenn der Schalter *Jugendschutz* oben links auf *Ein* steht.

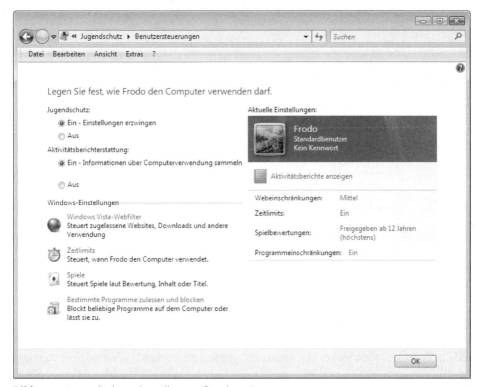

Bild 9.23: Jugendschutzeinstellungen für einen Benutzer

Ist der Benutzer gerade angemeldet, werden die Änderungen bei den Jugendschutzeinstellungen erst nach Abmelden und erneutem Anmelden wirksam.

Die Jugendschutzeinstellungen in Windows Vista ermöglichen, den Benutzer nach vier Kriterien einzuschränken: Webfilter, Zeitlimits, Spiele und Programme.

Windows Vista-Webfilter

Der Windows Vista-Webfilter kann nach verschiedenen Inhaltskriterien die Anzeige von Webseiten blockieren. Zusätzlich lassen sich eigene Listen mit Webseiten erstellen, die unabhängig von der gewählten Einschränkungsstufe blockiert werden sollen.

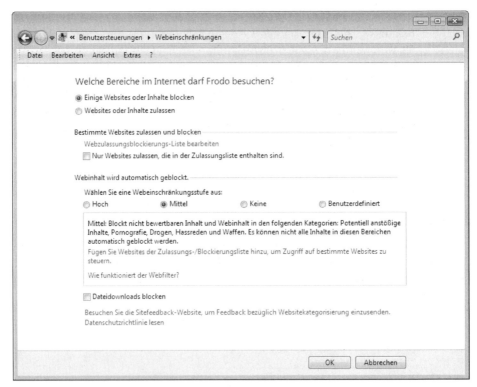

Bild 9.24: Webeinschränkungen in den Jugendschutzeinstellungen

Soll ein Benutzer noch weiter eingeschränkt werden, kann man auch eine Liste zugelassener Webseiten erstellen und alle anderen Seiten blockieren. Versucht der Benutzer auf eine Webseite zu gehen, die durch die Webeinschränkungsstufe geblockt wird, erscheint eine entsprechende Meldung.

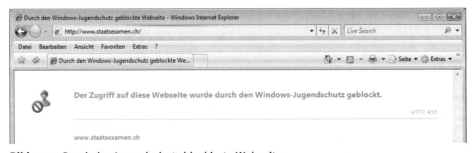

Bild 9.25: Durch den Jugendschutz blockierte Webseite

9.4 Jugendschutzeinstellungen

 Webfilter: Nur eingeschränkt sinnvoll
Die Webfilter entsprechen amerikanischen Moralvorstellungen und nehmen auch keine Rücksicht auf sprachliche Besonderheiten. Dadurch sind sie in Europa nur mit Einschränkungen sinnvoll einzusetzen. Englischsprachige Webseiten mit Fotos leicht bekleideter Mädchen werden vom Webfilter blockiert, wogegen Seiten deutscher Neonazis problemlos darstellbar sind. Im abgebildeten Beispiel blockierte der Windows Vista Jugendschutz eine Seite zum Thema Staatsexamen wegen der im Titel enthaltenen Buchstabenkombination »sex«.

Zeitlimits

Über Zeitlimits lässt sich festlegen, wann ein Benutzer sich auf dem Computer anmelden darf und wann nicht. Ziehen Sie mit der Maus einfach über die Bereiche im Raster, die blockiert werden sollen. Auf die gleiche Weise können Sie blockierte Zeitbereiche auch wieder freigeben.

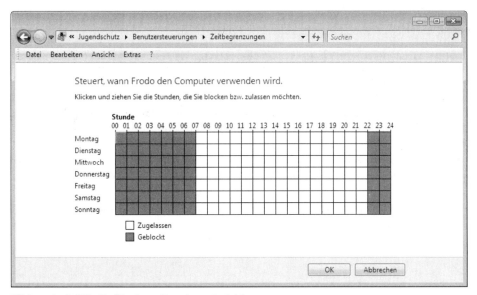

Bild 9.26: Zeitlimits für einen Benutzer einrichten

15 Minuten bevor der blockierte Zeitraum beginnt, wird der Benutzer benachrichtigt. So hat er Zeit genug, seine geöffneten Dateien zu speichern und die Arbeit zu beenden. Im Laufe der nächsten Zeit erscheinen weitere solche Meldungen, die letzte eine Minute vor der endgültigen Zwangsabmeldung.

Bild 9.27: Benachrichtigung vor Abmeldung durch ein Jugendschutz-Zeitlimit

Einschränkungen bei Spielen

Kinder spielen gerne am Computer. Gerade bei Computerspielen gibt es aber Titel, die nicht ohne Weiteres in Kinderhände gehören. In Deutschland klassifiziert die Unterhaltungssoftware-Selbstkontrolle (*www.usk.de*) Computerspiele und gibt Freigaben für bestimmte Altersklassen von Jugendlichen.

Die Spiele sind allerdings technisch in keiner Weise eingeschränkt, sie dürfen nur an jüngere Jugendliche nicht verkauft werden. Wer das Spiel spielt, konnte bisher auf Betriebssystemebene technisch nicht beschränkt werden. Die Windows Vista-Jugendschutzeinstellungen ermöglichen jetzt, bestimmten Benutzern nur Spiele bis zu einer vorher festgelegten Altersfreigabe zugänglich zu machen.

In anderen Ländern können andere Spielbewertungssysteme verwendet werden. Diese gelten immer für alle per Jugendschutzeinstellungen eingeschränkten Benutzer auf dem Computer.

Spiele ohne Bewertung
Spiele ohne Bewertung können entweder zugelassen oder generell blockiert werden. Dabei handelt es sich in den meisten Fällen um harmlose Freewarespiele. Natürlich besteht die Gefahr, dass jemand ein wirklich kriminelles Spiel von einer zweifelhaften Webseite herunterlädt und spielt. Zum Beispiel legen die Entwickler rassistischer Propagandaspiele ihre Produkte der USK gar nicht erst vor, da sie nie eine Freigabe bekommen würden.

9.4 Jugendschutzeinstellungen

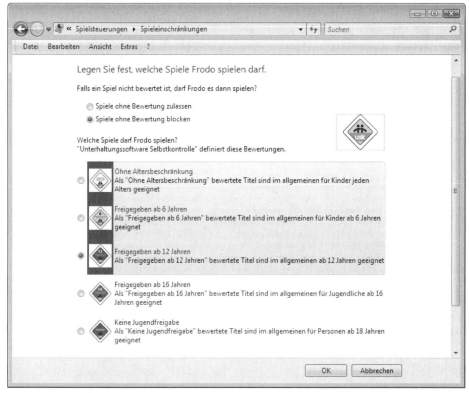

Bild 9.28: Jugendschutzeinschränkungen für Spiele

Spiele, die unter *Spiele* in Windows Vista installiert sind, können in einer eigenen Liste manuell blockiert oder freigegeben werden. Viele kommerzielle und auch Freewarespiele installieren sich allerdings nicht in dieser Kategorie und werden so auch nicht vom Jugendschutzfilter erkannt.

Bestimmte Programme sperren

Um ganz sicherzugehen, lassen sich in der vierten Kategorie der Jugendschutzeinstellungen beliebige Programme blockieren. Hier kann man sogar so weit gehen, alle installierten Programme bis auf ein paar Ausnahmen zu blockieren. Dies kann nicht nur in Bezug auf Jugendschutz sinnvoll sein, sondern bietet auch eine einfache Methode der Nutzungsbeschränkung für öffentlich zugängliche Computer.

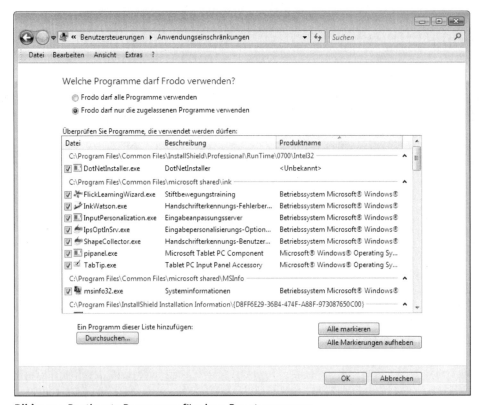

Bild 9.29: Bestimmte Programme für einen Benutzer sperren

Versucht der Benutzer, ein blockiertes Programm zu starten, bekommt er einen entsprechenden Hinweis auf dem Bildschirm.

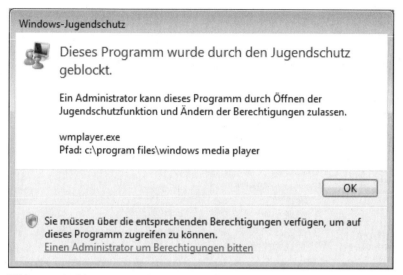

Bild 9.30: Meldung, wenn ein Programm durch den Jugendschutz blockiert wurde

Soll das Programm ausnahmsweise trotz Jugendschutzbeschränkung ausgeführt werden, kann ein Administrator eine Freigabe erteilen. Windows Vista verwendet hier die neue Benutzerkontensteuerung. Klickt man auf den Link *Einen Administrator um Berechtigungen bitten* in der Meldung, erscheint das Dialogfeld der Benutzerkontensteuerung, in dem man einen Benutzer mit Administratorrechten auswählen und dessen Kennwort eingeben kann. Danach wird das Programm freigegeben.

Aktivitätsberichte

Die Aktivitätsberichte zeigen dem Administrator auf einen Blick die Webseiten, die der Benutzer am häufigsten besucht hat, sowie auch die zehn zuletzt blockierten Webseiten. Weiterhin wird genau Protokoll geführt über Anmeldezeiten und ausgeführte Anwendungen.

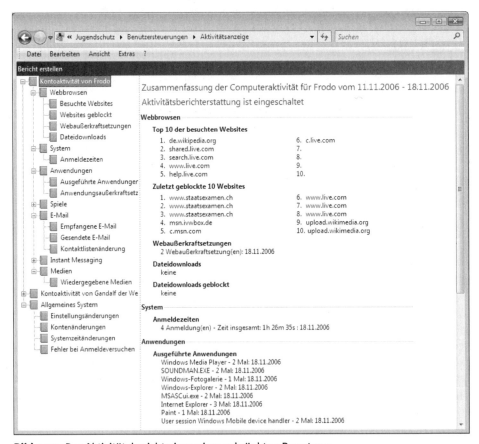

Bild 9.31: Der Aktivitätsbericht eines eingeschränkten Benutzers

In der Detailansicht, die über die Baumstruktur im linken Teilfenster erreichbar ist, sind alle besuchten Webseiten, abgespielten Medien, E-Mails, heruntergeladene Dateien und ausgeführte Programme zu sehen.

Die Aktivitätsberichterstattung muss für jeden Benutzer explizit eingeschaltet werden. Sie ist nicht standardmäßig aktiv.

9.5 Benutzerrechte für Dateien und Verzeichnisse

In Windows Vista Business und Ultimate können Sie die Zugriffsrechte für einzelne Benutzer genau definieren, sodass bestimmte Benutzer nur auf bestimmte Dateien auf dem lokalen PC zugreifen dürfen.

Die Sicherheitseinstellungen für Verzeichnisse und Dateien finden Sie im Kontextmenü *Eigenschaften* der jeweiligen Verzeichnisse und Dateien im Windows-Explorer. Diese

9.5 Benutzerrechte für Dateien und Verzeichnisse

Einstellungen gibt es nur auf NTFS-Laufwerken. Auf anderen Dateisystemen können keine lokalen Benutzerrechte zugewiesen werden.

Bild 9.32:
Berechtigungen für Dateien und Verzeichnisse

Im oberen Fenster dieses Dialogfelds finden Sie alle Benutzer und Benutzergruppen, die Rechte auf das Verzeichnis oder die Datei haben. Markieren Sie hier einen Eintrag, sehen Sie im unteren Fenster dessen Rechte und können sie auch bearbeiten.

Die entsprechenden Rechte können Sie durch Aktivieren der Schalter in der Spalte *Zulassen* an die Benutzer vergeben. Ist bei einem Benutzerrecht keiner der beiden Schalter aktiv, bedeutet dies normalerweise, dass das Recht nicht gewährt ist. Ist der Benutzer aber Mitglied einer Gruppe, die das jeweilige Recht hat, erhält er es durch seine Gruppenmitgliedschaft ebenfalls. Benutzerrechte werden, sofern nichts anderes eingestellt ist, automatisch auf untergeordnete Verzeichnisse und Dateien vererbt. Sie können dort aber trotzdem explizit geändert werden.

Die Schalter unter *Verweigern* haben in jedem Fall Priorität. Damit können Sie einem Benutzer ein bestimmtes Recht gezielt verweigern, unabhängig davon, ob er Mitglied einer Gruppe ist, die das Recht hat oder das Recht von weiter oben geerbt hat.

Eine Ausnahme bildet die Berechtigung *Vollzugriff*. Benutzer mit dem Recht *Vollzugriff* auf ein Verzeichnis können Dateien in diesem Verzeichnis löschen, auch wenn für die einzelnen Dateien die Zugriffsrechte verweigert worden sind.

Die angezeigten Berechtigungen stellen eigentlich keine einzelnen Berechtigungen dar, sondern immer eine Kombination von erweiterten Berechtigungen. Wird in den erweiterten Berechtigungen eine ausgeschaltet, verschwindet das Häkchen in der Eigenschaften-Dialogbox, was demnach noch nicht bedeutet, dass der Benutzer diese Berechtigung im Ganzen nicht mehr hat.

Die Kombinationen werden nach folgender Tabelle zugewiesen:

Berechtigung	Erweiterte Berechtigungen
Vollzugriff	Alle
Ändern	Ordner durchsuchen / Datei ausführen
	Ordner ausführen / Daten lesen
	Attribute lesen
	Erweiterte Attribute lesen
	Dateien erstellen / Daten schreiben
	Ordner erstellen / Daten anhängen
	Attribute schreiben
	Erweiterte Attribute schreiben
	Löschen
	Berechtigungen lesen
	Synchronisieren
Lesen, Ausführen	Ordner durchsuchen / Datei ausführen
	Ordner ausführen / Daten lesen
	Attribute lesen
	Erweiterte Attribute lesen
	Berechtigungen lesen
	Synchronisieren

9.5 Benutzerrechte für Dateien und Verzeichnisse

Berechtigung	Erweiterte Berechtigungen
Ordnerinhalt auflisten	Ordner durchsuchen / Datei ausführen
	Ordner ausführen / Daten lesen
	Attribute lesen
	Erweiterte Attribute lesen
	Berechtigungen lesen
	Synchronisieren
Lesen	Ordner ausführen / Daten lesen
	Attribute lesen
	Erweiterte Attribute lesen
	Berechtigungen lesen
	Synchronisieren
Schreiben	Dateien erstellen / Daten schreiben
	Ordner erstellen / Daten anhängen
	Attribute schreiben
	Erweiterte Attribute schreiben
	Berechtigungen lesen
	Synchronisieren

Diese erweiterten Berechtigungen können auch explizit zugewiesen werden, was aber nur in den seltensten Fällen notwendig ist. Über den Button *Erweitert* in den Sicherheitseinstellungen einer Datei oder eines Verzeichnisses können Sie die erweiterten Berechtigungen innerhalb der Standardberechtigungen genauer definieren.

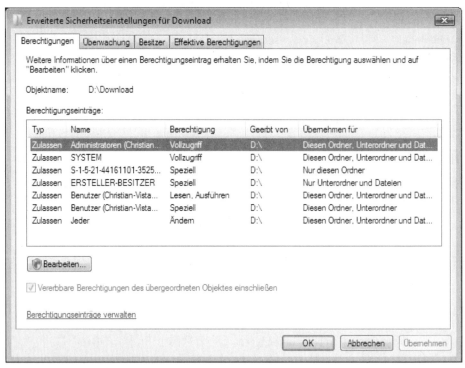

Bild 9.33: Erweiterte Berechtigungen für ein Verzeichnis

Klicken Sie doppelt auf einen Berechtigungseintrag, haben Sie die Möglichkeit, für diesen Benutzer oder diese Gruppe einzelne Rechte detailliert zu verändern.

Im Dialogfeld *Erweiterte Sicherheitseinstellungen* können Sie das Vererben von Berechtigungen auf untergeordnete Objekte mit dem Schalter *Vererbbare Berechtigungen des übergeordneten Objektes einschließen* ausschalten.

9.5 Benutzerrechte für Dateien und Verzeichnisse

Bild 9.34: Berechtigungseinträge für Dateien und Verzeichnisse bearbeiten

Die grau markierten Häkchen in der Spalte *Zulassen* beziehen sich auf Berechtigungen, die von weiter oben geerbt wurden. Die Bedeutung der Rechte im Einzelnen wird in der folgenden Tabelle beschrieben:

Recht	Bedeutung
Ordner durchsuchen/Datei ausführen	Wird diese Berechtigung einem Verzeichnis zugewiesen, dürfen die Benutzer durch das Verzeichnis blättern, um untergeordnete Verzeichnisse oder Dateien zu erreichen. Ist die Berechtigung einer Programmdatei zugewiesen, darf der Benutzer die Datei ausführen.
Ordner auflisten/Dateien lesen	Die Namen von Dateien und Unterverzeichnissen eines Verzeichnisses dürfen angezeigt werden. Der Inhalt einer Datei darf betrachtet werden.

Recht	Bedeutung
Attribute lesen	Benutzer dürfen sich die Dateiattribute wie *schreibgeschützt* oder *versteckt* anzeigen lassen.
Erweiterte Attribute lesen	Benutzer dürfen sich die erweiterten Dateiattribute anzeigen lassen. Dazu gehören die Attribute *archiv* und *index* sowie Komprimierungs- und Verschlüsselungsoptionen. Zusätzliche erweiterte Attribute können von Programmen definiert werden.
Dateien erstellen/Daten schreiben	Erlaubt Benutzern, in diesem Verzeichnis eine Datei zu erstellen oder in das Verzeichnis zu kopieren, wenn die Berechtigung einem Verzeichnis zugewiesen ist. Ist die Berechtigung einer Datei zugewiesen, darf der Benutzer diese Datei ändern oder durch eine andere Version überschreiben.
Ordner erstellen/Daten anhängen	Erlaubt Benutzern, in diesem Verzeichnis ein Unterverzeichnis zu erstellen oder in das Verzeichnis zu kopieren, wenn die Berechtigung einem Verzeichnis zugewiesen ist. Ist die Berechtigung einer Datei zugewiesen, darf der Benutzer an diese Datei Daten anhängen, aber keine Teile der Datei überschreiben. Leider wird diese Option nicht von allen Programmen unterstützt. Einige Programme wie zum Beispiel Microsoft Word überschreiben die ganze Datei, wenn am Ende nur ein Satz angehängt wird. Deshalb kann diese Berechtigung im Zusammenhang mit vielen Applikationen nicht verwendet werden.
Attribute schreiben	Benutzer dürfen die Dateiattribute wie *schreibgeschützt* oder *versteckt* verändern.
Erweiterte Attribute schreiben	Benutzer dürfen die erweiterten Dateiattribute verändern. Dazu gehören die Attribute *archiv* und *index* sowie Komprimierungs- und Verschlüsselungsoptionen und spezielle Attribute, die von einigen Programmen definiert werden können.
Unterordner und Dateien löschen	Benutzer dürfen in diesem Verzeichnis Unterverzeichnisse oder Dateien löschen.

Recht	Bedeutung
Löschen	Benutzer dürfen die Datei oder das Verzeichnis, dem diese Berechtigung zugewiesen ist, löschen. Benutzer, die diese Berechtigung nicht haben, dürfen die Datei trotzdem löschen, wenn sie für das übergeordnete Verzeichnis die Berechtigung *Unterordner und Dateien löschen* haben.
Berechtigungen lesen	Benutzer dürfen die Berechtigungen lesen, die sie an einer Datei oder einem Verzeichnis haben.
Berechtigungen ändern	Benutzer dürfen die Berechtigungen ändern, die sie an einer Datei oder einem Verzeichnis haben. Das bedeutet für Benutzer, die sich etwas mit dem System auskennen, sozusagen den Vollzugriff, da sie sich dieses Recht jederzeit selbst erteilen können. Der Besitzer einer Datei kann die Berechtigungen immer ändern, unabhängig davon, welche weiteren Rechte er an der Datei hat.
Besitz übernehmen	Erlaubt einem Benutzer, die Besitzrechte an einer Datei zu übernehmen. Damit kann er seine Berechtigungen beliebig einstellen und so mit der Datei machen, was er will.
	Wer eine Datei erstellt hat, ist üblicherweise auch deren Besitzer. Der Besitzer kann seine Berechtigungen beliebig einstellen und so mit der Datei machen, was er will. Dieses Besitzrecht kann von einem anderen Benutzer übernommen werden.

Um den Besitz an einer Datei oder einem Verzeichnis zu übernehmen, klicken Sie in den *Eigenschaften* der Datei auf der Registerkarte *Sicherheit* auf den Button *Erweitert*. Im folgenden Dialog wird auf der Registerkarte *Besitzer* der aktuelle Besitzer angezeigt.

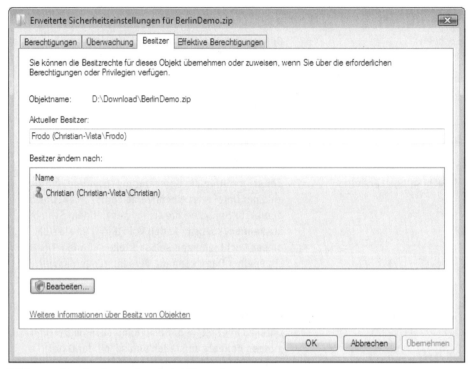

Bild 9.35: Den Besitz an einer Datei übernehmen

In einer Liste können Sie den neuen Besitzer auswählen. Dabei ist es sowohl möglich, jemand anderem den Besitz einer Datei aufzuzwingen als auch den Besitz selbst zu übernehmen. Standardmäßig wird man in der Liste der neuen Besitzer nur selbst angezeigt. Über den Button *Bearbeiten* kann man nach einer Sicherheitsabfrage aber auch andere Benutzer und Gruppen auswählen.

Effektive Berechtigungen

Durch Vererbung von Benutzerrechten aus übergeordneten Verzeichnissen und durch Mitgliedschaft in Gruppen ist es nicht immer ganz einfach, die tatsächlichen Zugriffsrechte eines Benutzers auf eine Datei herauszufinden.

Windows Vista bietet hier eine übersichtliche Darstellung auf der Registerkarte *Effektive Berechtigungen* in der Dialogbox *Erweiterte Sicherheitseinstellungen*. Hier können Sie mit dem Button *Auswählen* einen Benutzer oder eine Gruppe auswählen, deren Rechte für das aktuelle Verzeichnis oder die Datei anschließend angezeigt werden. Eine Änderung der Berechtigungen ist an dieser Stelle nicht möglich.

9.5 Benutzerrechte für Dateien und Verzeichnisse

Bild 9.36: *Effektive Berechtigungen* anzeigen

Windows Vista-Systemwerkzeuge

Windows XP enthält zahlreiche nützliche Werkzeuge, die dazu beitragen sollen, das Betriebssystem zu überwachen und stabiler oder komfortabler zu machen. Die wichtigsten davon werden in diesem Kapitel vorgestellt.

10.1 Arbeitsspeicher auf der Festplatte: Die Auslagerungsdatei

Wenn Windows nicht mehr genug Arbeitsspeicher für alle laufenden Anwendungen hat, werden gerade nicht verwendete Speicherbereiche in den sogenannten virtuellen Speicher auf der Festplatte ausgelagert.

Hier liegt die Auslagerungsdatei
Diese Auslagerungsdatei erscheint als versteckte Datei *pagefile.sys* im Hauptverzeichnis der Festplatte und hat nichts mit den Temporärdateien zu tun, die einige Programme zusätzlich anlegen. Zusätzlich legt Windows Vista im Hauptverzeichnis der Festplatte noch die Datei *hiberfil.sys* an. Dort wird der Inhalt des Arbeitsspeichers ausgelagert, wenn das System in den Ruhezustand geht. Auf diese Weise wird beim Aufwecken aus dem Ruhezustand genau der gleiche Status des Desktops und aller Programme wiederhergestellt.

Windows Vista verwaltet standardmäßig die Auslagerungsdatei dynamisch. Das bedeutet, dass theoretisch immer nur so viel Speicher ausgelagert wird, wie wirklich notwendig ist. In der Praxis verwendet Windows Vista diese Auslagerungsdatei aber ständig, egal, ob genug Arbeitsspeicher vorhanden ist oder nicht.

Das ständige Vergrößern und Verkleinern der Auslagerungsdatei kostet Zeit und führt zunehmend zu einer Fragmentierung, die den Zugriff auf diese Datei zusätzlich verlangsamt. Windows Vista verändert deshalb die Größe der Auslagerungsdatei nur wenn unbedingt nötig. Anstatt die Datei zu verkleinern, wird sie besser nur teilweise genutzt, um Fragmentierung zu vermeiden.

Optimieren der Auslagerungsdatei

Um die Verwendung der Auslagerungsdatei zu optimieren, können Sie diese auf eine Größe festlegen, die dann vom System nicht verändert werden kann:

① Stellen Sie als Erstes fest, wie viel Speicher Ihr System im laufenden Betrieb für die Auslagerungsdatei benötigt, wenn alle Programme laufen, die Sie üblicherweise gleichzeitig verwenden. Diese Zahlen können Sie im Task-Manager auf der Registerkarte *Leistung* verfolgen. Der linke Wert bei Auslagerungsdatei zeigt den derzeit genutzten Platz in der Auslagerungsdatei an.

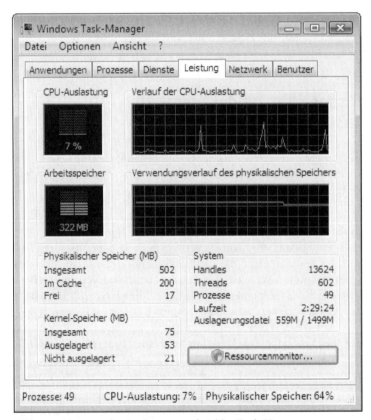

Bild 10.1: Nutzung der Auslagerungsdatei im *Task-Manager*

② Rufen Sie in der Systemsteuerung das Modul *System* auf, und klicken Sie dort im linken Bereich auf *Erweiterte Systemeinstellungen*. Schalten Sie im nächsten Dialogfeld auf die Registerkarte *Erweitert*. Klicken Sie dort auf den obersten der drei *Einstellungen*-Buttons.

③ Auf der Registerkarte *Erweitert* im Dialogfeld *Leistungsoptionen* wird die Gesamtgröße aller Auslagerungsdateien angezeigt.

10.1 Arbeitsspeicher auf der Festplatte: Die Auslagerungsdatei

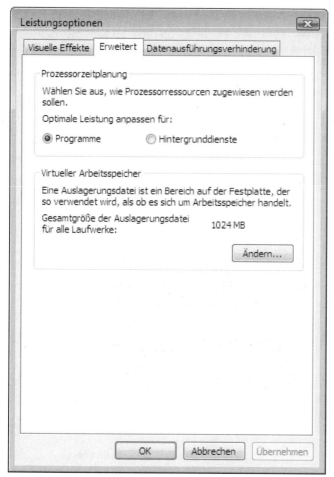

Bild 10.2: Die Auslagerungsdatei in der Systemsteuerung

④ Klicken Sie hier auf *Ändern*, erhalten Sie eine detaillierte Übersicht. Windows kann auf jeder Partition eine eigene Auslagerungsdatei *pagefile.sys* haben. Allerdings ergibt es keinen Sinn, auf mehrere Partitionen derselben Festplatte Auslagerungsdateien zu legen, da der Lesekopf dann ständig zwischen den Partitionen hin- und herspringt und so den Zugriff bremst. Bei SCSI-Platten bringt es einen Geschwindigkeitsgewinn, wenn auf jeder Festplatte eine kleine Auslagerungsdatei liegt, da auf diese dann parallel zugegriffen werden kann.

⑤ Für jede Auslagerungsdatei können Sie eine Anfangs- und eine Maximalgröße angeben. Dazu müssen Sie als Erstes den Schalter *Auslagerungsdateigröße für alle Laufwerke automatisch verwalten* ausschalten. Aktivieren Sie dann die Option *Benutzerdefinierte Größe*.

(6) Setzen Sie die Werte in den Feldern *Anfangsgröße* und *Maximale Größe* auf denselben Wert, um zu verhindern, dass die Größe permanent geändert wird. Unterschreiten Sie mit der Gesamtgröße aller Auslagerungsdateien nie den bei *Empfohlen* angegebenen Wert. Klicken Sie dann auf *Festlegen*.

Bild 10.3: Auslagerungsdatei anpassen

Auslagerungsdatei nie auf ein Wechselmedium
Auch wenn Windows Vista diese Option zulässt, sollten Sie eine Auslagerungsdatei nie auf ein Wechselmedium legen.

Datenschutz in der Auslagerungsdatei

Die Auslagerungsdatei enthält Inhalte des virtuellen Arbeitsspeichers und lässt so auch nach dem Abmelden eines Benutzers noch Rückschlüsse auf dessen Arbeit zu. Hier findet man unter Umständen sogar Fragmente oder vollständige Dokumente, die zuletzt geöffnet wurden. Da dies auf Computern, auf die mehrere Benutzer Zugriff haben, ein

10.2 Systempflege mit der Festplattenüberprüfung

Sicherheitsrisiko darstellt, können Sie die Auslagerungsdatei beim Abmelden eines Benutzers automatisch löschen lassen. Allerdings dauert das Anmelden eines neuen Benutzers dann länger, da die Auslagerungsdatei erst wieder angelegt werden muss.

Um die Auslagerungsdatei automatisch zu löschen, starten Sie in der Systemsteuerung unter *System und Wartung/Verwaltung* das Modul *Lokale Sicherheitsrichtlinie*. Dort finden Sie unter *Lokale Richtlinien/Sicherheitsoptionen* die Richtlinie *Herunterfahren: Auslagerungsdatei des virtuellen Arbeitsspeichers löschen*.

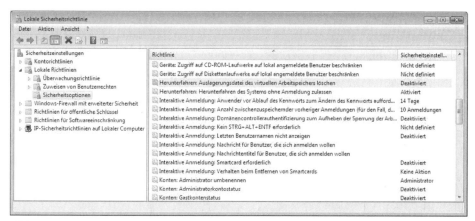

Bild 10.4: Sicherheitsrichtlinie zum automatischen Löschen der Auslagerungsdatei

Setzen Sie diese Richtlinie per Doppelklick auf *Aktiviert*.

10.2 Systempflege mit der Festplattenüberprüfung

Um Schäden und möglichen Datenverlusten vorzubeugen, sollten Sie regelmäßig die Festplatten überprüfen. Windows Vista liefert dafür ein Testprogramm mit, sodass Sie in den meisten Fällen keine externen Programme mehr benötigen.

Im Gegensatz zu früheren Windows-Versionen finden Sie die Festplattenüberprüfung nicht mehr als eigenständiges Programm im Startmenü.

Klicken Sie im Windows-Explorer unter *Computer* mit der rechten Maustaste auf ein Laufwerk, und wählen Sie im Kontextmenü *Eigenschaften*. Auf der Registerkarte *Tools* finden Sie das Tool zur Fehlerüberprüfung.

Bild 10.5:
Fehlerüberprüfung
in den Eigenschaften
einer Festplatte

Diese Datenträgerprüfung bietet auch zwei Optionen zur automatischen Fehlerkorrektur an:

Dateisystemfehler automatisch korrigieren korrigiert logische Fehler wie fehlerhafte Verzeichnisstrukturen oder inkonsistente Daten im Inhaltsverzeichnis der Festplatte.

Fehlerhafte Sektoren suchen/wiederherstellen versucht, Daten beschädigter Sektoren zu retten und in einwandfreie Sektoren zu verschieben. Der fehlerhafte Sektor wird, wenn er sich nicht reparieren lässt, als defekt markiert, sodass Windows keine Dateien mehr darin ablegt.

Bild 10.6: Optionen zur Festplattenüberprüfung

Wählt man eine oder beide Reparaturoptionen, verlängert sich die benötigte Zeit deutlich. Bevor Sie die Überprüfung starten, müssen Sie alle Fenster schließen, in denen Dateien des betreffenden Laufwerks geöffnet sind. Das gilt auch für Explorer-Fenster, die den Inhalt des Laufwerks anzeigen. Je nach Größe der Festplatte dauert die Überprüfung einige Minuten bis Stunden.

10.3 Platz schaffen per Datenträgerbereinigung

Die Datenträgerbereinigung in Windows Vista hat nichts mit Fehlern auf der Festplatte zu tun, sondern soll dafür sorgen, überflüssige Dateien zu beseitigen und damit freien Speicherplatz zu schaffen.

Die Datenträgerbereinigung wird über den Menüpunkt *Alle Programme/Zubehör/Systemprogramme/Datenträgerbereinigung* im Startmenü oder über die Schaltfläche *Bereinigen* auf der Registerkarte *Allgemein* in den Eigenschaften eines Laufwerks aufgerufen.

Wenn auf einer Festplatte nur noch weniger als 200 MB Speicherplatz frei ist, erscheint automatisch eine Warnung. Direkt aus dieser Warnung heraus können Sie die Datenträgerbereinigung ebenfalls aufrufen.

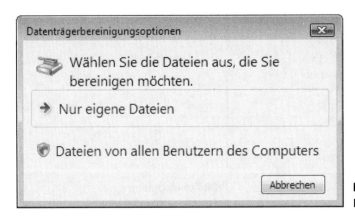

Bild 10.7: Start der Datenträgerbereinigung

Beim Start werden Sie gefragt, ob Sie nur eigene Dateien oder Dateien aller Benutzer bereinigen möchten. Um Dateien fremder Benutzer zu bereinigen, sind Administratorenrechte erforderlich. Hier meldet sich die Windows-Benutzerkontensteuerung.

Im nächsten Schritt müssen Sie das zu bereinigende Laufwerk wählen.

Das Programm *Datenträgerbereinigung* sucht überflüssige Dateien und bietet an, diese zu löschen. Dabei wird auch gleich angezeigt, wie viel Speicherplatz beim Löschen frei wird. Die Suche erfolgt in verschiedenen Verzeichnissen, die bei normaler Verwendung von Windows Vista häufig überflüssige Dateien enthalten.

Darunter sind keine Dateien, die zum Betrieb des Systems nötig sind. Die Datenträgerbereinigung schlägt auch nur Verzeichnisse vor, in denen Benutzer keine eigenen Dateien ablegen sollten. Sicherheitshalber sollten Sie aber trotzdem vor dem Bereinigen überprüfen, was gelöscht wird, und Windows hier nicht blind vertrauen. Markieren Sie dazu in der Liste die anzuzeigende Kategorie, und klicken Sie dann auf *Dateien anzeigen*. Leider steht dieser Button nicht in allen Kategorien der Datenträgerbereinigung zur Verfügung.

Die Datenträgerbereinigung löscht die Dateien unwiderruflich und legt sie nicht in den Papierkorb.

10.3 Platz schaffen per Datenträgerbereinigung

Bild 10.8: Die *Datenträgerbereinigung für C:*

Einige der Kategorien werden nur dann angezeigt, wenn in diesem Bereich auch Dateien vorliegen.

Heruntergeladene Programmdateien	ActiveX-Steuerelemente und Java-Applets, die von Webseiten heruntergeladen wurden. Diese Dateien befinden sich im Verzeichnis *C:\Windows\Downloaded Program Files*. Werden diese Dateien gelöscht und besucht man die entsprechende Seite später wieder, müssen die Dateien erneut heruntergeladen werden, was dann zu längeren Ladezeiten führen kann.

Temporäre Internetdateien	Der Cache des Internet Explorer im Verzeichnis *C:\Users\ <Benutzername>\AppData\Local\Microsoft\Windows\ Temporary Internet Files\Content.IE5* und den Unterverzeichnissen dieses Verzeichnisses. Der Verlaufsordner und die als Offline-Webseiten gespeicherten Inhalte sind davon nicht betroffen. Die Datenträgerbereinigung berücksichtigt nur den Cache des Internet Explorer, nicht die Cacheverzeichnisse anderer installierter Browser. Da der Cache aus sehr vielen sehr kleinen Dateien besteht, ist der effektiv frei werdende Speicherplatz meistens sehr groß.
Offlinewebseiten	Webseiten, die im Internet Explorer zum Offlinelesen zur Verfügung gestellt wurden.
Ruhezustandsbereinigung	Die Datei, in der im Ruhezustand der Inhalt des Arbeitsspeichers abgelegt wird. Mit dem Löschen dieser Datei wird der Ruhezustand automatisch deaktiviert.
Papierkorb	Diese Option entspricht dem Leeren des Papierkorbs.
Setup Log Files	Protokolldateien, die bei der Installation von Programmen und Windows-Komponenten gespeichert werden.
Temporäre Dateien	Temporärdateien im Temporärverzeichnis des aktuellen Benutzers. Die Position dieses Verzeichnisses ist durch die Umgebungsvariable *TEMP* festgelegt. Üblicherweise wird das Verzeichnis *C:\Users\<Benutzername>AppData\ Local\Temp* verwendet. Das allgemeine Temporärverzeichnis von Windows wird dabei nicht berücksichtigt. Es werden auch nur Dateien gelöscht, die Windows selbst angelegt hat. Sie sollten diese Verzeichnisse also lieber regelmäßig manuell löschen.
Temporäre Offlinedateien	Temporäre Kopien von Dateien, auf die über das Netzwerk zugegriffen wurde. Diese Kategorie ist nur dann vorhanden, wenn der Offlinemodus aktiviert ist. Dabei handelt es sich nur um Dateien, die automatisch offline gespeichert wurden.
Offlinedateien	Lokale Kopien von Dateien aus dem Netzwerk. Diese Kategorie ist ebenfalls nur dann vorhanden, wenn der Offlinemodus aktiviert ist. Falls Sie im Offlinemodus Dateien verändert haben oder daran weiterarbeiten wollen, dürfen Sie diese nicht löschen.

Miniaturansichten	Die Minibilder aus den Bilderverzeichnissen, die zur Darstellung im Explorer und in der Windows-Fotogalerie verwendet werden. Diese Bilder werden beim Löschen von Fotos nicht immer mit gelöscht. Wenn Sie die Miniaturansichten bereinigt haben und anschließend ein Bilderverzeichnis öffnen, werden sie automatisch neu generiert.
Windows-Fehlerberichterstattungsdatei	Automatisch generierte Fehlerberichte, die nicht an Microsoft gesendet wurden, weil die Funktion zur Fehlerberichterstattung deaktiviert war. Diese Dateien können Sie bedenkenlos löschen.

10.4 Mehr Tempo durch Defragmentierung

Die effektive Geschwindigkeit einer Festplatte hängt nicht nur von so werbewirksamen Daten wie Umdrehungszahl oder Datendurchsatzrate in KByte/Sekunde ab, sondern im Wesentlichen auch davon, wie die Dateien auf der Festplatte angeordnet sind. Im Idealfall liegen alle Dateien hintereinander, jede als ein geschlossener Block auf der Platte. Beim Lesen muss der Lesekopf der Festplatte also nur einmal über diesen Datenblock fahren und hat damit die komplette Datei gelesen. In der Praxis kommt dieser Idealfall jedoch nur kurz nach einer Neuinstallation vor.

Wird eine Datei nach dem Bearbeiten und erneutem Speichern größer, passt sie nicht mehr an die vorgesehene Stelle auf der Festplatte. Das Betriebssystem legt den übrigen Teil der Datei automatisch an eine andere freie Stelle. Die Datei wird dabei in keiner Weise beeinträchtigt, allerdings muss sie beim nächsten Öffnen aus zwei Stücken wieder zusammengesetzt werden, was zusätzliche Zeit kostet. Beim Löschen von Dateien entstehen Lücken auf der Festplatte, die später wieder von anderen Dateifragmenten gefüllt werden. So werden im Laufe der Zeit viele Dateien in mehreren Einzelteilen auf der Platte verteilt sein. Der Zugriff auf die Dateien funktioniert weiterhin problemlos, dauert allerdings deutlich länger. Der Lesekopf fährt zwischendurch häufig über nicht relevante Bereiche der Festplatte, ohne dort Daten zu lesen.

Ein Defragmentierungsprogramm sucht alle Fragmente einer Datei zusammen und schreibt diese als zusammenhängenden Block auf die Festplatte. Dazu müssen die Inhalte der einzelnen Sektoren physikalisch gelesen werden. So ein Defragmentierungsvorgang kann bei großen Festplatten mehrere Stunden in Anspruch nehmen. Während dieser Zeit muss das Defragmentierungsprogramm sicherstellen, dass zum Beispiel bei einem Stromausfall maximal die gerade geöffnete Datei verloren geht, nicht aber die ganze Festplatte.

Die File Allocation Table mit den Informationen über die Adressierung der einzelnen Dateien sowie die Verzeichnisse muss deshalb bei jeder Veränderung sofort wieder auf die Platte geschrieben werden, was den Prozess noch einmal deutlich verlangsamt. Voraussetzung für erfolgreiches Defragmentieren ist auch, dass genug freier Platz zum Zwischenspeichern der zu verschiebenden Daten auf der Platte vorhanden ist.

Defragmentierung optimieren
Bevor Sie eine Defragmentierung vornehmen, sollten Sie alle überflüssigen Dateien, Temporärdateien, Cacheverzeichnisse und Ähnliches auf dem Laufwerk löschen. Lassen Sie am besten vor dem Defragmentieren die Datenträgerbereinigung laufen.

Windows Vista liefert ein Defragmentierungsprogramm mit, das Sie im Startmenü unter *Alle Programme/Zubehör/Systemprogramme/Defragmentierung* finden. Auch in den Eigenschaften eines Laufwerks gibt es auf der Registerkarte *Tools* eine Schaltfläche *Jetzt defragmentieren*, die dasselbe Programm aufruft. Die Defragmentierung kann nach einem Zeitplan automatisch durchgeführt werden oder einfach auf Knopfdruck.

Laufwerkszugriffe vermeiden
Wenn Sie jetzt die Defragmentierung starten, sollten Sie Zugriffe auf dieses Laufwerk vermeiden, da jede Veränderung des Dateisystems die Defragmentierung stört. Schließen Sie vorher auch alle offenen Dateien.

Wenn die Defragmentierung nach Zeitplan ausgeschaltet ist, startet Windows Vista beim Aufruf des Defragmentierungsprogramms eine langwierige Datenträgeranalyse, um festzustellen, welche Festplatten defragmentiert werden sollten. Anhand der Datenstruktur liefert das Programm einen Vorschlag, ob defragmentiert werden sollte oder nicht. Klicken Sie, wenn eine Defragmentierung notwendig erscheint, auf die Schaltfläche *Jetzt defragmentieren.*

10.4 Mehr Tempo durch Defragmentierung

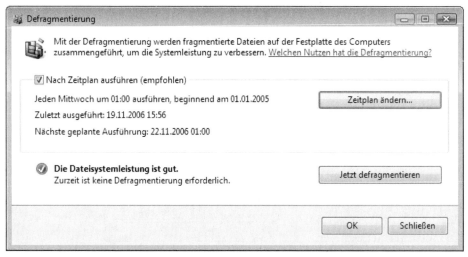

Bild 10.9: Das neue Defragmentierungsprogramm in Windows Vista

Im Gegensatz zu früheren Windows-Versionen zeigt die Defragmentierung in Windows Vista keine Grafik mehr an. Es wird auch kein Fortschritt mehr gezeigt, wie lange der Vorgang voraussichtlich noch dauern wird. Die Auslagerungsdatei *pagefile.sys* und die Datei für den Ruhezustand *hiberfil.sys* können nicht defragmentiert werden.

Defragmentieren nach Zeitplan

Am einfachsten lassen Sie die Defragmentierung automatisch einmal in der Woche nachts laufen. Schalten Sie dazu im Defragmentierungsprogramm den Schalter *Nach Zeitplan ausführen* ein.

Mit dem Button *Zeitplan ändern* können Sie jetzt festlegen, wann automatisch defragmentiert werden soll.

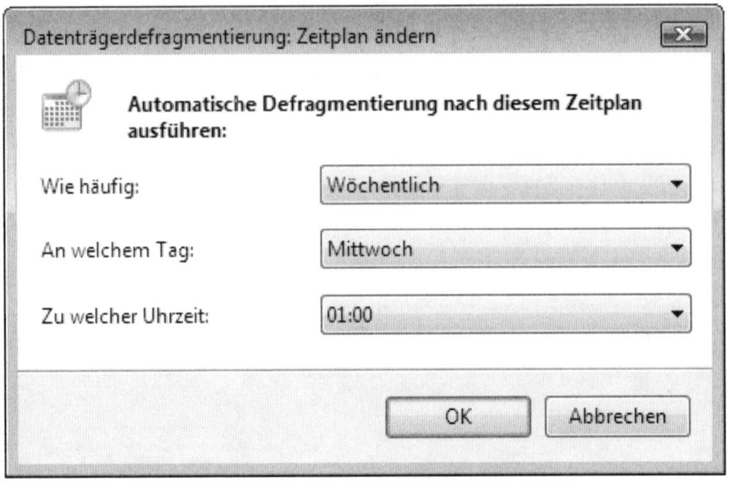

Bild 10.10: Zeitplan für automatische Defragmentierung

10.5 Datensicherung – Backup

Nichts ist schlimmer, als bei einem Systemausfall auch noch wichtige Daten zu verlieren. Dieser Schaden ist in den meisten Fällen größer als der Schaden an der Hardware. Umso wichtiger ist eine regelmäßige Datensicherung.

Alle Versionen von Windows Vista liefern zu diesem Zweck ein eigenes Datensicherungsprogramm mit, das für die meisten Fälle völlig ausreichend ist.

Sie finden die Tools zur Datensicherung im Startmenü unter *Alle Programme/Wartung/Sichern und Wiederherstellen*.

10.5 Datensicherung – Backup

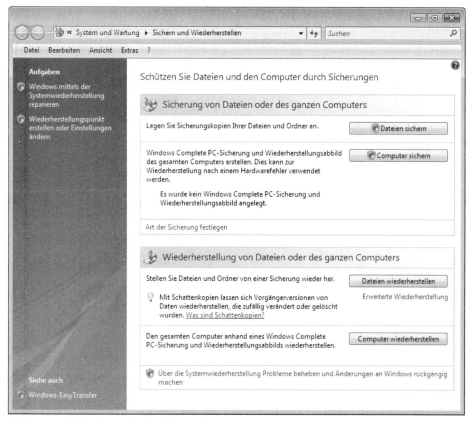

Bild 10.11: Optionen zur Datensicherung

Dateien sichern

① Das Sicherungsprogramm startet beim Klick auf *Dateien sichern* standardmäßig in einem einfachen Assistentenmodus. Wählen Sie hier im ersten Schritt das Laufwerk aus, auf dem die Datensicherung gespeichert werden soll. Dies kann eine andere Festplatte, ein CD-/DVD-Brenner oder ein freigegebenes Laufwerk im Netzwerk sein.

Bild 10.12: Auswahl des Sicherungslaufwerks

2. Im nächsten Schritt wählen Sie die Laufwerke, die gesichert werden sollen. Dabei wird das Laufwerk, auf dem Windows Vista installiert ist, immer in die Sicherung einbezogen. Das Laufwerk, auf dem die Sicherung gespeichert wird, kann nicht gesichert werden.

10.5 Datensicherung – Backup

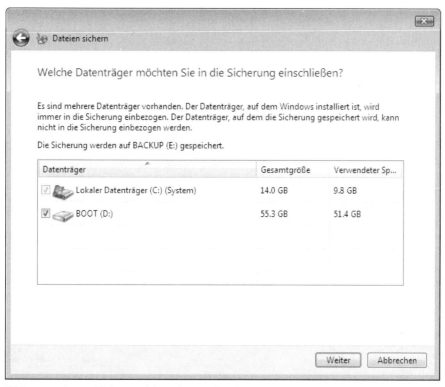

Bild 10.13: Auswahl der zu sichernden Laufwerke

 Im nächsten Dialogfeld wählen Sie die Dateiarten, die gesichert werden sollen. Windows Vista bietet dazu einige vordefinierte Gruppen von Dateien. Alle anderen Dateien werden in der Kategorie *Zusätzliche Dateien* zusammengefasst.

Eingeschränkte Sicherungsfunktionen
Das Sicherungsprogramm in Windows Vista ist gegenüber Windows XP deutlich eingeschränkt. So ist keine freie Auswahl der zu sichernden Dateien mehr möglich. Auch können nicht mehr mehrere Sicherungen unter unterschiedlichen Namen angelegt werden, wie dies beim Sichern von Projektverzeichnissen sinnvoll wäre. Hier ergibt sich also ein weites Betätigungsfeld für Softwareautoren.

Bild 10.14: Auswahl der Dateiarten für die Sicherung

4. Danach brauchen Sie nur noch festzulegen, wann die regelmäßigen Sicherungen stattfinden sollen. Beim ersten Mal wird automatisch eine Komplettsicherung erstellt, später folgen dann nur noch inkrementelle Sicherungen der veränderten Dateien.

Inkrementelle Datensicherung
Die inkrementelle Datensicherung wird mithilfe des Archivbits durchgeführt. Das Archivbit ist eines der Attribute, die mit jeder Datei gespeichert werden. Bei jeder Veränderung einer Datei wird dieses Attribut gesetzt. Sicherungsprogramme können die Dateien nach diesem Attribut filtern und nur die sichern, bei denen das Archivbit gesetzt ist. Nach der Sicherung werden alle Archivbits wieder zurückgesetzt.

10.5 Datensicherung – Backup

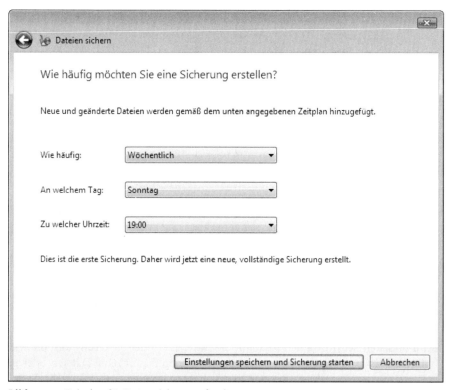

Bild 10.15: Zeitplan für Datensicherung festlegen

(5) Nachdem die Sicherung einmal gelaufen ist, erscheint im Startfenster des Sicherungsprogramms der Zeitpunkt der letzten Sicherung und der geplante Zeitpunkt für die nächste Sicherung.

Bild 10.16: Anzeige der Sicherungszeitpunkte

(6) Über den Link *Einstellungen ändern* können Sie die Einstellungen für die Sicherung nachträglich jederzeit ändern. An dieser Stelle können Sie die automatische Sicherung auch wieder komplett deaktivieren.

Gesicherte Daten wiederherstellen

Die Sicherungsdaten werden auf dem Sicherungslaufwerk in einem neuen Verzeichnis abgelegt, das den Computernamen als Verzeichnisnamen hat. Dieses Verzeichnis ist zugriffsgeschützt. Hier kommt man nur über die Benutzerkontensteuerung weiter. Für jede Sicherung gibt es dort ein Unterverzeichnis, in dem die Sicherungsdaten als ZIP-Archiv mit der kompletten Verzeichnisstruktur des gesicherten Laufwerks liegen.

Im Falle eines Datenverlustes braucht man die Daten aber nicht manuell aus den Sicherungen wieder herauszukopieren, sondern kann sie mit demselben Sicherungsprogramm auch wiederherstellen, mit dem die Sicherung angelegt wurde.

(1) Klicken Sie im Startfenster des Sicherungsprogramms im unteren Bereich auf *Dateien wiederherstellen*.

(2) Hier müssen Sie danach auswählen, aus welcher Sicherung die Dateien wiederhergestellt werden sollen.

(3) Im nächsten Schritt wählen Sie dann die Dateien aus der Sicherung aus, die wiederhergestellt werden sollen. An dieser Stelle können Sie einzelne Dateien oder ganze Verzeichnisse auswählen, die aus der Sicherung wieder zurück auf die Festplatte kopiert werden sollen.

10.5 Datensicherung – Backup

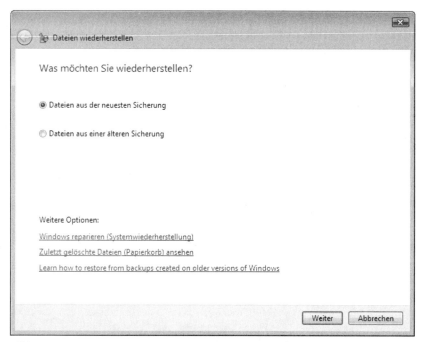

Bild 10.17: Auswahl der Sicherung zum Wiederherstellen von Dateien

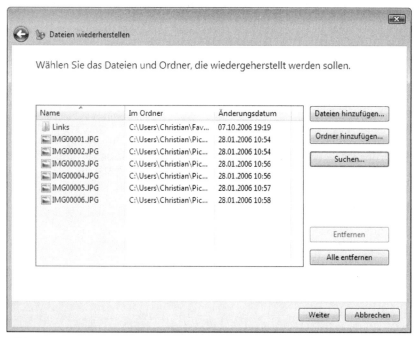

Bild 10.18: Dateien auswählen, die wiederhergestellt werden sollen

④ Wenn Sie die Dateinamen nicht genau wissen, können Sie mit dem Button *Suchen nach* nach Namensteilen suchen. Markieren Sie in den Suchergebnissen die Dateien, die aus der Sicherung wiederhergestellt werden sollen.

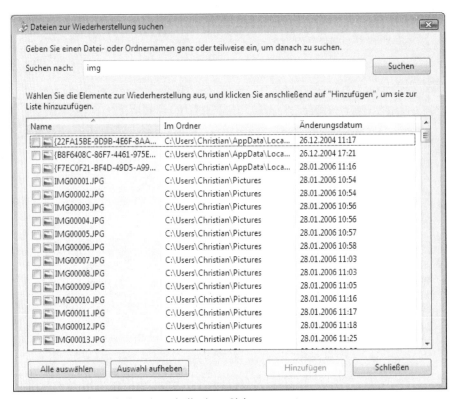

Bild 10.19: Suchergebnisse innerhalb eines Sicherungssatzes

⑤ Die Dateien werden standardmäßig in die gleichen Verzeichnisse kopiert, aus denen sie ursprünglich gesichert worden sind. Im nächsten Dialogfeld können Sie aber auch ein anderes Laufwerk auswählen, wenn sich zum Beispiel die Laufwerksbuchstaben durch Einbau einer neuen Festplatte geändert haben, oder wenn Sie über das Netzwerk Daten auf einen anderen PC wiederherstellen wollen.

10.5 Datensicherung – Backup

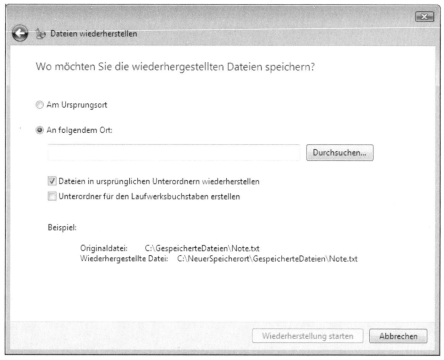

Bild 10.20: Ort für die Wiederherstellung wählen

Wenn die Dateien ausgewählt sind und alles richtig eingestellt ist, können Sie mit der eigentlichen Wiederherstellung beginnen.

Ist eine Datei mit gleichem Namen wie eine wiederherzustellende Datei bereits im entsprechenden Verzeichnis vorhanden, was bei einer Datenwiederherstellung häufig der Fall ist, erscheint eine Abfrage, ob Sie die vorhandene Datei mit der aus der Sicherung wiederhergestellten Version überschreiben wollen. Hier gibt es auch die Möglichkeit, beide Versionen zu behalten. In diesem Fall wird die neu kopierte Datei umbenannt.

Bild 10.21: Optionen zum Überschreiben vorhandener Dateien

(6) Wenn Sie nicht bei jeder Datei gefragt werden möchten, können Sie mit dem Schalter *Vorgang für alle Konflikte durchführen* eine einmal gewählte Variante auf alle Dateien anwenden, die bei der Wiederherstellung bereits vorhanden sind.

Komplettsicherung für automatische Wiederherstellung

In Windows Vista gibt es das Programm aus früheren Windows-Versionen zur Erstellung von Notfalldisketten, RDISK, nicht mehr. Man kann aber mit dem Sicherungsprogramm eine Komplettsicherung erstellen, mit der sich ein Computer, selbst wenn Windows komplett zerstört ist, wiederherstellen lässt.

10.5 Datensicherung – Backup

Für eine solche Sicherung brauchen Sie ein Sicherungsmedium mit ausreichend Speicherplatz, da der gesamte Inhalt der Festplatte gesichert wird. Die Sicherung ist entweder auf einer anderen Festplatte oder auf einem DVD-Brenner möglich. Festplatten müssen dazu mit NTFS formatiert sein.

Speicherplatz und Zeit sparen
Löschen Sie vorher alle nicht benötigten Dateien, Cache- und Temporärverzeichnisse, um Speicherplatz bei der Sicherung sowie Zeit zu sparen.

① Klicken Sie im Sicherungsprogramm auf *Computer sichern*. Im nächsten Dialogfeld müssen Sie das Laufwerk für die Sicherung auswählen.

Bild 10.22: Laufwerk zur Datensicherung auswählen

② Im nächsten Schritt schätzt das Sicherungsprogramm den Platzbedarf. Es besteht keinerlei Möglichkeit, bestimmte Festplatten von der Sicherung auszunehmen. Alle

Festplatten, auf denen sich eine installierte Windows-Version befindet – das kann auch eine ältere sein – werden komplett gesichert.

3. Sollte später wirklich einmal der Notfall eintreten, dass Sie das System komplett wiederherstellen müssen, verwenden Sie die Wiederherstellungsoption, wie im Abschnitt 10.8 beschrieben.

10.6 Aufgabenplanung: Automatische Inspektion

Datensicherungen, Virensuche und einige andere Routineaufgaben lässt man den Computer am besten alleine erledigen, ohne dass man als Benutzer dauernd daran denken muss. Die meisten Virenscanner besitzen eine eigene Funktion für automatisch wiederkehrende Aufgaben. Das Datensicherungsprogramm von Windows Vista verwendet ebenfalls einen Zeitplan. Zusätzlich enthält Windows Vista in der Systemsteuerung unter *Verwaltung/Aufgabenplanung* ein spezielles Planungsmodul, das für verschiedenste Aufgaben genutzt werden kann.

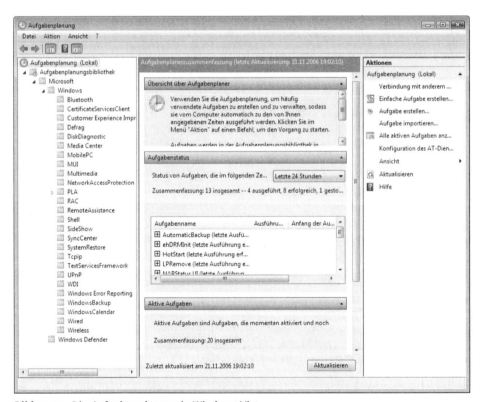

Bild 10.23: Die *Aufgabenplanung* in Windows Vista

10.6 Aufgabenplanung: Automatische Inspektion

Der mittlere Teil des Fensters zeigt den Status aller Aufgaben. Darunter finden sich auch diverse vom System automatisch angelegte Aufgaben, die Sie ohne tiefere Systemkenntnisse niemals ändern sollten.

Zum Anlegen neuer Aufgaben haben Sie zwei Möglichkeiten, den einfachen Assistenten *Einfache Aufgabe erstellen* und den Link *Aufgabe erstellen* im rechten *Aktionen*-Bereich des Fensters. Damit lassen sich Aufgaben detailliert einrichten.

Aufgaben mit dem Assistenten erstellen

Springen Sie im linken Teilfenster auf den Zweig *Aufgabenplanungsbibliothek* ganz oben. Dort finden Sie eine Liste aller selbst angelegten Aufgaben. Am Anfang ist die Liste noch leer.

① Klicken Sie auf *Einfache Aufgabe erstellen* im rechten Teilfenster.

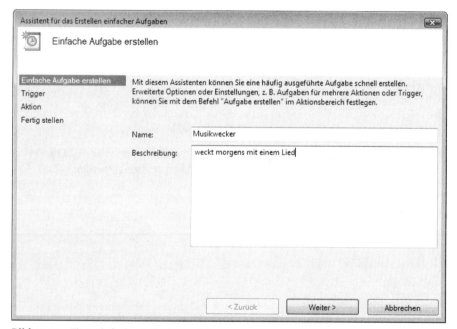

Bild 10.24: Eine *einfache Aufgabe erstellen*

② Geben Sie der Aufgabe einen eindeutigen Namen. Dieser wird in den Aufgabenlisten angezeigt. Zusätzlich können Sie im Feld *Beschreibung* noch einen ausführlichen Beschreibungstext zu der neuen Aufgabe eintragen.

③ Geben Sie jetzt an, wann die Aufgabe ausgeführt werden soll. Dies kann durch eine bestimmte Zeit oder ein bestimmtes Ereignis vorbestimmt werden.

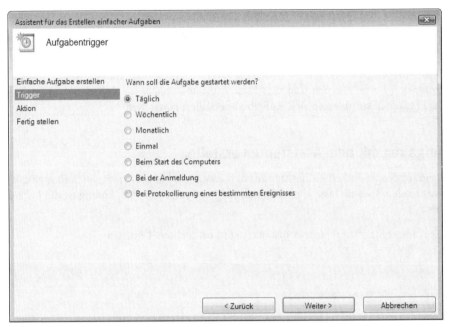

Bild 10.25: Wann soll die neue Aufgabe gestartet werden?

④ Stellen Sie nun die Uhrzeit ein. Je nach Ausführungsrhythmus müssen nun noch der Wochentag oder bestimmte Tage im Monat gewählt werden.

⑤ Danach legen Sie fest, ob ein Programm gestartet werden eine E-Mail verschickt oder einfach nur eine Meldung auf dem Bildschirm angezeigt werden soll.

10.6 Aufgabenplanung: Automatische Inspektion

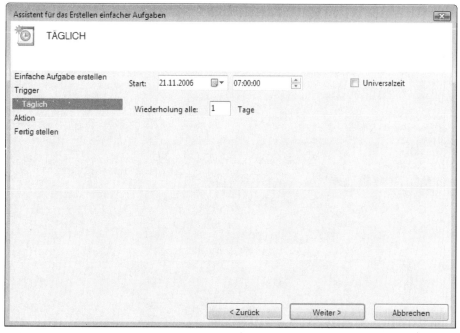

Bild 10.26: Ausführungsintervall für die neue Aufgabe

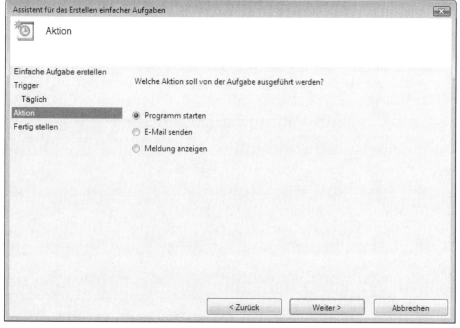

Bild 10.27: Welche Art von *Aktion* soll ausgeführt werden?

(6) Wählen Sie die zu startende Datei. Falls noch spezielle Parameter oder ein Startverzeichnis nötig sind, können Sie diese ebenfalls angeben.

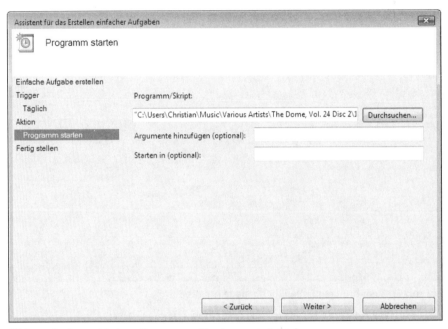

Bild 10.28: Auswahl eines Programms für eine neue Aufgabe

(7) Im nächsten Dialogfeld werden die wichtigsten Parameter der neuen Aufgabe noch einmal zusammengefasst dargestellt. Mit dem Button *Fertig stellen* wird die Aufgabe in der Aufgabenplanung von Windows Vista angelegt.

10.6 Aufgabenplanung: Automatische Inspektion

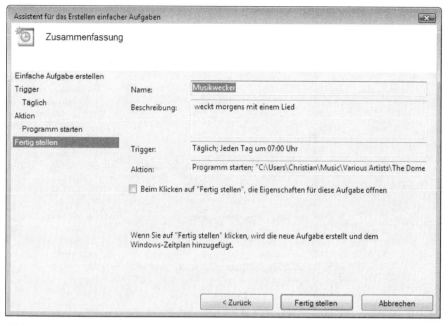

Bild 10.29: Alle wichtigen Details einer Aufgabe

> 8 Die neu angelegte Aufgabe wird im Zweig *Aufgabenplanungsbibliothek* angezeigt. Hier sehen Sie im unteren Teilfenster alle Details zur Aufgabe auf mehreren Registerkarten. Rechts unten im *Aktionen*-Bereich können Sie die Aufgabe starten oder, wenn sie gerade läuft, beenden.

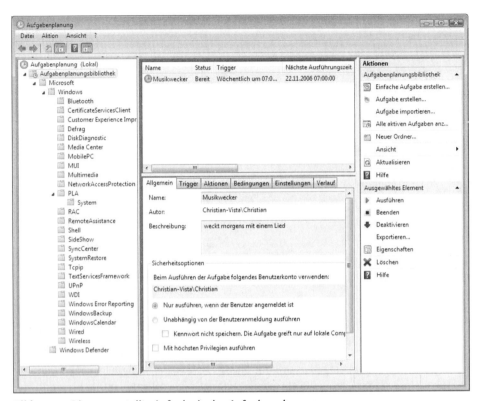

Bild 10.30: Die neu erstellte Aufgabe in der *Aufgabenplanung*

Aufgaben erstellen oder nachträglich verändern

Der Link *Aufgabe erstellen* im *Aktionen*-Bereich der Aufgabenplanung bietet noch deutlich mehr Einstellmöglichkeiten als der einfache Assistent.

Die gleichen Optionen haben Sie auch zur Verfügung, wenn Sie eine bestehende Aufgabe nachträglich verändern wollen. Markieren Sie in diesem Fall die Aufgabe im mittleren Teilfenster oben in der Ansicht *Aufgabenplanungsbibliothek*, und klicken Sie anschließend auf *Eigenschaften* im *Aktionen*-Bereich der Aufgabenplanung.

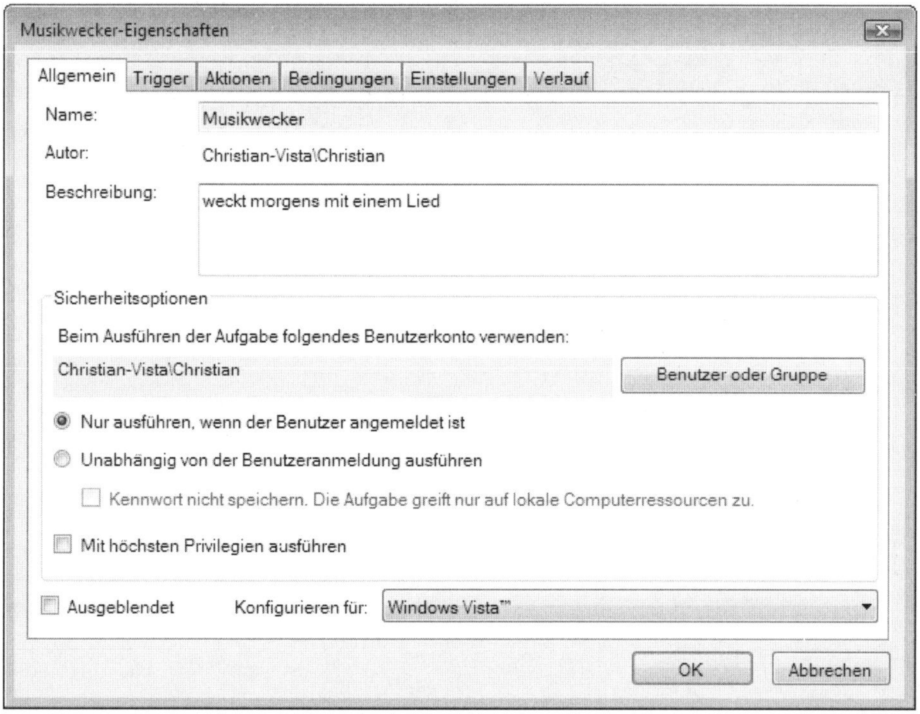

10.6 Aufgabenplanung: Automatische Inspektion

Bild 10.31: Detaillierte Einstellung einer Aufgabe

Hier können Sie auch noch einen Benutzernamen angeben, unter dem die Aufgabe laufen soll. Die Aufgabe kann dann entweder nur ausgeführt werden, wenn der betreffende Benutzer angemeldet ist, oder auch unabhängig von der Benutzeranmeldung.

Auf der Registerkarte *Trigger* sehen Sie, wann die Aufgabe ausgeführt wird. Dabei können Sie auch mehrere Trigger setzen, wenn eine Aufgabe zum Beispiel jeden Tag morgens und zusätzlich einmal im Monat an einem Abend ausgeführt werden soll.

Wiederholung nur an Werktagen
Möchten Sie sich nur werktags und nicht am Wochenende wecken lassen, können Sie hier die Wiederholung von *Täglich* auf *Wöchentlich* umstellen. Im Modus *Wöchentlich* können Werktage festgelegt werden, an denen die Aufgabe ausgeführt werden soll. Ein Wecker, der zum Beispiel montags, dienstags, mittwochs, donnerstags und freitags bei wöchentlicher Wiederholung startet, klingelt an jedem Werktag, aber nie am Wochenende.

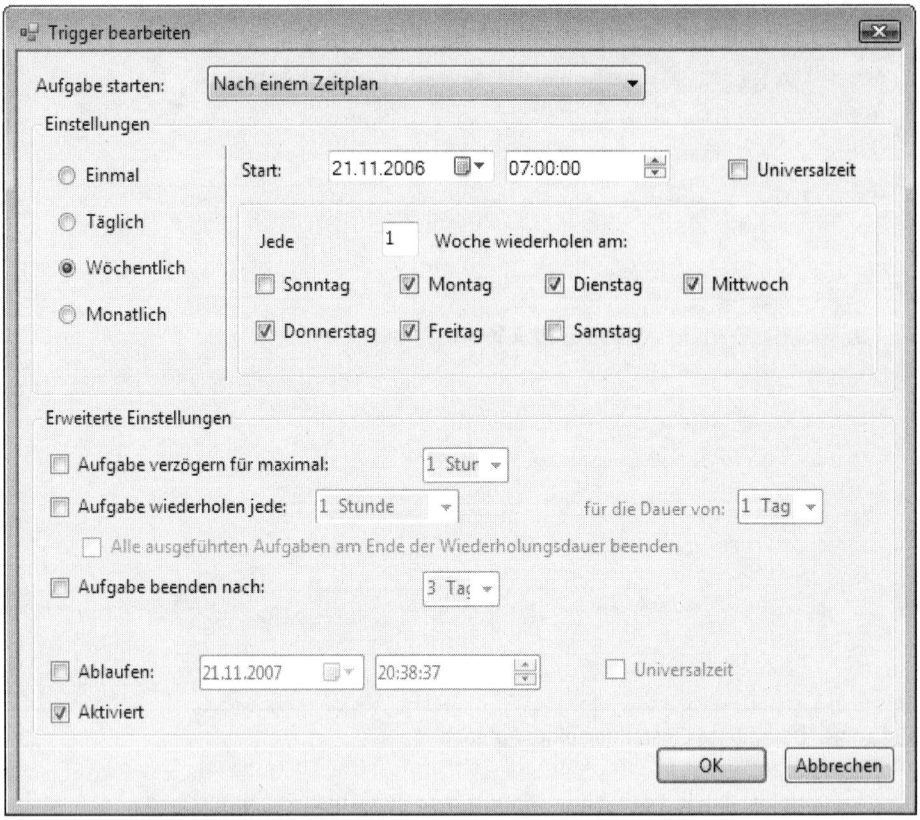

Bild 10.32: Erweiterter Zeitplan

Auf der Registerkarte *Bedingungen* können Sie erweiterte Bedingungen für die Aufgabe festlegen, die der einfache Assistent nicht kennt.

Aufgaben können auf Notebooks ausgesetzt werden, wenn das Gerät im Akkubetrieb läuft, um Strom zu sparen. Aufgaben, die viele Systemressourcen fressen, können automatisch in Leerlaufzeiten gelegt werden.

10.6 Aufgabenplanung: Automatische Inspektion

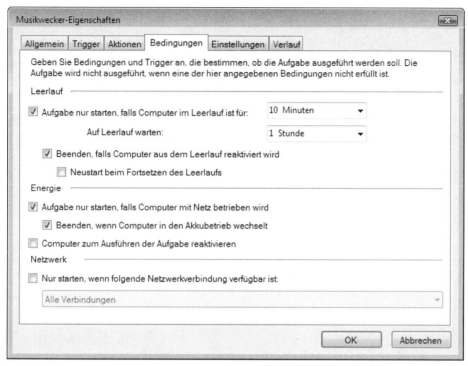

Bild 10.33: Erweiterte Bedingungen für eine Aufgabe

Weitere interessante Einstellungen finden Sie auf der Registerkarte *Einstellungen*. Dort können Sie festlegen, was passieren soll, wenn eine Aufgabe nicht startet oder über eine extrem lange Zeit ausgeführt wird. In diesem Fall ist ebenfalls ein Problem anzunehmen.

Im erweiterten Zeitplan können Sie auch einen Ablauftermin festlegen, um eine Aufgabe nicht endlos zu wiederholen. Bei solchen Aufgaben können Sie in den *Einstellungen* bestimmen, ob sie nach einer festgelegten Zeit nach der letzten Ausführung automatisch aus der Aufgabenplanung gelöscht werden sollen.

Ferien für Aufgaben
Soll zum Beispiel während des Urlaubs eine Aufgabe nicht automatisch ausgeführt werden, brauchen Sie diese nicht zu löschen. Sie können solche Aufgaben im *Aktionen*-Bereich der Aufgabenplanung jederzeit einfach deaktivieren und später wieder aktivieren.

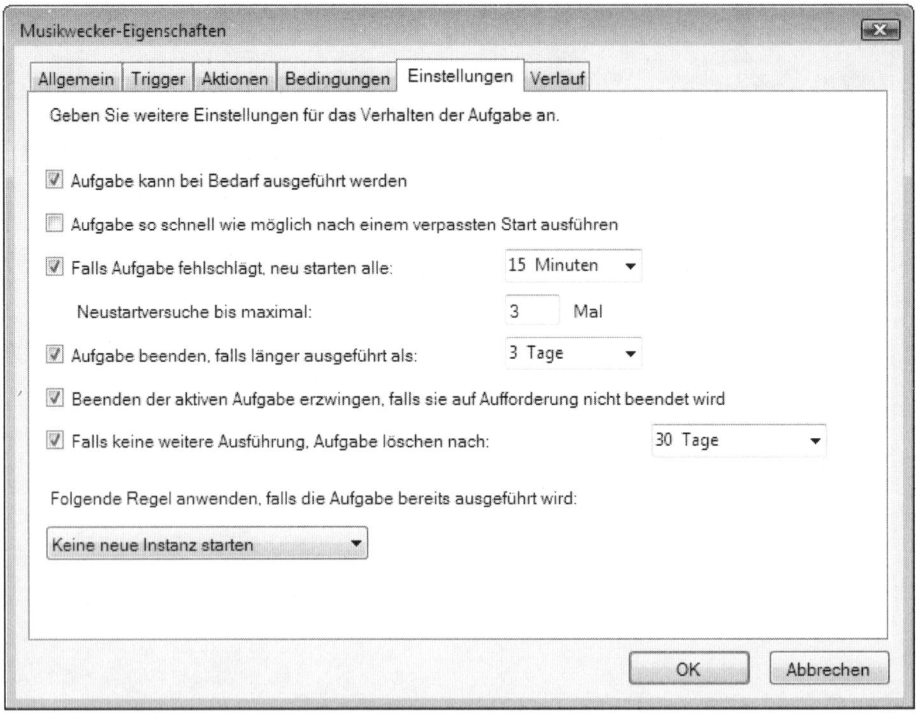

Bild 10.34: Zusätzliche Einstellungen zu einer Aufgabe

10.7 Systemwiederherstellung – Restore

Zu DOS-Zeiten wusste jeder Anwender noch genau, wenn er etwas am System verändert hat, welche Dateien davon betroffen waren. Sollte irgendetwas nicht mehr laufen, konnte man leicht manuell den vorherigen Zustand wiederherstellen. Seit Windows ist das vorbei. Niemand kennt mehr alle Dateien auf seinem Computer, noch weiß er deren Aufgaben auswendig aufzusagen.

Bei vielen schwer erklärbaren Fehlern ist die einfachste Lösung, den Systemstatus vom Tag zuvor wiederherzustellen. Auch diverse Gerätetreiber lassen sich nicht sauber deinstallieren. Stellt man aber sozusagen die Zeit zurück vor den Zeitpunkt der Treiberinstallation, sollte alles wieder laufen.

Windows Vista enthält ein Programm zur Systemwiederherstellung. Damit lässt sich das System auf einen früheren Zeitpunkt zurücksetzen, vorausgesetzt, dieser wurde damals gespeichert.

10.7 Systemwiederherstellung – Restore

Nicht kompatibel zu Windows XP
Die Systemwiederherstellung in Windows Vista ist nicht kompatibel zu der Systemwiederherstellung in Windows XP. Wenn Sie beide Windows-Versionen auf dem Computer haben, zerstört Windows XP die Systemwiederherstellungspunkte von Windows Vista. Beim nächsten Start beginnt Windows Vista wieder damit, neue Systemwiederherstellungspunkte anzulegen.

Die Systemwiederherstellung betrifft nur Systemeinstellungen. Eigene Dateien, die in der Zwischenzeit angelegt oder gelöscht wurden, werden nicht berücksichtigt.

Sie finden das Programm zur Systemwiederherstellung im Startmenü unter *Alle Programme Zubehör/Systemprogramme/Systemwiederherstellung*.

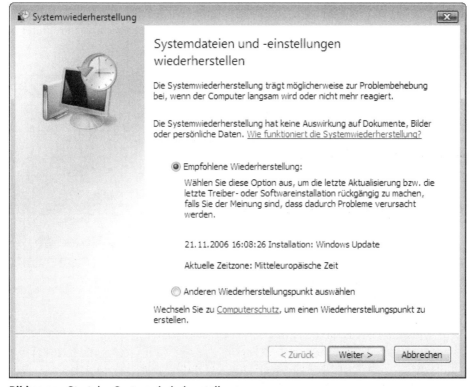

Bild 10.35: Start der *Systemwiederherstellung*

Achtung fehlerhafte Patches
Verlassen Sie sich im Zweifelsfall nicht auf die Systemwiederherstellung. Fehlerhafte Patches, die automatisch über ein Windows-Update heruntergeladen und installiert werden, löschen unter bestimmten Umständen alle Wiederherstellungspunkte.

Um das System auf einen früheren Zeitpunkt zurückzusetzen, wählen Sie die entsprechende Option und klicken auf *Weiter*. Die Option *Anderen Wiederherstellungspunkt auswählen* zeigt eine Liste von Wiederherstellungspunkten, auf die das System zurückgesetzt werden kann. Dabei gibt es drei verschiedene Typen:

Systemprüfpunkte werden von Windows XP automatisch in regelmäßigen Zeitabständen angelegt.

Installationswiederherstellungspunkte werden unmittelbar vor der Installation von Software oder Treibern automatisch angelegt. Leider unterstützen nicht alle Programme diese Option.

Bild 10.36: Verschiedene Systemwiederherstellungspunkte zur Auswahl

10.7 Systemwiederherstellung – Restore

Manuelle Wiederherstellungspunkte kann der Benutzer zu einem beliebigen Zeitpunkt selbst anlegen.

Wählen Sie den gewünschten Wiederherstellungspunkt aus, und klicken Sie auf *Weiter*. Spätestens jetzt sollten Sie alle anderen Programme beenden und offene Dateien speichern.

Bild 10.37: Warnung vor der Systemwiederherstellung

Nach einer Warnmeldung wird der Computer heruntergefahren und mit den alten wiederhergestellten Systemeinstellungen neu gestartet, was etwas länger dauert als ein normaler Neustart.

Sollte die Systemwiederherstellung nicht zum gewünschten Ergebnis führen, können Sie die letzte Wiederherstellung auch wieder zurücknehmen. Windows Vista legt dazu einen speziellen Wiederherstellungspunkt an.

Wiederherstellungspunkte anlegen

Bevor Sie größere Installationen oder Umbauten an Ihrem System vornehmen, sollten Sie, solange noch alles läuft, manuell einen Wiederherstellungspunkt anlegen.

① Klicken Sie dazu im ersten Dialogfeld des Programms *Systemwiederherstellung* auf den Link *Computerschutz* ganz unten.

② Im nächsten Dialogfeld sehen Sie für jede Festplatte den Zeitpunkt des letzten Systemwiederherstellungspunkts. Hier werden nur NTFS-Festplatten angezeigt. Auf anderen Dateisystemen lassen sich keine Wiederherstellungspunkte anlegen. Außerdem müssen Festplatten, auf denen die Systemwiederherstellung verwendet wird, größer als 1 GB sein und mindestens 300 MB freien Speicherplatz haben.

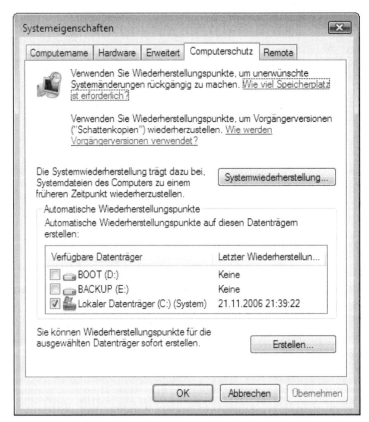

Bild 10.38: Anzeige der Systemwiederherstellungspunkte für jede Festplatte

③ Klicken Sie auf den Button *Erstellen*, wird ein Systemwiederherstellungspunkt für alle Festplatten angelegt, die in der Liste eingeschaltet sind.

10.7 Systemwiederherstellung – Restore

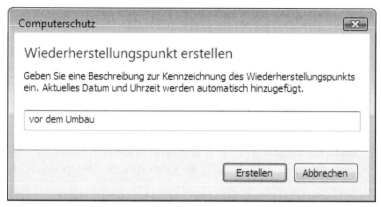

Bild 10.39: Neuen Systemwiederherstellungspunkt anlegen

❹ Geben Sie dem neuen Wiederherstellungspunkt einen eindeutigen Namen. Das Anlegen kann je nach Datenmenge einige Minuten dauern. Der Systemwiederherstellungspunkt wird anschließend automatisch in der Liste eingetragen, sodass Sie später den Computer auf diesen Zustand zurücksetzen können.

Einstellungen

Für das Speichern der Wiederherstellungspunkte wird auf der Festplatte nicht unerheblich Speicherplatz verbraucht. Die Daten dafür liegen in Unterverzeichnissen des Verzeichnisses *\System Volume Information* auf der jeweiligen Festplatte. Windows Vista reserviert automatisch bis zu 15% der Festplatte für Systemwiederherstellungspunkte. Im Gegensatz zu Windows XP kann der Benutzer diesen reservierten Speicherplatz nicht mehr selber festlegen.

Wird das Speicherplatzlimit erreicht, werden ältere Wiederherstellungspunkte automatisch gelöscht. Für einzelne Laufwerke, zum Beispiel für ein Laufwerk, das nur Temporärdaten und die Auslagerungsdatei enthält, können Sie die Systemwiederherstellung auch ganz deaktivieren. Schalten Sie die Laufwerke, für die keine Wiederherstellungspunkte angelegt werden sollen, in der Liste auf der Registerkarte *Computerschutz* einfach aus.

Achtung
Wenn Sie auf einem Laufwerk die Systemwiederherstellung abschalten, werden alle auf diesem Laufwerk befindlichen Wiederherstellungspunkte gelöscht.

Vorherige Dateiversionen

Wenn Windows Vista beim Anlegen eines Systemwiederherstellungspunkts Kopien von Dateien speichert, können diese auch einzeln wiederhergestellt werden, ohne das ganze System auf einen früheren Zeitpunkt zurücksetzen zu müssen. Das Gleiche gilt auch für Dateien, die im Rahmen einer Datensicherung gesichert wurden.

Auf diese Weise können Sie unter Umständen Dateien wiederherstellen, die Sie versehentlich verändert haben oder die anderweitig beschädigt wurden.

Um von einer Datei eine vorherige Version wiederherzustellen, klicken Sie mit der rechten Maustaste auf die Datei und wählen im Kontextmenü die Option *Vorherige Versionen*.

Bild 10.40:
Wiederherstellen einer vorherigen Dateiversion

Das Dialogfeld zeigt alle vorherigen Versionen der Datei an, die auf dem System gefunden wurden. Bei vielen Dateien und großen Festplatten kann die Suche einige Zeit dauern.

Wählen Sie hier die gewünschte Dateiversion aus, und klicken Sie auf *Wiederherstellen*. Damit wird die aktuell auf der Festplatte befindliche Datei durch die Version aus der Sicherung überschrieben.

10.8 Komplette Wiederherstellung aus einem Systemabbild

Wenn Windows nicht mehr startet, weil die Registry oder der Bootblock beschädigt ist, bietet eine komplette Wiederherstellung aus einem Systemabbild oft die einzige Lösung, noch Daten zu retten.

In diesem Fall werden alle Festplattenpartitionen formatiert und aus einem früher gesicherten Systemabbild wiederhergestellt. Alle in der Zwischenzeit veränderten Daten sind damit natürlich verloren, aber man bekommt das System in fast allen Fällen wieder so zum Laufen, wie es zum Zeitpunkt der Abbildsicherung lief.

Für diese Art der Wiederherstellung können nur Sicherungsabbilder verwendet werden, die im Modus *Computer sichern* im Datensicherungsprogramm angelegt wurden.

Starten Sie den Computer neu, und drücken Sie auf dem Windows Vista-Bootbildschirm die Taste F8. Wählen Sie im folgenden Menü die Option *Computer reparieren*. Hier müssen Sie jetzt einen Benutzernamen und ein Kennwort eingeben, danach können Sie im Menü *Systemwiederherstellungsoptionen* den Menüpunkt *Windows CompletePC-Wiederherstellung* auswählen.

Nach einer Sicherheitsabfrage werden die Festplatten formatiert und das komplette System aus einer Abbildsicherung von einem anderen Laufwerk oder von gebrannten DVDs zurückgespielt.

Alternativ können Sie auch mit einer Original-Windows Vista-CD booten und dort nach dem Start die Option *Computer reparieren* wählen.

10.9 Windows Update

Das Windows Update ist ein Onlinedienst von Microsoft, über den Sie immer die neuesten Betriebssystemupdates, Sicherheitspatches, Updates für Microsoft-Softwarekomponenten wie Internet Explorer oder Windows Media Player bekommen können.

Diese Funktion ist seit Windows 98 vorhanden, aber erst seit Windows XP fest ins System integriert. Seit dem Service-Pack 2 für Windows XP und dem neuen Sicherheitscenter warnt Windows sogar, wenn die Update-Funktion nicht auf automatisch gesetzt ist.

In Windows Vista ist die Update-Funktion noch weiter eingebaut. Updates über die Microsoft-Webseite herunterzuladen ist nicht mehr nur nicht nötig, sondern auch gar nicht mehr möglich. Das System kann nur noch über die eingebaute Update-Funktion aktualisiert werden.

Bild 10.41: Sicherheitswarnung bei ausgeschalteten automatischen Updates

Never touch a running system! Das gilt (mit Einschränkungen) auch für Updates!

Führen Sie vor den Updates immer eine Datensicherung durch. Es kommt immer wieder vor, dass Windows nach einem Update nicht mehr einwandfrei läuft. Um dieses Risiko zu verringern, setzt Windows Vista automatisch einen Systemwiederherstellungspunkt, bevor ein Update installiert wird. Allerdings zerstören einige Updates sämtliche vorhandenen Wiederherstellungspunkte.

Beenden Sie vor der Installation von Updates alle Programme, die im Hintergrund laufen, auch Virenscanner.

Führen Sie nie ein Update durch, wenn Windows nicht mehr einwandfrei läuft. Die Updates korrigieren nur Sicherheitslücken und keine instabilen Systeme.

10.9 Windows Update

Einige Updates sind zu nicht zertifizierten Gerätetreibern nicht kompatibel. Eventuell müssen Sie diese Treiber nach einem Windows Update neu installieren. Kopieren Sie also sicherheitshalber die Installationsdateien aller verwendeten Treiber in ein Verzeichnis auf der Festplatte, um sie für solche Fälle immer griffbereit zu haben.

Warum Updates trotzdem wichtig sind
Viele der Sicherheitslücken, für die Updates bereitgestellt werden, würden in der Praxis normalerweise höchst selten auftreten. Allerdings erscheinen kurz nach Bekanntwerden einer Sicherheitslücke auf einschlägigen Hackerseiten Tipps und Skripts (Exploits), mit denen jeder Anfänger diese Sicherheitslücke für Angriffe auf fremde Computer ausnutzen kann. Deshalb ist es wichtig, auch die scheinbar unbedeutenden Sicherheitsupdates zu installieren.

Windows Update automatisch starten

Microsoft bemüht sich, für bekannt gewordene Sicherheitslücken so schnell wie möglich einen entsprechenden Patch zu entwickeln, der die Lücke schließt. Diese Patches werden über die Windows Update-Funktion zum Download angeboten.

Windows Vista bietet eine Funktion an, die alle sicherheitsrelevanten Updates automatisch herunterlädt und installiert.

Das Sicherheitscenter warnt mit einem roten Symbol neben der Uhr, wenn ein Sicherheitsrisiko besteht. Eines der möglichen Risiken, die hier angezeigt werden, ist eine deaktivierte automatische Updatefunktion.

Bild 10.42: Warnung im Sicherheitscenter bei inaktiven automatischen Updates

Das Windows-Sicherheitscenter starten Sie mit einem Doppelklick auf diese Meldung oder über das Modul *Sicherheit/Sicherheitscenter* in der Systemsteuerung.

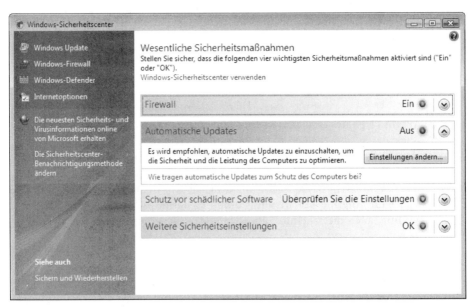

Bild 10.43: Automatische Updates im Sicherheitscenter

Sie können die automatische Updatefunktion direkt im Sicherheitscenter mit einem Klick auf den Button *Einstellungen ändern* unterhalb der Warnung aktivieren. Bei vollautomatischen Updates brauchen Sie sich im Regelfall um nichts mehr zu kümmern.

Hier finden Sie auch Optionen, um die Updates nur herunterzuladen, ohne sie gleich zu installieren, oder einfach nur eine Benachrichtigung zu erhalten, wenn Updates vorliegen.

Updates für Update-Software
Die Update-Software selbst wird von Microsoft häufig verändert und aktualisiert. Wenn Sie hier nicht die aktuellste Version verwenden, müssen Sie sich diese erst herunterladen, bevor Sie das Windows Update benutzen können. In den meisten Fällen muss danach sogar der Computer neu gebootet werden. Microsoft dokumentiert nirgends, wozu diese Software-Updates nötig sind und was sie auf dem Computer so schwerwiegend verändern, dass ein Neustart des Systems notwendig ist.

10.9 Windows Update

Bild 10.44: Updateeinstellungen ändern

Systemauslastung durch Updatefunktion
Windows Vista bietet ein intelligentes Updatesystem an, das die Updates nur dann herunterlädt, wenn die Internetverbindung nicht von einer anderen Anwendung benötigt wird. So bemerken Sie also kaum noch Geschwindigkeitsverluste durch die Updates. Wenn Sie einen Router und ein Netzwerk verwenden, geht die vom Update belegte Bandbreite trotzdem den anderen Computern im Netz verloren. Legen Sie also sinnvollerweise die Downloadzeit für automatische Updates in einen Zeitraum geringer Nutzung, zum Beispiel wie voreingestellt nachts um 03:00.

Wurden die Updates nur heruntergeladen und nicht automatisch installiert, haben Sie die Auswahl zwischen der automatischen und der benutzerdefinierten Installation. Wählen Sie hier die benutzerdefinierte Installation.

Hier können Sie anschließend auswählen, welche der heruntergeladenen Updates installiert werden sollen und welche nicht. Damit können Sie Updates verhindern, zu denen Inkompatibilitäten bekannt wurden oder die in Bezug auf den Datenschutz bedenklich sind.

Bei einigen Updates müssen Sie auch beim automatischen Herunterladen einen Lizenzvertrag bestätigen und eventuell nach der Installation den Computer neu starten.

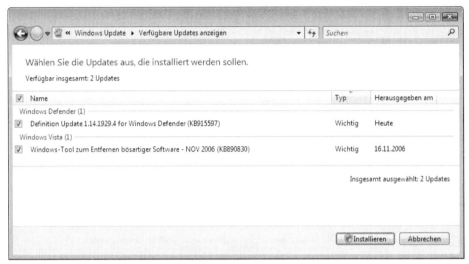

Bild 10.45: Auswahl der zu installierenden Updates

Windows Update manuell aufrufen

Manuell starten Sie die Windows Update-Funktion über *Alle Programme/Windows Update* im Startmenü oder über das Modul *Sicherheit/Nach Updates suchen* in der Systemsteuerung. In früheren Windows-Versionen konnte man auch die Webseite *windowsupdate.microsoft.com* besuchen und dort Updates herunterladen. Diese Funktion wird in Windows Vista nicht mehr unterstützt.

In der neuen Windows Update-Funktion wird automatisch nach passenden Updates gesucht.

In der benutzerdefinierten Installation werden alle verfügbaren Updates, die noch nicht installiert sind, aufgelistet. Hier können Sie zu jedem Update eine kurze Beschreibung lesen und die Updates auch einzeln deaktivieren, wenn zum Beispiel bereits Probleme mit dem ein oder anderen Update bekannt geworden sind.

10.9 Windows Update

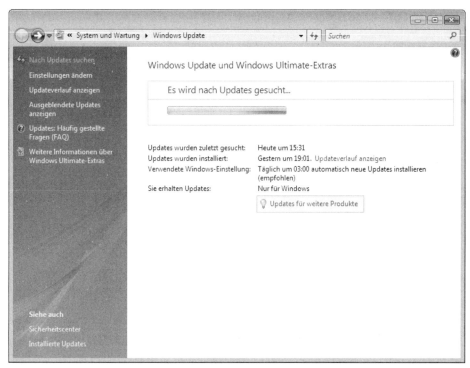

Bild 10.46: Die benutzerdefinierte Installation von Windows-Updates

Neben den Updates, die Microsoft als wichtig ansieht, gibt es auch optionale Software-Updates und weitere Updates für einzelne Komponenten. Diese werden nicht automatisch zur Installation markiert, sondern müssen vom Benutzer explizit ausgewählt werden.

Wählen Sie alle Updates aus, die Sie installieren wollen, und klicken Sie dann auf *Installieren*. Die Updates werden jetzt heruntergeladen und anschließend automatisch installiert, was je nach Größe einige Minuten oder auch Stunden dauern kann. Verlegen Sie das Herunterladen dieser Updates also nach Möglichkeit in Zeiten schwacher Internetnutzung wie Sonntage oder spät in die Nacht.

Nach dem Herunterladen wird ein Wiederherstellungspunkt angelegt, damit Sie im Notfall den Zustand vor dem Update wiederherstellen können.

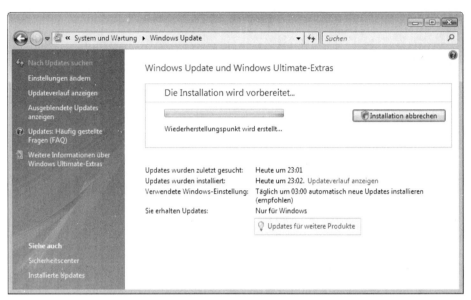

Bild 10.47: Installation eines Updates

Nach den meisten installierten Updates muss der Computer neu gestartet werden.

Die installierten Updates können in der Liste *Updateverlauf anzeigen* aufgelistet werden. Hier sehen Sie auch eventuelle Fehler bei einer Updateinstallation.

In der Systemsteuerung gibt es ebenfalls eine Updateliste unter *Programme/Programme und Funktionen/Installierte Updates anzeigen*. Diese Liste zeigt aber nur wirkliche Systempatches, keine Updates für Systemkomponenten und Treiber und auch keine Definitionsupdates für den Windows-Defender.

10.9 Windows Update

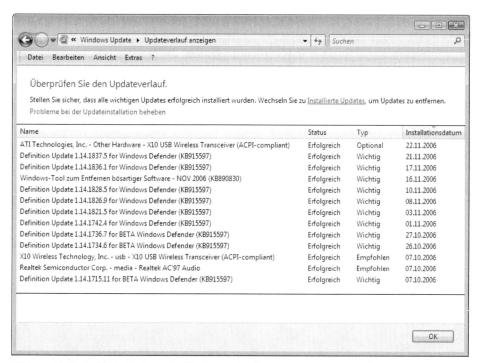

Bild 10.48: Installierte Updates im *Updateverlauf*

Updatepakete lokal sichern

Bis Mitte des Jahres 2004 gab es eine Möglichkeit, Updatepakete herunterzuladen und lokal zu speichern, um sie später zu installieren. Dazu musste man über einen speziellen Link im Internet Explorer dem System vorgaukeln, man hätte eine Firmenversion von Windows XP. Diese Funktion wurde von Microsoft mittlerweile abgeschaltet.

Es gibt aber trotzdem noch eine Möglichkeit, bei mehreren Computern im Netzwerk die Updates nicht alle mehrfach herunterladen zu müssen. Wählen Sie auf Ihrem Computer in den Einstellungen für die automatischen Updates die Option *Updates herunterladen aber Installation manuell durchführen*. Die Updates werden dann automatisch heruntergeladen und in Verzeichnissen unterhalb von *C:\Windows\SoftwareDistribution\ Download* abgelegt.

Wenn solche Updates vorliegen, erscheint ein Symbol in der Taskleiste mit einer Meldung.

Wenn Sie die Updates wie empfohlen durch Anklicken dieses Symbols installieren, werden die Downloaddateien danach normalerweise automatisch gelöscht.

Sichern Sie deshalb vor der Installation die Verzeichnisse mit den Updates an anderer Stelle. Die Verzeichnisnamen bestehen teilweise aus langen Zahlen- und Buchstabenkombinationen. Diese müssen komplett einschließlich aller Unterverzeichnisse kopiert werden. In jedem Updateverzeichnis gibt es eine .*exe* oder .*inf*-Datei. Wenn Sie diese Datei starten, wird das Update installiert, ohne dass auf dem Computer die automatische Updatefunktion aktiviert ist.

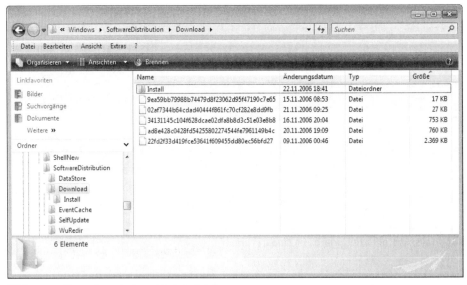

Bild 10.49: Heruntergeladene Updatedateien

Installieren Sie die Updates dann als Letztes auf dem Computer, auf dem sie heruntergeladen wurden. Danach sollten die Dateien automatisch gelöscht und das Installationsprotokoll aktualisiert werden. Leider funktioniert dies auch bei automatisch installierten Updates nicht immer zuverlässig.

Treiberupdates

Die Windows Update-Funktion bietet auch Gerätetreiber-Updates zum Download an. Diese sind allerdings oftmals nicht so aktuell wie die von den Herstellern angebotenen Treiber, da sie erst eine zeitraubende Qualitätskontrolle bei Microsoft durchlaufen müssen.

Die Treiberupdates gelten als optionale Updates. Das System durchsucht automatisch die Treiberdatenbank nach passenden Treibern für angeschlossene Hardwarekomponenten. Diese werden nicht automatisch installiert. Hier müssen Sie jeden Treiber manuell markieren und können ihn dann herunterladen und installieren.

10.10 Viren und Trojaner

Viren und Trojaner werden über das Internet heute deutlich schneller verbreitet, als dies noch zu Offlinezeiten der Fall war, als man für jede Vireninfektion noch eine verseuchte Diskette brauchte. Per WLAN kann man sich heute einen Computervirus genauso leicht wie einen Grippevirus einfach durch die »Luft« einfangen.

Die Installation eines Virenscanners ist also unvermeidlich. Das Betriebssystem liefert zwar keinen Virenscanner mit, bei fast jedem neuen PC ist aber einer dabei. Außerdem gibt es diverse Virenscanner im Internet zum Download, einige sogar kostenlos.

Damit ein Virenscanner aktuelle Viren wirklich erkennt, muss er immer die aktuellsten Virensignaturen verwenden, die die Hersteller der Software zum Download anbieten. Das Sicherheitscenter in Windows Vista überprüft das System und warnt, wenn kein Virenscanner aktiv ist oder wenn er veraltet ist. Die Meldung erscheint auch, wenn ein Virenscanner installiert ist, aber nicht permanent im Hintergrund läuft. Einige Virenscanner werden von Windows Vista auch nicht erkannt, sodass trotz aktivem Virenscanner unter Umständen die Meldung *Es wurde keine Antivirussoftware auf diesem Computer gefunden* auftaucht.

Klickt man, wie in der Warnung empfohlen, auf das Symbol in der Taskleiste, öffnet sich zwar das Sicherheitscenter und zeigt, dass der Virenscanner inaktiv, veraltet oder nicht installiert ist. Im Gegensatz zu den anderen Meldungen im Sicherheitscenter haben Sie hier jedoch keine Möglichkeit, den Virenscanner zu aktivieren, da diese Funktion bei jedem Virenscanner unterschiedlich läuft.

Starten Sie also den installierten Virenscanner, und aktivieren Sie dort den Hintergrundbetrieb. Die Warnung im Sicherheitscenter verschwindet, wenn der Virenscanner zu dieser Funktion von Windows Vista kompatibel ist. Für ältere Virenscanner benötigen Sie hier nicht nur ein Update der Virensignaturen, sondern auch ein Software-Update.

Um nicht ständig solche Warnungen zu bekommen, können Sie sie bei einem inkompatiblen Virenscanner auch unterdrücken. Klicken Sie dazu auf den Link *Verfügbare Optionen anzeigen*.

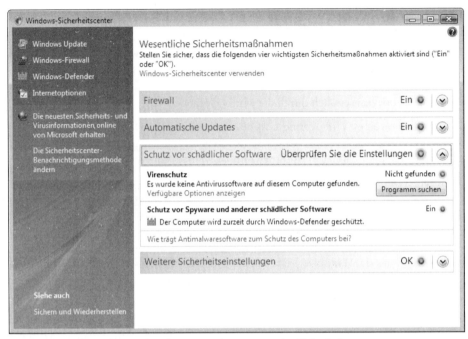

Bild 10.50: Warnung bei nicht erkanntem Virenscanner im Sicherheitscenter

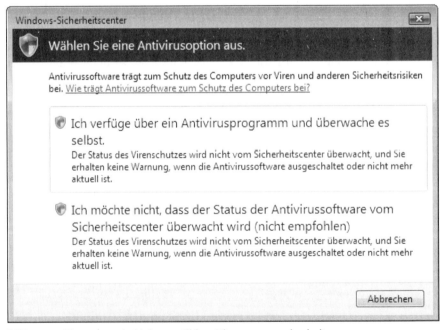

Bild 10.51: Warnungen bei inkompatiblem Virenscanner abschalten

An dieser Stelle können Sie festlegen, dass Sie in Zukunft keine Meldungen vom Sicherheitscenter mehr erhalten, wenn der Virenscanner veraltet, deaktiviert oder gar nicht vorhanden ist.

Windows-Tool zum Entfernen bösartiger Software

Microsoft machte bereits mehrfach Ankündigungen, in einem kommenden Service-Pack oder einem zukünftigen Update von Windows einen eigenen Virenscanner mitzuliefern. Der erste Schritt dazu ist bereits getan: Einmal im Monat, immer am zweiten Dienstag, wird über das Windows Update ein sogenanntes *Windows Tool zum Entfernen bösartiger Software* heruntergeladen und automatisch ausgeführt.

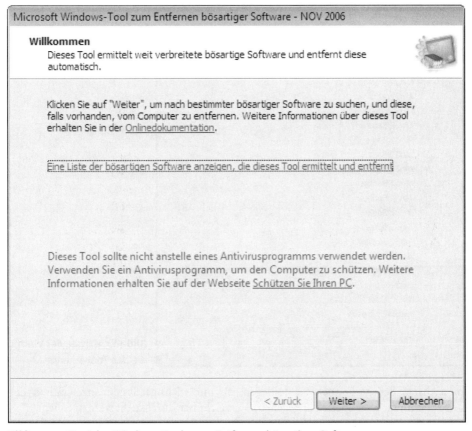

Bild 10.52: Start des Windows-Tools zum Entfernen bösartiger Software

Download – Windows-Tool zum Entfernen bösartiger Software
Auch ohne automatisches Windows Update können Sie das Windows-Tool zum Entfernen bösartiger Software nutzen. Sie finden die aktuellste Version jederzeit unter *www.microsoft.com/malwareremove*.

Das Programm findet aktuelle Viren und Würmer und beseitigt sie, ersetzt aber keinen vollwertigen Virenscanner. Trotzdem kann es nicht schaden, es regelmäßig laufen zu lassen. Der Link *Eine Liste der bösartigen Software anzeigen, die dieses Tool ermittelt und entfernt* zeigt eine im Vergleich zu den tatsächlich im Umlauf befindlichen Viren sehr kurze Liste.

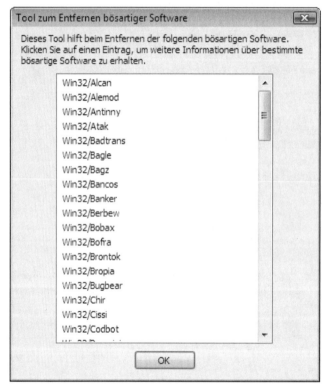

Bild 10.53: Liste der Viren, die das Tool erkennt

Im nächsten Schritt können Sie festlegen, ob nur wichtige Systemverzeichnisse, der ganze Computer oder speziell angegebene Verzeichnisse durchsucht werden sollen.

10.10 Viren und Trojaner

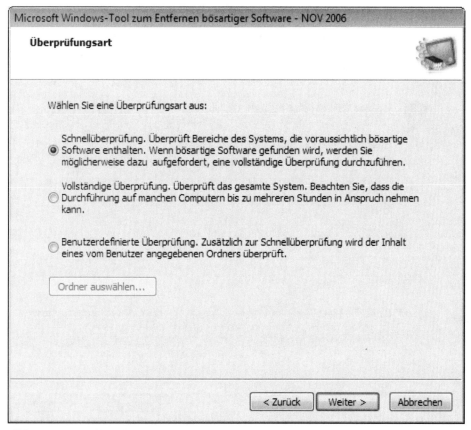

Bild 10.54: Wo soll nach Viren gesucht werden?

Nach einem mehr oder weniger langen Suchlauf wird das Ergebnis angezeigt. Sollte ein Virus gefunden worden sein, finden Sie weitere Informationen über den Link *Detaillierte Ergebnisse der Überprüfung anzeigen*.

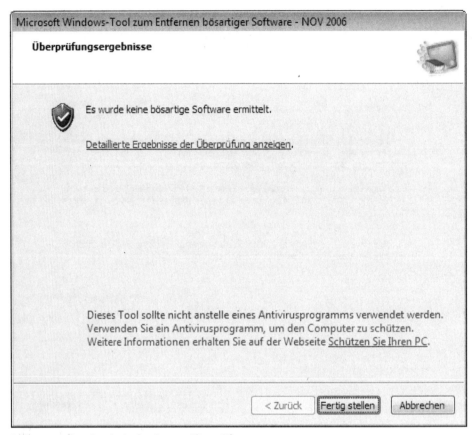

Bild 10.55: Das Ergebnis der Systemüberprüfung

Aktuelle Versionen dieses Tools, die über das Windows Update automatisch heruntergeladen werden, laufen im Hintergrund und zeigen kein Ergebnis an, solange keine bösartige Software gefunden wurde. Allerdings wird im Verzeichnis *C:\windows\debug* eine Protokolldatei *mrt.log* angelegt, in der Sie jederzeit das Ergebnis der Überprüfung nachlesen können.

10.10 Viren und Trojaner

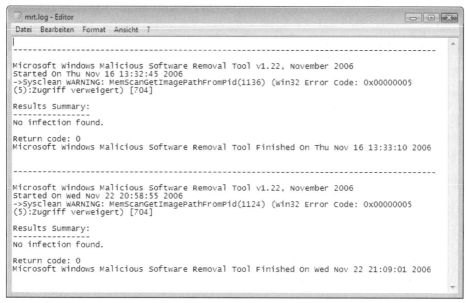

Bild 10.56: Die Protokolldatei des Windows-Tools zum Entfernen bösartiger Software

Windows-Defender

Der Windows-Defender schützt den Computer vor Spyware, die mit Software installiert oder aus dem Internet heruntergeladen wurde.

Windows-Defender auch für Windows XP
Der Windows-Defender ist in Windows Vista fest integriert, kann aber bei Microsoft auch für Windows XP kostenlos heruntergeladen werden: *www.microsoft.com/windowsdefender.*

Starten Sie den Windows-Defender über das Sicherheitscenter oder über das Startmenü *Alle Programme/Windows-Defender*. Mit dem Button *Überprüfung* in der oberen Symbolleiste können Sie eine Schnellüberprüfung starten.

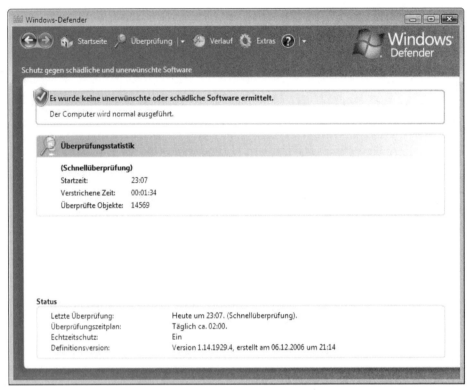

Bild 10.57: Startseite des *Windows-Defender*

Der Windows-Defender ist standardmäßig so eingestellt, dass er das System im Hintergrund prüft. Ähnlich wie bei einem Virenscanner sind auch beim Windows-Defender ständige Definitionsupdates nötig, um auch neueste Spyware finden und beseitigen zu können. Diese Updates werden über die Windows Update-Funktion automatisch heruntergeladen und installiert.

Der Button *Extras* blendet ein Auswahlfenster ein, in dem noch weitere interessante Funktionen verfügbar sind.

▲ Optionen

Hier stellen Sie ein, wann der Windows-Defender den Computer automatisch überprüfen soll. Dabei können Sie auch automatisch vor jeder Überprüfung nach aktuellen Definitionsupdates suchen und diese installieren.

Gefundene Spyware-Elemente lassen sich anhand vorgegebener Warnstufen automatisch vom System entfernen.

10.10 Viren und Trojaner

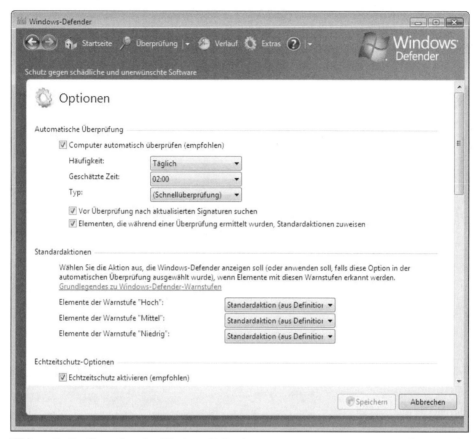

Bild 10.58: Konfiguration des *Windows-Defender*

▲ Software-Explorer

Der Software-Explorer ist ein nützliches Tool, nicht nur zum Finden von Spyware, sondern auch für allgemeine Systemwartungsaufgaben. Hier werden alle Programme angezeigt, die gerade laufen, und auch alle, die beim Windows-Start automatisch gestartet werden.

Bei jedem laufenden Programm finden Sie sehr ausführliche Informationen und können das Programm auch direkt beenden.

Im Bereich *Autostartprogramme* ist alle Software zu sehen, die beim Windows-Start über die Registry oder über Autostart-Verknüpfungen im Startmenü automatisch gestartet wird. Programme, die in Zukunft nicht mehr automatisch gestartet werden sollen, können hier auch leicht deaktiviert werden.

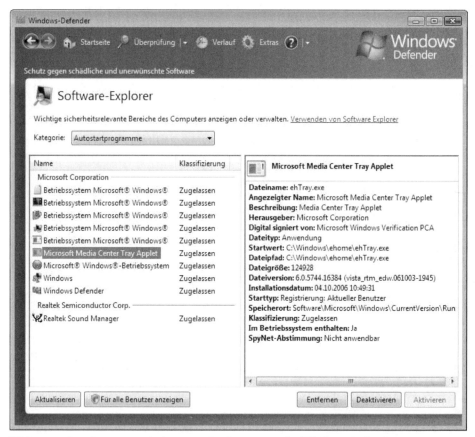

Bild 10.59: Anzeige automatisch startender Programme im *Windows-Defender*

Diese Liste erreichen Sie auch direkt über die Systemsteuerung. Wählen Sie unter *Programme* das Modul *Windows-Defender/Momentan ausgeführte Programme anzeigen*.

▲ **Unter Quarantäne**

Hier wird alle Software angezeigt, die der Windows-Defender für gefährlich befunden und unter Quarantäne gestellt hat. Diese Software kann von Windows Vista nicht ausgeführt werden, bis sie ausdrücklich vom Anwender wiederhergestellt wird. In den meisten Fällen ist es sinnvoller, diese Anwendungen gleich zu löschen.

▲ **Zugelassene Elemente**

Hier finden Sie alle Software, die Sie im Windows-Defender ausdrücklich zugelassen haben. Bei Aktionen dieser Programme werden Sie nicht mehr benachrichtigt. In diese Liste können Sie Programme aufnehmen, die fälschlicherweise als Spyware erkannt wurden, oder ohne die bestimmte Anwendungen nicht laufen.

Spyware in kostenlosen Programmen
Viele werbefinanzierte Freeware-Tools enthalten Spyware-Komponenten, die das Nutzerverhalten, Adressen, E-Mails oder Kontonummern mitlesen. Hier müssen Sie selbst entscheiden, ob Sie die betreffende Freeware nutzen wollen. Dann müssen Sie mit der Spyware leben.

Spyware-Infos
Wenn Sie sich mit dem Thema Spyware im Allgemeinen vertraut machen wollen, finden Sie bei Microsoft unter *www.microsoft.com/windowsdefender* ein interessantes Quiz. Zu allen Antworten werden zusätzliche Hintergrundinformationen geliefert.

10.11 Der Task-Manager

Der Task-Manager stellt Informationen zur Computerleistung bereit und zeigt Einzelheiten zu den ausgeführten Programmen und Prozessen an. Sie öffnen den Windows Task-Manager mit einem Rechtsklick auf eine leere Stelle der Taskleiste und wählen *Task-Manager*. Es öffnet sich ein Fenster mit mehreren Registerkarten. Mit der aus früheren Windows-Versionen bekannten Tastenkombination Strg + Alt + Entf kommen Sie in Windows Vista in ein Menü, aus dem Sie ebenfalls den Task-Manager starten können.

Anwendungen

Auf der Registerkarte *Anwendungen* werden alle unter dem aktuellen Benutzer auf dem PC laufenden Programme angezeigt. Die Spalte *Status* informiert über den Programmzustand. Hier sollte immer *Wird ausgeführt* angezeigt sein. Wenn nicht, ist das betreffende Programm zu stark ausgelastet oder abgestürzt.

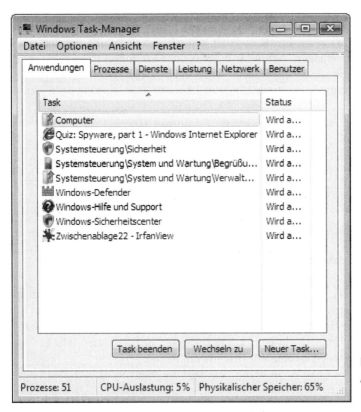

Bild 10.60: Anwendungen im *Task-Manager*

Aus dieser Registerkarte heraus können Sie auch Anwendungen beenden oder dorthin verzweigen. Die Schaltfläche *Neuer Task...* öffnet dasselbe Eingabefenster wie der Menüpunkt *Ausführen* im Startmenü.

Prozesse

Auf der Registerkarte *Prozesse* werden alle gestarteten Prozesse des angemeldeten Benutzers oder aller Benutzer mit Prozessname und Benutzername aufgeführt. Für jeden Prozess sehen Sie die prozentuale CPU-Auslastung und die Speicherauslastung. Wenn Sie das Gefühl haben, auf Ihrem PC geht gar nichts mehr voran, dann suchen Sie hier am besten nach einem Prozess, der allen anderen die Zeit stiehlt. Der Prozess mit dem Namen *Leerlaufprozess* vereinigt in sich die Auslastung bis zu 100 % und die Zeit all der Prozesse, die gerade nicht tätig sind.

10.11 Der Task-Manager

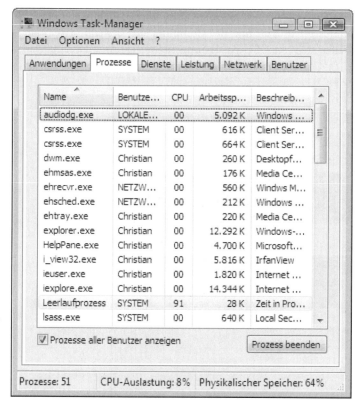

Bild 10.61:
Anzeige der laufenden *Prozesse*

 Prozesse beenden
Sie können hier auch Prozesse beenden. Aber seien Sie mit Systemprozessen vorsichtig. Sie könnten damit den laufenden Betrieb des PCs stören.

Dienste

Die Registerkarte *Dienste* zeigt alle installierten Windows-Dienste. Hier können Sie laufende Dienste beenden und inaktive Dienste starten.

Leistung

Auf der Registerkarte *Leistung* werden neben statistischen Werten zur Prozess- und Speicherverwaltung zwei wichtige Diagramme angezeigt: Die aktuelle CPU-Auslastung und der belegte Speicher werden links angezeigt. Rechts sehen Sie den jeweiligen Verlauf über die Zeit. Die Anzeige wandert von rechts nach links. Der rechte Rand entspricht also immer dem aktuellen Zustand. Hier können Sie auch sofort sehen, wenn ein Programm nicht mehr ordnungsgemäß läuft und der Computer sich deshalb extrem langsam verhält. In solchen Fällen steht die CPU-Auslastung meistens konstant auf 100 %.

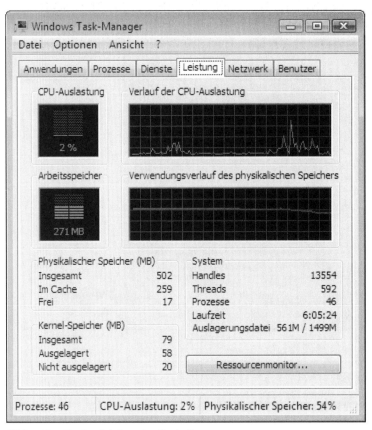

Bild 10.62: Systemleistung im *Task-Manager*

Mit dem Button *Ressourcenmonitor* finden Sie eine noch deutlich genauere Anzeige über die aktuelle Auslastung der Systemressourcen. Hier sehen Sie genau, welche Anwendungen wie viel Prozessorlast und Speicher benötigen und auf welche Dateien auf der Festplatte gerade zugegriffen wird.

10.11 Der Task-Manager

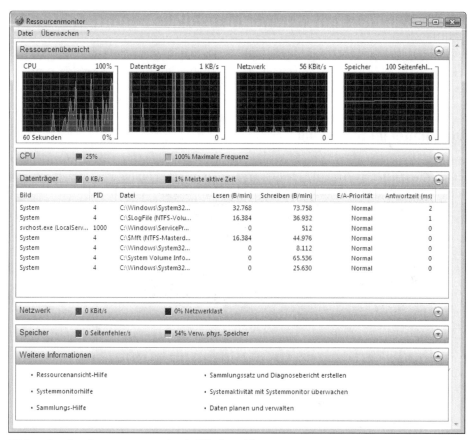

Bild 10.63: Der *Ressourcenmonitor* in Windows Vista

Netzwerk

Die Registerkarte *Netzwerk* zeigt die Netzwerkauslastung im zeitlichen Verlauf. Wenn mehrere Netzwerkverbindungen eingerichtet sind, erscheint für jede eine eigene Statusanzeige.

Benutzer

Wenn Sie Administratorrechte haben, können Sie auf der Registerkarte *Benutzer* alle zurzeit angemeldeten Benutzer und deren Status sehen. Als Administrator haben Sie auch das Recht, einen Benutzer zwangsweise abzumelden.

Außerdem können Sie einem anderen Benutzer eine Nachricht senden. Er sieht sie dann auf seinem Anmeldebildschirm.

10.12 Windows mit weniger Mausklicks herunterfahren

Windows Vista über das Startmenü herunterzufahren kostet diverse Mausklicks, da der vermeintliche Ausschalter im Startmenü den Computer nur in einen Energiesparmodus versetzt und nicht wirklich ausschaltet.

Ausschalter im Startmenü

Mit einer versteckten Einstellung können Sie den Ausschalter im Startmenü zu einem echten Ausschalter machen, der den Computer komplett herunterfährt, anstatt ihn nur in einen Energiesparmodus zu versetzen.

① Starten Sie in der Systemsteuerung unter *System und Wartung* im Bereich *Energieoptionen* das Modul *Energiesparmodus ändern*.

② Klicken Sie im nächsten Fenster auf *Erweiterte Energieeinstellungen ändern*.

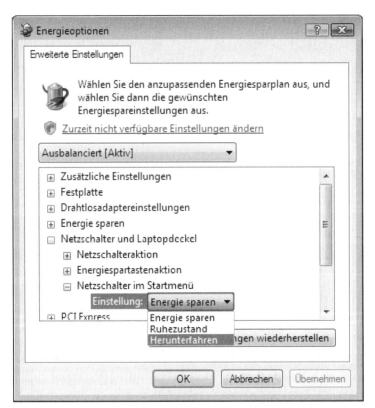

Bild 10.64: Erweiterte Energieeinstellungen

10.12 Windows mit weniger Mausklicks herunterfahren

③ Im nächsten Dialogfeld können Sie für jeden der definierten Energiesparpläne detaillierte Einstellungen vornehmen. Dort finden Sie unter *Netzschalter und Laptopdeckel/Netzschalter im Startmenü* ein Auswahlfeld. Hier können Sie die Standardaktion dieses Schalters von *Energie sparen* auf *Herunterfahren* umschalten.

Ausschalter auf dem Desktop

Noch schneller geht das Herunterfahren mit einem eigenen Button auf dem Desktop.

① Klicken Sie mit der rechten Maustaste auf den Desktop, und wählen Sie im Kontextmenü *Neu/Verknüpfung*.

② Tragen Sie im nächsten Dialogfeld die folgende Zeile ein:

```
c:\windows\system32\shutdown.exe -s -t 00
```

③ Falls Windows in einem anderen Verzeichnis installiert ist, ändern Sie den Pfad entsprechend.

Bild 10.65: Desktopverknüpfung zum schnellen Herunterfahren anlegen

④ Geben Sie der Verknüpfung im nächsten Dialog einen sinnvollen Namen wie zum Beispiel *Shutdown* oder *Herunterfahren*.

⑤ Klicken Sie anschließend auf den Button *Fertig stellen*.

6. Klicken Sie jetzt mit der rechten Maustaste auf die neue Desktopverknüpfung, und wählen Sie im Kontextmenü *Eigenschaften*. Über den Button *Anderes Symbol* können Sie das Originalsymbol zum Herunterfahren auswählen.

Bild 10.66: Auswahl eines Symbols für die Desktopverknüpfung

Ein Doppelklick auf die neue Desktopverknüpfung fährt den Computer ohne weitere Nachfragen herunter.

10.13 Dienste

Zahlreiche Funktionen von Windows Vista, die wie Betriebssystemfunktionen aussehen, werden in Wirklichkeit von sogenannten Diensten erledigt. Das sind Programme, die im Hintergrund laufen und beim Booten oder bei Bedarf automatisch gestartet werden. Diese Methode hat den Vorteil, dass sich das Betriebssystem um zusätzliche Funktionalitäten erweitern lässt und Dienste, die nicht gebraucht werden, auch keinen Speicherplatz belegen. Leider startet Windows Vista, wie auch schon Windows XP in der Standardkonfiguration, **mehr Dienste als unbedingt nötig.**

Die Konfiguration und Verwaltung der Dienste erfolgt zentral über das Systemsteuerungsmodul *Verwaltung/Dienste* oder direkt über den Button *Dienste* auf der Registerkarte *Dienste* im Task-Manager.

10.13 Dienste

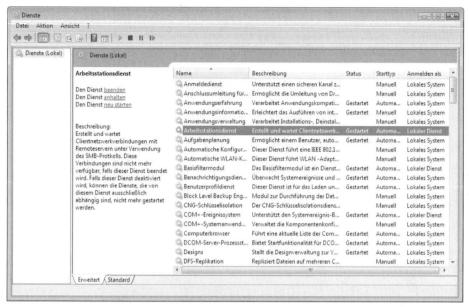

Bild 10.67: *Dienste*-Konsole in der Systemsteuerung/Verwaltung

Zu jedem Dienst wird hier eine Kurzbeschreibung angezeigt, eine Statusmeldung, ob der Dienst gestartet ist und eine Information über den Starttyp. Jeder Dienst kann auf verschiedene Weise gestartet werden:

Automatisch	Automatischer Start des Dienstes vom Betriebssystem aus. Diese Dienste werden auch gestartet, wenn sich kein Benutzer am System anmeldet.
Manuell	Start des Dienstes durch den Benutzer, ein Programm oder einen anderen Dienst.
Deaktiviert	Dienst wird nicht gestartet.

Dienste, die man üblicherweise nicht braucht, setzt man am besten immer auf *Manuell*, damit sie bei Bedarf von einem anderen Programm gestartet werden können. Einige Dienste sollte man aber aus Sicherheitsgründen generell deaktivieren, damit sie nicht unbemerkt gestartet werden können.

Aus der Dienste-Konsole heraus können Sie im linken Teil des Fensters einzelne Dienste beenden, anhalten oder neu starten. Lassen Sie beim Beenden eines Dienstes äußerste Vorsicht walten, da das Fehlen bestimmter Dienste zu Systeminstabilitäten führen kann.

Mit einem Doppelklick auf einen Dienst in der Liste können Sie detaillierte Eigenschaften dieses Dienstes bearbeiten und auch den Starttyp ändern.

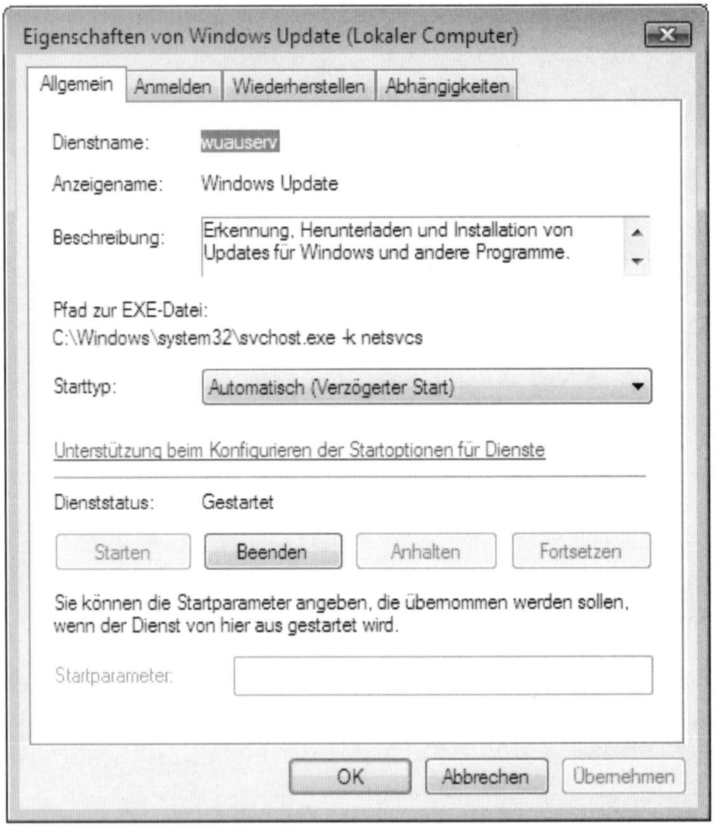

Bild 10.68:
Detailanzeige zu einem Dienst

Ändern Sie den Starttyp nur, wenn Sie vorher getestet haben, dass das System auch ohne den Dienst zuverlässig funktioniert. Auf der Registerkarte *Abhängigkeiten* können Sie überprüfen, welche Komponenten von diesem Dienst abhängig sind. Abhängige Dienste werden nicht mehr gestartet, wenn der Dienst, von dem sie abhängig sind, nicht gestartet ist.

10.13 Dienste

Bild 10.69:
Abhängigkeiten eines Dienstes

Welche Dienste können deaktiviert werden?

Diese Frage lässt sich nur schwer allgemein beantworten, da auf jedem System durch installierte Software und Geräte andere Dienste laufen, die Abhängigkeiten mit sich bringen. Überflüssige Dienste sollten auf *Manuell* gesetzt werden, sodass sie bei Bedarf gestartet werden können.

Folgende Dienste dürfen auf keinen Fall deaktiviert werden	
1	Arbeitsstationsdienst
2	COM+ Ereignissystem
3	Druckerwarteschlange
4	Geschützter Speicher

Folgende Dienste dürfen auf keinen Fall deaktiviert werden	
5	Netzwerkverbindungen
6	Plug&Play
7	Sicherheitskonto-Manager

Dienste, die ein Sicherheitsrisiko darstellen

Einige Dienste stellen ein Sicherheitsrisiko dar und sollten deshalb je nach persönlichem Sicherheitsbedürfnis deaktiviert und nicht nur auf *Manuell* gesetzt werden, damit kein bösartiges Programm diese Dienste starten kann. Allerdings müssen Sie in einigen Fällen mit Funktionseinschränkungen rechnen.

Remote-Registrierung	Möchten Sie nicht, dass jemand von außen an Ihrer Registry herumbastelt? Dann deaktivieren Sie diesen Dienst.
TCP/IP-NetBIOS-Hilfsdienst	Ein potenzielles Sicherheitsrisiko. Probieren Sie vor dem Deaktivieren, ob alle Funktionen im lokalen Netzwerk auch mit beendetem Dienst laufen.
Windows-Fehlerberichterstattungsdienst	Die meisten Anwender werden die Fehlerberichterstattung in der Systemsteuerung bereits deaktiviert haben, um lästige Popups bei Abstürzen und den Transfer eines Speicherabbilds zu Microsoft zu verhindern. Dann sollte der zugehörige Dienst auch noch deaktiviert werden.
Windows Update	Benachrichtigt Microsoft regelmäßig, welche Versionen welcher Programme Sie verwenden, um eventuell Updates zur Verfügung zu stellen. Wer die unbeabsichtigte Kommunikation mit dem Betriebssystemhersteller auf ein Minimum begrenzen will, sollte diesen Dienst deaktivieren. Allerdings setzen Sie sich damit Gefahren aus dem Internet aus, die normalerweise durch Updates behoben würden. Außerdem gibt es Schwierigkeiten mit dem Sicherheitscenter.

Internet

Das Internet ist als weltweites Informationsmedium heute nicht mehr wegzudenken. In vielen Bereichen des täglichen Lebens kann man sich kaum noch vorstellen, wie es damals ohne Internet funktioniert haben soll.

Bild 11.1: Die Franzis-Webseite im *Internet Explorer* von Windows Vista

Brauchte man vor 10 Jahren noch einiges an technischem Wissen über Betriebssysteme und Netzwerke, um eine Internetverbindung zu konfigurieren, läuft das heute so gut wie automatisch. Windows Vista bietet sehr komfortable Funktionen zur Konfiguration eines Internetzugangs. Software zum Surfen und Mailen ist ebenfalls gleich dabei.

11.1 Anschlussmöglichkeiten

Bei der Konfiguration eines Internetzugangs sind zwei grundlegende Fälle zu unterscheiden:

- Der Computer verbindet sich direkt mit dem Internet. Dies ist bei allen Einzelplatz-PCs der Fall, aber auch bei Computern, die als Router dienen und einen Internetzugang für ein ganzes Netzwerk herstellen.

- Der Computer verbindet sich indirekt mit dem Internet. Hier baut ein anderer PC im Netzwerk oder ein spezieller Router die eigentliche Internetverbindung auf.

Im letzteren Fall ist auf dem lokalen PC nur eine Netzwerkverbindung erforderlich. Alles Weitere wird vom Router geregelt.

Soll sich der Computer selbst ohne Router mit dem Internet verbinden, ist zusätzliche Hardware erforderlich. Dabei unterscheidet man zwischen drei häufig verwendeten Zugangstechniken:

DSL – Die schnellste und, dank Flatrate-Tarifen, meist auch kostengünstigste Lösung. Das DSL-Signal belegt keinen Telefonkanal, sodass Telefonieren unabhängig von der Internetnutzung jederzeit möglich ist.

ISDN – Zuverlässige Digitaltechnik mit zwei Kanälen, sodass paralleles Telefonieren möglich ist. ISDN ist in Deutschland flächendeckend verfügbar.

Modem – Die alte Modemtechnik, bei der die Daten in Tonfolgen umgewandelt über eine normale Telefonleitung übertragen werden. Dieses Verfahren ist langsam und fehlerträchtig. Die Telefonleitung wird vom Modem belegt und ist nicht parallel zum Telefonieren nutzbar. Diese Technik ist in allen Gebieten, in denen es Festnetztelefone gibt, auf der ganzen Welt möglich und wird international auch als POTS (Plain Old Telephone System) bezeichnet.

Weitere mögliche Übertragungstechniken sind Satellitenverbindungen, Kabelmodems für TV-Kabelanschlüsse und das Stromnetz. Diese Techniken sind zurzeit noch relativ wenig verbreitet.

WLAN als Internetzugang?
Das überall als moderner Internetzugang angepriesene WLAN bietet alleine keine Verbindung mit dem Internet, sondern ist nur eine besondere Form eines lokalen Netzwerks. Für die Internetverbindung ist ein Router erforderlich, mit dem auch kabelgebundene PCs ins Internet kommen.

DSL: Breitbandverbindung

Schnelles Breitbandsurfen wird immer beliebter. Gerade für große Downloads sind schnelle zuverlässige Verbindungen unbedingt notwendig. In den meisten Fällen bietet DSL dazu einen kostengünstigeren Internetzugang als Einwahlverbindungen über ISDN oder Modem.

Für eine DSL-Verbindung ist eine einfache Netzwerkkarte mit RJ45-Anschluss notwendig. Dabei können Sie problemlos eine ältere 10-MBit/s-Karte verwenden, da T-DSL standardmäßig mit deutlich geringerer Geschwindigkeit läuft. Einige Anbieter, wie zum Beispiel T-DSL 6000, bringen es auf bis zu 6 MBit/s, was immer noch weit unter dem Maximum dessen liegt, was diese Netzwerkkarten verarbeiten können. In den meisten aktuellen PCs ist bereits eine Netzwerkkarte mit 100 MBit/s eingebaut.

Im Gegensatz zu ISDN und analogen Modems unterscheiden sich bei DSL Download- und Uploadgeschwindigkeit. Die meisten Anbieter bringen es im Upload auf nur 128 KBit/s, gerade mal die doppelte ISDN-Geschwindigkeit, weshalb diese Zahl in der Werbung auch nie zu sehen ist.

DSL immer noch nicht flächendeckend
Der Nachteil an DSL ist, dass diese Technik noch bei Weitem nicht flächendeckend verfügbar ist. Nicht umsonst relativierte die Deutsche Telekom ihre Prozentangaben zur Verfügbarkeit von T-DSL auf den Satz »... ist in den meisten Regionen Deutschlands verfügbar«. Dies besagt nur, dass bestimmte Anschlüsse in vielen Ortsnetzen T-DSL bekommen können. Selbst eine theoretische Verfügbarkeit für 90% der Bevölkerung entspricht nur einem geringen Bruchteil der Fläche Deutschlands.
Die Leitungsdämpfung zwischen Vermittlungsstelle und Hausanschluss darf einen bestimmten Maximalwert nicht überschreiten. Als Richtwert für Standard-DSL 1000 kann man eine größte Entfernung von 4 km bis zur Vermittlungsstelle annehmen, die durch alte oder schadhafte Kabel aber noch herabgesetzt werden kann. Bei höheren Geschwindigkeiten wie DSL 2000 oder 6000 ist die Maximalentfernung noch deutlich geringer. Gerade in ländlichen Bereichen oder in den Randbezirken sehr großer Ortsnetze gibt es noch viele Anschlüsse, die kein DSL verwenden können.
DSL basiert auf der Übertragung über Kupferleitungen auf der sogenannten »letzten Meile« von der Vermittlungsstelle zum Endkunden, sodass es in den frühen 1990er Jahren gebauten Glasfasernetzen im Osten Deutschlands zurzeit noch nicht funktioniert. Hier entwickelt die Telekom aber bereits eine technische Lösung für die nächsten Jahre.

> Nach einer Studie der EU-Kommission lag die Versorgung mit Breitbandanschlüssen in Deutschland im Oktober 2005 bei 11%, was etwa dem europäischen Durchschnitt entspricht. Am besten stehen demnach die Niederlande mit 22,4% und Dänemark mit 22,0% da, gefolgt von Schweden, Belgien, Norwegen und Finnland. Weltweit sind die Breitbandnetze in Südkorea am besten ausgebaut. Hier haben 25,8% der Bevölkerung einen schnellen Internetzugang.
> Eine gute Übersicht über die aktuelle Versorgungslage mit Breitbandtechnologie liefert der Breitbandatlas des Bundesministeriums für Wirtschaft und Technologie unter *www.breitbandatlas.de*.

Zur Verkabelung werden Netzwerkkabel verwendet, die heute immer aus paarweise verdrillten Adern bestehen und mit RJ45-Western-Steckern angeschlossen werden, den gleichen Steckern, die auch für ISDN verwendet werden. Diese Stecker werden mit Spezialzangen auf die Kabel gepresst. Für den Heimgebrauch lohnt sich die Anschaffung so eines Werkzeugs nicht. Am besten kaufen Sie vorkonfektionierte Kabel, die in verschiedenen gängigen Längen zu haben sind.

Bei einem Einzel-PC mit DSL-Zugang wird die Netzwerkkarte am DSL-Modem angeschlossen, das Sie üblicherweise von der Telekom oder Ihrem jeweiligen Netzbetreiber erhalten.

Dieses DSL-Modem wird wiederum mit einem zweiten Netzwerkkabel am Splitter angeschlossen, der am eigentlichen Telefonanschluss hängt. Bei einem analogen Anschluss haben Sie bisher an der TAE-Dose (Telekommunikations-Anschluss-Einheit) der Telekom das Telefon und das Modem angeschlossen.

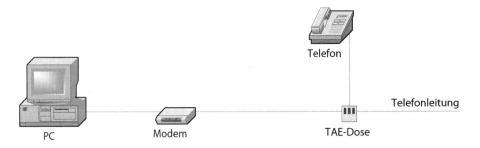

Bild 11.2: Anschlussschema eines analogen Telefonanschlusses

Wer von seinem alten Anschluss auf DSL umstellt, bekommt dabei keine neue Leitung und hat auch keine sonstigen Installationsarbeiten im Haus zu erwarten. Das DSL-Signal kommt aus derselben TAE-Dose, in der früher das Telefon angeschlossen war.

Bei DSL wird ein Splitter eingesetzt, um die Frequenzbänder für DSL und Telefonie voneinander zu trennen. Stecken Sie diesen Splitter anstelle der bisherigen Geräte in die

11.1 Anschlussmöglichkeiten

TAE-Dose. Auf dem Splitter befinden sich Anschlussbuchsen, in die Sie das Telefon und andere analoge Endgeräte, wie zum Beispiel ein Faxgerät, einstecken können. Zusätzlich befindet sich am Splitter ein Anschluss für das DSL-Modem.

Bild 11.3: Anschlussschema eines DSL-Anschlusses

Hatten Sie bisher ISDN, steckte an der TAE-Dose der Netzwerk-Terminator (NTBA). Daran waren die Telefone und die ISDN-Karte des Computers angeschlossen.

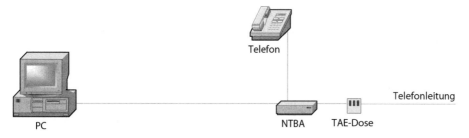

Bild 11.4: Anschlussschema eines ISDN-Anschlusses

Wenn Sie einen ISDN-Anschluss auf DSL umstellen und dabei die ISDN-Funktionen behalten, um zum Beispiel weiterhin auf zwei Leitungen gleichzeitig telefonieren zu können, schließen Sie die DSL-Hardware wie beschrieben an; den NTBA, der vorher in der TAE-Dose steckte, stecken Sie jetzt in den Splitter. Am NTBA können Sie weiterhin Ihre ISDN-Geräte betreiben.

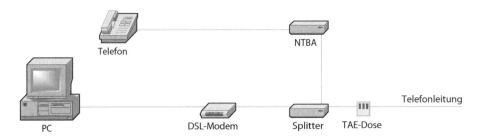

Bild 11.5: Anschlussschema eines DSL-Anschlusses mit ISDN

Nachdem alle Geräte neu angeschlossen sind, können Sie sofort wieder telefonieren. Den Internetzugang auf dem PC müssen Sie jedoch nach dem Umstieg von Modem oder DSL auf ISDN neu konfigurieren.

ISDN: Zweikanaltechnik

Da DSL bei Weitem noch nicht flächendeckend verfügbar ist, ist ISDN immer noch eine häufig genutzte Internetzugangsmethode. Auch wenn der DSL-Anschluss ausfällt, bleibt das ISDN-Signal meistens bestehen, sodass man einen zweiten Notzugang zum Internet darüber einrichten kann.

ISDN steht für *Integrated Services Digital Network*. Hier haben Sie zwei B-Kanäle, über die unabhängig voneinander telefoniert oder Daten übertragen werden können, und das mit einer Geschwindigkeit von 64.000 Bit/s pro Kanal voll digital. Hierbei gibt es keine Modulation auf ein Tonsignal, sondern eine echte digitale Datenübertragung ohne Verluste durch Fehlerkorrektur bei schlechter Leitungsqualität. Mit Kanalbündelung kann die Datenübertragungsrate auf 128 KBit/s verdoppelt werden. Allerdings fallen dann auch die doppelten Gebühren an, da beide Kanäle verwendet werden. Ein dritter Kanal, der sogenannte D-Kanal mit 16.000 Bit/s, ist als Steuerkanal ausgelegt. Er dient zur Übertragung aller Steuerinformationen bei der Verbindung zweier ISDN-Geräte. Beispielsweise wird die Teilnehmernummer oder die Dienstekennung wie Faxanruf oder Sprachverbindung über den D-Kanal übermittelt.

ISDN-Leitungen laufen bei der Telekom über eigene Vermittlungsstellen, benutzen aber zwischen Vermittlungsstelle und Hausanschluss dieselben Leitungen, sodass beim Umstieg auf ISDN keine größeren Bauarbeiten erforderlich sind. Am Tag der Umstellung bei der Telekom schließt man an die TAE-Dose des alten Telefonanschlusses einen sogenannten NTBA (Netz-Terminator Basisanschluss) an. Dieses Gerät verfügt über zwei Anschlussbuchsen für den ISDN S0-Bus, an dem die ISDN-Geräte angeschlossen werden. Die beiden Buchsen sind unabhängig von den beiden logischen ISDN-Kanälen. Das ISDN-Signal ist in voller Bandbreite auf dem ganzen Bus verfügbar. Dieser S0-Bus kann auf bis zu acht Endgeräte verlängert werden. Dabei ist darauf zu achten, dass bei der Verkabelung ein durchgehender Bus bestehen bleibt, der an beiden Enden mit 100 Ohm terminiert ist, und nicht sternförmig an einem Punkt mehrere Geräte angeschlos-

11.1 Anschlussmöglichkeiten

sen werden. Mittlerweile sind im Elektronikhandel und bei der Telekom vorkonfektionierte Verlängerungskabel und Verteilerdosen erhältlich, in denen bereits die notwendigen Busabschlusswiderstände eingebaut sind.

Am PC ist ein ISDN-Adapter erforderlich. Dabei gibt es drei Bauformen, extern, intern (PCI/ ISA) und PCMCIA (PC-Card). Bei ISDN haben sich die externen Geräte noch nicht sehr weit durchgesetzt. Um die Datentransferraten von ISDN ausnutzen zu können, sind schnelle Schnittstellen am PC erforderlich, deshalb verwenden die meisten externen ISDN-Geräte V.24-Schnittstellen oder den USB-Anschluss.

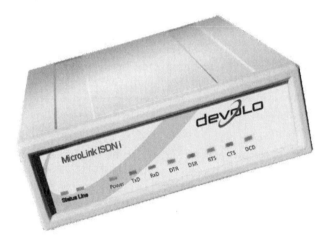

Bild 11.6: Externes ISDN-Modem/Terminaladapter MicroLink ISDN i (Foto:devolo AG)

Einige Geräte bieten hier auch die Funktion einer einfachen Telefonanlage, an die zusätzlich alte analoge Telefone angeschlossen werden können.

Am häufigsten werden interne ISDN-Karten verwendet, die in einen PCI-Steckplatz (seltener auch ISA) gesteckt werden. Man unterscheidet dabei zwischen passiven, aktiven und semi-aktiven Karten. Bei einem PC, der nur hin und wieder auf ISDN-Dienste zurückgreift, ist sicher eine preiswerte passive Karte ausreichend. Bei passiven Karten wird die Rechenleistung des PC-Prozessors für die Erledigung der Datenübertragung in Anspruch genommen.

Bild 11.7: ISDN-Karte Fritz!Card PCI (Foto: AVM)

Deutlich teurere, aktive ISDN-Karten besitzen einen eigenen Prozessor, der die Kommunikation abwickelt, sodass die Datenaufbereitung und Übertragung weitgehend im Hintergrund unter Entlastung des Hauptprozessors durchgeführt wird. Derartige Lösungen kommen im Wesentlichen in Netzwerkservern zum Einsatz, oder wenn die jeweils eingesetzte Software automatischen Verbindungsaufbau verlangt, was bei privaten Internetzugängen nicht nötig ist.

Semi-aktive Karten verfügen zwar über einen eigenen Prozessor, haben jedoch keinen eigenen Speicher. Da semi-aktive ISDN-Karten die Vorzüge einer geringeren Hauptprozessorbelastung mit höherer Datenübertragungssicherheit bei akzeptablen Anschaffungskosten kombinieren, sind diese Karten zu empfehlen, wenn viel ISDN-Datentransfer über den PC läuft.

Manche ISDN-Karten verfügen zusätzlich über einen Modemchip, um Fax- oder alte Modemprotokolle über ISDN laufen zu lassen, ohne dass der Prozessor eine aufwendige Softwarelösung abarbeiten muss.

Modem: Analogtechnik

Steht weder ISDN noch DSL zur Verfügung, ist ein analoges Modem manchmal die einzige Möglichkeit, ins Internet zu kommen. Die Telekom hat in den letzten Jahren die analogen Vermittlungsstellen aus der Nachkriegszeit durch moderne digitale Vermittlungsstellen ersetzt, was deutlich zur Qualität der Verbindungen beiträgt und damit die Datendurchsatzrate erhöht.

▲ Kodierung bei TAE-Dosen

Analoge Anschlüsse werden heute standardmäßig als dreifach TAE-Dosen (Telekommunikations-Anschluss-Einheit) ausgeführt. Hier finden Sie drei Anschlussbuchsen nebeneinander in einer Dose. Am mittleren Anschluss steckt das Telefon, dieser ist mit F (=Fernsprechgerät) kodiert, die beiden anderen mit N (=Nebengerät). Die Kodierung unterscheidet sich in der Beschaltung der Steckdose. Um zu vermeiden, dass Geräte falsch eingesteckt werden, besitzen die Stecker an verschiedenen Stellen kleine Kodiermarken aus Kunststoff.

Bild 11.8: N- und F-Kodierung bei TAE-Dosen

Merkregel
F-Kodierung – »Fuß« – Kodiermarke unten. N-Kodierung – »Nabel« – Kodiermarke in der Mitte.

▲ Modemverbindungen

Die Verbindung zwischen einer analogen Telefonleitung und dem Computer wird durch ein Modem hergestellt. Das Kunstwort »Modem« bedeutet eine Kombination aus Modulator und Demodulator. Ein Modem bekommt vom Computer digitale Signale, moduliert sie als analoge Tonsignale auf eine Trägerfrequenz und schickt sie auf die analoge Telefonleitung. An der Gegenstelle wird dieses Signal wieder demoduliert und digital an den Computer übertragen.

Manche Modems verfügen über einen zweiten Anschluss, an dem das analoge Telefon angeschlossen werden kann. Hier ist dann nur eine Telefondose erforderlich und die Verwechslungsgefahr der TAE-Stecker entfällt.

▲ Übertragungsraten

Moderne Modems verwenden Übertragungsraten bis zu 56 KBit/s. Bei der analogen Datenübertragungstechnik kommt es aber immer zu Verlusten, die durch die automatische Fehlerkorrektur der Modems ausgeglichen werden müssen, was zulasten der tatsächlichen Datenübertragungsrate geht, sodass diese meistens deutlich unter den angegebenen 56 KBit/s liegt. Analoge Leitungen sind auch sehr empfindlich gegen elektromagnetische Störungen von außen, wie sie zum Beispiel durch Handys oder auch ältere schnurlose Telefone auftreten können.

▲ Modemtypen

Modems gibt es in verschiedenen Bauformen: extern, intern (PCI oder onboard) und PCMCIA (PC-Card). Externe Modems waren lange Zeit am meisten verbreitet, benötigen aber eine externe Stromversorgung. Über Leuchtdioden am Modem wird der aktuelle Verbindungsstatus angezeigt, was bei Fehlern sehr hilfreich sein kann. Außerdem sehen Sie hier immer zuverlässig, ob gerade eine Verbindung besteht oder nicht.

Bauform	Beschreibung
extern	Die externen Modems werden an eine USB- oder eine serielle Schnittstelle angeschlossen. In diesem Fall ist ein schneller UART-Chip erforderlich, der aber auf den Onboard-Schnittstellen moderner Motherboards immer vorhanden ist. Nur ganz alte PCs müssen zum Betrieb moderner Modems mit neuen Schnittstellen nachgerüstet werden.
intern	Interne Modems als Steckkarte haben den Vorteil, dass sie keine Schnittstelle belegen. Dafür verbrauchen sie einen Interrupt. Solange sie Plug&Play-fähig sind, sind sie genauso einfach zu konfigurieren wie externe Modems.
PCMCIA	Für Notebooks sind PCMCIA-Modems ideal. Diese benötigen keine externe Stromversorgung, und man hat auch nicht so viele Kabel rund um den Rechner liegen. Allerdings ziehen diese Modems auch im Ruhezustand viel Strom aus den Akkus von Notebooks. Solange Sie das Modem nicht benötigen, sollten Sie es aus dem Rechner herausnehmen, um Strom zu sparen. Viele aktuelle Notebooks haben neben der Netzwerkkarte auch ein analoges Modem eingebaut.

11.2 Internetzugang in Vista

Einen Internetzugang in Windows Vista zu konfigurieren ist in den meisten Fällen sehr einfach. Das Betriebssystem stellt dazu einen Assistenten zur Verfügung, der für DSL, ISDN und Modems ähnlich funktioniert.

Zugangssoftware der Internetdienstanbieter
Spezielle Zugangssoftware, wie sie von vielen Internetdienstanbietern geliefert wird, ist zur Konfiguration nicht nötig. Alle Anbieter können die normalen Netzwerkverbindungen aus Windows verwenden. Die meisten der Internetdienstanbieter-spezifischen Zugangstools machen nichts anderes, als eine solche Netzwerkverbindung zu konfigurieren. Auch AOL, der sich lange Zeit nicht an gängige Standards gehalten hat, ermöglicht mittlerweile eine normale Netzwerkverbindung.

DSL-Zugang einrichten

❶ Wählen Sie als Erstes im Startmenü den Menüpunkt *Verbindung herstellen*. Wenn Sie noch keine Netzwerkverbindung konfiguriert haben, erscheint das Fenster *Verbindung mit einem Netzwerk herstellen*.

❷ Wenn Sie bereits in einem lokalen Netzwerk sind, sehen Sie die Meldung *Dieser Computer ist mit Netzwerk verbunden*. Klicken Sie in diesem Fall auf den Link *Eine Verbindung oder Netzwerk einrichten*.

❸ Im nächsten Schritt wird gefragt, welche Art von Verbindung angelegt werden soll. Wählen Sie hier die Option *Verbindung mit dem Internet herstellen*, wenn Sie eine DSL-Verbindung einrichten wollen, bei der der Computer ohne Router direkt mit dem DSL-Modem verbunden ist.

Bild 11.9: Auswahl eines Verbindungstyps

④ Sollte bereits eine Internetverbindung bestehen, erscheint eine weitere Abfrage. Um eine neue Verbindung einzurichten, klicken Sie hier auf *Trotzdem eine neue Verbindung einrichten*.

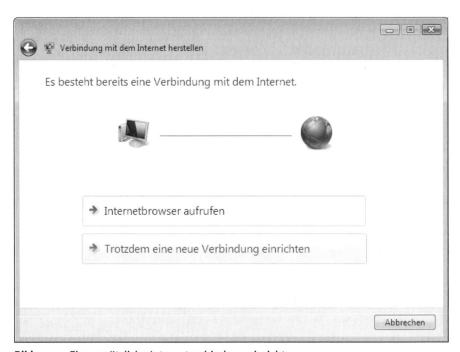

Bild 11.10: Eine zusätzliche Internetverbindung einrichten

⑤ Obwohl Sie sich vorher bereits für eine DSL-Verbindung entschieden haben, bringt Windows Vista jetzt eine weitere Abfrage, ob Sie eine Breitbandverbindung oder doch eine Wählverbindung per ISDN oder Modem einrichten wollen.

11.2 Internetzugang in Vista

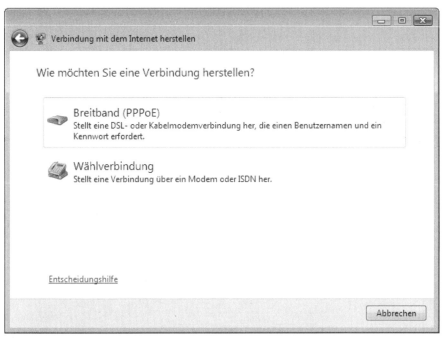

Bild 11.11: Zum zweiten Mal die Frage: *Breitband (PPPoE)* oder *Wählverbindung*?

(6) Wählen Sie hier wieder die erste Option, *Breitband (PPPoE)*.

(7) Geben Sie im nächsten Dialogfeld einen Namen für die Verbindung ein. Sinnvollerweise verwenden Sie hier den Namen des Internetdienstanbieters. Bei Verbindungen, die nur für bestimmte Zeiten gelten, wie zum Beispiel Wochenend- oder Nachttarife, können Sie zusätzliche Informationen im Namen angeben. Dieser Name wird nur für die Anzeige in den Netzwerkverbindungen verwendet. Bei DSL haben Sie üblicherweise keine zeitabhängig unterschiedlichen Tarife und nur eine Verbindung, die permanent verwendet wird.

Hier müssen Sie den Benutzernamen und das Kennwort für die Verbindung anlegen. Beide werden in den meisten Fällen vom Internetdienstanbieter (ISP) vorgegeben.

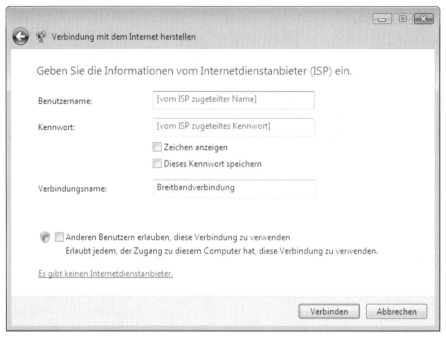

Bild 11.12: *Benutzername* und *Kennwort* für die Internetverbindung

Das Kennwort bekommen Sie normalerweise vom Interdienstanbieter schriftlich per Post oder E-Mail mitgeteilt. Bei vielen Anbietern können Sie das vorgegebene Kennwort, das aus einer schwer zu merkenden Kombination aus Zahlen und Buchstaben besteht, auch nicht ändern.

Bei T-Online zum Beispiel setzt sich der Benutzername aus mehreren Komponenten zusammen. Geben Sie nacheinander und ohne Leerzeichen folgende Nummern ein: Anschlusskennung (12-stellig) + T-Online-Nummer (meist 12-stellig) + Mitbenutzernummer (für den Hauptnutzer immer 0001). Sollte Ihre T-Online-Nummer weniger als 12 Stellen enthalten, muss zwischen der T-Online-Nummer und der Mitbenutzernummer das Zeichen # stehen. Dieses Schema gilt für ISDN- und Modemverbindungen. Der Benutzername für DSL-Verbindungen ist genauso aufgebaut, mit dem Unterschied, dass am Ende noch die Zeichenfolge *@t-online.de* angehängt werden muss.

8. Ein Klick auf *Verbinden* versucht, eine Verbindung einzurichten. Dazu wird automatisch ein Internetkonnektivitätstest ausgeführt.

Es erscheint ein Dialogfenster zum Verbindungsaufbau, in dem der Benutzername und das Passwort bereits eingetragen sind, falls Sie die Option *Dieses Kennwort speichern* eingeschaltet hatten. Ein Klick auf die Schaltfläche *Verbinden* baut die Verbindung auf.

11.2 Internetzugang in Vista

Bild 11.13: Aufbau der Internetverbindung

⑨ Wenn Sie die Verbindung in Zukunft automatisch aufbauen möchten, sollten Sie spätestens hier Benutzernamen und Kennwort speichern. Allerdings gehen Sie damit auch ein Sicherheitsrisiko ein. Wer Zugang zu Ihrem Computer hat, kommt damit auch ins Internet. Um das Kennwort für alle Benutzer zu speichern, brauchen Sie Administratorenrechte.

⑩ Internetverbindungen werden von Windows Vista wie Netzwerkverbindungen behandelt. Deshalb müssen Sie jetzt auch die Sicherheitseinstellungen für den Netzwerkstandort wählen. Wählen Sie bei Internetverbindungen immer die Option *Öffentlicher Ort*.

Bild 11.14: Netzwerkstandort für die Internetverbindung festlegen

⓫ Die aktive Internetverbindung wird durch ein Symbol in der Taskleiste angezeigt. Ein Doppelklick auf dieses Symbol zeigt den aktuellen Verbindungsstatus. Ein Rechtsklick auf das Symbol öffnet ein Kontextmenü, in dem die Verbindung getrennt werden kann.

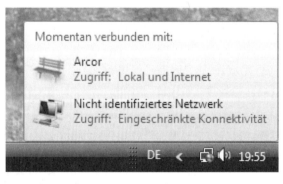

Bild 11.15: Das Netzwerkverbindungssymbol in der Taskleiste

DSL-Geschwindigkeit testen

Ein DSL-2000-, DSL-6000- oder gar ein Highspeed-DSL-Anschluss mit bis zu 16.000 kBit/s bringt noch lange nicht die Garantie, dass diese Geschwindigkeit im Download aus dem Internet auch tatsächlich erreicht wird.

Auf der anbieterunabhängigen Webseite *www.wieistmeineip.de/speedtest* können Sie die aktuellen Download- und Uploadgeschwindigkeiten Ihrer Internetverbindung jederzeit testen, unabhängig davon, über welche Technik die Daten empfangen werden.

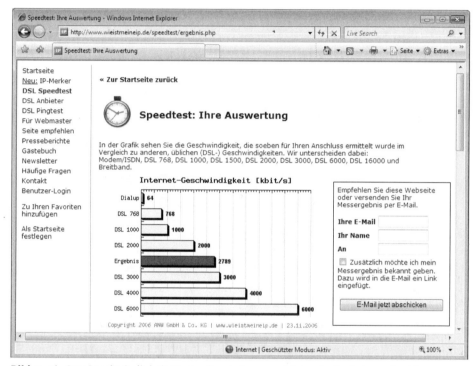

Bild 11.16: Der Geschwindigkeitstest online bei *www.wieistmeineip.de/speedtest/*

Lassen Sie sich nicht durch Werbung beirren. Der Test ist kostenlos und unabhängig vom Interdienstanbieter.

▲ Geschwindigkeitsanzeige in der Taskleiste

Die Geschwindigkeitsanzeige der Netzwerkverbindung in der Taskleiste zeigt bei DSL konstant je nach Netzwerkkarte 10 oder 100 MBit/s an, obwohl auch bei DSL 3000 nur maximal 3000 KBit/s möglich sind. Diese Anzeige zeigt immer nur die eingestellte Geschwindigkeit des verwendeten Geräts, hier der Netzwerkkarte, an. Bei ISDN-Verbindungen werden immer 64 KBit/s angezeigt, auch wenn diese in der Praxis nie erreicht werden.

DSL-Router konfigurieren

Die einfachste Methode, mehrere Computer aus einem Netzwerk ins Internet zu bringen, ist ein Router. Solche Router waren bis vor ein paar Jahren teuer und mühsam zu konfigurieren. In letzter Zeit bekommt man oft bei der Beantragung eines DSL-Anschlusses einen Router kostenlos mit dazu.

Diese Router erfüllen in kleinen Netzwerken gleichzeitig die Funktion des zentralen Hubs, an dem alle Netzwerkkabel zusammenlaufen. Viele aktuelle Router bieten neben zwei bis acht Anschlüssen für Netzwerkkabel noch die Möglichkeit, weitere PCs drahtlos per WLAN in das Netzwerk einzubinden.

Bild 11.17: DSL-Router dsl+ 1100 duo mit eingebautem DSL-Modem (Foto devolo AG)

Ein Router wird anstatt eines PCs direkt am DSL-Modem angeschlossen. Am Router werden dann alle PCs wiederum mit Netzwerkkabeln angeschlossen. Einige Router bieten zusätzlich USB-Anschlüsse für Computer ohne Netzwerkkarte.

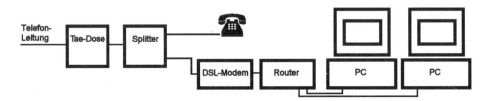

Bild 11.18: Anschlussschema für DSL-Anschluss mit Router und mehreren PCs

Manche Router, wie zum Beispiel der abgebildete dsl+ 1100 duo, haben ein eingebautes DSL-Modem, sodass kein eigenes DSL-Modem mehr notwendig ist.

▲ Routerkonfiguration ganz einfach

Fast alle modernen Router bieten eine HTML-Oberfläche zur Konfiguration, sodass keine Kommandozeilenbefehle mehr notwendig sind. Am Beispiel des Devolo-Routers dsl+ 1100 duo, einem der am einfachsten zu konfigurierenden Router überhaupt, zeigen

11.2 Internetzugang in Vista

wir die prinzipielle Vorgehensweise. Auf anderen Routern sehen die Konfigurationsdialoge anders aus, die Funktionen sind aber überall weitgehend die gleichen.

Router per USB am PC
Falls Sie den Router nicht per Netzwerkkarte, sondern per USB am PC angeschlossen haben, müssen Sie zunächst den Hardwareassistenten durchlaufen lassen. Dieser startet beim ersten Anschluss des Routers automatisch.

1. Starten Sie die Konfiguration, indem Sie in einem Browserfenster die IP-Adresse des Routers eingeben. Diese finden Sie im Handbuch des Routers. Der dsl+ 1100 duo hat in der Grundeinstellung im lokalen Netzwerk die Adresse 192.168.0.253. Unter dieser Adresse befindet sich das Hauptmenü zur Konfiguration.

2. Der Router begrüßt Sie automatisch mit einer Startseite, die auch den Verbindungsstatus anzeigt.

Bild 11.19: Die Startseite der Routerkonfiguration

3. Wenn Sie den Router bereits mit dem DSL-Splitter verbunden haben und auf dem Router die DSL-LED leuchtet, ist bereits eine physikalische Netzwerkverbindung zum Internetdienstanbieter vorhanden. Ein zusätzliches DSL-Modem ist beim dsl+

1100 duo nicht notwendig, es ist im Router eingebaut. Die Statusanzeige im unteren Bereich des Fensters zeigt *online*.

④ Genauere Informationen zur Verbindung wie die Verbindungsgeschwindigkeit und die aktuelle IP-Adresse finden Sie mit einem Klick auf *Verbindungsstatus*.

Bild 11.20: Statusanzeige in der Routerkonfiguration

⑤ Für die erste Konfiguration starten Sie am besten den Einrichtungsassistenten. Detaillierte Einstellungen können Sie später immer noch vornehmen. Der erste Schritt des Einrichtungsassistenten fragt nach einem Land. Wenn Sie hier Deutschland, Schweiz oder Österreich eingeben, zeigt der Router automatisch eine Liste bekannter Internetanbieter an, sodass die Eingabe der Zugangsdaten vereinfacht wird. Diese Funktion bieten bis jetzt nur die wenigsten Router. In vielen Fällen müssen Sie die Daten noch sehr umständlich eintragen.

11.2 Internetzugang in Vista

Bild 11.21: Auswahl eines Internetanbieters

(6) Der nächste Schritt des Assistenten fragt die Zugangsdaten ab, die Sie von Ihrem Internetanbieter bekommen haben. Je nach Anbieter sieht das Eingabeformular unterschiedlich aus. Besonders bei T-Online ist dieses Formular sehr nützlich, da sich die eigentlichen Benutzerdaten aus verschiedenen Komponenten zusammensetzen. Das Kennwort wird im Browser nicht angezeigt, deshalb muss es, um Tippfehler auszuschließen, ein zweites Mal eingegeben werden.

Bild 11.22: Eingabe der *Zugangsdaten*

7 Wenn Sie eine Flatrate haben, können Sie die Internetverbindung ständig bestehen lassen, bei zeitabhängigen Tarifen sollten Sie den Router die Verbindung bei Inaktivität automatisch trennen lassen.

8 Nach erfolgreicher Eingabe der Daten wird automatisch die Internetverbindung eingerichtet. Der Router führt selbstständig einen Verbindungstest durch und bestätigt nach kurzer Zeit die erfolgreiche Konfiguration. Sollte ein Fehler angezeigt werden, geben Sie Ihre Zugangsdaten erneut ein. Wenn auch dies nicht funktioniert, prüfen Sie, ob Sie den richtigen Anbieter ausgewählt haben, oder verwenden die allgemeine Konfiguration für *andere Anbieter*.

Jetzt können Sie sofort lossurfen. Trotzdem lohnt sich ein Blick in die Expertenkonfiguration.

▲ Die Expertenkonfiguration

In der Expertenkonfiguration können Sie die Konfigurationseinstellungen des Routers in einer Datei auf dem Computer speichern, sodass Sie sie jederzeit leicht wiederherstellen können. Sollte mit der Konfiguration etwas schiefgelaufen sein, können Sie hier den Router auch wieder auf die Werkseinstellungen zurücksetzen.

11.2 Internetzugang in Vista

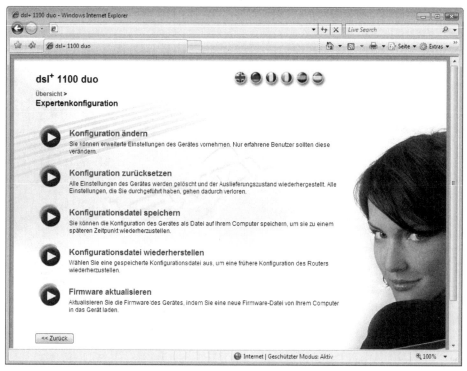

Bild 11.23: Menü der *Expertenkonfiguration*

Im Menü *Konfiguration ändern* finden Sie Einstellungen, die nur in Sonderfällen gebraucht werden. Eine sollten Sie jedoch in jedem Fall vornehmen:

▲ Das Passwort festlegen

Eine der ersten Einstellungen, die Sie auf jedem Router vornehmen sollten, ist die Änderung des Passworts für den Administrator. Damit verhindern Sie, dass irgendjemand ohne Ihr Wissen die Internetverbindungseinstellungen ändert und zum Beispiel anstatt Ihrer günstigen Flatrate einen teuren Zeittarif einstellt.

Bild 11.24: *Kennwort* für den Router festlegen

In den meisten Fällen werden Sie den UPnP-Zugang zum Router nicht benötigen. Deshalb ist diese Option auch standardmäßig ausgeschaltet. Eine Konfiguration über die Browseroberfläche ist auch ohne UPnP im Netzwerk möglich.

▲ DHCP: IP-Adressen automatisch vergeben

DHCP, das Dynamic Host Control Protocol, bietet die einfachste Konfiguration der lokalen PCs im Netz, indem die IP-Adressen von einem zentralen DHCP-Server automatisch vergeben werden. Man braucht also nicht auf jedem Computer eine eigene IP-Adresse festzulegen und sich auch nicht darum zu sorgen, dass eine Adresse doppelt vorkommen könnte.

Die meisten Router beinhalten einen eigenen DHCP-Server. Er muss nur aktiviert werden. Sie brauchen nur noch die Adresse des Routers selbst und die Netzmaske einzugeben. In kleinen Netzwerken mit weniger als 250 Computern können Sie üblicherweise die Standardeinstellungen bestehen lassen.

11.2 Internetzugang in Vista

Bild 11.25: Konfiguration des DHCP-Servers im Router

▲ Portweiterleitungen für Server und spezielle Internetdienste

Wenn Sie auf einem Computer im Netzwerk einen Webserver betreiben, oder wenn Sie eine Fernsteuersoftware wie pcAnywhere oder die Windows Remotedesktop-Verbindung nutzen wollen, müssen Sie eine Portweiterleitung einrichten. Diese legt auf dem Router fest, an welchen Computer im lokalen Netzwerk eine eingehende Anfrage auf einem bestimmten Port weitergeleitet wird. Tragen Sie die entsprechende lokale IP-Adresse ein, und wählen Sie den Dienst aus, der auf diesem Computer laufen soll.

Bild 11.26: Portweiterleitungen einrichten

Möchten Sie einen speziellen Dienst nutzen, der nicht in der Liste steht, können Sie auch einen Portbereich frei definieren.

▲ Dynamisches DNS

Wer einen eigenen Server betreibt, hat bei den meisten Internetdienstanbietern das Problem, dass sich die eigene IP-Adresse, unter der der Server erreichbar ist, bei jeder Anwahl und auch bei den automatischen Trennungen alle 24 Stunden ändert. Dynamische DNS-Dienste wie *DynDNS.org* bieten frei wählbare Namen an, die automatisch der aktuellen IP-Adresse zugeordnet werden. Sind Sie bei einem dieser Anbieter registriert, können Sie Ihre Daten auf dem Router eintragen, der dann automatisch die aktuelle IP-Adresse Ihres Servers beim DNS-Anbieter aktualisiert.

▲ Die T-Com Router der Sinus-Serie

T-Com liefert für DSL-Anschlüsse einen einfachen Router mit einem Netzwerkanschluss für den PC sowie der Möglichkeit, weitere PCs per WLAN anzuschließen. Möchten Sie mehrere PCs per Netzwerkkabel ins Internet bringen, ist wie auch beim zuvor beschriebenen Devolo-Router ein zusätzlicher Netzwerkswitch nötig.

11.2 Internetzugang in Vista

Die Konfiguration des Routers erfolgt über ein Browserfenster. Allerdings haben diese Router standardmäßig die IP-Adresse 192.168.2.1. Deaktivieren Sie außerdem in Ihrem Browser eventuelle Popup-Blocker, da das Konfigurationstool ein neues Browserfenster öffnet.

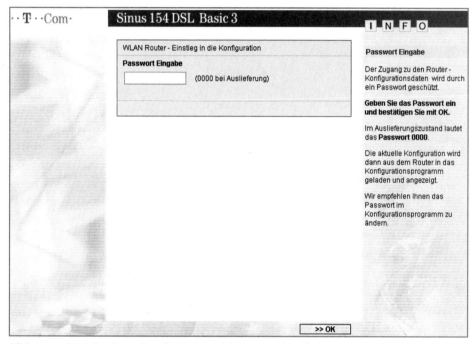

Bild 11.27: Start der Routerkonfiguration mit Passworteingabe

Zum Zugriff auf den Router müssen Sie ein Passwort eingeben. Bei Auslieferung ist dieses auf 0000 voreingestellt. Nach einer Inaktivitätszeit schaltet sich das Konfigurationsprogramm automatisch aus, und man muss das Passwort wieder eingeben.

Für die erste Konfiguration ist ein einfacher Assistent enthalten. Natürlich können Sie auf die Einstellungen, die der Assistent vornimmt, später auch mit normalen Konfigurationsdialogen zugreifen.

1. Im ersten Schritt fragt der Assistent nach einem neuen Passwort. Um eine Passwortänderung vornehmen zu können, muss sicherheitshalber einmal das alte Passwort eingegeben werden.

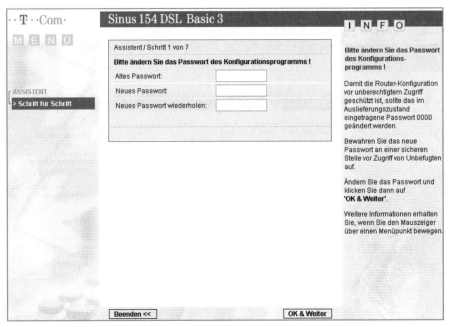

Bild 11.28: Passwort ändern

② Danach fragt der Assistent, über welchen Interdienstanbieter die Internetverbindung laufen soll. Da viele Benutzer immer wieder Schwierigkeiten haben, Benutzernamen und Passwort bei T-Online richtig einzugeben, bieten die Telekom-Router für T-Online-Nutzer ein spezielles Formular zur Dateneingabe an.

③ Wer einen derartigen Router für andere Internetdienstanbieter verwendet, findet ein Eingabeformular, in dem Benutzername und Kennwort sowie bei Bedarf auch eine feste IP-Adresse und Adressen von DNS-Servern eingetragen werden können.

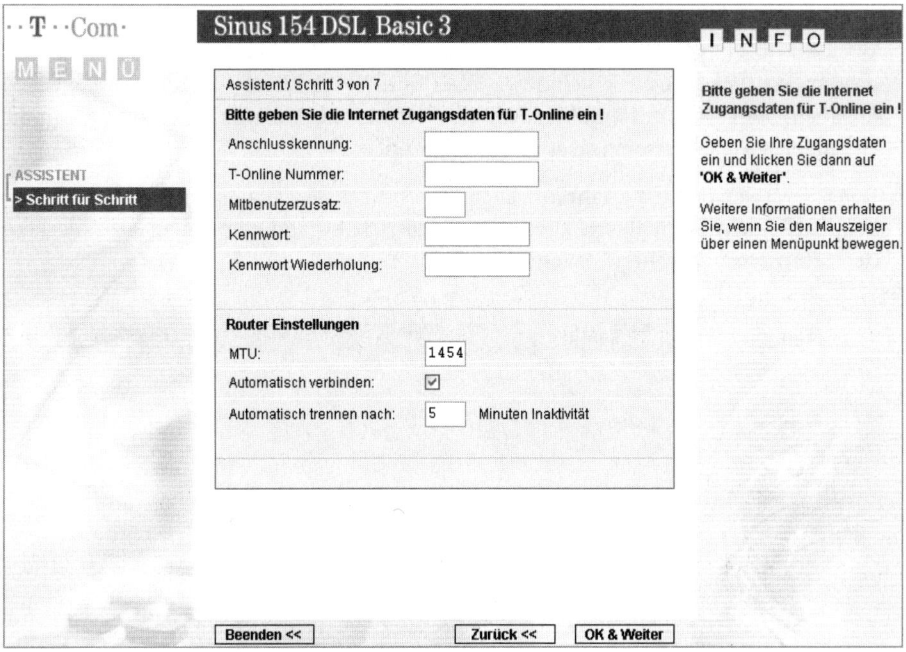

11.2 Internetzugang in Vista

Bild 11.29: Zugangsdaten für T-Online eingeben

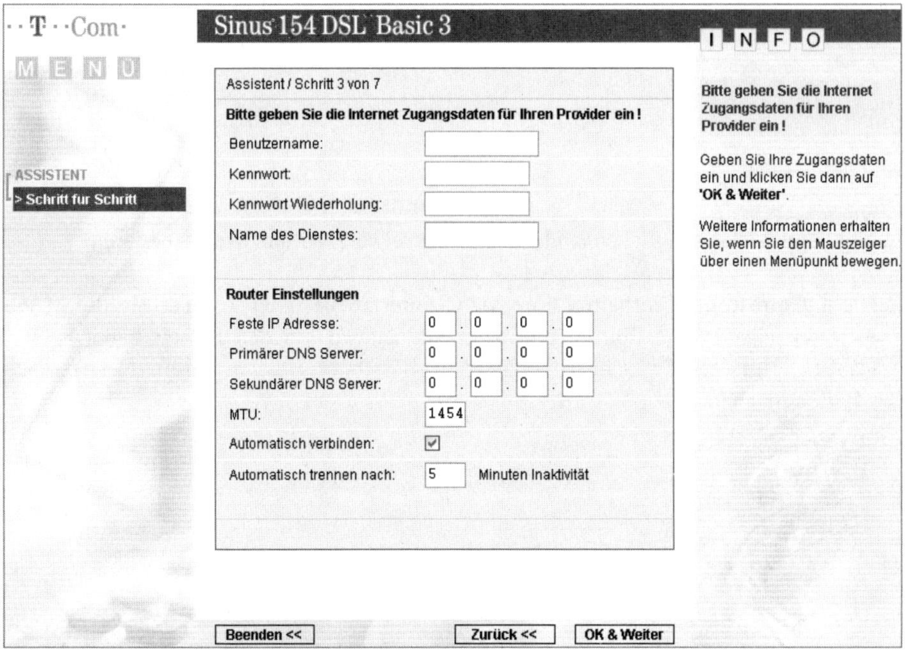

Bild 11.30: Konfiguration für andere Internetdienstanbieter

④ Der Router bietet verschiedene Verschlüsselungsverfahren, WEP, WPA2 und WPA/WPA2. Eines davon sollten Sie im nächsten Schritt aktivieren. Bedenken Sie dabei, dass WPA/WPA2 nur mit Windows Vista und XP verwendet werden kann. Wenn Sie auch Computer mit anderen Betriebssystemen im Netzwerk haben, müssen Sie ein anderes Verschlüsselungsverfahren verwenden.

⑤ Je nach verwendetem Verfahren tragen Sie im nächsten Dialog einen oder mehrere Schlüssel ein. WEP-Schlüssel können automatisch anhand eines leichter zu merkenden Schlüsselworts generiert werden.

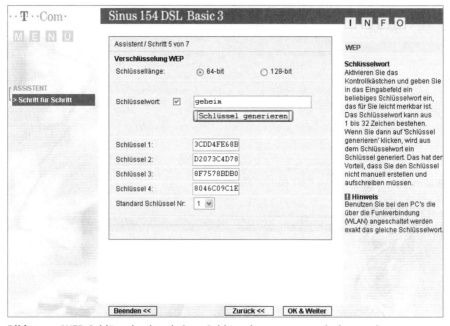

Bild 11.31: WEP-Schlüssel anhand eines Schlüsselworts automatisch generieren

⑥ Die T-Com-Router enthalten eine MAC-Filtertabelle. Hier können Sie die MAC-Adressen aller WLAN-Karten eintragen, die Zugriff auf den Router haben sollen. Damit verhindern Sie sehr zuverlässig, dass sich Fremde in Ihrem Netzwerk zu schaffen machen.

11.2 Internetzugang in Vista

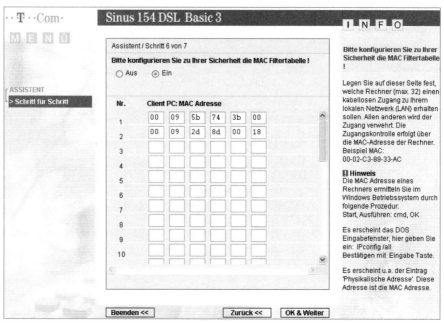

Bild 11.32: MAC-Adressen auf dem Router filtern

- (7) Diese MAC-Adresse ist eine weltweit eindeutige Kennung jeder Netzwerkkarte. Sie ist bei vielen WLAN-Karten auf einem Aufkleber aufgedruckt.

- (8) Die MAC-Adresse der eingebauten Netzwerkkarte sehen Sie auch unter Windows. Klicken Sie mit der rechten Maustaste auf das Symbol der Netzwerkverbindung im Infobereich der Taskleiste. Wählen Sie im Kontextmenü die Option *Netzwerk- und Freigabecenter*. Klicken Sie dann im nächsten Dialogfeld auf den Link *Status anzeigen*.

- (9) Klicken Sie im nächsten Dialogfeld *Status von LAN-Verbindung* auf den Button *Details*. Es öffnet sich ein weiteres Fenster. Hier wird in der Zeile *Physikalische Adresse* die MAC-Adresse angezeigt.

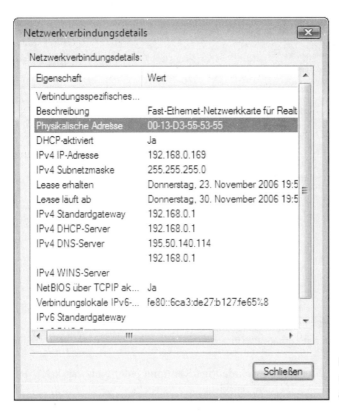

Bild 11.33: MAC-Adresse unter Windows Vista anzeigen

Im Hauptmenü der Routerkonfiguration finden Sie noch zwei wichtige Optionen: *Sicherheit* und *Netzwerk*. Im Bereich *Netzwerk* können Sie die Einstellungen für den Internetzugang und den DHCP-Server im Router ändern.

Besonders wichtig ist der Bereich *Sicherheit*, in dem Sie neben der WLAN-Verschlüsselung auch die im Router eingebaute Firewall konfigurieren können.

ISDN und Modem einrichten

Die meisten PCs und vor allem Notebooks haben zusätzlich zur Netzwerkkarte für DSL auch noch ein Modem eingebaut. Im Zusammenhang mit der DSL-Konfiguration können Sie auch gleich noch das Modem konfigurieren, um bei einem DSL-Ausfall, oder wenn Sie mit dem Notebook unterwegs sind, eine Ersatzinternetverbindung zu haben. Viele Hotelzimmer bieten zum Beispiel einen analogen Telefonanschluss, aber kein DSL.

> Die Konfiguration einer Modemverbindung unter Windows Vista läuft prinzipiell ähnlich wie bei DSL, mit dem Unterschied, dass Sie in der Abfrage die Option *Wählverbindung einrichten* wählen müssen.

11.2 Internetzugang in Vista

② Modem- und ISDN-Verbindungen werden im Gegensatz zu DSL-Verbindungen wie Telefonverbindungen durch Anwahl einer Rufnummer aufgebaut. Tragen Sie dazu im nächsten Schritt die Anwahlnummer Ihres Internetdienstanbieters ein. Diese Anwahlnummern bekommen Sie von Ihrem Internetdienstanbieter.

③ Falls Sie sich über eine Telefonanlage ins Internet einwählen, überprüfen Sie, ob die Telefonanlage als Amtskennziffer eine vorgewählte 0 oder eine andere Ziffer benötigt. Wenn ja, geben Sie diese in der Anwahlnummer zusätzlich an.

④ Fast alle Internetdienstanbieter in Deutschland verwenden heute ortsnetzunabhängige Rufnummern, die mit 0191..., 0192... oder 0193... beginnen. Sie brauchen also keine Wählregeln und Vorwahlbereiche einzutragen.

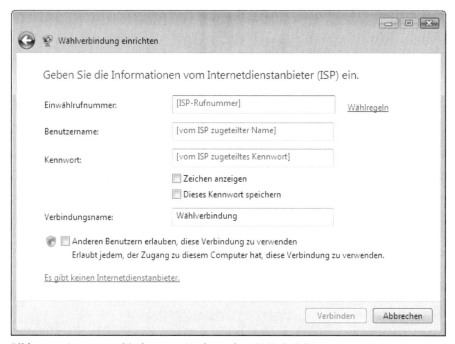

Bild 11.34: Internetverbindung per Modem oder ISDN einrichten

⑤ Tragen Sie hier auch den Benutzernamen und das Passwort für die Verbindung ein. Wenn Sie einen Vertrag mit einem Internetdienstanbieter haben, bekommen Sie von diesem die Daten. Bei Internet-by-Call-Verbindungen beachten Sie die Hinweise auf Seite 631.

⑥ Solange nur ein Modem oder eine ISDN-Karte installiert ist, brauchen Sie keine Hardware auszuwählen. Bei mehreren Geräten erscheint eine Abrage, in der Sie das Modem auswählen, das für die Verbindung verwendet werden soll.

Alle ISDN-Kanäle nutzen
Bei ISDN sollten immer alle Kanäle eingeschaltet sein, damit jeder freie Kanal für eine Internetverbindung benutzt werden kann, auch wenn der andere zum Beispiel durch ein Telefongespräch belegt ist.

Danach erscheint ein Fenster zum Verbindungsaufbau. Wenn Sie das Passwort nicht gespeichert hatten, müssen Sie es hier noch einmal eingeben. Überprüfen Sie an dieser Stelle auch noch einmal die zu wählende Rufnummer.

Bild 11.35: Verbindung mit der *Wählverbindung*

 Mehrere Verbindungen für verschiedene Tarife
Einige Internetdienstanbieter verwenden unterschiedliche Nummern für verschiedene Tarifmodelle. Achten Sie darauf, die richtige Nummer zu verwenden. Bietet ein Internetdienstanbieter zum Beispiel unterschiedliche Tarife, die tagsüber oder nachts jeweils günstiger sind, legen Sie einfach mehrere Internetverbindungen mit den entsprechenden Anwahlnummern an.

Achten Sie darauf, wenn Sie normalerweise DSL verwenden, die Modemverbindung nicht als Standardverbindung einzutragen, Sie werden sie nur in Notfällen oder unterwegs brauchen, wenn Sie keinen DSL-Anschluss haben.

▲ Internet-by-Call für Gelegenheitssurfer

Wenn Sie einen DSL-Vertrag mit Flatrate oder Volumentarif haben, gelten diese Konditionen nicht automatisch auch für Modem- oder ISDN-Verbindungen – auch nicht beim selben Anbieter. Einwahlverbindungen werden fast immer nach einem Zeittakt abgerechnet, der in den meisten Fällen sogar teurer ist als ein DSL-Angebot.

Ein Vertrag mit einem Internetdienstanbieter für die Modem- oder ISDN-Einwahl lohnt sich also nicht, wenn Sie normalerweise einen DSL-Zugang verwenden. Für Gelegenheitssurfer oder zum Testen einer Verbindung können Sie ein Internet-by-Call-Angebot nutzen, bei dem Sie keinen Vertrag benötigen. Die Nutzung wird nach einem Zeittakt über die normale Telefonrechnung abgerechnet. Unsere Tabelle zeigt einige Anbieter mit Anwahlnummer und Zugangsdaten. Alle aufgelisteten Anbieter unterstützen die Einwahl per Modem oder ISDN:

Anbieter	Einwahlnummer	Benutzername	Passwort
1click2surf	019193237	1click2surf	1click2surf
Arcor	01920787	arcor	internet
freenet	019231770	freenet	freenet
meOme	019285520	meome	meome
MSN	0193670	msn@easysurfer-power.de	msn
Tele 2	01936844	24profi	24profi

Im Gegensatz zu festen Verträgen zwischen Benutzer und Internetdienstanbieter verwenden Internet-by-Call-Anbieter für alle Benutzer denselben Benutzernamen und dasselbe Passwort.

Die Anbieter in der Tabelle bieten werktags tagsüber günstige Internetzugänge. Nachts und an Wochenenden sind teilweise andere Anbieter billiger. Umfassende Übersichten über Internet-by-Call-Anbieter und deren aktuelle Tarife finden Sie bei *www.billiger-surfen.de* und *www.teltarif.de*.

Bild 11.36: Onlinerechner für günstige Internet-by-Call-Anbieter bei *www.billiger-surfen.de*

▲ SmartSurfer findet den preiswertesten Anbieter

Anstatt die Tarife der günstigsten Internet-by-Call-Anbieter täglich von Webseiten selbst herauszusuchen, können Sie auch Programme verwenden, die automatisch den preiswertesten Anbieter wählen. Das bekannteste derartige Programm ist der SmartSurfer, den Sie bei *smartsurfer.web.de* oder *smartsurfer.gmx.de* kostenlos herunterladen können.

11.2 Internetzugang in Vista

Bild 11.37: SmartSurfer herunterladen – *smartsurfer.web.de/*

Bei der Installation wählen Sie den Standardmodus, bei dem nur wenig weitere Fragen zu beantworten sind. Das Modem oder die ISDN-Karte wird automatisch ermittelt und konfiguriert. Falls Sie bei einer Telefonanlage für eine Amtsleitung eine Ziffer vorwählen müssen, geben Sie diese ebenfalls an. Diese Einstellungen werden für spätere Verbindungen gespeichert.

Wenn Sie bei web.de oder GMX eine E-Mail-Adresse haben, können Sie den SmartSurfer so konfigurieren, dass diese E-Mails bei der Einwahl automatisch abgefragt werden. Geben Sie dazu Ihren Benutzernamen und Ihr Passwort für den E-Mail-Zugang im nächsten Dialog an. Haben Sie keine E-Mail-Adresse bei web.de, oder wollen Sie die Mails nicht bei jeder Einwahl automatisch abfragen, übergehen Sie diesen Schritt einfach.

Bei der Erstkonfiguration werden Tarifdaten heruntergeladen. Dies erfolgt über eine spezielle Anwahlnummer, mit der auch das Modem getestet wird. Diese Verbindung ist kostenlos.

Haben Sie bereits DFÜ-Verbindungen in Windows erstellt, können diese in den Smart-Surfer übernommen werden. Dazu wird eine Liste angezeigt, in der Sie die gewünschten Verbindungen auswählen können. Internet-by-Call-Anbieter ohne Anmeldung, die Sie bereits manuell konfiguriert haben, werden automatisch erkannt. Bei späteren Programmstarts sind diese Konfigurationseinstellungen nicht mehr erforderlich.

Der SmartSurfer zeigt danach eine Liste der günstigsten Anbieter an. Genaue Informationen zu den Tarifen erhalten Sie, wenn Sie einen Anbieter markieren und auf *Details* klicken.

Bild 11.38: Die Anbieterliste im SmartSurfer

Anbieter ohne Grundgebühr und Mindestnutzung werden mit einem grünen Telefonsymbol markiert, Anbieter mit Grundgebühr oder Mindestnutzung mit einem roten Symbol. Dabei verwaltet der SmartSurfer automatisch Freistunden und warnt Sie beim Tarifzeitenwechsel eines Anbieters. Manche Anbieter bieten nur für wenige Stunden am Tag extrem günstige Tarife an, sind aber die übrige Zeit überdurchschnittlich teuer.

Die Anbieterliste wird regelmäßig aktualisiert. Mit dem SmartSurfer können Sie auch dann immer den günstigsten Anbieter nutzen, wenn Sie aus Sicherheitsgründen mit einem eingeschränkten Benutzerkonto angemeldet sind. Standardmäßig kann in Win-

11.2 Internetzugang in Vista

dows Vista nur ein Administrator die Eigenschaften einer Internetverbindung und damit auch den Anbieter wechseln.

In dieser Liste steht der günstigste Anbieter standardmäßig ganz oben und ist auch gleich ausgewählt. Sie müssen nur noch auf *Verbinden* klicken, und schon wird die Verbindung hergestellt. Das SmartSurfer-Fenster wird zu einem kleinen gelben Symbol neben der Uhr in der Taskleiste minimiert.

Mit der Schaltfläche *Quick-Test* kann eine Testeinwahl zu einem ausgewählten Anbieter ausgeführt und eine Testdatei heruntergeladen werden, um die Zuverlässigkeit und Downloadgeschwindigkeit zu prüfen. Die geprüften Anbieter werden in einer Liste verglichen. Je höher die Downloadgeschwindigkeit, desto besser.

Der SmartSurfer verfügt über einen integrierten Geschwindigkeitstest für Internetdienstanbieter. Dieser kann automatisch bei jeder Einwahl oder bei der ersten Einwahl an jedem Tag aktiviert werden.

Bild 11.39: Den automatischen Anbieter-Test aktivieren

Die Schaltfläche *Optionen* blendet einen Dialog zur detaillierten Konfiguration des SmartSurfers an. Hier können Sie je nach Surfverhalten bestimmte Anbieter deaktivieren. Wenn Sie zum Beispiel häufig nur kurz ins Internet gehen, um E-Mails abzufragen, sollten Sie in der *Anbieterauswahl* auf der Registerkarte *Erweitert* nur Anbieter ohne Einwahlgebühr anzeigen lassen.

Automatischer Verbindungsaufbau

Für alle, die oft ins Internet gehen, ist es auf Dauer sehr lästig, jede Verbindung manuell auf- und wieder abbauen zu müssen. Viel einfacher ist es, wenn der Browser automatisch dafür sorgt, dass eine Internetverbindung aufgebaut wird.

Bei Verbindungen über den Router regelt dieser den automatischen Verbindungsaufbau. Wenn Sie den Computer direkt ohne Router mit dem Internet verbunden haben, können Sie den automatischen Verbindungsaufbau in Windows Vista einstellen. Dabei spielt es keine Rolle, ob Sie DSL, ISDN oder ein analoges Modem nutzen. Die Konfiguration ist immer die gleiche.

① Starten Sie dazu in der Systemsteuerung unter *Netzwerk und Internet* das Modul *Internetoptionen*. Wählen Sie dort auf der Registerkarte *Verbindungen* die Verbindung, die automatisch gewählt werden soll.

② Schalten Sie danach den Schalter *Immer Standardverbindung wählen* ein, und klicken Sie anschließend auf die Schaltfläche *Als Standard*, solange die gewünschte Verbindung markiert ist. Speichern Sie die Einstellungen mit *OK*.

③ Wenn Sie das nächste Mal im Browser eine Internetadresse eingeben, erscheint automatisch ein Dialogfeld zur Anwahl. Schalten Sie hier den Schalter *Verbindung automatisch herstellen* ein, und klicken Sie dann auf *Verbinden*.

Beim nächsten Start eines Webbrowsers wird automatisch ohne weitere Nachfrage diese Verbindung gewählt.

Vorsicht Spyware
Bedenken Sie, dass viele Programme versuchen, sich selbstständig ins Internet zu wählen, um zum Beispiel Benutzerdaten an die jeweiligen Hersteller zu übermitteln. Auch diese Programme können den automatischen Verbindungsaufbau nutzen. Aktivieren Sie sicherheitshalber immer die Windows-Firewall.

11.2 Internetzugang in Vista

Bild 11.40: Auswahl einer Standardverbindung

▲ Verbindung automatisch trennen

Denken Sie bei automatisch aufgebauten Verbindungen daran, diese bei Nichtbenutzung auch wieder zu trennen, sonst kommt es auf Dauer zu hohen Internetkosten.

Bei jeder Internetverbindung lassen sich Zeiten für die automatische Trennung einstellen.

1. Wählen Sie in der Systemsteuerung unter *Netzwerk und Internet/Netzwerk- und Freigabecenter* die Option *Verbindung mit Netzwerk herstellen*.

❷ Klicken Sie mit der rechten Maustaste in der Liste der Netzwerkverbindungen auf die gewünschte Verbindung, und wählen Sie im Kontextmenü *Eigenschaften*.

❸ Auf der Registerkarte *Optionen* im nächsten Dialogfeld können Sie im Listenfeld *Leerlaufzeit, nach der aufgelegt wird* festlegen, nach welcher Inaktivitätszeit die Verbindung automatisch getrennt werden soll.

Bild 11.41: Einstellungen für automatische Trennung nach einer Leerlaufzeit

11.3 Drahtlose Netzwerkverbindungen

Wer keine Kabel verlegen möchte oder sich zum Beispiel mit einem Notebook frei im Haus bewegen möchte, kann seine Computer auch drahtlos miteinander vernetzen. Dabei ist Wireless-LAN, kurz WLAN, nicht eine Art Internetzugang, wie dies die großen

11.3 Drahtlose Netzwerkverbindungen

Internetdienstanbieter werbewirksam propagieren, sondern einfach nur eine drahtlose Verbindung in ein lokales Netzwerk.

Über diese Netzwerkverbindung kann man auch ins Internet gehen, sie kann aber genauso zum Zugriff auf andere Rechner verwendet werden, die über Netzwerkkabel miteinander verbunden sind.

Zentraler Punkt eines WLANs ist ein WLAN-Router oder Access-Point. Der Router übernimmt die Koordination des lokalen Netzwerks und stellt gleichzeitig einen Internetzugang zur Verfügung. Dabei können an die meisten WLAN-Router vier PCs per Kabel und theoretisch bis zu 250 weitere drahtlos angeschlossen werden. In der Praxis liegt die Zahl anschließbarer WLAN-PCs aufgrund der Bandbreite deutlich darunter.

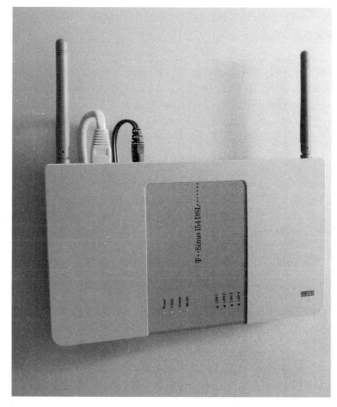

Bild 11.42:
Typischer WLAN-Router
T-Com Sinus 154 DSL
(Foto: T-Com)

Ein Access-Point hat im Gegensatz zu einem WLAN-Router keine eigene Internettechnik, sondern ist nur eine Sende- und Empfangsstation, die per Netzwerkkabel an einem Router oder Hub angeschlossen ist.

Der richtige Platz für den WLAN-Router
Beachten Sie beim Aufbau eines WLANs, dass Betondecken starke Dämpfungen bewirken. Wer also im Hausanschlussraum im Keller seinen DSL-Anschluss hat, sollte nicht auch dort den WLAN-Router aufstellen. Legen Sie lieber ein Kabel vom Anschluss an einen zentralen Punkt im Haus und stellen Sie dort den WLAN-Router auf. Auch größere Metallteile wie Stahlregale oder die Bewehrung in Stahlbetondecken können die Ausbreitung eines WLANs beeinträchtigen. Ein weiterer Einfluss ist die Feuchtigkeit der Luft sowie auch die natürliche Feuchte in den Wänden von Neubauten, die oft erst nach Jahren völlig durchtrocknen. Probieren Sie am besten verschiedene Stellen für den Router aus, da die Ausbreitungsbedingungen schwer abzuschätzen sind. So kann es passieren, dass auf der Straße vor dem Haus ein Empfang problemlos möglich ist, wogegen einzelne Räume des Hauses im Funkschatten liegen.

In jedem PC, der drahtlos mit dem Netzwerk verbunden werden soll, ist eine WLAN-Karte erforderlich. Diese Karten gibt es für PCI, PC-Card oder USB-Anschluss. Besonders bei Notebooks ist WLAN sehr verbreitet. Viele Notebooks haben diese Funktechnik bereits eingebaut. Anstatt der Steckbuchse für ein Netzwerkkabel haben WLAN-Karten eine kleine Antenne.

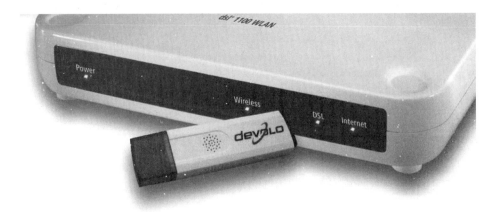

Bild 11.43: WLAN-USB-Stick für Notebooks (Foto: devolo AG)

Die großen Mobilfunkanbieter T-Mobile und Vodafone bieten WLAN-Karten für Notebooks an, die zusätzlich auch über GPRS oder UMTS Internetverbindungen aufbauen können, wenn kein WLAN verfügbar ist.

11.3 Drahtlose Netzwerkverbindungen

Bild 11.44: Die web'n'walk card W-LAN von T-Mobile (Foto: T-Mobile)

Zur Abrechnung und Identifizierung bei GPRS- oder UMTS-Verbindungen steckt man in die Karte eine SIM-Karte des jeweiligen Anbieters. Bei der ersten Anmeldung fragt die Software die PIN der SIM-Karte ab.

WLAN-Karte unter Vista konfigurieren

WLAN-Karten werden unter Windows Vista automatisch erkannt. Beim ersten Einstecken der Karte wird man aufgefordert, einen Treiber zu installieren.

Achtung
Bei einigen WLAN-Adaptern muss die Software von der beiliegenden CD installiert werden, BEVOR das Gerät mit dem Computer verbunden wird. Beachten Sie hier die Handbücher der WLAN-Karten. Oft sind auch auf den Verpackungen auffällige Aufkleber.

Neben dem eigentlichen Treiber liefern viele WLAN-Karten eigene Konfigurationstools mit. Wird ein mit der Karte geliefertes Konfigurationstool verwendet, wurde unter Windows XP von der Installationsroutine in den meisten Fällen der Standard-WLAN-Manager von Windows ausgeschaltet, um Konflikte zu vermeiden. Unter Windows Vista gibt es hier Probleme, sodass die eigenen Tools der WLAN-Karten oft nicht laufen.

1. Beim Einstecken einer WLAN-Karte oder eines USB-Sticks erscheint die Meldung *Neue Hardware gefunden*.

Bild 11.45: Neu erkannte Hardware

② Klicken Sie hier auf *Treibersoftware suchen und installieren*. In den meisten Fällen müssen Sie danach die CD des Herstellers einlegen.

③ Nach der Treiberinstallation und einer kurzen Funktionsprüfung wird eine Liste der gefundenen drahtlosen Netzwerke angezeigt. Wählen Sie hier das gewünschte Netzwerk aus, und klicken Sie auf *Verbindung herstellen*.

④ Wenn im Netzwerk eine Verschlüsselung verwendet wird, müssen Sie im nächsten Schritt einen gültigen Schlüssel angeben. Anstatt den Schlüssel einzutippen, können Sie auch einen USB-Stick anschließen, auf dem die Informationen gespeichert sind.

⑤ Im nächsten Schritt des Assistenten können Sie, wenn Sie dieses Netzwerk öfters verwenden, angeben, dass die Daten gespeichert und die Verbindung wenn möglich automatisch hergestellt werden soll.

11.3 Drahtlose Netzwerkverbindungen

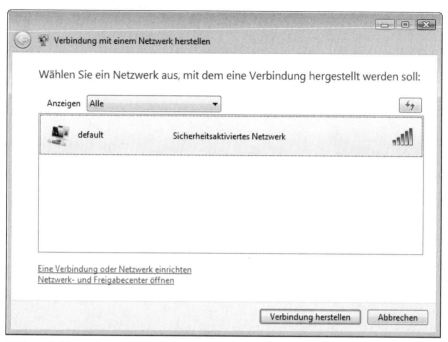

Bild 11.46: Verbindung mit einem drahtlosen Netzwerk

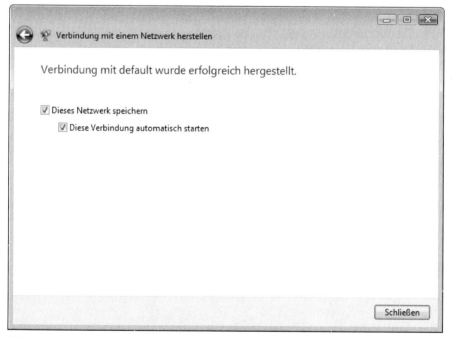

Bild 11.47: Verbindung in Zukunft automatisch herstellen

WLAN-Verbindungen zum lokalen Router werden im Netzwerk- und Freigabecenter ähnlich wie kabelgebundene Netzwerkverbindungen eingetragen.

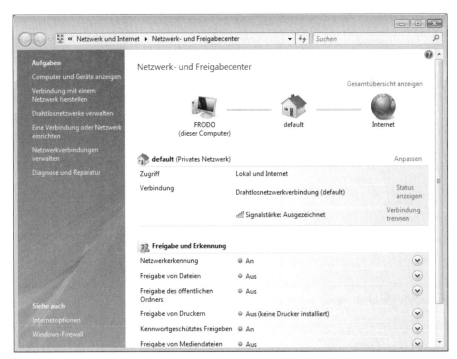

Bild 11.48: Drahtlose Netzwerkverbindung im Netzwerk- und Freigabecenter

Die drahtlose Verbindung kann auch abwechselnd mit einer Kabelverbindung genutzt werden, wenn man ein Notebook zum Beispiel im Büro am Netzwerk betreibt und unterwegs an WLAN-Hotspots.

❻ Windows Vista zeigt die Übertragungsrate und Signalstärke bei WLAN direkt in der Statusanzeige der Netzwerkverbindung an. Diese Anzeige erreichen Sie mit einem Klick auf *Status anzeigen* im Netzwerk- und Freigabecenter.

11.3 Drahtlose Netzwerkverbindungen

Bild 11.49: Statusanzeige einer drahtlosen Netzwerkverbindung in Windows Vista

7. Mit einem Klick auf *Details* finden Sie die verwendete IP-Adresse und Netzwerkmaske, die physikalische (MAC-)Adresse und diverse weitere Informationen.

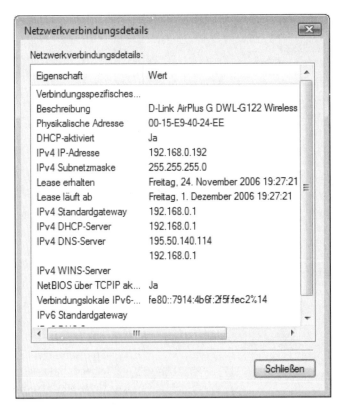

Bild 11.50: Details einer drahtlosen Netzwerkverbindung

⑧ Der Button *Eigenschaften von Drahtlosnetzwerkverbindung* zeigt den Konfigurationsdialog für die Netzwerkkarte. Hier finden Sie die Einstellungen zu allen auf der Karte laufenden Netzwerkdiensten und Protokollen.

11.3 Drahtlose Netzwerkverbindungen

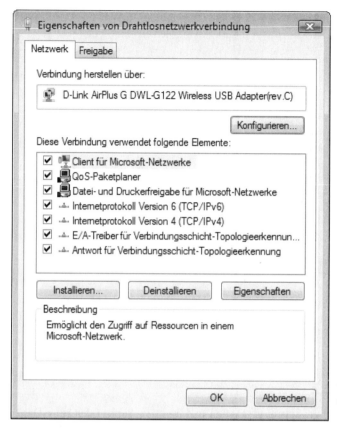

Bild 11.51: Eigenschaften einer drahtlosen Netzwerkverbindung

Sicherheit im drahtlosen Netzwerk

Früher hieß es, dass sich Computerviren nicht wie Grippeviren durch die Luft verbreiten. Seitdem es WLAN gibt, ist eine derartige unbemerkte Infektion durchaus möglich. Nicht nur deshalb sollten Sie verhindern, dass Fremde von der Straße aus oder die Nachbarn Zugang zu Ihrem drahtlosen Netzwerk bekommen. Die genauen Einstellmöglichkeiten sind bei jedem Router etwas anders. Firewalls helfen hier wenig, da sich der Access Point zum WLAN innerhalb der Firewall befindet und nicht »draußen« im Internet.

War-Driving wird in letzter Zeit immer mehr zum Volkssport. Die War-Driver fahren oder laufen mit Notebooks oder WLAN-fähigen PDAs durch die Straßen, auf der Suche nach Funknetzwerken. Programme wie NetStumbler liefern ausführliche Informationen der empfangenen Kenndaten der jeweiligen Router und Access-Points. Ein besonderer Spaß der War-Driver ist das War-Chalking, das Kennzeichnen von offenen WLANs mit speziellen Kreidesymbolen auf der Straße oder an Hauswänden. In War-Chalking-Foren werden mittlerweile sogar GPS-Koordinaten dieser Symbole veröffentlicht.

War-Chalking-Symbol	Bedeutung
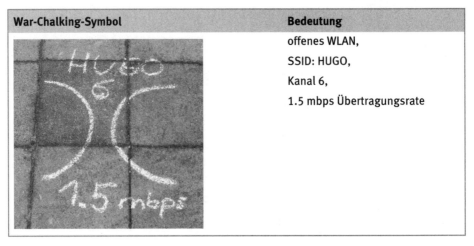	offenes WLAN, SSID: HUGO, Kanal 6, 1.5 mbps Übertragungsrate

Die Empfangsbedingungen eines WLAN-Routers sind schwer abschätzbar. So kann es sein, dass in einem bestimmten Raum des Hauses überhaupt kein Empfang besteht, auf der Straße vor dem Haus aber problemlos das WLAN genutzt werden kann.

War-Driver, aber auch Nachbarn oder Mitarbeiter in Nachbarbüros können auf diese Weise »von innen«, also hinter der Firewall, ins eigene Netzwerk eindringen und Daten ausspionieren und manipulieren.

Neben den dadurch möglichen Betrugsgeschäften mit fremden Bank- oder eBay-Daten ist auch die Gefahr krimineller Aktivitäten nicht zu unterschätzen. Lädt sich jemand über Ihr WLAN zum Beispiel Kinderpornos oder anderes kriminelles Material herunter, wird die IP-Adresse Ihres Internetanschlusses übermittelt. Die Strafverfolgungsbehörden stellen also Sie persönlich zur Rede. Dann wird es schwer, seine Unschuld zu beweisen.

Abgesehen davon können bei Volumentarifen immense Kosten entstehen, wenn Nachbarn in aller Ruhe über Ihr Netzwerk etliche Gigabyte an Daten saugen.

▲ Sicherheitsregeln für jedes WLAN

Schalten Sie das WLAN-Modul im Router ab, wenn Sie es längere Zeit nicht benutzen. Das verringert das Risiko eines unbemerkten Angriffs, wenn Sie nicht zu Hause sind.

Richten Sie den Router nach den lokalen Gegebenheiten aus. Für eine Etagenwohnung ist ein Router mit Zusatzantenne und mehreren hundert Metern Reichweite völlig überdimensioniert und stellt ein hohes Sicherheitsrisiko dar. In großen Büros verwendet man sinnvollerweise mehrere kleine Access-Points anstelle eines großen, um das Netzwerk an die lokalen Ausbreitungsbedingungen besser anzupassen.

11.3 Drahtlose Netzwerkverbindungen

Verändern Sie das Standardpasswort zur Routerkonfiguration, damit niemand sich an Ihrem Router zu schaffen macht, sich selbst Zugang verschafft oder einen anderen (teuren) Internetzugang einrichtet.

Jeder Router hat eine SSID (Service Set Identifier) zur Identifikation. Standardmäßig verwenden die Router die SSID *default*, nach der jede ältere WLAN-Karte sucht. Stellt man diese SSID um, wird es schwieriger, den Router zu finden. Allerdings suchen neuere WLAN-Karten nach allen verfügbaren SSIDs, sodass dies keinen Schutz mehr darstellt. Auf manchen Routern ist es möglich, das automatische Senden der SSID zu unterdrücken. Dann finden die WLAN-Karten den Router nicht mehr automatisch, sondern man muss auf jedem Computer die SSID manuell eingeben.

Bild 11.52: SSID-Einstellungen einer WLAN-Verbindung

In Windows Vista kann in den WLAN-Einstellungen festgelegt werden, dass die Verbindung auch hergestellt werden soll, wenn der Router keine SSID aussendet.

Verschlüsselte Datenübertragung

Bei drahtlosen Netzwerken ist die Verschlüsselung besonders wichtig, da man im Gegensatz zu einem kabelgebundenen Netzwerk nicht merkt, wenn sich ein fremder Computer unautorisiert mit dem Netzwerk verbindet.

Aktivieren Sie wenn möglich die WEP-Verschlüsselung. Dazu muss am Router und auf jedem PC einmalig ein Schlüssel eingegeben werden, der auf allen Geräten gleich ist. Geräte ohne diesen Schlüssel haben keinen Zugang zum WLAN.

Um ein Netzwerk zu verschlüsseln, müssen Sie nur auf dem Router und auf allen Computern im Netzwerk dieselben Schlüssel eingeben und die Verschlüsselung aktivieren.

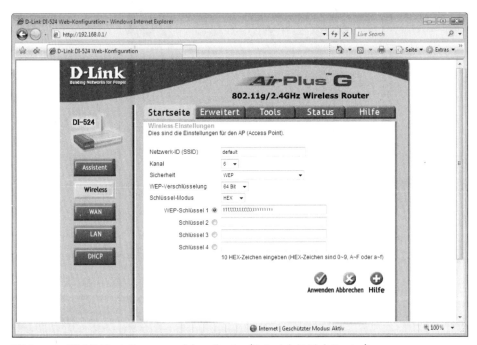

Bild 11.53: WLAN-Einstellungen auf dem Router (Beispiel: D-Link Router)

Die meisten Router bieten mehrere Felder zur Eingabe von Schlüsseln. Auf diese Weise können Sie zur besonderen Sicherheit für einzelne Computer verschiedene Schlüssel verwenden.

Auf jedem PC muss dann die Verschlüsselung ebenfalls aktiviert werden. Nur wenn hier ein Schlüssel eingetragen ist, der auf dem Router ebenfalls eingetragen wurde, ist eine drahtlose Verbindung möglich. Das Eingabefeld finden Sie auf der Registerkarte *Sicherheit* in den Eigenschaften der Netzwerkverbindung.

11.3 Drahtlose Netzwerkverbindungen

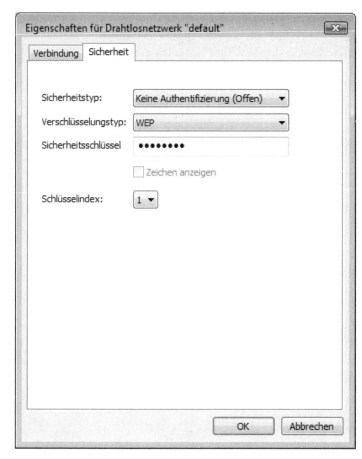

Bild 11.54: Eingabe von WEP-Schlüsseln auf dem PC

 WEP-Schlüssel knacken
Immer wieder veröffentlichen Computerzeitschriften Workshops zum Knacken solcher WEP-Schlüssel. Das Knacken eines Schlüssels ist aber immer noch deutlich aufwendiger als das unberechtigte Eindringen in ein unverschlüsseltes Netzwerk. Wenn die verwendete Hardware WEP-Verschlüsselung unterstützt, sollte man sie auch nutzen.

WPA2 (Wi-Fi Protected Access 2) ist eine Weiterentwicklung der WEP-Verschlüsselung. Sie bietet zusätzlichen Schutz durch dynamische Schlüssel. Nach der Initialisierung mit dem Schlüssel kommt ein Session-Key zum Einsatz. Die meisten aktuellen WLAN-Router unterstützen alternativ zu WEP auch WPA 2. Wenn der Router WPA 2 bietet, sollten Sie es auch aktivieren.

In jedem Fall sollten Sie regelmäßig die Statusanzeige des Routers überprüfen. Hier wird angezeigt, welche WLAN-Clients sich am Router angemeldet haben. Tauchen hier unbekannte Adressen auf, sollten Sie dringend Ihre Sicherheitseinstellungen anpassen.

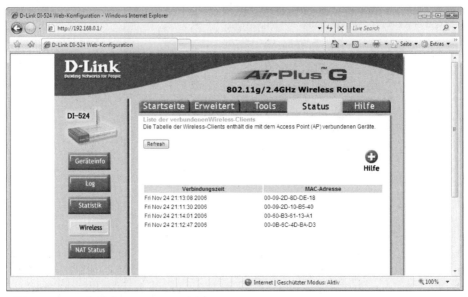

Bild 11.55: Protokoll der WLAN-Anmeldungen am Router

MAC-Adressen herausfinden
Anhand der MAC-Adresse lässt sich zwar nicht direkt der Besitzer des Computers ermitteln, aber zumindest der Hersteller der Netzwerkkarte. Geben Sie dazu die ersten drei Blöcke der unbekannten MAC-Adresse (z. B. 00-80-C8) in das Suchformular *Search the Public OUI-Listing* auf der Webseite *standards.ieee.org/regauth/oui* ein. Anhand des Netzwerkkartenherstellers kann man schon leichter feststellen, ob es sich um ein eigenes Gerät oder ein unbekanntes handelt, das sich im Netzwerk angemeldet hat.

Auf Tour – WLAN-Hotspots

Per WLAN-Technik kann man an immer mehr öffentlichen Plätzen, Bahnhöfen, Hotels oder Cafés mit dem Notebook eine Verbindung ins Internet herstellen. Noch vor ein paar Jahren waren fast alle öffentlichen WLANs kostenlos. Mittlerweile hat sich hier ein riesiges Geschäft entwickelt. Mehrere Betreiber, allen voran die Telekom, eröffnen ständig neue WLAN-Hotspots. Anfang des Jahres 2006 gab es in Deutschland bereits

11.3 Drahtlose Netzwerkverbindungen

über 5000 öffentliche Hotspots von T-Com und T-Mobile. Ganz neu sind die Hotspots in speziell ausgebauten ICE-Zügen zwischen Köln und Dortmund.

Bild 11.56: Die meisten großen deutschen Bahnhöfe sind mittlerweile gut mit WLAN versorgt (Foto: T-Mobile).

Um an einem Hotspot surfen zu können, brauchen Sie eine Zugangskennung, die entweder über die Telefonrechnung abgerechnet wird, oder ähnlich wie bei Prepaid-Handys vorab für einen bestimmten Zeitraum gekauft werden kann. Am einfachsten ist der Zugang an den Telekom-Hotspots, wenn man ein Handy von T-Mobile hat. Um Zugangsdaten zu bekommen, schickt man von diesem Handy eine SMS mit dem Inhalt *OPEN* an die Nummer *9526* (»WLAN« auf der Buchstabentastatur). Kurz danach bekommt man eine SMS mit Benutzernamen und Passwort. Diese Daten sind für alle Telekom-Hotspots in Deutschland gültig. Wer kein Handy von T-Mobile hat, kann an Hotspot-Standorten auch Prepaid-Karten kaufen oder sich Zugangsdaten über das Internet bestellen und dabei ein Abrechnungsverfahren auswählen.

Auf der Hardwareseite ist nur ein WLAN-fähiges Notebook erforderlich, nicht mehr als man auch zur Nutzung privater WLANs braucht.

Wenn man an einem Hotspot den Browser startet, wird die Startseite automatisch auf eine spezielle Seite umgelenkt, auf der man seine Zugangsdaten eingeben muss. Auf dieser Startseite gibt es Informationen zu Tarifen und Standorten der Hotspots. Diese Informationen sind noch ohne Anmeldung verfügbar. Nach der Anmeldung kann man wie gewohnt im Internet surfen und auch E-Mail-Programme oder sonstige Internetanwendungen nutzen.

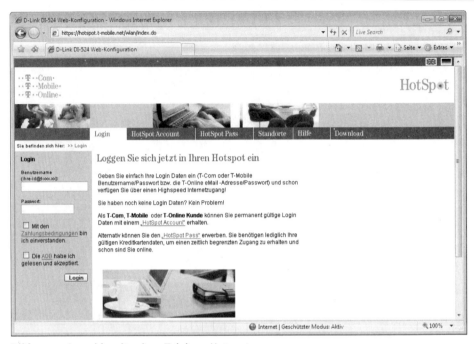

Bild 11.57: Anmeldeseite eines Telekom-Hotspots

Auf der Telekom-Webseite *www.t-com.de/hotspot* findet man über ein Suchformular sämtliche Hotspots von T-Com und T-Mobile in Deutschland. Bei den meisten Hotspots gibt es Informationen zu Öffnungszeiten und zur Adresse sowie einen Kartenausschnitt.

11.3 Drahtlose Netzwerkverbindungen

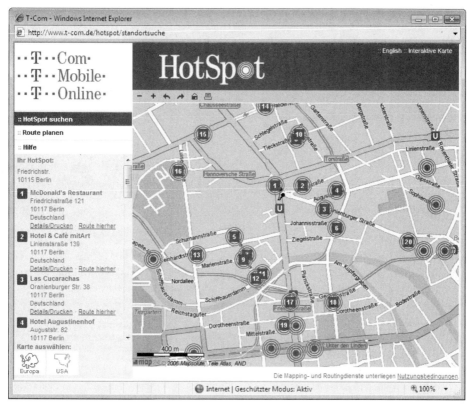

Bild 11.58: Hotspot-Standortsuche

▲ Offline regional nach Hotspots suchen

Gerade dann, wenn man einen Hotspot sucht, steht meistens kein Internetzugang zur Verfügung. Laden Sie sich also vorher über den Internetzugang zu Hause bei T-Mobile den kostenlosen Hotspot-Locator herunter. In dieser Datenbank können Sie offline regional nach Hotspots suchen.

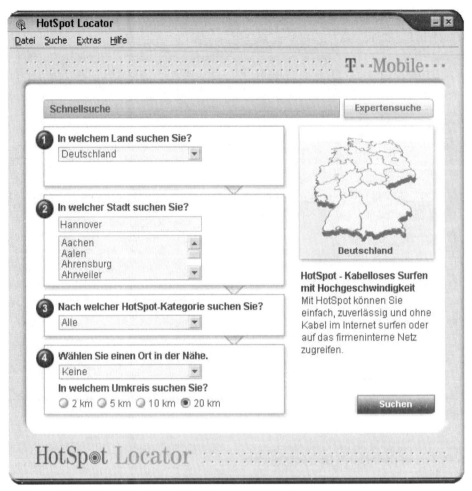

Bild 11.59: Der Hotspot-Locator sucht offline nach Hotspots

Diese Offlineversion ist nicht ganz so aktuell wie die Onlinesuche auf den Webseiten der Telekom. In regelmäßigen Abständen werden Updates angeboten, die beim Programmstart auf Wunsch automatisch heruntergeladen werden können.

11.4 Browser im Vergleich

Der beliebteste und bekannteste Dienst im Internet ist das World Wide Web. Mit einem Webbrowser lassen sich hier Texte und Multimediadaten interaktiv betrachten. Mittlerweile werden auch immer mehr Anwendungen, wie Shopsysteme und Spiele, im WWW angeboten.

Der Platzhirsch: Internet Explorer

Der Internet Explorer ist der Webbrowser, der bei Windows Vista mitgeliefert wird. Technologisch gehört er sicher zu den schlechteren Browsern, ist trotzdem aber sehr weit verbreitet, da viele Anwender sich nicht mit externer Software auseinandersetzen wollen, sondern einfach den vorinstallierten Browser nutzen.

Bild 11.60: Der Internet Explorer in der Schnellstartleiste

Ein Klick auf das e-Symbol im Schnellstartbereich der Taskleiste startet den Internet Explorer.

Professioneller, schneller, sicherer und komfortabler sind alternative Browser. Der bekannteste hier ist der Browser Firefox, der dem Internet Explorer zunehmend Prozentpunkte in der Verbreitung unter Windows abnimmt. Unter Linux ist Firefox schon längst der am häufigsten genutzte Browser. Mehr zu Mozialla Firfox erfahren Sie weiter hinten in diesem Kapitel.

In den folgenden Abschnitten werden die wichtigsten Browserfunktionen anhand des in Windows Vista vorinstallierten Internet Explorer 7 beschrieben.

▲ Internetadressen eingeben

Um auf eine bestimmte Webseite zu kommen, geben Sie einfach deren Namen in die Adresszeile oben im Browser ein. Ein Klick in die Adresszeile markiert automatisch den dort befindlichen Text, sodass man diesen schnell löschen und durch einen anderen Text ersetzen kann. Auch die Taste [F6] markiert automatisch den Text in der Browserzeile und setzt den Cursor dort hin, sodass man auch ohne Maus sehr einfach Adressen eingeben kann.

Adressen müssen nicht komplett mit *http://* und *www://* eingegeben werden. Die meisten internationalen Internetadressen enden auf *.com*, *.net* oder *.org*. Geben Sie in die Adresszeile einen Begriff ein und drücken dann die Tastenkombination [Strg] + [Enter], ergänzt der Internet Explorer vorne automatisch *http://www.* und hinten *.com*.

In den Einstellungen des Internet Explorers 7 finden Sie auf der Registerkarte *Allgemein* einen Button *Sprachen*. Klicken Sie darauf, öffnet sich ein weiteres Dialogfeld. Hier können Sie ganz unten bei *Suffix* eine Endung angeben, zum Beispiel *.de*, die dann automatisch bei der Tastenkombination [Strg] + [Shift] + [Enter] ergänzt wird.

Bild 11.61: Suffix für automatische Ergänzung eintragen

Den Dialog *Einstellungen* rufen Sie mit dem Button *Extras* in der Symbolleiste auf. Wählen Sie dort im Menü *Internetoptionen*.

▲ Internetadressen in der Taskleiste

Brauchen Sie häufig Webseiten, wollen aber nicht immer erst mit zusätzlichen Klicks den Browser starten, können Sie sich ein Eingabefeld für Internetadressen direkt in die Taskleiste legen.

1. Klicken Sie mit der rechten Maustaste auf einen leeren Bereich der Taskleiste. Schalten Sie im Kontextmenü die Option *Symbolleisten/Adresse* ein.

2. In der Taskleiste erscheint ein Eingabefeld, in dem Sie Internetadressen oder auch Namen von Programmen eingeben können. Programme werden direkt gestartet, Internetadressen im aktuell eingestellten Standardbrowser geöffnet.

Bild 11.62: Adresseingabe in der Taskleiste

11.4 Browser im Vergleich

③ Ein Klick auf das Dreieck rechts im Eingabefeld blendet eine Liste der letzten Eingaben ein. Ein Klick auf den Pfeil öffnet den Internet Explorer und springt auf die angegebene Seite.

④ Um Platz auf der Taskleiste zu sparen, sollten Sie die Bezeichnung *Adresse* ausblenden. Klicken Sie dazu mit der rechten Maustaste auf den Titel der neuen Eingabeleiste, das Wort *Adresse*, und schalten im Kontextmenü die Option *Titel anzeigen* aus.

▲ Schneller navigieren mit Shortcuts

Mit dem Pfeilsymbol nach links kommen Sie auf die zuletzt aufgerufene Seite, mit dem Pfeilsymbol nach rechts von dort aus wieder eine Seite vorwärts. Schneller navigiert man mit Tasten:

- Die Tastenkombination `Alt` + `Pfeil←` oder die Taste `Backspace` springt auf die zuletzt aufgerufene Seite zurück.

- Die Tastenkombination `Alt` + `Pfeil→` springt eine Seite vor.

> **Blättern mit der Maus**
> Noch einfacher geht das Blättern zwischen den zuletzt besuchten Seiten mit der Maus. Halten Sie die `Shift`-Taste gedrückt und drehen Sie das Mausrad. Damit können Sie sehr schnell in beiden Richtungen durch die zuletzt besuchten Seiten blättern.
> Spezielle Internetmäuse haben an den Seiten zwei weitere Tasten, die mit Daumen und Ringfinger bedient werden können. Die Taste auf der linken Seite blättert auf die zuletzt aufgerufene Webseite zurück, die Taste auf der rechten Seite blättert eine Seite vor.

▲ Die Verlaufsliste

Ein Klick auf das kleine Dreieck neben den Pfeilsymbolen blendet eine Liste der zuletzt besuchten Seiten ein. Hier können Sie leicht auf eine früher besuchte Seite zurückspringen. Manche Webseiten verhindern auch durch spezielle Skripts, dass der Besucher die Seite mit dem *Zurück*-Button verlässt. Auch in diesem Fall hilft diese kleine Liste.

Waren Sie vorhin, gestern, oder vergangene Woche auf einer interessanten Seite, kennen aber die Adresse nicht mehr? In solchen Fällen hilft die Verlaufsanzeige oder Chronik im Browser weiter.

Die Tastenkombination `Strg` + `H` blendet links vom eigentlichen Browserfenster eine Liste der Webseiten ein, die an bestimmten Tagen besucht wurden.

Klicken Sie auf einen Namen, erhalten Sie eine Auflistung aller einzelnen Seiten innerhalb dieser Webseite. Auf diese Weise kann man sehr leicht wieder zu einer bestimmten Seite surfen, auch wenn man die Adresse nicht mehr im Kopf hat.

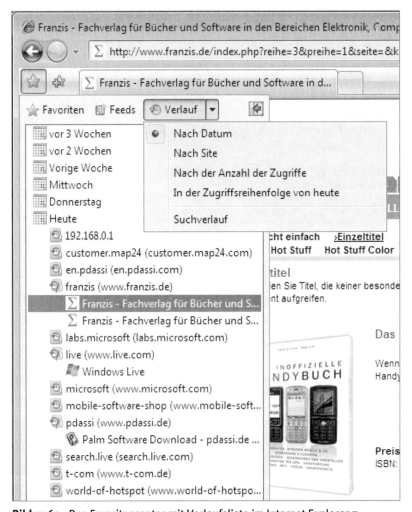

Bild 11.63: Das Favoritencenter mit Verlaufsliste im Internet Explorer 7

Der Internet Explorer bezeichnet die Liste der zuletzt besuchten Webseiten als Verlaufsliste. Da es im Internet Explorer 7 kein Menü mehr gibt, wurde die Verlaufsliste in das Favoritencenter eingebaut. Dort finden Sie sie mit einem Klick auf den Button *Verlauf*. Hier können Sie die Liste auch nach unterschiedlichen Kriterien sortieren.

Sicherheitsrisiko Verlaufsliste
Die Verlaufsliste bietet jedem, der an den Computer kommt, freien Einblick auf alle Seiten, die Sie zuletzt besucht haben. Wer das nicht möchte, kann die Verlaufsliste auch löschen. Allerdings findet man dann die früher besuchten Seiten auch nicht mehr, wenn man den Namen nicht mehr präsent hat.
Wählen Sie zum Löschen der Verlaufsliste *Extras/Internetoptionen*. Klicken Sie dort auf der Registerkarte *Allgemein* auf die Schaltfläche *Löschen*. Im nächsten Dialog finden Sie einen Button *Verlauf löschen*, der alle Einträge aus der Verlaufsliste löscht.

▲ Verlaufsliste

Die Adresszeile enthält eine eigene kleine Verlaufsliste. Geben Sie eine Adresse ein, werden automatisch zuletzt besuchte Adressen, die mit denselben Zeichen beginnen, in einer Liste dargestellt. Hier können sie einfach angeklickt werden, sodass man die Adresse nicht bis zum Ende schreiben muss.

Bild 11.64: Die Verlaufsliste in der Adresszeile

▲ Tabbed Browsing

Beim Recherchieren oder Vergleichen von Angeboten hat man oft mehrere Browserfenster gleichzeitig geöffnet. Dabei geht die Übersicht auf dem Bildschirm sehr schnell verloren, besonders wenn man daneben auch noch andere Programme geöffnet hat. Der Internet Explorer 7 kann deshalb mehrere Webseiten auf verschiedenen Registerkarten innerhalb eines Fensters darstellen. Diese Register werden als Tabs bezeichnet.

Klicken Sie mit der mittleren Maustaste auf einen Link, wird dieser auf einem neuen Tab geöffnet. Das funktioniert unabhängig davon, ob der Link die neue Seite standardmäßig im selben oder in einem neuen Browserfenster öffnen würde. Auf diese Weise haben Sie also immer alle Seiten übersichtlich in einem einzigen Browserfenster. Die Tastenkombination [Strg] + [T] öffnet einen leeren Tab, um dort eine neue Webseite anzuzeigen.

Mäuse mit zwei Tasten
Es gibt immer noch Mäuse mit nur zwei Tasten, auch die meisten Touchpads von Notebooks zählen dazu. Immer wenn von der mittleren Maustaste die Rede ist, können Sie auch die [Strg]-Taste gedrückt halten und dann mit der linken Maustaste klicken.

Ein Rechtsklick auf den Titel eines Tabs öffnet ein Menü. Hier können Sie die Tabs schließen oder neu laden. Zum Schließen können Sie auch einfach auf das *X*-Symbol auf dem aktuellen Tab klicken.

Bild 11.65: Tabs im Internet Explorer

Im Internet Explorer lassen sich auch automatisch Lesezeichen für eine ganze Gruppe von Tabs erstellen. Klicken Sie dazu auf das +-Symbol ganz links vor dem ersten Tab und wählen im Menü *Registerkartengruppe zu Favoriten hinzufügen*.

Neben dem letzten Tab rechts erscheint noch ein kleiner Tab ohne Namen. Klicken Sie darauf und tippen eine Internetadresse ein, wird ein neuer Tab erstellt.

Die Reihenfolge der Tabs kann einfach per Drag & Drop verändert werden.

In den Einstellungen unter *Extras/Internetoptionen* können Sie das Verhalten der Tabs anpassen. Klicken Sie dazu auf der Registerkarte *Allgemein* auf den Button *Einstellungen* im Bereich *Registerkarten*.

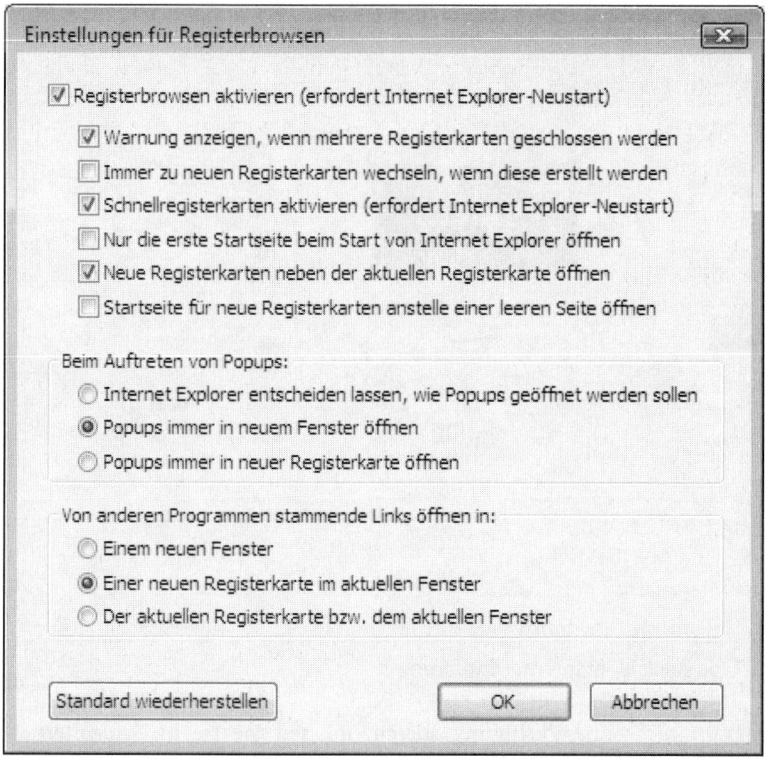

11.4 Browser im Vergleich

Bild 11.66: Tab-Verhalten im Internet Explorer

Hier können Sie auch verhindern, dass Links neue Fenster öffnen. Stattdessen können auch Links, die standardmäßig neue Fenster öffnen, automatisch neue Tabs erzeugen oder immer im selben Fenster wie der Link erscheinen.

▲ Quick-Tabs

Sind viele Tabs geöffnet, ist auf jedem nur ein kurzer Teil des Namens der jeweiligen Webseite zu sehen. Um die Übersicht zu behalten und schnell zum richtigen Tab zu wechseln, enthält der Internet Explorer 7 die Schnellregisterkarten- oder Quick-Tabs-Funktion. Mit der Tastenkombination [Strg] + [Q] oder einem Klick auf das Symbol links von der Tab-Leiste wird eine Bildergalerie aller geöffneten Tabs angezeigt. Ein Klick auf eines der Bilder springt sofort in den jeweiligen Tab.

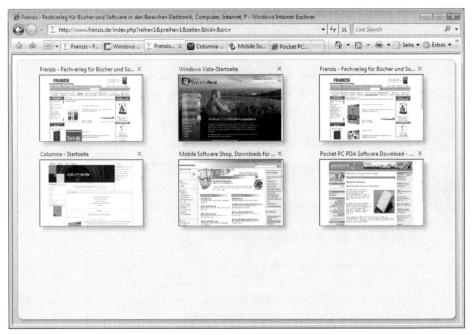

Bild 11.67: Quick-Tabs-Ansicht im Internet Explorer 7

Sollte diese Funktion nicht zur Verfügung stehen, müssen Sie sie in den Internetoptionen erst aktivieren. Danach ist ein Neustart des Internet Explorer erforderlich.

▲ Darstellung von Webseiten

Viele Webseiten könnten deutlich mehr Informationen zeigen, wenn sie eine kleinere Schriftart für die Texte verwenden würden. Andere Seiten verwenden so kleine Schriftarten, dass sie nur auf alten, grobpixeligen Monitoren erkennbar sind. Bei den heute üblichen hohen Auflösungen bräuchte man eine Lupe.

Im Internet Explorer sind fünf verschiedene Schriftgrößen möglich. Diese finden Sie mit einem Klick auf den Button *Seite*. Wählen Sie danach im Menü *Textgröße* die gewünschte Schriftgröße aus.

Ganz unten rechts sehen Sie ein Lupensymbol mit einer Prozentangabe. Klickt man darauf, wird die Seite im Ganzen gezoomt, einschließlich aller Bilder und Layoutelemente. Ein kleinerer Zoomfaktor bietet einen besseren Überblick über die gesamte Seite, ein größerer Faktor macht auch kleine Elemente deutlich erkennbar.

11.4 Browser im Vergleich

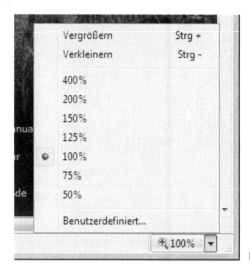

Bild 11.68: Zoom im Internet Explorer

▲ **Internetadressen als Lesezeichen**

Internetadressen sind oft schwer zu merken, deshalb bieten alle Webbrowser die Möglichkeit an, Adressen als Lesezeichen zu speichern, um sie später mit einem Klick wieder aufrufen zu können.

Lesezeichen, Bookmarks, Favoriten
Die Begriffe *Lesezeichen*, *Bookmarks* und *Favoriten* bedeuten übrigens alle dasselbe. Die verschiedenen Browser verwenden nur unterschiedliches Vokabular.

Der Button *Favoritencenter* ganz links öffnet das Favoritencenter. Dieses kann entweder als eigenständiges Fenster oder als Seitenleiste im aktuellen Browserfenster angezeigt werden. Da dieses Fenster gleichzeitig auch für RSS-Feeds und die Verlaufsanzeige verwendet wird, müssen Sie eventuell erst noch mit einem der Buttons oben umschalten.

Bild 11.69: Lesezeichen in der Seitenleiste des Internet Explorer

Das Favoritencenter kann auch mit der Tastenkombination [Alt] + [C] aufgerufen werden.

Adressen, die Sie als Lesezeichen ablegen möchten, können Sie auch hier direkt aus der Adresszeile auf die Seitenleiste ziehen. Ein Rechtsklick auf ein Lesezeichen blendet einen Eigenschaftendialog ein, in dem das Lesezeichen bearbeitet werden kann.

Standardmäßig zeigt der Internet Explorer 7 keine detaillierte Lesezeichenverwaltung an, diese muss erst über ein Menü eingeblendet werden. Klicken Sie mit der rechten Maustaste auf einen leeren Bereich der Symbolleiste und wählen Sie im Kontextmenü die Option *Menüleiste*. Damit wird das klassische Internet Explorer-Menü früherer Versionen eingeblendet. Dort finden Sie einen Menüpunkt *Favoriten*. Dieses Menü zeigt alle Lesezeichen an.

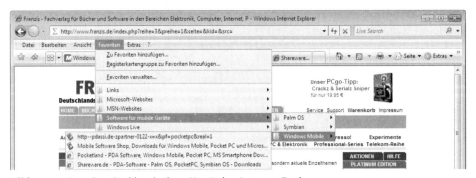

Bild 11.70: Favoriten im klassischen Menü des Internet Explorer

11.4 Browser im Vergleich

Unter dem Menüpunkt *Favoriten verwalten* finden Sie eine sehr einfache Lesezeichenverwaltung, in der sich neue Ordner anlegen oder Lesezeichen verschieben lassen.

Bild 11.71: Die Favoritenverwaltung im Internet Explorer

Der Internet Explorer speichert die Lesezeichen nicht in einer einzigen Datei, wie Firefox und andere Browser, sondern jedes in einer einzelnen Datei. Diese Struktur macht zwar das Übertragen einer Lesezeichensammlung auf einen anderen Computer schwieriger, dafür können Sie aber den Windows-Explorer zur Verwaltung der Lesezeichen verwenden.

Im persönlichen Benutzerverzeichnis unter finden Sie unter *Favoriten* die Favoritenordner und Dateien, die Sie mit den üblichen Dateiverwaltungsfunktionen verschieben, bearbeiten und in Ordnern ablegen können.

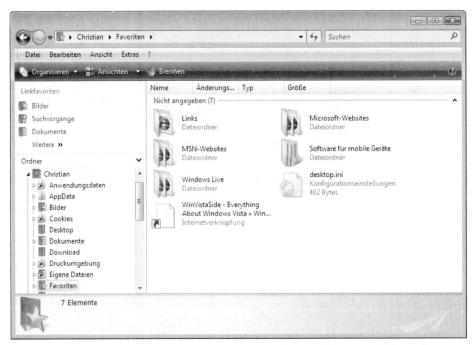

Bild 11.72: Die Internet Explorer-Favoriten in der Verzeichnisstruktur von Windows Vista

▲ Lesezeichen exportieren

Möchten Sie Ihre Favoriten aus dem Internet Explorer im Internet veröffentlichen oder auf einen anderen Computer übertragen, können Sie sie als HTML-Datei exportieren.

① Schalten Sie dazu das klassische Menü im Internet Explorer ein und wählen Sie dort *Datei/Importieren und Exportieren*. Bestätigen Sie die erste belanglose Seite des Assistenten mit *Weiter*.

11.4 Browser im Vergleich

② Wählen Sie auf der zweiten Seite die Option *Favoriten exportieren*.

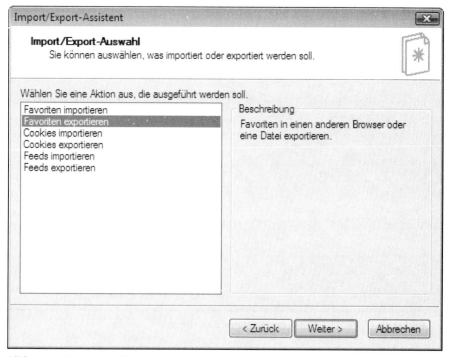

Bild 11.73: Der *Import/Export-Assistent*

③ Auf der dritten Seite wählen Sie den zu exportierenden Favoritenordner aus. Eine Auswahl mehrerer Ordner, wie man es vom Windows-Explorer gewöhnt ist, ist hier nicht möglich. Alle untergeordneten Ordner des selektierten Ordners werden automatisch mit selektiert.

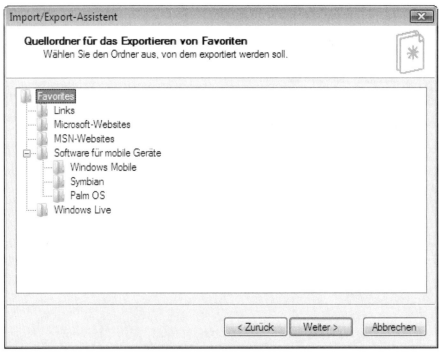

Bild 11.74: Favoriten im Internet Explorer exportieren

4. Wählen Sie im nächsten Dialog eine Datei, in die die Favoriten exportiert werden sollen. Diese Datei ist im HTML-Format und kann so ganz einfach im Internet veröffentlicht werden. Danach müssen Sie noch zwei belanglose Dialoge mit *OK* bestätigen, um die Favoriten wirklich zu speichern.

5. Behalten Sie für die Datei den vorgegebenen Namen *bookmark.htm*. Dann können Sie diese Datei bei Firefox oder Mozilla einfach in das Profilverzeichnis kopieren, die Favoriten werden automatisch erkannt. Opera und der Internet Explorer können solche HTML-Dateien importieren.

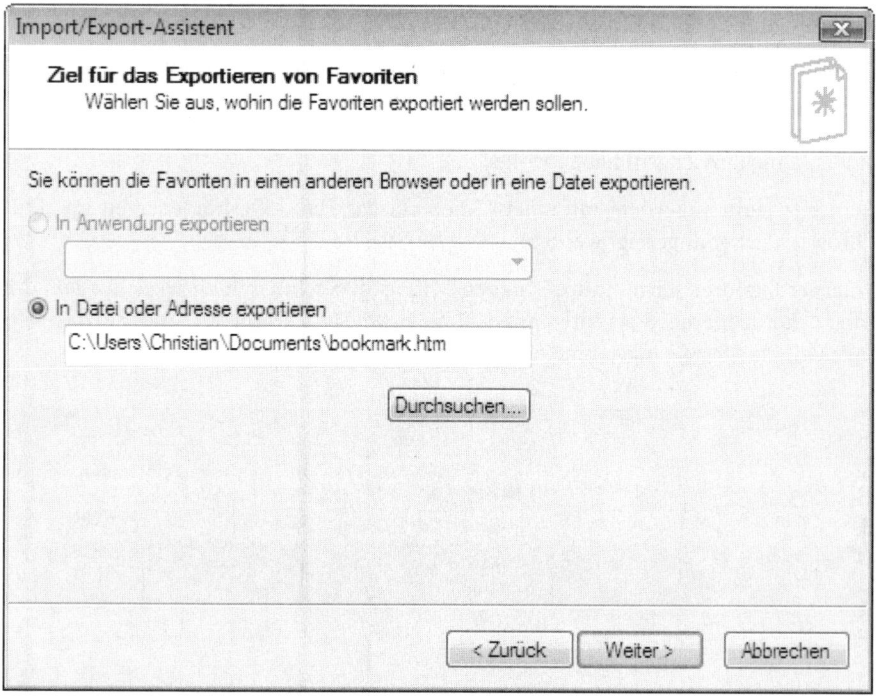

11.4 Browser im Vergleich

Bild 11.75: Auswahl der Datei zum Export von Favoriten

▲ Die Linkleiste im Internet Explorer

Die Linkleiste im Internet Explorer ist ein Bereich, in dem Sie persönliche Lesezeichen zum besonders schnellen Zugriff ablegen können.

Diese Linkleiste schalten Sie mit einem Rechtsklick auf einen leeren Bereich der Symbolleiste ein. Aktivieren Sie hier im Kontextmenü die Option *Links*.

Unterhalb der Adresszeile erscheint eine Leiste mit einem vordefinierten Lesezeichen, die vom Benutzer beliebig ergänzt und verändert werden können.

Bild 11.76: Linkleiste im Internet Explorer 7

Eine aktuelle Internetadresse können Sie aus der Browserzeile direkt auf die Linkleiste ziehen. Mit einem Rechtsklick auf einen Link können Sie diesen löschen oder per *Eigenschaften*-Dialog auch ändern.

▲ Festlegen einer neuen Startseite

Eine besondere Art von Lesezeichen ist die Startseite des Browsers, die automatisch beim Start eines neuen Browserfensters angezeigt wird. Hier können Sie die Vorgaben der Browserhersteller ändern und eine Seite anzeigen lassen, die Sie häufig besuchen oder besonders schnell im Zugriff haben wollen.

Die Startseite kann außerdem mit einem Klick auf das Haus-Symbol jederzeit im aktuellen Browserfenster angezeigt werden.

Der Internet Explorer startet mit der neuen Microsoft-Suchmaschine *www.live.com*. Im Gegensatz zur früheren Startseite *msn* ist die neue Seite werbefrei und an das sehr schlanke Google-Design angelehnt.

Bild 11.77: Die Startseite im Internet Explorer

Im Internet Explorer sind auch mehrere Tabs als gleichzeitig aufzurufende Startseiten möglich. Ein Klick auf das kleine Dreieck neben dem Haus-Symbol öffnet ein Menü, in dem Sie mit *Startseite hinzufügen oder ändern* die Startseite ändern können. Dazu erscheint ein weiteres Dialogfeld.

11.4 Browser im Vergleich

Bild 11.78: Dialogfeld zur Einstellung der Startseite im Internet Explorer

In diesem Dialog können Sie wählen, ob die aktuelle Seite als einzige Startseite verwendet oder als weitere Registerkarte zu den bereits festgelegten Startseiten hinzugefügt werden soll. Die dritte Option setzt automatisch alle derzeit geöffneten Registerkarten als Startseiten.

Im Menü des Haus-Symbols können Sie mit dem Menüpunkt *Entfernen* einzelne Seiten aus der Liste der Tabs mit Startseiten wieder entfernen.

▲ Die persönliche Startseite

Nach dem Vorbild der persönlichen Google-Startseite lässt sich auch die Startseite von *www.live.com* personalisieren, sodass sie die Inhalte anzeigt, die man selbst am häufigsten braucht. Die Vielfalt der Anbieter ist allerdings deutlich geringer als bei Google.

Klicken Sie auf den Link *Personalisieren der Seite*. Dort können Sie Angebote auswählen und das Spaltendesign der Seite festlegen. Die Einstellungen werden gespeichert und stehen beim nächsten Start des Internet Explorer wieder zur Verfügung. Das Suchfeld bleibt an zentraler Position weiterhin erhalten.

Bild 11.79: Die personalisierte Startseite von *live.com*

▲ Webseiten mit dem Desktop verknüpfen

Internetseiten, die Sie oft benötigen, können Sie als Verknüpfung auf dem Windows-Desktop ablegen.

Ziehen Sie mit gedrückter Maustaste das Symbol vor der Adressangabe aus der Adresszeile auf den Desktop.

Auf dem Desktop erscheint ein neues Symbol. Doppelklicken Sie später auf dieses Symbol, wird automatisch die entsprechende Internetseite im Browser geöffnet.

11.4 Browser im Vergleich

Bild 11.80: Desktopsymbol einer Webseite

Verknüpfung öffnet Standardbrowser
Ein Doppelklick auf eine Desktopverknüpfung öffnet die Seite immer im Standardbrowser. Haben Sie mehrere Browser installiert, wird der Browser gestartet, der als Standard definiert ist, unabhängig davon, mit welchem Browser Sie die Verknüpfung angelegt haben.

▲ Webseiten bildschirmfüllend anzeigen

Die Fensterränder und Symbolleisten des Internet Explorer fressen viel Platz auf dem Bildschirm, den man manchmal lieber zur Darstellung der eigentlichen Webseite zur Verfügung hätte. Zu Präsentationszwecken oder auf kleinen Bildschirmen können Sie Webseiten im Internet Explorer auch ohne Symbolleisten und Fensterränder bildschirmfüllend anzeigen.

Drücken Sie dazu im Internet Explorer die Taste [F11]. Die Webseite wird auf dem ganzen Bildschirm dargestellt, am oberen Rand erscheint eine Symbolleiste mit den wichtigsten Funktionen. Die Symbolleiste verschwindet nach kurzer Zeit und taucht automatisch wieder auf, wenn man mit der Maus an den oberen Bildrand fährt.

Bild 11.81: Die Franzis-Webseite im Internet Explorer (Vollbildmodus)

Im Vollbildmodus steht zur Navigation über die rechte Maustaste ein Kontextmenü zur Verfügung, das unterschiedliche Menüpunkte zeigt, je nachdem, ob man mit der Maus über der Symbolleiste, über einem leeren Bereich einer Webseite, über einem Link oder über einer Grafik steht.

▲ Navigationstasten im Internet Explorer

Tastenkombination	Aktion
Strg + A	Alles im aktuellen Frame auswählen
Strg + B	Favoriten verwalten
Strg + C	In Zwischenablage kopieren
Strg + F	Suchen
Strg + H	Blendet die Verlaufsliste ein
Strg + O	Seite öffnen

Tastenkombination	Aktion
Strg + P	Drucken
Strg + V	Einfügen (bei Formularen)
Strg + X	Ausschneiden (bei Formularen)
Alt + ←	Zurück
Alt + →	Vorwärts
Alt + F4	Fenster schließen
F5	Aktualisieren
F11	Schaltet auf die normale Darstellung zurück

▲ Lästige Popups blocken

Die Beschreibungssprache der Internetseiten, HTML, bietet die Möglichkeit, Links in neuen Browserfenstern zu öffnen. Per JavaScript können sogar automatisch neue Fenster in beliebiger Größe auf dem Bildschirm eingeblendet werden. Diese Techniken, die eigentlich als nützliche Präsentationsmöglichkeiten entwickelt wurden, werden von Werbetreibenden immer mehr missbraucht. Aufpoppende Browserfenster nerven mehr, als sie nutzen. Auf einigen Webseiten kann man gar nicht schnell genug klicken, um alle Fenster wieder zu schließen, bevor sich neue öffnen.

Bei früheren Popup-Blockern für den Internet Explorer konnte man Popups nur generell ein- und ausschalten, was zum Beispiel bei einigen Downloadservern oder Onlinebildergalerien sehr umständlich war, die standardmäßig Popup-Fenster benutzen. Der neue Popup-Blocker, der im Internet Explorer 7 verwendet wird, übernimmt das Konzept von Mozilla Firefox, der eine eigene Liste führt, auf welchen Seiten Popups zugelassen werden.

Standardmäßig werden alle Popups blockiert, die ein neues Internet Explorer-Fenster öffnen wollen, ohne dass der Benutzer auf einen Link geklickt hat. Dies gilt allerdings nicht für Flash-Popups und animierte Werbung, die über den Bildschirm schweben.

Immer wenn ein Popup blockiert wurde, erscheint eine Meldung unterhalb der Adresszeile im Internet Explorer.

Bild 11.82: Informationsleiste und Hinweisfenster des Popup-Blockers

Beim ersten Popup erscheint zusätzlich ein Hinweisfenster zu der Informationsleiste des Popup-Blockers, das Sie mit einem Schalter aber auch dauerhaft abschalten können.

Dasselbe Symbol mit dem durchgestrichenen roten Kreis, das in der Informationsleiste links oben erscheint, ist auch unten in der Statusleiste zu sehen. Ein Klick auf dieses Symbol oder auf den Meldungsbalken blendet ein kleines Menü ein, in dem das Popup-Fenster angezeigt werden kann. Dies gilt dann nur für dieses eine Mal.

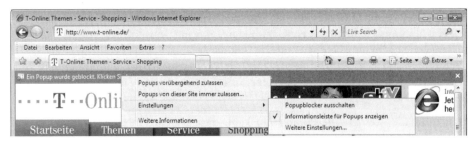

Bild 11.83: Das Menü des Popup-Blockers

▲ Bestimmte Popups zulassen

Möchten Sie auf dieser Internetseite Popups generell zulassen, wählen Sie hier die Option *Popups von dieser Seite immer zulassen*. Die aktuelle Webseite wird dann automatisch in die Liste der Seiten mit erlaubten Popups aufgenommen.

Auch diese Einstellung muss nicht endgültig sein. Über den Menüpunkt *Einstellungen/Weitere Einstellungen* haben Sie jederzeit Zugriff auf diese Liste, können neue Seiten aufnehmen oder die Freigabe für bestehende Einträge wieder entfernen, sodass auch diese keine Popups mehr zulassen.

11.4 Browser im Vergleich

Die Ausnahme, dass ein Popup zugelassen wird, gilt auch nur, wenn dieses Popup vom selben Server geladen wird wie die eigentliche Webseite. Damit erspart man sich viel überflüssige Werbung, deren Popups von anderen Servern wie *adtech.de* oder *affili.net* geladen werden.

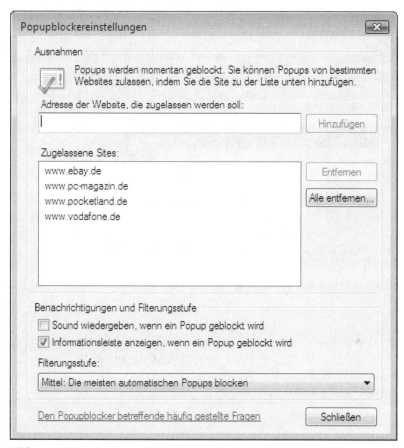

Bild 11.84: Liste der Webseiten, die Popups anzeigen dürfen

Wenn Sie nach einer gewissen Gewöhnungsphase der Sound des Popup-Blockers und auch die zeitliche Verzögerung, mit der die Meldungszeile eingeblendet wird, nervt, schalten Sie die beiden Schalter in den Popup-Blocker-Einstellungen einfach aus. Ein blockiertes Popup wird weiterhin dezent durch das Symbol in der Statusleiste des Internet Explorer-Fensters angezeigt. Von hier aus haben Sie auch immer noch Zugriff auf den Konfigurationsdialog. Bei zugelassenen Popups erscheint das Symbol in der Statusleiste mit einem grünen Häkchen.

Der Herausforderer: Mozilla Firefox

Der Internet Explorer ist zwar seit einigen Versionen im Lieferumfang von Windows enthalten, was aber noch lange nicht heißt, dass man ihn auch zwingend verwenden muss. Andere Browser sind sicherer, schneller und oft auch komfortabler zu bedienen. So zum Beispiel der Open-Source-Browser Mozilla Firefox, der, bedingt durch die aktuelle Sicherheitsdiskussion, mehr und mehr Anhänger gewinnt.

Bild 11.85: Firefox nach dem ersten Programmstart

Firefox Download
Aktuelle Versionen von Firefox und weitere Informationen dazu gibt es auf der Webseite der Mozilla-Organisation *www.mozilla-europe.org* oder auf der Projektseite zur deutschen Übersetzung *www.firefox-browser.de*.

Nach der Installation integriert sich Firefox ebenfalls in die Startleiste und kann auch als Standardbrowser im Startmenü stehen.

11.4 Browser im Vergleich

Bild 11.86: Der Firefox-Browser im Schnellstartbereich der Taskleiste

In den folgenden Abschnitten werden die wichtigsten Browserfunktionen anhand des aktuellen Firefox 2.0 beschrieben.

Die Bedienung von Firefox funktioniert genauso intuitiv wie bei anderen Browsern. Durch seine offene Plug-In-Struktur bietet Firefox mittlerweile zahlreiche Erweiterungen, die den Komfort und die Nutzungsvielfalt noch erhöhen.

Um auf eine bestimmte Webseite zu kommen, geben Sie einfach deren Namen in die Adresszeile oben im Browser ein. Ein Klick in die Adresszeile markiert automatisch den dort befindlichen Text, sodass man diesen schnell löschen und durch einen anderen Text ersetzen kann. Auch die Taste [F6] markiert automatisch den Text in der Browserzeile und setzt den Cursor dort hin, sodass man auch ohne Maus sehr einfach Adressen eingeben kann.

Adressen müssen nicht komplett mit *http://* und *www* eingegeben werden. Die meisten internationalen Internetadressen enden auf *.com*, *.net* oder *.org*. Geben Sie in Firefox in die Adresszeile einen Begriff ein und drücken Sie dann die Tastenkombination [Strg] + [Enter], ergänzt Firefox vorne automatisch *http://www.* und hinten *.com*. Bei der Tastenkombination [Shift] + [Enter] wird am Ende *.net* ergänzt, und bei der Tastenkombination [Strg] + [Shift] + [Enter] wird *.org* ergänzt.

▲ Schneller navigieren mit Shortcuts

Mit dem Pfeilsymbol nach links kommen Sie auf die zuletzt aufgerufene Seite, mit dem Pfeilsymbol nach rechts von dort aus wieder eine Seite vorwärts. Schneller navigiert man mit Tasten:

- Die Tastenkombination [Alt] + [Pfeil←] oder die Taste [Backspace] springt auf die zuletzt aufgerufene Seite zurück.

- Die Tastenkombination [Alt] + [Pfeil→] springt eine Seite vor.

▲ Die Chronik in Firefox

In Firefox kann die Chronik außer mit der Tastenkombination [Strg] + [H] auch über den Menüpunkt *Chronik/In Sidebar anzeigen* ein- und wieder ausgeblendet werden. Im Menü *Chronik* stehen die zuletzt besuchten Seiten auch direkt zur Verfügung.

Ist die Chronik sehr lang, können Sie mit dem Suchfeld die angezeigten Ergebnisse einschränken, indem Sie einige Zeichen der gesuchten Adressen eingeben. Die Liste wird dabei in Echtzeit gefiltert. Mit dem Button *Ansicht* kann die Chronik nach verschiedenen Kriterien sortiert werden.

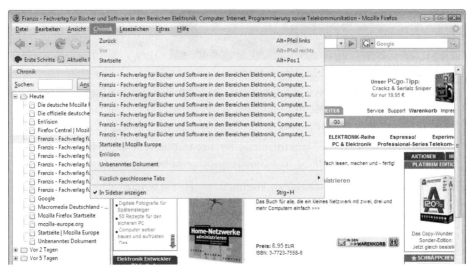

Bild 11.87: Die *Chronik* in Firefox

Ein Klick auf einen Eintrag in der Chronik öffnet diese Webseite im aktuellen Browserfenster. Klickt man statt mit der linken mit der mittleren Maustaste auf einen Eintrag, wird die Seite in einem neuen Tab geöffnet.

Ein Rechtsklick auf einen Eintrag öffnet ein Kontextmenü mit verschiedenen Optionen. Hier können Sie den Eintrag auch wieder aus der Favoritenliste löschen.

▲ Verlaufsliste in der Adresszeile

Auch in Firefox enthält die Adresszeile eine eigene kleine Verlaufsliste.

Bild 11.88: Die Verlaufsliste in der Adresszeile von Firefox

Firefox zeigt zusätzlich zur Adresse auch den eigentlichen Seitentitel an. So findet man die gewünschte Seite leichter wieder. Die Adressen sagen nicht immer viel aus.

Möchten Sie hier einen einzelnen Eintrag löschen, weil er zum Beispiel Tippfehler enthält oder vor anderen Benutzern des Computers verborgen werden soll, markieren Sie

11.4 Browser im Vergleich

ihn ohne darauf zu klicken, und drücken die Tastenkombination [Shift] + [Entf]. Dieser Trick funktioniert nur in Firefox, nicht im Internet Explorer.

▲ Schneller surfen mit Tabbed Browsing

Firefox bot schon lange vor dem Internet Explorer die Anzeige mehrerer Webseiten auf Tabs in einem Fenster an. Die Bedienung ist genau dieselbe wie im Internet Explorer, da Microsoft sie aus Firefox übernommen hat.

Bild 11.89: Tabs in Firefox

Firefox bietet im Menü der Tabs zusätzlich eine Option, einen versehentlich geschlossenen Tab wieder herzustellen. Sind sehr viele Tabs geöffnet, werden nicht mehr alle gleichzeitig angezeigt. Hier hilft eine Liste, die mit einem Klick auf das Dreieck ganz rechts in der Tab-Leiste geöffnet wird.

Bild 11.90: Liste aller Tabs

In dieser Liste finden Sie auch mehr Platz, um die Seitentitel anzuzeigen. Wenn mehrere Seiten eines Anbieters geöffnet sind, lassen sich auf den kurzen Tabs die Titel nicht mehr unterscheiden.

In den Firefox-Einstellungen unter *Extras/Einstellungen* können Sie das Verhalten der Tabs anpassen. Schalten Sie dazu in den Bereich *Tabs* im *Einstellungen*-Dialog.

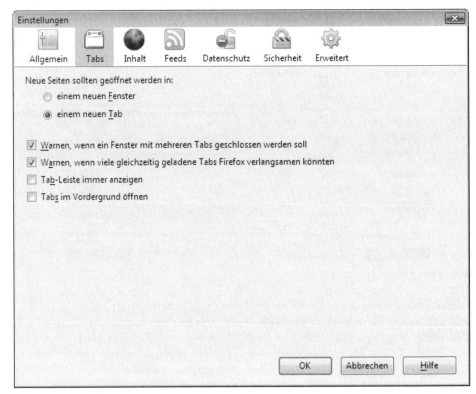

Bild 11.91: Tab-Verhalten in Firefox einstellen

In den *Einstellungen* können Sie auch verhindern, dass Links neue Fenster öffnen. Stattdessen können auch Links, die standardmäßig neue Fenster öffnen, automatisch neue Tabs erzeugen.

Wenn nur eine einzige Seite geöffnet ist, kann die Tab-Leiste automatisch ausgeblendet werden, um mehr Platz auf dem Bildschirm freizugeben.

 Schnelle Navigation zwischen den Tabs
Mit der Tastenkombination [Strg] + [Tab] oder [Strg] + [Bild↑] und [Strg] + [Bild↓] kann schnell und ohne Maus zwischen den Tabs hin- und hergeblättert werden. Noch schneller geht es mit der [Strg]-Taste und einer Zahl. Diese gibt an, welches Tab geöffnet werden soll. Die Tastenkombination [Strg] + [2] öffnet zum Beispiel das zweite Tab von links.

▲ Variable Darstellung von Webseiten

Auch Firefox bietet eine Funktion, die Schriftgröße in Webseiten zu verändern. Hier kann die Schriftgröße mit den Tastenkombinationen [Strg] + [+] und [Strg] + [-] stufenweise vergrößert oder verkleinert werden. Dabei wird nur die Schrift verändert, Bilder und grafische Elemente behalten ihre Größe. Die Tastenkombination [Strg] + [0] setzt die Schriftgröße wieder auf die von der Webseite vorgegebene Größe zurück.

Bild 11.92: Verschiedene Schriftgrößen in Firefox

Layoutelemente, die sich auf die Schriftgröße beziehen, können sich bei einer Änderung der Schriftgröße ebenfalls ändern, sodass manche Seiten bei unterschiedlichen Schriftgrößen unterschiedlich aussehen können.

Schriftgröße per Maus ändern
Noch schneller geht die Änderung der Schriftgröße mit der Maus. Halten Sie die Taste [Strg] gedrückt und drehen Sie dabei das Mausrad. Auf diese Weise lässt sich die Schriftgröße in beiden Richtungen ändern.

▲ Lesezeichen in Firefox

Firefox bietet verschiedene Möglichkeiten, auf gespeicherte Lesezeichen zuzugreifen und neue anzulegen. Zur besseren Übersicht können Lesezeichen in Ordnern angeordnet werden.

● Alle Lesezeichen stehen im Menü *Lesezeichen* zur Verfügung.

- Die Tastenkombination [Strg] + [B] blendet eine Seitenleiste im Browser ein, in der alle Lesezeichen übersichtlich angezeigt werden.

Ein Klick auf ein Lesezeichen öffnet dieses im aktuellen Browserfenster. Ein Klick mit der mittleren Maustaste öffnet ein Lesezeichen in einem neuen Tab.

Bild 11.93: Lesezeichen in der Seitenleiste und im Menü

Suche in den Lesezeichen
In umfangreichen Lesezeichensammlungen können Sie ganz einfach über das Suchfeld oben in der Lesezeichenleiste ein gewünschtes Lesezeichen finden. Geben Sie einfach ein paar Buchstaben aus dem Namen ein, die Liste wird dann automatisch nach Lesezeichen gefiltert, die die eingegebenen Buchstaben enthalten.

Um eine Seite als Lesezeichen zu speichern, ziehen Sie einfach das Symbol vor der Adresse von der Adresszeile auf die Seitenleiste der Lesezeichen und sortieren es in den gewünschten Ordner ein. Mit einem Rechtsklick auf die Lesezeichenleiste können neue Ordner oder Trennlinien zur Übersicht angelegt werden.

Auch ohne Seitenleiste kann man mit der Tastenkombination [Strg] + [D] für die aktuelle Seite ein Lesezeichen anlegen. Es erscheint ein Dialogfeld, in dem dieses Lesezeichen in einen Ordner einsortiert werden kann.

11.4 Browser im Vergleich

Bild 11.94: Neues Lesezeichen hinzufügen

 Lesezeichen für mehrere Tabs
Die Tastenkombination [Strg] + [Shift] + [D] erstellt für alle Tabs im aktuellen Fenster Lesezeichen. Dazu muss ein Ordnername angegeben werden, in dem die Lesezeichen dann liegen.
Diese Lesezeichen können später entweder einzeln oder mit einem Klick der mittleren Maustaste auf den Ordner alle gleichzeitig in eigenen Tabs geöffnet werden.

Noch deutlich komfortabler ist die Verwaltung der Lesezeichen über den Lesezeichen-Manager, der in einem eigenen Fenster immer geöffnet bleiben kann, zum Beispiel auf einem zweiten Bildschirm.

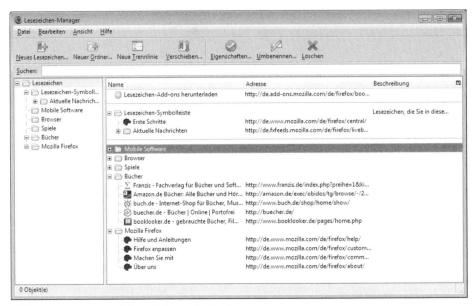

Bild 11.95: Der *Lesezeichen-Manager* in Firefox

Im Lesezeichen-Manager können Lesezeichen beliebig bearbeitet und neu angeordnet werden. Mit dem Button *Eigenschaften* kann man nachträglich die Adresse ändern und eine Beschreibung oder Schlüsselwörter hinzufügen. Auch der vorgegebene Name des Lesezeichens lässt sich bearbeiten.

Mit der Suchleiste im Lesezeichen-Manager lässt sich die Anzeige filtern, um bestimmte Lesezeichen schnell zu finden.

Im Lesezeichen-Manager können versehentlich gelöschte Lesezeichen über den Menüpunkt *Bearbeiten/Rückgängig* wiederhergestellt werden. Das funktioniert auch, wenn die Lesezeichen in der Seitenleiste und nicht im Lesezeichen-Manager gelöscht wurden.

Ein Klick auf das Spaltensymbol ganz rechts in der Titelzeile der Spalten blendet eine Liste weiterer Spalten ein, die ein- oder ausgeblendet werden können. Auf diese Weise kann man sich zu jedem Lesezeichen das Erstellungsdatum und das Datum des letzten Besuchs der Seite anzeigen lassen.

Alle Lesezeichen werden automatisch als lokale Webseite *bookmarks.html* innerhalb des eigenen Profilverzeichnisses unter *C:\Users\<Benutzername>\AppData\Roaming\Mozilla\ Firefox\Profiles* gespeichert. Diese Seite kann einfach im Internet oder im lokalen Netz veröffentlicht werden. Außerdem kann Firefox solche Bookmark-Dateien zu den eigenen Lesezeichen importieren. Mit dieser Methode können Sie Ihre Lesezeichen sehr einfach von einem PC auf einen anderen übertragen.

11.4 Browser im Vergleich

Bild 11.96: Firefox speichert Lesezeichen als lokale HTML-Seite

▲ Die Lesezeichen-Symbolleiste

Die Lesezeichen-Symbolleiste ist besonders praktisch für Lesezeichen, die man sehr oft braucht. Diese stehen hier mit einem Klick zur Verfügung, ganz ohne Menü oder Seitenleiste.

Die Lesezeichen-Symbolleiste wird über den Menüpunkt *Ansicht/Symbolleiste/Lesezeichen-Symbolleiste* eingeschaltet und enthält standardmäßig nur einige wenige Links.

Bild 11.97: Die *Lesezeichen-Symbolleiste* mit Ordnern

Um eine Webseite hier als Lesezeichen abzulegen, brauchen Sie die Adresse nur aus der Adresszeile auf die Lesezeichen-Symbolleiste zu ziehen.

Innerhalb dieser Symbolleiste können Sie mit einem Rechtsklick auch Ordner anlegen, in denen Lesezeichen abgelegt werden. Auf diese Weise ist eine komplett personalisierte Menüstruktur innerhalb dieser Symbolleiste möglich, mit der Sie Ihre wichtigsten Lesezeichen sehr schnell finden. Klicken Sie mit der mittleren Maustaste auf so einen Ordner in der Lesezeichen-Symbolleiste, werden alle darin enthaltenen Lesezeichen in eigenen Tabs geöffnet.

Die Lesezeichen-Symbolleiste wird als Ordner *Lesezeichen-Symbolleiste* im Lesezeichen-Manager verwaltet. Hier können Sie die darin enthaltenen Lesezeichen bearbeiten, und wenn Sie sie nicht mehr so häufig brauchen, auch in normale Lesezeichen-Ordner verschieben.

Bild 11.98: Die *Lesezeichen-Symbolleiste* im Lesezeichen-Manager

▲ Lesezeichen per Tastatur

Genauso schnell, auch ohne Menü und Seitenleiste und sogar ohne Maus, geht der Aufruf eines Lesezeichens per Tastatur. Dazu können Sie jedem Ihrer Lesezeichen eine Tastenkombination zuweisen.

Klicken Sie mit der rechten Maustaste auf ein Lesezeichen in der Seitenleiste, im Lesezeichen-Manager oder in der Lesezeichen-Symbolleiste, und wählen Sie im Kontextmenü *Eigenschaften*. Hier können Sie im Feld *Schlüsselwort* eine kurze Zeichenfolge eingeben. Tippen Sie diese Zeichenfolge später in der Adresszeile in Firefox ein, wird automatisch auf das entsprechende Lesezeichen gesprungen.

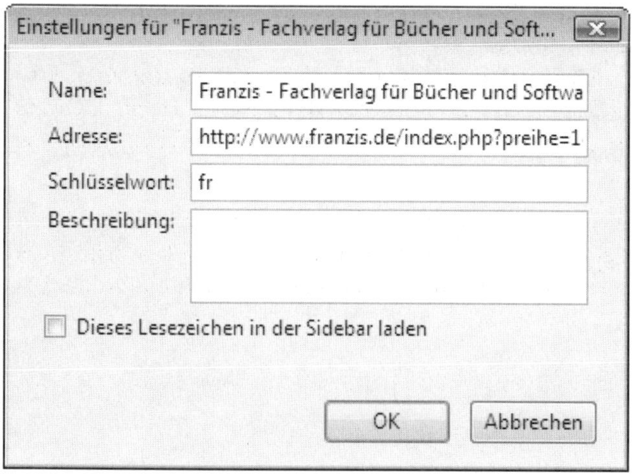

11.4 Browser im Vergleich

Bild 11.99: *Schlüsselwort* zum schnellen Aufruf eines Lesezeichens

> **Erweiterte Lesezeichenfunktionen**
> Die Lesezeichen-Funktion in Firefox kann mit speziellen Plug-Ins noch vielfältig erweitert werden. So können zum Beispiel die Online-Lesezeichenmanager *del.icio.us* und *Jeteye* direkt integriert werden. Das voreingestellte Lesezeichen *Lesezeichen-Add-ons herunterladen* springt auf eine Webseite mit diversen solcher Lesezeichen-Erweiterungen.

▲ Lesezeichen online verwalten und von überall darauf zugreifen

Die Lesezeichenverwaltungen der Browser sind sehr praktisch, haben aber zwei große Nachteile:

- Die Lesezeichen sind nur lokal auf einem Computer verfügbar.
- Lesezeichen lassen sich nur nach einem Kriterium in einer hierarchischen Struktur einsortieren.

Die neue Online-Bookmarkverwaltung *del.icio.us* hat diese Nachteile nicht. Lesezeichen werden online verwaltet, sodass sie von jedem Computer der Welt zugänglich sind und nach verschiedenen sogenannten »Tags« kategorisiert werden können. Dabei kann ein Lesezeichen auch mehrere Tags bekommen.

1. Um diese Lesezeichenverwaltung verwenden zu können, melden Sie einen eigenen kostenlosen Benutzeraccount bei *del.icio.us* an. Danach laden Sie die Erweiterung für Firefox herunter, die den Zugriff auf *del.icio.us* deutlich erleichtert.

2. Der Button mit dem Schachbrettmuster bietet schnellen Zugriff auf die eigene Seite bei *del.icio.us*, der Button *Tag* ermöglicht es, die Seite im aktuellen Browserfenster als Lesezeichen zu speichern. Dazu öffnet sich ein neues Fenster.

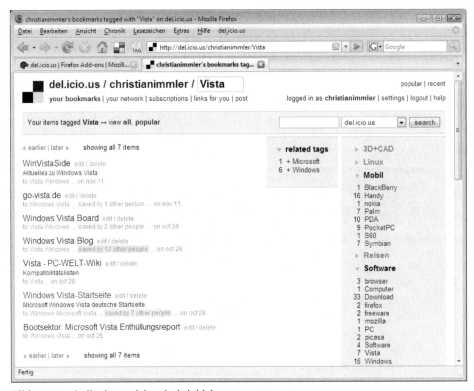

Bild 11.100: Onlinelesezeichen bei *del.icio.us*

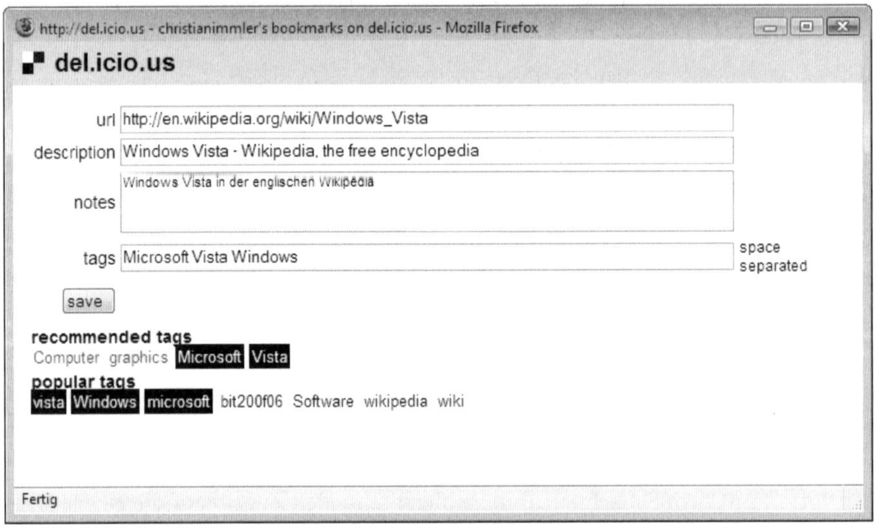

Bild 11.101: Neues Lesezeichen bei *del.icio.us* anlegen

11.4 Browser im Vergleich

③ Zu jedem Lesezeichen wird anhand der Meta-Tags auf der Webseite automatisch eine Beschreibung eingetragen. Diese und auch weitere Notizen können Sie beliebig ändern.

④ Tragen Sie dann noch im unteren Feld die Tags ein, unter denen das neue Lesezeichen einsortiert werden soll. Die richtige Auswahl dieser Tags trägt entscheidend dazu bei, ob die Seite später in umfangreichen Lesezeichensammlungen zu finden ist. *del.icio.us* schlägt von sich aus unter *popular tags* Tags vor, die von anderen Nutzern zu diesem Thema verwendet wurden. Unter *recommended tags* finden Sie passende Tags, die Sie bereits selbst verwendet haben. Natürlich können Sie auch neue Tags eingeben.

⑤ Die Seite wird dann als Lesezeichen auf Ihrer persönlichen *del.icio.us*-Seite angelegt. Dort sehen Sie immer die zuletzt eingetragenen Lesezeichen und eine Liste der verwendeten Tags. Klicken Sie hier auf einen, werden alle Lesezeichen mit diesem Tag angezeigt. Gleichzeitig erstellt *del.icio.us* auch eine Kurz-URL nach dem Schema: del.icio.us/<Benutzername>/<Tag>. Darüber kann jeder, auch ohne bei *del.icio.us* angemeldet zu sein, die Liste sehen.

⑥ Ein Klick auf eines der Lesezeichen springt sofort auf die entsprechende Webseite. Natürlich lassen sich die Lesezeichen jederzeit ändern und in andere Kategorien einsortieren.

▲ Festlegen einer neuen Startseite

Firefox zeigt standardmäßig ein speziell angepasstes Google-Suchformular mit zusätzlichen Links auf Webseiten des Mozilla-Projekts als Startseite an. Die Startseite kann außerdem mit einem Klick auf das Haus-Symbol jederzeit im aktuellen Browserfenster angezeigt werden, mit einem Klick der mittleren Maustaste auch in einem neuen Tab.

Möchten Sie eine andere Startseite, öffnen Sie sie im Browser und ziehen das Symbol der Seite aus der Adresszeile einfach auf das Haus-Symbol in der Symbolleiste von Firefox. Diese Seite wird damit zur neuen Startseite.

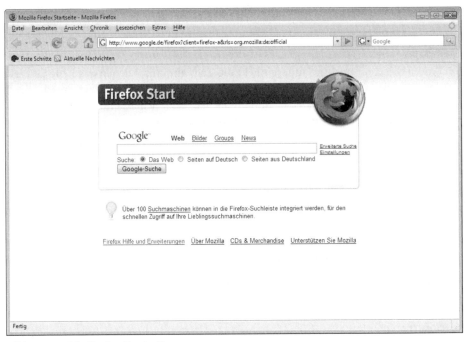

Bild 11.102: Die Firefox-Startseite

Über den Menüpunkt *Extras/Einstellungen* können Sie im Bereich *Allgemein* des Dialogfelds Startseiten festlegen. Dabei ist auch die Angabe mehrerer Seiten möglich, die dann automatisch in einzelnen Tabs geöffnet werden. Die Adressen können durch einen senkrechten Strich voneinander getrennt, hintereinander oder noch einfacher eingegeben werden: Sie öffnen alle gewünschten Seiten in einzelnen Tabs und klicken dann auf *Aktuelle Seiten verwenden.*

11.4 Browser im Vergleich

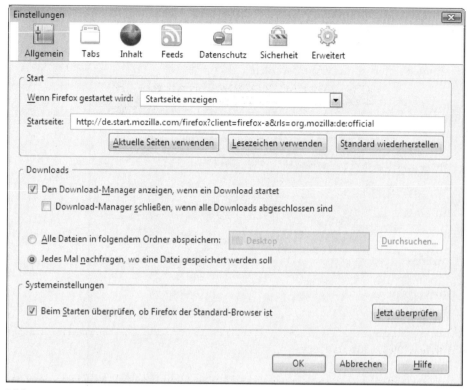

Bild 11.103: Startseiten individuell auswählen

Der Button *Lesezeichen verwenden* ermöglicht es, ein Lesezeichen als Startseite zu übernehmen. Hier können Sie auch einen Lesezeichenordner wählen. Die darin enthaltenen Lesezeichen werden alle als Tabs geöffnet.

▲ Lästige Popups blocken

Auch Firefox kann verhindern, dass Webseiten automatisch Fenster öffnen oder andere lästige Browseraktivitäten verursachen, ohne dass der Benutzer dies explizit wünscht.

Firefox enthält einen Popup-Blocker, der automatisch aktiv ist. Versucht eine Webseite, ein Popup zu öffnen, wird es automatisch blockiert und oben unterhalb der Adresszeile eine Meldung angezeigt.

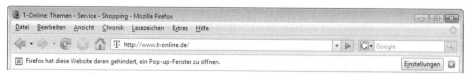

Bild 11.104: Informationsleiste des Popup-Blockers in Firefox

Ein Klick auf den Button *Einstellungen* in dieser Leiste blendet ein Menü ein, in dem das Popup angezeigt werden kann.

Hier lassen sich auch die Einstellungen des Popup-Blockers ändern, sodass Popups von bestimmten Seiten immer erlaubt werden.

Bild 11.105: Popups bestimmter Webseiten in Firefox erlauben

Zusätzlich zur allgemeinen Blockierung von Popups können Sie noch die JavaScript-Funktionen in Firefox einschränken. Manche zweifelhafte Webseiten verwenden JavaScript, um falsche Texte in der Statuszeile anzuzeigen und so zum Beispiel von bösartigen Phishing-Links abzulenken. Andere Seiten versuchen, die Funktionalität des Browsers einzuschränken, indem sie das Kontextmenü ersetzen oder deaktivieren.

In den Firefox-Einstellungen finden Sie im Bereich *Inhalt* eine Option, um JavaScript ganz abzuschalten oder den Skripts zumindest bestimmte Funktionen zu verbieten.

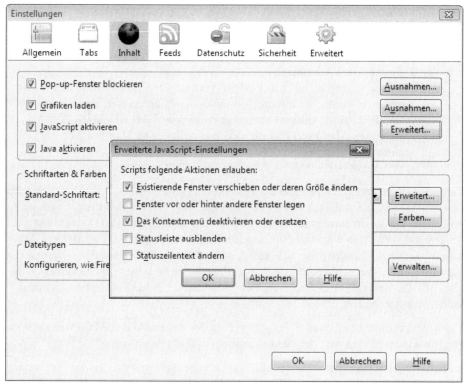

Bild 11.106: *Erweiterte JavaScript-Einstellungen* in Firefox

11.5 E-Mail mit Windows Mail

Die E-Mail ist das wichtigste Kommunikationsmedium unserer Zeit geworden. Auf keinem anderen Weg lassen sich Informationen und auch Daten so schnell an fast jeden Ort der Welt schicken. Um eine E-Mail zu verschicken, brauchen Sie als Absender eine eigene E-Mail-Adresse und ein E-Mail-Programm. Die Adresse bekommen Sie normalerweise von Ihrem Internetdienstanbieter. Internet-by-Call-Nutzer, die keinen festen Vertrag mit einem Internetdienstanbieter haben, können kostenlose E-Mail-Adressen bei E-Mail-Anbietern wie *gmx.de*, *web.de*, *freenet.de* oder *arcor.de* bekommen. Diese Adressen lassen sich unabhängig vom Internetzugang über jeden Anbieter nutzen. Außerdem müssen Sie natürlich die E-Mail-Adresse des Empfängers kennen.

Alle E-Mail-Adressen sind weltweit gleich aufgebaut: Name@Domain

Die Domain kann dabei eine Firma, eine private Domain oder ein E-Mail-Anbieter sein. Der Name ist beliebig wählbar, darf aber außer Buchstaben und Ziffern nur die Sonderzeichen Punkt (.), Unterstrich (_) und Bindestrich (-) enthalten. Groß- und Kleinschreibung wird in E-Mail-Adressen nicht unterschieden, Leerzeichen sind ausdrücklich nicht erlaubt.

Typische Spam-Adressen
Wer von Deutschland aus E-Mails versendet, sollte als Absender keine Adressen ausländischer Internetdienstanbieter wie *yahoo.com* oder *hotmail.com* verwenden. Diese Anbieter stehen ganz oben auf den schwarzen Listen der Spam-Filter. Man kann also nie sicher sein, dass eine Mail beim Empfänger auch tatsächlich ankommt.

Gehen Sie einfach auf die Seite eines der kostenlosen E-Mail-Anbieter, und legen Sie sich eine Adresse an. Die Anbieter versuchen natürlich, ihre kostenpflichtigen Angebote zu verkaufen. Die kostenlose Variante reicht aber fast immer aus. Zur Anmeldung sind einige persönliche Daten erforderlich, anschließend können Sie die gewünschte E-Mail-Adresse wählen. Wundern Sie sich nicht, wenn besonders bei häufigen Namen die klassische Form der E-Mail-Adresse vorname.nachname@... nicht mehr verfügbar ist. Allein GMX, der größte deutsche Anbieter kostenloser E-Mail-Adressen, hat über 9 Millionen aktive Nutzer.

Zur Konfiguration des E-Mail-Kontos brauchen Sie neben Ihrer E-Mail-Adresse noch den Namen des Mailservers, den Benutzernamen und das Passwort.

Jeder E-Mail-Anbieter gibt seinen Mailservern eigene Namen, auch die Schemen, nach denen sich die Benutzernamen zusammensetzen, sind überall unterschiedlich.

▲ **Server- und Benutzernamen bekannter Anbieter**

Anbieter	Posteingang	Postausgang	Benutzername
GMX	pop.gmx.de	mail.gmx.de	E-Mail-Adresse
web.de	pop3.web.de	smtp.web.de	Name vor dem @-Zeichen
freenet	pop3.freenet.de	mx.freenet.de	E-Mail-Adresse
Arcor	pop3.arcor.de	mail.arcor.de	Name vor dem @-Zeichen
T-Online	pop.t-online.de	mailto.t-online.de	Name vor dem @-Zeichen

▲ **POP3 – Sonderfall T-Online**

Der POP3-Zugang von T-Online funktioniert nur, wenn man auch über T-Online ins Internet eingewählt ist. Alle anderen Zugänge funktionieren unabhängig vom verwendeten Internetdienstanbieter.

11.5 E-Mail mit Windows Mail

▲ POP3 – Sonderfall web.de

Der POP3-Zugang bei web.de ist nicht sofort bei der Anmeldung funktionsfähig. Einige Tage, nachdem Sie sich bei *freemail.web.de* für eine E-Mail-Adresse angemeldet haben, bekommen Sie per Post einen Activator-Key zugeschickt. Diesen müssen Sie auf der Webseite eingeben, bevor der POP3-Zugang freigeschaltet wird. Der Webmailzugang funktioniert sofort.

Wachablösung mit Windows Mail

Windows Vista liefert für E-Mail und Newsgroups ein Programm namens *Windows Mail* mit, nicht unbedingt das beste E-Mail-Programm, das aber von vielen Anwendern benutzt wird, weil es vorinstalliert ist. Für den alltäglichen E-Mail-Verkehr reicht es aus. Windows Mail ist der Nachfolger von Outlook Express, das bei früheren Windows-Versionen enthalten war.

Windows Mail kann über das Startmenü aufgerufen werden. Windows Vista legt dafür automatisch einen Menüpunkt im oberen Bereich des Startmenüs an.

Bild 11.107: *Windows Mail* im Startmenü

Windows Mail startet und zeigt eine Willkommensnachricht. Wirklich benutzt werden kann das Programm aber erst, nachdem man ein E-Mail-Konto eingerichtet hat.

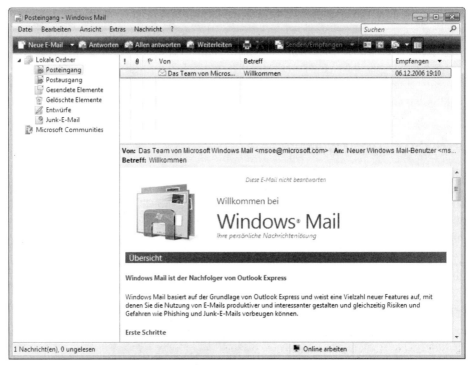

Bild 11.108: Die Begrüßungsmail in *Windows Mail*

Ein neues Mailkonto einrichten

Bevor man die erste Mail schreibt, muss man ein sogenanntes Konto einrichten. Dieses enthält die eigene E-Mail-Adresse, Zugangsdaten für den Mailserver und verschiedene weitere Einstellungen. Beim ersten Versuch, eine E-Mail abzuschicken, erscheint automatisch ein Assistent zur Einrichtung eines E-Mail-Kontos. Sie können diesen Assistenten aber auch mit dem Menüpunkt *Extras/Konten* starten. Auf diese Weise können Sie auch mehrere E-Mail-Konten anlegen, die von Windows Mail verwaltet werden sollen.

1. Im Dialogfeld *Internetkonten* klicken Sie auf *Hinzufügen* und wählen danach den Kontotyp *E-Mail-Konto*.

11.5 E-Mail mit Windows Mail

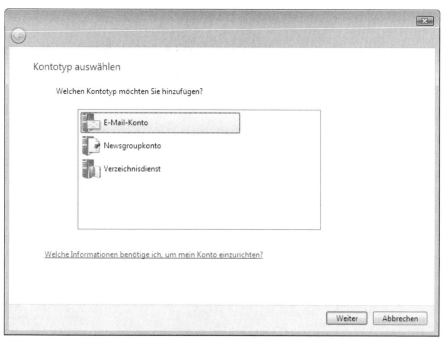

Bild 11.109: Kontotyp für neues Konto wählen

2) Nach dem Start des Assistenten geben Sie Ihren wirklichen Namen oder den Namen Ihrer Firma an, so wie er beim Empfänger der E-Mail angezeigt werden soll. Anschließend geben Sie Ihre E-Mail-Adresse an.

Bild 11.110: Eingabe der E-Mail-Adresse für ein neues Mailkonto

③ Tragen Sie jetzt die Serveradressen des POP3- und SMTP-Servers ein. Diese erhalten Sie von Ihrem Internetdienstanbieter. Windows Mail unterstützt für den Posteingang POP3- und IMAP-Server.

④ Wenn der Posteingangsserver eine Kennwortauthentifizierung erfordert, schalten Sie in diesem Dialog den entsprechenden Schalter zusätzlich ein.

11.5 E-Mail mit Windows Mail

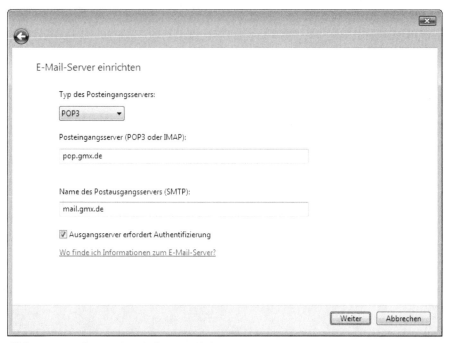

Bild 11.111: Mailserver in Windows Mail eintragen

POP3 oder IMAP
IMAP ist ein weiteres Protokoll zum Zugriff auf einen Mailserver. Im Unterschied zu POP3 verbleibt auf dem IMAP-Server eine zentrale Datenbank der E-Mails. Hier wird gespeichert, welche Mails bereits auf den lokalen Computer heruntergeladen wurden. So können Sie von einem anderen Standort aus leichter auf Ihre Mails zugreifen, auch wenn Sie diese bereits einmal heruntergeladen haben. Bei langsamen Internetverbindungen sollten Sie aber lieber die POP3-Variante benutzen. Hier kann ein IMAP-Zugriff sehr lange dauern.

5. Nun fragt der Assistent nach dem Benutzernamen für den Mailserver. Bei den meisten Internetdienstanbietern ist dies der Teil der E-Mail-Adresse vor dem @-Zeichen oder auch die ganze E-Mail-Adresse.

Im selben Dialog können Sie auch das Passwort für den Mailserver fest eintragen, sodass Sie es nicht bei jeder E-Mail-Abfrage neu eingeben müssen.

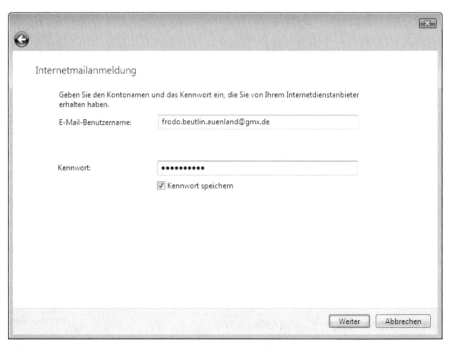

Bild 11.112: Benutzername und Passwort für den Mailserver

Vorsicht beim Speichern von Passwörtern
Bedenken Sie das Sicherheitsrisiko gespeicherter Passwörter. Jeder, der sich unbefugt Zugriff zu Ihrem PC verschafft, hat durch ein gespeichertes Passwort automatisch auch Zugriff auf Ihre E-Mails.

6. Nach Abschluss des Assistenten schließen Sie das Fenster *Internetkonten*. Danach erscheint wieder das Hauptfenster von Windows Mail. Hier können Sie mit der Schaltfläche *Senden/Empfangen*, die jetzt automatisch aktiv geschaltet wird, eine Verbindung zum Mailserver aufbauen und dort lagernde E-Mails abholen, um sie lokal zu lesen oder weiterzubearbeiten.

Authentifizierung für Postausgangsserver
Bevor Sie eine neue E-Mail schreiben, sollten Sie noch sicherstellen, ob der Postausgangsserver Ihres Internetdienstanbieters eine Authentifizierung erfordert. Ist dies der Fall, wählen Sie im Dialogfeld *Extras/Konten* das E-Mail-Konto aus und klicken dort auf *Eigenschaften*. Dort können Sie auf der Registerkarte *Server* die Authentifizierung für den Postausgangsserver einstellen.

11.5 E-Mail mit Windows Mail

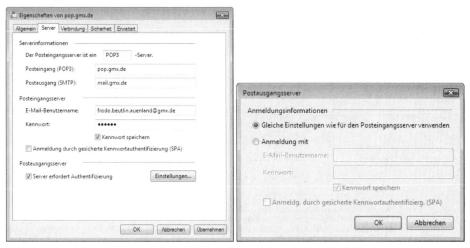

Bild 11.113: Servereinstellungen für ein E-Mail-Konto in Windows Mail

Nachrichten schreiben und senden

Klicken Sie im Hauptfenster von Windows Mail auf *Neue E-Mail*. Es öffnet sich das Dialogfeld *Neue Nachricht*. Schreiben Sie in die Zeile *An* die E-Mail-Adresse des Empfängers. Tragen Sie dann in der Zeile *Betreff:* eine Überschrift für die neue E-Mail ein. Im Hauptfenster können Sie anschließend den Text der E-Mail schreiben.

Anstatt die E-Mail-Adressen der Empfänger einzeln einzutippen, können Sie sie mit dem Button *Kontakte* in der Symbolleiste aus dem Adressbuch *Windows Kontakte* übernehmen.

Wenn mehrere E-Mail-Konten eingerichtet sind, kann man im Listenfeld *Von:* auswählen, welche Adresse als Absender übertragen werden soll.

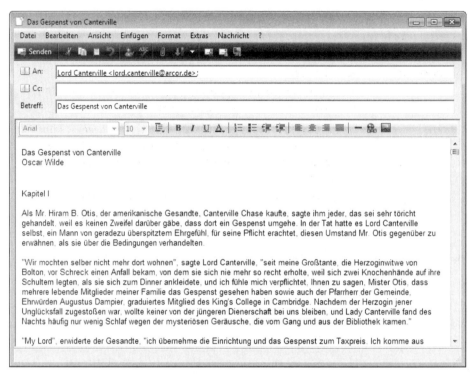

Bild 11.114: Eine neue Nachricht schreiben

Betreffzeile sinnvoll verwenden
Verwenden Sie die Betreffzeile sinnvoll, sodass der Empfänger sofort weiß, worum es in der Mail geht. Die Betreffzeile ist auch ein wichtiges Kriterium für Spam-Filter-Software. Schreiben Sie hier vollständige deutsche Wörter und nicht nur »Hey« oder Ähnliches, wenn Sie möchten, dass Ihre Mail auch ankommt.

Wenn Sie gerade eine E-Mail lesen, können Sie diese ganz einfach beantworten, indem Sie auf *Antworten* klicken. Windows Mail öffnet dann automatisch ein E-Mail-Fenster, in dem bereits der Absender der E-Mail als neuer Empfänger eingetragen ist. Der Original-Mailtext steht auch schon im Fenster.

Ist eine E-Mail an mehrere Empfänger gerichtet, kann man die Antwort mit der Schaltfläche *Allen antworten* an den Absender und alle Empfänger der Originalmail schicken.

Weiterleiten funktioniert ähnlich wie *Antworten*, mit dem Unterschied, dass die E-Mail nicht an den Absender, sondern an beliebige andere Adressen verschickt werden kann.

11.5 E-Mail mit Windows Mail

Wenn Sie E-Mails an mehrere Empfänger verschicken, gibt es diverse Möglichkeiten, die Adressen anzugeben:

Adressierung	Beschreibung
An:	Diese Empfänger werden direkt adressiert, sie stehen in der Zeile *An:* im Mailtext, die Adressen sind auch für alle Empfänger zu lesen.
Cc:	(Carbon Copy) Die in dieser Zeile aufgeführten Empfänger erhalten einen »Durchschlag« der E-Mail zur Kenntnisnahme. In diesem Fall sind die Empfänger der Carbon Copy für alle anderen Empfänger der Mail zu erkennen.
Bcc:	(Blind Carbon Copy) Eine Blindkopie verhindert, dass die Empfänger dieser Kopie beim Originalempfänger oder auch bei den Empfängern regulärer Carbon Copys erkannt werden können.

Klicken Sie in der E-Mail auf *Senden*. Die E-Mail wird im Ordner *Postausgang* gespeichert, bis Sie eine Verbindung zum Internet herstellen und im Hauptfenster von Windows Mail auf *Senden/Empfangen* klicken. Wenn Sie eine aktive Internetverbindung haben, wird die Mail sofort gesendet.

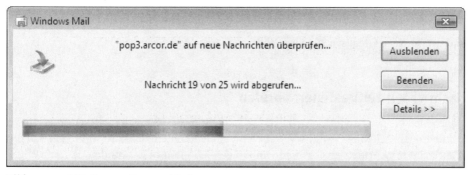

Bild 11.115: E-Mails vom Server abholen

Mit der Verbindung zum Mailserver können auch gleich dort liegende neue E-Mails abgeholt werden, um sie zu lesen. Je nach Anzahl und Größe der Mails, die noch auf dem Server liegen, kann das Abholen einige Zeit dauern. Danach werden alle Mails im Posteingang angezeigt.

Bild 11.116: Neue E-Mails in Windows Mail

Nachrichten zeitgesteuert abrufen

Haben Sie eine permanente Internetverbindung, brauchen Sie sich nicht selbst darum zu kümmern, Ihre E-Mails vom Server abzurufen. Deutlich einfacher ist in diesem Fall ein zeitgesteuertes Abrufen im Abstand von einigen Minuten oder Stunden, je nach Wichtigkeit der E-Mail-Adresse.

Auf der Registerkarte *Allgemein* im Dialogfeld *Extras/Optionen* legen Sie fest, ob beim Starten von Windows Mail automatisch die Mailkonten abgefragt und noch nicht gesendete E-Mails abgeschickt werden sollen. Eine detaillierte Einstellung für jedes Mailkonto getrennt ist in Windows Mail leider nicht möglich.

11.5 E-Mail mit Windows Mail

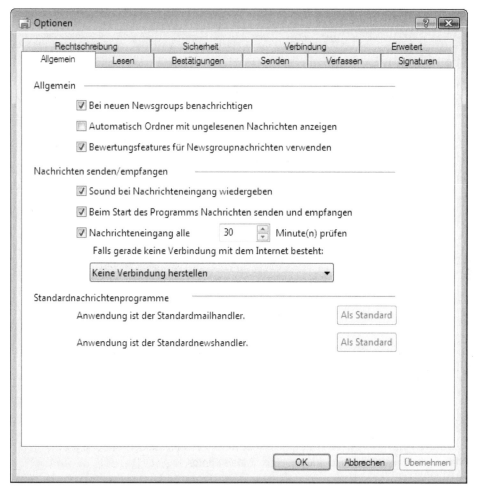

Bild 11.117: Einstellungen zum automatischen E-Mail-Abruf

An dieser Stelle können Sie auch ein Zeitintervall für die automatische E-Mail-Abfrage einstellen, das dann auch für alle Mailkonten gilt.

Ob Kopien der Mails beim Abrufen auf dem Server bleiben, kann in Windows Mail für jedes Konto getrennt festgelegt werden. Wählen Sie dazu *Extras/Konten,* und wählen Sie im nächsten Dialogfeld das gewünschte Konto aus. Klicken Sie dann auf *Eigenschaften,* und schalten Sie auf die Registerkarte *Erweitert.* Hier können Sie auch festlegen, wann die E-Mails auf dem Server gelöscht werden sollen, entweder in einem bestimmten zeitlichen Intervall, oder wenn eine Nachricht aus dem lokalen Posteingangsordner gelöscht wird.

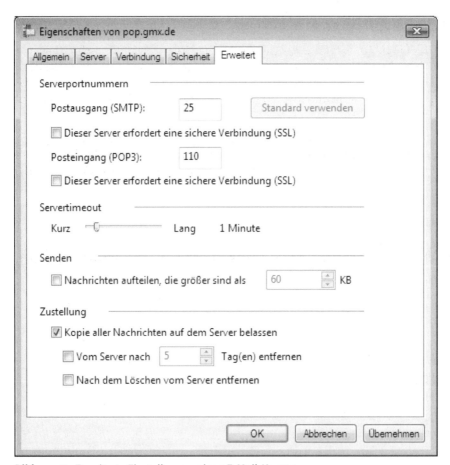

Bild 11.118: Erweiterte Einstellungen eines E-Mail-Kontos

 Mailserver regelmäßig aufräumen
Bedenken Sie, dass der Speicherplatz für E-Mails besonders bei kostenlosen Mail-Internetdienstanbietern sehr begrenzt ist. Sorgen Sie dafür, dass die E-Mails auf dem Server regelmäßig gelöscht werden. Andernfalls kann es passieren, dass Sie keine neuen E-Mails mehr empfangen können. Die Absender bekommen automatisch eine Fehlermeldung zugeschickt.

Rechtschreibprüfung vor dem Versand

Noch vor einigen Jahren galt es als chic, in E-Mails jede Menge Rechtschreibfehler zu haben. Dieser Trend ist glücklicherweise vorbei, und man achtet auch bei der elektronischen Kommunikation wieder auf korrektes Deutsch. Als Hilfe dazu bietet Windows Mail eine integrierte Rechtschreibkorrektur an, die geschriebene Mails vor dem Versand überprüft.

Die Rechtschreibprüfung kann in einer neuen E-Mail jederzeit mit der Taste [F7] oder dem Button *Rechtschreibung* in der Symbolleiste gestartet werden. Ein unbekanntes Wort nach dem anderen wird angezeigt und, wenn verfügbar, Korrekturvorschläge gemacht.

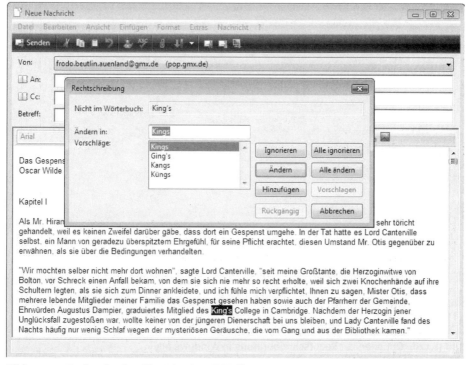

Bild 11.119: Rechtschreibprüfung in einer E-Mail

Auf der Registerkarte *Rechtschreibung* im Dialogfeld *Extras/Optionen* von Windows Mail können Sie festlegen, ob E-Mails vor dem Senden automatisch überprüft werden sollen.

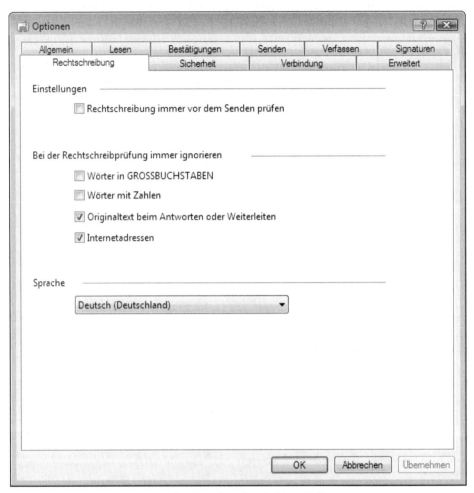

Bild 11.120: Optionen zur Rechtschreibprüfung in Windows Mail

Hier können Sie auch Wörter in Großbuchstaben, Wörter mit Zahlen, Internetadressen und den Originaltext in Antworten und weitergeleiteten E-Mails automatisch ignorieren. Nur der selbst verfasste Text sollte einer Prüfung unterzogen werden.

Spam ohne Umweg in den Papierkorb

Wer nicht täglich diverse Viagra-Derivate oder gefälschte Rolex-Uhren kaufen möchte, verbringt einen erheblichen Teil seiner Onlinezeit mit dem Löschen überflüssiger E-Mails. Auf großen Mailservern sind bis zu 85% aller E-Mails Spam, also unerwünschte Werbung.

Windows Mail beinhaltet einen Junk-Mail-Filter, der versucht, solche Werbemails automatisch zu identifizieren und in einem speziellen Ordner abzulegen.

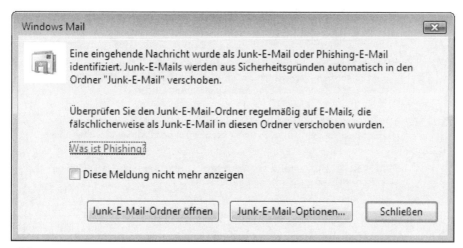

Bild 11.121: Benachrichtigung beim automatischen Verschieben einer Junk-Mail

Der Junk-Mail-Filter kann unter *Extras/Junk-E-Mail-Optionen* konfiguriert werden, allerdings nur für alle E-Mail-Konten gleich.

Bild 11.122: Einstellungen für den Junk-E-Mail-Schutz

Wenn Sie von bestimmten Absendern E-Mails mit zweifelhaften Betreffzeilen bekommen, die Sie aber lesen möchten, können Sie diese Absender in die Liste auf der Registerkarte *Sichere Absender* aufnehmen. Dann werden die Mails dieser Absender nicht vom Junk-Mail-Filter bearbeitet.

Bekommen Sie im Posteingang weiterhin E-Mails, die eindeutig als Junk einzustufen sind, klicken Sie mit der rechten Maustaste darauf. Im Kontextmenü können Sie den Absender oder auch die ganze Domain in die Liste blockierter Absender aufnehmen. Diese E-Mails werden in Zukunft automatisch als Junk eingestuft.

Dateianhänge senden und empfangen

E-Mail-Programme können auch dazu verwendet werden, Dateien zu verschicken. Dabei lässt sich prinzipiell jede Datei verschicken, Sie sollten jedoch die Größe bedenken, besonders wenn Sie nicht wissen, ob der Empfänger eventuell über ein langsames Modem oder eine teure Mobilfunkverbindung ins Internet geht. Außerdem ist besonders bei kostenlosen Freemail-Anbietern der maximal verfügbare Speicherplatz für E-Mails begrenzt.

Dateigröße bei E-Mails
Generell sollten Sie vor dem Versand einer großen Datei mit dem Empfänger klären, ob dieser die Mail auch problemlos empfangen kann. E-Mails mit Dateianhängen größer als 1 MB gelten als typische Anfängerfehler. Firmen und Profis laden solche Dateien lieber auf einen Server hoch und verschicken nur noch den Downloadlink als E-Mail.

Wenn Sie in Windows Mail eine Mail schreiben, können Sie im E-Mail-Fenster mit dem Menüpunkt *Einfügen/Dateianlage* oder dem Büroklammer-Symbol in der Symbolleiste Dateien auswählen und an die Mail anhängen. Die Dateinamen werden im Feld *Anfügen* in der neuen E-Mail angezeigt.

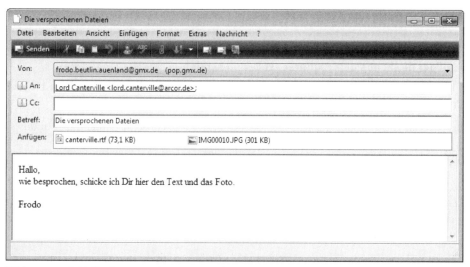

Bild 11.123: E-Mail mit Dateianhang versenden

Der Empfänger bekommt die Anhänge ebenfalls mit einer Büroklammer dargestellt. Bilder werden direkt in der Mail angezeigt. Ein Klick auf das Büroklammernsymbol rechts oben im Mailfenster ermöglicht es, die Anhänge zu speichern.

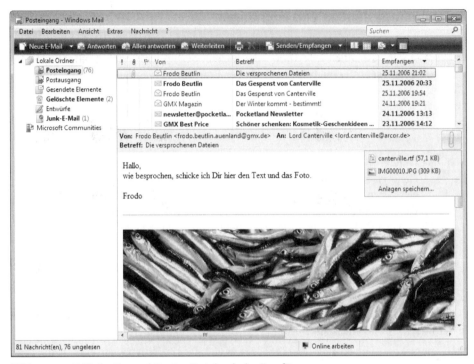

Bild 11.124: E-Mail mit angehängten Dateien beim Empfänger

▲ Bilder direkt aus dem Explorer als E-Mail senden

Um eine Datei bzw. ein Bild zu versenden, muss man nicht unbedingt zuerst ein E-Mail-Programm starten – es geht auch einfacher:

① Klicken Sie mit der rechten Maustaste auf die gewünschte Datei im Windows-Explorer und wählen Sie im Kontextmenü *Senden an/E-Mail-Empfänger*.

11.5 E-Mail mit Windows Mail

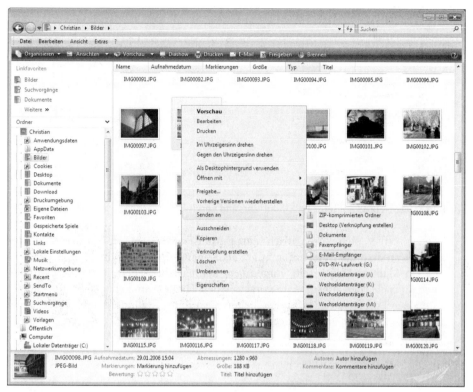

Bild 11.125: Ein Bild aus dem Windows-Explorer per E-Mail verschicken

② Bei Bildern erscheint ein weiteres Dialogfeld, in dem Sie das Bild auf eine E-Mail-gerechte Größe verkleinern können. Besonders Bilder moderner Digitalkameras sind mit ihren mehreren Megapixel Auflösung für eine Bildschirmansicht völlig ungeeignet und auch viel zu groß für eine E-Mail. Die Liste blendet eine Auswahl gängiger Bildgrößen ein. Wählen Sie hier eine brauchbare Größe für das Bild aus. Bei anderen Dateiformaten außer Bildern entfällt dieser Zwischenschritt.

Bild 11.126: Fotos sollten zum E-Mail-Versand verkleinert werden.

❸ Danach öffnet sich automatisch ein E-Mail-Fenster des Standard-E-Mail-Programms, in dem die Datei automatisch als Anhang eingetragen ist. Eine Betreffzeile und ein Mailtext sind bereits vorgegeben, können aber jederzeit geändert werden. Auch die Sicherheitshinweise im vorgegebenen Mailtext sind eher für den Absender als für den Empfänger gedacht. Bearbeiten Sie also die Mail und schreiben Sie einen sinnvollen Text an den Empfänger.

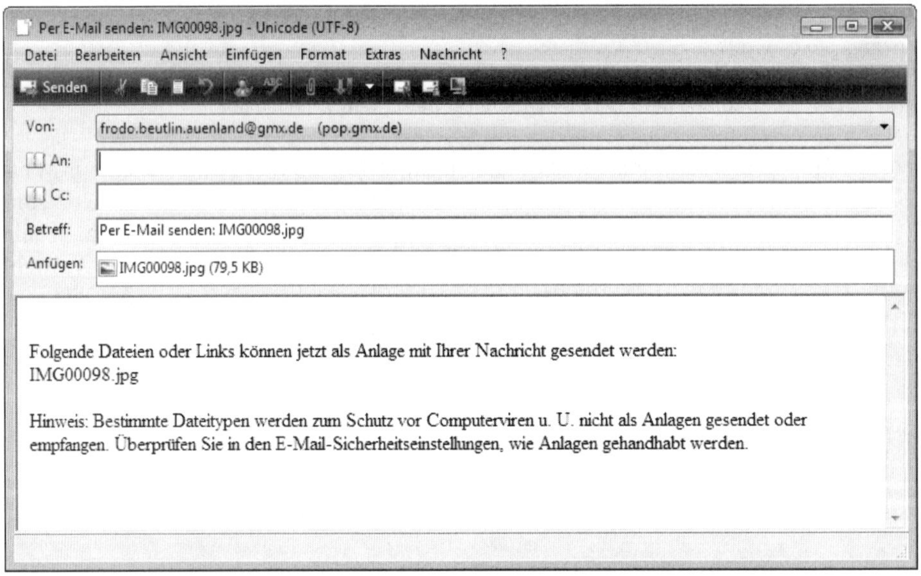

Bild 11.127: Die Standard-E-Mail beim Versenden einer Datei aus dem Windows-Explorer

Jetzt brauchen Sie nur noch die E-Mail-Adresse des Empfängers einzutragen und auf *Senden* zu klicken.

Sicherheit im täglichen E-Mail-Verkehr

Wer sicherheitsbewusst mit seinem Computer umgeht, besucht zwielichtige Webseiten entweder gar nicht oder zumindest nur mit einem sicheren Browser und nicht mit dem Internet Explorer. E-Mails, von denen man nicht weiß, wo sie herkommen und was dahintersteckt, lässt man aber ungeschützt auf seinem Computer.

▲ Automatische Empfangsbestätigungen

Wer eine E-Mail schreibt, kann vom Empfänger eine automatische Empfangsbestätigung anfordern, um zu sehen, ob und wann die Mail gelesen wurde. Was ursprünglich als nützliche Funktion geplant war, stellte sich schnell in Hinsicht auf den Schutz der Privatsphäre als bedenklich heraus.

Oft fordern Spam-Mail-Versender automatische Empfangsbestätigungen an, um daran zu erkennen, welche der Adressen in ihren Listen wirklich existieren. Durch Abschalten der Empfangsbestätigungen können Sie zumindest einen Teil der Spammer abwehren.

Auf der Registerkarte *Bestätigungen* unter *Extras/Optionen* können Sie in Windows Mail festlegen, ob Empfangsbestätigungen immer oder nie verschickt werden sollen, oder ob Sie jedes Mal gefragt werden wollen.

Wenn Sie immer Empfangsbestätigungen verschicken, können Sie diese trotzdem unterbinden, wenn Sie nicht in den An:- oder Cc:-Zeilen der E-Mail stehen. Damit lassen sich die meisten Lesebestätigungen an Spammer unterdrücken, die Mails über Mailinglisten verschicken, anstatt sie direkt zu adressieren.

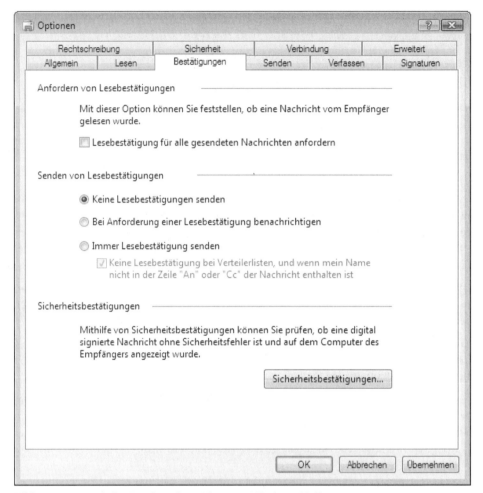

Bild 11.128: Regeln für Empfangsbestätigungen Windows Mail

▲ Vorsicht beim Empfang von HTML-Mails

Gerade bei E-Mails, wo der Anwender ohne eigenes Zutun aus dem Internet mit Daten »versorgt« wird, ist Sicherheit angeraten. Die E-Mail-Vorschau zeigt bei den bunten HTML-Mails, die die meisten Spammer verwenden, unaufgefordert eine Webseite an, die auch schädlichen Code enthalten kann.

Windows Mail und Outlook sind die einzigen E-Mail-Programme, die schon bei der Vorschau einer Mail einen eventuell darin enthaltenen ActiveX-Programmcode, also auch einen Virus, starten.

Windows Mail verwendet zur Darstellung von HTML-Mails den Internet Explorer. Schalten Sie deshalb auf jeden Fall über den Menüpunkt *Extras/Optionen* in Windows

11.5 E-Mail mit Windows Mail

Mail auf der Registerkarte *Sicherheit* auf die *Zone für eingeschränkte Sites* um. Jetzt gelten diese Sicherheitseinstellungen aus den Internetoptionen automatisch für alle empfangenen E-Mails. In dieser Zone sollten Sie alle ActiveX-Skripts blockieren.

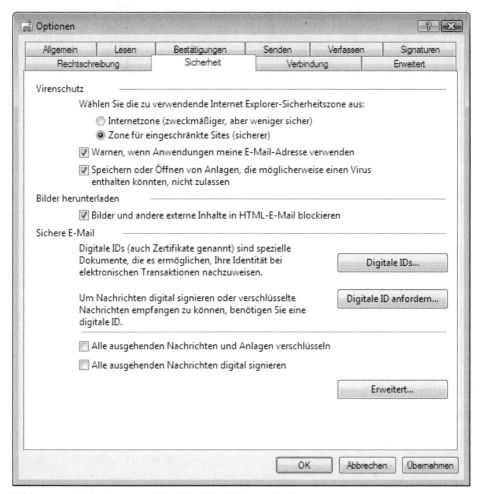

Bild 11.129: Sicherheitszone für E-Mails in Windows Mail

▲ Webbugs

Werbeversender verschicken ihre Spam-Mails häufig im HTML-Format. Hier sind Bilder enthalten, die beim Öffnen der Mail vom Server des Spammers heruntergeladen werden. Teilweise werden dabei völlig unauffällige Grafiken verwendet, die nur aus einem einzigen transparenten Pixel bestehen.

Wer wissen möchte, welche Spam-Mails gelesen werden und welche der Millionen von zufällig generierten E-Mail-Adressen in ihren Datenbanken wirklich existieren, erstellt (natürlich automatisch per Skript) für jeden Empfänger ein eigenes Bild und eine personifizierte E-Mail. Öffnet man diese Mail und lädt damit automatisch das Bild vom Server des Spammers, wird das dort registriert und die E-Mail-Adresse als gültig eingestuft. Daraufhin bekommt man noch mehr Spam, und die Adresse erzielt beim Weiterverkauf von einem Spammer zum anderen einen höheren Preis.

Im Zusammenhang mit Cookies ist noch ein deutlich genaueres Ausspionieren des E-Mail-Lesers möglich.

Da Windows Mail in der Grundeinstellung keine externen Bilder in E-Mails herunterlädt, wird Ihre Adresse bei den Spammern nicht so schnell verifiziert. In einer Mail, die extern verlinkte Bilder enthält, erscheinen nur Dummys und eine Hinweiszeile.

Bild 11.130: Blockierte Bilder und HTML-Layout in einer typischen HTML-Mail

Ein Klick auf die Hinweiszeile lädt die Bilder und das HTML-Layout für die gerade angezeigte Mail herunter. Manche HTML-Mails erscheinen dann auf einmal in einer völlig anderen Formatierung.

11.5 E-Mail mit Windows Mail

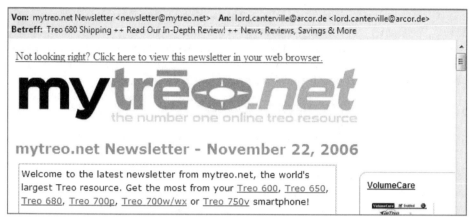

Bild 11.131: Die gleiche E-Mail im HTML-Layout mit Bildern

Wer täglich neue Angebote für zweifelhafte Medikamente oder gefälschte Markenuhren bekommen möchte, kann den Schalter *Bilder und andere externe Inhalte in HTML-E-Mail blockieren* auf der Registerkarte *Sicherheit* im Dialogfeld *Extras/Optionen* ausschalten. Die Bilder in den HTML-Mails werden dann sofort angezeigt.

▲ HTML für eigene Mails deaktivieren

Bedingt durch diverse Sicherheitsprobleme werden HTML-Mails heute fast nur noch für Werbung verwendet. Bei seriöser Kommunikation sollten Sie also auch darauf achten, selbst keine HTML-Mails zu verschicken.

HTML-Mails und Handys
Immer mehr Leute lesen unterwegs ihre E-Mails auf dem Handy. HTML-Mails haben ein deutlich höheres Datenvolumen als Textmails, was beim Empfang auf dem Handy zu höheren Kosten führt. Außerdem werden sie auf den kleinen Bildschirmen der mobilen Geräte stark verfremdet oder gar nicht dargestellt. Schicken Sie also nie HTML-Mails an Empfänger, bei denen Sie nicht genau wissen, auf welchem System diese die Mails lesen.

In den Optionen von Windows Mail können Sie auf der Registerkarte *Senden* einstellen, dass alle E-Mails standardmäßig als reiner Text verschickt werden sollen.

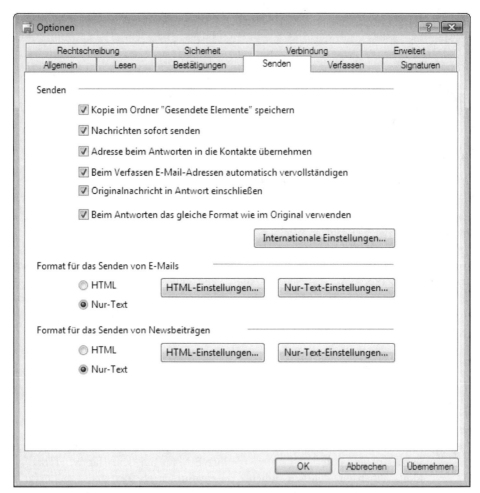

Bild 11.132: Format für das Senden von E-Mails einstellen

Möchten Sie eine E-Mail dann doch als HTML versenden, können Sie im *Format*-Menü des Mailfensters auf *Rich-Text (HTML)* umschalten.

11.6 Standards für Web und Mail

Wer anstatt des Internet Explorer einen besseren Browser und anstatt Windows Mail ein besseres E-Mail-Programm benutzt, möchte diese Komponenten überall da verwenden, wo Betriebssystemfunktionen auf das Internet zugreifen.

11.6 Standards für Web und Mail

Eher aus kartellrechtlichen als aus technologischen Gründen enthält Windows seit dem Service-Pack 1 für Windows XP im Startmenü und in der Systemsteuerung eine Funktion *Standardprogramme*. Windows Vista zeigt diese Option sogar recht auffällig in der rechten Spalte des Startmenüs.

Bild 11.133: Standardprogramme in der Systemsteuerung

Über *Programmzugriff und Computerstandards festlegen* können ein beliebiger installierter Browser, ein E-Mail-Programm, ein Medienplayer und ein Messenger zum systemweiten Standard erklärt werden.

Wirklich neu ist diese Funktion allerdings nicht, da die meisten Browser und E-Mail-Programme eigene Funktionen enthalten, um sich selbst zur Standardapplikation für die jeweilige Anwendung zu machen.

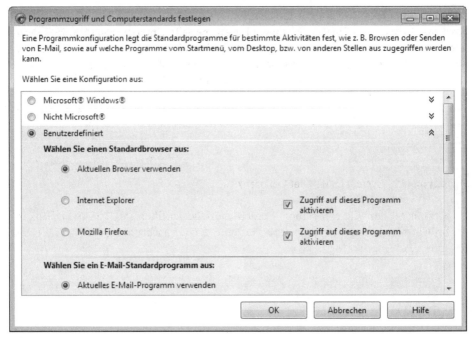

Bild 11.134: Programmzugriff und Computerstandards in der Systemsteuerung

Bild 11.135: Abfrage beim Start von Firefox

Die Einstellung *Programmzugriffe und Computerstandards* bringt die neuen Standardanwendungen automatisch auch ins Startmenü.

11.7 RSS-Newsfeeds abonnieren

Bei der heutigen Nachrichtenflut wird es immer schwerer, auf dem Laufenden zu bleiben. Viele Webseiten tragen durch Unübersichtlichkeit und Überfrachtung mit Werbung auch nicht gerade dazu bei, Nachrichten schnell zu finden.

11.7 RSS-Newsfeeds abonnieren

RSS ist ein spezielles Dateiformat zur Übertragung von Schlagzeilen in kompakter Form. Moderne Browser wie Firefox und Opera bieten spezielle Unterstützung für RSS-Newsfeeds. Der Internet Explorer unterstützt seit der in Windows Vista mitgelieferten Version 7 ebenfalls RSS-Feeds. Bietet eine Webseite einen RSS-Newsfeed, erscheint unterhalb der Adresszeile neben dem Haus-Symbol ein oranges RSS-Symbol.

Bild 11.136: RSS-Symbol im Internet Explorer 7

1. Klicken Sie auf dieses Symbol, werden die Überschriften des RSS-Newsfeeds im Browserfenster angezeigt. Ein Klick auf eine der Überschriften springt auf die entsprechende Nachrichtenseite.

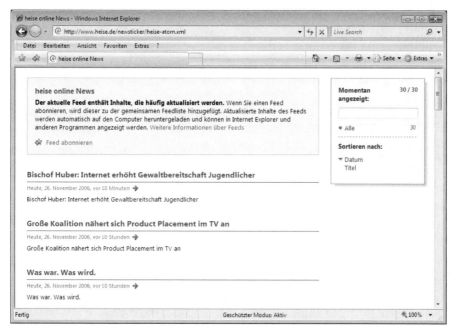

Bild 11.137: Anzeige eines RSS-Newsfeeds im Internet Explorer 7

2. Der Internet Explorer bietet links im Favoritencenter einen eigenen Bereich für RSS-Nachrichten. Damit ein Newsfeed hier erscheint, müssen Sie zunächst in der Anzeige auf den Link *Feed abonnieren* klicken.

3. Im nächsten Dialogfeld können Sie den abonnierten Newsfeed in einen Unterordner einsortieren und ihm einen Namen geben.

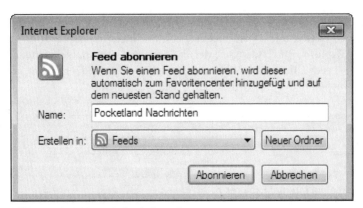

Bild 11.138: RSS-Newsfeed abonnieren

④ Danach wird der Titel des Newsfeeds im Favoritencenter angezeigt. Erst ein Klick auf den Titel zeigt die Überschriften des Newsfeeds im Browserfenster.

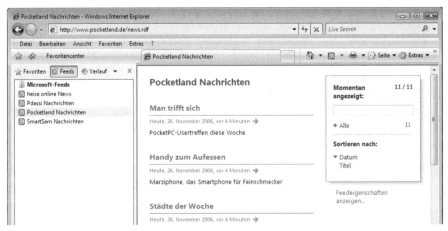

Bild 11.139: RSS-Newsfeeds im *Favoritencenter*

⑤ Wie oft die Nachrichtenanzeige aktualisiert werden soll, können Sie in den Eigenschaften festlegen. Klicken Sie dazu mit der rechten Maustaste auf den Newsfeed im Favoritencenter und wählen Sie im Kontextmenü *Eigenschaften*.

11.7 RSS-Newsfeeds abonnieren

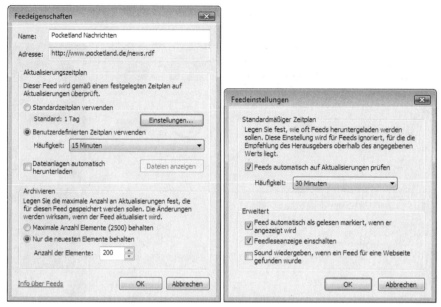

Bild 11.140: *Aktualisierungszeitplan* eines Newsfeeds

Das Aktualisierungsintervall können Sie über einen Standardzeitplan für alle Newsfeeds festlegen oder benutzerdefiniert für jeden einzeln.

RSS-Newsfeeds lassen sich nicht nur im Internet Explorer anzeigen, sondern auch in der Windows Sidebar. Dort haben Sie ausgewählte aktuelle Nachrichten immer im Blick.

6 Zur Anzeige von RSS-Newsfeeds liefert Windows Vista die Minianwendung *Feedschlagzeilen* mit, die über *Minianwendungen hinzufügen* im Kontextmenü der Sidebar installiert werden kann.

7 Ein Klick auf das Schraubenschlüssel-Symbol der Minianwendung öffnet einen Konfigurationsdialog. Hier können Sie den Newsfeed auswählen, der angezeigt werden soll.

Bild 11.141: *Feedschlagzeilen* in der Sidebar

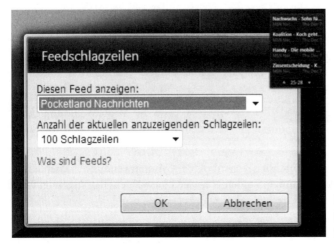

Bild 11.142:
Konfigurationsdialog
für *Feedschlagzeilen*

 Nachrichten mehrerer Newsfeeds gleichzeitig sehen
Möchten Sie die Nachrichten mehrerer Newsfeeds zeigen, legen Sie vorher im Favoritencenter des Internet Explorer eine Gruppe an. Diese Gruppen stehen in der Sidebar-Anwendung ebenfalls zur Auswahl zur Verfügung.

Newsgroups im Usenet

Jeden Tag schreiben Menschen auf der ganzen Welt etwa 400.000 Nachrichten, Kommentare und Meinungen in Tausenden von Newsgroups im Usenet. Newsgroups heben sämtliche politischen und kulturellen Grenzen auf und spiegeln die ursprüngliche Idee des Internets als einer weltweiten Kommunikationsplattform wider. Dagegen sind WWW-Seiten nichts anderes als moderne Prospekte und Flugblätter, E-Mails nur eine schnellere und preiswertere Form der Post. Da Newsgroups plattformunabhängig und weltweit einheitlich strukturiert sind, haben sie deutlich größeren Zulauf und meist auch qualifiziertere Besucher als Foren auf einzelnen Webseiten, die irgendein Hobby-Webmaster nach Gutdünken gestaltet, moderiert und auch zensiert.

Zum Lesen und Schreiben von Nachrichten in Newsgroups braucht man ein geeignetes Programm, einen sogenannten Newsreader. Die meisten E-Mail-Programme wie Windows Mail oder Mozilla Thunderbird beinhalten Newsreader-Funktionen.

▲ Newsserver und Newsgroups finden

Das Usenet besteht aus zahlreichen verschiedenen Newsservern, die bei den größeren Internetdienstanbietern stehen. Diese Newsserver spiegeln sich gegenseitig ständig die aktuellen Nachrichten in den Newsgroups.

Die Namensstruktur der Newsgroups ist überall gleich, sodass die Nachrichten sofort zu finden sind. Allerdings spiegeln nicht alle Server auch alle Newsgroups. Dies kann Vor- und Nachteile haben: Newsgroups, die nur lokal oder national interessant sind, müssen nicht weltweit gespiegelt werden. Das verringert das Nachrichtenaufkommen und erhöht die Übersichtlichkeit auf den Newsservern. Allerdings gibt dieses System Serverbetreibern die Möglichkeit, bestimmte Newsgroups aus moralischen, politischen oder religiösen Motiven heraus nicht zu veröffentlichen und so eine gewisse Zensur auszuüben. Die in letzter Zeit in den Markt drängenden kostenpflichtigen Newsanbieter üben zunehmend Druck auf Internetdienstanbieter aus, das kostenlose Newsangebot einzuschränken. Allerdings betrifft dies im Wesentlichen Newsgroups, die Bilder und Dateien übermitteln – sowie solche aus der Kategorie *alt.sex.**. Das Angebot an themenorientierten Support-Newsgroups steht bei fast allen Internetdienstanbietern kostenlos zur Verfügung.

Das Usenet wird im Gegensatz zu Webforen nirgendwo zentral organisiert, jeder Internetdienstanbieter ist für seinen Newsserver verantwortlich. Die Inhalte der einzelnen Nachrichten liegen allein in der Verantwortung der Absender. Es handelt sich hier also nicht um die von vielen Internetanwendern gewünschte Demokratie, sondern mehr um eine Art Anarchie, in der jeder tun und lassen kann, was er will, dabei aber auf das Wohlwollen der Allgemeinheit angewiesen ist, um nicht öffentlich angeprangert oder gar aus Newsgroups vertrieben zu werden.

Anzahl der Newsgroups
Die Anzahl aller Newsgroups weltweit wird zwischen 20.000 und 80.000 angegeben. Allerdings gibt es viele Newsgroups, die auf Grund von Fehlern angelegt wurden und keine Inhalte enthalten. Schlecht gepflegte Newsserver speichern solche Newsgroups und zählen sie mit, weshalb es hier zu sehr hohen Zahlen kommt. Gut gepflegte Newsserver enthalten nur Newsgroups, die nach den Richtlinien der jeweiligen Hierarchie angemeldet wurden. Die meisten öffentlichen Newsserver enthalten auch keine Gruppen zu eindeutig illegalen Themen.

▲ **Namensstruktur der Newsgroups**

Bei der großen Anzahl von Newsgroups weltweit würde es schwer fallen, die für ein spezielles Thema passende zu finden, gäbe es hier nicht eine hierarchische Ordnung. Auf oberster Hierarchieebene gibt es zehn internationale Kategorien.

▲ **Internationale Newsgroup-Kategorien**

Kategorie	Beschreibung
alt	Die wahre Anarchie. Hier finden Sie Newsgroups, die teilweise nur sehr wenige Leute interessieren, mit den exotischsten Themen. Dieser Bereich hat das Usenet in Verruf gebracht, da hier zahlreiche eindeutig kriminelle oder sittenwidrige Nachrichten auftauchen.
biz	Newsgroups mit kommerziellen Interessen. Hier wird jegliche Art von Werbung geduldet.
comp	Alles über Computer im weitesten Sinne für Profis und Heimanwender. Hier gibt es eine sehr ausführliche Untergliederung nach verschiedenen Hardwareplattformen, Betriebssystemen, Anwendungen und Programmiersprachen.
gnu	Newsgroups zum GNU-Projekt der Free Software Foundation. Besonders für Linux-Anwender interessant.
misc	Verschiedenste Newsgroups, die sich in keiner der anderen Kategorien unterordnen lassen.
news	Newsgroups über das Usenet selbst, Gruppenverwaltung, Ankündigung neuer Gruppen und Administration.
rec	Newsgroups über Hobbys und Freizeitaktivitäten.

Kategorie	Beschreibung
sci	Wissenschaftliche Newsgroups mit hohem Anspruch. Nur für wissenschaftliche Diskussionen, nicht für dumme Fragen und laienhaftes Geschwätz.
soc	Newsgroups mit kulturellen und sozialen Themen.
talk	Newsgroups, in denen es mehr um das Reden selbst als um die Inhalte geht. Hier kann sich jeder seitenlang auslassen und mit anderen unterhalten, ohne wirkliche allgemein bedeutsame Informationen von sich zu geben.

Unterhalb der Hauptkategorien gibt es eine hierarchische Ordnung mit unterschiedlich vielen Unterkategorien. Hier sind alle Newsgroups entsprechend ihrer Thematik einsortiert.

▲ Regionale Newsgroups

Zu diesen zehn Kategorien kommen weitere landesspezifische Kategorien, die mit der jeweiligen Landeskurzbezeichnung anfangen (*de* für Deutschland, *uk* für Großbritannien usw.). Unterhalb der Kategorie findet man meistens dieselben Kategorien, nach denen internationale Newsgroups geordnet sind, noch einmal. In diesen Newsgroups unterhält man sich auch in der jeweiligen Landessprache. Alle anderen Newsgroups laufen meistens in Englisch.

In Deutschland finden sich die Diskussionsforen verschiedener ehemaliger Mailbox-Netze jetzt auch in der Usenet-Struktur wieder. Dazu gehören zum Beispiel *fido*, *maus* und *z-netz*. Außerdem gibt es in einigen Städten lokale Newsgroup-Hierarchien: *hannover.**, *luebeck.**, *muenster.**, *nord.**.

Eine gute Übersicht über die Newsgroups der *de.**-Hierarchie finden Sie bei *www.dana.de/mod/struktur.html*.

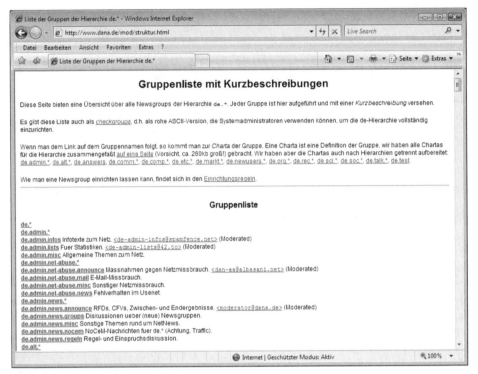

Bild 11.143: *Gruppenliste* der de.*-Newsgroups

▲ Kommerzielle Newsserver finden

Zahlreiche kommerzielle Newsserver-Anbieter erwecken mittlerweile Einsteigern gegenüber den Anschein, die Nutzung des Usenets müsse Geld kosten. Eigentlich ist das Gegenteil der Fall. Das Usenet war eine der ersten Kommunikationsplattformen im Internet, schon zu Zeiten, als noch niemand über die heutige Kommerzialisierung des Netzes gesprochen hat.

Jeder größere Internetdienstanbieter verfügt über einen eigenen Newsserver. Die genauen Namen dieser Server finden Sie auf den Webseiten der Internetdienstanbieter. In vielen Fällen sind diese Newsserver für jeden nutzbar, oftmals kann man aber nur selbst Nachrichten posten, wenn man über den jeweiligen Internetdienstanbieter im Internet ist und eine E-Mail-Adresse des Internetdienstanbieters verwendet.

Die Newsserver der deutschen Internetdienstanbieter liefern meistens ein umfassendes Angebot deutschsprachiger Newsgroups sowie die meisten wichtigen internationalen, häufig aber keine Binärnewsgroups. Newsgroups mit zweifelhaften oder eindeutig kriminellen Inhalten werden üblicherweise auch nicht angeboten.

11.7 RSS-Newsfeeds abonnieren

Wenn Sie eine Newsgroup auf dem Newsserver Ihres Internetdienstanbieters vermissen, suchen Sie bei *www.newzbot.com*. Diese Seite sucht nach freien Newsservern, die eine bestimmte Newsgroup aktuell spiegeln. Die Ergebnisliste zeigt auch die Geschwindigkeit und Anzahl der Artikel sowie Gruppen auf dem Server an, und außerdem, wie lange Nachrichten auf dem Server vorgehalten werden.

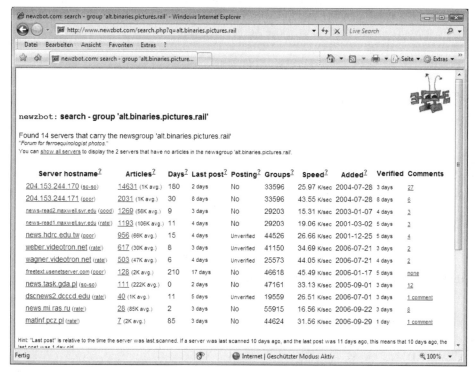

Bild 11.144: Suche nach Newsgroups bei *www.newzbot.com*

Außerdem gibt es eine spezielle Newsgroups zu freien Newsservern: *alt.free.newsservers*.

Um Newsgroups zu lesen und selbst Nachrichten zu veröffentlichen, können Sie die bekannten E-Mail-Programme Thunderbird oder Windows Mail verwenden. In diesen Programmen muss zum Zugriff auf einen Newsserver ein Konto eingerichtet werden, ähnlich einem E-Mail-Konto. Outlook in Microsoft Office bietet keine Newsreader-Funktionen.

Spam-Gefahr durch Newsgroups!
Spammer holen sich gerne E-Mail-Adressen, um an diese ihre überflüssigen Mails zu schicken. Zum Posten in Newsgroups sollte immer eine gültige E-Mail-Adresse verwendet werden. Viele Server schicken bei der ersten Anmeldung Bestätigungsmails, um anonyme Postings zu unterbinden. Damit der Spam nicht auf Ihrer wirklichen E-Mail-Adresse ankommt, sollten Sie sich für die Nutzung von Newsgroups bei einem der großen E-Mail-Anbieter eine kostenlose Adresse anlegen.

Newsgroupkonto in Windows Mail

Windows Mail bietet zwar nur die wichtigsten Grundfunktionen eines Newsreaders, kann aber zum Lesen und Schreiben von Nachrichten in Newsgroups verwendet werden, wenn kein anderes Programm zur Verfügung steht.

1. Um ein neues Newsgroupkonto in Windows Mail anzulegen, wählen Sie den Menüpunkt *Extras/Konten*. Klicken Sie im nächsten Dialogfeld auf *Hinzufügen*, und wählen Sie dann in der Auswahlliste *Newsgroupkonto*.

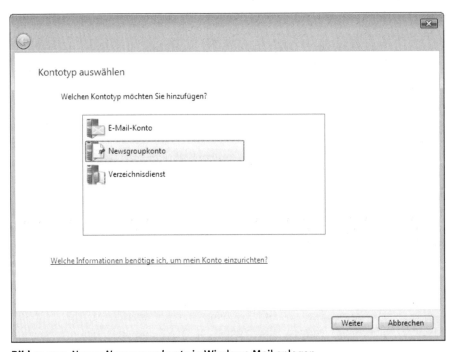

Bild 11.145: Neues *Newsgroupkonto* in Windows Mail anlegen

11.7 RSS-Newsfeeds abonnieren

2 Geben Sie im nächsten Dialogfeld Ihren Namen an.

3 Im nächsten Schritt des Assistenten geben Sie die E-Mail-Adresse an, die Sie für Newsgroups verwenden möchten.

4 Danach muss noch der Newsserver eingetragen werden. Windows Mail fragt hier explizit, ob eine Anmeldung am Newsserver erforderlich ist. Bei den meisten Newsservern deutscher Internetdienstanbieter muss dieser Schalter eingeschaltet sein.

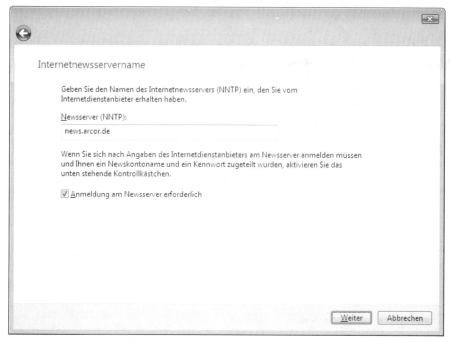

Bild 11.146: *Newsserver* für das neue Konto eintragen

5 Geben Sie zum Schluss noch den Benutzernamen und das Passwort zum Zugriff auf den Newsserver ein. Das Passwort können Sie an dieser Stelle speichern, um es nicht jedes Mal erneut eingeben zu müssen.

6 Nachdem alle Eingaben vollständig vorgenommen wurden, können Sie direkt die Liste der Newsgroups vom Server herunterladen.

Diese Liste ist in Windows Mail leider nicht sehr übersichtlich. Die Gruppen werden im Gegensatz zu anderen Newsreadern nicht in Hierarchien angezeigt, sondern einfach nur in einer fortlaufenden Liste. Es gibt auch keine Angaben über die Anzahl der Nachrichten in den einzelnen Gruppen. Hier können Sie jetzt eine oder mehrere Newsgroups auswählen und mit dem Button *Abonnieren* bestätigen.

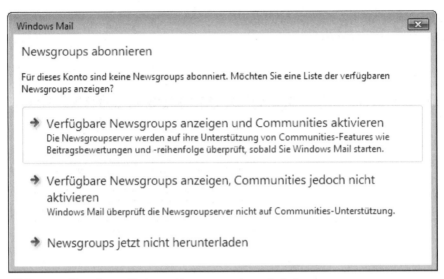

Bild 11.147: Liste der verfügbaren Newsgroups herunterladen

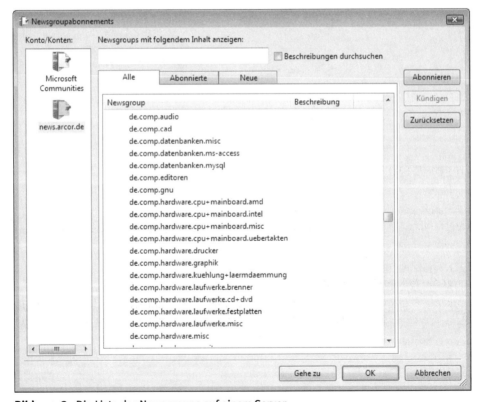

Bild 11.148: Die Liste der Newsgroups auf einem Server

11.7 RSS-Newsfeeds abonnieren

Die abonnierten Newsgroups erscheinen im linken Fenster von Windows Mail als Ordner unterhalb des Newsservers.

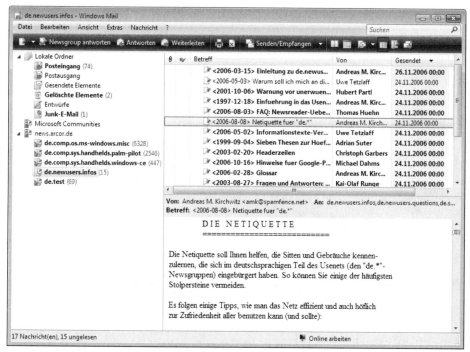

Bild 11.149: Newsgroups in Windows Mail

Umgangsformen in Newsgroups

Bevor Sie jetzt planlos in irgendwelchen Newsgroups Nachrichten verbreiten und damit nur unangenehm auffallen, sollten Sie sich die folgenden Hinweise für eine zivilisierte Kommunikation durchlesen, die allgemein unter dem Begriff Netiquette zusammengefasst sind.

▲ Auf die Netiquette achten

Denken Sie immer daran, dass Sie mit Menschen kommunizieren. Schreiben Sie nie etwas, was Sie dem Adressaten nicht auch vor anderen Leuten ins Gesicht sagen würden.

Informationen zur Netiquette
Ausführliche und sehr gut geschriebene Informationen zur Netiquette im Usenet finden Sie auf der Webseite *www.usenetverwaltung.org/netiquette* und in der Newsgroup *de.newusers.info*, die sich Neulinge im Usenet auf jeden Fall durchlesen sollten.

Worauf man achten soll	Beschreibung
Umgangston	Seien Sie freundlich und ehrlich, verzichten Sie auf das »Sie«. Für absichtliche Streitigkeiten und Beleidigungen sind die Newsgroups *alt.flame* und *de.alt.flame* vorgesehen. Wer das Internet als Spielwiese nutzen möchte, um sich bewusst daneben zu benehmen, sollte lieber in ein entsprechendes Webforum ausweichen.
Rechtschreibung	Achten Sie auf Rechtschreibung und Grammatik. Jedes Posting ist eine Art Visitenkarte. Tippfehler in Massen, wie sie in **WWW**-Foren immer zu finden sind, sind nicht »cool«, sondern schlicht eine Zumutung für alle, die diesen Text lesen müssen.
Persönlicher Name	Jeder Artikel muss mit dem vollständigen Namen des Benutzers gekennzeichnet sein. Dies gilt insbesondere für die *From*-Zeile bzw. die *Sender*-Zeile (falls Artikel im Auftrag anderer gepostet werden). Die alleinige Aufführung des Namens in der Signatur ist nicht hinreichend, da diese unter anderem beim Antworten nicht automatisch analysiert werden kann. Anonyme Postings oder unkenntliche Pseudonyme, wie sie zu Mailbox-Zeiten üblich waren, werden nicht mehr gern gesehen. Viele Newsanbieter akzeptieren gar keine anonymen Nachrichten. In manchen Newsgroups gibt es aber begründete Ausnahmen.
Korrekte Absenderadresse	Die Angabe in der *From*- bzw. *Sender*-Zeile muss eine eigene, gültige E-Mail-Adresse sein. Eine Mail, die dort hingeschickt wird, muss im Regelfall zustellbar sein, das heißt, sie darf nicht wegen Unerreichbarkeit dieser Adresse zurückkommen. Einige Newsanbieter schicken hier Testmails und schließen nicht identifizierbare Benutzer aus.

Worauf man achten soll	Beschreibung
Einhalten der Charta	Die meisten Hierarchien im Usenet haben die dort üblichen Konventionen in einer Charta niedergelegt. Das Posten in solche Hierarchien sollte nur unter Wahrung der jeweils geltenden Charta geschehen. Die Chartas finden Sie üblicherweise in der ersten Nachricht einer Newsgroup. Lesen Sie auch in jedem Fall zuerst die FAQs der Newsgroup.
Keine kommerzielle Nutzung	Für kommerzielle Nachrichten sind ausschließlich bestimmte Newsgroups zu verwenden. International: *biz.** – in Deutschland: *de.markt.**. Private Kleinanzeigen werden aber in den meisten Newsgroups geduldet.
Kein Spam	Unter Spam versteht man (vereinfacht ausgedrückt) das Fluten von vielen Newsgroups mit (dort in der Regel nicht hineinpassenden) gleichartigen Artikeln. Überlegen Sie sich also genau, in welche Newsgroup eine bestimmte Nachricht passt.
Signaturen	In E-Mails verwenden viele Leute ausführliche lange Signaturen, die ihre komplette Adresse, aber oft auch noch philosophische Weisheiten oder ASCII-Grafiken enthalten. In Newsgroups ist so etwas grundsätzlich nicht gern gesehen. Signaturen verwirren und erhöhen das Datenvolumen unnützerweise. Wenn Sie die Signatur gar nicht lassen können, beschränken Sie sich auf maximal vier Zeilen und 70 ASCII-Zeichen, und lassen Sie die Signatur zumindest bei Zitaten und Antworten ganz weg. Verzichten Sie in Newsgroups auch grundsätzlich auf PGP-Schlüssel. Signaturen sollten zu Beginn eine separate Zeile mit »-- « (zwei Minuszeichen und ein Leerzeichen) enthalten. Daran können viele Newsreader die Signatur erkennen und automatisch beseitigen, damit sie nicht in jeder Antwort wieder erscheint.
HTML	HTML-Formatierungen sind in Newsgroups grundsätzlich verpönt. Stellen Sie Ihr Mailprogramm in Newsgroups grundsätzlich auf Text und nicht auf HTML, außer in speziellen HTML-Newsgroups. HTML erhöht das Datenvolumen erheblich und ist von vielen Programmen auch nicht zu lesen. Zudem bergen HTML-Mails ein erhebliches Sicherheitsrisiko, weshalb viele Anwender den Empfang von HTML in E-Mails oder Newsgroups ganz unterbinden.

Worauf man achten soll	Beschreibung
Zitate	Wenn Sie einen anderen Artikel aus derselben Newsgroup zitieren, machen Sie das Zitat als solches kenntlich. Die meisten Programme bieten automatisch die Option an, vor das Zitat den Absender zu schreiben: Christian Immler schrieb in Nachricht <374130a7.9609300@news.cis.dfn.de>... Alternativ kann man auch vor zitierte Zeilen das Zeichen › setzen. Zitieren Sie nur Nachrichten aus der Newsgroup, keine E-Mails, die direkt an Sie gegangen sind. Das kommt bei den meisten Lesern nicht gut an, da E-Mails üblicherweise gezielt für den Empfänger und nicht für die Allgemeinheit bestimmt sind.

Newsgroup-Nachrichten in Windows Mail

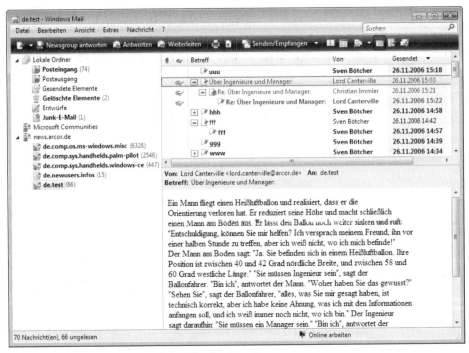

Bild 11.150: Der Verlauf einer Diskussion in einer Newsgroup

Klicken Sie im linken Fenster auf eine der abonnierten Newsgroups, erscheinen rechts die Nachrichten dieser Gruppe. Die Nachrichten werden so sortiert, wie die Diskussion ablief. Antworten erscheinen immer unterhalb der beantworteten Nachricht. So ergeben sich baumartige Strukturen, die Sie mit dem +-Zeichen am Zeilenanfang aufklappen können.

Ein Klick auf das Sprechblasensymbol ganz links markiert alle zusammengehörigen Nachrichten. Jetzt können Sie mit einem Rechtsklick ein Kontextmenü einblenden, um die markierten Nachrichten alle als gelesen zu markieren oder in einen Ordner zu verschieben.

Ungelesene Nachrichten erscheinen fett, gelesene normal. Themen, in denen man selbst einen Beitrag gepostet hat, werden rot markiert.

▲ Nachrichten suchen

Die Suchfunktion von Windows Mail kann auch für Newsgroups genutzt werden. Hier ist es oft viel wichtiger als bei E-Mails, nach einem bestimmten Stichwort zu suchen. Geben Sie im Suchfeld oben rechts einen Suchbegriff ein, werden die aufgelisteten Nachrichten automatisch gefiltert.

▲ Nachrichten schreiben

Das Schreiben von Nachrichten in eine Newsgroup läuft genauso ab wie das Schreiben einer E-Mail.

Kein HTML!
Achten Sie darauf, in Newsgroups kein HTML zu verwenden. Schalten Sie im Dialogfeld *Extras/Optionen* auf der Registerkarte *Senden* das *Format für das Senden von Newsbeiträgen* immer auf *Nur-Text*.

Vermeiden Sie Nachrichten zu Testzwecken in normalen Newsgroups. Hierfür sind eigene Newsgroups wie *misc.test* und *alt.test* vorgesehen, deren einziger Zweck das Testen von Newsreadern und Servern ist. In Deutschland gibt es auch noch *de.test*, in anderen Ländern entsprechende Gruppen. Hier können Sie beliebige Nachrichten schreiben und danach in der Newsgroup sehen, wie sie aussehen und ob sie wirklich ankommen.

Auto-Responder oder Reflector-Programme auf verschiedenen Newsservern beantworten Nachrichten in den Test-Newsgroups automatisch per E-Mail, wenn die Nachricht auf dem jeweiligen Server eingegangen ist.

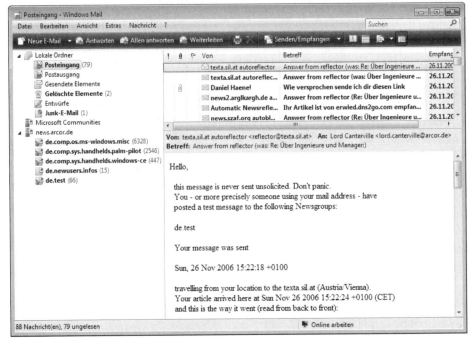

Bild 11.151: Automatische E-Mail-Antwort auf eine Nachricht in einer Test-Newsgroup

Möchten Sie nicht, dass die Reflektoren auf Ihre Nachricht antworten, schreiben Sie in die Betreff-Zeile »no reply« oder »ignore«. Dazu können noch weitere Wörter im Betreff enthalten sein.

▲ **Nachrichten beantworten**

Ähnlich wie E-Mails können auch Nachrichten in Newsgroups mit der Antwort-Funktion in Windows Mail beantwortet werden. Sie erscheinen dann in der Newsgroup unterhalb der beantworteten Nachricht. Verwenden Sie dazu den Button *Newsgroup antworten*.

Möchten Sie, statt der ganzen Newsgroup zu antworten, dem Absender direkt per E-Mail antworten, verwenden Sie den Button *Antworten*.

▲ **Cross-Posting und Follow-Ups**

In einigen Fällen kann es sinnvoll sein, eine Nachricht in mehreren Newsgroups zu veröffentlichen. In so einem Fall können Sie beim Absenden mehrere Newsgroups eintragen. So etwas wird als Cross-Posting bezeichnet.

11.7 RSS-Newsfeeds abonnieren

Nicht übertreiben!
Übertreiben Sie es mit dem Cross-Posting nicht. Nachrichten sollten nur in die Newsgroups gepostet werden, wo sie auch zum Thema passen. Planloses Cross-Posting gilt im Usenet als ausgesprochen schlechtes Benehmen.

Beim Cross-Posting in mehrere Newsgroups sollte der Schreiber der Nachricht die Diskussion in einer Newsgroup konzentrieren. Sonst antworten die Leser in den unterschiedlichen Newsgroups unabhängig voneinander und sehen die jeweils anderen Antworten nicht.

▲ Offlinebetrieb

Wenn Sie Newsgroups unterwegs auf dem Notebook lesen und beantworten wollen, haben Sie nicht immer einen Internetzugang zur Verfügung. Windows Mail bietet deshalb die Möglichkeit, offline zu arbeiten. Hier werden die Texte der Nachrichten aus der Newsgroup auf einmal auf den eigenen Rechner heruntergeladen. Danach kann die Internetverbindung abgebaut werden. Im Offlinebetrieb können Sie dann Nachrichten lesen, beantworten und neue Nachrichten schreiben. Diese werden dann nach einem erneuten Verbindungsaufbau alle auf einmal gesendet.

Um eine Newsgroup für den Offlinebetrieb herunterzuladen, wählen Sie im Menü *Extras/Newsgroup synchronisieren*.

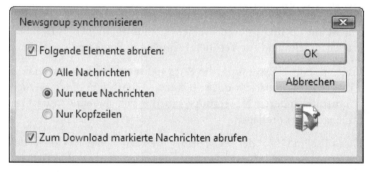

Bild 11.152:
Newsgroup
zum Offlinelesen
Synchronisieren

Wählen Sie aus, ob Sie alle oder nur neue Nachrichten für den Offlinebetrieb auf den lokalen Rechner kopieren möchten.

Lokal heruntergeladene Newsgroups können erheblich Speicherplatz belegen. Ältere, lokal gespeicherte Nachrichtentexte sollten Sie deshalb nicht ewig aufheben. Klicken Sie mit der rechten Maustaste auf die Newsgroup im linken Teilfenster und wählen Sie im Kontextmenü *Eigenschaften*. Auf der Registerkarte *Lokale Datei* können Sie die heruntergeladenen Nachrichten löschen.

Die Nachrichten bleiben auf dem Newsserver weiterhin vorhanden. Hier legt der Betreiber des Servers fest, wie lange die Nachrichten gespeichert bleiben. Wenn Sie also wieder eine Onlineverbindung haben, können Sie trotzdem auf ältere Nachrichten zugreifen.

Bild 11.153: Lokal gespeicherte Nachrichten löschen

Fotos und Grafiken in Newsgroups

Newsgroups werden nicht nur zum Austausch reiner Textinformationen verwendet, sondern in letzter Zeit auch zunehmend zur Veröffentlichung von Fotos und Grafiken.

Veröffentlichen Sie Bilder nur in Newsgroups, die extra dafür vorgesehen sind. Diese enthalten im Namen die Wörter »binaries« oder »pictures«. Die Nachrichten werden durch die Bilder sehr groß. In anderen Newsgroups möchte sich niemand »aus Versehen« so große Datenmengen herunterladen.

Die Bilddateien, üblicherweise im GIF- oder JPG-Format, werden nach dem Uuencode- oder MIME-Verfahren in einen ASCII-Text übersetzt, der wie jeder andere Text im Usenet übertragen wird. Diese Verfahren vergrößern den Datenumfang eines Bilds etwa auf das Dreifache. Die meisten modernen Newsreader können diese Bilder direkt beim Öffnen der Nachricht dekodieren. Bilder werden dann im Nachrichtenfenster angezeigt.

11.8 Die Windows-Firewall

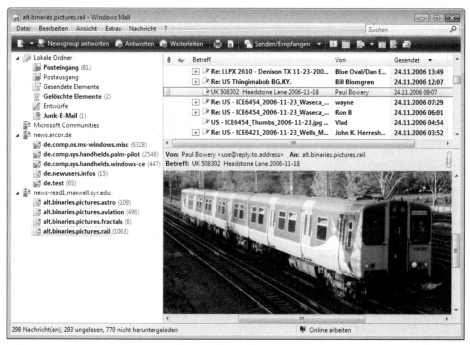

Bild 11.154: Newsgroup mit Bildern in Windows Mail

Um ein Bild in einer Newsgroup zu veröffentlichen, hängen Sie es einfach wie einen Dateianhang an eine E-Mail-Nachricht an.

Vorsicht!
Einige Newsgroups enthalten Bilder mit pornografischem oder kriminellem Inhalt. Beim Herunterladen solcher Bilder können Sie sich unter Umständen strafbar machen.

11.8 Die Windows-Firewall

Eine Firewall schützt den eigenen Computer vor Gefahren aus dem Internet, indem nichtautorisierte Datenübertragungen blockiert werden. Windows Vista enthält standardmäßig eine Firewall. Außerdem ist in fast allen modernen DSL-Routern eine Firewall eingebaut.

Brandschutzmauer
Firewall heißt übersetzt nicht etwa »Feuerwand« oder »Feuerwall«, wie manche schlecht informierte Webseiten schreiben, sondern »Brandschutzmauer«. Sie dient dazu, einen privaten Bereich, hier einen Computer oder ein Netzwerk, vor Gefahren von außen zu schützen. Microsoft sprach im Windows XP Service-Pack 2 konsequent von »der Firewall«, im deutschsprachigen Raum hat sich aber der feminine Artikel eingebürgert. Im Rahmen der allgemeinen sprachlichen Verbesserungen in Windows Vista heißt es hier jetzt auch »die Firewall«.

Die Firewall in Windows Vista ist nichts grundlegend Neues. Seit der ersten Windows XP-Version ist eine Firewall vorhanden. Doch warum hat niemand diese Firewall benutzt? Nach einem Whitepaper von Microsoft lag das daran, dass sie für den Anwender zu schwer zu finden war.

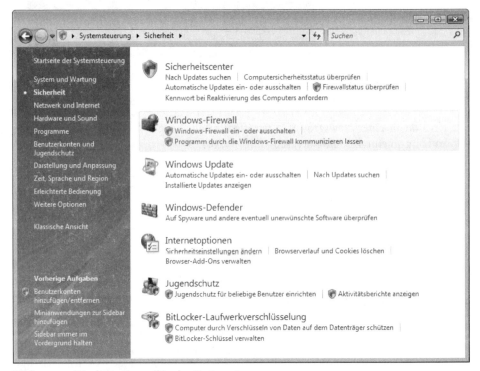

Bild 11.155: Windows-Firewall in der Systemsteuerung

Gesagt, getan! Seit dem XP Service-Pack 2 ist die Firewall nicht mehr auf einer der hinteren Registerkarten für jede Internetverbindung getrennt zu konfigurieren, sondern liegt jetzt an auffälliger Stelle in der Systemsteuerung und gilt nun für alle Verbindungen

11.8 Die Windows-Firewall

gleichzeitig. Außerdem können die Einstellungen der Windows-Firewall über das neue Sicherheitscenter aufgerufen werden. In Windows Vista wurde die Firewall sehr prägnant in der Systemsteuerung unter *Sicherheit* platziert.

Über die Option *Windows-Firewall ein- oder ausschalten* oder über die gleichnamige Schaltfläche im Sicherheitscenter kommt man in einen Konfigurationsdialog für die Firewall. Wer eine externe Firewall-Lösung verwendet, kann hier die Windows-Firewall deaktivieren. Alle anderen Anwender sollten sie aktiv lassen. Die Firewall wurde gegenüber der ersten Windows XP-Version wesentlich verbessert, sodass es außer der Verwendung einer externen Alternative keinen Grund mehr gibt, sie abzuschalten.

Bild 11.156: Der Konfigurationsdialog der *Windows-Firewall*

Firewall-Regeln

Bemerkt die Firewall, dass ein neues Programm Daten aus dem Internet empfängt, wird dieser Datenverkehr automatisch blockiert und eine Meldung angezeigt. Microsoft-Programme und alle gängigen Webbrowser (Firefox, Mozilla oder Opera) sind automatisch für Internetzugriffe freigegeben. Alle anderen Programme sind standardmäßig so lange gesperrt, bis man sie manuell für die Internetnutzung freigibt.

Wenn ein Programm versucht, Daten aus dem Internet zu holen, erscheint eine Sicherheitswarnung. In diesem Dialog können Sie dieses Programm generell freigeben, weiterhin komplett sperren, ohne dass Nachfragen erscheinen, oder bei jedem neuen Kommunikationsversuch wieder diese Meldung einblenden lassen. Bei gesperrten Programmen erscheinen zukünftig keine Meldungen mehr, der Internetverkehr dieser Programme wird automatisch unterbunden.

Bild 11.157: Sicherheitswarnung der Firewall

 Nur schwacher Schutz bei neuen Programmen
Neue Software, die nach dem Windows XP Service-Pack 2 auf den Markt gekommen ist, verfügt oft über Funktionen, um sich bei der Installation selbst in der Firewall freizuschalten oder die Firewall sogar ganz zu deaktivieren. So bietet die Windows-Firewall nur noch einen begrenzten Schutz.

11.8 Die Windows-Firewall

Ein freigegebenes Programm wird im Konfigurationsdialog der Firewall auf der Registerkarte *Ausnahmen* als Ausnahme eingetragen.

Bild 11.158: Anzeige der Firewall-Ausnahmen

In diesem Dialog können Sie auch später jederzeit ein ehemals freigegebenes Programm wieder sperren. Das sind beliebte Einfallstore für Hackerangriffe. Mit dem Button *Programm hinzufügen* können Firewall-Regeln für weitere Programme hinzugefügt werden, ohne dass man diese Programme starten muss.

Bild 11.159:
Auswahl eines Programms für eine neue Firewall-Regel

In der Liste sind alle installierten Programme aufgeführt. Wählen Sie das gewünschte Programm aus, und bestätigen Sie mit *OK*. Auf der Registerkarte *Ausnahmen* der Firewall-Einstellungen erscheint die neue Regel. Hier kann das Programm für die Firewall freigegeben oder blockiert werden. Programme, die nicht in der Liste erscheinen, findet man mit Klick auf *Durchsuchen*.

Der Button *Löschen* auf der Registerkarte *Ausnahmen* löscht kein Programm, sondern nur die betreffende Regel. Wenn dieses Programm wieder Daten aus dem Internet übertragen will, erscheint erneut die Abfrage der Firewall.

 Alle eingehenden Verbindungen blocken
Wenn Sie von einem Notebook mal über das eigene Netzwerk, mal über einen öffentlichen WLAN-Hotspot ins Internet gehen, können Sie mit Klick auf den Schalter *Alle eingehenden Verbindungen blocken* auf der Registerkarte *Allgemein* ganz einfach alle auf der Registerkarte *Ausnahmen* eingestellten Firewall-Regeln auf einmal ignorieren, ohne die Programme jedes Mal einzeln sperren zu müssen.

11.8 Die Windows-Firewall

▲ Programme für bestimmte Netzwerkadressen freigeben

Die Firewall blockiert sämtlichen TCP/IP-Datenverkehr, nicht nur aus dem Internet, sondern auch aus dem lokalen Netzwerk. Einige Programme sollen aber im lokalen Netzwerk oder auch mit bestimmten anderen Computern kommunizieren können, ohne einen komplett freien Internetzugang zu haben.

Ein Klick auf den Button *Eigenschaften* auf der Registerkarte *Ausnahmen* in den Firewall-Einstellungen öffnet ein Dialogfeld, das den Namen des markierten Programms zeigt.

Bild 11.160: Dateiname und Pfad eines Programms aus den Firewall-Regeln

Mit dem Button *Bereich ändern* können Sie festlegen, ob das Programm freien Zugriff zu allen Computern im Internet haben soll, oder nur im lokalen Netzwerk oder nur mit einzelnen Computern kommunizieren darf. Als lokales Netzwerk gelten alle Computer innerhalb desselben Subnetzes.

Die Windows-Datei- und Druckerfreigabe ist auf diese Weise standardmäßig nur für das lokale Netzwerk freigeschaltet. Diese Einstellung sollten Sie auch aus Sicherheitsgründen nie ändern, da Angreifer sonst direkt auf die Daten Ihrer Festplatte zugreifen könnten.

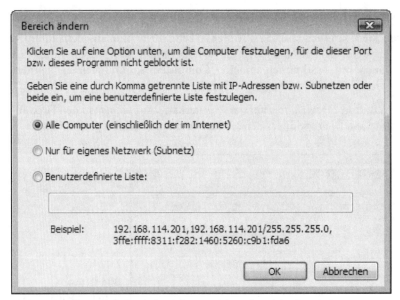

Bild 11.161: Einstellen des freigegebenen Adressbereichs für ein Programm

Firewall mit erweiterter Sicherheit

Die neue Firewall in Windows Vista bietet noch diverse erweiterte Konfigurationsmöglichkeiten, die allerdings Administratoren vorbehalten sind. Diese finden Sie, wenn Sie in der Systemsteuerung unter *System und Wartung/Verwaltung* auf *Windows Firewall mit erweiterter Sicherheit* klicken.

11.8 Die Windows-Firewall

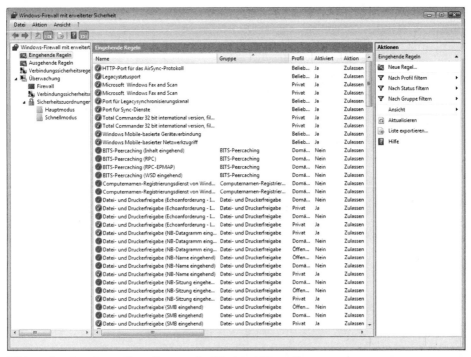

Bild 11.162: Erweiterte Einstellungen der Windows-Firewall

Netzwerke

Netzwerke gibt es heute in jedem Büro. Auch immer mehr private Anwender nutzen diese Technik, um mehrere Rechner zu verbinden, etwa um von mehreren Räumen aus ins Internet zu gehen oder um einen Drucker gemeinsam zu verwenden. Windows Vista liefert alle notwendigen Softwarekomponenten mit, um ein Netzwerk zu betreiben, sodass in kleinen Netzen kein eigenes Netzwerkbetriebssystem notwendig ist. In großen, serverbasierten Netzen braucht man zusätzlich den Microsoft Windows-Server, einen Linux-Server oder Novell Netware.

12.1 Netzwerktechnik

Früher war Netzwerkhardware grundsätzlich sehr teuer. Dies hatte einerseits prinzipielle Gründe (»Wer ein Netzwerk haben will, der muss es sich auch leisten können…«), lag aber auch an den geringen Stückzahlen verkaufter Netzwerkkomponenten. Diese Zeiten sind lange vorbei. Heute bekommt man Netzwerkkarten bereits für unter 10 Euro. Der notwendige Hub, ein zentraler Verteiler, an dem alle Rechner angeschlossen werden, kostet mindestens das Doppelte. Aktive Switches sind in letzter Zeit nur noch unwesentlich teurer als Hubs.

Ein wichtiges Kriterium, das Sie von Anfang an bei der Planung eines Netzwerks beachten müssen, ist der Typ der zu verwendenden Kabel. Hier gab es lange Zeit zwei vorherrschende Typen, Twisted Pair und Koax, wobei Letzteres heute schon zum »alten Eisen« zählt, aber für Bastler bei eBay sehr günstig zu bekommen ist. Der Unterschied liegt außer im Kabel auch im topologischen Aufbau des Netzes. Netzwerke aus Koax-Kabeln bilden einen langen Strang, wogegen Twisted-Pair-Kabel sternförmig verlegt werden.

Koax-Kabel

Früher wurde in fast allen Netzwerken das Koaxialkabel RG58, auch Thin Ethernet oder 10Base2 genannt, verwendet, das auch im UKW-Sprechfunk verbreitet ist. Dieses Kabel ist nicht zu verwechseln mit dem Antennenkabel für Fernseher, das zwar ähnlich aussieht, aber einen anderen Innenwiderstand hat. Ein Netzwerkkabel benötigt einen HF-Innenwiderstand von 50 Ohm. Diese Koaxialkabel werden mit BNC-Steckern zu einem langen Kabelstrang verbunden. An der Verbindung zweier Kabelsegmente an jedem Computer sitzt ein T-Stück, dessen kurzes Ende direkt auf die Netzwerkkarte des Rechners gesteckt wird. Auf diese Weise hängen alle Rechner hintereinander an einem Kabel. Am ersten und letzten T-Stück wird der Kabelstrang mit 50-Ohm-Endwiderständen terminiert. So ein Strang darf insgesamt maximal 170 Meter lang sein und bis zu 30 Rechner versorgen.

Ein Nachteil dieses Verbindungstyps ist, dass eine mechanische Beschädigung eines Kabels oder eines Steckers gleich das ganze Netzwerk lahmlegt. Ein weiterer Nachteil ist die relativ mühsame Erweiterung des Netzes, wenn der neue Rechner nicht gerade an ein Ende des Strangs kommt. Der Kabelstrang muss an einer Stelle geöffnet und eine neue Schleife zum zusätzlichen Rechner gelegt werden.

Zum Basteln oder Ausprobieren ist dieses System mit ein paar ausgedienten Netzwerkkarten aus einem inzwischen umgerüsteten Büronetzwerk sicher eine preiswerte, einfache Lösung. Wer ein Netzwerk fest installieren und längerfristig betreiben will, sollte aber besser in ein modernes Twisted-Pair-System investieren.

Twisted-Pair-Kabel

Fast alle modernen Netzwerke laufen mit Twisted-Pair-Technik, so benannt, weil die Adern in den Kabeln paarweise miteinander verdrillt sind. Twisted-Pair-Kabel, auch 10BaseT genannt, sind achtadrige Kabel mit RJ45-Western-Steckern. Diese entsprechen dem Stecksystem von ISDN. Allerdings sollten Netzwerkkabel abgeschirmte Stecker verwenden, was bei ISDN nicht nötig ist.

Die Kabel werden nicht als langer Strang, sondern sternförmig von einem zentralen Hub aus, also einem aktiven Sternverteiler, verlegt. Jeder Rechner ist somit unabhängig von den anderen angeschlossen. Beim Ausfall eines Kabels fällt nur ein Rechner aus. Außerdem ist hier das Netz leichter erweiterbar, da nur ein Kabel vom neuen Rechner zum Hub gelegt werden muss. Fällt dieser Hub allerdings aus, kann das ganze Netzwerk nicht mehr benutzt werden.

An solche Hubs können üblicherweise vier bis 24 Rechner angeschlossen werden. Reicht das nicht, lassen sich auch mehrere Hubs miteinander verbinden. Dazu können diese kaskadierend hintereinander geschaltet werden. Die insgesamt für das Netzwerk benötigten Kabel sind durch die Sterntopologie meistens länger als bei einer Busverkabelung mit Koax-Kabel. Ein Kabel zwischen Hub und einem Rechner darf maximal 100 Meter lang sein. Die RJ45-Stecker können, wie BNC-Stecker auch, nur mit Spezialwerkzeug auf die Kabel gepresst werden. Deshalb werden hier in den meisten Fällen vorkonfektionierte Kabel verwendet.

Twisted-Pair-Kabel sind wesentlich empfindlicher gegen elektromagnetische Störungen von außen als Koax-Kabel. Im unmittelbaren Einflussbereich von Sendeanlagen oder schweren Elektromotoren müssen diese Kabel besonders abgeschirmt werden. Im Gegensatz dazu sind Koaxialkabel nahezu unempfindlich gegen Einflüsse von außen. Dazu kommt die Anfälligkeit der Twisted-Pair-Kabel gegen innere hochfrequente Störungen. Diese entstehen dadurch, dass in großen Netzwerken mehrere Twisted-Pair-

12.1 Netzwerktechnik

Kabel zu einem vieladrigen Kabelstrang zusammengefasst werden und sich dann gegenseitig stören. Bei hochwertigen Kabeln, in denen die Adernpaare einzeln gegeneinander abgeschirmt sind, treten kaum Probleme auf.

Zwei Computer verbinden
Besteht das Netz nur aus zwei Computern, können diese auch direkt mit einem Twisted-Pair-Kabel ohne Hub verbunden werden. Allerdings müssen in diesem Kabel die Adern gegenüber der Standardbelegung gekreuzt sein. Solche Cross-Link-Kabel gibt es im Computerhandel fertig als Adapterstücke, die an normale Netzwerkkabel angesteckt werden, sodass Sie sich um die Belegung der Stecker nicht kümmern müssen.

Netzwerkkarten

Jeder Rechner, der an das Netzwerk angeschlossen werden soll, muss eine Netzwerkkarte haben. Die Netzwerkkarten müssen Sie in jedem Fall nach dem verwendeten Kabeltyp auswählen. Karten, die beide Kabeltypen unterstützen, sind meistens teurer als solche mit nur einem Anschluss. Heutige Netzwerkkarten verwenden normalerweise den PCI-Bus. Für Notebooks gibt es auch PCMCIA-(PC-Card-)Netzwerkkarten oder externe Netzwerkadapter für den USB-Port. Innerhalb eines Netzwerks können problemlos Netzwerkkarten unterschiedlicher Hersteller eingesetzt werden. Inkompatibilitäten gibt es hier nicht.

Viele neue Computer und Notebooks haben bereits eine Netzwerkkarte mit Twisted-Pair-Anschluss auf dem Motherboard. Sie ist für den DSL-Anschluss vorgesehen, der dieselbe Technik verwendet, sie kann aber auch für ein lokales Netzwerk eingesetzt werden.

Die meisten Netzwerkkarten sind heute Plug&Play-fähig, müssen nur eingebaut werden und werden dann automatisch erkannt. Nur ältere ISA-Karten verwenden noch Jumper, mit denen der Karte ein Interrupt und eine I/O-Adresse zugewiesen wird. Diese werden aber größtenteils von Windows Vista nicht mehr unterstützt.

Hub, Switch oder Router?

Hub	Aktiver, zentraler Verteiler, an dem alle einzelnen Computer sternförmig angeschlossen sind. Reicht ein Hub nicht aus, können mehrere hintereinander geschaltet werden. Jeder Hub benötigt eine Stromversorgung, die wegen des minimalen Stromverbrauchs meistens über ein einfaches Steckernetzteil läuft. Ein Hub sendet den gesamten Netzwerkverkehr an alle Stationen im Netz, sodass sich die einzelnen Rechner die zur Verfügung stehende Bandbreite teilen müssen.

Switch	Die intelligente Form des Hubs. Hier werden an jeden angeschlossenen Rechner nur die Datenpakete weitergeleitet, die wirklich für diesen Rechner bestimmt sind. Diese Identifikation läuft über die MAC-Adressen der Netzwerkkarten. Dadurch steht jedem Computer eine größere Bandbreite im Netzwerk zur Verfügung.
Router	Bietet vergleichbare Funktionen wie ein Hub, stellt aber zusätzlich für das ganze Netzwerk einen Internetzugang zur Verfügung und muss dazu das Übertragungsmedium wechseln, zum Beispiel von Netzwerkkabeln auf DSL. Viele Provider verschenken inzwischen solche Router bei der Beantragung eines DSL-Anschlusses. Sonst kosten sie um 100 Euro. Router für ISDN-Anschlüsse sind deutlich teurer.

12.2 Windows Vista-Netzwerk

Ein Netzwerk ist, besonders wenn man vorgefertigte Kabel benutzt, schnell zusammengesteckt. Falsch machen kann man eigentlich nichts. Der größte Aufwand ist der Einbau der Netzwerkkarten in die Rechner. Falls Sie noch Koax-Kabel benutzen, achten Sie auf den korrekten Anschluss der beiden Abschlusswiderstände an den Kabelenden.

Die Netzwerkkarten werden fast immer automatisch erkannt, jetzt muss das Netz aber noch konfiguriert werden.

Konfiguration mit dem Assistenten

Befindet sich der Computer in einem lokalen Netzwerk, wird automatisch eine Netzwerkverbindung in Windows Vista angelegt. Dazu startet der Netzwerkinstallations-Assistent.

Entscheidend ist hier die Angabe des Computernamens. Computernamen müssen im lokalen Netzwerk eindeutig sein und dürfen nur aus Buchstaben und Ziffern bestehen, Sonderzeichen und Leerzeichen sind nicht erlaubt. Der Name wird zur Identifikation des Computers im Netzwerk verwendet. Im Feld *Computerbeschreibung* können Sie irgendeinen Text eingeben.

Geben Sie im nächsten Schritt den Namen der verwendeten Arbeitsgruppe an. Alle Computer im Netzwerk sollten hier denselben Namen verwenden. Windows Vista findet aber auch Computer aus anderen Arbeitsgruppen, dies kann nur manchmal sehr lange dauern.

Wenn Sie den ersten Computer in einem Netzwerk einrichten, können Sie sich einen Arbeitsgruppennamen ausdenken. Bei weiteren Computern verwenden Sie immer denselben Namen, Sie finden ihn auf einem Computer, der bereits im Netzwerk ist, und

12.2 Windows Vista-Netzwerk

zwar im Ordner *Netzwerk* oder unter älteren Windows-Versionen in der *Netzwerkumgebung/Gesamtes Netzwerk/Microsoft Windows Netzwerk*.

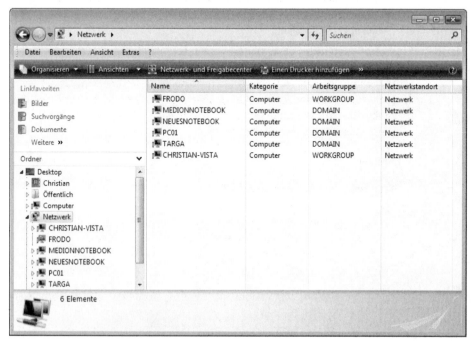

Bild 12.1: Der Ordner *Netzwerk* zeigt die Namen aller Computer und Arbeitsgruppen im Netzwerk.

Damit andere Benutzer aus dem lokalen Netzwerk Dateien oder Drucker von diesem Computer verwenden können, muss die Datei- und Druckerfreigabe aktiviert werden. Dabei wird die Windows-Firewall so konfiguriert, dass die Datei- und Druckerfreigabe im Netzwerk verwendet werden kann.

Manuelle Konfiguration

Wenn der Assistent nicht automatisch startet, ist die Netzwerkverbindung wahrscheinlich bereits konfiguriert. Sie erscheint in der Systemsteuerung unter *Netzwerk und Internet* im neuen *Netzwerk- und Freigabecenter*.

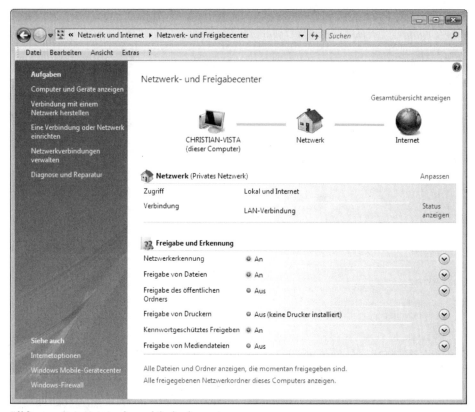

Bild 12.2: Das *Netzwerk- und Freigabecenter*

Wenn hier keine Verbindung eingetragen ist, können Sie über den Link *Verbindung mit einem Netzwerk herstellen* im Aufgabenbereich eine neue Verbindung erstellen.

▲ Netzwerkübersicht

Der Link *Gesamtübersicht anzeigen* oben rechts zeigt eine Übersicht über das gesamte Netzwerk. Hier ist auch zu sehen, welche Computer über welche Netzwerkhardware per Kabel oder drahtlos angebunden sind.

12.2 Windows Vista-Netzwerk

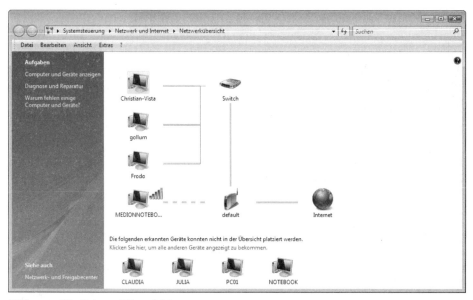

Bild 12.3: Die Netzwerkübersicht

Windows Vista verwendet zur Darstellung das LLTP-Protokoll, das Windows XP noch nicht kannte. Deshalb werden standardmäßig nur Computer mit Windows Vista in der Baumstruktur dargestellt.

Um auch Windows XP-Computer in der Übersicht darzustellen, bietet Microsoft ein kostenloses Update zum Windows XP ServicePack 2 mit dem komplizierten Namen *Verbindungsschicht-Topologieerkennungs-Antwortprogramm* an. Sie finden es, wenn Sie bei *www.microsoft.de* nach dem Suchbegriff »KB922120« suchen. Nach der Installation dieses kleinen Updates werden Computer mit Windows XP genauso wie Computer mit Windows Vista in der grafischen Netzwerkübersicht dargestellt.

TCP/IP

Windows Vista verwendet standardmäßig das TCP/IP-Protokoll zur Datenübertragung. Andere Protokolle zur Kommunikation in gemischten Netzen oder mit älteren Windows-Versionen werden von Windows Vista nicht mehr unterstützt.

Das TCP/IP-Protokoll (Transmission Control Protocol/Internet Protocol) wird heute im Internet verwendet und wurde bereits 1983 vom amerikanischen Verteidigungsministerium definiert. Es enthält daher Sicherheitsmechanismen, die in lokalen Netzwerken überflüssig sind, und ist somit relativ langsam, hat aber den Vorteil, dass man hier beliebige Hardware und Betriebssysteme, zum Beispiel Windows und Linux, miteinander verbinden kann.

Für das TCP/IP-Protokoll nach dem derzeitigen Standard IPv4 benötigt jeder Rechner eine eindeutige IP-Adresse. Sie besteht aus vier aufeinanderfolgenden Zahlen, jede im Wertebereich zwischen 0 und 255. Zusammen ergibt sich also ein 32 Bit langes Datenwort. Anhand dieser Adresse wird der Computer im lokalen Netzwerk wie auch im Internet identifiziert.

Die IP-Adressen sind in jedem gesendeten Datenpaket enthalten. Daran erkennt jeder Rechner, welche Datenpakete für ihn bestimmt sind und welche ignoriert werden können.

Diese IP-Adressen können entweder fest eingestellt oder von einem DHCP-Server im Netzwerk automatisch vergeben werden. Die meisten Router enthalten bereits standardmäßig einen solchen DHCP-Server. Im Internet werden die IP-Adressen nach dem DNS (Domain Name System) in leichter zu merkende Domainnamen umgesetzt.

Im Internet werden IP-Adressen zur eindeutigen Identifikation von Servern, Routern und auch einzelnen Rechnern verwendet. Innerhalb lokaler Netzwerke, die einen (wenn auch nur zeitweiligen) Zugang zum Internet haben, dürfen also **auf keinen Fall** wahllos irgendwelche IP-Adressen verwendet werden.

Für lokale Netzwerke gibt es deshalb eigene, weltweit festgelegte Adressräume. Hier unterscheidet man zwischen Class A, Class B und Class C. Die Klassen legen im Wesentlichen fest, wie viele Computer in einem Netzwerk sein können und wie viele logische Netzwerke im jeweiligen Adressraum möglich sind.

Üblicherweise verwendet man in privaten Netzwerken die Class C-Adressen: 192.168.0.0 – 192.168.255.254. Diese privaten IP-Adressen werden von keinem Internet-Router verarbeitet, können also problemlos in lokalen Netzen eingesetzt werden. Die Adresse 192.168.0.0 gilt dabei als Broadcast-Adresse, die alle Rechner anspricht. Der Router verwendet üblicherweise die Adresse 192.168.0.1. Die Adressen der einzelnen Computer beginnen dann bei 192.168.0.2.

Möchten Sie wissen, welche IP-Adresse Ihr Computer gerade hat, klicken Sie im Netzwerk- und Freigabecenter auf den Link *Status anzeigen* in der Netzwerkverbindung. Klicken Sie dann im nächsten Dialogfeld auf *Details*.

12.2 Windows Vista-Netzwerk

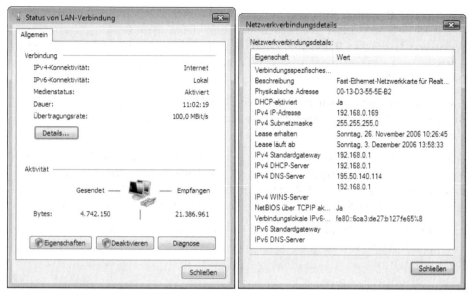

Bild 12.4: Die Details einer Netzwerkverbindung

Aktuelle IPv4 IP-Adresse, Subnetzmaske und Standardgateway werden angezeigt, unabhängig davon, ob die Daten statisch oder dynamisch festgelegt wurden.

Es gibt zwei Möglichkeiten, den einzelnen Computern im Netzwerk IP-Adressen zuzuweisen:

▲ Dynamische IP-Adressen

Am einfachsten ist es, man lässt einen DHCP-Server im Netzwerk die Adressen automatisch vergeben. Die meisten Netzwerkrouter haben eine derartige Funktion integriert. Sie müssen sich dann um nichts weiter kümmern, der DHCP-Server erledigt automatisch die Vergabe der IP-Adressen im ganzen Netzwerk.

Diese Einstellung wird von Windows Vista auch automatisch vorgegeben. Wenn statische Adressen eingestellt sind und Sie auf dynamische umschalten wollen, markieren Sie in den Eigenschaften der Netzwerkverbindung das *Internetprotokoll Version 4 (TCP/IPv4)* und klicken auf *Eigenschaften*.

Schalten Sie hier die Optionen *IP-Adresse automatisch beziehen* und *DNS-Serveradresse automatisch beziehen* ein.

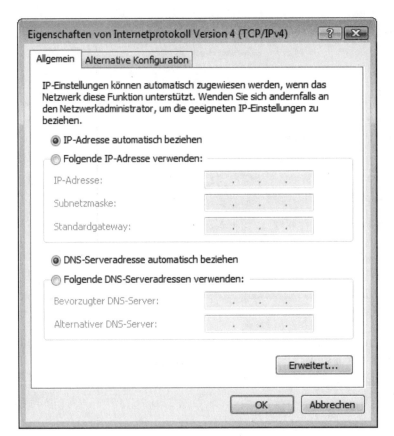

Bild 12.5: Einstellen einer dynamischen IP-Adresse

> Entweder – oder...
> Sinnvollerweise verwendet man entweder im ganzen Netzwerk dynamische oder statische Adressen.

▲ Statische IP-Adressen

Statische IP-Adressen werden einem Computer manuell zugewiesen. Dabei muss man darauf achten, dass jede Adresse im Netzwerk nur einmal vorkommt.

 Markieren Sie in den Eigenschaften der Netzwerkverbindung das *Internetprotokoll Version 4 (TCP/IPv4)* und klicken Sie auf *Eigenschaften*.

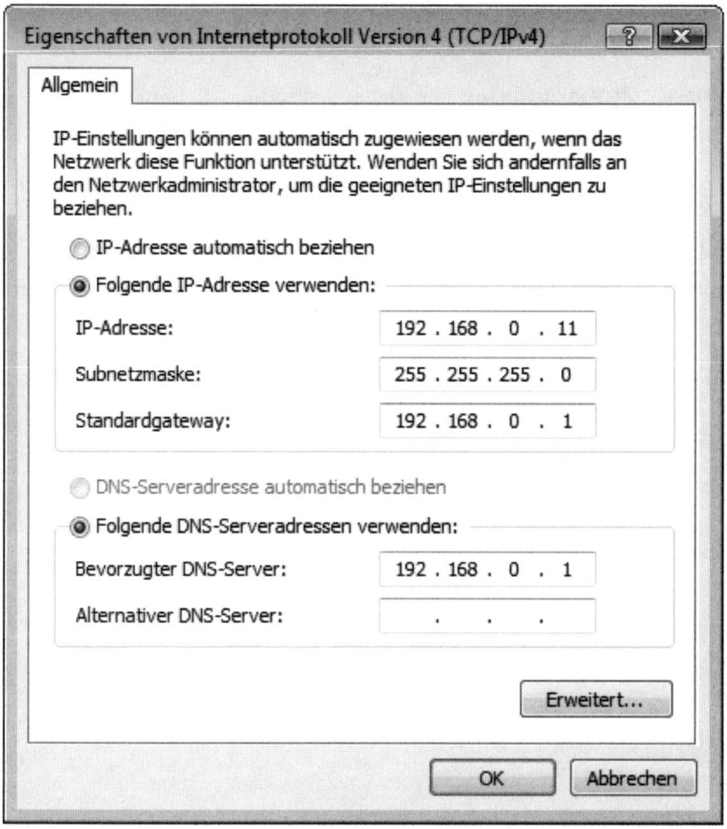

12.2 Windows Vista-Netzwerk

Bild 12.6: Einstellen einer statischen IP-Adresse

② Schalten Sie hier die Option *Folgende IP-Adresse verwenden* ein, und geben Sie dann im Feld *IP-Adresse* die Adresse ein, die der Computer verwenden soll. Die Subnetzmaske ist bei kleinen privaten Netzen, die den Adressraum 192.168.0.x verwenden, immer 255.255.255.0.

③ Im Feld *Standardgateway* geben Sie die Adresse des Computers ein, über den der Internetzugang läuft – wenn Sie einen Router verwenden, die Adresse dieses Routers.

④ Dieselbe Routeradresse verwenden Sie auch im Feld *Bevorzugter DNS-Server*. Wenn Ihr Internetzugangscomputer nicht als DNS-Server funktioniert, was Sie am besten daran sehen, dass zwar eine Internetverbindung aufgebaut wird, im Browser eingegebene Adressen aber nicht gefunden werden, geben Sie anstelle der Routeradresse die Adresse des DNS-Servers Ihres Internetproviders ein.

12.3 Netzwerkumgebung und Freigaben

Ein anderer Computer im Netz kann auf den eigenen Windows-PC nur zugreifen, wenn dort Freigaben existieren. Jedes Laufwerk, das im Netzwerk verwendet werden kann, muss explizit freigegeben werden.

Gehen Sie im Windows-Explorer auf das Verzeichnis *Netzwerk*. Hier werden alle Netzwerkfreigaben angezeigt, die im Netz gefunden wurden.

In der Baumstruktur im linken Teilfenster des Explorers findet man alle Freigaben und auch freigegebene Drucker nach Computernamen geordnet.

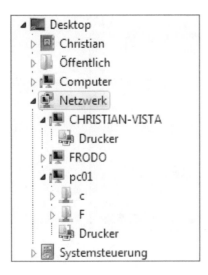

Bild 12.7: Das Netzwerk in der Baumstruktur des Explorers

Die Netzwerkanzeige ist auch direkt über das Startmenü erreichbar, in der rechten Spalte des Startmenüs findet sich ein entsprechender Menüpunkt.

Über das *Netzwerk*-Verzeichnis kann man auf freigegebene Verzeichnisse im Netzwerk genauso zugreifen wie auf lokale Verzeichnisse. Um sich die mühsame Navigation durch die verzweigten Äste zu ersparen, können Sie den Laufwerken im Netzwerk auch Laufwerksbuchstaben zuweisen.

1. Klicken Sie im Windows-Explorer mit der rechten Maustaste auf eine Netzwerkfreigabe, und wählen Sie im Kontextmenü *Netzlaufwerk zuordnen*.

12.3 Netzwerkumgebung und Freigaben

Bild 12.8: Netzlaufwerk verbinden

② Wählen Sie im nächsten Dialog einen Laufwerksbuchstaben, unter dem das Netzwerkverzeichnis erscheinen soll. Die Auswahlliste zeigt die Laufwerksbuchstaben, die noch nicht von vorhandenen Laufwerken belegt sind.

③ Schalten Sie den Schalter *Verbindung bei Anmeldung wiederherstellen* ein, wird der Laufwerksbuchstabe automatisch beim nächsten Windows-Start auch wieder zugewiesen.

④ Wenn auf dem anderen Computer im Netzwerk Ihr Benutzername nicht existiert, können Sie sich dort mit einem anderen Namen anmelden, um Zugriff auf die freigegebenen Laufwerke zu bekommen. Klicken Sie dazu auf den Link *Verbindung unter anderem Benutzernamen herstellen* und geben Sie dort den Benutzernamen und das Passwort ein.

Bild 12.9: Laufwerksbuchstaben für das Netzlaufwerk festlegen

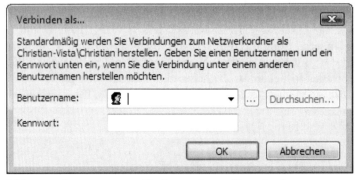

Bild 12.10: Benutzernamen für Netzwerkanmeldung festlegen

5. Das neue Netzwerklaufwerk erscheint bei den anderen Laufwerken im Windows-Explorer unter *Computer* in einer eigenen Gruppe *Netzwerkpfad*.

12.3 Netzwerkumgebung und Freigaben

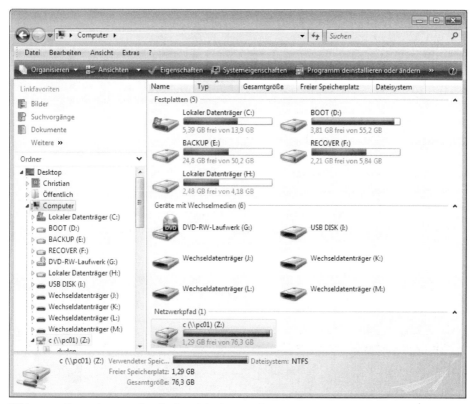

Bild 12.11: Zugewiesenes Netzlaufwerk in der Anzeige *Computer*

Netzlaufwerk trennen
Möchten Sie ein solches Netzlaufwerk nicht mehr ständig anzeigen, weil Sie zum Beispiel den Laufwerksbuchstaben für ein anderes Laufwerk brauchen oder weil das Laufwerk im Netzwerk nicht mehr zur Verfügung steht, klicken Sie mit der rechten Maustaste darauf und wählen im Kontextmenü *Trennen*.

Damit andere Benutzer im Netzwerk auf Dateien auf dem eigenen Computer zugreifen können, müssen Freigaben angelegt werden.

Sind auf dem eigenen Computer keine Freigaben eingeschaltet, erscheint im Explorer-Fenster unter *Netzwerk* eine Meldung.

Bild 12.12: Meldung bei ausgeschalteter Dateifreigabe

Mit einem Klick auf diese Meldung kann die Netzwerkerkennung und Dateifreigabe eingeschaltet werden.

Ohne weitere Einstellungen wird nur die Freigabe von Dateien generell aktiviert. Solange keine Verzeichnisse oder Laufwerke explizit freigegeben sind, können andere Benutzer immer noch nicht auf den Computer zugreifen.

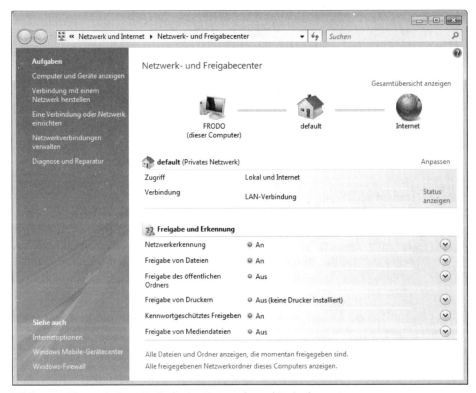

Bild 12.13: Eingeschaltete Freigabe im *Netzwerk- und Freigabecenter*

12.3 Netzwerkumgebung und Freigaben

Das Netzwerk- und Freigabecenter in der Systemsteuerung zeigt an, dass die Freigabe von Dateien und die Netzwerkerkennung eingeschaltet sind. Die Netzwerkerkennung wird benötigt, um andere Computer im Netzwerk zu finden.

Der öffentliche Ordner

Die einfachste Möglichkeit, Dateien im Netzwerk zur Verfügung zu stellen, ist der öffentliche Ordner. Dieses Verzeichnis steht allen lokal angemeldeten Benutzern zum Datenaustausch auf einem PC zur Verfügung und kann auch im Netzwerk für andere Benutzer freigegeben werden.

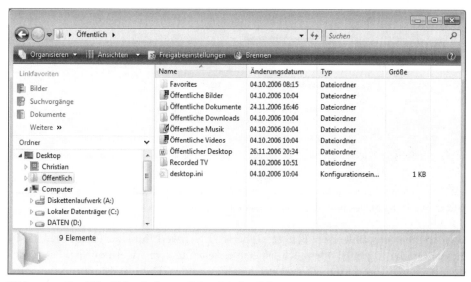

Bild 12.14: Der öffentliche Ordner auf dem lokalen PC

Um diesen Ordner im Netzwerk freizugeben, öffnen Sie im Netzwerk- und Freigabecenter unter *Freigabe und Erkennung* den Bereich *Freigabe des öffentlichen Ordners*. Klicken Sie dazu auf das Pfeilsymbol ganz rechts in der Zeile.

Bild 12.15: Freigabe des öffentlichen Ordners einschalten

Hier können Sie wählen, ob Benutzer über das Netzwerk nur lesend auf Dateien in diesem Ordner zugreifen oder auch Dateien erstellen und verändern dürfen. Die Änderung muss mit dem Button *Übernehmen* bestätigt werden. Dazu ist Administratorzugriff über die Windows-Benutzerkontensteuerung notwendig.

Im Bereich *Kennwortgeschütztes Freigeben* etwas weiter unten legen Sie fest, ob Benutzer, die über das Netzwerk zugreifen möchten, ein gültiges Benutzerkonto auf dem lokalen PC haben müssen. In diesem Fall müssen sie sich mit Benutzernamen und Passwort anmelden. Ist die Option *Kennwortgeschütztes Freigeben* ausgeschaltet, kann jeder Benutzer aus dem Netzwerk auf die freigegebenen Dateien zugreifen.

Nachdem der Ordner freigegeben ist, können Sie von anderen Computern über den Ordner *Netzwerk* und den Computernamen auf diesen öffentlichen Ordner zugreifen. Er erscheint unter dem Namen *Public* unterhalb des Computernamens im Verzeichnis *Netzwerk*.

12.3 Netzwerkumgebung und Freigaben

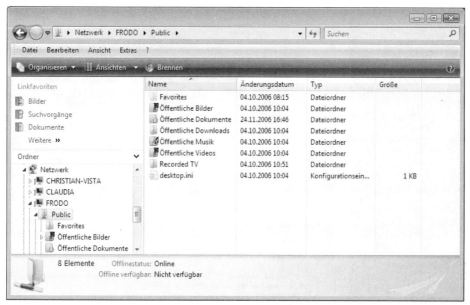

Bild 12.16: Der öffentliche Ordner im Netzwerk

Der Freigabe-Assistent

Mit dem Freigabe-Assistenten kann man ein beliebiges Verzeichnis auf dem eigenen PC für das Netzwerk freigeben. Schalten Sie im Netzwerk- und Freigabecenter die Freigabe von Dateien ein. Solange sie ausgeschaltet ist, können keine Dateien freigegeben werden.

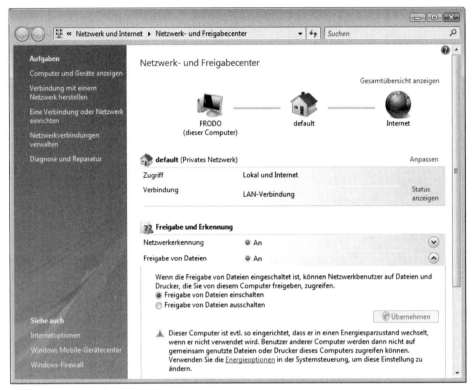

Bild 12.17: Dateifreigabe im *Netzwerk- und Freigabecenter* einschalten

Jetzt können Sie mit der rechten Maustaste auf ein beliebiges Verzeichnis klicken, um es freizugeben. Wählen Sie dazu im Kontextmenü die Option *Freigabe*.

Der Freigabeassistent startet. Wenn Sie *kennwortgeschütztes Freigeben* aktiviert haben, müssen Sie jetzt Benutzer auswählen, die über das Netzwerk auf die neue Freigabe zugreifen dürfen.

12.3 Netzwerkumgebung und Freigaben

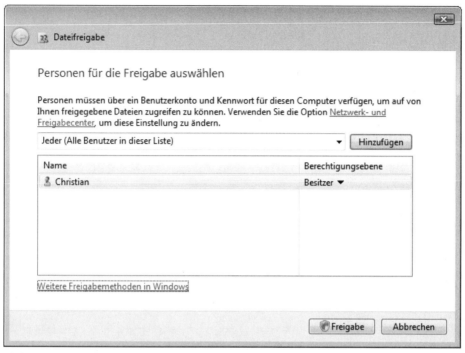

Bild 12.18: Berechtigte Personen auswählen

Klicken Sie danach auf den Button *Freigabe*. Damit wird die Freigabe erstellt und angezeigt. Die berechtigten Benutzer können ab sofort über das Netzwerk auf das freigegebene Verzeichnis zugreifen.

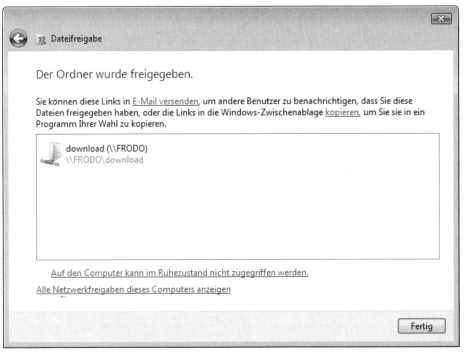

Bild 12.19: Die neu angelegte Freigabe

Später können Sie auf die gleiche Weise die Freigabe wieder beenden oder die Liste der berechtigten Benutzer verändern.

Erweiterte Ordnerfreigabe

Windows Vista Ultimate bietet im Gegensatz zu den Home-Editionen noch eine Möglichkeit, Freigaben detailliert zu verwalten und Benutzern unterschiedliche Rechte zu gewähren. Allerdings ist diese Funktion standardmäßig nicht aktiviert. Dazu muss der Freigabe-Assistent ausgeschaltet werden.

1. Wählen Sie im Windows-Explorer unter *Organisieren* den Menüpunkt *Ordner- und Suchoptionen*.

2. Schalten Sie im nächsten Dialog auf der Registerkarte *Ansicht* den Schalter *Freigabe-Assistent verwenden* aus.

12.3 Netzwerkumgebung und Freigaben

Bild 12.20: Ausschalten der einfachen Dateifreigabe

Jetzt können Sie ein Laufwerk oder ein beliebiges lokales Verzeichnis im Netzwerk für andere Benutzer freigeben:

1. Klicken Sie dazu mit der rechten Maustaste im Explorer auf den Laufwerksbuchstaben des freizugebenden Laufwerks, und wählen Sie im Kontextmenü *Freigabe*.

2. Anstelle des Freigabe-Assistenten erscheint jetzt der *Eigenschaften*-Dialog des jeweiligen Verzeichnisses. Klicken Sie auf der Registerkarte *Freigabe* auf die Schaltfläche *Erweiterte Freigabe*.

Bild 12.21:
Eigenschaften eines Verzeichnisses

③ Geben Sie im nächsten Dialogfeld einen Namen für die Freigabe ein. Dies kann der Laufwerksbuchstabe oder auch ein beliebiger anderer Name sein.

12.3 Netzwerkumgebung und Freigaben

Bild 12.22: Anlegen einer neuen Freigabe

④ Die neue Freigabe wird in den Eigenschaften des Verzeichnisses eingetragen. Im Explorer erscheint ein Symbol mit zwei Personen unter dem Ordnersymbol als Zeichen dafür, dass dieses Verzeichnis freigegeben ist.

Bild 12.23: Symbol eines freigegebenen Ordners

⑤ Mit dem Button *Berechtigungen* im Dialogfeld *Erweiterte Freigabe* können Sie festlegen, wer über das Netzwerk in welcher Weise auf das neu freigegebene Verzeichnis zugreifen darf.

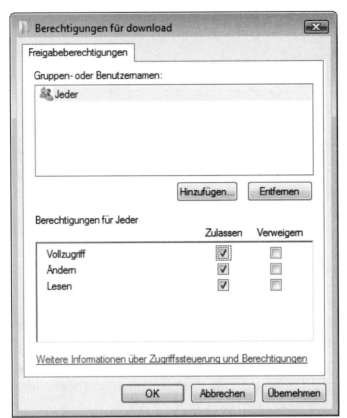

Bild 12.24: Berechtigungen für Benutzer im Netzwerk zum Zugriff auf die Freigabe

❻ Je nachdem, ob Sie von anderen PCs über das Netzwerk auf diesem PC Daten nur lesen oder auch schreiben wollen, müssen Sie die entsprechenden Rechte für das freigegebene Laufwerk vergeben. Mit der Schaltfläche *Hinzufügen* können Sie einzelnen Benutzern oder Gruppen unterschiedliche Rechte geben. Diese Benutzer müssen vorher in der Systemsteuerung unter *Benutzerkonten* angelegt werden. Standardmäßig legt Windows Vista bei der Installation einen Benutzer mit Namen und einen Gast an.

Zum Ausprobieren in einem kleinen privaten Netzwerk, wo es keine Sicherheitsrisiken gibt, geben Sie am besten jedem Benutzer Vollzugriff. Dann können Sie von jedem PC auf der freigegebenen Festplatte dieses PCs Daten lesen und schreiben. Dies sollten Sie natürlich anders einstellen, wenn mehrere Benutzer im Netz arbeiten.

12.3 Netzwerkumgebung und Freigaben

Freigaben anzeigen

Im Explorer können Sie sich auf einfache Weise einen Überblick über die Freigaben auf dem eigenen Computer verschaffen. Springen Sie dort in das Verzeichnis *Netzwerk* und dann auf den eigenen Computernamen.

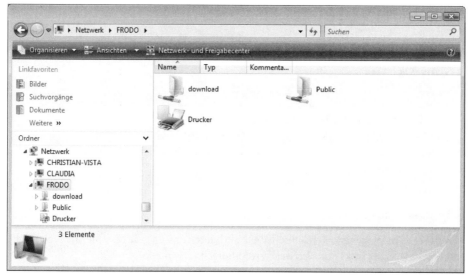

Bild 12.25: Freigaben auf dem eigenen Computer

An dieser Stelle sehen Sie nicht wie im Verzeichnis *Computer* alle lokalen Laufwerke, sondern alle Freigaben für das Netzwerk.

▲ Versteckte Freigaben

Standardmäßig legt Windows Vista für jedes Laufwerk eine versteckte Freigabe an. Ist im Freigabenamen am Ende ein Dollarzeichen zu sehen, wird diese Freigabe im Windows-Explorer der anderen Computer im Netzwerk nicht angezeigt. Man kann aber darauf zugreifen, wenn man den Namen weiß und in die Adresszeile des Explorers eingibt. Auf diese Freigabe hat in der Standardeinstellung nur der Administrator Zugriff. Andere Betriebssysteme, wie zum Beispiel Linux, zeigen diese versteckten Freigaben über das Netzwerk normal an.

Die versteckten Freigaben werden auch im Explorer auf dem eigenen Computer nicht angezeigt. Man kann sie aber über einen Konsolenbefehl sehen. Öffnen Sie dazu ein Eingabeaufforderungsfenster und geben Sie dort den Befehl »net share« ein.

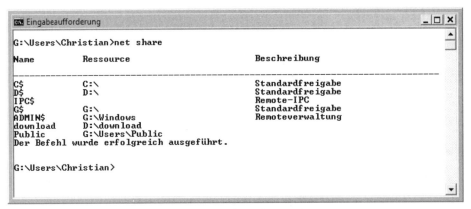

Bild 12.26: *net share* zeigt alle Freigaben auf dem eigenen Computer.

Hier werden alle Freigaben mit Freigabenamen und dem entsprechenden Verzeichnis oder Laufwerk angezeigt.

Mögliche Probleme

Sollten sich im Netzwerk keine Freigaben aktivieren lassen, klicken Sie im Netzwerk- und Freigabecenter links auf *Netzwerkverbindungen verwalten*.

Klicken Sie im nächsten Dialogfeld mit der rechten Maustaste auf die verwendete Verbindung, und wählen Sie im Kontextmenü *Eigenschaften*.

Überprüfen Sie, ob hier der *Client für Microsoft Netzwerke* und die *Datei- und Druckerfreigabe* eingeschaltet sind, und schalten Sie diese Komponenten gegebenenfalls ein.

12.3 Netzwerkumgebung und Freigaben

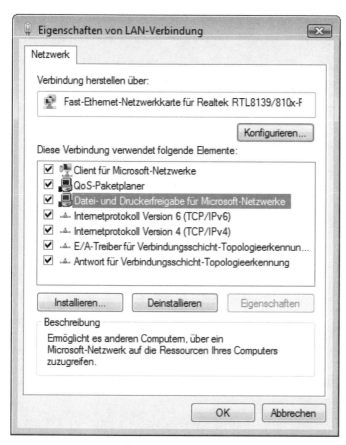

Bild 12.27: Datei- und Druckerfreigabe in den Eigenschaften einer Netzwerkverbindung

▲ Anmeldung ohne Passwort nicht zulässig

Wenn Sie auf dem PC einen Benutzernamen ohne Passwort verwenden, können Sie sich mit diesem Namen normalerweise nur lokal und nicht von einem anderen Computer im Netzwerk anmelden. Bei einem Versuch, als Benutzer ohne Passwort über das Netzwerk auf ein freigegebenes Verzeichnis zuzugreifen, erscheint diese Fehlermeldung:

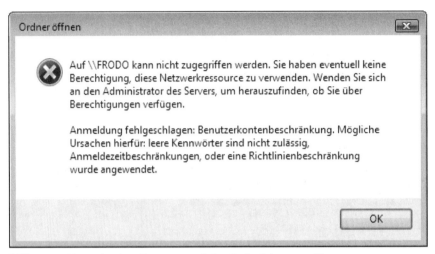

Bild 12.28: Versuch, ohne Passwort auf eine Freigabe zuzugreifen

Um dem Benutzer nicht extra ein Passwort zuweisen zu müssen, können Sie die Netzwerkanmeldung auch ohne Passwort freischalten. Wählen Sie dazu in der Systemsteuerung unter *System und Wartung/Verwaltung* die Option *Lokale Sicherheitsrichtlinie*.

Suchen Sie in der Liste unter *Lokale Richtlinien/Sicherheitsoptionen* die Richtlinie *Konten: Lokale Kontenverwendung von leeren Kennwörtern auf Konsolenanmeldung beschränken*. Klicken Sie doppelt auf diese Richtlinie, und setzen Sie sie auf *Deaktiviert*.

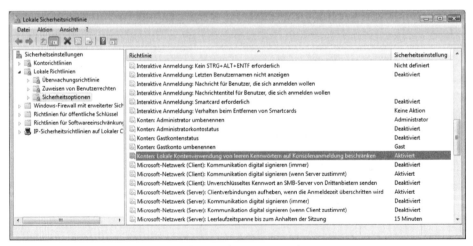

Bild 12.29: Lokale Sicherheitseinstellungen für Benutzer ohne Passwort

Danach können Sie auch als Benutzer ohne Passwort über das Netzwerk auf eine Freigabe zugreifen.

12.4 Netzwerkdrucker

Windows Vista vereinfacht das Drucken im Netzwerk deutlich gegenüber früheren Windows-Versionen. Freigegebene Drucker auf anderen Computern im Netzwerk werden automatisch erkannt und in der Systemsteuerung unter *Hardware und Sound/Drucker* eingetragen. Sie können dann wie lokale Drucker verwendet werden.

Bevor allerdings ein anderer Benutzer einen eigenen Drucker über das Netzwerk benutzen kann, muss dieser Drucker freigegeben werden.

1. Klicken Sie mit der rechten Maustaste in der Systemsteuerung unter *Hardware und Sound/Drucker* auf den Drucker, der freigegeben werden soll, und wählen Sie im Kontextmenü *Freigeben*.

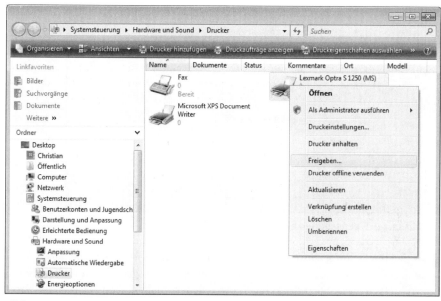

Bild 12.30: Drucker für das Netzwerk freigeben

2. Klicken Sie in den Eigenschaften des Druckers auf der Registerkarte *Freigabe* auf den Button *Freigabeoptionen ändern*.

Bild 12.31: Eigenschaften eines lokalen Druckers

3. Aktivieren Sie im nächsten Dialog die Option *Drucker freigeben*, und geben Sie einen Freigabenamen ein. Dieser sollte aus Kompatibilitätsgründen höchstens aus acht Buchstaben bestehen und keine Leerzeichen enthalten. Nur so können Benutzer älterer Windows-Versionen über das Netzwerk auf diesem Drucker drucken. Standardmäßig wird der aus dem Druckertreiber vorgegebene Name angezeigt.

12.4 Netzwerkdrucker

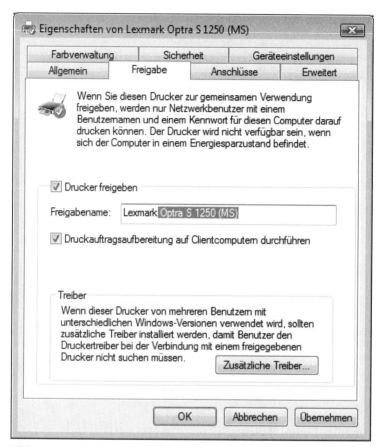

Bild 12.32: Freigabenamen wählen

4. Um Benutzern anderer Windows-Systeme die Verwendung dieses Druckers im Netz zu erleichtern, können Sie zusätzliche Treiber installieren. Klicken Sie dazu auf die Schaltfläche *Zusätzliche Treiber* und wählen Sie die entsprechenden Windows-Versionen aus. Wenn Windows die Treiber nicht mitliefert, müssen Sie jetzt die CD des Druckerherstellers einlegen.

Bild 12.33: Installation zusätzlicher Druckertreiber für andere Windows-Versionen

 Wenn Sie alle Dialoge mit *OK* bestätigen, steht der Drucker anderen Benutzern im Netzwerk zur Verfügung.

> **Eingeschränkte Kompatibilität**
> Windows XP lieferte an dieser Stelle auch noch Druckertreiber für die älteren Versionen Windows 95/98/ME und Windows NT/2000.
> Windows Vista verhält sich hier inkompatibel. Haben Sie noch Computer mit älteren Windows-Versionen im Netzwerk, können diese über einen Drucker, der an einem Windows Vista Computer installiert ist, nicht mehr drucken, ohne lokal entsprechende Treiber zu installieren.

12.5 Datenaustausch mit Notebooks

Über Netzwerkfreigaben lassen sich Daten auf einfache Weise zwischen verschiedenen Computern im Netzwerk hin und her kopieren. Nur ist es manchmal nicht ganz einfach, festzulegen, welche Dateien von wo nach wo kopiert werden müssen. Windows Vista liefert deshalb einige Tools mit, die den Datenaustausch in einem Netzwerk noch komfortabler gestalten.

Der Aktenkoffer

Der Name klingt schon nach Verreisen. Und genau dafür ist der Aktenkoffer auch gedacht. Nehmen wir folgendes Szenario an: Sie arbeiten am heimischen PC an einem umfangreichen Projekt. Auf einer längeren Bahnreise würden Sie gerne auf Ihrem Notebook daran weiterarbeiten. Aber wie können Sie die beiden jetzt entstehenden Dateiversionen konsistent halten, ohne ständig die Dateien hin und her zu kopieren? Genau hier hilft der Aktenkoffer.

- Erste Möglichkeit: Sie haben ein kleines Netzwerk, in dem der PC mit dem Notebook verbunden ist.

- Zweite Möglichkeit: Sie haben kein Netzwerk, aber der PC und das Notebook können Daten über einen Kartenleser oder einen USB-Stick austauschen.

Ganz egal, welche Möglichkeit Sie nutzen wollen, beginnen Sie mit der Arbeit dort, wo die Datei dauerhaft stehen soll. Im Allgemeinen wird das derjenige PC sein, mit dem Sie regelmäßig arbeiten. Speichern Sie die Datei dort lokal.

Jetzt erzeugen Sie einen Aktenkoffer auf demjenigen Medium, mit dem Sie auf Reisen gehen. Wenn Sie ein Netzwerk besitzen, dann wählen Sie das Notebook, im anderen Fall die Diskette, die Speicherkarte oder den USB-Stick.

- Erste Möglichkeit: Auf einer freien Stelle im Desktop des Notebooks klicken Sie mit der rechten Maustaste. Im Kontextmenü wählen Sie *Neu/Aktenkoffer*.

- Zweite Möglichkeit: Wählen Sie das Laufwerkssymbol für den Kartenleser oder den USB-Stick. Im Explorer wählen Sie jetzt *Datei/Neu/Aktenkoffer*.

Nun haben Sie einen Aktenkoffer eingerichtet, erkennbar an dem braunen Koffer-Symbol. Er heißt am Anfang immer *Neuer Aktenkoffer*. Geben Sie ihm gleich einen sprechenden Namen. Nach diesen Vorbereitungen können Sie auf die Reise gehen. Ziehen Sie einfach Ihre Dateien, die Sie mitnehmen wollen, auf das Koffer-Symbol, und lassen Sie sie dort hineinfallen.

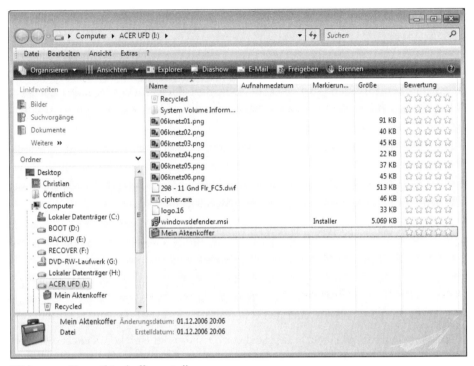

Bild 12.34: Einen Aktenkoffer erstellen

Unterwegs öffnen Sie auf Ihrem Notebook den Aktenkoffer. Er lässt sich im Explorer wie ein normaler Ordner öffnen. Natürlich können Sie den Aktenkoffer auch auf einem fremden PC auf der Diskette, der Speicherkarte oder dem USB-Stick öffnen. Beim ersten Mal öffnet sich ein Fenster, das die Vorgehensweise noch kurz erläutert.

Im Explorer können Sie nun den Inhalt Ihres Aktenkoffers ansehen. Wie üblich wird die Datei durch einen Doppelklick mit dem richtigen Programm zur Bearbeitung geöffnet. Nach Abschluss der Arbeiten sichern Sie die Datei. Dabei muss kein Speicherort angegeben werden. Das Programm weiß, dass es im Aktenkoffer speichern muss. Meistens genügt die Auswahl der Tastenkombination [Strg]+[S].

In der Detailansicht des Explorers sehen Sie nun den Zustand des Aktenkoffers. Im Beispiel sehen Sie, dass die Dateien *Gedanken.doc*, *Liste.txt* und *Zeit.doc* noch aktuell sind und die beiden Dateien *canterville.rtf* und *Formular.rtf* aktualisiert werden müssen, da sie auf dem Notebook unterwegs oder auf dem PC bearbeitet wurden.

12.5 Datenaustausch mit Notebooks

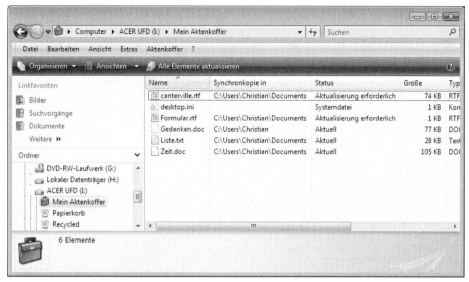

Bild 12.35: Der Inhalt des Aktenkoffers

Um die Dateien nun zu aktualisieren, klicken Sie in der Symbolleiste des Aktenkoffers auf *Alle Elemente aktualisieren*. In einem neuen Fenster wird nun angezeigt, in welcher Richtung aktualisiert wird.

Im Beispiel wurden die Dateien *canterville.rtf* und *Formular.rtf* im Aktenkoffer geändert, während die Datei *Liste.txt* auf der Festplatte verändert wurde.

In einer speziellen Datenbank merkt sich Windows für jede Datei im Aktenkoffer und deren Synchronkopie das Datum und die genaue Uhrzeit der Änderungen. Nach diesen Attributen wird ausgewählt, ob und in welcher Richtung eine Aktualisierung notwendig ist. Achten Sie deshalb darauf, dass die beteiligten PCs immer das aktuelle Datum und die aktuelle Uhrzeit haben. Beachten Sie auch die Sommer- und Winterzeit.

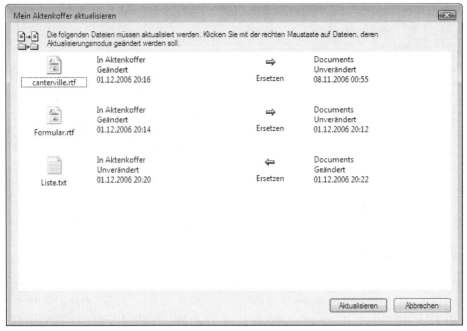

Bild 12.36: Den Aktenkoffer aktualisieren

Das Synchronisierungscenter

Für alle, die häufig mit einer überschaubaren Datenmenge unterwegs sind, ist der Aktenkoffer ein nützliches Hilfsmittel, um immer mit aktuellen Daten zu arbeiten. Für größere Datenmengen bietet das Synchronisierungscenter eine noch komfortablere Lösung. Hier ist allerdings ein Netzwerk erforderlich, es funktioniert nicht mit USB-Sticks oder Speicherkarten, die zwischen zwei Computern hin- und hergetragen werden.

Arbeiten Sie mit Ihrem Notebook häufig in einem Firmennetzwerk, können Sie bestimmte Dateien oder ganze Verzeichnisse auf einem freigegebenen Netzwerklaufwerk für den Offlinezugriff markieren. Sie werden auf das Notebook übertragen und können dort bearbeitet werden, auch wenn keine Verbindung zum Netzwerk mehr besteht. Auf dem Notebook erscheinen sie in den gleichen Verzeichnissen, wie wenn man im Netz arbeiten würde.

Dabei kann in den erweiterten Eigenschaften der Netzwerkfreigabe eingestellt werden, ob alle Dateien immer automatisch lokal zwischengespeichert werden sollen oder nur die Dateien, die ein Benutzer auswählt. Bei der automatischen Zwischenspeicherung wird jede geöffnete Datei automatisch offline bereitgestellt. Beim manuellen Zwischenspeichern müssen die Dateien eigens ausgewählt werden, die offline gespeichert werden sollen.

12.5 Datenaustausch mit Notebooks

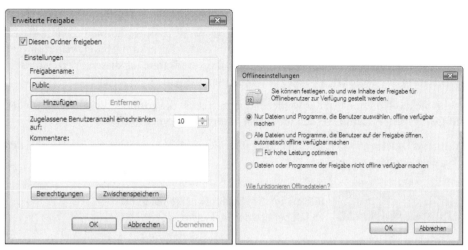

Bild 12.37: Einstellungen auf dem Server

Klicken Sie jetzt auf dem Notebook im Explorer mit der rechten Maustaste auf das freigegebene Datenverzeichnis auf dem Server und wählen Sie im Kontextmenü *Immer offline verfügbar*. Damit wird dieses Verzeichnis für den Offlinebetrieb verfügbar gemacht. Die Dateien werden mit einem grünen Synchronisierungssymbol gekennzeichnet.

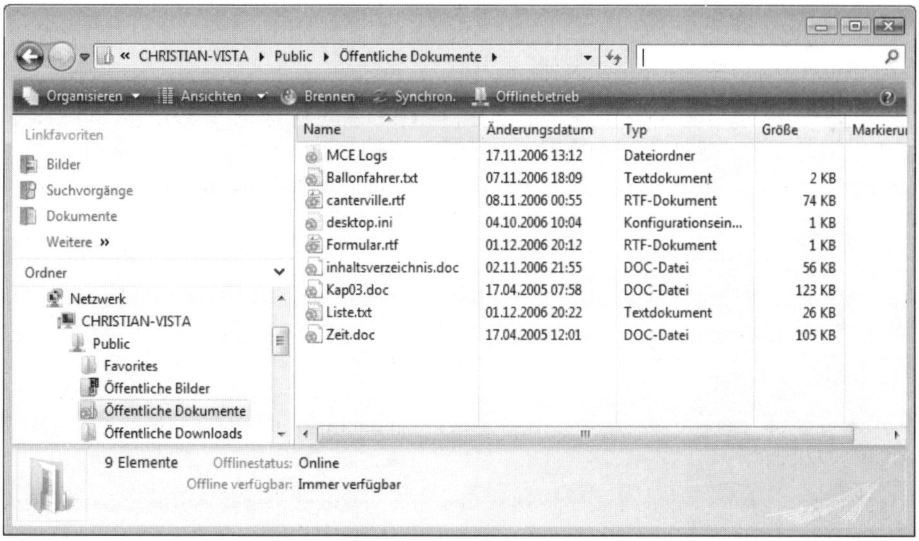

Bild 12.38: Zum Offlinebetrieb markierte Dateien

Mit dem Button *Synchron* synchronisieren Sie die Daten aus dem Serververzeichnis auf die lokale Festplatte.

Mit dem Button *Offlinebetrieb* schalten Sie danach auf den Offlinebetrieb ohne Netzwerk um. Wenn Sie jetzt das Notebook vom Netzwerk trennen, können Sie mit diesen Dateien trotzdem weiterarbeiten. Sie finden in der Netzwerkumgebung weiterhin den Server und das freigegebene Verzeichnis, nur dass die Daten aus diesem Verzeichnis in Wirklichkeit auf der lokalen Festplatte gespiegelt vorliegen.

Wenn Sie das Notebook später wieder mit dem Netzwerk verbinden, schalten Sie wieder auf *Onlinebetrieb*. Damit werden die Daten automatisch synchronisiert.

Wenn Sie Dateien für den Offlinebetrieb markiert haben, erscheint im Infobereich der Taskleiste ein neues Symbol.

Bild 12.39: Symbol für Synchronisierung im Infobereich der Taskleiste

Ein Klick auf dieses Symbol öffnet das neue Synchronisierungscenter von Windows Vista. Hier sehen Sie den Synchronisierungszustand der Offlinedateien und können die Einstellungen ändern.

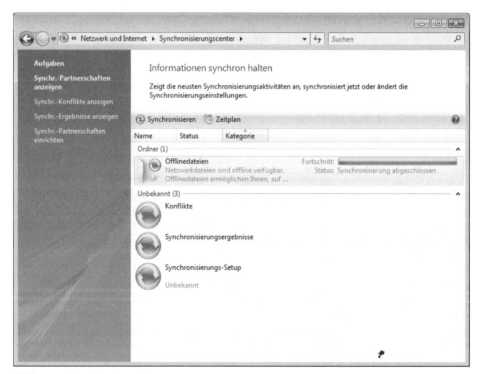

Bild 12.40: Das *Synchronisierungscenter*

12.5 Datenaustausch mit Notebooks

Sollte es bei einer Synchronisierung zu Konflikten kommen, weil die gleiche Datei offline auf dem Notebook und auch auf dem Server-PC verändert wurde, wird dies hier ebenfalls angezeigt. Sie haben jetzt die Möglichkeit, eine von beiden Versionen der Datei zu übernehmen.

Speicherplatz für Offlinedateien

Da Offlinedateien schnell sehr viel Speicherplatz auf der Festplatte belegen können, kann dieser bei Bedarf begrenzt werden. Klicken Sie dazu in der Systemsteuerung unter *Netzwerk und Internet* auf *Offlinedateien/Von Offlinedateien verwendeten Speicherplatz verwalten*.

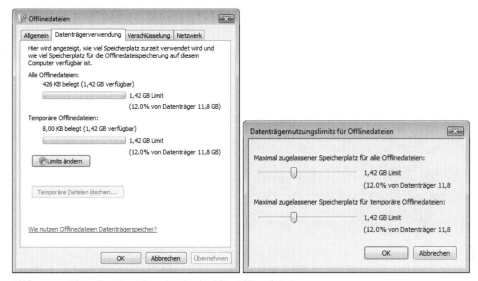

Bild 12.41: Aktueller Speicherplatzbedarf für Offlinedateien

Hier wird auf der Registerkarte *Datenträgerverwendung* der zurzeit von Offlinedateien belegte Speicherplatz angezeigt. Mit dem Button *Limits ändern* können Sie mehr oder weniger Speicherplatz für Offlinedateien freigeben.

Verzeichnisse abgleichen mit Synctoy

Synctoy ist ein Zusatztool für Windows Vista und Windows XP, mit dem sich der Abgleich zweier Verzeichnisse zwischen beliebigen Computern noch weiter vereinfachen lässt.

Microsoft bietet das Programm Synctoy zum kostenlosen Download an. Sie finden es über das Suchformular im Downloadbereich von *www.microsoft.de*. Da Synctoy zurzeit nur in englischer Sprache angeboten wird, müssen Sie bei der Suche auf der deutschen Webseite anderssprachige Suchergebnisse zulassen.

Synctoy arbeitet mit sogenannten Folder Pairs, Paaren von Verzeichnissen, die nach bestimmten Regeln miteinander synchronisiert werden sollen. Um Synctoy verwenden zu können, müssen Sie beim ersten Start mit dem Button *Create New Folder Pair* mindestens ein solches Verzeichnispaar anlegen.

Bild 12.42: Start von *SyncToy*

1. Wählen Sie dazu in den ersten beiden Schritten des Assistenten ein Verzeichnis auf dem lokalen PC und ein zweites auf dem Notebook oder USB-Stick aus, die synchronisiert werden sollen.

12.5 Datenaustausch mit Notebooks

② Im nächsten Schritt wählen Sie eine Synchronisierungsmethode. Synctoy bietet vier verschiedene Methoden zur Auswahl:

Synchronize	Neue und veränderte Dateien werden in beiden Richtungen kopiert. Dateien, die auf einer Seite gelöscht oder umbenannt wurden, werden auf der anderen Seite ebenfalls gelöscht oder umbenannt. Nach der Synchronisierung haben also beide Verzeichnisse genau den gleichen Inhalt.
Echo	Neue und veränderte Dateien werden nur von links nach rechts kopiert. Dateien, die auf der linken Seite gelöscht oder umbenannt wurden, werden auf der rechten Seite ebenfalls gelöscht oder umbenannt. Änderungen im rechten Verzeichnis haben aber keine Auswirkungen auf das linke Verzeichnis.
Subscribe	Neue und veränderte Dateien werden nur von rechts nach links kopiert. Löschen und Umbenennen von Dateien hat keinen Einfluss auf die andere Seite.
Contribute	Neue und veränderte Dateien werden nur von links nach rechts kopiert. Dateien, die auf der linken Seite umbenannt wurden, werden auf der rechten Seite ebenfalls umbenannt. Löschen von Dateien hat keinen Einfluss auf die andere Seite.
Combine	Neue und veränderte Dateien werden in beiden Richtungen kopiert. Löschen und Umbenennen von Dateien hat keinen Einfluss auf die andere Seite.

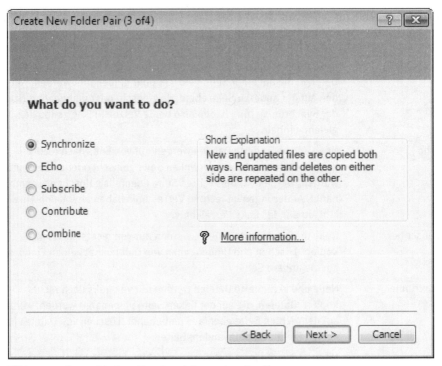

Bild 12.43: Auswahl einer Synchronisierungsmethode

③ Zum Schluss müssen Sie dem neuen Verzeichnispaar einen eindeutigen Namen geben. Auf diese Weise können Sie mehrere solcher Verzeichnispaare anlegen. Jetzt können Sie mit dem Button *Run* die Synchronisation eines ausgewählten Verzeichnispaars starten.

12.5 Datenaustausch mit Notebooks

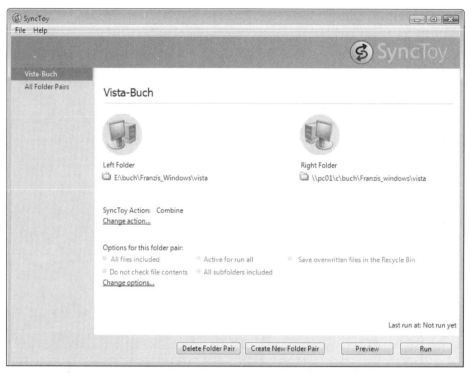

Bild 12.44: Übersicht über Einstellungen und Aktionen zu einem Verzeichnispaar

Bevor Sie eine Synchronisation starten, die möglicherweise Dateien überschreibt oder einfach nur sehr lange dauert, können Sie sich mit dem Button *Preview* ansehen, was passieren wird.

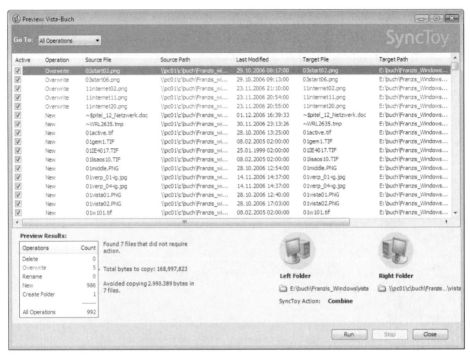

Bild 12.45: Vorschau einer Synchronisation

12.6 Meetings mit Windows-Teamarbeit

Wenn man sich auch nur ein bisschen besser mit Windows auskennt als andere, wird man immer wieder um Hilfe gefragt. Am Telefon ist das oft sehr schwierig, weil man nicht sieht, was der andere gerade vor sich auf dem Bildschirm hat, und weil auch die genaue Bezeichnung der diversen Menüpunkte und Optionen nicht immer im Gedächtnis parat ist.

Windows Vista bietet mehrere Methoden der Fernsteuerung, mit denen ein Computer über das Netzwerk von einem anderen bedient werden kann. Diese Methoden unterscheiden sich vor allem darin, welcher der beiden Benutzer was auf seinem Bildschirm sieht.

Die neue Funktion *Windows-Teamarbeit* bietet eine Methode, mit der mehrere Benutzer gemeinsam auf einem Computer arbeiten können und denselben Desktop sehen.

Gehen wir vom üblichen Szenario aus: Ein Benutzer, nennen wir ihn »Schüler«, braucht Hilfe an seinem PC und ruft deshalb den »Lehrer« an; dieser möchte über das Netzwerk den PC des Schülers steuern. Nachdem sich beide telefonisch verständigt und ihre Computer eingeschaltet haben, gehen sie folgendermaßen vor:

12.6 Meetings mit Windows-Teamarbeit

❶ Beide starten auf ihren Computern das Programm Windows-Teamarbeit. Beim ersten Start erscheint ein Sicherheitshinweis, der bestätigt werden muss. Danach werden einige Grundeinstellungen eingerichtet.

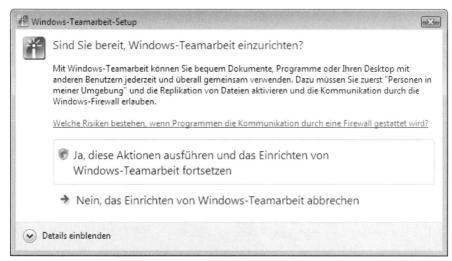

Bild 12.46: *Windows-Teamarbeit* einrichten

❷ Windows-Teamarbeit verwendet den neuen Dienst *Personen in meiner Umgebung*. Dazu muss im nächsten Schritt ein Name angegeben werden, unter dem man selbst von anderen Benutzern im Netzwerk gefunden werden kann. Dies kann der Benutzername oder ein frei gewählter anderer Name sein. In Firmennetzen, wo kryptische Benutzernamen verwendet werden, empfiehlt es sich, hier einen Namen zu verwenden, unter dem sich andere Benutzer etwas vorstellen können, zum Beispiel den eigenen Vornamen.

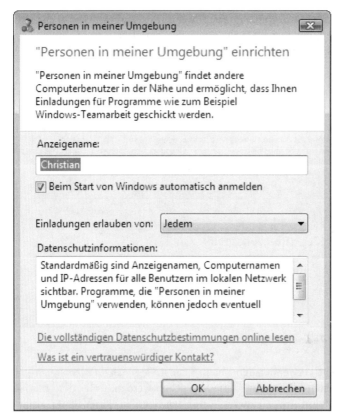

Bild 12.47:
Anzeigenamen für
Windows-Teamarbeit
eintragen

③ Nachdem beide Benutzer die grundlegende Konfiguration durchgeführt haben, startet der Lehrer im nächsten Dialogfeld die gemeinsame Arbeit. Wählen Sie dazu die Option *Ein neues Meeting starten*, und geben Sie einen Namen für das Meeting und ein Kennwort ein.

Der Schüler wählt im gleichen Dialog jetzt die Option *An Meeting in meiner Umgebung teilnehmen*. In einer Liste werden alle laufenden Meetings angezeigt, in unserem Beispiel ist das nur eines.

12.6 Meetings mit Windows-Teamarbeit

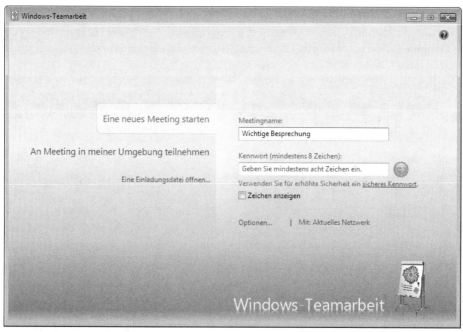

Bild 12.48: Neues Meeting starten

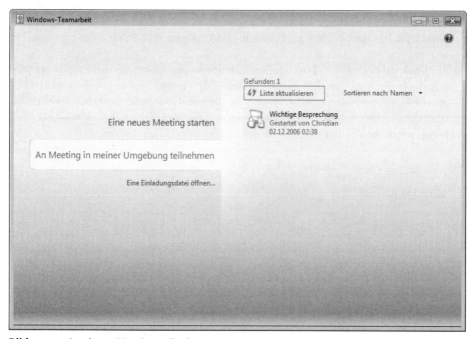

Bild 12.49: An einem Meeting teilnehmen

(4) Damit der Lehrer dem Schüler auf seinem Computer bei Problemen helfen kann, muss der Schüler jetzt seinen Desktop freigeben, damit der Lehrer und auch eventuell andere, am Meeting beteiligte Personen ihn sehen können.

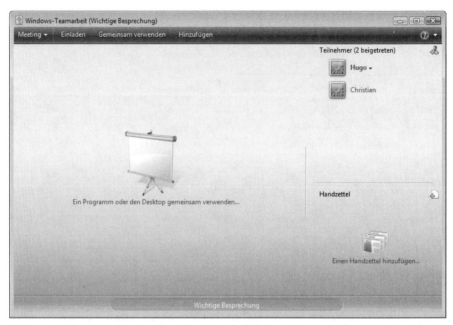

Bild 12.50: Das Hauptfenster eines Meetings in Windows-Teamarbeit

(5) Ein Klick auf den großen Link *Ein Programm oder den Desktop gemeinsam verwenden* öffnet ein Fenster, in dem man ein laufendes Programm auswählen kann, das gemeinsam verwendet wird. Um sich an seinem Computer umfassend helfen zu lassen, sollte der Schüler hier den Desktop freigeben. Damit hat der Lehrer eine komplette Sicht auf den Bildschirm des Schülers und kann dort die Probleme sofort sehen.

12.6 Meetings mit Windows-Teamarbeit

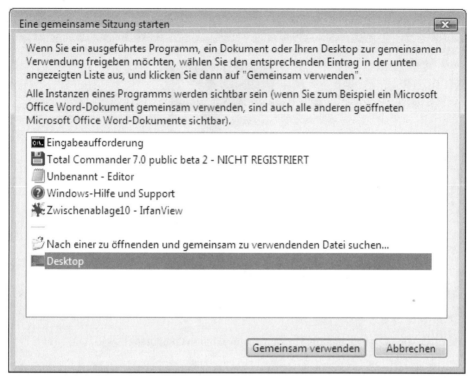

Bild 12.51: Auswahl des Programms, das zur gemeinsamen Verwendung freigegeben werden soll

Auf dem PC des Lehrers erscheint im Programmfenster von Windows-Teamarbeit der Desktop oder das ausgewählte freigegebene Programm des Schülers.

Der Lehrer kann alles sehen, was der Schüler tut, sogar dessen Mauszeiger auf dem Bildschirm. Das Hintergrundbild wird während des Meetings automatisch ausgeschaltet, um die Datenmenge kleiner zu halten.

Bild 12.52: Der freigegebene Desktop auf einem anderen Computer

Mit dem Pfeilsymbol in der rechten oberen Ecke des Bildschirmausschnitts können der Lehrer und andere am Meeting beteiligte Personen das Bild des freigegebenen Desktops auf Vollbildgröße maximieren.

Am oberen Bildschirmrand erscheint eine spezielle Leiste, die auf die gemeinsame Verwendung aufmerksam macht. Hier ist auch zu sehen, wer gerade die Steuerung hat. Immer nur eine Person kann von außerhalb mit Maus und Tastatur auf dem gemeinsam genutzten Desktop arbeiten. Die Person, deren Desktop freigegeben ist, kann trotzdem jederzeit eingreifen.

6. Oftmals hilft es beim Erklären, wenn der Lehrer direkt auf dem Bildschirm des Schülers arbeiten kann und der Schüler nur zusehen braucht. Klicken Sie dazu als Lehrer oben rechts auf den Namen des Schülers und wählen Sie die Option *Steuerung anfordern*.

7. Der Schüler bekommt daraufhin in der Titelzeile eine Meldung angezeigt, dass eine andere Person die Steuerung des Desktops übernehmen möchte. Ein Klick auf das nun farbig hervorgehobene Symbol *Steuerung übergeben* zeigt eine Liste von Personen. Hier kann eine ausgewählt werden, der die Steuerung übergeben werden soll.

12.6 Meetings mit Windows-Teamarbeit

Bild 12.53: Der Lehrer hat die Steuerung des Desktops übernommen.

Ab jetzt können beide gemeinsam auf dem Desktop arbeiten und Programme starten.

Notbremse
Der Schüler, dessen Desktop freigegeben ist, hat jederzeit die Möglichkeit, mit der Tastenkombination [Win] + [Esc] wieder die alleinige Steuerung zu übernehmen und alle Aktionen anderer Personen auf seinem Desktop sofort zu beenden.

Um die gemeinsame Verwendung wieder zu beenden, schalten Sie in der oberen rechten Bildschirmecke aus dem Vollbildmodus wieder zurück auf den Fenstermodus. Der Button *Meeting* blendet ein kleines Menü ein, in dem ein Teilnehmer das Meeting verlassen oder auch das Programm Windows-Teamarbeit ganz beenden kann.

Der Schüler, dessen Desktop freigegeben ist, hat in der oberen Bildschirmleiste einen Button, um die gemeinsame Verwendung zu beenden, sodass niemand im Meeting mehr seinen Bildschirm sehen oder benutzen kann.

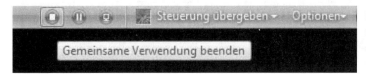

Bild 12.54: Die Steuerungsleiste auf dem freigegebenen Desktop

Die Vista Registrierungs-Datenbank

Nicht alles lässt sich in Windows Vista über die Systemsteuerung und andere Konfigurationsoptionen einstellen. Einige versteckte Funktionen können nur manuell in der Registrierung, auch Registry genannt, geändert werden. Bei der Registrierung handelt es sich um eine Datenbank mit wichtigen Systeminformationen zur verwendeten Hardware, zu installierten Softwareprogrammen und Benutzereinstellungen.

13.1 Der Registrierungs-Editor

Windows Vista liefert für den direkten Zugriff auf die Registrierung das Tool REGEDIT mit. Damit können Sie unmittelbar Einträge in der Registrierungs-Datenbank bearbeiten, löschen und hinzufügen.

Zum Schutz vor unsachgemäßer Anwendung taucht der Registrierungs-Editor in keinem Standardmenü von Windows Vista auf. Er kann nur über *Start/Ausführen* oder mit der Tastenkombination [Win]+[R] aufgerufen werden.

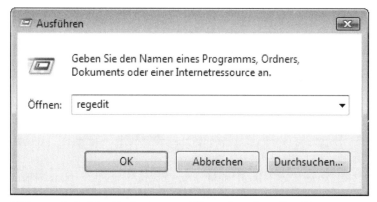

Bild 13.1: Aufruf des Registrierungs-Editors über *Start/Ausführen*

Start/Ausführen nicht im Menü?
Sollte der Menüpunkt *Ausführen* nicht unten rechts im *Startmenü* zu finden sein, klicken Sie mit der rechten Maustaste auf das Windows-Logo links unten in der Taskleiste und wählen im Kontextmenü *Eigenschaften*. Klicken Sie im nächsten Dialogfeld auf der Registerkarte *Startmenü* auf den oberen Button *Anpassen*. Es öffnet sich ein weiteres Dialogfeld. Schalten Sie hier ganz oben das eckige Kontrollfeld *Befehl Ausführen* ein.

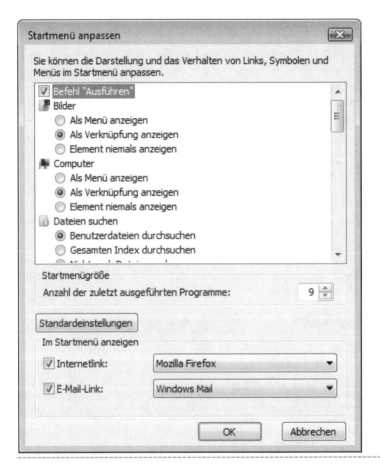

Zur Ausführung des Registrierungs-Editors sind Administratorenrechte erforderlich. Die Abfrage der Windows-Benutzerkontensteuerung muss bestätigt werden.

Nach einer Verwendung erscheint der Registrierungs-Editor auch nicht unter den zuletzt benutzten Programmen im Startmenü. Natürlich können Sie das Programm auch mit der Funktion *An Startmenü anheften* dort fixieren.

13.1 Der Registrierungs-Editor

Kein Zurück mehr bei Änderungen in der Datenbank
Vorsicht bei der Verwendung des Registrierungs-Editors. Änderungen in der Registrierungs-Datenbank können Windows Vista in einen instabilen oder nicht mehr lauffähigen Zustand versetzen. Überlegen Sie sich genau, was Sie tun, und beachten Sie die Hinweise zum Sichern von Registrierungs-Zweigen. Im Registrierungs-Editor gibt es keine Zurück-Funktion.

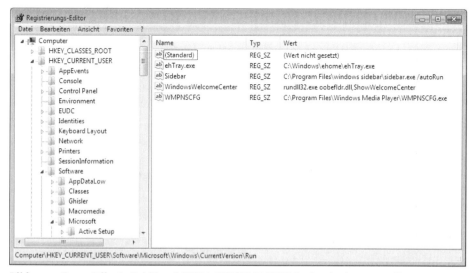
Bild 13.2: Der geöffnete Schlüssel *HKEY_CURRENT_USER* im Registrierungs-Editor

Die Registrierung ist eine hierarchisch aufgebaute Datenbank und sieht im Registrierungs-Editor auf den ersten Blick aus wie eine Verzeichnisstruktur im Windows-Explorer.

In den einzelnen Zweigen, die im linken Teilfenster dargestellt sind, befinden sich sogenannte Schlüssel, die einen oder mehrere Parameter enthalten können. In der obersten Ebene der Registrierung erscheinen fünf Hauptschlüssel, in denen die Daten eingeordnet sind. Drei davon sind nur Abkürzungen auf Unterstrukturen, sodass sich die Registrierung auf zwei eigentliche Schlüssel beschränkt.

▲ Hauptschlüssel

Hauptschlüssel	Inhalt
HKEY_LOCAL_MACHINE	Windows- und Programmeinstellungen, die allgemein gelten.
HKEY_USERS	Benutzereinstellungen für jeden Benutzer und Vorgaben, die für neu angelegte Benutzer gelten.
HKEY_CLASSES_ROOT	Abkürzung für: HKEY_LOCAL_MACHINE\Software\Classes.
HKEY_CURRENT_USER	Abkürzung für: HKEY_USERS\‹Benutzername›.
HKEY_CURRENT_CONFIG	Abkürzung für: HKEY_LOCAL_MACHINE\SYSTEM\ CurrentControlSet\ Hardware Profiles\Current.

▲ Parameter

Bei den Parametern gibt es verschiedene Typen zur Speicherung von Zahlenwerten, Zeichenfolgen oder Binärdaten.

Bezeichnung	Datentyp	Inhalt
REG_SZ	Zeichenfolge	Beliebige Zeichenfolge, kurzer Text, Verzeichnispfad.
REG_BINARY	Binärwert	Binäre Daten beliebiger Struktur.
REG_DWORD	32-Bit-Wert	32-Bit-Zahlenwert in Hex- oder Dezimalschreibweise.
REG_QWORD	64-Bit-Wert	64-Bit-Zahlenwert in Hex- oder Dezimalschreibweise.
REG_MULTI_SZ	Mehrteilige Zeichenfolge	Mehrere Zeichenketten in einem Registrierungs-Eintrag.
REG_EXPAND_SZ	Erweiterbare Zeichenfolge	Zeichenkette mit erweiterter Überprüfung: Enthält sie den Namen einer Umgebungsvariable, wird diese durch ihren aktuellen Inhalt ersetzt.
REG_FULL_ RESOURCE_ DESCRIPTOR	Kann mit REGEDIT nicht angelegt werden	Folge verschachtelter Arrays, in der eine Ressourcenliste für eine Hardwarekomponente oder einen Treiber gespeichert wird.

13.1 Der Registrierungs-Editor

▲ Registrierungs-Zweig sichern

Bevor Sie eine kritische Änderung an der Registrierung vornehmen, sollten Sie den betreffenden Registrierungs-Zweig sichern. Klicken Sie dazu mit der rechten Maustaste auf den Schlüssel, und wählen Sie im Kontextmenü *Exportieren*. Achten Sie darauf, dass im unteren Teil der Dialogbox die Option *Ausgewählte Teilstruktur* aktiv ist.

Hier wird immer ein ganzer Registrierungs-Zweig exportiert, nicht nur ein einzelner Schlüssel. Die auf diese Weise erstellte REG-Datei enthält im ASCII-Format den exportierten Schlüssel, einschließlich aller untergeordneten Schlüssel.

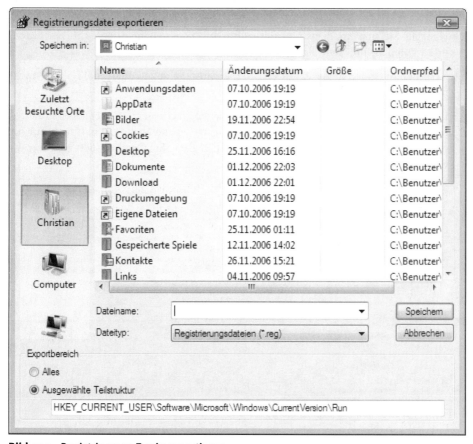

Bild 13.3: Registrierungs-Zweig exportieren

Diese REG-Dateien können mit einem Doppelklick im Windows-Explorer wieder in die Registrierung importiert werden. Dabei werden nur die in der REG-Datei vorhandenen Werte in der Registrierung überschrieben. Werte, die in der REG-Datei fehlen, aber in der Registrierung vorhanden sind, bleiben erhalten.

Da das Importieren solcher REG-Dateien genauso wie Fehlbedienungen im Registrierungs-Editor zu schweren Systemproblemen führen kann, sind hier Administratorrechte erforderlich. Die Windows-Benutzerkontensteuerung fragt nach einer Bestätigung. Zusätzlich erscheint noch eine Sicherheitsabfrage.

▲ Wichtige Schlüssel leichter merken

Die Registrierung hat einen großen Nachteil: Sie ist unübersichtlich. Kaum jemand kann sich die Namen von Registrierungs-Schlüsseln merken, zumal es oftmals unter verschiedenen Zweigen auch noch gleichnamige Schlüssel gibt. Die Favoriten-Funktion des Registrierungs-Editors hilft dem Gedächtnis nach.

① Hangeln Sie sich im Registrierungs-Editor bis zum gewünschten Schlüssel durch, und wählen Sie im Menü *Favoriten/Zu Favoriten hinzufügen*.

② Vergeben Sie einen aussagekräftigen Namen anstelle des standardmäßig eingetragenen Namens des Registry-Zweigs.

③ Der Registrierungs-Editor setzt ein Lesezeichen, das jederzeit über das *Favoriten*-Menü wieder aufgerufen werden kann. Der eingegebene Name gilt natürlich nur für das Lesezeichen, die eigentlichen Namen der Registry-Schlüssel werden nicht verändert.

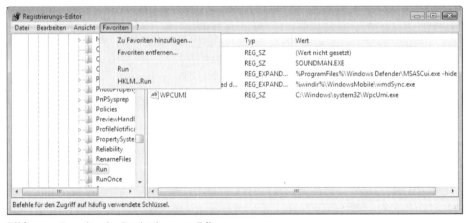

Bild 13.4: *Favoriten* im Registrierungs-Editor

13.1 Der Registrierungs-Editor

Diese Favoriten werden übrigens auch in der Registrierung gespeichert. Jeder Benutzer kann eigene Favoriten verwenden. Diese liegen unter *HKEY_CURRENT_USER\ Software\Microsoft\Windows\CurrentVersion\Applets\Regedit\Favorites*.

▲ Schneller mit der Tastatur

Der Scrollbalken scheint eines der wichtigsten Instrumente im Registrierungs-Editor zu sein. Anstatt endlos zu schieben, kann man sich auch sehr schnell per Tastatur bewegen. Dazu braucht man nur die vier Pfeiltasten, die sich bequem mit zwei Fingen bedienen lassen. Die Pfeile nach oben und unten blättern für Sie in der Baumansicht. Dabei bleibt der Status der einzelnen Zweige erhalten. Der Pfeil nach rechts klappt den markierten Zweig auf, der Pfeil nach links blättert automatisch zum nächsten übergeordneten Zweig; beim zweiten Druck auf die Taste wird der Zweig dann geschlossen.

▲ Registrierung gegen ungewollte Änderungen sperren

Registrierungs-Einträge müssen selbst im normalen Betrieb ständig geändert werden. An manchen Stellen der Registrierung möchte man aber doch vor einer Veränderung sicher sein.

Einen wirkungsvollen Schutz bietet die *Benutzerverwaltung* von Windows Vista. Jedes Programm hat nur die Rechte des Benutzers, der es ausführt. Für den Alltagsbetrieb und besonders zum Internet-Surfen sollte man nie als Administrator, sondern immer als Benutzer mit eingeschränkten Rechten angemeldet sein. Zum Arbeiten an der Registrierung brauchen Sie aber Administratorenrechte.

Nehmen Sie jetzt als Administrator den anderen Benutzern Berechtigungen auf bestimmte Registrierungs-Zweige weg, kann auch kein Programm, das von diesen Benutzern gestartet wird, an den betreffenden Schlüsseln herumpfuschen. Für jeden einzelnen Registrierungs-Zweig können Sie einzelnen Benutzern Berechtigungen geben oder wegnehmen, ihn zu lesen oder zu bearbeiten.

1. Klicken Sie mit der rechten Maustaste im Registrierungs-Editor auf den gewünschten Zweig, und wählen Sie dann im Kontextmenü *Berechtigungen*.

2. Es erscheint die aus der Benutzerverwaltung bekannte Dialogbox. Wählen Sie im oberen Bereich den gewünschten Benutzer oder die Gruppe.

3. Im unteren Bereich können Sie jetzt den Vollzugriff, einschließlich Bearbeiten und Löschen dieses Zweigs, verweigern und nur reines Lesen der vorhandenen Einträge zulassen.

Bild 13.5:
Berechtigungen für einen Registrierungs-Schlüssel im Registrierungs-Editor

▲ Registrierungs-Zugriff komplett sperren

Möchten Sie verhindern, dass ein Benutzer in der Registrierung herumspielt, können Sie REGEDIT und auch alle anderen Tools sperren, die direkt auf die Registrierung zugreifen.

 Vorsicht beim Sperren der Registrierung
Verwenden Sie diesen Registrierungs-Tipp nie, wenn Sie nur einen Benutzer auf dem PC angelegt haben. Sie sperren sich dann selbst aus und haben keine Möglichkeit mehr, die Registrierung zu bearbeiten. Auf den nächsten Seiten finden Sie eine Möglichkeit, so eine Sperre trotzdem zu knacken.

Ohne Administratorenrechte kann ein Benutzer in der Registrierung manuell zwar nichts verändern, aber immerhin die Registrierung auslesen. Dieser Tipp sperrt alle

13.1 Der Registrierungs-Editor

derartigen Programme, sodass der Benutzer unabhängig von seinen Administratorenrechten in der Registrierung auch nichts lesen kann.

Man könnte auch einfach die Datei REGEDIT.EXE in ein Verzeichnis verschieben, auf das andere Benutzer keinen Zugriff haben. Das schützt aber nicht vor der Verwendung anderer Registrierungs-Tools und auch nicht davor, dass das Programm REGEDIT von einer Diskette oder einem Wechselmedium aus aufgerufen wird.

▲ Einem Benutzer den Registrierungs-Zugriff verwehren

Um einem Benutzer den Registrierungs-Zugriff zu verwehren, gehen Sie folgendermaßen vor. Sie müssen hierzu als Administrator angemeldet sein:

1. Windows Vista schreibt die Benutzernamen nicht im Klartext in die Registrierung, deshalb müssen Sie den Benutzer, für den der Registrierungs-Zugriff gesperrt werden soll, erst suchen.

   Unter *HKEY_LOCAL_MACHINE\SOFTWARE\Microsoft\Windows NT\CurrentVersion\ProfileList* finden Sie verschiedene Unterschlüssel *S-1-5...* und eine längere Zahlenkombination. Wenn Sie diese im linken Fenster von REGEDIT durchblättern, finden Sie rechts unter *ProfileImagePath* relativ einfach den Benutzernamen.

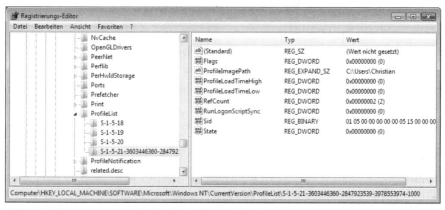

Bild 13.6: Benutzernamen in der Registrierung finden

2. Merken Sie sich die so gefundene Benutzer-ID des gesuchten Benutzers. Im Normalfall unterscheiden sich die Benutzer-IDs nur in den letzten Ziffern. Wechseln Sie jetzt in den Registrierungs-Schlüssel *HKEY_USERS\<Benutzer-ID>\Software\Microsoft\Windows\CurrentVersion\Policies*, und legen Sie dort einen neuen Unterschlüssel *System* an.

3. Legen Sie in diesem Schlüssel einen DWORD-Wert *DisableRegistryTools* an, und geben Sie ihm den Wert *1*.

④ Wenn sich der Benutzer jetzt wieder anmeldet, hat er keine Möglichkeit, REGEDIT oder einen anderen Registrierungs-Editor aufzurufen. Erst wenn der Administrator den Parameter *DisableRegistryTools* wieder auf *0* setzt oder löscht, sind Registry-Tools wieder erlaubt.

▲ Registrierungs-Sperre knacken

Aber auch dieser Schutz wirkt nicht hundertprozentig, da ein auf diese Weise gesperrter Benutzer immer noch die Möglichkeit hat, eine REG-Datei zu importieren und damit den entscheidenden Parameter zurückzusetzen. Dies ist auch die Notlösung für den Fall, dass man sich selbst den Zugriff auf die Registrierung sperrt.

```
Windows Registry Editor Version 5.00
[HKEY_CURRENT_USER\Software\Microsoft\Windows\CurrentVersion\Policies\System]
"DisableRegistryTools"=dword:00000000
```

Die abgebildete REG-Datei setzt die Sperre zurück. Diese REG-Datei ist durch die Verwendung von *HKEY_CURRENT_USER* allgemein gehalten, sodass man sie für sich selbst jederzeit unabhängig von der Benutzer-ID einsetzen kann.

Nach dem Importieren dieser REG-Datei muss man sich als Benutzer abmelden und wieder neu anmelden, um Zugriff auf die Registrierung zu erhalten.

13.2 Windows Vista schlank und schnell

Mit ein paar Registrierungs-Hacks schalten Sie überflüssige Gimmicks ab und machen Windows Vista deutlich schlanker und schneller.

Menü ohne Verzögerung

Standardmäßig werden die Untermenüs des Startmenüs und der Menüs in Fenstern beim Darüberfahren mit der Maus verzögert eingeblendet. Diese Verzögerung können Sie abschalten, sodass die Menüs so schnell wie möglich erscheinen.

Setzen Sie dazu den Parameter *MenuShowDelay* im Registrierungs-Schlüssel *HKEY_CURRENT_USER\Control Panel\Desktop* auf *0*. Möchten Sie wieder eine Verzögerung haben, weisen Sie dem Wert *MenuShowDelay* eine entsprechende Zahl in Millisekunden zu.

13.2 Windows Vista schlank und schnell

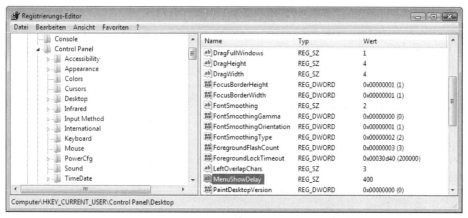

Bild 13.7: Registrierungs-Schlüssel für die Verzögerungszeit der Menüs

Derselbe Wert beeinflusst auch die Verzögerung beim Aufklappen von Kontextmenüs im Windows-Explorer. Diese werden gleichzeitig mit dem Startmenü gebremst oder beschleunigt.

Auf der Internetseite zum Buch
Unter *http://www.buch.cd* finden Sie REG-Dateien, die Sie direkt per Doppelklick importieren können. Damit sparen Sie sich die manuelle Eingabe im Registrierungs-Editor. *menushowdelay-0.reg* schaltet die Verzögerung der Menüs aus, *menushowdelay-400.reg* setzt den Parameter wieder auf den ursprünglichen Wert zurück.

Sprechblasen abschalten

Einige Windows-Programme wie auch integrierte Systemkomponenten blenden oberhalb der Taskleiste Tipps in Sprechblasen ein. Diese können am Anfang interessant, auf Dauer aber auch lästig sein.

Um die Sprechblasen abzuschalten, legen Sie unter *HKEY_CURRENT_USER\Software\ Microsoft\Windows\CurrentVersion\Explorer\Advanced* einen neuen DWORD-Wert an. Geben Sie diesem den Namen *EnableBalloonTips*, und belassen Sie den eingestellten Wert auf *0*.

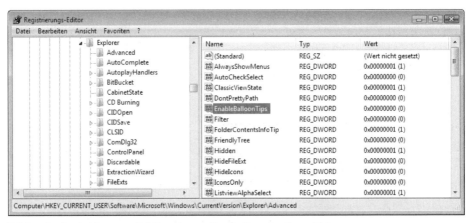

Bild 13.8: Registrierungs-Schlüssel zum Abschalten der Sprechblasen

Möchten Sie die Sprechblasen wieder einschalten, löschen Sie diesen Parameter oder geben ihm den Wert *1*.

Warnung bei voller Festplatte abschalten

Auf der Taskleiste erscheint eine Sprechblasen-Warnung, wenn auf einer Festplatte nur noch weniger als 200 MB freier Platz ist. Wenn Sie diese Warnung nervt, können Sie sie deaktivieren.

Legen Sie dazu im Registrierungs-Zweig *HKEY_CURRENT_USER\Software\Microsoft\ Windows\CurrentVersion\Policies\Explorer* einen neuen DWORD-Parameter mit Namen *NoLowDiskSpaceChecks* an, und setzen Sie diesen auf den Wert *1*.

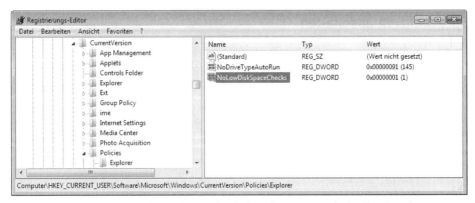

Bild 13.9: Registrierungs-Schlüssel zum Abschalten der Warnung bei voller Festplatte

13.2 Windows Vista schlank und schnell

Auf der Internetseite zum Buch
Die REG-Datei *NoLowDiskSpaceChecks-1.reg* schaltet die Warnung bei vollen Festplatten aus, *NoLowDiskSpaceChecks-0.reg* schaltet sie wieder ein.

Windows Vista sofort herunterfahren

Windows Vista wartet beim Herunterfahren 20 Sekunden auf Dienste, die sich nicht sofort beenden lassen. Diese Wartezeit ist nicht zwingend notwendig und lässt sich mit einem kleinen Eingriff in die Registrierung deutlich verkürzen.

Setzen Sie im Registrierungs-Zweig *HKEY_LOCAL_MACHINE\System\CurrentControl Set\Control* den Wert *WaitToKillServiceTimeout* auf *1* anstelle des Vorgabewertes *20000*. Dieser Wert gibt die Wartezeit in Millisekunden an. Sollte es zu Fehlermeldungen kommen, weil einige Dienste sich beim Herunterfahren »überschlagen«, setzen Sie *WaitToKillServiceTimeout* auf *500*, was einer halben Sekunde Wartezeit entspricht.

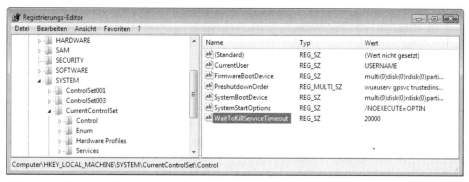

Bild 13.10: Wartezeit beim Herunterfahren

Auf der Internetseite zum Buch
Dort finden Sie REG-Dateien, die Sie direkt per Doppelklick importieren können. Damit sparen Sie sich die manuelle Eingabe im Registrierungs-Editor. *WaitToKillServiceTimeout-500.reg* verkürzt das Warten beim Herunterfahren, *WaitToKillServiceTimeout-20000.reg* setzt den Parameter wieder auf den ursprünglichen Zustand.

▲ Undokumentierter PowerDown-Schalter

Wenn Windows einen Computer nicht vollständig herunterfährt, lässt sich dieses Problem in vielen Fällen mit einem undokumentierten Schalter in der Registrierung beheben.

Gehen Sie im Registrierungs-Editor auf den Zweig *HKEY_LOCAL_MACHINE\ Software\Microsoft\Windows NT\CurrentVersion\Winlogon*. Setzen Sie dort den Parameter *PowerdownAfterShutdown* von *0* auf *1*.

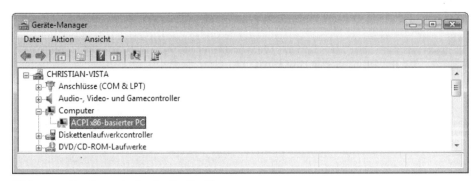

Bild 13.11: Wenn der Computer nicht herunterfährt ...

 Auf der Internetseite zum Buch
Die REG-Datei *PowerDownAfterShutdown-1.reg* setzt den Schalter zum automatischen Herunterfahren, *PowerDownAfterShutdown-0.reg* setzt ihn wieder auf den ursprünglichen Zustand zurück.

Nur Computer, die das ACPI **A**dvanced **C**onfiguration and **P**ower **I**nterface verwenden, können beim Herunterfahren automatisch ausgeschaltet werden. Ob ein Computer mit ACPI läuft, sehen Sie am besten im *Geräte-Manager*. Unterhalb von *Computer* steht dort ein Eintrag *ACPI-PC* oder *Standard-PC*.

Bild 13.12: Der Computertyp im Geräte-Manager

13.2 Windows Vista schlank und schnell

Fast alle aktuellen PCs sind heute ACPI-fähig. Nicht ACPI-fähige PCs werden vom Windows Vista Upgrade Advisor zwar als inkompatibel angezeigt, in den meisten Fällen lässt sich Windows Vista aber trotzdem auf diesen Geräten installieren.

Überflüssige Standarddateitypen im Kontextmenü *Neu* beseitigen

Windows Vista legt im Kontextmenü *Neu* im Explorer und auf dem Desktop verschiedene Einträge selbstständig an. Zusätzlich installierte Programme können hier weitere Einträge einbinden.

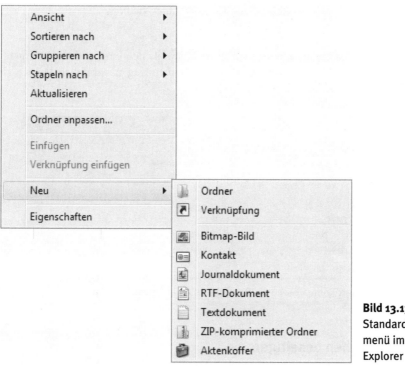

Bild 13.13: Das Standardkontextmenü im Windows-Explorer

Bei Bedarf können Sie die Standardeinträge deaktivieren, um eine bessere Übersicht zu erhalten. Dazu müssen Schlüssel in der Registrierung umbenannt werden. Die folgende Tabelle zeigt die Schlüssel für die verschiedenen Menüeinträge an.

▲ **Kontextmenüpunkte aktivieren und deaktivieren**

Menüpunkt	Registrierungs-Schlüssel
Bitmapbild	HKEY_CLASSES_ROOT\.bmp\ShellNew
Kontakt	HKEY_CLASSES_ROOT\.contact\ShellNew
Journaldokument	HKEY_CLASSES_ROOT\.jnt\jntfile\ShellNew
RTF-Dokument	HKEY_CLASSES_ROOT\.rtf\ShellNew
Textdokument	HKEY_CLASSES_ROOT\.txt\ShellNew
ZIP-komprimierter Ordner	HKEY_CLASSES_ROOT\.zip\CompressedFolder\ShellNew
Aktenkoffer	HKEY_CLASSES_ROOT\.bfc\ShellNew

Benennen Sie zum Deaktivieren eines Menüpunkts jeweils den entsprechenden Unterschlüssel *ShellNew* in *ShellNew-* um. Um einen Menüeintrag nachträglich wieder zu aktivieren, nennen Sie den Schlüssel wieder wie vorher.

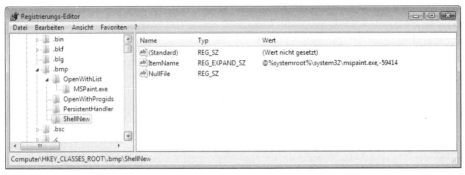

Bild 13.14: Das Standardkontextmenü für Bitmapdateien auf dem Desktop

Installationsleichen beseitigen

Das Modul *Programme und Funktionen* in der Systemsteuerung unter *Programme* zeigt eine Liste aller Programme an, die von der Windows Uninstall-Funktion deinstalliert werden können.

13.2 Windows Vista schlank und schnell

Bild 13.15: Anzeige aller Programme, die deinstalliert oder geändert werden können

Diese Liste setzt sich aus den Registry-Einträgen unter *HKEY_LOCAL_MACHINE\ Software\Microsoft\Windows\CurrentVersion\Uninstall* zusammen. Dort wird für jedes Programm ein Kurzname, diverse Installationsdaten und ein *UninstallString* gespeichert.

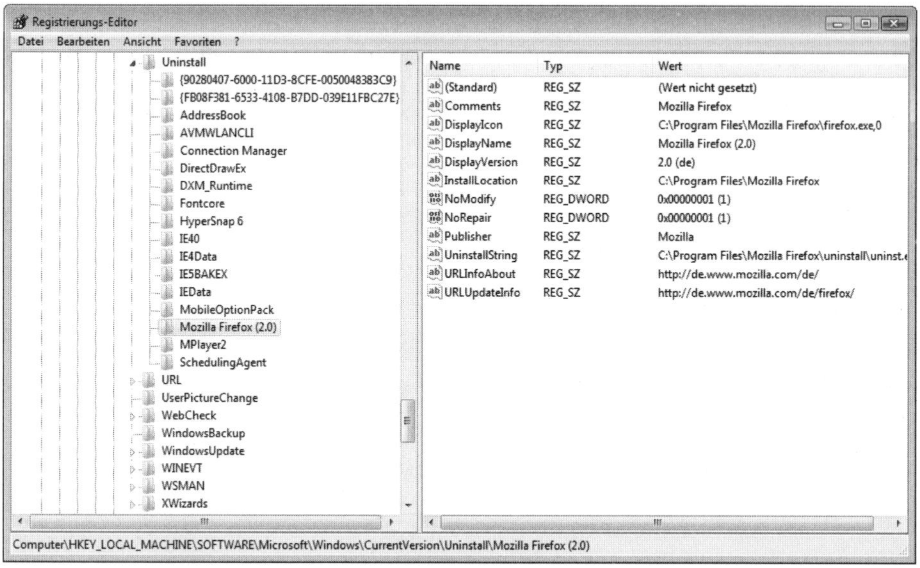

Bild 13.16: Uninstall-Einträge installierter Programme

Löscht man ein Programm von der Festplatte, ohne es sauber zu deinstallieren, oder schlägt die Deinstallation fehl, bleiben diese Uninstall-Einträge in der Registrierung und die entsprechenden Zeilen in der Systemsteuerung unter *Programme* stehen. Bei einem Deinstallationsversuch erscheint eine Fehlermeldung.

Löschen Sie von nicht mehr vorhandenen Programmen den entsprechenden Uninstall-Schlüssel aus der Registrierung, verschwindet auch der Eintrag in der Systemsteuerung.

13.3 Eingriff in die Windows Vista-Optik

Die Optik von Windows Vista lässt sich an vielen Stellen durch Registrierungs-Tricks noch viel umfassender ändern, als es die Systemsteuerung zulässt.

Hintergrundbilder positionieren

Hintergrundbilder lassen sich mit der Systemsteuerung unter *Darstellung und Anpassung* nur flächenfüllend, zentriert oder gekachelt darstellen. Mit zwei zusätzlichen Einträgen in der Registrierung können sie beliebig auf dem Bildschirm angeordnet werden.

- ① Die obere linke Ecke des Hintergrundbilds wird in der Registrierung im Schlüssel *HKEY_CURRENT_USER\Control Panel\Desktop* in den Zeichenfolgen *WallPaperOriginX* und *WallPaperOriginY* gespeichert. Hier wird die Position des Bilds in Pixeln als Abstand zur linken oberen Ecke eingestellt.

- ② Zusätzlich muss der Parameter *TileWallpaper* auf *0* gesetzt werden, damit das Bild nicht gekachelt wird.

- ③ Im Parameter *WallPaper* muss die Bilddatei mit komplettem Pfad eingetragen sein.

13.3 Eingriff in die Windows Vista-Optik

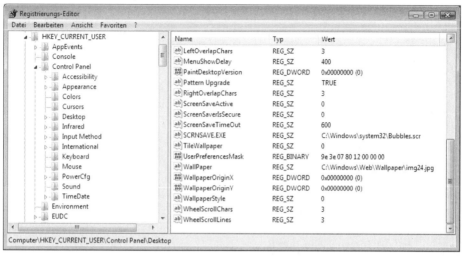

Bild 13.17: Hintergrundbild an beliebige Stelle positionieren

Windows-Version auf dem Desktop anzeigen

In der rechten unteren Ecke können Sie sich die Windows-Version samt Build-Nummer anzeigen lassen. Bei mehreren Monitoren zeigten frühere Windows-Versionen auch eine Monitorinformation an. Windows Vista macht das nicht mehr.

Bild 13.18: Anzeige der Windows-Version auf dem Desktop

Setzen Sie im Registry-Zweig *HKEY_CURRENT_USER\Control Panel\Desktop* den Parameter *PaintDesktopVersion* auf *1*. Nach der nächsten Windows-Anmeldung wird die Versionsnummer auf dem Desktop angezeigt.

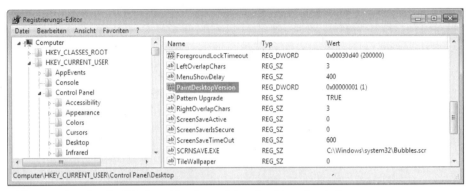

Bild 13.19: Anzeige der Windows-Version auf dem Desktop einschalten

Auf der Internetseite zum Buch
Die REG-Datei *PaintDesktopVersion-1.reg* zeigt die Versionsnummer auf dem Desktop an, *PaintDesktopVersion-0.reg* blendet diese Anzeige wieder aus.

Button-Gruppierung in der Taskleiste optimieren

Die Gruppierung von Fenstern in der Taskleiste, die vom selben Programm geöffnet wurde, fördert die Übersichtlichkeit. In der Registrierung lässt sich einstellen, wann und wie Windows Vista die Fenster gruppieren soll.

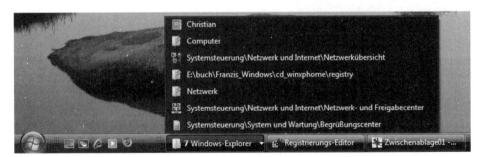

Bild 13.20: Gruppierung in der Taskleiste

Legen Sie dazu im Registrierungs-Zweig *HKEY_CURRENT_USER\Software\Microsoft\ Windows\CurrentVersion\Explorer\Advanced* einen neuen DWORD-Parameter mit Namen *TaskbarGroupSize* an. Dieser legt das Gruppierungsverhalten fest. Tragen Sie entsprechend der folgenden Tabelle den gewünschten Wert ein.

13.3 Eingriff in die Windows Vista-Optik

Optionen zur Gruppierung

TaskbarGroupSize	Gruppierungsverhalten
0	Zuerst die Applikation gruppieren, die am wenigsten benutzt wird.
1	Zuerst die Applikation mit den meisten Fenstern gruppieren.
2...n	Alle Applikationen gruppieren, die mindestens ein Fenster haben.

Der Standardwert ist 3. Es werden also automatisch alle Programmfenster gruppiert, wenn ein Programm mindestens drei Fenster geöffnet hat.

Auf der Internetseite zum Buch
Die REG-Datei *TaskbarGroupSize-0.reg* gruppiert zuerst die Applikation, die am wenigsten benutzt wird, *TaskbarGroupSize-1.reg* gruppiert zuerst die Applikation mit den meisten Fenstern, *TaskbarGroupSize-1.reg* setzt diesen Parameter auf den Standardwert zurück.

Farbeinstellungen für Dateinamen im Explorer

Der Windows-Explorer kann verschlüsselte und komprimierte Dateien in anderen Farben darstellen. Standardmäßig ist für komprimierte Dateien ein Blauton (RGB 00 00 FF) (RGB = Rot, Grün, Blau jeweils in Abstufungen zwischen Hex 00 und FF) und für verschlüsselte Dateien ein dunkles Grün (RGB 00 80 00) definiert. Diese Farben können Sie aber auch ändern:

Die ersten drei Bytes des Wertes *AltColor* im Registrierungs-Schlüssel *HKEY_CURRENT_USER\Software\Microsoft\Windows\CurrentVersion\Explorer* enthalten die Farbe für komprimierte Dateien. Sollte dieser Schlüssel nicht vorhanden sein, können Sie ihn als REG_BINARY neu anlegen.

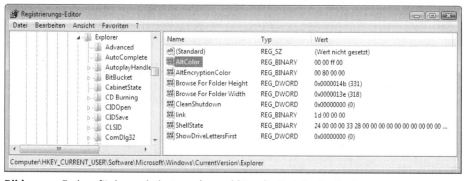

Bild 13.21: Farben für komprimierte und verschlüsselte Dateien im Explorer

Die ersten drei Bytes des Wertes *AltEncryptionColor* im selben Registry-Schlüssel enthalten die Farbe für verschlüsselte Dateien. Auch dieser Schlüssel muss auf vielen Computern erst angelegt werden.

Läuft der Explorer im Einfachklick-Modus, werden Dateien, über denen der Mauszeiger steht, ebenfalls in einer anderen Farbe angezeigt. Diese Farbe speichert Windows Vista eigenartigerweise nicht als REG_BINARY, sondern als REG_SZ, und auch nicht hexadezimal, sondern dezimal als Wert *HotTrackingColor* an einer ganz anderen Stelle in der Registry, nämlich im Schlüssel *HKEY_CURRENT_USER\Control Panel\Colors*.

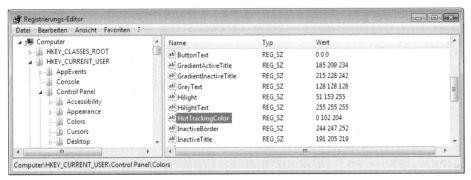

Bild 13.22: Farbe für MouseOver-Effekt im Einfachklick-Modus

Cursor-Blinkrate einstellen

Windows Vista legt die Blinkrate des Textcursors global für alle Programme fest. Der Cursor blinkt umso schneller, je kleiner der Wert *CursorBlinkRate* im Registrierungs-Zweig *HKEY_CURRENT_USER\Control Panel\Desktop* ist. Der Standardwert liegt bei 530.

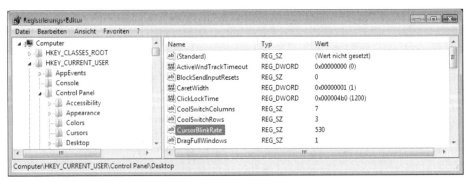

Bild 13.23: Einstellen der Cursor-Blinkrate in der Registrierung

Auf der Internetseite zum Buch
Die REG-Datei *CursorBlinkRate-530.reg* setzt den Wert für die Cursor-Blinkrate auf den Standardwert von 530 zurück.

13.4 Funktionserweiterungen für die Benutzeroberfläche

Die Benutzeroberfläche von Windows Vista ist vielfältig anpassbar. In der Registrierung gibt es einige Stellen, an denen neue Funktionen hinzugefügt werden können. Die folgenden Tipps zeigen Beispiele für solche Funktionserweiterungen.

Verzeichnis oder Laufwerk in neuem Fenster öffnen

Im Windows-Explorer lässt sich über *Organisieren/Ordner- und Suchoptionen* einstellen, ob neu geöffnete Verzeichnisse im selben oder in einem neuen Fenster geöffnet werden sollen. In den meisten Fällen ist die Variante »im selben Fenster öffnen« sinnvoller. Für manche Zwecke wäre es aber doch praktisch, eine Möglichkeit zu haben, ein bestimmtes Verzeichnis über das Kontextmenü auch ausnahmsweise in einem neuen Fenster zu öffnen.

Einige Registrierungs-Einträge machen das möglich. Das Kontextmenü für ein Verzeichnis steht in der Registrierung unter *HKEY_CLASSES_ROOT\Directory\shell*.

Hier müssen Sie für einen neuen Menüpunkt einen neuen Schlüssel mit beliebigem Namen anlegen, in unserem Beispiel *Fenster*.

In diesem Schlüssel steht im Wert *(Standard)* der Name des Menüpunkts.

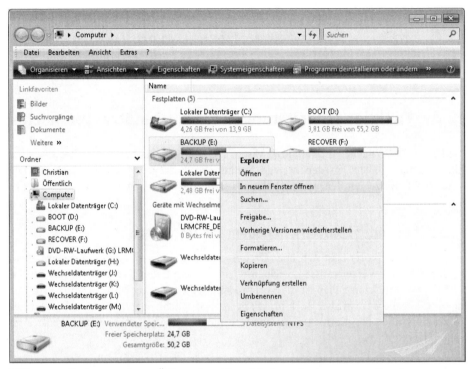

Bild 13.24: Kontextmenü zum Öffnen eines Verzeichnisses in einem neuen Fenster

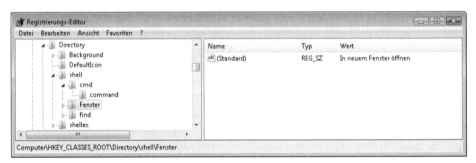

Bild 13.25: Der neue Kontextmenüpunkt in der Registrierung ...

Jetzt brauchen Sie noch den untergeordneten Schlüssel *command*. Hier steht der Befehl, der vom neuen Menüpunkt aufgerufen wird.

13.4 Funktionserweiterungen für die Benutzeroberfläche

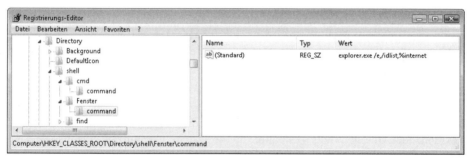

Bild 13.26: ... und der Befehl, der dadurch ausgeführt wird

▲ Dasselbe auch für Laufwerke

Der beschriebene neue Menüpunkt erscheint nur im Kontextmenü von Verzeichnissen. Damit auch Laufwerke in neuen Explorer-Fenstern geöffnet werden können, müssen Sie unter *HKEY_CLASSES_ROOT\Drive\shell* dieselben Einträge noch einmal anlegen.

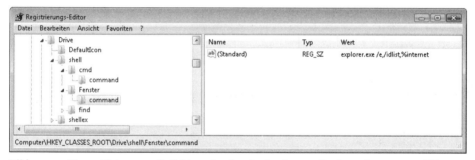

Bild 13.27: Dieser Eintrag ermöglicht es, Laufwerke in eigenen Explorer-Fenstern zu öffnen.

Auf der Internetseite zum Buch
Die Datei *shell.reg* setzt alle Parameter, um diese Kontextmenüeinträge für Verzeichnisse und Laufwerke einzufügen. Da sich mit REG-Dateien keine Schlüssel aus der Registrierung löschen lassen, müssen Sie die Einträge manuell entfernen, wenn Sie sie nicht mehr verwenden wollen.

Standardverzeichnisse verschieben

Windows Vista legt diverse Standardverzeichnisse für Benutzerdaten an. Die Lage dieser Verzeichnisse wird in der Registrierung festgelegt und kann dort auch geändert werden. Diese Verzeichnisse liegen vorgabemäßig alle unterhalb des Verzeichnisses, das durch die Systemvariable *%USERPROFILE%* definiert ist. Dies ist üblicherweise *C:\Users*

<Benutzername>. In serverbasierten Netzwerken verweist *%USERPROFILE%* auf das Profilverzeichnis des Benutzers auf dem Server. Möchten Sie einzelne Verzeichnisse trotzdem lokal verwalten, können Sie in der Registrierung direkte Pfade unabhängig von der Variablen *%USERPROFILE%* angeben.

Auch auf Systemen ohne Netzwerk sollte man diese Verzeichnisse ändern, da sie erstens schwer zu finden sind und zweitens auf der Systemfestplatte auch nichts verloren haben. Bei Systemfehlern sind die Daten immer gefährdet. Sinnvoller ist es, eine eigene Datenpartition oder eine getrennte Festplatte für die Daten zu benutzen, unabhängig vom Systemlaufwerk *C:*.

Die Parameter zur Einstellung dieser Verzeichnisse sind alle vom Typ REG_EXPAND_SZ und liegen im Registry-Schlüssel *HKEY_CURRENT_USER\Software\Microsoft\Windows\CurrentVersion\Explorer\User Shell Folders*.

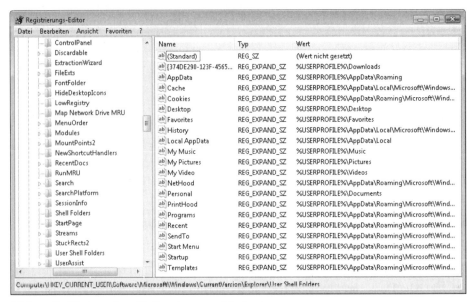

Bild 13.28: Pfadangaben für Benutzerverzeichnisse

Durch Verändern dieser Werte wird die Lage des entsprechenden Standardverzeichnisses geändert. Die Daten müssen manuell verschoben werden.

▲ Benutzerverzeichnisse in der Registrierung

Verzeichnis	Registry-Parameter	Vorgabe
Anwendungsdaten	AppData	%USERPROFILE%\AppData\Roaming
Autostart	Startup	%USERPROFILE%\AppData\Roaming\Microsoft\Windows\Start Menu\Programs\Startup
Bilder	My Pictures	%USERPROFILE%\Pictures
Cache	Cache	%USERPROFILE%\AppData\Local\Microsoft\Windows\Temporary Internet Files
Cookies	Cookies	%USERPROFILE%\AppData\Roaming\Microsoft\Windows\Cookies
Desktop	Desktop	%USERPROFILE%\Desktop
Dokumente	Personal	%USERPROFILE%\Documents
Druckumgebung	PrintHood	%USERPROFILE%\AppData\Roaming\Microsoft\Windows\Printer Shortcuts
Favoriten	Favorites	%USERPROFILE%\Favorites
Lokale Anwendungsdaten	Local AppData	%USERPROFILE%\AppData\Local
Musik	My Music	%USERPROFILE%\Music
Netzwerkumgebung	NetHood	%USERPROFILE%\AppData\Roaming\Microsoft\Windows\Network Shortcuts
Programme (im Startmenü)	Programs	%USERPROFILE%\AppData\Roaming\Microsoft\Windows\Start Menu\Programs
Senden An	SendTo	%USERPROFILE%\AppData\Roaming\Microsoft\Windows\SendTo
Startmenü	Start Menu	%USERPROFILE%\AppData\Roaming\Microsoft\Windows\Start Menu
Verlauf	History	%USERPROFILE%\AppData\Local\Microsoft\Windows\History
Videos	My Video	%USERPROFILE%\Videos
Vorlagen (ShellNew)	Templates	%USERPROFILE%\AppData\Roaming\Microsoft\Windows\Templates
Zuletzt verwendete Dateien	Recent	%USERPROFILE%\Recent

Einige besondere Verzeichnisse werden noch an anderen Stellen in der Registrierung gespeichert, können dort aber ebenfalls geändert werden.

▲ **Weitere Systemverzeichnisse in der Registrierung**

Verzeichnis	Registry-Schlüssel	Registry-Parameter
Gemeinsame Dateien	HKEY_LOCAL_MACHINE\Software\Microsoft\Windows\CurrentVersion	CommonFilesDir
Inf	HKEY_LOCAL_MACHINE\Software\Microsoft\Windows\CurrentVersion	DevicePath
Media	HKEY_LOCAL_MACHINE\Software\Microsoft\Windows\CurrentVersion	MediaPathUnexpanded
Programme	HKEY_LOCAL_MACHINE\Software\Microsoft\Windows\CurrentVersion	ProgramFilesDir
Temporärverzeichnis	HKEY_CURRENT_USER\Environment	Temp

Alle Parameter sind vom Typ REG_SZ und können direkt im Klartext geändert werden.

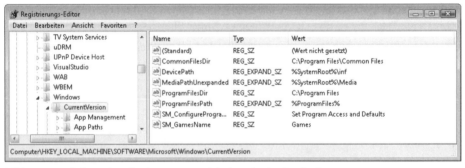

Bild 13.29: Pfadangaben für Systemverzeichnisse in der Registrierung

Standardverzeichnis für die Neuinstallation von Programmen

Das Verzeichnis *Programme* wird von Installationsprogrammen als Standardverzeichnis für die Neuinstallation von Programmen vorgeschlagen. Die Lage dieses Verzeichnisses wird auch in der Umgebungsvariablen *%ProgramFiles%* gespeichert und kann so von Installationsskripts abgefragt werden. Schlecht geschriebene Installer installieren ihre Programme immer in das Verzeichnis *Program Files*, die englische Bezeichnung für das Programme-Verzeichnis, ohne diese Variable abzufragen. In landessprachigen Windows-Versionen heißt dieses Verzeichnis aber meistens anders.

Unbekannte Dateien mit dem Editor öffnen

Dateien, deren Endung nicht in Windows Vista registriert ist, lassen sich nur mühsam anzeigen. Dabei verwenden zum Beispiel viele readme-Dateien von Sharewareprogrammen die Dateiendungen *.1st* oder *.diz*. Dahinter verbergen sich reine Textdateien. Viele unbekannte Dateiarten, wie unter anderem Protokolle und Konfigurationsdateien, liegen in reinem ASCII-Format vor und ließen sich mit einem einfachen Texteditor problemlos anzeigen.

Mit zwei neuen Einträgen in der Registrierung zeigt Windows Vista in den Kontextmenüs unbekannter Dateien automatisch einen Eintrag *Bearbeiten* an, der die Datei im Editor öffnet.

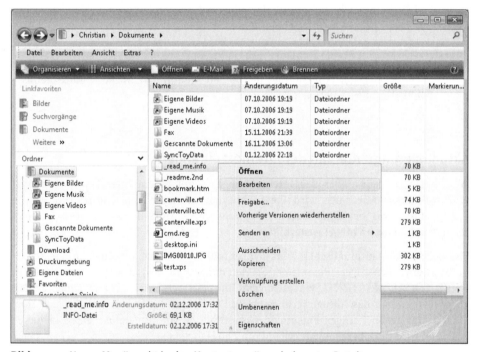

Bild 13.30: Neuer Menüpunkt in den Kontextmenüs unbekannter Dateitypen

1. Legen Sie in der Registrierung *HKEY_CLASSES_ROOT\Unknown\shell* einen neuen Schlüssel mit Namen *Edit* an.

2. Weisen Sie hier dem Parameter *(Standard)* die Zeichenkette *Bearbeiten* zu.

3. Legen Sie unterhalb dieses Schlüssels einen weiteren Schlüssel mit Namen *command* an.

4. Weisen Sie hier dem Parameter *(Standard)* die Zeichenkette *notepad.exe %1* zu.

Bild 13.31: Die neuen Schlüssel für den neuen Menüpunkt

Wenn Sie lieber einen anderen Editor verwenden, können Sie natürlich auch diesen eingeben.

 Auf der Internetseite zum Buch
Die REG-Datei *Edit.reg* trägt den neuen Menüpunkt in die Kontextmenüs unbekannter Dateitypen ein.

Aktualisierungsintervall der Internetzeit ändern

Windows Vista kann über das Internet die Zeit mit einem öffentlichen Zeitserver synchronisieren. Allerdings wird diese Zeitsynchronisation nur einmal pro Woche durchgeführt, was bei einer durch eine schwache CMOS-Batterie notorisch falsch gehenden PC-Uhr nicht viel weiterhilft.

Das Intervall der automatischen Zeitsynchronisation lässt sich allerdings in der Registrierung einstellen. Der Parameter *SpecialPollIntervall* im Registrierungs-Schlüssel *HKEY_LOCAL_MACHINE\System\CurrentControlSet\Services\W32Time\TimeProviders \NtpClient* enthält das Aktualisierungsintervall in Sekunden. Standardmäßig steht hier *604800*, was genau 7 Tagen entspricht. Geben Sie im Modus *Dezimal* einen kleineren Wert ein, wird die Uhrzeit entsprechend öfter abgeglichen.

13.4 Funktionserweiterungen für die Benutzeroberfläche

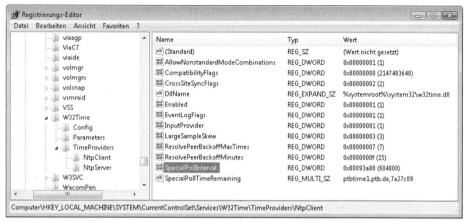

Bild 13.32: Intervall der automatischen Zeitsynchronisation in der Registrierung

Im Windows-Synchronisierungscenter

Windows Vista bietet von sich aus Synchronisationsfunktionen mit Windows Mobile-Geräten, sodass die Installation spezieller Software nicht mehr nötig ist. Das neue Windows-Synchronisierungscenter steht für mehr Beweglichkeit im Zusammenhang interner und externer Unternehmensabläufe. Es ist die Zentrale für den Datenabgleich zwischen Computern und mobilen Geräten.

14.1 Mediadaten mit dem Handy abgleichen

Im Folgenden wird Schritt für Schritt der Datenabgleich mit einem handelsüblichen Mobiltelefon, ohne Windows Mobile-Betriebssystem, aufgezeigt. Hierbei ist zu beachten, dass das Handy mit einer Speicherkarte ausgestattet sein muss, da das Synchronisierungscenter nicht auf den internen Handyspeicher zugreift.

1. Bei der ersten Verbindung des Handys mit dem PC muss die Treibersoftware für das neue Gerät, hier das Sony Ericsson K750, installiert werden.

2. Bestätigen Sie die Dialogfelder der Treibersoftware mit *Weiter*. Die gesamte Installationsprozedur dauert im Falle des Sony Ericsson K750 ca. 2 Minuten.

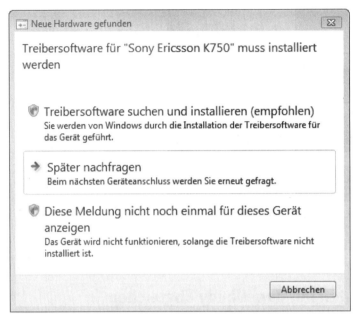

Bild 14.1: Ein Sony Ericsson K750-Mobiltelefon wird als neue Hardware identifiziert

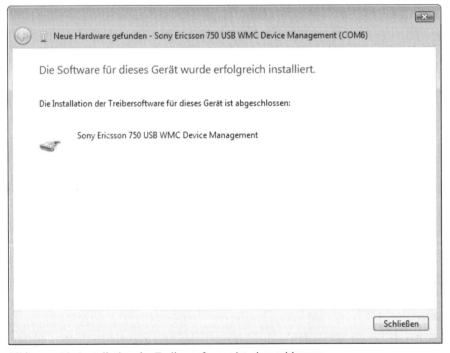

Bild 14.2: Die Installation der Treibersoftware ist abgeschlossen

14.1 Mediadaten mit dem Handy abgleichen

③ Nachdem sämtliche Gerätetreiber erfolgreich installiert wurden, meldet eine Sprechblase in der Windows-Taskleiste, dass das Gerät jetzt verwendet werden kann.

Bild 14.3: Das Gerät wird als neue Hardware identifiziert und kann verwendet werden

④ Verbinden Sie jetzt das Handy mit dem PC, erscheint ähnlich wie beim Einlegen einer CD oder einer Speicherkarte ein Auswahldialog mit der Frage, ob Bilder importiert oder ein Ordner geöffnet werden soll, um Daten anzuzeigen. Je nach Synchronisationsfähigkeiten des Handys unterscheiden sich die hier angezeigten Auswahlmöglichkeiten. Einfache Handys ohne Synchronisationsfunktionen werden als Wechseldatenträger erkannt.

Bild 14.4: Manche Handys werden nur als Wechseldatenträger erkannt.

⑤ Klicken Sie unter *Allgemeine Optionen* auf *Ordner öffnen, um Dateien anzuzeigen*. Es meldet sich der Windows-Explorer mit der Verzeichnisstruktur des Handys.

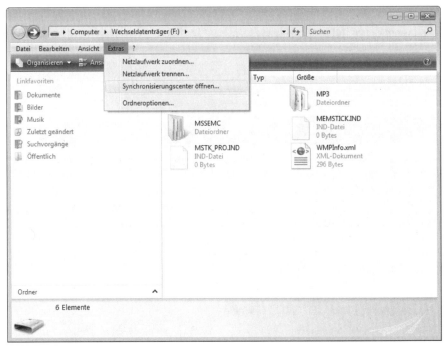

Bild 14.5: Der Windows-Explorer zeigt die Verzeichnisstruktur auf der Speicherkarte des Handys.

6️⃣ Bei Geräten, die sowohl Gerätespeicher wie auch eine Speicherkarte haben, erscheinen die unterschiedlichen Speichertypen wie einzelne Laufwerke im Explorer.

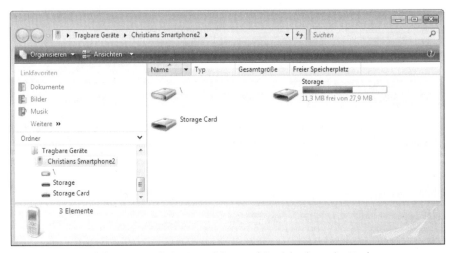

Bild 14.6: Ein mobiles Gerät mit Gerätespeicher und Speicherkarte im Explorer

14.1 Mediadaten mit dem Handy abgleichen

(7) In der Menüleiste des Explorers öffnen Sie unter *Extras* das *Synchronisierungscenter*. Es meldet sich zunächst das *Synchronisierungs-Setup*.

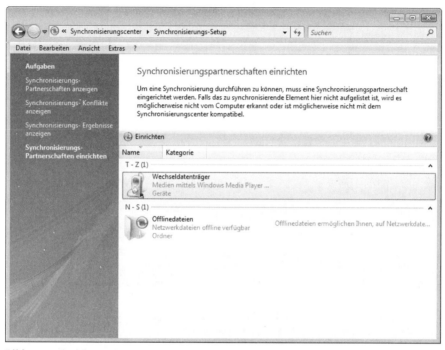

Bild 14.7: Einrichten einer neuen Synchronisierungspartnerschaft

(8) Da das Gerät zum ersten Mal mit dem PC verbunden wurde, muss zunächst eine *Synchronisierungspartnerschaft* eingerichtet werden. Damit wird das mobile Gerät beim Einstecken jedes Mal identifiziert. An einem PC können mehrere Partnerschaften für verschiedene Geräte bestehen. Markieren Sie hierzu unter *T – Z* den Eintrag *Wechseldatenträger* oder klicken Sie auf den angezeigten Namen des Handys und danach auf *Einrichten*.

Bild 14.8: Als Synchronisierungspartner wird der *Windows Media Player* erkannt

⑨ Es startet der Windows Media Player mit dem Dialogfeld *Geräteinstallation*. Wählen Sie hier die Wiedergabelisten zur Synchronisierung aus, oder erstellen Sie persönliche Wiedergabelisten. Beenden Sie Ihre Einstellungen mit *Fertig stellen*.

⑩ Wieder zurück im Synchronisierungscenter können Sie nun die Daten des Windows Media Player mit dem Handy durch Klick auf den Button *Synchronisieren* abgleichen. Nach dem Datenabgleich meldet eine Sprechblase in der Taskleiste den Abschluss der Synchronisierung.

14.1 Mediadaten mit dem Handy abgleichen

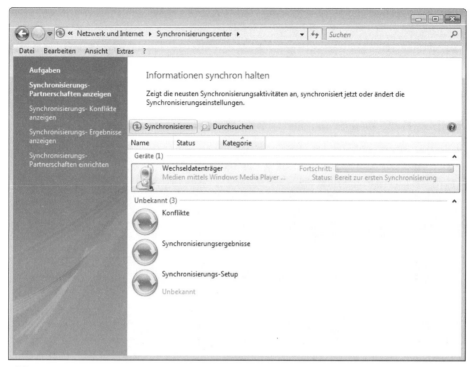

Bild 14.9: Einrichten einer Synchronisierungspartnerschaft

   **Bild 14.10:** Abschluss der Synchronisierung

Webhilfe – Vista-kompatible Firmware-Updates

Nicht jedes mobile Gerät, das sich unter Windows XP noch problemlos verwenden ließ, kann auch mit Windows Vista Mediendateien synchronisieren. Sollte bei der Einrichtung des Geräts eine Fehlermeldung erscheinen, können Sie dort auf *Webhilfe* klicken. Es erscheint eine Liste mobiler Geräte, vor allem portabler MP3-Player, für die neue Firmware zur Verfügung steht, die zu Windows Vista kompatibel ist.

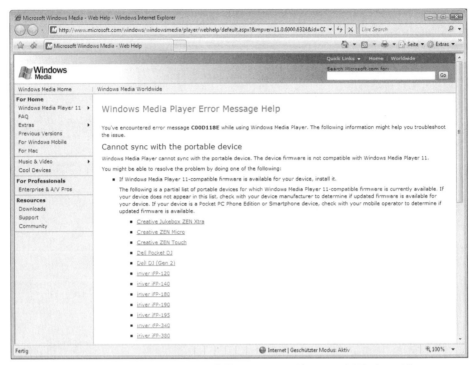

Bild 14.11: Firmware-Updates zur Kompatibilität von MP3-Playern mit Windows Vista

Schneller synchronisieren mit Konvertierung im Hintergrund

Viele mobile Geräte, besonders Handys, sind nicht in der Lage, Musik und Videos in der gleichen hohen Qualität abzuspielen wie ein PC. Besonders bei Videos reicht die Auflösung der Handybildschirme dafür nicht aus.

Der Windows Media Player kann vor der Synchronisation von Musik und Videos diese entsprechend den Anforderungen des mobilen Geräts konvertieren. Dabei wird die Komprimierung erhöht, wobei Qualität verloren geht, die aber auf dem Handy ohnehin nicht zu hören wäre.

Im Windows Media Player können Sie im Menü unter *Extras/Optionen* und dann auf der Registerkarte *Geräte* ein angeschlossenes Gerät auswählen. Klicken Sie hier auf *Eigenschaften*, können Sie für dieses Gerät festlegen, ob und wie weit die Qualitätsstufe von Musik und Videos beim Konvertieren reduziert werden soll.

14.1 Mediadaten mit dem Handy abgleichen

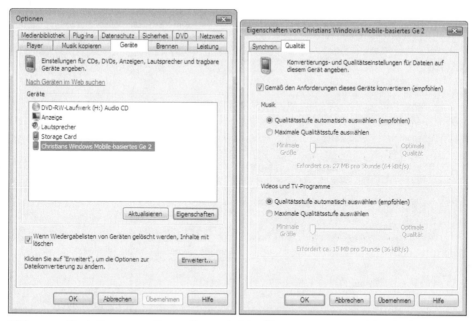

Bild 14.12: Einstellungen zur Konvertierung bei der Übertragung von Multimediadateien auf mobile Geräte

 Mehr Videoqualität bei geringem Speicherplatzbedarf
Bei der Konvertierung von Videos erhöht der Windows Media Player nur die Kompressionsrate und verringert damit die Qualität des Videos. Wesentlich sinnvoller wäre es, die Bildgröße so weit zu reduzieren, dass das Video im Vollbildmodus genau auf dem Bildschirm des mobilen Geräts abgespielt werden kann. Dies kann der Windows Media Player allerdings nicht. Hier ist externe Software wie zum Beispiel SmartMovie oder Media Studio notwendig, die durch Verwendung moderner Kompressionscodecs auch deutlich bessere Videoqualität bei geringem Speicherplatzbedarf erzielen.

Die für die Synchronisierung benötigte Zeit lässt sich noch weiter verringern, wenn man die Konvertierung im Hintergrund einschaltet. Dateien, die im Windows Media Player für die Synchronisierung vorgesehen sind, werden dann, schon bevor das mobile Gerät angeschlossen wird, im Hintergrund konvertiert.

Die dafür notwendigen Einstellungen finden Sie mit einem Klick auf den Button *Erweitert* in den Optionen für *Geräte* im Windows Media Player.

Bild 14.13:
Einstellungen
zur Konvertierung
im Hintergrund

Standardmäßig ist die Konvertierung im Hintergrund nur für Videodateien eingeschaltet, da sie hier sehr zeitaufwendig sein kann. Die konvertierten Dateien belegen viel Speicherplatz, deshalb können Sie in diesem Dialogfeld auch eine Begrenzung festlegen, wie viel Platz auf der Festplatte für vorab konvertierte Dateien genutzt werden darf.

 Adressen, E-Mail und Termine synchronisieren
Für die Synchronisation von Adressen, E-Mail und Terminen muss das mobile Gerät (Handy, PDA) mit dem Windows Mobile-Betriebssystem ausgestattet sein. Lesen Sie dazu mehr im folgenden Kapitel »Das Microsoft Mobile Device Center«.

14.2 Das Windows Mobile Device Center

Zur echten Synchronisation von Adressen, E-Mails und Terminen liefert Microsoft das Mobile Device Center für Windows Vista. Gegenüber dem reinen Datenaustausch zwischen PC und Mobiltelefon werden bei einer Synchronisation Daten verglichen und der aktuelle Stand auf beide Geräte übertragen.

14.2 Das Windows Mobile Device Center

Download des Windows Mobile Device Center
Das Mobile Device Center wird bei Windows Vista nicht mitgeliefert, man muss es im Downloadbereich der Microsoft Webseite *www.microsoft.de* unter *Mobile Geräte* herunterladen. Der Download wird zurzeit nur angezeigt, wenn der Schalter *Auch Downloads für englischsprachige Versionen anzeigen* eingeschaltet ist.

Das Windows Mobile Device Center unterstützt neben Pocket-PCs auch Smartphones mit Windows Mobile-Betriebssystem sowie einige andere mobile Geräte.

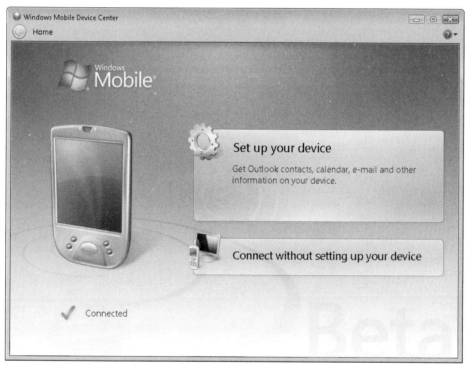

Bild 14.14: Das *Windows Mobile Device Center*

Einrichten des Mobile Device Center

Sollen Kalenderdaten und Adressen vom mobilen Gerät mit Outlook auf dem PC synchronisiert werden, muss eine sogenannte Partnerschaft eingerichtet werden. Eine Datensynchronisation mit dem Windows-Kalender oder dem Windows-Adressbuch *Kontakte* ist nicht möglich.

Jedes Gerät kann mit höchstens zwei PCs synchronisiert werden. Sollten bereits zwei Partnerschaften auf dem Gerät eingerichtet sein, muss eine davon im ersten Dialog des Einrichtungsassistenten gelöscht werden.

Im Konfigurationsdialog wählen Sie außerdem aus, welche Informationen zwischen mobilem Gerät und PC synchronisiert werden sollen. Die hier angezeigten Komponenten hängen vom Gerätetyp und den installierten Programmen ab. Außerdem muss man dem Gerät hier noch einen eindeutigen Namen geben, unter dem es beim Anschließen erkannt und synchronisiert wird.

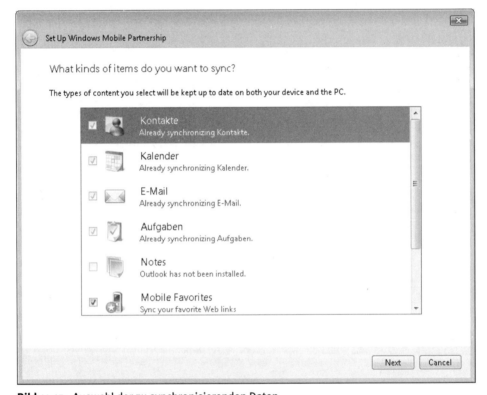

Bild 14.15: Auswahl der zu synchronisierenden Daten

Besonders wichtig ist hier, dass Sie die Option *Dateien* einschalten, die standardmäßig ausgeschaltet ist. Pocket-PCs und Smartphones werden unter Windows direkt in die Baumstruktur des Explorers eingebunden. Auf diese Weise kann man auch Dateien auf das mobile Gerät kopieren.

Eine besondere Bedeutung innerhalb dieser Verzeichnisstruktur hat das Verzeichnis *My Documents*. Mit dem Schalter *Dateien* im Mobile Device Center auf dem PC kann der gesamte Inhalt dieses Verzeichnisses einschließlich aller Unterverzeichnisse ständig mit

14.2 Das Windows Mobile Device Center

dem PC abgeglichen werden. Dazu wird automatisch unterhalb von *Dokumente* im eigenen Benutzerverzeichnis ein Unterverzeichnis angelegt.

Dateien, die man in dieses Verzeichnis kopiert, werden automatisch auf den Pocket-PC übertragen, umgekehrt kommt auch jede unterwegs bearbeitete Datei zurück auf den PC, ohne dass man sich speziell darum kümmern muss. Besonders nützlich ist diese Funktion für Pocket-PCs mit eingebauter Kamera, die neue Fotos im Verzeichnis *My Documents\Eigene Bilder* ablegen. Diese Fotos werden dann ebenfalls automatisch auf den PC kopiert.

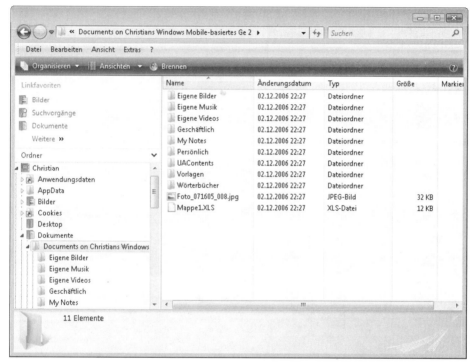

Bild 14.16: Synchronisiertes Verzeichnis eines Pocket-PCs

Auf dem Pocket-PC gibt es einen eigenen Datei-Explorer und eine Windows-ähnliche Verzeichnisstruktur. Da keine Laufwerksbuchstaben existieren, ist die Speicherkarte als Verzeichnis in die Struktur eingebunden. Mit dem Explorer kann man bequem Dateien zwischen Hauptspeicher und Karte verschieben.

Das Mobile Device Center bietet neben der automatischen Synchronisation von Adressen und Terminen auch Funktionen zum Synchronisieren von Bildern, Videos und Musik.

Bild 14.17: Der Dateimanager auf einem Pocket-PC und auf einem Smartphone

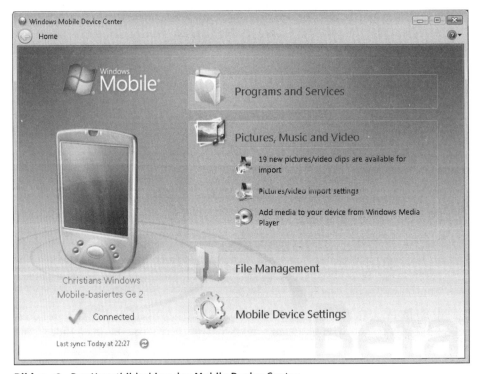

Bild 14.18: Der Hauptbildschirm des Mobile Device Center

14.3 Software-Setup auf einem mobilen Gerät

Die ersten PDAs boten kaum mehr als ein Adressbuch, Terminkalender und Notizblock. Im Laufe der Zeit sind die Geräte so leistungsfähig geworden wie ein zehn Jahre alter PC und können nicht mehr nur als simpler Datenspeicher, sondern auch für komplexe Berechnungen, Multimediaanwendungen und Spiele eingesetzt werden. Zwar haben moderne PDAs standardmäßig immer noch die gleichen Funktionen wie in der Anfangszeit der Kleinstcomputer, im Laufe der Jahre hat sich aber ein breites Softwareangebot entwickelt, das diesen Geräten erst zu ihrem wirklichen Erfolg verhalf.

Die meisten Windows Mobile-Programme bestehen wie Windows-Anwendungen nicht nur aus einer einzigen Datei, die nur auf das Gerät kopiert werden muss. Fast jede mobile Anwendung kommt mit einer Setup-Routine, die man auf dem PC startet und die dann die entsprechenden Dateien auf den Pocket-PC oder das Smartphone überträgt – und dabei leider auch, wie die meisten Windows-Installationsroutinen, überflüssige Dateileichen auf dem PC zurücklässt. Windows Mobile-Programme verwenden keine eigene Dateiendung, sondern enden auch auf *.exe*, obwohl sie auf dem PC nicht laufen – was häufig Verwirrung stiftet.

Starten Sie die *.exe*-Datei auf dem PC, und folgen Sie den Anweisungen des Assistenten. Bei manchen Programmen müssen noch Registrierungsschlüssel eingegeben werden. Ist die Anwendung sehr groß, wie zum Beispiel bei Lexika oder Stadtplänen, haben Sie in den meisten Fällen die Möglichkeit, sie direkt auf die Speicherkarte des Pocket-PCs zu installieren.

Bild 14.19: Installation auf dem Pocket-PC (Langenscheidt Taschenwörterbuch) und auf dem Smartphone (Duden)

Bei einigen Anwendungen erscheinen auch noch Meldungen auf dem Pocket-PC-Bildschirm, die bestätigt werden müssen.

Über den Menüpunkt *Add/Remove Programs* unter *Programs and Services* im Mobile Device Center auf dem PC können Sie sich eine Übersicht der installierten Anwendungen auf dem Pocket-PC anzeigen lassen. Von hier aus können Sie auch Programme wieder deinstallieren.

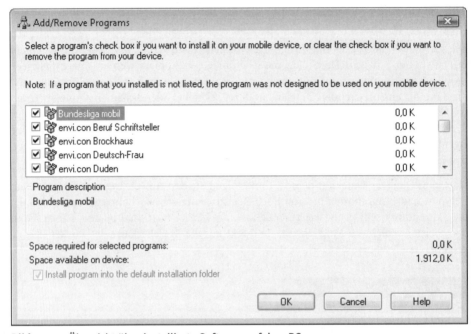

Bild 14.20: Übersicht über installierte Software auf dem PC

Auf dem Pocket-PC finden Sie die Liste aller installierten Programme unter *Einstellungen/System/Programme entfernen*. Hier können Sie ebenfalls Programme wieder deinstallieren.

CAB-Dateien installieren
Einige Pocket-PC-Programme werden nicht als *.exe*-Datei, sondern als *.cab*-Datei geliefert. Kopieren Sie in solchen Fällen die *.cab*-Datei vom PC in ein Temporärverzeichnis auf dem Pocket-PC, und tippen Sie dort darauf. Die Datei entpackt sich und installiert das Programm.

14.4 Wichtige Tools für den Pocket-PC

Pocket-PCs haben längst ihr Image als teures Managerspielzeug verloren. Heute werden die meisten Geräte entweder über Mobilfunkprovider als komfortable Handys verkauft oder im Supermarkt als Navigationssystem für Autofahrer.

Dementsprechend gehören Telefon- und Internetprogramme sowie Landkarten zu den bekanntesten Anwendungen für Pocket-PCs. Seit die Speicherkarten immer größer werden, werden auch Lexika für unterwegs immer beliebter. Der Brockhaus in 15 Bänden, der in gedruckter Form ein ganzes Bücherregalfach füllt und etwa 40 kg wiegt, passt heute auf eine 256-MB-Speicherkarte, und diese wird trotz der Datenfülle kein einziges Gramm schwerer. Unter einer übersichtlichen und intuitiv bedienbaren Oberfläche lassen sich alle 140.000 Begriffserklärungen des Lexikonklassikers und etwa 8.000 Bilder anzeigen. Eine Volltextsuche im gesamten Datenbestand, interaktive Querverweise und eine Liste der zuletzt gesuchten Begriffe sind nur einige der Funktionen, die ein konventionelles gedrucktes Lexikon nicht bieten kann.

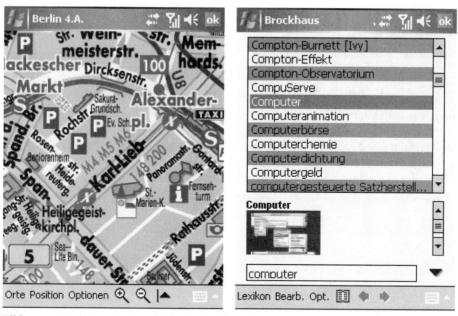

Bild 14.21: Stadtplan Berlin (PDA Stadtplandienst) und Brockhaus auf dem Pocket-PC

Bei den Wörterbüchern von Langenscheidt und im Duden Fremdwörterbuch kann der Pocket-PC schwierige Begriffe sogar vorlesen, eine Funktion, die Wörterbüchern aus Papier ebenfalls fehlt.

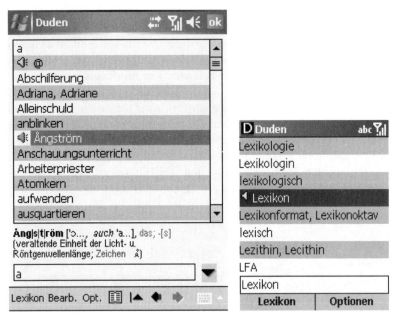

Bild 14.22: Duden auf einem Pocket-PC und einem Smartphone

Der Markt tragbarer MP3-Player boomt – mit der passenden Software lassen sich Smartphones und Pocket-PCs nicht nur zum Musikhören verwenden, man kann unterwegs sogar Filme sehen, die mit speziellen Komprimierungsprogrammen vorher auf dem PC auf die Bildschirmgröße der mobilen Geräte gebracht wurden.

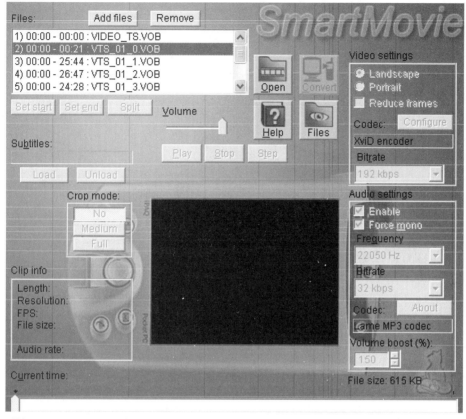

Bild 14.23: SmartMovie konvertiert auf dem PC Videos für Pocket-PCs und Handys

Eine große Auswahl an Software für Pocket-PCs und Smartphones finden Sie im Internet bei *www.pocketland.de* oder bei Microsoft unter *www.mobile-software-shop.de*.

14.5 Windows Mobile für PDA und Handy

Windows Mobile ist die Windows-Version für ganz kleine Geräte, PDAs und Handys. Um dem Benutzer die Bedienung zu erleichtern, wurden möglichst viele Elemente der vertrauten Windows-Oberfläche in die mobilen Versionen übernommen.

Windows Mobile wird in zwei Varianten ausgeliefert: Windows Mobile für Pocket-PCs (PDA) und Windows Mobile für Smartphones (Handy). Die wichtigsten Unterschiede sind die Bildschirmgröße und die Art der Bedienung. Pocket-PCs haben einen drucksensitiven Bildschirm, der mit einem Stift bedient werden kann, und teilweise auch eine alphanumerische Tastatur. Smartphones lassen sich nur mit der Handytastatur und einer Navigationstaste steuern.

Bild 14.24: Links: Pocket-PC T-Mobile MDA Vario II – Rechts: Smartphone i-mate sp3

 Was ist was: Pocket-PC oder Smartphone
Viele Pocket-PCs werden heute auch zum Telefonieren verwendet, wie zum Beispiel die Geräte der MDA-Serie von T-Mobile, die VPA-Serie bei Vodafone oder die XDA bei O2. In der Werbung taucht hier oft auch der Begriff Smartphone auf, der in diesem Fall nicht mit dem Betriebssystem verwechselt werden darf. Auch die meisten der in Supermarktketten angebotenen Autonavigationssysteme sind in Wirklichkeit vollwertige Pocket-PCs.

Beide mobilen Windows-Versionen können mit dem PC über eine Kabelverbindung, Infrarot oder Bluetooth Daten mit dem PC austauschen.

Anders als bei PCs muss auf mobilen Geräten das Betriebssystem nicht installiert und auch nicht nach jedem Einschalten neu gebootet werden. Hier befindet es sich im ROM und steht beim Einschalten sofort zur Verfügung. PDAs und Smartphones werden auch eigentlich nicht ausgeschaltet, der Ausschalter schaltet nur den Bildschirm ab, um Strom zu sparen. Nur bei einem Reset wird das Betriebssystem neu gebootet.

Anhang

A.1 Tastenkombinationen mit der Win-Taste

Tastenkombination	Aktion
Win	Öffnet das Windows Vista-Startmenü.
Win + D	Zeigt den leeren Desktop an. Geöffnete Programme werden in der Taskleiste abgelegt.
Win + E	Öffnet den Windows Explorer (Computer).
Win + F	Öffnet den Suchen-Dialog nach Dateien und Ordnern.
Win + G	Schaltet zwischen den Minianwendungen der Windows-Sidebar hin und her.
Win + LEERTASTE	Öffnet die Windows-Sidebar am rechten Bildschirmrand.
Win + PAUSE	Öffnet die Systemsteuerung und zeigt die Basisinformation über den Computer an.
Win + R	Öffnet den Ausführen-Dialog mit der Option zum Start des Registrierungs-Editors.
Win + T	Schaltet zwischen geöffneten Programmen in der Taskleiste hin und her.
Win + U	Öffnet das Center für erleichterte Bedienung.
Win + TAB	Programmumschaltung mittels Flip3D.
Strg + Win + F	Sucht nach Computern im Netzwerk.
Win + X	Öffnet das Windows-Mobilitätscenter.

A.2 Tastenkombinationen für den Windows-Explorer

Tastenkombination	Aktion
NUM + +	Zeigt die Verzeichnisstruktur eines übergeordneten Ordners.
NUM + -	Schließt die geöffnete Verzeichnisstruktur eines übergeordneten Ordners.
ENDE	Springt zum letzten Eintrag des aktiven Fensterbereichs.
POS1	Springt zum ersten Eintrag des aktiven Fensterbereichs.
STRG + A	Wählt alle Dateien eines geöffneten Ordners aus.
STRG + X	Schneidet markierte Dateien oder Ordner aus.
STRG + C	Kopiert markierte Dateien oder Ordner.
STRG + V	Fügt ausgeschnittene oder kopierte Dateien und Ordner wieder ein.
STRG + Z	Macht eine Aktion wieder rückgängig.

A.3 Tastenkombinationen für die Windows Foto-Galerie

Tastenkombination	Aktion
+-Taste	Stufenweise Vergrößerung eines Miniaturbildes.
--Taste	Stufenweise Verkleinerung eines Miniaturbildes.
STRG + F	Öffnet den Bereich *Reparieren*.
ENTER	Zeigt das ausgewählte Bild fensterfüllend an.
STRG + .	Dreht das ausgewählte Bild im Uhrzeigersinn.
STRG + ,	Dreht das ausgewählte Bild gegen den Uhrzeigersinn.
STRG + P	Druckt das ausgewählte Bild.
STRG + I	Öffnet den Bereichinfo.
F2	Umbenennen des markierten Bildes.
UMSCHALT + ENTF	Löscht das ausgewählte Bild von der Festplatte.

A.4 Eigene Tastenkombinationen erstellen

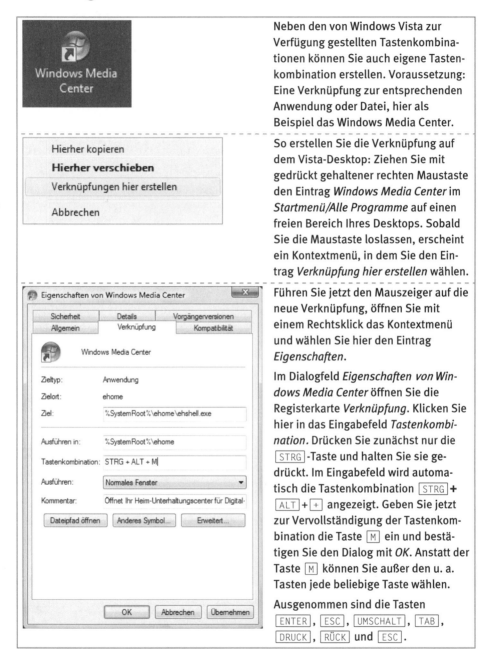

Neben den von Windows Vista zur Verfügung gestellten Tastenkombinationen können Sie auch eigene Tastenkombination erstellen. Voraussetzung: Eine Verknüpfung zur entsprechenden Anwendung oder Datei, hier als Beispiel das Windows Media Center.

So erstellen Sie die Verknüpfung auf dem Vista-Desktop: Ziehen Sie mit gedrückt gehaltener rechten Maustaste den Eintrag *Windows Media Center* im *Startmenü/Alle Programme* auf einen freien Bereich Ihres Desktops. Sobald Sie die Maustaste loslassen, erscheint ein Kontextmenü, in dem Sie den Eintrag *Verknüpfung hier erstellen* wählen.

Führen Sie jetzt den Mauszeiger auf die neue Verknüpfung, öffnen Sie mit einem Rechtsklick das Kontextmenü und wählen Sie hier den Eintrag *Eigenschaften*.

Im Dialogfeld *Eigenschaften von Windows Media Center* öffnen Sie die Registerkarte *Verknüpfung*. Klicken Sie hier in das Eingabefeld *Tastenkombination*. Drücken Sie zunächst nur die [STRG]-Taste und halten Sie sie gedrückt. Im Eingabefeld wird automatisch die Tastenkombination [STRG]+[ALT]+[+] angezeigt. Geben Sie jetzt zur Vervollständigung der Tastenkombination die Taste [M] ein und bestätigen Sie den Dialog mit *OK*. Anstatt der Taste [M] können Sie außer den u. a. Tasten jede beliebige Taste wählen.

Ausgenommen sind die Tasten [ENTER], [ESC], [UMSCHALT], [TAB], [DRUCK], [RÜCK] und [ESC].

Anhang

▲ Tastenkombinationen für den Windows-Kalender

Tastenkombination	Aktion
STRG + N	Erstellt einen neuen Termin.
STRG + T	Erstellt eine neue Aufgabe.
STRG + Umschalt + 1	Zeigt die Ansicht Tag.
STRG + Umschalt + 2	Wechselt zur Ansicht Arbeitswoche.
STRG + Umschalt + 3	Wechselt zur Ansicht Woche.
STRG + Umschalt + 4	Wechselt zur Ansicht Monat.
STRG + I	Zeigt den Navigationsbereich.
STRG + D	Zeigt den Detailbereich.

▲ Tastenkombinationen für die Windows Sidebar

Tastenkombination	Aktion
Win + LEERTASTE	Zeigt die verfügbaren Minianwendungen an.
Win + G	Wechselt zwischen den installierten Minianwendungen hin und her.
TAB	Wechselt zwischen den Steuerelementen der Sidebar.

▲ Tastenkombinationen für die Arbeit in Windows-Dialogfeldern

Tastenkombination	Aktion
ALT + unterstrichener Buchstabe	Führt einen Befehl oder eine Funktion aus.
LEERTASTE	Aktiviert und deaktiviert eckige Kontrollfelder.
PFEILTASTEN	Springt innerhalb einer Gruppe runder Optionsfelder hin und her.
STRG + TAB	Springt von einer Registerkarte zur nächsten.
SRTG + Umschalt + TAB	Springt von einer Registerkarte zur vorherigen zurück.

Tastenkombination	Aktion
TAB	Springt im Dialogfeld von einer Option zur nächsten.
Umschalt + TAB	Springt im Dialogfeld zur jeweils vorherigen Option zurück.
ENTER	Alternative zum Mausklick.

▲ **Tastenkombinationen für den Windows Media Player**

Tastenkombination	Beschreibung
STRG + O	Öffnet eine Mediendatei.
STRG + P	Wiedergabe eines Titels und Pause.
STRG + S	Anhalten eines Titels.
STRG + B	Wiedergabe des vorigen Eintrags.
STRG + F	Wiedergabe des nächsten Eintrags.
STRG + T	Spielt ausgewählte Titel in einer Schleife ab.
STRG + Umschalt + B	Rücklauf bei Videos und DVD.
STRG + Umschalt + F	Vorlauf bei Videos und DVD.
ALT + ENTER	Vollbildmodus für Videos ein- und ausschalten.
STRG + M	Schaltet die klassische Menüleiste ein oder aus.
STRG + U	Eingabe einer URL für lokale Mediendateien, Mediendateien im Netzwerk und Mediendateien im Internet.
F6	Anzeige eines Albumcovers vergrößern.
Umschalt + F6	Anzeige eines Albumcovers verkleinern.
F7	Schaltet den Ton aus (Mute).
F8	Reduziert die Lautstärke.
F9	Erhöht die Lautstärke.
STRG + Win + 0	Bewertet einen aktiven Titel mit 0 Sternen.
STRG + Win + 1	Bewertet einen aktiven Titel mit 1 Stern.
STRG + Win + 2	Bewertet einen aktiven Titel mit 2 Sternen.
STRG + Win + 3	Bewertet einen aktiven Titel mit 3 Sternen.
STRG + Win + 4	Bewertet einen aktiven Titel mit 4 Sternen.
STRG + Win + 5	Bewertet einen aktiven Titel mit 5 Sternen.

Anhang B

▲ Tastenkombinationen für den Windows Movie Maker

Tastenkombination	Beschreibung
STRG + N	Legt ein neues Filmprojekt an.
STRG + O	Öffnet ein bestehendes Filmprojekt.
STRG + S	Speichert ein Filmprojekt.
F12	Speichert ein Filmprojekt im Ordner Ihrer Wahl.
STRG + R	Importiert Film von digitaler Videokamera.
STRG + I	Importiert Medienobjekte.
STRG + T	Zeigt abwechselnd das Storyboard oder die Zeitachse an.
BILD ↓	Vergrößert die Bildansicht der Zeitachse.
Bild ↑	Verkleinert die Bildansicht der Zeitachse.
F9	Passt die Zeitachse an die Bildschirmgröße an.
STRG + D	Fügt ein Bild in die Zeitachse / in das Storyboard ein.
STRG + U	Hebt die Lautstärke an.
I	Legt den Anfang einer Schnittmarke fest.
O	Legt das Ende einer Schnittmarke fest.
U	Löscht einen ausgeführten Schnitt wieder.
M	Teilt ein Filmclip.
STRG + Umschalt + B	Nimmt die Präzisionsausrichtung zurück.
STRG + Umschalt + N	Präzisionsausrichtung wieder vorwärts.
K	Spielt einen ausgewählten Filmclip ab.
STRG + K	Beendet die Wiedergabe eines Filmclips.
STRG + W	Gibt den Inhalt der Zeitachse wieder.
STRG + Q	Setzt die Zeitachse auf den Anfang zurück.

▲ Tastenkombinationen für den Internet Explorer

Tastenkombination	Beschreibung
ALT + T	Öffnet das Menü *Extras* für die individuelle Konfiguration.
STRG + O	Fordert zur Eingabe einer neuen Internetadresse auf.
STRG + N	Öffnet ein neues Internet Explorer-Fenster.
STRG + W	Schließt das aktuelle Internet Explorer-Fenster.
STRG + P	Öffnet das Dialogfeld *Drucken* zum Ausdruck einer Webseite.

Tastenkombination	Beschreibung
STRG + I	Öffnet die Favoriten-Liste.
STRG + J	Öffnet die Feeds-Liste.
STRG + H	Öffnet die Verlaufs-Liste.
PFEILTASTE ↓	Inhalt eines Dokuments nach unten scrollen.
PFEILTASTE ↑	Inhalt eines Dokuments nach oben scrollen.
BILD ↑	Inhalt eines Dokuments seitenweise nach unten scrollen.
BILD ↓	Inhalt eines Dokuments seitenweise nach oben scrollen.
POS1	Springt zum Anfang eines Dokuments zurück.
ENDE	Springt an das Ende eines Dokuments.
F5	Aktualisiert die Anzeige der geöffneten Webseite.
TAB	Springt im Internet Explorer von einer wählbaren Option zur nächsten.
Umschalt + TAB	Springt im Internet Explorer zur jeweils vorherigen Option zurück.
ALT + PFEIL ←	Springt zu vorher geöffneten Webseite zurück.
ALT + PFEIL →	Springt zur jeweils nächsten Webseite.
ALT + POS1	Wechselt zur eingetragenen Startseite.
F11	Schaltet zwischen der Standardansicht und dem Vollbildmodus hin und her.

▲ Direktvergleich der wichtigsten Windows Vista-Funktionen

	Windows Vista Home Basic	Windows Vista Home Premium	Windows Vista Business	Windows Vista Ultimate
Aero-Oberfläche mit Flip3D		✓	✓	✓
Jugendschutz-einstellungen	✓	✓	✓	✓
Fotogalerie	✓	✓	✓	✓
Windows Defender	✓	✓	✓	✓
Schnelle systemweite Suche	✓	✓	✓	✓

	Windows Vista Home Basic	Windows Vista Home Premium	Windows Vista Business	Windows Vista Ultimate
Windows Media Center		✓		✓
Unterstützung für Tablet-PCs		✓	✓	✓
Teamarbeit im Netzwerk		✓	✓	✓
Backup			✓	✓
Small Business Resources			✓	✓
Erweiterte Netzwerkfunktionen			✓	✓
Fax			✓	✓
BitLocker-Verschlüsselung				✓
Ultimate-Extras				✓

Stichwortverzeichnis

.bmp-Dateien 826
64-Bit-Systeme 25
802.11 bg WLAN 642

A

Access-Point 639
ACPI S3 Standby-Modus 55
ACPI S4 Hibernate-Verfahren 55
ACPI-Standard 366
Administrator 136, 140, 481, 482, 484, 501, 589
Aero 57
Aero-Oberfläche 20, 338, 345
   Einstellungen 346
   Fenster 345
Akku 294
Aktenkoffer 791
Aktivierung 45
Aktivitätsberichte 511
Alle Programme 61
Alphabet 377
An: 707
Analogmodem 598
Anmeldung, Benutzer 485
Anschlagverzögerung 302
Ansichtseinstellungen 111
Anzeige 350
Arbeitsplatz 139, 280
Arbeitsspeicher 277
Archiv 135
Archivbit 540
Arcor E-Mail 697
Attachments 715
Attribute lesen 518
Attribute schreiben 518
Audio 385

Audio-CD 396
   Albumdetails 398
   Audioqualität 401
   Brennen 464, 467
   Media Center 428
   Rippen 430
Aufgaben 226
Aufgabenplanung 548
Auflösung 850
Auge 177
Ausführen 66
Auslagerungsdatei 523
   Löschen 526
   SCSI-Platten 525
Ausschalter 54
Ausschnittsvergrößerung 176
Automatische Updates 567
AutoPlay 282
Autostart 254, 255
Autostartprogramme 583

B

Backup 536
Balloon-Tipps 821
Basisinformationen 277
Basis-Oberfläche 338
Batteriestand 362
Baumstruktur 100, 101
Bcc: 707
Beenden 53
Begrüßungscenter 83
Benutzer 481, 589
   anlegen 482
   löschen 487
Benutzereigenschaften
   ändern 485

Benutzergruppen 497
　vordefinierte 500
Benutzerkonten 479
Benutzerkontensteuerung 480
Benutzername 62
Benutzeroberfläche 20
Benutzerverwaltung 479, 481
Berechtigungen
　ändern 519
　effektiv 520
　Kombination 514
　lesen 519
Besitz übernehmen 519
Betreffzeile 706
Betriebssystem 20
Bild, per E-Mail verschicken 716
Bildausschnitt 176
Bildbetrachter 160
Bilder 63
　optimieren 174
　reparieren 174
Bildlaufleisten 74
Bildschirmauflösung 350
Bildschirmschoner 357
　Diaschau 360
Binär-Newsgroups 746
BIOS
　Bootsequenz 38
　Druckeranschluss 311
　Laufwerke 279
　USB-Maus 303
BitLocker 22
Bitmapdatei 191
Blind Carbon Copy 707
Bookmarks 665
bookmarks.html 688
Bootdiskette 38, 296
Booten 38, 55
Bootmanager 44
Bootsequenz 38
Bösartige Software 577
Brandschutzmauer 748
Breitband (PPPoE) 609
Breitbandatlas 600

Breitbandverbindung 599
Brennen 156
Broadcast-Adresse 764
Brockhaus 859
Browser 656
　Adresszeile 682
　Internet Explorer 657
　Mausrad 659
　Mozilla Firefox 680
　Navigation 657, 681
　Startseite 672
Business 22
Business N 24

C

Capable PC 28
Carbon Copy 707
Cc: 707
CD
　brennen 156, 464
　Rippen 399
CD-ROM-Laufwerk 38, 99, 246, 279, 282
Center für erleichterte Bedienung 89
Chronik 681
Class A 764
Class B 764
Class C 764
ClearType 382
Codename Longhorn 21
CompactFlash 287
Computer 64, 139
Computerdetails 84
Computerverwaltung 490
Core XML Services 29
CPU 35
CPU-Auslastung 587
Cross-Posting 744
Cursor-Blinkrate 832

D

Datei
　Besitz 519
　löschen 519
　per E-Mail verschicken 716

Dateiattribute 129
Dateidatum 131
Dateien 103
   erstellen 518
   kopieren 113
   mehrere markieren 115
   senden an 117
   sortieren 122
   und Einstellungen übertragen 85
   verschieben 113
   verstecken 134
Dateiformat, unbekannt 839
Dateigröße 131
Dateileichen 91
Dateiname 130
Dateisystem WinFS 179
Dateitypen zuordnen 182
Datenabgleich 843
Datenaustausch 790
Datensicherung 536
   Wiederherstellen 542
Datensynchronisation 407
Datenträgerbereinigung 529
   heruntergeladene Programmdateien 531
   Miniaturansichten 533
   Offlinedateien 532
   Offlinewebseiten 532
   Papierkorb 532
   Ruhezustandsbereinigung 532
   Setup Log Files 532
   temporäre Dateien 532
   temporäre Internetdateien 532
   temporäre Offlinedateien 532
Datenträgerverwaltung 281, 282
Datum 81, 332
   und Uhrzeit 332
Datumsangaben 132
Defragmentierung 533
Deinstallationsprogramm 251
Deinstallieren 250
del.icio.us 691
Designs 344
Desktop 53, 56, 69
   Aussehen 338

Designs 344
   Hintergrund 339
   individuell anpassen 331
   speichern 344
   Symbole 341
Desktop-Symbolleiste 187
Desktophintergrund 339
Desktopsymbole 98, 341
Desktopverknüpfung 674
DHCP 620, 765
DHCP-Server 764
Diashow 172, 453
   auf DVD 468
Dienste 587, 592
Dienste-Konsole 593
Digital Rights Management 399, 475
Digitalfotografie 19
Digitalkamera 285, 293
Diskette 285
Diskettenlaufwerk 99
DNS-Server 767
Dokumente 63
Doppelklick 56, 304
Doppelpfeil 72
DOS-Bootdiskette 296
Drag & Drop 113
Drahtlose Netzwerke 638
   Sicherheit 647
   War-Driving 647
Drucken 312
Drucker 67, 311
   Freigeben 787
   manuell installieren 317
   Netzwerkdrucker 787
   Plug&Play 311
   Testseite 320
DSL 598, 599
   2000 613
   6000 613
   Anschlussschema 600
   Breitband 599
   Download 599
   Geschwindigkeit 613
   Highspeed 613

Konfiguration 599
Router 614
Splitter 600
TAE-Dose 600
T-Online-Benutzername 610
Upload 599
Verfügbarkeit 599
Zugang einrichten 607
DSL-Modem 600
Duden 860
DVD 35
abspielen 443
brennen 156
Laufwerk 282
RW-Laufwerk 99
Dynamisches DNS 622

E

Editor 195
Logbuch 198
Markieren 198
Effekte, deaktivieren 350
Eigenschaften 129
EISA-Bus 263
E-Mail 697, 699, 707
Account 701
Adressen 697
automatisch abrufen 708
Bilder 717
Blind Carbon Copy 707
Carbon Copy 707
Dateianhang 715
Dateigröße 715
Empfangsbestätigung 719
HTML 720
Rechtschreibprüfung 711
schreiben 705
senden und empfangen 707
Sicherheit 719
T-Online 698
E-Mail-Empfänger 117
Energieeinstellungen 362
Energiemanagement 366
Energiesparmodus 55

Energiesparplan 362
Enterprise 22
Entfernen bösartiger Software 577
Erstellen, Datei 518
Erweiterte Attribute
lesen 518
Attribute schreiben 518
Erweiterte Ordnerfreigabe 778
EXIF 167
EXIF-Daten 294
Explorer 97
Baumstruktur 100
Bildbetrachter 160
Dateien gruppieren 162
Details 110
EXIF-Daten 167
Farbeinstellungen 831
Gruppenansicht 125
Laufwerke 99
Layout ändern 106
Menüleiste 106
Ordneransichten 104
Schnellstart 98
Symbolleiste 104
Unterverzeichnis 101
Verzeichnisbaum 100

F

Farben 356
Favoriten 68, 154, 665
Fax 322
Fehlerberichterstattung 596
Fenster 70
Größe 72
Fensteransicht 104
Fensterfarben 356
Fernbedienung 417
Fernsteuersoftware 621
Fernsteuerung 802
Festplatte 99, 279
überprüfen 527
Festplattencontroller 279
Festplattenplatz 35
File Allocation Table 534

Firefox 246
Firewall 95, 747
  Ausnahmen 750
  Regeln 750
Firmware 849
Flachbildschirm 305
Flatrate 618, 631
Flip3D-Ansicht 76
Flip3D-Umschaltung 21
Follow-Up 744
Foto
  Diashow 172
  EXIF-Daten 167
Fotogalerie 160
Fotos betrachten 453
Fragmentierung 533
FreeCell 231
freenet E-Mail 697
Freigabe 768
Freigabecenter 776
Funkuhr 336

G
Gast 482
Gemeinsames Verwenden von Daten 502
Geräte 36
Geräte-Manager 272
  Festplatten 280
Gerätetreiber 20, 261, 268
Geschützte Verzeichnisse 140
Geschwindigkeitsanzeige 613
GMX 633
GMX-E-Mail 697
GPRS 641
Grafikkarte 35, 305
Grafiktreiber 306
Gruppieren 125

H
Handy 843, 861
  Software installieren 857
Hardware 20, 261
  Alter 34
  Assistent 268

entfernen 290
Nutzungsdauer 34
Voraussetzungen 28
Hardwarekonfiguration 274
HDTV 19
Hearts 233
Helligkeit 174
Herunterfahren 53, 591, 823
hiberfil.sys 55, 523
HiFi-Anlage 19
Highspeed-DSL 613
Hilfe 208
  Funktion 93
Hilfe und Support 66, 94
Hintergrundbild 57, 340, 828
Hintergrundfarbe 218
Home Basic 22
Home Basic N 24
Home Premium 22
Hotmail 698
HotPlug 285, 289
Hotspot 652
Hotspot-Locator 655
HTML
  deaktivieren in E-Mails 723
  HTML-Mail 721
  Newsgroups 741
http 657
Hub 758, 759
Hyperlinks 95

I
Icons 57
IDE 279
IMAP 703
Infobereich 78
InkBall 234
Inkrementelle Datensicherung 540
Installation 27
  Aktivierung 45
  Neuinstallation 44
  Parallelinstallation 42
  Registrierung 45
  step-by-step 38

Update 44
Installationsdatei 244
Installieren, Programme 243
Internet 597
   Automatischer Verbindungsaufbau 636
   DSL 598, 599
   ISDN 598, 602
   Modem 604
   Verbindung trennen 637
   World Wide Web 656
   Zugang 598
   Zugangssoftware 606
Internet Explorer 657
   Adressen eingeben 657
   Adresszeile 661
   Darstellung 664
   Favoriten 665
   Favoriten verwalten 667
   Lesezeichen 665
   Lesezeichen exportieren 668
   Linkleiste 671
   Live Search 672
   Menü 666
   Navigieren 659
   persönliche Startseite 673
   Popup-Blocker 677
   Popups blockieren 677
   Popups zulassen 678
   Quick-Tabs 663
   RSS-Feed 727
   Schaltflächen ausblenden 675
   Schnellstartleiste 657
   Schriftgröße 664
   Shortcuts 659
   Startseite festlegen 672
   Tabbed Browsing 661
   Verlaufsliste 659, 660
   Vollbildmodus 675
Internet-Zeitsynchronisierung 336
Internetadressen 657
Internetbrowser 656
Internet-by-Call 631
Internetdienstanbieter 609
Internetradio 406

Internetseite mit Desktop verknüpfen 674
Internetzeit 336, 840
Internetzugang 606
Interrupts 275
IP-Adresse 764, 766
   automatisch vergeben 620
ISDN 598, 601, 602, 628
   Kanalbündelung 602
   Karten 603
   NTBA 602
ISP 609

J

JavaScript 696
Jokerzeichen 146
Jugendschutzeinstellungen 504

K

Kacheln 111
Kalender 224, 332
Kameradaten 168
Kartenleser 285
Kennwort 486
   ändern 494
Kennwortrichtlinien 495
   Kennwortalter 497
   Kennwortchronik 496
   Kennwortlänge 497
   Komplexität 496
Kinocenter 19
Klassische Benutzeroberfläche 351
Klassisches
   Startmenü 352
   Windows-Design 354
   Windows-Schema 356
Klick 56
Koaxialkabel 757
Kompatibilitätsprobleme 248
Kompatibilitätstest 29
Komplementärfarbe 215
Komplettsicherung 546
Komponenten, deinstallieren 253
Kompressionscodecs 851
Kompressionsrate 194

Komprimieren 188
Kontextmenü 59
   in neuem Ordner öffnen 833
   neu 825
   unbekannte Dateiformate 839
Kunstlichtaufnahmen 176

L

Laufwerk 99, 279
   überprüfen 527
Laufwerksbuchstabe 99
Lautsprecher 308
Lautstärkeeinstellungen 309
Lautstärkeregler 310, 397
Leistungsindex 277
Lesezeichen 665
   exportieren 688
   importieren 688
   online verwalten 691
   Tabs 687
   Windows-Explorer 667
Lesezeichen-Manager 687
Lieblingsfotos markieren 172
liesmich.txt 246
Li-La-Land 235
Linkfavoriten 154
Live Search 672
Livedateisystem 156
Lizenzschlüssel 247
Lizenzvertrag 247
Longhorn 21
Löschen-Schaltfläche 91

M

MAC-Adresse 627, 652
MAC-Filter 626
Mahjong-Giganten 235
Mailserver 698, 702
Malprogramm 212
Mastered-Format 156
Maus 56, 303
   Mausrad 56, 659
Media Center 413
   Audio-CD 428

Audio-CD rippen 430
Datenschutzerklärung 416
Diaschau 453
DVD 443
DVD-Einstellungen 445
einrichten 414
Fernbedienung 417
Fotos betrachten 453
Infos 423
Interpretenliste 436
Konfiguration 456
Medieninformationen herunterladen 424
Musik 419
Musik kopieren 438
Musikbibliothek 419
Programmbibliothek 463
Suchen 437
Symbolleiste 414
Titelinformationen 434
Videos abspielen 448
Visualisierung 425
Warteschlange 437
Wiedergabeliste 435
Media Player 385
Media Studio 851
Medienbibliothek 404
   Media Center 420
Meeting 804
MemoryStick 286
Menüleiste 72
Micro-Channel 263
microSD 286
Middleware 20
Minesweeper 236
Minianwendungen 369
   aus dem Internet 374
   konfigurieren 373
Mini-SD 286
Mit Internet verbinden 86
MMC 286
Mobiltelefon 843
Modem 598, 628
   Bauformen 605
   Konfiguration 604

Verbindungen 605
Monitor 305
Mozilla Firefox 246, 657, 680
　bookmarks.html 688
　Chronik 681
　Darstellung 685
　del.icio.us-Erweiterung 691
　Download 680
　Favoriten 685
　in Lesezeichen suchen 686
　JavaScript 696
　Lesezeichen 685
　Lesezeichen-Manager 687
　Lesezeichen-Symbolleiste 689
　navigieren 681
　neue Startseite 693
　Popup-Blocker 695
　RSS 727
　Schriftgröße 685
　Standardbrowser 726
　Tabbed Browsing 683
　Tab-Einstellungen 684
　Verlaufsliste 682
Mozilla Thunderbird 731
MP3 399, 433
　Player 407, 464
MP3-Player 407, 849, 860
MSI-Datei 245
Multimedia 385
MultiMedia Card 286
Musik 63
　Media Center 419
　Suchen 436
Musik-CD 283

N

Nachrichtenticker 726
Navigationsfentser 107
NCSC-Sicherheitsstufe 479
Netiquette 739
Netzschalter 368
Netzwerk 65, 140
　Aktenkoffer 791
　Arbeitsgruppe 760

Broadcast-Adresse 764
DHCP 764
Drucker 787
dynamische IP-Adressen 765
Freigabe-Assistent 775
Freigabecenter 776
Freigaben 768
Freigaben anzeigen 783
gegenseitige Hilfe 802
Grundlagen 757
Hub 758, 759
IP-Adresse 764
Klassen 764
Koaxialkabel 757
Konfiguration 760
Laufwerk trennen 771
Laufwerksbuchstabe 768
manuelle Konfiguration 761
Netzwerkkarte 757, 759
Netzwerkübersicht 762
öffentlicher Ordner 773
Offlinedateien speichern 797
Router 760
statische IP-Adressen 766
Switch 760
Synchonisierungscenter 794
TCP/IP 763
Technik 757
Twisted-Pair-Kabel 758
Versteckte Freigaben 783
Windows-Teamarbeit 802
Windows-Konfiguration 760
Netzwerkkarte, DSL 599
Netzwerkstandort 612
Netzwerktechnik 757
Netzwerkumgebung 768
Neue Benutzer hinzufügen 86
Neuinstallation 27, 44
Newsfeed 726
Newsgroup, Zitat 742
Newsgroupkonto anlegen 736
Newsgroups 731, 732
　Bilder 746
　Follow-Up 744

Stichwortverzeichnis **881**

Nachrichten 742
Namensstruktur 732
Netiquette 739
Offlinenutzung 745
regionale 733
Newsserver 731
Newsticker 726
Nicht-PnP-Treiber 275
Notfalldiskette 546
NTBA 601, 602
NTFS 547
   Benutzerrechte 503
   Komprimierung 192

O

OEM-Versionen 168
Öffentlicher Ordner 773
Offlinebetrieb 745
Online-Musikshops 407
Opera, RSS 727
Optionen-Schaltfläche 95
Ordner 100
   auflisten 517
   durchsuchen 517
   erstellen 518
   kopieren 113
   verschieben 113
Ordneransichten 104

P

pagefile.sys 523
Paint 212
   Airbrush 217
   Bildpunkt 213
   Bogen zeichnen 217
   Drehen 214
   Ellipse zeichnen 218
   Farben 215
   Farbfüller 217
   Farbpalette 213, 218
   Formatsymbolleiste 219
   Gesamtbild 214
   Grundfarben 215
   Hintergrundbild 213

Linie zeichnen 217
Linienstärke 217
Lupe 217
Miniaturansicht 214
Pipette 217
Quadrat 218
Radierer 217
Raster 213
Rechteck zeichnen 216, 218
Screenshots 224
Spiegeln 214
Spraydose 217
Sprühbereich 217
Statusleiste 213, 218
Textwerkzeug 219
Toolbox 213, 216
Vieleck 218
Werkzeugleiste 216
Zeichnungen 212
Zoom 213
Palladium 478
Papierkorb 91, 532
Parallelinstallation 27, 42
Paranoia 143
Partition 99
Passwort 486, 704, 785
   ändern 494
   Richtlinien 493
   Router 619
Passwortschutz, Pro & Kontra 494
PC-Card 605, 759
PCMCIA 605, 759
PCMCIA-Modem 606
PC-Uhr 840
PDA 861
PDF-Dokumente 326
Plain Old Telephone System 598
Plug&Play 261
   Modem 606
   Netzwerkkarte 759
Pocket-PC 854, 857
   Musik übertragen 407
   Software installieren 857
   Tools 859

POP3 703
Popup-Blocker 677
Portweiterleitung 621
Postausgang 707
POTS 598
PowerDown-Schalter 823
PPPoE 609
Premium Ready PC 28
Produkt-Key 39
Programmbibliothek 463
Programme 195
   automatisch starten 254
   deinstallieren 250
   Editor 195
   entfernen 250
   installieren 243
   Paint 212
   Snipping-Tool 219
   sperren 509
   starten 69
   Taschenrechner 210
   Verknüpfung auf dem Desktop 121
   Verzeichnis 838
   Windows-Kalender 224
   Windows-Kontakte 228
   WordPad 201
   Zeichentabelle 208
Programmhilfe 95
Programmverzeichnis 104
Programmzustand 585
Prozesse 586
Prozessor 276

Q
Quadrat, zeichnen 218
Quick-Tabs 663

R
Radeon X1600 Series 307
RAM 276
RD-MMC 286
readme.txt 246
Rechner 210
Rechteckfenster 217

Rechtschreibprüfung 711
Rechtschreibung 740
REG_BINARY 832
REG_EXPAND_SZ 836
REG_SZ 832
REG-Datei 815
REGEDIT 811
Registrierung 45
   Administratorenrechte 817
   Benutzer-ID 819
   Benutzernamen finden 819
   Benutzerverwaltung 817
   Benutzerverzeichnisse 837
   Buttons gruppieren 830
   Cursor-Blinkrate 832
   DWORD-Wert 819
   Editor 811
   Editor ausführen 812
   Favoriten 816
   Funktionserweiterungen 833
   Hauptschlüssel 813
   Hintergrundbilder 828
   Internetzeit ändern 840
   Kontextmenüeinträge 835
   Kontextmenüpunkte aktivieren 826
   Kontextmenüpunkte deaktivieren 826
   Kontextmenüs steuern 821
   MouseOver-Effekt 832
   Nachteil 816
   Navigation im Editor 817
   Parameter 814
   Programme-Verzeichnis 838
   REG-BINARY 831
   REG_EXPAND_SZ 836
   REG_SZ 832
   REG-Datei 815
   REGEDIT sperren 818
   Registrierungs-Zweig sichern 815
   Schlüssel 813
   Sperre knacken 820
   sperren 817
   Sprechblasen abschalten 821
   Startmenü anpassen 812
   Systemverzeichnisse 838

Taskleiste 830
Tuning 811
Vista herunterfahren 823
Windows-Version anzeigen 830
Registrierungs-Zweig sichern 815
Registry 251
Remotedesktop-Verbindung 621
Remote-Registrierung 596
reparieren 174
Ressourcenmonitor 588
RG58 757
RJ45 758
RJ45-Anschluss 599
Rote Augen 177
Router 614, 760
   DHCP 620
   Expertenkonfiguration 618
   Konfiguration 614
   Passwort 623, 649
   Passwort festlegen 619
   T-Com Sinus 622
   Verbindungsstatus 615
Routineaufgaben 548
RSS 726
Ruhezustand 362

S

S0-Bus 602
Schach-Giganten 238
Schnellstartleiste 75
Schreibgeschützt 133
Schreibtisch 53
Schriftarten 376
Schriftgrad 376
Schriftgröße 664, 685
Schriftschnitt 376
Screenshots 219
SCSI 279
SD 286
SD-Card 286
setup.exe 247
Sicherheit 479
   E-Mail 719
   HTML-Mail 720
   Unterschiede zu Windows 9x 480
Sicherheits- und Wiederherstellungscenter 90
Sicherheitscenter 567
   automatische Updates 566
   Firewall 749
   Warnung zum Virenschutz 575
Sicherheitseinstellungen, erweitert 515
Sicherheitsrichtlinie 786
Sicherung 536
   wiederherstellen 542
Sidebar 369
Signatur 741
SmartMedia 286
SmartMovie 851
Smartphone 854, 857
   Musik übertragen 407
   Software installieren 857
SmartSurfer 632
Snipping-Tool 219
   Bildgröße 221
   Grafikformate 221
Soft-Power-Down 53
Software-Explorer 583
Sommerzeit 334
Sonderzeichen 208
Sortieren 122
Sortierkriterien 123
Soundeffekte 374
Soundkarte 308
Sounds 338
Soundschema 374, 375
Spam 721
Spam-Filter 713
Speicherkarte 285, 286, 791
Speicherverwaltung 587
Spider-Solitär 242
Spiele 63, 229, 508
   FreeCell 231
   Hearts 233
   InkBall 234
   Li-La-Land 235
   Mahjong-Giganten 235
   Minesweeper 236

Schach-Giganten 238
Solitär 240
Spider-Solitär 242
Sprachenleiste 299
Sprechblasen 821
Spyware 581
SSID 649
Standardbrowser 675, 724
Standarddrucker 316
Standardgateway 767
Standardprogramme 65
Standardverzeichnisse, verschieben 835
Standby 362
Standby-Modus 55
Startbildschirm 53
Starten 53
Startmenü 57, 59, 69
   klassisch 352
   Netzwerkumgebung 768
   Verzögerung 820
Startseite 672
   Tabs 694
Suchassistent 164
Suche 64
   Datum 150
   nach Stichwort 151
   Optionen 150
   Stichwörter 164
Suchvorgänge 153
Switch 760
Symbole 57, 108
Symbolleiste 73, 104
   Desktop 187
Synchronisierungscenter 794
Synchronisierungspartnerschaft 847
Synctoy 797
System Tray 78
System und Wartung 277
Systemanforderungen 35
Systeminformationen 272
Systemprogramme, Zeichentabelle 208
Systemspeicher 35
Systemsteuerung 65, 91, 264
   als Menü anzeigen 266

Anzeige 305
Benutzerkonten 482
Drucker 317, 787
Hardware 268
im Startmenü 266
Internetoptionen 636
klassische Ansicht 265
Maus 303
Schriftarten 376
Software 251
Sounds und Audiogeräte 308
Standardprogramme 724
System 272
Systemverwaltung 68
Systemwerkzeuge 523
   Aufgabenplanung 548
   Auslagerungsdatei 523
   Datenträgerbereinigung 529
   Defragmentierung 533
   Fehlerüberprüfung 527
   Systemwiederherstellung 558
Systemwiederherstellung 558

T

Tabbed Browsing 661, 683
Tabstopp 208
TAE-Dose 600, 604
TAE-Stecker 605
Tageslichtaufnahmen 176
Taschenrechner 210
   wissenschaftlich 211
Taskleiste 75
   Gruppierung optimieren 830
   Infobereich 78
   Internetadressen eingeben 658
   Schaltfläche 77
Task-Manager 585
Tastatur 298
Tastaturbelegungen 301
Tastaturnavigation 350
T-Com
   Hotspot 653
   Router 622
TCP/IP 763, 765

Stichwortverzeichnis

TCP/IP-NetBIOS-Hilfsdienst 596
TCPA-Chip 478
T-DSL 599
Temporäre Dateien 160
Termine 226
Textverarbeitung 201
Tipptext 74
Titelinformationen bearbeiten 434
Titelleiste 71
T-Mobile, Hotspot 653
T-Online 617
    Benutzername 610, 624
    E-Mail 698
Trägerfrequenz 605
Treiber 36, 261, 268
Treiberupdates 574
Trigger 555
Trojaner 575
TrueType-Schrift 376
TV 385
TV Output 35
TV Tuner 35
Twisted-Pair-Kabel 758

U

UART-Chip 606
UDF-Dateisystem 157
Uhr 81
Uhren, zusätzliche 334
Uhrzeit 81, 331
    Internetzeit 336
    Zeitsynchronisierung 336
    zusätzliche Uhren 334
Ultimate 22
Ultimate-Extras 259
UMTS 641
Uninstall-Assistent 252
unistall 251
Unterhaltung 385
    Windows Media Player 385
Unterordner und Dateien löschen 518
Unterverzeichnis 101
Update 27, 44, 565
Update von XP 248

Updateverlauf prüfen 572
Upgrad Advisor
    externe Geräte 30
    Kompatibilitätstest 29
UPnP 620
URLs eingeben 657
USB 2.0 287
USB-Maus 303
USB-Port 285
USB-Stick 99, 117, 285, 791
    MP3-Player 464
    Verknüpfung auf dem Desktop 121
Usenet 731

V

Vendor-ID 261
Verbindung herstellen 65
Verbindungsstatus 612
Verknüpfungen 118
Verlauf 141
Verlaufsliste 659
    Sicherheitsrisiko 661
Versteckte Freigabe 783
Verzeichnis 100, 512
    Bilder 63
    Dokumente 63
    Musik 63
    Spiele 63
Verzeichnisbaum 100
Video 385
Viren 575
Virenscanner 575, 577
Virensuche 548
Virtueller Speicher 523
Visualisierung 425
Visuelle Effekte 348
Vollbildmodus 675
    Navigation 676
Vordergrundfarbe 218
Vorschaufenster 107

W

War-Chalking 647
War-Driving 647

web.de 633
  POP3-E-Mail 699
web.de-E-Mail 697
Webbrowser 656
Webbug 721
Webfilter 505
Wechseldatenträger 99, 845
WEP 626, 650
Wiedergabeliste 435
Wiederherstellungspunkt 558
  anlegen 562
Windows
  Freigabe 779
  lokale Sicherheitsrichtlinie 786
Windows anpassen 87
Windows-Defender 572, 581
Windows DVD Maker 20
Windows Fotogalerie 20
Windows Internet Explorer 20
Windows Live 672
Windows Mail 20, 697
  Adressierung 707
  An: 707
  Attachments 715
  Authentifizierung 704
  Bcc: 707
  Betreffzeile 706
  Cc: 707
  Dateianhänge 715
  Dateigröße 715
  empfangen 705
  Empfangsbestätigung 719
  Format für das Senden 723
  HTML-Mail 720
  IMAP-Server 702
  Junk-E-Mails 714
  Mailkonto einrichten 700
  Mailserver aufräumen 710
  Newsgroupkonto 736
  Newsgroup-Nachrichten 742
  Phishing 713
  POP3-Server 702
  Rechtschreibprüfung 711
  senden 705

Sicherheitszone 721
Spam 713
starten 699
Webbugs 721
Werbemails 713
zeitgesteuert abrufen 708
Windows Media Center 88
Windows Media-Format 399
Windows Media Player 20, 385, 848
  Audio CD 396
  Audioqualität 401
  CD kopieren 399
  Dateitypen 389
  Datensynchronisation 407
  Designmodus 393
  Erststart 386
  Internetradio 406
  Konvertierung 851
  Lautstärke 397
  Medienbibliothek 404
  MP3 405
  Musik kopieren 399
  Musik synchronisieren 407
  Online-Musikshops 407
  Sicherheit 395
  Steuerung 391
  Tastenkombinationen 392
  Videoqualität 851
  WMA 399
Windows Mobile
  Handy 861
  PDA 861
Windows Mobile Device Center 852, 853
  Komponenten 854
  My Documens 854
  Partnerschaft 853
  Pocket-PCs 854
  Smartphones 854
  zu synchronisierende Daten 854
Windows online registrieren 88
Windows Server 21
Windows Synchronisierungscenter 843
  Dantenabgleich mit Handy 843
  Firmware-Updates 849

MP3-Player 849
  schneller synchronisieren 850
  Synchronisierungspartnerschaft 847
  Webhilfe 849
  Windows Media Player 848
  Windows Mobile 852
Windows Task-Manager 585
Windows Ultimate-Extras 86, 259
Windows Update 565
Windows Vienna 21
Windows Vista 19
  beenden 53
  Benutzerkontensteuerung 480
  Benutzerverwaltung 479, 481
  Capable PC 28
  Computerverwaltung 490
  Dienste 592
  herunterfahren 590
  Hilfe 94
  installieren 27
  Internetzugang 606
  Leistungsindex 277
  Media Center 413
  Netzwerk 760
  Premium Ready PC 28
  Sicherheitscenter 567
  Sidebar 369
  starten 53
  Synchronisierungscenter 794, 843
  Versionen 22
  Versionsanzeige 23
  Windows Mail 699
Windows Vista Starter Edition 25
Windows Vista Ultimate
  Ordnerfreigabe 778
Windows Vista-Videos 91
Windows XP 21
Windows-Desktop 674
Windows-Easy-Transfer 85
Windows-Explorer 97
  Baumstruktur 100
  Bildbetrachter 160
  Details 110
  EXIF-Daten 167
  Laufwerke 99
  Layout ändern 106
  Menüleiste 106
  Ordneransichten 104
  Schnellstart 98
  Symbolleiste 104
  Unterverzeichnis 101
  Verzeichnisbaum 100
Windows-Firewall 747
  Bereich ändern 753
  Firewall-Regeln 750
Windows-Fotogalerie 161, 168
  Aufnahmezeit 171
  Bild zuschneiden 176
  Bildinformationen 169
  Farbe 176
  Fotos finden 172
  Helligkeit 174
  Rote Augen 177
Windows-Grundlagen 89
Windows-Kalender 224
Windows-Komponenten deinstallieren 253
Windows-Kontakte 228
Windows-Taste 57
Windows-Teamarbeit 802
Windows-Version anzeigen 829
WinFS 179
Winterzeit 334
Wireless-LAN 638
WLAN 598, 638, 652
  Access-Point 639
  Ausbreitungsbedingungen 640
  Hotspot 652
  Hotspot-Locator 655
  Sicherheit 647
  Sicherheitsregeln 648
  Statusanzeige 644
  Verschlüsselung 650
  War-Chalking 647
  War-Driving 647
  WEP 650
  WLAN-Karte 640
  WLAN-Karte einrichten 641
  WLAN-Router 639

WPA2 651
WMA 399, 433
WordPad 201
   Datum 206
   Einfügemodus 201
   Lineal 202
   Rückgängig 205
   Schreibmarke 201
   Statusleiste 203
   Tabulatoren 202
   Überschreibmodus 201
   Uhrzeit 206
   Zwischenablage 204
World Wide Web 656
WPA2 626, 651
www 657

X
xD 287

Y
Yahoo!, E-Mail 698

Z
Zeichentabelle 208
   Schriftarten 208
   Unicode 209
Zeitlimits 507
Zeitserver 336, 840
Zeitsynchronisierung 336, 840
Zeitzone 334
ZIP
   Datei 245
   Ordner 190
ZIP-Archiv 188
Zubehör
   Editor 195
   Paint 212
   Snipping-Tool 219
   Taschenrechner 210
   WordPad 201
Zugriffsrechte 140
Zuletzt verwendet 64
Zwischenablage 115, 116